AF572855

Alan Hart

Zionismus · Der wirkliche Feind der Juden

ALAN HART

ZIONISMUS: DER WIRKLICHE FEIND DER JUDEN

Vol. 1 - Der falsche Messias

ZAMBON

Originaltitel: Sionism · *The real enemy of the Jews*
© 2009 Clarity Press Inc, Atlanta

Übersetzung aus dem Englischen:
Inga Gelsdorf, Markus Omar Braun,
Sibylle Fatima Radjaie, Vera Glitscher-Bailey

© 2016 Zambon Verlag, Frankfurt am Main
Alle Rechte vorbehalten

zambon@zambon.net
www.zambon.net

Satz und Gestaltung: Fabio Biasio

ISBN 978 3 88975 225 3

Inhalt

Appell an die Deutschen

Mein Appell an die deutschen Leser kann einfach erklärt werden. Für sie ist es an der Zeit, sich nicht länger zum Schweigen aufgrund der Politik und der Aktionen des zionistischen (nicht jüdischen) Staates Israel erpressen zu lassen; einer Politik und Aktionen, die nicht nur die Palästinenser unterdrücken und ihre menschlichen und politischen Rechte verneinen, *sondern auch eine Bedrohung für die besten Interessen der Juden überall sowie für die moralische Integrität des Judentums selbst sind.*

Zu leicht könnte Schweigen als Unterstützung des Zionismus interpretiert werden, ob zu Recht oder Unrecht, und schlimmstenfalls könnten es einige als Zustimmung zu den Verbrechen des Zionismus bezeichnen.

Der Konflikt in Palästina und um Palästina, das zu Israel wurde, ist das Krebsgeschwür im Herzen der internationalen Fragen, das uns alle vernichten könnte, wenn es nicht geheilt wird. Das Heilmittel ist Gerechtigkeit für die Palästinenser. Es gibt einen Grund zu sagen, dass die Geschichte Deutschland aufruft, eine führende Rolle zu übernehmen, um ihnen zu helfen, diese zu erreichen. Der Kernpunkt der Situation ist folgender.

Wenn es keine Verfolgung und keine Ermordung von Juden im Nazi-Deutschland und dem von Nazis besetzten Europa gegeben hätte – die Anzahl der Juden, die ermordet wurden und wie sie ermordet wurden, bleibt eine offene Frage – *gäbe es kein Israel und deshalb auch keine zionistische ethnische Säuberung Palästinas.*

Der Schlüssel zum Verständnis ist folgende Tatsache: vor dem Nazi-Holocaust *waren die meisten Juden in der Welt an einem kolonialartigen Unternehmen wie dem Zionismus nicht interessiert, viele waren sogar dagegen.* Ohne die Verfolgung und die Ermordung der Juden durch die Nazis hätte der Zionismus keine Vertrauenswürdigkeit gefunden und hätte nicht ausreichend politische, finanzielle und sonstige Unterstützung von genügend Juden erwerben können, um mit seinem Ziel, einen Staat im Herzen Arabiens zu errichten, erfolgreich zu sein. Mit anderen Worten, die Gewinner dessen, was sich in Nazi-Deutschland und in dem von Nazis besetzten Europa ereignete, waren die Zionisten. Die Verlierer waren die Palästinenser.

Die erneute Fokussierung der Deutschen auf den Israel-Palästina-Konflikt und darauf, wer was und warum für Gerechtigkeit und Frieden tun muss, wird, so hoffe ich, von der Erkenntnis geleitet, *dass beinahe alles, was sie über das Entstehen und Fortbestehen des Konfliktes erfahren haben, nicht der Wahrheit entspricht.*

Die Deutschen müssen beispielsweise wissen, dass Israels Existenz niemals wirklich durch irgendeinen Zusammenschluss arabischer Militärstreitkräfte gefährdet war. Die Behauptung des Zionismus, dass Israels Juden in ständiger Gefahr gelebt hätten und (auch heute) noch leben würden, "ins Meer getrieben zu werden", war und ist die Propaganda-Schutzbehauptung, mit der es Israel bisher gelungen ist, ungestraft dort davonzukommen, wo es am wichtigsten war und ist – in Europa und Amerika – , indem es seine Aggressionen als Selbstverteidigung und sich selbst als Opfer darstellt, wo es doch in Wirklichkeit der Unterdrücker war und auch noch ist und nicht im Entferntesten an Frieden oder irgendwelchen Vertragsbedingungen interessiert ist, die die Palästinenser akzeptieren könnten.

Das Problem bei der Enthüllung der historischen Wahrheit bezüglich der Entstehung und Aufrechterhaltung des Konfliktes ist, dass es äußerst gefährlich ist, weil sie Antisemitismus vor allem bei den nicht-jüdischen Nationen der westlichen Welt entfachen könnte, wo die meisten Juden leben. Doch es gibt einen Weg, um diese extreme Gefahr zu bannen, nämlich, indem man den globalen Zusammenhang mit der Wahrheit aufzeigt, nicht nur, um die Mittäterschaft anderer Parteien (Regierungen) bei den Verbrechen des Zionismus zu beweisen und nicht nur, um zu zeigen, dass Konsequenzen Gründe haben, sondern auch um *den Unterschied zwischen Judentum und Zionismus zu erklären.* Die Kenntnis dieses Unterschieds ist der Schlüssel, um den Konflikt vollkommen zu verstehen und wer was und weshalb für Gerechtigkeit und Frieden tun muss.

Das Judentum ist die Religion von Juden, jedoch nicht *der* Juden, weil nicht alle Juden religiös sind. Wie das Christentum und der Islam, so hat auch das Judentum (reformiertes, progressives, modernes Judentum) in seinem Kern bestimmte moralische Werte und ethische Prinzipien; Werte und Prinzipien, die die Juden an die Spitze der humanitären und sozial konstruktiven Verdienste für die längste Zeit ihrer Geschichte stellten.

Sogar die kürzeste Definition von Zionismus muss mit der Erkenntnis beginnen, dass es etwas gibt, was man als "spirituellen Zionismus" und "politischen Zionismus" bezeichnen könnte. Da sie Jerusalem als ihre spirituelle Hauptstadt oder ihr spirituelles Zentrum ansehen, könnten sich alle Juden, die religiös sind, als spirituelle Zionisten sehen. In diesem Buch geht es hauptsächlich um den politischen Zionismus.

Es ist jüdischer Nationalismus in Form eines sektiererischen, kolonialartigen Unternehmens, das bei dem Prozess, im Herzen des arabischen Landes einen Staat für einige Juden zu errichten – hauptsächlich durch Terrorismus und ethnische Säuberung –, die moralischen Werte und ethischen Prinzipien des Judentums ad absurdem führte und Verachtung für diese zeigte. (Das Judentum besteht darauf, dass die Rückkehr der Juden in das Land der alten Hebräer auf das Kommen des Messias warten muss. Der Zionismus besagt tatsächlich: "Wir können nicht auf ihn warten. Der Zionismus ist der Messias.")

Die Unterstützer Israels vermischen Judentum und Zionismus, indem sie behaupten, Judentum und Zionismus seien ein und dasselbe, daher sei Kritik an dem zionistischen Staat Israel eine Form von Antisemitismus. Oft – heutzutage fast immer - ist der Vorwurf, dass Kritik an Israel Antisemitismus ist, eine Art von Erpressung, um Kritiker zum Schweigen zu bringen und um eine informierte und ehrliche Diskussion über den zionistischen Staat und seine Politik zu unterbinden. Die Realität ist, dass das Judentum und der politische Zionismus *völlige Gegensätze* sind, und diese Unterscheidung ist der Schlüssel zum Verständnis von zwei Dingen:

1. *Es ist möglich, aus gutem Grund auf der Basis aller Fakten ein leidenschaftlicher Antizionist zu sein, der sich gegen das kolonialartige Unternehmen des Zionismus stellt, ohne in irgendeiner Weise antisemitisch zu sein.*

2. *Es ist falsch, alle Juden überall für die Verbrechen der Hardcore-Zionisten in Palästina, das von Kleinisrael zu Großisrael wurde, verantwortlich zu machen.*

Die Geschichte, die dieses Buch erzählt, gründet auf der dokumentierten historischen Wahrheit und auf Einblicke, die ich durch mein persönliches Engagement bei dem Konflikt in verschiedenen Funktionen in vier Jahrzehnten gewonnen habe. Für ITN (Independent Television News) war ich beispielsweise der erste westliche Korrespondent an den Ufern des Suezkanals mit den vorrückenden Israelis im Sechstage-Krieg vom Juni 1967. Und mit den Jahren erfreute ich mich besonderer Beziehungen zu den Führern *beider* Seiten von dem, was man den israelisch-arabischen Konflikt nennt. Ich bin wahrscheinlich die einzige Person auf der Erde, die beruflich engen Kontakt und auf menschlicher Ebene Freundschaft mit den beiden wohl größten Antipoden der Menschheitsgeschichte pflegte – Golda Meir, Mutter Israel, und Yasser Arafat, Vater Palästina. (Ich erstellte ein BBC *Panorama*-Profil der Ersteren und schrieb ein Buch über den Letzteren).

Um die gesamte und ungekürzte Geschichte der Gründung des zionistischen Staates Israel zu erzählen und wie dieser nicht nur zu einer Bedrohung für den Frieden in der Region und der Welt, sondern auch für die besten Interessen von Juden in aller Welt und für die moralische Integrität des Judentums selbst wurde, habe ich aus meinen privaten Gesprächen mit Führungspersonen auf beiden Seiten in all den Jahren zitiert. Mein Ziel war, in besonderer Weise einen ehrlichen und seltenen Einblick zu verschaffen. Da mein Werk aus drei Bänden besteht, werden einige fragen: "Weshalb ein so umfangreiches Werk?" Und einige werden hinzufügen: "Glauben Sie ernsthaft, mehr als nur eine Handvoll Deutsche nähmen sich die Zeit und machten sich die Mühe, drei oder sogar vier Bände zu lesen?"

Mir ist natürlich bewusst, dass diese Bände wegen ihres Umfangs viel Zeit zum Lesen und viel Mühe beanspruchen. Wie kann sich ein solcher Zeitaufwand für die Leser rechtfertigen? Meine Antwort ist eine doppelte.

Ich glaube, der Lohn für diesen Aufwand wird für sehr viele Deutsche, möglicherweise zum ersten Mal, ein Verständnis dafür sein, wie all die Teile des komplexesten und kompliziertesten Puzzles zusammenpassen und weshalb das palästinensische Problem das Krebsgeschwür im Herzen der internationalen Beziehungen ist, und was getan werden muss und von wem, wenn es geheilt werden soll, bevor es uns alle zerstört.

Der Umfang dieses Werks hängt auch mit der Herausforderung zusammen, die ich mir selbst stellte. Um die Wahrheit zu sagen, damit Sie mich richtig verstehen, musste ich die gesamte Geschichte des Entstehens und der Aufrechterhaltung des Konfliktes neu schreiben, indem ich die zionistische Mythologie durch die dokumentierten historischen Fakten ersetzte. Um ein völliges Verständnis zu ermöglichen, musste ich regionale Ereignisse in ihren globalen Zusammenhang einordnen. Das Letztere bedeutet zum Beispiel, was hinter verschlossenen Türen in London, Paris, Washington und Moskau vor sich ging. All das wäre in einem einzigen Band eine "Mission impossible" gewesen.

Bis jetzt gab es in der hauptsächlich nicht-jüdischen westlichen Welt nur eine Darstellung der Geschichte, die auf zionistischer Mythologie konstruiert war. Diese Bände bieten eine andere Darstellung, die aufdeckt, dass die zionistische Mythologie hauptsächlich Propaganda-Nonsens ist.

Und dann gibt es noch etwas, das ich hier zur Ermutigung der allgemeinen deutschen Öffentlichkeit hinzufügen möchte. Dieses Buch ist in meinem üblichen TV-Reporterstil leicht verständlich geschrieben und liest sich gewissermaßen eher wie ein Roman und nicht wie ein herkömmliches historisches Werk. So soll die Geschichte allen zugänglich gemacht werden und nicht nur einer verhältnismäßig kleinen Anzahl von Akademikern und anderen aus beruflichen Gründen interessierten Menschen. Ich kann auch berichten, dass ich seit der Veröffentlichung der ersten gebundenen Ausgabe dieses Werkes ziemlich viele Schreiben von sogenannten gewöhnlichen Menschen aller Konfessionen und ohne Religion erhalten habe. Sie berichteten mir, das Buch sei "leicht verständlich" und "spannend". Auch ein antizionistischer Rabbi rief mich an, um mir mit großem Humor zu sagen, ich sei schuld an seinem Schlafmangel. Er erzählte mir, er habe mein Buch mit ins Bett genommen, um jede Nacht ein wenig darin zu lesen, aber nachdem er damit begonnen hatte, habe er es nicht mehr beiseitelegen können.

Mein Zugang zu der dokumentierten historischen Wahrheit wurde ergänzt durch namhafte Autoren, aus deren Werken ich zitiert habe. Ich danke ihnen allen und insbesondere acht Personen für die besondere Qualität ihrer Quellenstudien. Es sind Lenni Brenner, Alfred M. Lilienthal, das Schriftsteller-Duo Larry Collins und Dominique Lapierre; Seymour Hersh, Stephen Green, Yehoshafat Harkabi und vor allem Avi Shlaim.

Ich bin auch Ilan Pappe zu Dank verpflichtet. Er und Avi Shlaim sind die beiden führenden "sogenannten" Historiker (was ehrenhaft bedeutet). Ilan Pappes Buch, *The Ethnic Cleansing of Palestine - Die Ethnische Säuberung Palästinas)* ist ein bahnbrechendes Werk, das abschreckende Einzelheiten dokumentiert, war für mich nicht verfügbar, um mich darauf zu beziehen, als ich meinen eigenen ersten Band abschloss; aber ich bezog mich auf dieses Werk in einer Fußnote zu meinem Kapitel 10, das den Titel trägt: " *Zionistischer Terrorismus und ethnische Säuberung*". Ilan Pappe und ich wurden gute Freunde und Verbündete für die gemeinsame Sache und betrachten uns selbst zusammen mit einer kleinen Gruppe von anderen, darunter Avi Shlaim, als Menschen an der gefährlichsten Frontlinie im Kampf um die historische Wahrheit. Ilan Pappe steht an der Spitze der offiziellen Liste, die der Zionismus als "S.H.I.T." (Selbsthassende israelische Verräter) bezeichnet, und wir meinen beide, ich stünde dort mit ihm vor 6.999 anderen, wenn ich ein Israeli wäre. In einem unserer ersten Gespräche sagte Ilan Pappe, er dächte, die Zionisten fürchteten mein Buch mehr als jedes andere wegen seines Titels. Sein letztes Buch, sagte er, konnten sie in ihrer üblichen Weise in den Dreck ziehen. "Dein Buch", fügte er hinzu, "ist für sie ein echtes Problem, weil sein Titel, "*Zionismus, der wirkliche Feind der Juden*", die ganze Wahrheit in sechs Worten enthält."

Ich muss auch meiner lieben Frau Nicole danken, mit der ich seit 53 Jahren verheiratet bin. Nur eine so bemerkenswerte und liebenswerte Frau wie sie konnte ihrem Ehemann erlauben, alles aufs Spiel zu setzen, einschließlich unseres Hauses und vielleicht sogar meines Lebens, um die historische Wahrheit zu berichten. Wann immer ich gefragt werde, warum ich das tue, was ich tue, zitiere ich den verstorbenen Hajo Meyer, ein in Deutschland geborener jüdischer Gentleman, der Auschwitz überlebte und ein leidenschaftlicher Antizionist wurde und ein bahnbrechendes Buch geschrieben hat: "An Ethical Tradition Betrayed: The End of Judaism" (Eine verratene ethische Tradition: Das Ende des Judentums, 2007). Eines Morgens beim Frühstück, nachdem er einer meiner Gäste bei einer Podiumsdiskussion in London gewesen war, fragte ich ihn, weshalb er in seinen Achtzigern und trotz der Diffamierung durch die Spitzenvertreter der zionistischen Propaganda auch weiterhin an vorderster Front des Kampfes für Wahrheit und Gerechtigkeit stünde. Er antwortete: "Die erste Person, die ich jeden Morgen sehe, bin ich." Meine liebe Frau versteht, dass auch ich mir selbst ins Gesicht sehen können muss.

Als ich ein sehr junger Reporter bei ITN war, fasste dessen großartiger Chefredakteur Geoffrey Cox die journalistische Aufgabe in einen kurzen Satz: "Unser Job ist es, die Demokratie am Leben zu erhalten." Mein Vorwurf heute und tatsächlich seit vielen Jahren ist, dass allgemein gesagt die Mainstream-Medien die Demokratie verraten haben, die meisten insbesondere bei ihren Berichten über den israelisch-palästinensischen Konflikt aus Furcht, den Zionismus zu sehr oder generell zu verärgern.

Die Recherchen und das Schreiben dieses Buches beanspruchte fünf Jahre meines Lebens. Mich trieb eine zweifache Motivation an.

Die eine besteht darin, zum Verständnis beizutragen, das erforderlich ist, wenn es jemals ein akzeptables Maß an Gerechtigkeit für die Palästinenser geben soll, um den Countdown in Richtung Armageddon aufzuhalten.

Die andere bedeutet, zum Verständnis beizutragen, das erforderlich ist, um einen zweiten Holocaust, kurz gesagt, eine weitere große Runde gegen die Juden zu verhindern, die mit großer Wahrscheinlichkeit in Amerika beginnen würde.

In der Welt von heute gibt es *eine steigende Tendenz zum Anti-Israelismus*. Im Gegensatz zu dem, was der israelische Premierminister Netanjahu und diejenigen mit einer neofaschistischen Tendenz zum Rechtsextremismus behaupten, ist diese steigende Tendenz allgemein gesprochen *keine Erscheinungsform von* Antisemitismus (als Vorurteil und Abscheu gegen alle Juden, nur weil sie Juden sind). Es ist ein Ausdruck von Sorge und Wut, der von der Arroganz der Macht des zionistischen Staates, seiner Missachtung des internationalen Rechts und seiner unerträglichen Selbstgerechtigkeit hervorgerufen wird, durch das permanent verkündete jüdische Auserwähltsein und die offensichtliche Überzeugung von der Vorrangstellung des jüdischen Leidens. Und er geschieht, weil immer mehr Menschen aller Glaubensrichtungen und ohne Religion einschließlich einer noch kleinen, aber wachsenden Zahl von Juden beginnen, Israel so zu sehen, wie es wirklich ist, als Unterdrücker und nicht als Opfer; und ich sage es nochmals, ein Israel, das nicht im Entferntesten an Frieden zu irgendwelchen Bedingungen interessiert ist, die die Palästinenser akzeptieren können. (Was der Zionismus tatsächlich will, ist eine Unterwerfung der Palästinenser zu seinen Bedingungen).

Die Gefahr für die Juden in der Welt besteht darin, dass sich Anti-Israelismus in Antisemitismus verwandeln könnte. Eine explizite Warnung vor dieser Gefahr wurde von Yehoshafat Harkabi, Direktor des israelischen Militärgeheimdienstes, der am längsten diente, in seinem Buch von 1988 "*Israel's Fateful Hour - Israels verhängnisvolle Stunde*" erteilt. "Die Israelis müssen sich bewusst sein", schrieb er, "dass der Preis für ihr Missverhalten nicht nur von ihnen, sondern auch von den Juden in aller Welt bezahlt wird." Harkabis vollständige Warnung hat ihren berechtigten Platz auf den folgenden Seiten.

Wenn Harkabi heute noch lebte, würde ich zu ihm sagen: "Es gibt kein palästinensisches Problem, es gibt ein jüdisches Problem."

Ich möchte diesen Appell an die deutschen Leser schließen mit einer kurzen zusammenfassenden Aussage, weshalb ich meine, dass die detailliert in diesem Buch dokumentierte historische Wahrheit so wichtig ist.

Im Allgemeinen beruhte der Zionismus auf bloßen Behauptungen. Mit anderen Worten: Die Dinge wurden zu dem, was sie waren und sind, weil der Zionismus es so sagt. Er liefert selten echte und glaubwürdige Beweise, um seine Behauptungen zu belegen. Das Problem ist, dass man zionistische Propagandalügen nicht einfach mit einer Gegenbehauptung enttarnen kann. Ich meine, dass es nicht genügt zu sagen: "Der Zionismus irrt sich." Die müssen fähig sein zu sagen: "Zionismus irrt sich, weil, weil, weil..."

Willkommen, liebe deutsche Leser, zu dieser Reise durch historische Lügen und Wahrheit zur Entstehung und Aufrechterhaltung des Konflikts in und um Palästina, das zu Israel wurde.

Alan Hart, Januar 2016

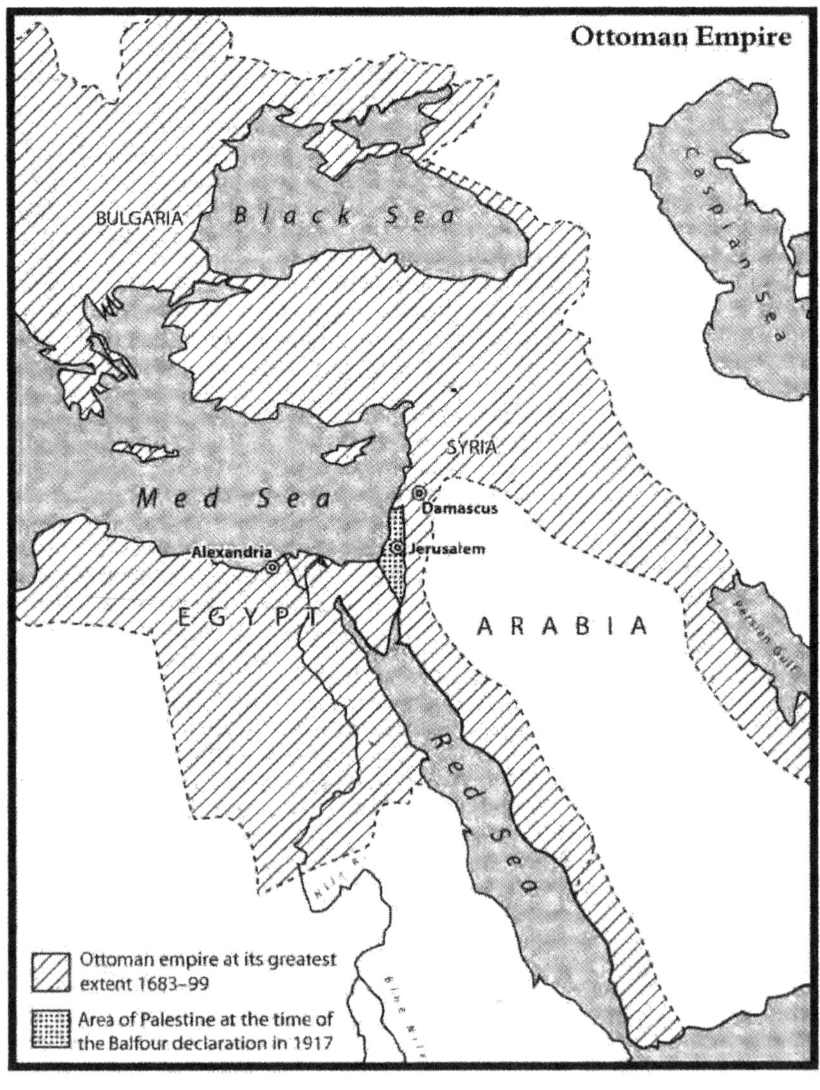

Ottoman (Turkish) ownership of Arab land Balfour gave away to Zionism.

Prolog
Warten auf die Apokalypse

Aus der Lutherschen Bibelübertragung, Neues Testament, Offenbarung Johannes, Kapitel 16, Verse 16 und 17:
"Und er versammelte sie an einen Ort, der heißt auf Hebräisch Armageddon. Und der siebente Engel goss aus seine Schale in die Luft; und es kam eine große Stimme aus dem Tempel vom Thron, die sprach: Es ist geschehen!"

Der Ort, den die alten Hebräer Armageddon nannten, liegt im heutigen Israel. Die Hebräer hatten ihn eingenommen, als sie diesen Teil von Kanaan eroberten. Unter diesem biblischen Namen Kanaan wird Palästina zum ersten Mal weltweit bekannt. In der ebenfalls semitischen Sprache seiner ursprünglichen Bewohner, der Kanaaniter, der ersten bekannten Vorfahren der heutigen Palästinenser, wurde dieser Ort Megiddo genannt.

Aufgrund seiner strategisch bedeutsamen Lage in der Nähe mehrerer Gebirgszüge, darunter auch die heute von den Israelis besetzten Golan-Höhen, wurde Megiddo zum wiederholten und berühmten Schlachtfeld in der Geschichte Palästinas. Nach dem Buch der Offenbarung (griechisch: Apokalypse) des Neuen Testaments ist Armageddon auch der Ort, an dem die Könige der Erde unter der Führung von Dämonen am Ende der Tage Gottes Heerscharen bekriegen werden.

Im Hinblick auf den heutigen arabisch-israelischen Konflikt steht damit Armageddon, als Name des symbolischen Schlachtfeldes der biblischen Apokalypse, für einen großen Kampf bis zum bitteren Ende zwischen:

- den Juden Israels einerseits, die etwa sechs Millionen oder etwas mehr zählen, worin aber die religiösen und anderen Eiferer der illegalen Siedlungen "Groß-Israels" (auf arabischem Land, dessen man sich 1967 bemächtigte) eingeschlossen sind,

- den Arabern der Region und den Muslimen in aller Welt andererseits, deren Zahl wohl irgendwo bei 1,5 Milliarden liegt und beständig wächst, bald einem Viertel der heutigen Menschheit also,

- und nicht zuletzt den Juden der Diaspora, sprich den Juden außerhalb Israels; dies ist die Mehrheit der heutigen Juden, die weltweit als Bürger zahlreicher verschiedener Staaten leben und sich in diesem Konflikt dem

Dilemma ausgesetzt sehen, wie sie darin überhaupt ihre eigenen Interessen wahrnehmen und schützen können. Die nicht-israelischen Juden zählen heute wohl ungefähr 16 Millionen, und es leben wahrscheinlich mehr Juden in den USA als im Staate Israel.

Vor dem Hintergrund der Geschichte, die in dem vorliegenden Buch erzählt wird, würde meiner Auffassung nach nur ein Berufsoptimist oder ein klinisch diagnostizierbarer Idiot die Möglichkeit einer "Endlösung" für vollständig unmöglich halten. Ihre sichtbaren Zeichen wären Atompilze samt nuklearem Fall-out, gemischt mit den zweifelhaften Düften biologischer und chemischer Massenvernichtungswaffen.

Bei den ersten Anzeichen der Gefahr einer Niederlage auf dem konventionellen Schlachtfeld wäre Israel bereit, die gesamte Region und sogar die ganze Welt mit in den Abgrund zu reißen

Für jene Leser, die dieses Szenario für unmöglich halten, möchte ich an Golda Meirs Worte erinnern; sie fielen in einem Fernsehinterview, das ich für die BBC-Serie "Panorama" mit der damaligen Premierministerin Israels führte. An einer Stelle ihrer Ausführungen unterbrach ich sie nämlich für eine Nachfrage: "Frau Premierministerin, nur damit ich sicher bin, Sie richtig zu verstehen... Sie erklären gerade, dass Israel, sobald es sich in der Gefahr sehen sollte, auf dem konventionellen Schlachtfeld besiegt zu werden, bereit wäre, die ganze Region und sogar die ganze Welt mit in den Abgrund zu reißen...?" Ohne die geringste Denkpause antwortete Meir mit ihrer Reibeisenstimme, mit der sie sonst US-Präsidenten je nach Bedarf einschüchtern oder auch bezirzen konnte: "Ja, genau das sage ich."[1]

Obwohl die führenden Politiker Israels in der Öffentlichkeit niemals über dieses Thema sprachen, wussten wir beide, dass Israel bereits nukleare Sprengköpfe besaß und in streng geheimer Zusammenarbeit mit dem Apartheid-Regime Südafrikas im Begriff war, geeignete Trägerraketen dafür zu entwickeln. Golda Meir hatte nun im Interview durchscheinen lassen, dass Israel im Angesicht einer totalen militärischen Katastrophe sehr wohl bereit wäre, seine Nuklearwaffen als letzten trotzigen Abschiedsgruß einzusetzen. Und so geschah es auch tatsächlich drei Jahre nach der Enthüllung dieser apokalyptischen Option des israelischen Staates durch Golda Meir, dass in der (israelischen) Panik des Jom-Kippur-Krieges 1973 zwei israelische Raketen mit Sprengköpfen ausgerüstet und auf Ziele programmiert wurden. Die beiden Ziele waren Kairo und Damaskus, die Hauptstädte Ägyptens und Syriens.

Und so entdeckt man tief in der unzensierten Version der Geschichte des

1· Golda Meir, in einem Interview mit dem Verfasser für die Serie „Panorama" der BBC, im April 1971

Kampfes um Palästina eine schreckliche, tragische und zugleich ironische Tatsache, die sich alles in allem so zusammenfassen lässt:

Entgegen allem, das den Israelis und den Gläubigen und Ungläubigen aller Konfessionen im Westen von Israels brillianten Märchenerzählern und Mythenschmieden eingetrichtert wurde, war Israels Existenz bis dato niemals gefährdet.

Nicht im Jahre 1948.

Nicht im Jahre 1967.

Und nicht einmal im Jahre 1973...

Die Legende des „kleinen armen, von vollständiger Vernichtung bedrohen Israel" wurde ersonnen, damit die zionistische Diplomatie möglichst effektiv einer wirklichen Bedrohung vorbeugen konnte: dass nämlich der jüdische Staat gezwungen werden könnte, ernsthaften Friedensverhandlungen zuzustimmen, in deren Verlauf den enteigneten, landlosen Palästinensern ein Mindestmaß an Gerechtigkeit zuteil werden könnte. Ja, aber..., wie der Beobachter eingestehen muss, wäre diese Legende niemals ohne jenes leere und dämliche arabische Propaganda-Gerede von der „Vernichtung" des jüdischen Staates aufrechtzuerhalten gewesen. Ironischerweise stehen wir heute vor folgender realistischer Möglichkeit: Der Staat Israel, der so häufig zum Frieden, als er zum Greifen nahe war, einfach „Nein" sagte, könnte schließlich seine Niederlage infolge einer endgültigen Explosion arabischer und muslimischer Wut erleiden, die ihrerseits gerade aus der unerschütterlichen Überzeugung des heutigen Zionismus gespeist wird, dass Macht vor Recht geht...

Diese Überzeugung teilen und unterstützen unglücklicherweise viele der traditionell klientelorientierten Politiker im US-amerikanischen Kongress, sowohl Abgeordnete des Repräsentantenhauses als auch Senatoren. Und es teilen sie viele zig Millionen sogenannter "wiedergeborener" Christen, die man wahlweise auch als die "konservative", "evangelikale" oder "christlich-fundamentalistische" Wählerschaft der USA beschreibt und die sich selber für die "moralische Mehrheit" (‚moral majority') ihres Landes halten. Die bibelschwingenden Hirten dieser gläubigen Herden wünschen sich tatsächlich wohl nichts mehr, als dass das oben beschriebene apokalyptische Drehbuch Wirklichkeit wird. Sie beten öffentlich dafür, und zusammen mit den Zeloten und Eiferern unter den Zionisten arbeiten sie auch darauf hin, dass dies geschieht. Auf jeden Fall sind sie fest davon überzeugt, dass einmal so kommen muss, denn ein solches militärisches "Endspiel", so sagen sie, passe genau zum erklärten Willen Gottes.

Man nehme nur als Beispiel die Worte des Pastors John Hagee, die einem mehr als einen kalten Schauer über den Rücken jagen können... Dieser gute Mann ist eine der einflussreichsten Persönlichkeiten des heutigen christlichen Fundamenalismus in den USA, und so genießt er einen mehr oder minder direkten telefonischen Zugang sowohl zu den US-amerikanischen Präsidenten als auch zu den israelischen

Premierministern. Hagee leitet die Gemeinde der "Corner Stone Church" in San Antonio, Texas, und tritt dort mit seinem riesigen Chor und einer schrecklich lauten Kapelle auf, was jeden Sonntagmorgen von sechs Fernsehkameras aufgenommen und live ins ganze Land ausgestrahlt wird. Am Anfang des Jahres 2006 gründete er die CUFI: "Christians United For Israel", etwa: "Christen vereint für Israel". Im Mai 2002 wurde Pastor Hagee neben manchen anderen vom BBC-Reporter Stephen Sackur für eine sehr bemerkenswerte Radio-Dokumentation interviewt. Wie viele andere Politiker und Personen des öffentlichen Lebens der USA hatte Hagee sich damals der Meinung angeschlossen, dass Israels regelrechte Offensive gegen die Palästinenser in den besetzten Gebieten einen integralen Bestandteil des von Präsident Bush jr. erklärten weltweiten "Kriegs gegen den Terror" darstelle – dies ist übrigens die neueste Legende aus zionistischer Produktion.

Sackurs Sendung lief unter dem Titel „Eine Lobby, mit der man rechnen muss“ (original „A Lobby to Reckon With“) und lieferte ein Beispiel für ehrlichen investigativen Journalismus, wie man ihn sich nicht besser denken kann. Er wollte in seiner Sendung darlegen, warum es nicht mehr richtig sei, von der "zionistischen Lobby" als dem wesentlichen Einflussfaktor auf die US-amerikanische Außenpolitik in Bezug auf den Nahen Osten zu sprechen. Seiner Ansicht nach gab es nämlich eine neue, mächtigere Lobby, die in ihrer Ausrichtung und ihrer Wirkung, wenn auch nicht in ihren Institutionen, die Zionisten mit den "wiedergeborenen", politisch rechtsstehenden Christen vereinte. Und daher, so Sackur, sollte man besser von der "pro-Israel-Lobby" dieser beiden Gruppen sprechen; in ihr seien "die zwei am besten organisierten Netzwerke der USA" nun eine Allianz eingegangen.

In seiner Predigt versicherte Pastor Hagee seinen Schäfchen am Sonntagmorgen jener Aufnahme für die Sendung der BBC, dass "Gott mit Abraham, Isaak und Jakob einen ewigen Bund geschlossen hat, auf dass die Nation Israel für immer dem jüdischen Volk gehöre", mit Jerusalem "als der ewigen Hauptstadt des jüdischen Staates". Die Christen der USA würden, so rief der Pastor aus, auf Seiten Israels "durch dick und dünn" gehen. Nach der religiösen Feier fragte ihn Sackur einfach: Wieso? Pastor Hagee gab der BBC die folgende, in der Sendung ausgestrahlte Antwort:

"Der jüdische Staat ist etwas, das [zuerst] in Gottes Gedanken geboren wurde, und wir, als Volk, glauben an die [Heilige] Schrift. Und die [Heilige] Schrift sagt sehr deutlich, dass Gott Israel geschaffen hat und dass Gott der Beschützer und Verteidiger Israels ist. Wenn Gott Israel geschaffen hat, und wenn Gott Israel verteidigt, ist es dann nicht einfach logisch, zu sagen, dass diejenigen, die Israel bekämpfen, auch gegen Gott kämpfen? Wir erkennen in diesem Gedankengang jene Geburtswehen, die man in der Zukunft einmal den Anfang vom Ende nennen wird. Ich persönlich glaube, dass der Dritte Weltkrieg schon begonnen hat. Ich glaube, er hat am Tag von 9/11 angefangen.

Ich glaube [auch], dass wir eine Eskalation islamischen Einflusses auf der ganzen Welt sehen werden, und dass [dann] Gott mit der Gnade Seiner Souveränität aufstehen und Israel verteidigen wird, und dass die Feinde Israels vernichtet werden."

Dies sei, so erwiderte Sackur „eine ausgesprochene Schwarz-Weiß-Malerei, eine Gut-gegen-Böse-Darstellung der globalen Konflikte", die manche Zuhörer für "hetzerisch und gefährlich" halten könnten. Ganz ungerührt und höflich gab Pastor Hagee zur Antwort: "Nein, gefährlich ist das nicht. Und wenn man die Zukunft kennt, gibt es auch keinen Grund, es für Hetze zu halten. Es wird so geschehen."

Ein Bericht in der Ausgabe vom 6. März des "Monitorworld (Christian Science Monitor)" stellte fest, dass nach einer Umfrage aus dem Jahre 2002 immerhin "59 Prozent der US-Amerikaner glauben, dass die Ereignisse des biblischen Buches der Offenbarung in der Zukunft [tatsächlich] eintreffen werden." (!) Der erwähnte Artikel, geschrieben von der Redakteurin Jane Lampman, erschien unter der Überschrift: "Das Weltenende: die Debatte wird heißer". Lampman schrieb auch, dass - obwohl die Fundamentalisten nur eine Minderheit der Christen in den USA ausmachten - "das Interesse an endzeitlichen Prophezeiungen auch jenseits ihrer Kreise zugenommen hat und nicht nur das Leben der Menschen, sondern sogar die Außenpolitik beeinflusst, wie sowohl Befürworter als auch Kritiker meinen."

Zu ungefähr der gleichen Zeit, als Pastor Hagee diese Prophezeiung abgab, war es dem wohl unaufrichtigsten israelischen Politiker, dem damals ehemaligen und nun auch wieder amtierenden[2] Premierminister Benyamin Netanyahu sehr wichtig, zu betonen, dass Israel in "einer biblischen Schlacht" kämpfe. Diese Worte sprach er zu einer Versammlung britischer Juden in London, als er in der Hoffnung, bald wieder Premierminister zu werden, einige sorgsam ausgewählte westliche Hauptstädte abtourte. Auf seiner damaligen Reise warb er hauptsächlich für seine Meinung, dass Yasser Arafat so etwas wie ein palästinensischer Hitler, Saddam Hussein und Usama bin Laden in einer Person vereint sei und man dementsprechend mit ihm umgehen müsse. Als Anführer von Al-Qaeda und somit angeblicher Hauptverantwortlicher für die Terrorangriffe von 9/11 auf die USA stellte Usama bin Laden das Hauptziel des "Krieges gegen den Terror" von Präsident Bush jr. dar. Netanyahu war als erster führender Politiker Israels auf den 9/11-Zug aufgesprungen, um so endlich Arafat kreuzigen zu können. Als wohl interessanteste Frage zum Phänomen Netanyahu, und ich empfehle dem Leser, diese für den weiteren Verlauf unserer Geschichte im Hinterkopf zu behalten, erweist sich die folgende: Weiß er in Wahrheit, dass vieles von dem, was er so erzählt, vollständiger, rein propagandistischer Nonsens ist – oder glaubt er am Ende wirklich, was er von sich gibt? So sagte Netanyahu beispielsweise, nach einem Bericht der „Jerusalem Post" vom 7. April 2008, vor einer Versammlung von US-amerikanischen Evangelikalen in Jerusalem: „Israel hat keine besseren

2· 2015 wiedergewählt

Freunde auf dieser Welt als christliche Zionisten. Diese Freundschaft ist eine des Herzens, eine Freundschaft der gemeinsamen Wurzeln und eine Freundschaft gemeinsamer Kultur.“

Hier zeigt sich eine wirklich erschreckende Gleichung:

Fanatismus zionistischer plus christlicher plus islamistischer Prägung ergibt Armageddon (mit der Anmerkung, dass einige, vielleicht sogar recht viele Muslime sagen werden, dass der Fanatismus auf muslimischer Seite vor allem als Reaktion auf die zionistische Aggression und den christlichen Fundamentalismus erfolgt sei). Alle drei Sorten Fanatismus sind im Aufwind...

Wie viele Menschen im Falle eines solchen apokalyptischen Endspieles in und für Palästina genau sterben müssten und wieviel an natürlichem Lebensraum dieser Erde durch den nuklearen Fall-out verschmutzt oder zerstört würde, darüber kann man nur spekulieren. Dass es überhaupt dazu kommen könnte, sollte für jeden Mann, jede Frau und jedes Kind dieses Planeten Grund genug sein, zu begreifen, wieviel für alle bei den Entwicklungen im Nahen Osten auf dem Spiel steht.

Der Kampf um Palästina ist nicht nur der am längsten andauernde Konflikt der Menschheitsgeschichte - er begann immerhin vor mehr als 3000 Jahren. Es ist vor allem der gefährlichste. Meine eigenen Erfahrungen im Zusammenhang mit dem arabisch-israelischen Konflikt (als Auslandskorrespondent für das private ITN/ "Independent Television Network“ und für die BBC- Serie „Panorama“, sowie, auf höchster Ebene, als Akteur innerhalb der geheimen diplomatischen Bemühungen um einen Frieden) bargen äußerst beunruhigende Augenblicke einer aktuellen Auflage des „Buches der Offenbarung“. Jeder einzelne von ihnen hat zu den Einblicken beigetragen, die das vorliegende Buch, wie ich hoffe, dem Leser bieten kann.

Als mir die Notwendigkeit eines solchen Buches klar wurde, sah ich auch zwei Hauptfragen, die darin angesprochen werden mussten. Die erste: Wer kann den Countdown in Richtung Armageddon anhalten? Und die zweite Frage war: Wer und was kann verhindern, dass der schlafende (aber sich schon manchmal regende) Oger des Antisemitismus noch einmal mit der ihm eigenen Wildheit Amok läuft?

Wie wir noch im weiteren Verlaufe sehen werden, sind die beiden Fragen eng verknüpft. Wenn der Countdown hin zu Armageddon endgültig aufgehalten werden soll, so muss das schlafende Monster „Antisemitismus" ein für alle Mal vernichtet werden. Ich will damit sagen, dass es nicht ausreichen wird, ihn einfach wieder in Schlaf zu versetzen, nein, der Pfahl muss tief in das Herz dieses Unholds getrieben werden.

Dieses Buch hat zwei zentrale Themenbereiche:

Einer befasst sich damit, wie der moderne Staat Israel, dieses Kind des politischen Zionismus, zu seinem eigenen schlimmsten Feind geworden ist, und damit auch zu einer wesentlichen Bedrohung nicht nur für den Frieden der Region und der ganzen Welt, sondern auch für das wohlverstandene Interesse der Juden weltweit und für die moralische Integrität des Judentums.

Der andere damit verbundene Themenbereich befasst sich mit der Frage, warum die ganze arabische und darüber hinaus die muslimische Welt zu einem regelrechten Hexenkessel von Verzweiflung und Frustration geworden ist, der nur darauf wartet, zu explodieren.

Natürlich bin ich mir bewusst, dass die Bestie der Islamophobie in vielen westlichen Ländern umher streift und sich gierig die Lefzen leckt. Und so hoffe ich, dass die historischen Wahrheiten, die dieses Buch präsentieren soll, unter anderem auch dazu beitragen, das Unwissen und die daraus resultierenden Vorurteile zu beseitigen, von denen diese spezielle Bestie lebt.

Es sind nun die grundlegenden Fragen, mit denen sich dieses Buch befasst, von sehr sensibler Natur, und sie werden äußerst kontrovers diskutiert; außerdem sind sie der allgemeinen Öffentlichkeit noch nie auf eine Weise dargeboten worden, die eine wirklich fundierte und rationale Debatte über die Hindernisse für den Frieden im Nahen Osten ermöglicht hätte. Daher möchte ich auch die folgende Stellungnahme abgeben, um die Leser jedes Zweifels über meinen Ausgangspunkt zu entheben:

Jenes Israel, über das ich auf den folgenden Seiten schreiben werde, ist kein "jüdischer Staat". Ich meine damit, dass es nicht entsprechend den moralischen Werten und ethischen Prinzipien des Judentums regiert wird. Wäre dies nämlich der Fall (gewesen), so hätte Israel sich nicht verhalten können, wie es das getan hat, angefangen bei der einseitigen Erklärung seiner Unabhängigkeit 1948. Diese war ein herausfordernder Akt des Widerstands gegen den Willen und die Wünsche der (organisierten) internationalen Gemeinschaft und löste den ersten arabisch-israelischen Krieg aus. Das Israel, über das ich in diesem Buch schreibe, ist ein zionistischer Staat. Und der Zionismus, den es repräsentiert, d.h. der politische Zionismus, wie bereits erläutert, hat das Judentum, die jüdische Religion, für politische Zwecke nur gebraucht und missbraucht.

Für jene Leser, die mit der Begrifflichkeit des Konfliktes nicht enger vertraut sind, möchte ich hier betonen, dass es sich beim "Zion" des spirituellen Zionismus um den "Berg Zion" in Jerusalem handelt. Bei seiner Übernahme durch die Gründungsväter des politischen Zionismus wurde der Name jedoch zum Symbol einer "Rückkehr" von Juden in ein Land, das ihre vermeintlichen Vorfahren, die Hebräer der Antike, nur relativ kurze Zeit besetzten und beherrschten, nämlich in einer Zeit rund tausend Jahre vor der Geburt jenes Sohnes eines Zimmermanns, der zum Christus der späteren Christen wurde. Viele Juden werden sich über den soeben in diesem Zusammenhang benutzten Ausdruck „vermeintlich" entrüsten, aber die historische Wahrheit verpflichtet mich, dazu zu stehen.

Die meisten "zurückkehrenden" Juden waren Nachkommen fremdländischer Konvertiten.

Die physische "Rückkehr" der Juden ins "Gelobte Land", diese an sich mögliche, jedoch lächerlich unangemessene Definition des Hauptziels des politischen Zionismus, stellte von Anfang ein zutiefst fehlerhaftes Konzept dar. Der Begriff "Rückkehr" unterstellt, dass es sich bei praktisch allen Juden, die nun "zurückkehrten", um den modernen Staat Israel aufzubauen, um biologische Nachfahren der Hebräer des alten Königreichs Israel handelt. Wenn dies der Fall gewesen wäre, so hätte wenigstens ein irgendwie begründbarer Anspruch auf ein Stück palästinensischer Erde bestanden. Aber so verhielt es sich gar nicht. Vielmehr waren die meisten, wenn nicht alle "zurückkehrende" Juden Angehörige vieler fremder Nationen und Nachkommen von Juden, die zur jüdischen Religion erst viele Jahre nach dem endgültigen Fall des alten jüdischen Königreichs und dem angeblichen „Zerstreuen“ seiner Bewohner in die „Diaspora“ konvertiert waren. Um es etwas grob, wenn auch treffend, auszudrücken: Die meisten, wenn nicht alle dieser Juden, die nun "zurückkehrten", um den zionistischen Staat zu schaffen, hatten keinen irgendwie gearteten Anspruch auf das Land Palästina. Auch wenn diese Aussage heute immer noch als unfein gilt, als "politically incorrect", so muss man doch festhalten, dass die Vorstellung, es gebe zwei Völker mit einem ähnlich gewichtigen Anspruch auf das gleiche Land, keiner ernsthaften Untersuchung standhält. Die Tatsache, dass Israel mittlerweile nun einmal existiert, bedeutet nicht, dass der zionistische Anspruch auf Palästina legitim war. Wie wir noch sehen werden, handelt es sich bei der Frage nach Israels Legitimität um einen der Teufel, die im Detail der politischen Bemühungen um Frieden stecken.

Die Unterscheidung zwischen spirituellem und politischem Zionismus ist wesentlich für das Verständnis des "jüdischen Dilemmas".

Die Unterscheidung zwischen spirituellem und politischem Zionismus ist nicht nur der Schlüssel zum Verständnis des bereits Angesprochenen; sie ist auch wesentlich für das Verständnis jenes Phänomens, das ich "das jüdische Dilemma“ nenne. Dies ist mein kurzgefasster Ausdruck für die qualvolle Zwickmühle, in der sich viele, wenn nicht alle Juden weltweit aufgrund des Verhaltens des zionistischen Staates sehen. Nüchtern betrachtet kann dessen Verhalten als brutal und grausam bezeichnet werden, als getrieben von Selbstgerechtigkeit ganz außergewöhnlichen Ausmaßes, als rücksichtslos gegenüber dem internationalen Recht und den Menschenrechtsabkommen; kurzum, es spricht den moralischen Werten und ethischen Prinzipien des Judentums Hohn.

„Vielleicht ist es an der Zeit, dass Judentum und Zionismus getrennte Wege gehen".

Ein Hinweis darauf, wie sehr das Verhalten des zionistischen Staates manche britische Juden beunruhigt, war in einem Artikel in „The Independent On Sunday" vom 28. Oktober 2001 zu finden. Der von Andrew Johnson verfasste Beitrag stand unter der Überschrift "Britische Juden uneins nach Kritik eines Rabbiners an ‚Israels Kolonialismus' " [engl.: "British Jews at odds after Rabbi criticises Israels ‚Colonialism' "]. Es wurde berichtet, wie ein "leidenschaftlicher Streit" in den Spalten der jüdischen Zeitung "The Jewish Chronicle" ausgebrochen war, nachdem ein liberaler Londoner Rabbi, Dr. David Goldberg, etwas Unaussprechliches in der Öffentlichkeit ausgesprochen hatte: Goldberg, Verfasser einer populären Einführung in das Judentum unter dem Titel "Das jüdische Volk – Seine Geschichte und seine Religion" [["The Jewish People, Their History and Their Religion" Recherche]] hatte festgestellt, Israels „Kolonisierungsprogramm" habe viele Juden veranlasst, "ihre unbedingte Unterstützung Israels in Frage zu stellen". Er sagte auch, dass "es an der Zeit sein [könnte], dass Judentum und Zionismus getrennte Wege gehen." Dies ist vielleicht die bemerkenswerteste Aussage, die je ein Jude der Diaspora getroffen hat.

Eigentlich osteuropäischen Ursprungs, wurde der politische Zionismus nach langer Schwangerschaft im Bauche von Mütterchen Russland (dem Russland der Zaren) 1897 in der Schweiz geboren. Von nun an werde ich, wenn ich einfach von Zionismus spreche, den politischen Zionismus meinen. Wenn ich den spirituellen Zionismus meine, werde ich dies ausdrücklich sagen. Im Jahre 1897 nun vertrat der Zionismus bloß eine kleine, eigentlich unbedeutende Anzahl der Juden weltweit. Nach der Gründungsresolution galt alle Anstrengung einem Ziel: "Der Zionismus erstrebt für das jüdische Volk die Schaffung einer öffentlich-rechtlich gesicherten Heimstatt." Aber das wahre, nicht öffentlich proklamierte Ziel des Zionismus war die Schaffung eines jüdischen Staates. Der Unterschied zwischen den beiden Begriffen – Heimstatt und Staat – war von entscheidender Bedeutung: Mit einer jüdischen „Heimstatt" verbindet man – oder das konnte man bei politischem oder propagandistischem Bedarf zumindest vorgeben – viel weniger als mit einem "Staat", nämlich so etwas wie eine allgemein anerkannte jüdische Präsenz in Palästina, die ohne jede eigene Souveränität auch keine Bedrohung für das Wohlergehen und die Rechte der angestammten palästinensisch-arabischen Bevölkerung darstellen konnte. Die Wahrheit ist, dass die Gründerväter des Zionismus in der Öffentlichkeit über ihre wahren Absichten Lügen verbreiteten. Warum sie meinten, lügen zu müssen, kann man ganz einfach formulieren:

Die ersten Zionisten mussten über ihre wirklichen Ziele lügen, da diese nur durch ein Verbrechen zu erreichen waren: durch ethnische Säuberung.

Von Anfang an verlangte das zionistische Abenteuer, dass einige, im Endeffekt gar alle alteingesessenen arabischen Bewohner Palästinas ihres Landes, ihrer Häuser und ihrer Rechte beraubt würden. Anders gesagt musste der Zionismus, um sein Ziel zu erreichen, ein Verbrechen begehen, und zwar das der ethnischen Säuberung.

Nach meinem Verständnis der Geschichte, und ich meine damit die wirkliche Historie im Gegensatz zu zionistischer, nordamerikanischer oder westeuropäischer Legendenbildung, wäre jene schreckliche Ungerechtigkeit den Palästinensern nicht angetan, jenes Verbrechen nicht begangen worden, wenn es vorher nicht drei miteinander verbundene Ereignisse gegeben hätte:

- wenn Großbritannien, aus reiner Verzweiflung, nicht im Ersten Weltkrieg die zionistische Karte gespielt hätte;
- wenn Adolf Hitler und seine Nazi-Partei nicht in einem besiegten und gedemütigten Deutschland an die Macht gekommen wären;
- und wenn schließlich, im Laufe des Zweiten Weltkrieges, nicht sechs Millionen Juden von den Nazis vernichtet worden wären, welches furchtbare Ereignis den absoluten Höhepunkt in der über zweitausend Jahre währenden Geschichte der Judenverfolgung bildete.

Der Zweite Weltkrieg war zu einem Teil (ich glaube: zu einem großen Teil) die Folge der Weigerung Großbritanniens und Frankreichs, nach dem Ende des Ersten Weltkriegs den weisen Rat eines klugen und wirklich aufgeklärten Geistes anzunehmen. Ich meine damit Woodrow Wilson, den 28. Präsident der Vereinigten Staaten von Amerika, der das Pech hatte, seinen Zeitgenossen um Jahre voraus zu sein.

Einige Wahrheiten sind anscheinend so offenkundig, dass sich niemand die Mühe macht, sie auszusprechen; da sie aber unausgesprochen bleiben, bleiben manche Dinge unverstanden. Eine jener nie ausgesprochenen Wahrheiten ist die folgende: Nicht Araber, sondern Europäer brachten die sechs Millionen Juden in Europa um. Aber just den Arabern, insbesondere der arabischen Bevölkerung Palästinas, sollte die Sühne für dieses europäische Verbrechen aufgebürdet werden.

Nach meinem Verständnis ist die extreme Form von Selbstgerechtigkeit, die heutzutage ein Markenzeichen des Zionismus darstellt, nur ein maskierter Ausdruck eines unterdrückten Schuldgefühls angesichts des den Palästinensern zugefügten Unrechts, und natürlich auch der daraus resultierenden Furcht vor dem, was daraus noch erwachsen mag.

Einer der größten Erfolge des politischen Zionismus während des ersten halben Jahrhunderts nach der Gründung Israels bestand darin, der westlichen Welt einzureden, Anti-Zionismus und Antisemitismus wären ein- und dasselbe. Dabei stimmt das ganz und gar nicht.

Oder wie es Lenni Brenner, ein berühmter jüdischer anti-zionistischer Schriftsteller, formulierte: *„Zionismus ist heute nicht und war nie deckungsgleich mit dem Judentum, noch dem jüdischen Volk."* (Hervorhebung durch den Verfasser) So Brenner in seinem Buch *„Zionism in the Age of Dictators – A Reappraisal"* [d.h. "Zionismus im Zeitalter der Diktatoren – Eine Neubewertung", erschienen in deutscher Übersetzung unter dem Titel: "Zionismus und Faschismus. Über die unheimliche Zusammenarbeit von Faschisten und Zionisten"]

Die ungeheure Wirkung zionistischer Propaganda erklärt auch, warum die Regierungen und Massenmedien des Westens sich damit begnügten, zionistische Mythologie und objektive Geschichte ungeprüft für übereinstimmend zu halten, wobei sie doch in Wahrheit stark voneinander abweichen. Und das erklärt wiederum, warum es im Westen und vor allem in den USA auch heute noch an wirklichem Verständnis für die Hintergründe des arabisch-israelischen Konfliktes mangelt; d.h. an Verständnis dafür, wie der Konflikt entstand, was ihn genährt hat und weiter nährt und am Leben erhält, und warum es heute zur schier unmöglichen Aufgabe geworden ist, den Countdown hin zur endgültigen Katastrophe für diese Region und die ganze Welt anzuhalten.

So unvermeidlich, wie die Nacht dem Tag folgt, werden mich Zionisten des Antisemitismus bezichtigen. Mit ruhiger Gewissheit gehe ich davon aus, dass kein Leser dieses Buches, so er bei Sinnen ist, zu demselben Schluss kommen kann.

Als ich daran ging, dieses Buch zu schreiben, standen zwei persönlich signierte Porträtfotos vor mir auf meinem Schreibtisch, Bilder der, zumindest meiner Ansicht nach, wohl gegensätzlichsten Personen in der gesamten Menschheitsgeschichte. Es sind Erinnerungsstücke aus meiner Zeit als Fernsehreporter. Das eine ist von Golda Meir, der „Mutter Israels". Das andere ist von Yassir Arafat, dem "Vater Palästinas". Arafat signierte mit "Best wishes", Golda schrieb "To a good friend, Alan Hart". ["(Meine) besten Wünsche" bzw. "Einem guten Freund (gewidmet): (für) Alan Hart"]

Da ich ein „Goi", ein Nicht-Jude bin, bedeuteten Goldas Worte auf dem Foto mir sehr viel. Sie halfen mir auch immer wieder dabei, fanatische Zionisten in Schach zu halten, wenn diese mich auf einer meiner Vortragsreisen in den USA lautstark des Antisemitismus bezichtigten. Wo immer ich auch war, in Fernseh- oder Rundfunkstudios oder am Rednerpult, zog ich jene Fotografie aus der Tasche, las laut die handschriftlichen Worte vor und sagte darauf zu meinem jeweiligen Ankläger: "Meinen Sie im Ernst, die alte Dame wäre so dumm gewesen, mich nicht zu durchschauen, wenn ich wirklich anti-jüdisch wäre?"

Dieser Vorwurf des Antisemitismus beunruhigt mich aber auch deshalb nicht, weil ich seinen wahren Kern erkenne: Man versucht schlicht, mich mit Dreck zu bewerfen, um meine Arbeit zu diskreditieren. Vor dem allgegenwärtigen Hintergrund des von den Nazis verübten Holocausts stellt der ungerechtfertigte Vorwurf des Antisemitismus die Taktik dar, mit der Zionisten versuchen, Nicht-Juden zu diskreditieren und am besten zum Schweigen zu bringen, wenn diese es wagen sollten, den Zionismus und Israel begründet zu kritisieren. Da es sich beim Hinschlachten der sechs Millionen Juden in Deutschland und dem damals deutsch besetzten Teil Europas um ein von Europäern verübtes Verbrechen handelt, gibt es nichts, was europäische Politiker und Journalisten zu größeren moralischen Feiglingen macht, als ihre Angst, als Antisemiten gebrandmarkt zu werden. Nach meiner Auffassung findet man die scharfsichtigsten Worte, die wohl je in diesem Zusammenhang geschrieben worden sind, in Alfred Lilienthals wunderbar recherchiertem Buch "The Zionist Connection II – What Price Peace?", das in Erstauflage 1978, noch vor dem Ende des Kalten Krieges, erschien. [d.h. etwa: "Die Zionistische Mafia II - Frieden zu welchem Preis?"]

Im Kapitel mit der Überschrift "Exploiting Anti-Semitism" ["Wie der Anti-Semitismus *ausgebeutet wird*"], schreibt Lilienthal:

"Nichts hat mehr zum Erfolg des Zionismus und Israelismus [sic!] in der westlichen Welt beigetragen als der geschickt geführte Angriff auf den weichen Unterbauch der öffentlichen Meinung, nämlich Herrn Biedermanns totale Ablehnung des Antisemitismus. Die wuchtige Wirkung dieses Klischees, das den bösen Geist Nazi-Deutschlands heraufbeschwört, sprengt jeden durchschnittlichen Christen [moralisch] so arg in Stücke, dass es im Vergleich geradezu als netter Beiname erscheint, wenn man ihn bloß Kommunist schimpft. Es war die tiefe Ablehnung der Christen gegenüber dem Antisemitismus in Folge des Hitlerschen Genozids, und nicht etwa das größere Recht der Zionisten im Vergleich zum Recht der Araber, was den israelischen Staat erst schaffen und dann befestigen half; es erlaubte sogar die Besetzung der eroberten Gebiete in offensichtlicher Missachtung der UN-Charta und der internationalen moralischen Werte."[3]

Wie wir noch sehen werden, waren und sind Juden die scharfsinnigsten und vernichtendsten Kritiker des Zionismus. Einer der scharfsinnigsten unter ihnen war Achad Ha-Am. Dies ist das schriftstellerische Pseudonym eines russischen Juden, den wir im fünften Kapitel noch genauer kennen lernen werden. Eine seiner Äußerungen lieferte die Inspiration für den Titel dieses Bandes meiner Trilogie: *Der Falsche Messias.*

In Wahrheit wird der Begriff „Antisemit“ praktisch nie auf korrekte, angemessene Weise gebraucht. Wenn Juden ihn mit einem gewissen Recht gebrauchen, so meinen sie damit, dass die Person, die sie des Antisemitismus beschuldigen, antijüdisch ist. In der Tat sind aber die Araber genauso wie die Juden ein semiti-

3· Alfred M. Lilienthal, „The Zionist Connection II: What Price Peace?“, North American, 1982, S. 403f

sches Volk, d.h. Semiten. Ein Anti-Semit ist also eigentlich jemand, der Juden *und* Araber hasst. Nachdem ich dies der Wahrheit zuliebe festgehalten habe, werde ich bei der heutigen westlichen Tradition bleiben und den Begriff "Antisemit" (bzw. Antisemitismus etc.) so verwenden, als ob er nur die Bedeutung "anti-jüdisch eingestellte Person" hätte.

Meine eigene Haltung ist seit Jahren öffentlich bekannt. In meinem Buch *Arafat, Terrorist or Peacemaker?* ["Arafat – Terrorist oder Friedensstifter?"], das in Großbritannien 1984 und später in den USA als "Arafat" erschienen ist, habe ich geschrieben, dass ich, ganz grob betrachtet, die Juden als die intellektuelle Elite der westlichen Welt und die Palästinenser als die intellektuelle Elite der arabischen Welt ansehe. Ich fügte hinzu, dass die Vorstellung, was diese beiden Völker in einem friedlichen und partnerschaftlichen Verhältnis gemeinsam zu leisten imstande wären, den Stoff für einen jener Träume liefere, die Wirklichkeit werden können. Ich wagte sogar auszusprechen, dass die Juden und die palästinensischen Araber in einem friedlichen und gedeihlichen Zusammenleben der ganzen Welt neue Hoffnung und Inspiration schenken könnten.

Der Hauptzweck jenes Buches lag darin, der Öffentlichkeit eine großartige, aufregende Wahrheit nahezubringen. Selber entdeckt hatte ich diese Wahrheit, als ich erstmals über einen längeren Zeitraum hinweg einen einzigartig direkten und ungehinderten Zugang zu Arafat genoss. Ich war nämlich am Anfang des Jahres 1980 zum Verbindungsmann in einem geheimen Erkundungsaustausch zwischen ihm und jenem prominenten israelischen führenden Politiker geworden, der es in Beziehung auf einen Friedensschluss anscheinend ernst meinte.

Meine Hoffnung lag nun darin, dass diese in *Arafat – Terrorist or Peacemaker?* dargelegte Wahrheit verschlossene Herzen und Köpfe öffnen und uns so, vor allem in der westlichen Welt, zum ersten Mal die Möglichkeit einer rationalen Debatte über einen gangbaren Weg zum Frieden im Nahen Osten ermöglichen könnte.

Ende 1979 hatte Arafat alle machbaren Vorleistungen für Friedensverhandlungen mit Israel erfüllt.

Bis zur Erstveröffentlichung meines Buches über Arafat und seinen Kampf war es Israel und seinen bedingungslosen, aber sehr einflussreichen Unterstützern in den westlichen, vor allem den US-amerikanischen Medien gelungen, die westliche Öffentlichkeit dazu zu bringen, die zionistischen Ansichten über den Vorsitzenden der Palästinensischen Befreiungsorganisation zu teilen. Nach ihrer Version war Arafat nicht einfach nur ein Terrorist, er war das personifizierte Böse selber. Der aufs schlimmste irregeleitete israelische Spitzenpolitiker Menachem Begin, selbst vom Terrorführer zum Premierminister mutiert, hatte sich und seine Anhänger davon überzeugt und der Welt gegenüber lauthals verkündet, dass Arafat ... die Reinkarnation Hitlers sei! Mit solch einem Mann könne man, so gab Israel unter Begin (und unter Shamir, Netanyahu, Sharon) zu Protokoll, als jüdischer Staat nie und nimmer verhandeln. Und dank der Bemühungen von Henry Kissinger während seiner Zeit als Präsident Nixons Außenminister hatte Israel auch sicherstellen können, dass keine US-Regierung je mit Arafat oder der PLO verhandeln würde, solange Israel nein sagte.

Die Wahrheit, die in *Arafat – Terrorist or Peacemaker?* präsentiert wurde, lautete folgendermaßen: Bis zum Ende des Jahres 1979 (und dies soll man sich auf der Zunge zergehen lassen: 1979, d.h. vor bald 35 Jahren!) hatte Arafat im Prinzip alles auf palästinensischer Seite nur Menschenmögliche getan, um den Weg zu einem Frieden mit Israel zu ebnen.

Israel unter Begin wollte diese Wahrheit natürlich nicht hören, noch dulden, dass sie öffentlich ausgesprochen wurde, aber die sie untermauernden Fakten und Argumente waren beeindruckend, und Präsident Carter wusste dies zu würdigen. Carter verstand, dass es Arafat ernst mit seinem Wunsch nach einem Friedensschluss war, und zwar zu Bedingungen, die jede vernünftig denkende israelische Regierung und jeder rationale israelische Bürger mit Erleichterung akzeptiert hätte.

Der Kompromiss: Anerkennung Israels gegen die Rückgabe von 23 Prozent des den Palästinensern zustehenden Landes.

Kurz zusammengefasst sieht die Faktenlage so aus: Noch vor dem Ende des Jahres 1979 und nur wenige Monate nach dem Separatfrieden Ägyptens (der desaströse Folgen zeitigen sollte) hatte Arafat den Palästinensischen Nationalkongress PNC (so etwas wie das palästinensische Exilparlament und praktisch die höchste Entscheidungsinstanz auf palästinensischer Seite) davon überzeugt, dass man für die Perspektive eines Friedens mit Israel zu einem historischen Kompromiss bereit sein müsste. Dabei handelte es sich um einen Vorschlag, der für alle Palästinenser eigentlich unannehmbar war. Arafat jedoch bestand darauf, dass dieser Kompromiss angesichts der erdrückenden militärischen Überlegenheit Israels in der Region, umso mehr nun, als Ägypten als wichtigste arabische Größe aus jeder militärischen Gleichung verschwand, notwendig war, damit die Palästinenser überhaupt nur ein akzeptables Minimum an Gerechtigkeit für sich erreichen konnten. „Etwas Konkretes", wie Arafat selber sagte.

Der besagte historische Kompromiss hätte nun von den Palästinensern verlangt, dass sie Israel in den Grenzen vor dem Krieg von 1967 (der sogenannten „Grünen Linie") anerkennen und mit ihm Frieden schließen müssten, im Austausch für knapp 23 Prozent des Landes, das ihnen von Rechts wegen zustand. Anders gesagt: Frieden hätte nach diesem Vorschlag bedeutet, dass die Palästinenser Selbstbestimmung auf den 23 Prozent nun besetzter Gebiete (die West-Bank, das arabische Ost-Jerusalem eingeschlossen, und der Gaza-Streifen, von welchen sich Israel hätte zurückziehen müssen) um den Preis erhalten würden, dass sie für immer auf die restlichen 77 Prozent des Landes verzichten müssten.

Das war im Grundsatz die Rechnung jenes historischen Kompromisses nach der Regel „Land für Frieden". Und dies stand in Übereinstimmung mit Buchstabe und Geist der Resolution 242 des UN-Sicherheitsrates vom 22. November 1967, die Israel offiziell akzeptiert hatte und respektieren wollte.

Für Israel gab es in diesem Angebot noch etwas Wertvolleres als nur Land. Denn es verlangte Israel sogar nach etwas Wichtigerem als Frieden: Es handelte sich um die einzige Sache, die der zionistische Staat den Palästinensern nicht gewaltsam entringen konnte.

Nur die Anerkennung des „Existenzrechts Israels" durch die Palästinenser verleiht Israel völkerrechtliche Legitimität.

Die Bezeichnung dieser Sache war „Anerkennung", genauer: „Anerkennung des Existenzrechts Israels". Nur bleibt hier eine Frage, von der ich nicht wüsste, dass sie jemals irgendjemand in einem Buch über den arabisch-israelischen Konflikt gestellt, geschweige denn beantwortet hätte: Warum in aller Welt ist es so wichtig, dass Israels „Existenzrecht" gerade von den Palästinensern anerkannt wird? Die Antwort findet ihre Begründung im Einzelnen auf den folgenden Seiten dieses Buches; zusammengefasst lautet sie: Nach dem Völkerrecht entbehrt Israel aufgrund der Umstände seiner Entstehung als Staat jedweder Legitimität und hat deshalb eigentlich *kein* Existenzrecht. Nach dem Völkerrecht können nur die Palästinenser, und nicht die Vereinten Nationen oder sonst irgendeine irdische oder sogar himmlische Autorität dem zionistischen Staat jene rechtliche Legitimität verleihen, nach der ihn so verlangt.

Vor diesem Hintergrund wird deutlich, dass der erwähnte historische Kompromiss von den Palästinensern verlangte, nicht nur mit dem zionistischen Staat Frieden zu schließen, sondern ihn damit zugleich zu legitimieren, was nichts anderes heißt als auch den zionistischen Raub arabischen Landes innerhalb der israelischen Grenzen vor 1967 zu legitimieren.

Für ein Volk, das sich emotional der Idee verschrieben hatte, „die Juden ins Meer zu treiben" (ein bedrohlich klingendes, jedoch rein rhetorisches und dummes Gewäsch, das sich weder Arafat noch einer seiner Mitstreiter auf Führungsebene der PLO je zueigen machten), für ein solches Volk war der historische Kompromiss eigentlich völlig unannehmbar.

Und daher brauchte der PLO-Chef, wie ich in *Arafat – Terrorist or Peacemaker* beschrieb, sechs lange Jahre, 1973 bis 1979, um den Vorschlag dem Palästinensischen Nationalkongress PNC zu ‚verkaufen'. Er setzte dabei nicht nur seine

Glaubwürdigkeit bei den anderen Mitgliedern der PLO-Führung, sondern auch sein Leben aufs Spiel. Denn Arafat persönlich setzte ab 1973 auf eine rein politische Strategie und den historischen Kompromiss mit Israel. Wenn er aber damals diese Politik dem PNC zur Abstimmung vorgelegt hätte, so wäre sein Vorschlag mit überwältigender Mehrheit abgeschmettert worden.

Im Laufe dieser sechs Jahre von 1973 bis 1979 rief Arafat jedes einzelne der 300 Mitglieder des Palästinensischen Nationalkongresses zu sich nach Beirut, einen nach dem anderen. In Gesprächen unter vier Augen legte er jedem Abgeordneten seine Argumente für den historischen Kompromiss vor. Die anfängliche Antwort der meisten Delegierten bestand in vollständiger Ablehnung der von Arafat vorgeschlagenen Strategie. Einige sagten ihm sogar ins Gesicht, dass sie ihn für einen Verräter ihrer Sache hielten und ihn die breite Masse der Palästinenser ebenso sehen werde. Einige warnten ihn, dass er riskierte, ermordet zu werden, wenn er weiter für solch einen unvorstellbaren Kompromiss eintrete. Arafat jedoch weigerte sich, einen politischen Misserfolg in dieser Sache auch nur für möglich zu halten. Stattdessen hörte er den Einwänden jedes einzelnen Delegierten geduldig zu; dann er lud er jeden ein, er möge doch wieder heimkehren an seinen jeweiligen Wohnort in der palästinensischen Diaspora und einmal in Ruhe lange und gründlich über seine, Arafats, Worte nachdenken. Danach könnten sie doch wieder nach Beirut kommen und noch einmal mit ihm darüber sprechen. Und wenn sie wiederkamen, bearbeitete er sie geduldig weiter. Und noch einmal. Bis schließlich, am Ende dieses Marathons, seine Bemühungen, die Meinung des PNC zu wenden, Erfolg zeitigten und 296 Delegierte für seine politische Strategie des Verhandelns und Kompromisses stimmten, bei nur 4 Gegenstimmen.

Auf der Rednerbühne erschien Arafat dem westlichen Beobachter als ein Mann mit nur wenig oder gar nichts von jenem Charisma, das man zu den grundlegenden Eigenschaften einer Führungspersönlichkeit zählt. Mag sein, aber von Mensch zu Mensch war Arafat ganz anders. Im persönlichen Kontakt, wenn er nicht gezwungen war, vor einer Menge aufzutreten, zeigte Arafat eine ganz eigene Art von Charisma, dessen magische Wirkung sich in seinen individuellen Beziehungen oder in kleinen Gruppen, die in Klausur tagten, entfaltete.

Am Ende des Jahres 1979 war ihm ein regelrechtes Wunder an Führungskraft gelungen. Ich selber lernte mit den Jahren praktisch alle wichtigeren Mitglieder der PLO-Führung kennen, Arafats Kritiker wie seine Befürworter. Sie waren alle, aber auch jeder andere Palästinenser, mit dem ich je gesprochen habe, einer Meinung: nämlich dass niemand außer ihm es geschafft hätte, den Palästinensischen Nationalkongress so weit zu überzeugen. Niemand sonst hätte diese Bereitschaft zum historischen Kompromiss erzeugen können, die nötig war, um den längsten und gefährlichsten Konflikt der Menschheitsgeschichte zu einem friedlichen Ende zu bringen.

Nach diesem Erfolg brauchte Arafat nun, um den historischen Kompromiss umsetzen zu können, einen ernsthaften Verhandlungspartner auf israelischer Seite. Ein solcher Politiker musste zuerst einmal zu einem Schritt bereit sein, den alle Politiker Israels geschworen hatten, nie zu tun: Anerkennung der PLO und Verhandlungen mit ihr mit dem Ziel eines Friedensschlusses, welcher das Ende der Besetzung der 1967 eroberten Gebiete und die dortige Gründung eines Palästinenserstaats mit dem arabischen Ostteil Jerusalems als seiner Hauptstadt impliziert hätte. Dies und die Entschädigung jener Flüchtlinge, die wegen der Existenz Israels niemals wieder in ihre Heimat würden zurückkehren können, das waren, auch im Namen der Gerechtigkeit, die nicht verhandelbaren und unabdingbaren Mindestanforderungen der palästinensischen Seite. Und was diese notwendigen Mindestanforderungen anging, konnte selbst Arafat keinen weiteren Kompromiss schließen, noch weitere Wunder vollbringen.

Am Ende 1979, man wird nicht müde, es zu wiederholen, war also anscheinend, infolge dieses Beweises von Führungsqualitäten seitens Arafat, die friedliche Lösung des Palästina-Problems in greifbare Nähe gerückt. So sah das auch Präsident Carter, und er hatte Recht damit.

Israel beantwortete dies, unter Begins Regierung, in Form zweier Maßnahmen: Die erste, politischer Art, zielte darauf, Präsident Carter zu blockieren, als dieser die PLO anerkennen und in einen Verhandlungsprozess integrieren wollte. Die zweite Antwort Israels war das militärische Eindringen in den Libanon und seine Besetzung bis einschließlich Beirut; dies mit dem Zweck, Arafat und die gesamte palästinensische Führung zu liquidieren und durch Israel hörige Nachfolger zu ersetzen. Wenn es Begins Regierung gelungen wäre, alle ihre mit der Invasion des Libanon verbundenen Ziele umzusetzen, wäre diese palästinensische Marionettenführung in Jordanien, nach einem (von Israel geplanten) Putsch gegen König Hussein und dessen Sturz, als Regierung eingesetzt worden.

Im kurzen Zeitraum zwischen der Durchführung dieser beiden Maßnahmen geschah es nun durch Zufall, dass ich zum Verbindungsmann in einem geheimen Erkundungsaustausch zwischen Arafat und Shimon Peres wurde. Über welch geringen Handlungsspielraum jeder israelische Politiker mit einem echten Willen zum Frieden verfügt, konnte ich bei der Erledigung meiner Aufgabe unmittelbar verfolgen, und es wird auf den kommenden Seiten zu schildern sein.

Peres war damals der Vorsitzende der israelischen Arbeiterpartei, die in der zersplitterten Knesset, dem Parlament Israels, die größte Oppositionsfraktion gegenüber der vom Likud geführten Regierung Begins stellte. Begins Hauptstrategie bestand darin, vor Ort Fakten zu schaffen, durch die Gründung immer weiterer illegaler jüdischer Siedlungen auf besetztem arabischem Land. Damit sollte jede Form arabisch-palästinensischer Selbstbestimmung, die diesen Namen verdient hätte, unmöglich gemacht werden.

Zu Anfang meines diplomatischen Pendelverkehrs hoffte fast jeder insgeheim, vor allem aber das Weiße Haus und die Verantwortlichen im UN-Sicherheitsrat, dass es Peres durch einen Sieg bei den in Israel anstehenden Wahlen gelingen würde, eine zweite Amtszeit von Begin zu verhindern. Meine Aufgabe bestand in der bis dahin verbleibenden Zeit, so viel wie möglich an gegenseitigem Verstehen und Vertrauen zwischen Arafat und Peres aufzubauen, damit Peres, wenn er denn ins Amt des Premierministers käme, mit Arafat in einen offenen Dialog zum Zwecke eines wirklichen Friedensprozesses treten könnte.

Jedermann, auch in Israel selbst, rechnete damit, dass Peres Begin an den Urnen schlagen würde. Zum Schluss aber erlaubte Israels merkwürdige (manche würden sagen: verrückte) Form der Verhältniswahl Begin den ersten Versuch, eine Koalitionsregierung zusammenzuschustern, was ihm auch gelang. So wurde er als Premierminister für eine zweite Amtszeit bestätigt und ernannte den ominösen General Ariel Sharon (liebevoll auch „Bulldozer" genannt) zum Verteidigungsminister. Damit waren alle Türen für eine Invasion des Libanon bis hoch nach Beirut offen.

Die Zionisten wollten keinen kompromissbereiten und durchsetzungsfähigen Palästinenserführer

Vor diesem Hintergrund legt die von Sharon geleitete Invasion des Libanon von 1982 einen Schluss nahe: Es war nicht der Terrorist Arafat, sondern der Friedensstifter Arafat, den Israels Falken am meisten fürchteten. Genau das konnten die zionistischen Betonköpfe nicht gebrauchen: eine palästinensische Führungspersönlichkeit mit einem wirklichen Interesse am Kompromiss mit Israel und, zu gegebener Zeit, der nötigen Durchsetzungsfähigkeit. Verhandlungen mit einem solchen palästinensischen Führer hätten auf zionistischer Seite die Aufgabe aller groß-israelischen Pläne erzwungen, welche die langfristige Annexion der 1967 besetzten arabischen Gebiete oder zumindest eines Großteils beinhalteten.

Arafats „Verbrechen": Ihm gelang es, den totgeglaubten palästinensischen Nationalismus wiederzubeleben.

Arafats wirkliches Verbrechen liegt darin, dass er den Zionisten ein Schnippchen schlug, indem es ihm gelang, den totgeglaubten palästinensischen Nationalismus wiederzubeleben. Diese Wiederauferstehung hätte es weder nach dem Drehbuch der zionistischen Führung noch nach den Vorstellungen, die in den Entscheidungszentren der westlichen und der arabischen (!) Welt herrschten, je geben dürfen. Warum nicht, werden wir im weiteren Verlauf noch sehen.

Arafat – Terrorist oder Friedensstifter? kam zuerst knapp zwei Jahre nach dem Beginn des israelischen Einfalls in den Libanon heraus, bei welcher Gelegenheit es

Sharon nicht gelungen war, die PLO, ihre Führung und ihre Infrastruktur zu zerschlagen. Zu meiner offensichtlichen Freude fand mein Weckruf an Israel, das sich der Wirklichkeit endlich stellen musste, dort sein Echo. Dies tönte besonders laut aus einem bemerkenswerten Buch von Yehoshafat Harkabi. Ein ungeheuer wichtiges Buch allein deshalb, weil Harkabi nichts Geringeres als die bedeutendste Autorität in Bezug auf den arabisch-israelischen Konflikt in Israel darstellte. Dies war eine Folge seiner Arbeitstätigkeit und der dort gemachten Erfahrungen: Er hatte als DMI, israelischer „Director of Military Intelligence" oder „Direktor des militärischen Nachrichtendienstes", von 1955 bis 1959 gedient, und damit länger als jeder andere auf diesem Posten. In dieser Funktion war es seine Aufgabe, der israelischen Führung jene strategischen Einschätzungen zu liefern, mit deren Hilfe Israel den Arabern seinen Willen aufzwang und dies zugleich rechtfertigte. Nach seinem Abschied vom Militär arbeitete er als Professor für politische Wissenschaften und befasste sich mit der Zeit zunehmend, und zunehmend kritisch, mit fundamentalen Fragen der israelischen Politik und den Grundannahmen dahinter.

Im Jahre 1986 veröffentlichte Harkabi, nach mehr als einem halben Dutzend anderer Bücher, sein "magnum opus" mit dem hebräischen Titel *Hachraot Goraliot*. Zwei Jahre später erschien die erste englische, gegenüber dem Original inhaltlich verbesserte, Ausgabe als *Israel's Fateful Hour* (d.h. "Israel's Schicksalsstunde"). Zum Thema der in meinem Buch über Arafat angesprochenen Notwendigkeit, dass Israel sich der harten Wirklichkeit stellen und endlich zu Verhandlungen mit den Arabern schreiten müsse, schrieb Harkabi:

„Was wir in Israel brauchen, ist nicht eine geeinte Formation hinter einer falschen Politik [d.h. der Fortsetzung der israelischen Besetzung des 1967 besetzten Landes], sondern forschende Selbstkritik und eine sorgsame Überprüfung unserer Ziele und Mittel, damit wir zwischen realistischen Visionen und abenteuerlichen Phantasien unterscheiden können. Wir brauchen klares, rationales und vor allem langfristiges und umfassendes politisches Denken. Politiker richten ihren Blick häufig bloß auf die Kieselsteine, über die sie fallen könnten, und übersehen dabei den gähnenden Abgrund dahinter. Manche sind brillant in ihrer Analyse der Ereignisse der vergangenen Wochen, aber äußerst kurzsichtig, was die möglichen Entwicklungen der kommenden Monate und Jahre angeht."

„Die Juden im Westen und vor allem in den USA sollten an der Debatte teilhaben. Sie sollten sich nicht von der Furcht beirren lassen, ihre Argumente könnten ihren und Israels Feinden helfen."

„Die Juden im Westen und vor allem in den USA sollten an der Debatte teilhaben. Sie sollten nicht zu schüchtern sein, und sich nicht von der Furcht beirren lassen, ihre Argumente könnten ihren und Israels Feinden helfen. Die Entscheidung, der sie sich gegenüber sehen, ist nicht die zwischen gut und schlimm, sondern die zwischen schlimm und schlimmer. Israels Politik zu kritisieren kann auf schädliche Weise spaltend wirken; sich aber jeder Kritik zu enthalten und Israel damit weiterhin zu gestatten, eine falsche Politik aufrecht zu erhalten, ist auf unvergleichliche Art schlimmer. Falls der Staat Israel, Gott behüte, zu Schaden kommen sollte, so nicht aufgrund eines Mangels an Waffen oder Geld, sondern infolge schiefen politischen Denkens und weil Juden, die die Situation erkannt haben, sich nicht ausreichend bemüht haben, die Israelis von der Notwendigkeit eines neuen Denkens zu überzeugen."

„Es steht das Überleben Israels und der Stand des ganzen Judentums auf dem Spiel. Für Israel wird bald die Stunde der Wahrheit schlagen. Die Krise, der das Land gegenüber steht, wird alles verzehren. Es wird bitter werden, denn viele werden zugeben müssen, dass sie in einer Phantasiewelt gelebt haben. Sie werden sich von Vorstellungen und Glaubensinhalten trennen müssen, die ihnen teuer waren."[4]

Und der Zeitfaktor war nach Harkabis Ansicht von entscheidender Bedeutung. Israel, so seine eindringliche Warnung, musste über Verhandlungen einen Ausweg aus der Besetzung finden, solange es noch eine kompromissbereite und nach innen durchsetzungsfähige palästinensische Führung gab. Harkabi hatte ein gutes Verständnis der palästinensischen Realitäten: Arafat würde, worauf ich auch in meinem Buch über ihn hingewiesen hatte, seine Glaubwürdigkeit bei seinen eigenen Leute verlieren, wenn es ihm nicht nachzuweisen gelänge, dass eine auf Kompromiss, politische Mittel und Verhandlungen ausgerichtete Strategie Erfolge zeitigte. Und dazu brauchte er auch die Mitarbeit Israels.

Im Hinblick auf Arafat und die PLO schrieb Harkabi:

„Indem wir die PLO als grundlegend terroristische Organisation darstellen, kriminalisieren wir sie und kriminalisieren dadurch, ohne es vielleicht zu wollen, die ganze palästinensische Gemeinschaft, welche zur PLO als ihrer Vertretung und Führung hinaufsieht. Und eine solche Stellungnahme [wie die unsere] ist sowohl moralisch als auch politisch falsch."[5]

"Tragische Ironie, wenn der jüdische Staat, einst als Lösung für das Problem des Antisemitismus' gedacht, zum Faktor eines Anstiegs desselben würde".

Und nicht zuletzt warnte Harkabi:

"Israel ist das Kriterium, an dem alle Juden tendenziell gemessen werden. Israel

4. Yehoshafat Harkabi, „Israel's Fateful Hour" [„Israels Schicksalsstunde"]; Harper & Row, 1988, Vorwort, S. XIX

5. Ebd. S. XVII

ist, als jüdischer Staat, ein [praktisches] Beispiel für den jüdischen Charakter, der ja dort zugleich freien und verdichteten Ausdruck findet. Natürlich hat der Antisemitismus tiefe historische Wurzeln. Jedoch wird jeder Makel im Verhalten Israels, welcher am Anfang in anti-israelischem Sinne aufgebracht werden mag, sich wahrscheinlich [im weiteren Verlauf] in einen empirischen Beleg des Antisemitismus verwandeln... Es wäre doch eine tragische Ironie, wenn der jüdische Staat, der doch ursprünglich als Lösung für das Problem des Antisemitismus gedacht war, selber zum Faktor eines Anstiegs desselben Antisemitismus werden würde. Israelis müssen darauf Acht geben, dass der Preis für ihr Fehlverhalten nicht nur von ihnen, sondern von den Juden in der ganzen Welt bezahlt werden wird. Im Kampf gegen den Antisemitismus liegt ein wichtiger Schauplatz mitten in Israel."[6]

Wenn ein "Goj", ein Nichtjude, solches geschrieben hätte, wäre er (und auch eine sie) von den Zionisten als ein fanatischer Antisemit verdammt worden; und wahrscheinlich hätte niemand sein Buch mit diesen Worten veröffentlicht. Wie wir im weiteren Verlaufe noch sehen werden, war Harkabi bei weitem nicht der einzige Jude, der den Zionismus als wesentlichen begünstigenden Faktor für einen Anstieg des Antisemitismus sah.

Die hebräische Originalausgabe von Harkabis Buch führte zu einer hitzigen Debatte in Israel und, ganz wie er es gehofft hatte, auch dazu, dass führende politische Köpfe der rational orientierten Hälfte der jüdischen Bürger Israels ihre Haltung überdachten. Und so kam es, dass, besser spät als nie, Yitzhak Rabin als Premier, geschoben von seinem Außenminister Peres, gezogen von seinem Gegenüber Arafat, endlich zustimmte, die PLO als Gesprächspartner anzuerkennen und jene Verhandlungen mit ihr zu beginnen, die später als Oslo-Prozess bekannt wurden. Und so ergriff dann am 13. September 1993 Rabin die sich ihm entgegenstreckende Hand Arafats, als sie beide auf dem Rasen vor dem Weißen Haus standen. Und die Welt schaute zu, bass erstaunt. Ich selber sah diese Szene vom Sendehaus der BBC in London aus; wie viele meiner Kollegen musste ich mich der Tränen erwehren, welche zugleich Ausdruck der Freude und der Hoffnung waren.

Zwei Jahre darauf musste es Rabin mit seinem Leben bezahlen, dass er sich zum politischen Realismus bekehrt hatte. Er wurde von einem religiös-zionistischen Fanatiker getötet, der genau wusste, was er damit tat: er tötete damit zugleich den Osloer Friedensprozess. Ich war damals fest überzeugt und bin dies heute noch, dass Rabin, wenn ihm Leben und Zeit vergönnt gewesen wären, alles ihm Mögliche getan hätte, sein in Oslo gegebenes Wort zu halten und den Vertrag umzusetzen. Wenn ihm dies gelungen wäre, so hätte es, meiner Meinung nach, binnen fünf Jahren nach Vertragsabschluss eine Zwei-Staaten-Lösung nach

6· Ebd. S. 220f

Muster der Vereinbarungen von Oslo geben können. Und der Countdown des Schreckens, der Countdown hin zu Armageddon wäre gestoppt worden.

Wenn, ja wenn dies so gekommen wäre, hätte Arafat seinen Platz in der Geschichte als einer der Ersten unter den Friedensstiftern einnehmen können, denn die Initiative für diesen Oslo-Prozess und den folgenden Durchbruch im Verhältnis zwischen Israel und der PLO kam einzig und allein von ihm.

Rabins Platz an der Spitze der Regierung wurde von Shimon Peres eingenommen; aber seine Aussichten, die folgenden israelischen Wahlen zu gewinnen und aufgrund eines eigenen Erfolges an den Urnen zum Premier gewählt zu werden und so dem praktisch toten Friedensprozess neues Leben einzuhauchen, wurde regelrecht und im eigentlichen Wortsinn weggesprengt: kurz vor den Wahlen schlugen Selbsttötungsattentäter der Hamas mehrfach zu; dies als Vergeltung für eine "gezielte Tötung", einen politischen Mord an einem palästinensischen Aktivisten durch das israelische Militär. Diese Aktion war natürlich durch Peres, den Regierungschef, selbst genehmigt worden, was wohl der größte Fehler seines Lebens war und es Arafat unmöglich machte, die "Falken" von der Hamas zu zügeln. Binnen drei Tagen wurden damals insgesamt 59 Israelis getötet. Wie abzusehen war, führte dies zu einem Rechtsruck bei den Wahlen im Mai 1996, bei denen der Likud unter Netanyahu einen Sieg errang und dieser zum neuen Premier bestimmt wurde. Netanyahu hatte in Bezug auf den Friedensprozess nur ein Ziel: die von Arafat und Rabin vereinbarten Bedingungen zu unterlaufen, den Prozess anzuhalten und wenn möglich die von diesem ermöglichten Gewinne der Palästinenser, Gewinne der Arafatschen Politik des Ausgleichs und Verhandelns, zunichte zu machen.

Nach einer desaströsen ersten Amtszeit von Netanyahu und Neuwahlen im Mai 1999 deutete sich auf israelischer Seite eine Rückkehr zum politischen Realismus mit dem Wahlsieg der Arbeiterpartei unter Ehud Barak an. Dieser Berufssoldat und ehemalige Stabsschef der israelischen Streitkräfte zeigte jedoch auf politischem Gebiet wenig Geschick. Er sorgte in seiner kurzen Amtszeit, unter tätiger Mithilfe des US-Präsidenten Clinton, für eine Wiederauferstehung alter Legenden in neuem Gewand: Nach der neuen Version habe angeblich Barak in Camp David im Juli 2000 Arafat "fünfundneunzig" Prozent von dem geboten, was dieser als seine Bedingungen für einen Friedensschluss bezeichnet habe. Und mit seiner Ablehnung dieser so "großzügig" ausgestreckten israelischen Hand habe Arafat bewiesen, dass er doch immer nur ein Terrorist und nie ein Mann des Friedens gewesen sei, dass er es auf die Zerstörung Israels abgesehen habe und sowieso meinte, dass er durch Gewalt kurzfristig mehr erreichen könne als durch Verhandlungen.

So ging die aktualisierte Form der Legende, wie sie Zionisten und ihre Anhänger in aller Welt gerne hörten. Und diese Version der Dinge wurde eifrig verbreitet und diente dazu, all das zu legitimieren, was danach Israel unter dem Premier Scharon nach dessen Sieg über Barak 2001 den Palästinensern antat. Und es gereicht zahlreichen Journalisten in Westeuropa und Nordamerika nicht zur Ehre, dass sie diese Propagandaspeise schluckten, obwohl sie es hätten besser wissen müssen. Manche hatten sich so darauf verlegt, den zionistischen Staat im Recht wie im Unrecht zu verteidigen, so dass sie regelrecht reflexhaft besagte Legende wiederkäuten. Manch andere fielen einfach auf sie herein, weil sie zu bequem waren, selber genau zu recherchieren. Was dabei herauskommen konnte, wenn ein Journalist einmal nicht faul war und beharrlich nachbohrte, belegte am 18. Mai 2002 auf eindrucksvolle Art ein Artikel in der New York Times.

Der Verfasser, Nicholas D. Kristof, beginnt unter der Überschrift "Arafat und die Legende von Camp David" seine Überlegungen mit den folgenden Worten:

"Will Yassir Arafat in Wirklichkeit überhaupt Frieden? In verschiedenen meiner Kommentare habe ich den Palästinenserführer verspottet und die allgemein vertretene Ansicht wiederholt, dass er die sehr großzügigen Friedensangebote des Ministerpräsidenten Ehud Barak abgelehnt habe. Diese Sichtweise wird im Westen praktisch von jedem geäußert, angefangen von Henry Kissinger, bis hin zur Diskussionsrunde auf der Cocktail-Party um die Ecke. Durch Hinweise mehrerer Leser angeregt, habe ich mich etwas tiefer in die Sache hineingearbeitet und auch einige Schlüsselfiguren befragt. Ich bin dabei zu den folgenden Erkenntnissen gelangt."

Nach Betrachtung der Einzelheiten der damaligen Verhandlungssituation kommt Kristof zu dem Schluss: „... die im Westen verbreitete Ansicht, dass Arafat einen vernünftigen Friedensvorschlag brüsk abgelehnt habe und es deshalb sinnlos sei, nach einer angemessenen Verhandlungsstrategie [mit Arafat bzw. der palästinensischen Seite] zu suchen, ist eine Legende."[7]

An jenem Tag, als Rabin die Hand Arafats schüttelte, schwor Ariel Scharon, dass er den in Oslo begonnenen Friedensprozess torpedieren würde. Als Baraks und Clintons gemeinsames Missmanagement der Verhandlungen mit Arafat in der Wahl Scharons zum Ministerpräsidenten gipfelte, ging dieser daran, zu beweisen, dass er zu seinem Wort stehen würde (und auf seine Rolle weist Kristof insbesondere in seinem Artikel hin). Auf israelischer Seite war mit Rabin nun auch endgültig jeder Realismus beerdigt.

Und auf palästinensischer Seite verfielen Ansehen und Glaubwürdigkeit Arafats bei seinen Leuten zusehends. Mehr als zwei Jahrzehnte lang versprach er ihnen nun, dass seine politische Strategie des Kompromisses und Verhandelns als einzige konkrete Resultate zeitigen würde; das hieß insbesondere: ein kleiner palästinensischer Staat mit dem arabischen Ostteil Jerusalems als Hauptstadt. Angesichts der alltäglichen Realitäten erschien das immer unsinniger.

7· Vgl. Nicholas D. Kristof, "Arafat and the myth of Camp David", The New York Times, Ausgabe vom 17. Mai 2002; im Internet ist der Artikel zu finden unter der Adresse: http://www.nytimes.com/2002/05/17/opinion/is-arafat-capable-of-peace.html

Als klar wurde, dass Scharon einfach versuchte, den palästinensischen Wunsch nach mehr als ein paar Krumen vom zionistischen Mahl mit Gewalt zu brechen, holte ich instinktiv Harkabis kenntnisreiches, visionäres und wegweisendes Werk über "Israels Schicksalsstunde" aus dem Regal und schlug es auf Seite 220 auf: "Israelis müssen darauf Acht geben, dass der Preis für ihr Fehlverhalten nicht nur von ihnen, sondern von den Juden in der ganzen Welt bezahlt werden wird. Im Kampf gegen den Antisemitismus liegt ein wichtiger Schauplatz mitten in Israel."

Was Harkabi gefürchtet hatte, war nun eingetreten: Israels "Fehlverhalten" weckte den Riesen namens Antisemitismus aus seinem Schlaf. Wie vorhersehbar behauptete der harte Kern der Zionisten, besonders in den USA, beharrlich, dass die allgemeine Kritik an Israel selbst bloß Folge eines allgemeinen Antisemitismus sei. Dieser Unsinn aus zionistischer Propaganda-Produktion sollte natürlich, wie immer, nur dazu dienen, Kritiker Israels mundtot zu machen. Nichtsdestotrotz war ein Körnchen Wahrheit daran: Die Möglichkeit einer neuen, gefährlichen Wiederkehr antisemitischen Hasses, hervorgerufen auch durch das Verhalten des Staates Israel, wurde für die nahe Zukunft immer greifbarer.

Der Zionismus lebt und gedeiht von der jüdischen Angst vor einem weiteren Holocaust - Für die meisten Diaspora-Juden ist der Staat Israel eine letzte Zuflucht für den Fall der Fälle...

Ich fragte mich zunehmend, warum nur die Juden in aller Welt, bis auf eine sehr kleine Minderheit, stumm geblieben sind, obwohl sie in ihrer großen Mehrheit keine bekennenden Zionisten sind? Warum haben sie dem Alarmruf Harkabis nicht endlich entsprochen und sich der kommenden Katastrophe entgegengestemmt? Warum haben sie sich nicht vernehmlich dafür eingesetzt, dass sich das israelische Denken und Handeln ändern?

Warum nur blieben sie stumm und sprachlos? Warum bloß schwiegen sie so beharrlich?

Die Antwort liegt, vermutete und vermute ich, in dem, was ich kurz „die jüdische Zwickmühle" nenne. Deren Wesen ist am einfachsten wohl in einem einfachen, hemdsärmeligen Satz von Lenni Brenner im Vorwort seines Buches *Zionism in the Age of Dictators* ausgedrückt: "Der Zionismus lebt und gedeiht von der jüdischen Angst vor einem weiteren Holocaust."

Ich bin zwar Nichtjude, stehe aber nun seit bald vierzig Jahren mit Juden in engerem Austausch. Und auf Grundlage meiner Erfahrungen würde ich behaupten, dass Brenner ins Schwarze trifft. Tief drinnen in jedem Juden (darin eingeschlossen mein Steuerberater, seit vierzig Jahren einer meiner besten Freunde) schlummert die Furcht, dass die Menschen sich eines Tages wieder einmal auf fürchterliche Weise gegen die Juden wenden könnten. Dies ist aber die eine Seite der "jüdischen Zwickmühle". Die andere Seite besteht in der – wenn auch manchmal unterdrückten – Ahnung, dass der zionistische Staat eines Tages selber, aufgrund seiner von Macht genährten Arroganz, wieder zum Faktor eines Anstiegs desselben Antisemitismus wird, sofern er es nicht schon längst geworden ist.

Wenn man die zwei Seiten der "jüdischen Zwickmühle" zusammen nimmt, erkennt man ihre für die meisten Juden unaussprechliche Logik. Sie geht ungefähr so:

"Wir Juden dieser Welt wissen, dass wir öffentlich dafür eintreten und unseren Einfluss einsetzen sollten, dass Israel seine Politik gegenüber den Palästinensern ändert. Das können wir aber nicht. Wieso nicht? Ganz einfach: Vielleicht kommt einmal wieder der Tag, an dem wir auf Israel als letzten Zufluchtsort angewiesen sind. Aus diesem Grund dürfen wir es nicht einmal in Erwägung ziehen, etwas zu sagen oder zu tun, das Israels Feinden gefallen könnte, um nicht unser allerletztes Sicherheitsnetz in Gefahr zu bringen."

Und nun zur politischen Tragweite der "jüdischen Zwickmühle": Lange Jahre glaubte ich, dass die USA den Schlüssel zum Frieden im Nahen Osten in ihren Händen hielten. Nur ein US-Präsident brächte, mit Unterstützung einer ausreichenden Anzahl von Senatoren und Mitgliedern des Repräsentantenhauses, genug politisches Gewicht in die Arena, um Israel zu ernsthaften Schritten in Richtung eines wirklichen Friedens bewegen zu können. Und das wäre notwendigerweise ein Frieden unter Bedingungen gewesen, welche den Minimalforderungen der palästinensischen Seite auf materieller wie moralischer Ebene entsprochen hätten.

So dachte ich über das Verhältnis zwischen USA und Israel; meine Nachforschungen für dieses Buch haben mich aber in zwei wichtigen Punkten zu einer anderen Schlussfolgerung kommen lassen:

Der erste Punkt hat damit zu tun, dass die USA ab dem Zeitpunkt des Schlaganfalls des Präsidenten Wilson 1919 sich unfähig zeigten, mit den Problemen des Nahen Ostens gelassen und unparteiisch umzugehen, mit der Ausnahme der beiden Amtszeiten des Präsidenten Eisenhower in den Fünfzigern. Dies liegt daran, dass die US-Version der Demokratie anfällig ist für den Ausverkauf an (durch starke Lobbys vertretene) Interessengruppen jeglicher Art. Unter denen zählt die zionistische Lobby wohl seit langem zu den stärksten. Zu diesem, wenn auch deprimierenden Schluss lädt das Studium der Ereignisse nach dem misslungenen Versuch des Präsidenten Wilson ein, der verhindern wollte, dass man den arabischen Palästinensern ein schreckliches Unrecht antat.

Wenn jetzt mancher Leser zu ahnen vermeint, dass ich nur den argumentativen Grund dafür legen möchte, sogleich die zionistische Lobby in den USA für die gesamte Katastrophe im Nahen Osten verantwortlich zu machen, muss ich darauf sagen: Ganz und gar nicht.

Ich meine schon, dass die zionistische Lobby in vielen kritischen Momenten mehr Einfluss auf die US-amerikanische Politik zur Lösung des Palästina-Konfliktes (oder eher seiner Verschleppung) nahm und nimmt als alle jeweiligen US-Präsidenten und ihre jeweiligen Minister, Berater und Beamten. Darum geht es mir aber nicht im Wesentlichen, denn die jeweiligen US-Politiker, die Präsidenten natürlich eingeschlossen, hatten immer auch die Wahl: Sie hätten der zionistischen Lobby nicht folgen müssen, aber sie entschieden sich dafür aus Rücksicht auf ihre eigenen kurzfristigen, oder eher: kurzsichtigen Interessen.

Anders ausgedrückt: Ich kritisiere nicht die zionistische Lobby dafür, dass sie ihren ehrfurchtgebietenden Einfluss einsetzt. Die Zionisten haben damit immer nur das Große Spiel der Nationen nach seinen eigenen machiavellistischen Regeln gespielt, natürlich ohne Rücksicht auf Verluste. Ich möchte hier vor allem das Faktum anprangern, dass in den USA wichtige politische Entscheidungsprozesse aufgrund der Finanzierungsweise der Wahlkämpfe und ihrer Durchführung so anfällig für Manipulation und Missbrauch durch mächtige, organisierte Interessengruppen sind, dass der resultierende Mechanismus in wesentlichen Hinsichten undemokratisch wird. Wenn ich die USA auf Vortragstournee bereiste, habe ich dies immer auf dem Podium so ausgedrückt: Die zionistische Lobby habe sich das, was ich als Demokratie der USA bezeichnet würde, unter den Nagel gerissen („hijacked"), allerdings nur mit der fröhlichen Komplizenschaft US-amerikanischer Klientelpolitiker, der sogenannten "pork-barrel"- oder "Pökelfleisch"-Politiker, besonders unter den Demokraten.

Für alle, die (auch in der angelsächsischen Welt) mit diesem Begriff nicht vertraut sind, erklärte ihn einmal (der mittlerweile verstorbene) Alistair Cooke in seiner BBC-Sendung "Letter From America" ["Ein Brief aus den USA"] am 26. Dezember 2003. Der Ausdruck bezog sich nach seinen Worten auf "eine in den Südstaaten der USA in den Jahren vor dem Bürgerkrieg verbreitete Praxis". Und zwar sei es üblich gewesen, dass Sklavenbesitzer von Zeit zu Zeit nach Vorankündigung eingesalzenes Schweinefleisch in großen Fässern den Sklaven hinstellen ließen, und "die Sklaven stürmten auf die Fässer zu und jeder grabschte, was er zu fassen bekam". Das Pökelfleisch war eine Art Prämie und Belohnung für die Sklaven und ließ diese ihr äußerst hartes Los etwas besser ertragen, was zu einer höheren Arbeitsleistung führte.

Mit der Zeit wurde das "Pökelfleisch" zu einem Synonym für alle möglichen Wohltaten, die ein gewählter Amtsträger Menschen in seinem Wahlkreis zuteil werden ließ, damit diese weiterhin für ihn stimmten. Meist handelt es sich dabei um eine Summe Geldes, die der jeweilige Politiker beim "House Appropriations Committee" [der "Parlamentsausschuss für Etat-Zuweisungen" des Repräsentantenhauses] für ein Anliegen in seinem Wahlkreis herausschlägt. Im Zusammenhang des arabisch-israelischen Konfliktes jedoch dreht es sich beim "Pökelfleisch" um etwas ganz anderes: Hier geht es darum, dass sich der jeweilige US-amerikanische Politiker verpflichtet, im Guten wie im Schlechten zugunsten Israels zu stimmen, was ihm umgekehrt Wahlkampfgelder und Stimmenpakete sichert.

1917 hat Großbritannien aus imperialen Erwägungen auf die zionistische Karte gesetzt. In den USA wurde jedoch immer dem zionistischen Schwanz aus innenpolitischen Gründen gestattet, mit dem US-amerikanischen Hund zu wedeln, insbesondere unter Präsident Truman. Acht Jahre lang versuchte dann Präsident Eisenhower, den Zionismus und sein Geschöpf im Zaum zu halten; ihm folgten jedoch (bis auf Kennedy und Carter in gewissem Maße) Präsidenten, die nicht nur fürchteten, die zionistische Lobby vor den Kopf zu stoßen, sondern es sogar für angezeigt hielten, sich am britischen Beispiel zu orientieren und die Zionisten als Werkzeug für eigene Interessen einzusetzen. Im britischen Fall ging es darum, ein Imperium zu erhalten, im Falle der USA darum, eines zu gründen.

Die jüdischen Bürger der westlichen Staaten haben eine einzigartige Macht, korrigierend einzuwirken.

Soweit zum ersten Punkt, in dem ich meine frühere Vorstellung über den möglichen US-amerikanischen Einfluss auf die Lage im Nahen Osten korrigiert habe. In zweiter Hinsicht bin ich zu folgender Ansicht gelangt:

Ich meine, dass die Juden der "Diaspora", d.h. vor allem jene, die im Westen und besonders in den USA leben, den meisten Einfluss ausüben können, um Israel zu einem Kurswechsel zu bewegen, bevor es, vielleicht für uns alle, zu spät ist. Und dieser Einfluss könnte auf zweierlei Weise zum Tragen kommen:

- Einerseits könnten Juden von außerhalb Israels ihre eigenen, vom verhärtet zionistischen Standpunkt abweichenden Argumente Israel gegenüber nachdrücklich vorbringen, wenn es nottut, auch im nichtöffentlichen Rahmen.

- Andererseits wäre es wünschenswert, wenn jüdische US-Amerikaner den Präsidenten ihres Landes wissen ließen, dass sie einen Einsatz seiner politischen Macht in dem Sinne wünschen, dass Israel dazu bewegt wird, grundsätzlich ernsthaften Friedensverhandlungen zu Bedingungen zuzustimmen, welche auch von den Arabern und den Muslimen weltweit akzeptiert werden können. Nach Ansicht der Fakten und reiflicher Überlegung bin ich nämlich, wie auch viele führende jüdische Kritiker des Zionismus in- und außerhalb Israels, zu der Auffassung gelangt, dass in der Tat die US-Bürger jüdischen Bekenntnisses den Schlüssel für den Frieden (oder Unfrieden) im Nahen und Mittleren Osten in Händen halten. Wieso? Alles in allem sieht die banale politische Realität in den USA so aus: Kein Präsident wird jemals der mächtigen zionistischen Lobby zuwiderhandeln, es sei denn im Wissen, dass eine deutliche, offenkundige Mehrheit der jüdischen US-Bürger dies, zum Schutz der Interessen aller US-Amerikaner, von ihm wünscht.

Einen sehr kenntnisreichen Einblick in die US-amerikanische Nahost-Politik bot im Jahre 1974 der (damals schon ehemalige) Senator William Fulbright. Er hielt am 2. November jenes Jahres am Westminster College in Fulton/Missouri eine Rede zur damals (infolge des arabisch-israelischen Oktober-Krieges von 1973) angespannten politischen Lage. Zur Frage des Einflusses jüdisch-amerikanischer pro-israelischer Interessengruppen hatte der frühere Vorsitzende des Senatsausschusses für Äußere Angelegenheiten unter anderem folgendes zu sagen:

„Durch die Unnachgiebigkeit ihres Eintretens bestärken die Unterstützer Israels in den USA Israel in einem Vorgehen, das im weiteren Verlauf zu seinem Untergang, und sehr wahrscheinlich auch unserem, führen muss."[8]

Im Vorjahr war Fulbright durch seine Äußerungen bei einer Folge der CBS-Sendung "Face the Nation" [etwa: "Stelle Dich dem ganzen Land"] für die Zionisten zum "Staatsfeind No. 1" aufgerückt. Bei jener Gelegenheit hatte er die Feststellung gewagt, Israel und seine bedingungslosen Freunde in den USA würden den Senat kontrollieren und somit auch die amerikanische Nahost-Politik. Später äußerte er, er sehe nur noch wenig Hoffnung, dass der US-Kongress die Israel-Lobby jemals herausfordern würde: "Für Politiker bedeutet es Selbstmord, sich ihnen entgegen zu stellen."[9]

Und das bringt uns jetzt zu meinen wirklichen Beweggründen, für dieses Buch zu recherchieren und es zu schreiben. Es haben mich dazu eine Sorge und eine Angst bewogen:

Meine Sorge liegt darin begründet, dass ein Friedensschluss und die damit verbundene Abwendung der Katastrophe unmöglich bleiben, solange alle wesentlich beteiligten und betroffenen Parteien nicht in der Lage sind anzuerkennen, wie und warum der arabisch-israelische Konflikt entstanden ist und am Leben erhalten wird. Und dies verlangt von allen Betroffenen, dass sie den Unterschied zwischen zionistischer Legende und historischer Wahrheit registrieren und anerkennen. Mein Buch zielt auch darauf, diesen Unterschied deutlich zu machen. Manche werden meinen, Geschichte sei ein rein intellektueller, akademischer Zeitvertreib: „Vorbei ist vorbei. Wir sollten [beim Friedensprozess] dort beginnen, wo wir heute stehen." Solche Formulierungen werden gerne von unaufrichtigen Politikern Europas und der USA im Übermaße ge- beziehungsweise missbraucht. Weil immer noch eine solche Haltung vorherrscht, Ignoranz gegenüber der historischen

---

8· Vgl. Senator William Fulbright in der Sendung „Face the Nation" auf CBC, am 15. April 1973; hier ebenfalls zitiert nach: Paul Findley, „They Dare to Speak Out" S. 97; Anmerkungen S. 366

9· Zitiert nach: Paul Findley, „They Dare to Speak Out" [„Die offen zu sprechen wagen"], Westport/Connecticut, Lawrence Hill, 1985, S. 97; Anmerkungen S. 365f. Bis zu seiner Wahlniederlage 1982, vor der von zionistischer Seite gegen ihn mobilisiert worden war, hatte Findley selbst 22 Jahre lang im US-Repräsentantenhaus gesessen, zuletzt als einflussreiches Mitglied des Parlamentarischen Ausschusses für den Nahen und Mittleren Osten („House Middle East Committee"), bis auch er wie Fulbright abgestraft wurde, weil er wagte, „offen zu sprechen". Das Transkript der Rede Fulbrights ist im Internet u.a. zu finden unter: http://www.speeches-usa.com/Transcripts/jw_fulbright.html

Wahrheit inklusive, gibt es im Westen, insbesondere den USA, kein wirkliches Verständnis für den Zorn der arabischen und muslimischen Massen. Deshalb versteht man bei uns nicht, warum die ganze arabische und in der Folge muslimische Welt sich so gedemütigt gefühlt, so verzweifelt, so erbittert und erzürnt ist, dass wir auf den nächsten Ausbruch nur warten müssen.

Meine Angst liegt darin begründet, dass es nach dem Lauf der Dinge nicht nur im Nahen Osten wieder eine antijüdische Wendung geben könnte, anfangs ausgelöst durch eine Überreaktion angesichts der israelischen Arroganz der Macht und ihrer praktischen Folgen. Und wenn Harkabi nicht, wie oben zitiert, als Jude und Zionist auf diese Gefahr zuerst hingewiesen hätte, so hätte ich es als Nichtjude nicht gewagt, diesen Aspekt zusprechen.

Es ist nun meine Hoffnung, dass dieses Buch (d.h. alle drei Bände, ggf. ein vierter) in zweierlei Hinsicht dazu beitragen wird, dass das Eintreten dieses schlimmsten Falles verhindert werden kann. Zuerst einmal hoffe ich, dass mein Buch nichtjüdischen Lesern ermöglichen wird, den tiefgreifenden Unterschied zwischen Juden und Judentum einerseits und dem Zionismus und seinen Parteigängern andererseits zu verstehen. Und in anderer Hinsicht hoffe ich, dass das gleiche Buch Juden in aller Welt, und insbesondere die jüdischen US-Bürger, dazu ermutigt, in eine Diskussion (wenn ihnen das lieber ist, nur unter ihresgleichen) einzutreten und so, wenn auch spät, dem Weckruf Harkabis zu entsprechen: für sie ginge es darum, auf Israel positiv einzuwirken, damit dieses gegebenenfalls sein Denken und Handeln korrigiert.

Mir ist durchaus bewusst, dass vieles in diesem Buch Juden Schmerz und sogar Leid verursachen mag. Deshalb räume ich diesen einführenden Worten des Prologs so viel Platz ein: Es ist mir wichtig, auf einen positiven, befreienden Schluss hinzuarbeiten, eine Lösung der Angelegenheit, die gerade jüdischen Lesern eine Quelle von Trost, Hoffnung und Inspiration bieten sollte. Im Epilog des Gesamtwerks wird dieser "Goj" es sogar wagen anzudeuten, dass die Juden, mit ihrer wahrhaft einzigartigen Erfahrung des Leidens, immer noch einen besonderen Platz unter den Völkern einnehmen, als ein wahres "Licht unter den Völkern" [hebr. „Or haGoyim“; z.B. Jesaja 49:6]

Was ich jedoch vor allem versucht habe: ein Buch zu schreiben, umfangreich genug, mit ausreichender Hintergrundinformation und Darstellung des jeweiligen weltpolitischen Kontextes, um es Nicht-Fachleuten, ganz "normalen" Menschen also, zu ermöglichen, dass sie sich ein eigenes Bild von dem machen, was im Nahen Osten so vor sich geht und wie sich die Teile dieses riesigen verwirrenden Puzzles zusammenfügen.

Wirkliches Verstehen ist nämlich nicht möglich ohne einen Verweis auf die historischen Großereignisse des Zwanzigsten Jahrhunderts, insbesondere die beiden Weltkriege und die Russische Revolution, welche die tausendjährige Monarchie zu einem Ende und die Kommunisten an die Macht brachte. Und natürlich nicht zu vergessen, auf den Kampf der beiden Supermächte, den Kalten Krieg mit seinem obszönen Wettrüsten. Obszön allein deshalb, weil es Geld und andere Ressourcen gierig verschlang, die in einer zivilisierteren und geistig gesünderen Welt dafür eingesetzt worden wären, den einzig wirklich wichtigen Kampf zu führen und zu gewinnen – den Kampf gegen die weltweite Armut in all ihren Formen.

Sollten nur zwei Ereignisse das zionistische Abenteuer zu einem apokalyptischen Ende verdammen?

Wenn man eine besonders dramatische, spannende, aber auch verwickelte Geschichte zu erzählen hat, gilt es, den roten Faden nicht zu verlieren; diesen im Auge zu behalten gelingt, so meine Erfahrung, besonders gut, wenn man eine Schlüsselfrage fixiert und im Laufe der Entwicklung immer wieder stellt. Die Schlüsselfrage in meinem Hinterkopf war im Laufe meiner Forschungen und des Schreibens dieses Buches:

Sollten etwa zwei Ereignisse, nämlich die Entscheidung des britischen Empire im Jahre 1917, dem Zionismus eine fadenscheinige Legitimität zu schenken, und die historische Ungeheuerlichkeit des nationalsozialistischen Massenmords an den Juden, des Holocausts, es ganz und gar unvermeidlich machen, dass die Geschichte des zionistischen Kolonisierungsabenteuers nur apokalyptisch enden kann?

Als ich das Manuskript für dieses Buch ein letztes Mal durchsah, konnte ich zu meiner Erleichterung feststellen, dass ich zumindest in Übereinstimmung mit einer Grundregel des Journalismus gearbeitet hatte. Diese besagt, dass ein Reporter, der beiden bzw. allen Seiten eines Konfliktes auf den Schlips tritt, wahrscheinlich auf der richtigen Fährte ist. Natürlich habe ich dieses Unternehmen nicht begonnen, Gott behüte, um irgendjemand auf den Schlips zu treten; mir geht es vielmehr darum, zu einer möglichen Lösung des Konfliktes, zum wohlverstandenen Besten aller Betroffenen, beizutragen. Nichtsdestotrotz wird dieses Buch für Zionisten in aller Welt und ihre Standartenträger und Posaunenbläser in den westlichen Medien anstößig sein; desgleichen für viele Politiker im Westen, in der ganzen sogenannten "demokratischen" Welt, aber auch besonders in den arabischen Ländern. Es ist nämlich unmöglich, die Wirklichkeit des Zionismus zu beschreiben, ohne über die Unfähigkeit der arabischen Regierungen und Regimes zu sprechen. Ich bin jedoch der festen Überzeugung, dass das vorliegende Buch bei denjenigen nicht nachhaltig Anstoß erregen wird, die auch auf der ehrlichen Suche nach einem dauerhaften, nachhaltigen Frieden für den Nahen Osten sind. Denn mein Ziel ist es nicht, wenn es manchem auch hin und wieder bei der Lektüre anders erscheinen mag, Schuldige zu finden und an den Pranger zu stellen, sondern nur, wichtige Zusammenhänge zu erklären.

Besonders für die jüdischen Leser möchte ich an dieser Stelle die wohl ehrlichste Äußerung eines Israelis mir gegenüber zitieren. Der betreffende Mann ist derjenige Israeli, den ich am meisten respektiere und bewundere. Wenn ich seinen Namen je im Gespräch mit höchstrangigen Diplomaten mit Nahosterfahrung erwähnte, fügte ich hinzu, dass ich ihm, falls ich je eine Weltregierung zusammenstellen dürfte, ihn für gleich mehrere Posten darin vorsehen würde. Wegen seiner Erfahrung, seines Intellekts, wegen seiner Weisheit und seiner Menschlichkeit. Im persönlichen Gespräch hat er nie auch nur die Andeutung jener unerträglichen Selbstgerechtigkeit gezeigt, die als Markenzeichen des Zionismus gelten darf. Er ist ohne jede Arroganz. Über zwei Jahrzehnte lang stand er der Forschungsabteilung des "Direktoriums für militärischen Nachrichtendienst" vor. Im Jahre 1973 bat man ihn dann, den Posten des DMI, des Direktors, zu übernehmen; zu seiner Aufgabenbeschreibung zählte die Vorbeugung und Verhinderung zukünftiger Geheimdienstdebakel ähnlich jener zu Beginn des Jom-Kippur-Krieges. Kurz gesagt, war er ein Mann, auf den die israelische Regierung sich stützte, als man (sachlich gesehen, wohl zu Unrecht) glaubte, dem Untergang des zionistischen Staates gerade entronnen zu sein.

Der Mann, von dem ich spreche, heißt Gazit, Shlomo Gazit, Generalmajor im Ruhestand Shlomo Gazit. Ich lernte ihn im Laufe meines Pendelns zwischen Peres und Arafat kennen. In unserer damaligen kleinen Friedensverschwörung war Shlomo einer der wenigen Auserwählten, der Peres beratend zur Seite stand.

**„Das Problem mit uns Israelis ist,
dass wir unserer eigenen Propaganda
zum Opfer gefallen sind“.**

Eines Morgens holte ich, am Kaffeetisch sitzend, ganz tief Luft und sagte zu Shlomo: "Ich bin zum Schluss gekommen, dass das alles eine große Legende ist: Israels Existenz war in Wahrheit nie gefährdet."

Traurig lächelnd gab er zurück: "Das Problem mit uns Israelis ist, dass wir unserer eigenen Propaganda zum Opfer gefallen sind."

Wenn dieses Buch dazu beiträgt, dass Juden in aller Welt sich der in diesen Worten liegenden Wahrheit stellen und dem, was daraus folgt, so wäre ich überglücklich. Denn dann wäre wirklicher Frieden möglich.

Nach reiflicher Überlegung bin ich zur Ansicht gekommen, dass es dem wirklichen Verständnis dient, wenn ich Goldas letzte, private Mitteilung an mich der Öffentlichkeit zugänglich mache. Es ein Eingeständnis, eine Art Beichte auf dem Sterbebett; man verzeihe mir den dramatischen Ausdruck. Und es hat seinen Platz im folgenden ersten Kapitel.

GOLDA MEIR גולדה מאיר

ראש הממשלה

To a good friend
Alan Hart
Golda Meir

Kapitel 1
Eine Stimme aus dem Grab

Als Golda Meir am Freitag, dem 8. Dezember 1978, um 16.30 Uhr starb, war sie drei Jahre älter als das zwanzigste Jahrhundert. Sie war über sechs Dekaden hinweg eines der Räder der Geschichte gewesen. Innerhalb von Minuten, nachdem ich die Nachricht im Radio gehört hatte, buchte ich einen Flug nach Israel. In dieser Angelegenheit reiste ich als Privatmensch, der niemanden als sich selbst vertrat, mit dem einfachen Wunsch, einer jüdischen Freundin die letzte Ehre zu erweisen, wenn sie in ihr Grab hinabgelassen wurde.

Bei meiner Ankunft sorgte ein Telefonanruf bei Lou Kaddar dafür, dass ich die nötige Sicherheitsgenehmigung erhielt, um an der Beisetzung auf dem Nationalfriedhof auf dem Jerusalemer Herzl-Berg teilnehmen zu können.

Lou war eine warmherzige, witzige, wunderbare jüdische Dame französischer Herkunft. Sie war über eine so lange Zeit hinweg Goldas Assistentin, engste Vertraute und beste Freundin gewesen, dass sich beide gar nicht mehr daran zu erinnern vermochten, wie lange genau. Als Golda Ministerpräsidentin war, behandelte Lou die Männer in ihrem Kabinett je nach Notwendigkeit. Manchmal als Gleichberechtigte, manchmal wie Kinder.

Golda sollte in einer Parzelle neben ihrem Vorgänger im Amt des Premierministers, dem weisen, jedoch viel geschmähten Levi Eshkol, zur Ruhe gebettet werden (wie wir noch sehen, hatte Eshkol nicht die Absicht gehabt, sein Land 1967 in den Krieg zu führen, und deswegen wurde er von denen, die damals in Israel „Falken“ genannt wurden, geschmäht).

Der letzte Abschied von Golda auf dem Herzl-Berg sollte schnell vonstatten gehen. Golda selbst hatte dies verfügt. Als sie noch quicklebendig war, hatte sie einen versiegelten Brief beim Vorsitzenden der Arbeitspartei hinterlegt, mit der Anweisung, dass dieser nicht vor ihrem Tod zu öffnen sei. In dem Brief schrieb Golda, sie wünsche keine Lobreden an ihrem Grab. Als sie später einige ihrer hochrangigen Parteifreunde über den Inhalt des versiegelten Briefes informierte, sagte sie: „Wenn man tot ist, sagen Leute oft das Gegenteil dessen, was sie über dich denken.“ Zu Lebzeiten konnte sie die Vorstellung nicht ertragen, jemand wie Begin könnte sein eigenes Ansehen dadurch steigern, dass er sich an ihrem Grab im Lichte ihrer Leistungen sonnte. Nachdem sie gestorben war, beriet die Begin-Regierung über ihren Wunsch und entschied, diesen zu respektieren.

Eigentlich war es in meiner *Panorama*-Sendung über sie gewesen, als Golda ihre Nation darüber informierte, dass sie keinen Wirbel um ihren Tod wünsche.

Schon zu Beginn unserer Freundschaft hatte mir Golda erzählt, sie habe nicht die Absicht, jemals ein Buch über ihr Leben zu schreiben; schon allein, weil sie nie ein Tagebuch geführt habe. Sie sei dazu immer viel zu beschäftigt gewesen. Ich sagte ihr, es müsste irgendeine Art von Aufzeichnungen in ihren eigenen Worten geben, denn sie habe Anteil an der Gestaltung der Weltgeschichte gehabt. Die letzte Frage, die ich Golda für mein TV-Profil stellte, war, wie man sich später an sie erinnern solle. Sie antwortete, sie wolle nicht, dass Straßen oder Gebäude nach ihr benannt würden, und sie wünsche auch keine Lobreden an ihrem Grab. Dann, nach einer Pause, sagte sie, sie habe nur einen Wunsch: „Nur so lange zu leben, wie mein Verstand gesund ist.“[1]

Ihre Angst war nicht, zu sterben, sondern in geistiger Umnachtung zu leben.

Um die Wahrheit zu sagen gab es auch keinen Grund für Lobreden. Für Israelis ihrer Generation sprachen Goldas Leistungen für sich selbst.

Der Spitzname „Mutter Israels“ war in Anbetracht ihrer Leistung in den Monaten vor der Geburt Israels tatsächlich angemessen. Ohne Goldas Erfolg bei ihrer Spendenkampagne in den USA hätte der im Entstehen begriffene zionistische Staat nicht die Waffen erwerben können, die seiner Führung die Zuversicht gaben, die Unabhängigkeit zu erklären und einen Krieg mit den Arabern auszulösen; und das zionistische Unternehmen hätte leicht zum Scheitern verurteilt sein können.

Am 29. November 1947 stimmte die Generalversammlung der Vereinten Nationen für eine Teilung Palästinas. Dies war die Konsequenz aus dem Willen Großbritanniens, aufzugeben und im Angesicht einer eskalierenden Konfrontation zwischen der einheimischen arabischen Bevölkerung und den ankommenden zionistischen Siedlern, sowie der von den Zionisten gegen die britischen Besatzer und die einheimischen Araber durchgeführten Terrorkampagne, Palästina zu verlassen. Laut dem Teilungsbeschluss sollte es einen Staat für die Araber und einen für die Juden geben. Die Araber lehnten die Teilung ab, doch war – wie wir in Kapitel 10 sehen werden – das UN-Vorum manipuliert, und die Teilungsresolution konnte nicht umgesetzt werden. Sofern es die UNO als den Willen der organisierten Staatengemeinschaft repräsentierende Körperschaft betraf, war die Frage, was mit Palästina zu tun sei, noch immer unbeantwortet. Doch die britische Besatzung über Palästina war im Begriff, um Mitternacht auf den 14. Mai 1948 abzulaufen, wie auch immer die Situation in den Vereinten Nationen und vor Ort im Heiligen Land aussehen mochte. Der von den Briten angerichtete Schlamassel würde von der UNO (der Nachfolgerin des unglückseligen Völkerbundes) in Ordnung zu bringen sein, sofern er sich überhaupt in Ordnung bringen ließ.

In dem Augenblick, da die Briten das Land würden verlassen haben, beabsich-

---

1· Für diese und die anderen Zitate der folgenden Seite, s. das Portrait des Autors im Panorama, August 1972

tigte die Jewish Agency, die zionistische Regierung auf Abruf, die Entstehung des zionistischen Staates auszurufen.

Das Problem war nur, dass der offiziellen Untergrundarmee der Jewish Agency – innerhalb derer die Haganah angeblich für Verteidigung und die Palmach für Angriff zuständig war – Ausrüstung und Munition fehlten, um den Krieg führen und gewinnen zu können, den ihre einseitige Unabhängigkeitserklärung auslösen würde.

Der Schatzmeister der Jewish Agency, Eliezer Kaplan, hielt ein Referat vor dem Exekutivkomitee der Agency, dem Kabinett in Wartestellung. Darin schätzte er, sie würden mindestens 25 Millionen US-Dollar benötigen, um die Haganah und die Palmach für einen Krieg mit den Arabern rüsten zu können. Dringendster Bedarf bestand nach Panzern und Flugzeugen. Der einzige Ort, an dem man ernsthaft Geld würde auftreiben können, waren die Vereinigten Staaten. Doch Kaplan war gerade erst von dort zurückgekommen. Und die Nachrichten, die er von dort mitbrachte, hätten kaum düsterer sein können. Amerikanische Juden, so führte er aus, hätten „seit Beginn der Hitler-Ära immer und immer wieder Geld gespendet". Aufgrund dessen und der Tatsache, dass der Wohlstand, der während des Krieges in den USA geherrscht hatte, zu einem Ende gekommen sei, sei dort nicht sehr viel Geld verfügbar. Daher sei dem, was man von den amerikanischen Juden erwarten konnte, Grenzen gesetzt. Kaplan schätzte, dass vielleicht fünf, gewiss aber nicht mehr als sieben Millionen Dollar in den USA bereitgestellt werden konnten. Und dies war nicht einmal annähernd genug, um das Überleben ihres Staates nach seiner Ausrufung gewährleisten zu können.

David Ben-Gurion, der Vorsitzende der Jewish Agency und Ministerpräsident in Wartestellung, war die meiste Zeit ein jähzorniger Charakter. Sobald sich Kaplan hinsetzte, sprang er auf seine Füße. „Ich werde mich umgehend in die Vereinigten Staaten begeben." Das Auftreiben von Geld war offensichtlich die brennendste und wesentlichste Aufgabe. Und als Anführer war er derjenige, der diesen Job zu erledigen hatte. Nur bei ihm bestand eine Chance auf Erfolg. Zwar sprach er dies nicht aus, doch so dachte er.

Golda war damals die geschäftsführende Leiterin der Politischen Abteilung der Jewish Agency. Sie sprach ihre Gedanken offen aus. Und, wie sie mir erzählte, sei sie selbst über die Worte, die da aus ihrem Mund kamen, überrascht gewesen. „Lassen Sie mich an Ihrer Stelle gehen", hörte sie sich selbst sagen. „Niemand kann Ihren Platz hier einnehmen. Was Sie hier leisten können, kann ich nicht ersetzen. Doch was Sie in den Staaten tun können, das kann ich auch."

Durchaus nicht zu höflich lehnte Ben-Gurion Goldas Vorschlag ab. Doch sie hatte nicht die Absicht, ein „Nein" als Antwort zu akzeptieren.

„Warum lassen wir nicht die Exekutive darüber abstimmen?", fragte Golda.

Widerstrebend stimmte Ben-Gurion zu, und die Exekutive entschied, dass Golda gehen sollte.

„Doch ohne Verzögerung", sagte Ben-Gurion. „Sie müssen sofort gehen."

Sie wurde in dem Frühlingskleid, das sie für das Treffen der Exekutive angezogen hatte, und ohne eine Jacke für den bitteren Winter, der sie bei ihrer Ankunft in New York begrüßen würde, zum Flughafen gefahren. Ihr einziges Gepäck befand sich in ihrer Handtasche. Es bestand aus einem 10-Dollar-Schein und ihren Trostspendern – ihren Zigaretten. Sie rauchte bis zu drei Päckchen am Tag.

Erst als sie in der Luft war, gestattete sie sich, über die Konsequenzen eines möglichen Scheiterns nachzudenken. Sie wurde von der Vorstellung, sich vielleicht zu viel zugetraut zu haben, in Angst und Schrecken versetzt. Was, wenn Kaplan mit seiner Einschätzung, die amerikanischen Juden würden höchstens sieben Millionen Dollar locker machen können, Recht gehabt hatte?

Golda war in den USA keine Fremde. Geboren wurde sie unter dem Namen Goldie Mabovitch und als Tochter eines Tischlers in Kiev, Ukraine. Im Jahre 1906, als sie acht war, emigrierte die Familie nach Amerika und ließ sich in Milwaukee nieder.

Golda erhielt ihre allererste Lektion in amerikanischer Politik und ihrer Funktionsweise während eines Besuchs im Haus Joseph Kennedys. Er wippte gerade seinen erstgeborenen Sohn auf seinem Knie. Plötzlich hob er den Jungen wie eine Trophäe in die Luft. Dann, als er sicher war, die ganze Aufmerksamkeit seines Publikums zu haben, sagte er, wie Golda mir erzählte: „Es mag 50 Millionen Dollar brauchen, doch dieser Junge, mein Junge, wird eines Tages der Präsident dieser Vereinigten Staaten von Amerika sein und im Weißen Haus wohnen."[2] (Joe Kennedys erster Sohn schaffte dies jedoch nicht. Er wurde während eines Einsatzes im Zweiten Weltkrieg getötet. Doch der zweite Sohn, John Fitzgerald, legte tatsächlich den langen Weg ins Weiße Haus zurück, wo er eintausend Tage lang bis zu seiner Ermordung lebte.)

Der erste große Test von Goldas Fähigkeiten als Spendensammlerin kam in Chicago, am 21. Januar 1948, bei einem Treffen der Generalversammlung des Rates der Jüdischen Föderationen und Wohltätigkeitsfonds. Alle Delegierten waren professionelle Spendensammler und kontrollierten die jüdische Spendensammelmaschinerie ganz Amerikas. Wegen Goldas schnellen Aufbruchs hatte es keine Zeit gegeben, ihren Auftritt vorzubereiten. Von der Versammlung hatte sie erst nach ihrer Ankunft in den USA erfahren. Ihre erste Hürde war es, die Organisatoren davon zu überzeugen, ihr Wort an die Versammlung richten zu dürfen. Palästina stand eigentlich nicht auf der Tagesordnung, und die meisten Delegierten hatten bisher noch nie etwas von einer Golda Mabovitch gehört. Sie war, um es so auszudrücken, ein „unangemeldeter Anruf". Als sie sich erhob, um zu sprechen,

---

2· Von Golda Meir in einem privaten Gespräch mit dem Autor heraufbeschworen

war sie sich der Tatsache bewusst, dass die meisten der älteren Spendensammler im Publikum keine Unterstützer der zionistischen Sache waren. Einige ihrer Freunde in New York hatten ihr geraten, sich nicht gerade an diese Versammlung zu wenden, da sie sich dort leicht in einer Konfrontation mit denen, die gegen den Zionismus eingestellt waren, wiederfinden könnte.

Die Essenz des politischen Zionismus: ein jüdischer Staat in Palästina musste gegründet und in seinem Überleben unterstützt werden, da er die ultimative Lebensversicherung für alle Juden weltweit darstellen würde.

Als sie schließlich sprach, war es so, wie sie es bevorzugte: Ohne Manuskript und kurz. „Sie müssen mir glauben", sagte sie, „wenn ich Ihnen sage, dass ich nicht nur in die Vereinigten Staaten gekommen bin, um zu verhindern, dass 700 000 Juden vom Angesicht der Erde gefegt werden. In den letzten Jahren hat das jüdische Volk sechs Millionen seiner Angehörigen verloren, und es wäre in der Tat anmaßend von uns (den Zionisten in Palästina), die Juden der Welt daran zu erinnern, dass sich 700 000 Juden (in Palästina) in Gefahr befinden. Das ist nicht die Frage. Falls diese 700 000 Juden jedoch überleben, dann werden *alle* Juden der Welt mit ihnen überleben."[3]

Das war die reine Essenz des politischen Zionismus; die unausgesprochene, aber dennoch klare Implikation, die besagte, dass ein jüdischer Staat in Palästina gegründet und in seinem Überleben unterstützt werden musste, da er die ultimative Lebensversicherung für Juden überall auf der Welt darstellen würde.

Dann ließ sie sie in ihrer draufgängerischen, ernsthaften Art wissen, dass die jüdische Gemeinschaft in Palästina zwischen 25 und 30 Millionen Dollar innerhalb der kommenden zwei oder drei Wochen benötige, wenn sie sich dort etablieren wolle. „In wenigen Monaten", sagte sie ihrem Publikum, „wird ein jüdischer Staat existieren. Wir sollten für seine Geburt kämpfen. Das ist nur natürlich. Wir sollten mit unserem Blut für ihn bezahlen. Das ist nur normal. Die besten unter uns werden fallen, dies ist gewiss. Doch ebenso gewiss ist, dass unsere Entschlossenheit nicht nachlassen wird, so zahlreich die Invasoren auch sein mögen."[4]

Vielleicht in Erwartung einer ablehnenden Haltung derer, die den politischen Zionismus nicht unterstützten, fügte sie hinzu, sie rufe die amerikanischen Juden nicht dazu auf, zu entscheiden, ob die Juden Palästinas kämpfen sollten oder nicht. Dies sei eine Entscheidung, die nur die Juden Palästinas treffen könnten und bereits getroffen hätten. Was auch immer auf dem Schlachtfeld geschehen möge, die

3- Golda Meir, My Life (Weidenfeld and Nicholson, 1975), S. 174-175

4- Ebd.

Juden Palästinas würden nicht die weiße Flagge hissen. Es gebe allerdings eine Sache, über die die Juden Amerikas eine Entscheidung treffen könnten – und zwar, ob die Juden Palästinas den kommenden Krieg gewinnen oder verlieren würden. „Das ist die Entscheidung, die die amerikanischen Juden treffen können, und sie muss schnell getroffen werden, innerhalb von Stunden, innerhalb von Tagen."

Das war starker Tobak, doch sie war noch nicht fertig. „Und ich flehe Sie an, lassen Sie sich nicht zu lange Zeit. Lassen Sie nicht zu, dass Sie in drei Monaten bereuen, heute nichts getan zu haben. Die Zeit ist jetzt."[5]

Es herrschte völlige Stille. Einen quälenden Moment lang glaubte sie, versagt zu haben.

Und dann kam Leben in die Delegierten. Sie applaudierten. Sie weinten. Und sie verpflichteten sich, größere Summen zu spenden als jemals zuvor. „Einige Delegierte nahmen sogar einen Bankkredit auf, um ihr Gelöbnis erfüllen zu können", sagte Golda, als sie mir von ihrem Triumph erzählte.[6] Sie sagte das, als ob sie selbst immer noch erstaunt darüber wäre, und in einer Art und Weise, die andeutete: „Nicht einmal ich hätte erwartet, dass Juden so etwas tun – doch sie taten es."[7]

Innerhalb von sechs Wochen sammelte sie über 50 Millionen Dollar – eine Summe, die dem Dreifachen der gesamten Erdöleinnahmen Saudi-Arabiens des Jahres 1947 entsprach. Als sie nach Palästina zurückgekehrt war, fand Ben-Gurion bei einem privaten Treffen die richtigen Worte, um ihre Leistung zusammenzufassen: „Eines Tages, wenn die Geschichte geschrieben wird, wird man sagen, es gab eine jüdische Frau, die das Geld besorgte, welches den Staat möglich machte."[8]

Das Geld, das Golda gesammelt hatte, bestimmte viel mehr als nur den Ausgang des ersten arabisch-israelischen Krieges. Es ermöglichte dem zionistischen Staat, innerhalb von Monaten die militärische Großmacht in der Region zu werden und als Konsequenz dessen zu glauben, er könnte all seine Probleme mit den Arabern, und speziell den Palästinensern, mit militärischen Mitteln lösen. Ohne einen eigenen Staat hatten die Juden einen moralischen Kompass besessen; doch viele derer, die Israelis wurden, warfen ihren Kompass weg. In diesem Sinne entfaltete das von Golda gesammelte Geld eine höchst korrumpierende Wirkung.

Goldas Leistung war mehr als bemerkenswert, da sie eigentlich geblufft hatte. Als sie der Versammlung erzählte, die Entscheidung zum Kampf mit den Arabern sei bereits getroffen, sagte sie die Wahrheit. Was sie jedoch nicht sagte, war, dass diese Entscheidung nochmals überdacht worden wäre, falls sie das von Israel benötigte Geld nicht erhalten hätte.

---

5. Ebd.

6. Portrait des Autors im Panorama

7. Ebd.

8. Ebd., S. 563

Vor dem Tod des Ministerpräsidenten Levi Eshkol hatte sich Golda auf der internationalen Bühne als Israels erste Botschafterin in der Sowjetunion und danach als Außenministerin ihres Landes einen Namen gemacht. Sie hatte diesen Posten im Jahre 1956 übernommen, und setzte sich ein Jahrzehnt später im Alter von 67 zur Ruhe. Jedermann, und besonders Golda selbst, nahm damals an, dass die Großmutter und hochbetagte Pensionärin am Ende ihres Arbeitslebens angekommen sei.

Wäre dies tatsächlich das Ende der Geschichte ihres öffentlichen Lebens und ihres Dienstes für ihr Land gewesen, dann hätte dieser Nahost-Korrespondent sie niemals kennengelernt.

Als Abba Eban Golda im Amt des Außenministers nachfolgte und sie sich in den Ruhestand begab, war ich ein 24-jähriger Reporter, der für ITN hauptsächlich über Kriege und Konflikte aller Art berichtete, wo auch immer in der Welt sie passierten. Ich hatte während des Countdowns zum Sechstagekrieg aus Israel berichtet, und ich war der erste ausländische Korrespondent, der die Ufer des Suezkanals zusammen mit den vorrückenden Israelis erreichte.

Jedoch sage ich zu mir, dass meine Beziehung auf menschlicher Ebene mit Golda Meir, nachdem sie 1969 im Alter von 71 Jahren Ministerpräsidentin Israels geworden war, sehr besonders war – so besonders, dass sie bei einigen ihrer männlichen Minister Ärger verursachte.

Bei einer Gelegenheit plauderte ich einmal mit ihr alleine in Jerusalem, und sie ließ ihr gesamtes Kabinett mehr als 25 Minuten lang warten, so dass sich die Minister im Vorraum schon die Beine in den Bauch standen, während Golda unser Gespräch in aller Ruhe zu Ende gehen ließ. Aus reinem Schalk hatte sich Lou geweigert, den Ministern zu sagen, wer da mit ihrer Chefin im Raum war. Als ich mich von Golda verabschiedete und den Vorraum betrat, standen die Minister in kleinen Gruppen zusammen und redeten miteinander. Doch das Gerede hörte abrupt auf, als ich erschien, und ich konnte die Irritation in einigen ihrer Gesichter geschrieben sehen. Dann begann das Geflüstere, das von Lou aber rasch zum Verstummen gebracht wurde.

„Alan", rief sie mit ihrer Kommandostimme, „sie sprechen über dich ... Willst du wissen, was sie sagen?"[9]. Lous untadeliges Englisch wies nur den Hauch eines französischen Akzents auf, außer sie war verärgert oder sehr müde.

„Warum nicht?", sagte ich.

Lou hatte sich inzwischen neben mich gestellt, so als ob sie bereit wäre, mich zu beschützen. „Sie fragen, was an diesem *Goy* so besonders ist." Sie betonte das Wort *„G-o-y"* genauso, wie die es vermutlich getan hatten. „Sie sind verblüfft darüber, was ihre Ministerpräsidentin wohl an dir findet und warum sie dir so viel ihrer Zeit

9. Diese und die nachfolgenden Zitate entstammen einem privatem Gespräch mit dem Premier

schenkt." Dann rasselte Lou ein paar Sätze auf Hebräisch herunter. Sie war ganz offensichtlich sehr amüsiert und dachte zweifellos, sie wäre selbst amüsant. Doch nur wenige der Minister lächelten, als sie fertig war.

Sie drehte sich zu mir um und sah mich mit einem starken Glitzern in ihren Augen an. „Willst du wissen, was ich ihnen gesagt habe?"

Sie würde es mir auf jeden Fall sagen.

„Ich sagte ihnen, dass Golda dich mag, weil du der einzige Mann bist, der sie wie eine Frau behandelt. Keiner von denen tut das."

Fortan war ich in Kabinettskreisen als Goldas „Freund" bekannt. Dayan gab mir diesen Spitznamen. Es war seine Art, mich auf den Arm zu nehmen. Ich kam ziemlich gut mit ihm zurecht, doch er war sehr schwierig zu durchschauen. Selbst Golda sollte ihn später als den „kompliziertesten Mann" beschreiben, „dessen Fehler genau wie seine Tugenden nicht gerade klein waren"; und als jemanden, „der nicht leicht mit anderen Menschen zusammenarbeitet und es stattdessen gewöhnt ist, seinen eigenen Weg zu gehen"[10]. Ich hatte den starken Eindruck, dass Dayan über keinen *Goy*, der eine so enge Beziehung mit der israelischen Ministerpräsidentin gehabt hätte, begeistert gewesen wäre. Eigentlich war es der größte Teil der Israelis in Goldas Generation (und wahrscheinlich auch der größte Teil der Juden überall auf der Welt), der sich in tiefster Seele und wegen des Holocausts mit keinem Nichtjuden wirklich wohl fühlen konnte. Und einige israelische Führer, wie Begin und Shamir, um nur zwei zu nennen, waren definitiv *Nichtjuden-feindlich*.

Der Schlüssel zu meiner speziellen Beziehung mit Golda waren die drei Dutzend Rosen, die ich ihr zusammen mit meiner Visitenkarte jedes Mal schickte, wenn ich in Israel ankam. Dies hatte als eine Geste begonnen und in Reaktion auf einen Moment der Offenbarung, als Golda zur Ministerpräsidentin bestimmt wurde. Aus der Geste wurde dann eine Tradition, die ich bis zu ihrem Tod aufrechterhielt.

Dieser Moment der Offenbarung ereignete sich kurz nach Mittag am Freitag, dem 7. März 1969. Ministerpräsident Eshkol war tot. Und das Zentralkomitee der regierenden Arbeitspartei traf sich, um seinen Nachfolger zu bestimmen. Als informelle Konsultationen andeuteten, dass das Zentralkomitee in der Frage, welcher Mann Eshkol nachfolgen sollte, heillos zerstritten war, stimmte Golda zu, ihren Namen als Kompromisskandidatin ins Rennen zu schicken.

Als sich das Zentralkomitee versammelte, um die Entscheidung zu treffen, stand bereits fest, dass Golda Eshkols Nachfolge antreten würde. Aus diesem Grund entschlossen sich die meisten damals in Israel befindlichen ausländischen Fernsehnachrichtenteams, sich die Versammlung des Zentralkomitees zu ersparen. Es würde keine politische Schlacht geben, und überhaupt wäre dies auch keine sehenswerte Geschichte. In Anbetracht dieser Tatsache gab es für die ausländischen TV-Reporter

10· Golda Meir, My Life, S. 379

und deren Filmcrews keinen Grund, sich das stundenlange politische Palaver auf Hebräisch anzuhören. Die betreffende Nachrichtenstory für die Welt – GOLDA MEIR SOLL NEUE MINISTERPRÄSIDENTIN ISRAELS WERDEN – konnte auch mit Archivaufnahmen und, höchstens, mit einem Film von ihr, wie sie die Versammlung nach der Debatte und der Abstimmung verließ, illustriert werden.

Meine journalistische Einschätzung war eine andere. Ich glaubte, das Ereignis, das im Begriff war, im Hauptquartier der Arbeitspartei stattzufinden, würde eine großartige TV-Nachrichtenstory hergeben – vorausgesetzt, sie würde auf die richtige Art gefilmt werden.

Etwa 440 Mitglieder des Zentralkomitees waren berechtigt, zu erscheinen, zu debattieren und abzustimmen. Doch annähernd ein Viertel von ihnen dachte nicht daran, die Versammlung mit ihrem Erscheinen zu beehren. Ich vermutete damals, die Abwesenden wären sowieso felsenfest gegen Goldas Nominierung, wollten jedoch kein öffentliches Theater machen, indem sie dies sagten.

Golda saß inmitten des Hauptteils der versammelten Abgeordneten, in einiger Entfernung von der Bühne, von der aus die Versammlung geleitet wurde. Dayan saß neben ihr. Dies war recht interessant, da er eigentlich zu dem Lager gehört hatte, das ihre Wahl zur Ministerpräsidentin ablehnte. Ich vermutete jedoch, Dayan saß neben ihr, um ihr so seine Loyalität anzudeuten. Ich wies meinen Kameramann an, in dem Moment, da die Abstimmung schließlich stattfinden und das Ergebnis verkündet werden würde, seine Kamera nicht auf die Bühne und denjenigen, der das Ergebnis verkündete, zu richten – in diesem Augenblick wollte ich einen Kamerazoom ganz nah auf Goldas Kopf- und Schulterbereich. Alles andere war unwichtig.

Ich konnte der Debatte selbst nicht folgen, da ich außer „Hallo", „Auf Wiedersehen" und „Fahr zur Hölle, Nasser" kein einziges Wort Hebräisch verstand. Also verbrachte ich fast zwei Stunden damit, Gesichter zu studieren. Es war das erste Mal, dass ich Golda in Fleisch und Blut sah. Und je länger ich sie anschaute, desto erstaunter wurde ich über das, was da ablief.

Hier, auf der einen Seite, war dieser junge, kraftvolle, arrogante und aggressive Staat, der – keine zwei Jahre zuvor – einen neuen Weltrekord aufgestellt hatte, was die Geschwindigkeit anging, in der ein großer Krieg geführt und gewonnen werden konnte. Dort, auf der anderen Seite, keine zehn Schritte von mir entfernt, war diese alte Frau. So alt wie meine eigene Großmutter und, falls ihr Erscheinungsbild der Realität entsprach, genauso zerbrechlich wie meine Großmutter. Golda war wirklich der Stoff, aus dem echte Legenden gemacht sind, sogar nach israelischen Maßstäben; doch war sie alt, sicherlich zu alt, um die Bürde, Ministerpräsidentin Israels zu werden, auf sich zu nehmen. Es war nicht fair von ihnen, sie darum zu bitten. Nicht fair? Warum nicht? Mir fielen zwei Gründe ein.

In ihrem eigenen Leben hatte sie schon so viel für ihr Land geopfert. Ihre Karriere hatte ihre Ehe zerstört. Ihr Ehemann hatte mehr ihrer Zeit beansprucht, als sie aufgrund ihres starken Bekenntnisses zu politischer Arbeit dachte, ihm gewähren zu können. Dieses Bekenntnis hatte auch ihr Verhältnis zu ihren Kindern beschädigt. Und jetzt hatte sie Enkelkinder. Lasst sie sich doch zumindest an diesen voll und ganz erfreuen.

Ich war mir damals auch bewusst – im Gegensatz zu den meisten Israelis –, dass Golda im Begriff war, an Krebs zu sterben. Sie kämpfte mit allen Kräften gegen das „große K" an, doch konnte sie es nicht aufhalten. Es war daher vernünftig, anzunehmen, die Extraportion an Belastung, die Golda als Ministerpräsidentin würde schultern müssen, würde die ihr noch verbleibende Zeit weiter reduzieren.

Es war nicht fair.

Nach dem Abstimmungsergebnis, das von der Bühne aus bekannt gegeben wurde, hatten 287 Delegierte, bei 45 Enthaltungen, für Golda gestimmt.

Unsere ITN-Kamera lief in Nahaufnahme, so wie ich angewiesen hatte, und nahm – zusammen mit dem Mikrofon, das den Applaus aufzeichnete – originalgetreu auf, was ich mit eigenen Augen sehen konnte: Als ihr Sieg verkündet wurde, schloss Golda ihre Augen und begrub, mit hängenden Schultern, ihr Gesicht in ihren Händen. Es bedurfte nicht allzu viel Vorstellungskraft, um zu der Ansicht zu gelangen, sie lausche in diesem Augenblick auf eine Stimme in ihrem Innern, die sagte: „Nein. Das kann nicht sein. Ich kann das nicht tun. Ich will das nicht."

Reporter beziehen sich häufig auf die Last der Verantwortung, die auf den Schultern von Ministerpräsidenten und mit Exekutivmacht ausgestatteten Präsidenten ruhe.

Zum ersten Mal in meinem Leben sah ich damals diese Last, wie sie sich niederlegte und, was die Sache besser beschreibt, wie erdrückend sie sein konnte. Was ich sah, war der Übergang dieser Last auf Golda, einer Last, die ihre Schultern zu einem Buckel krümmte. Ich war den Tränen nahe und empfand Mitleid mit ihr.

Als ich das Hotel Dan betrat, bat ich Albert, den diensthabenden Portier, drei Dutzend Rosen zu bestellen. „Etwas Besonderes", flüsterte ich, „für Golda."

Nachdem ich meinen Kommentar für den Filmbeitrag abgetippt und aufgezeichnet hatte, schrieb ich von Hand eine kurze Mitteilung, die zusammen mit den Rosen an Golda gehen sollte.

Selbstredend drückte ich meine Glückwünsche aus, doch meine vorrangige Absicht war, ihr von den Gefühlen zu erzählen, die ich empfunden hatte, als ich mit ansah, wie sich die Last der Verantwortung auf ihren Schultern niederließ; und darüber, wie bewegt dieser *Goy* gewesen war.

Ich war (aus Sicherheitsgründen) kaum zuversichtlich, dass es meine Rosen bis zu Golda schaffen würden. Doch früh am Abend wurde ich von der Bar an das

Telefon, das sich am Empfangsschalter befand, gerufen. Die Reibeisenstimme am anderen Ende der Leitung sagte: „Ich möchte Ihnen für die Rosen und die Gedanken, die mit ihnen kamen, danken."[11] (Anschließend erzählte mir Golda, sie habe ihr Sicherheitspersonal angewiesen, meine Rosen mit Respekt zu behandeln. Sie sagte ihnen, dass sie die Rosen gerne in gutem Zustand erhalten wolle, und ohne dass man ihnen die Blütenblätter auf der Suche nach explosivem Material oder einer Abhörvorrichtung ausriss.)

In den folgenden Jahren, in denen Golda Ministerpräsidentin war und ich ein kleines Rädchen im Getriebe des institutionellen Journalismus blieb, gab es nur eine einzige Gelegenheit, bei der meine besondere Beziehung zu ihr mir nicht das erste Ausländern gewährte Interview in einem hoch dramatischen Augenblick sicherte.

Um zwei Uhr Nachmittags am Samstag, dem 6. Oktober 1973, dem Tag der Buße, Yom Kippur (dem heiligsten Tag im jüdischen Kalender, einem Tag des Betens und Fastens), führten ägyptische und syrische Streitkräfte einen Überraschungsangriff durch auf israelische Kräfte, die von Israel im Krieg von 1967 erobertes arabisches Land besetzt hielten. Mit drei Ausnahmen – Ägyptens Präsident Sadat, dessen „gutem Freund" Henry Kissinger und dem syrischen Präsidenten Assad – glaubte so ziemlich die ganze Welt, Israel kämpfe tatsächlich um sein Überleben.

Die BBC unterhielt damals permanente Nachrichtenteams in Israel, und Verstärkungen wurden innerhalb von Minuten nach dem ersten bestätigten Bericht über den arabischen Angriff ins Land geschickt. Ich selbst traf am zweiten Tag der Kämpfe ein, und meine vorrangige Aufgabe war es, das erste ausländische, weltweit exklusive Interview mit Golda zu führen. Ich fand heraus, dass sie und ihre wichtigsten Minister sich in einer zeitlich nicht begrenzten Krisensitzung in der Küche ihres sehr bescheidenen Tel Aviver Wohnhauses befanden. Die Küche war der einzige Raum im Haus, der groß genug war, um sie alle unterzubringen.

Ich tat also, was ich immer tat: Ich bestellte drei Dutzend Rosen und ließ sie zu Golda nach Hause schicken. Unter den herrschenden Umständen war dies – und ich wusste das – eine kümmerliche und lächerliche Geste. Ich kam mir fast wie ein Idiot vor. Doch ich war entschlossen, die Tradition aufrechtzuerhalten. Zwei Stunden später, und zu meiner völligen Überraschung, rief mich Lou an. Nur ihre Eile deutete an, dass es eine Krise gab. „Alan, Golda dankt dir wie immer für die Rosen. Vielleicht kann sie heute Abend mit dir sprechen, vielleicht aber auch nicht. Bye."

Ich versetzte mein *Panorama*-Kamerateam in Alarmbereitschaft.

Während ich auf den Anruf wartete, der vielleicht kam, erfuhr ich, dass Israel dringend Nachschub aus den USA benötigte – insbesondere Panzer, Panzerab-

11. Diese und die nachfolgenden Zitate entstammen einem privatem Gespräch mit dem Autor, falls nicht anders angegeben.

wehrraketen und Kampfflugzeuge. Präsident Nixon war bereits gebeten worden, eine Notfall-Luftbrücke nach Israel einzurichten.

Um etwa halb elf am Abend rief mich Golda an. „Alan, dies ist das einzige Mal, dass ich dir nicht das erste Interview geben kann. Ich muss das erste den Amerikanern geben. Ich muss einigen Druck ausüben." Sie machte eine Pause, unsicher, wie ich dachte, ob sie mir mehr erzählen sollte. Dann bestätigte sie, was ich über Israels Anfrage an die USA bezüglich der Luftbrücke erfahren hatte.

„Ich verstehe", sagte ich. „Meine Rosen haben natürlich keine Chance gegen amerikanische Panzer und Flugzeuge!"

Sie kicherte. Dann sagte sie: „So, wie es nun mal steht, muss ich nach Washington, um persönlich mit Nixon zu sprechen. Ich habe schon Simcha gebeten, mir einen Termin zu verschaffen. Ich sagte ihm, ich sei bereit, die Reise zu machen, um nur eine Stunde lang mit dem Präsidenten zu sprechen." (Simcha Dinitz war Israels Botschafter in Washington. Er war ein Mann, den ich gut kannte und mochte. Zuvor war er Goldas Pressesekretär gewesen.)

„Macht Nixon dir Schwierigkeiten?", hörte ich mich selbst fragen.

Golda lachte laut. „Nixon ist nicht das Problem. Mit Nixon kann ich umgehen." Pause. Als sie wieder sprach, konnte man deutlich die Verachtung in ihrer Stimme hören. „Das Problem ist Kissinger. Er sitzt neben Nixon und bringt ihn dazu, uns schwitzen zu lassen."

Einige Jahre später schrieb Kissinger, dass er, als er Goldas Anfrage von Dinitz erhielt, „diese umgehend und ohne Nixon vorher zu fragen" abgelehnt habe.

Eine spannende Frage, die die Leser vielleicht im Hinterkopf behalten sollten, lautet: *Angesichts des Überraschungsangriffs der ägyptischen und syrischen Streitkräfte und zu einer Zeit, da fast die ganze Welt glaubte, Israel kämpfe um sein Überleben – wieso riet Kissinger Nixon, er solle sich mit der Lieferung der von Israel angeforderten Panzer und Flugzeuge Zeit lassen und die Israelis, wie Golda es ausgedrückt hatte, „schwitzen lassen"?*

Meine Empathie mit Golda auf menschlicher Ebene ließ mich keineswegs zu einem Speichellecker werden, um unsere Beziehung zu schützen. Es gab nie eine Gelegenheit vor der Kamera, bei der ich mich zurückhielt und davon absah, ihr herausfordernde Fragen zu stellen. Und im Privaten ermöglichte mir die Natur unserer Beziehung, zu sagen, was immer ich wollte. Es gab nur eine einzige private Gelegenheit, bei der ich dachte, meine Offenheit könnte unsere Beziehung beenden.

Während eines der langen Interviews für Goldas Panorama-Profil hielt ich die Kamera an, damit wir uns beide eine Zigarette genehmigen konnten. Wir beide rauchten sechzig Stück am Tag. Genau wie Golda hatte auch ich keine Zeit für Smalltalk. Wie wir so vor uns hinpafften, sprach ich sie auf Israels anhaltende

Besetzung der Westbank an. Ich sagte: "Wissen Sie, Frau Meir, sollte Israel mit seiner Besatzung fortfahren, wird ein Tag kommen, an dem viele Journalisten, einschließlich mir, über das Trampeln jüdischer Militärstiefel auf arabischem Boden schreiben und sprechen werden."

Für Juden gibt es nur Nazi-Militärstiefel.

Golda fuhr sich mit einer Hand an ihr Herz, so als ob sie das Blut stoppen wollte, das ich mit meinem Dolchstoß zum Fließen gebracht hatte. Sie schien sich weit weg, in einer entfernten und unaussprechlichen Vergangenheit zu befinden. Schließlich blickte sie mir direkt in die Augen. Sie war schockiert und verwirrt. Dann, mit dünner, leiser Stimme, die kaum mehr war als ein Flüstern, sagte sie: "Sie, Alan, Sogar Sie können so etwas sagen."

Ich sagte: "Ja, Frau Ministerpräsidentin. Und ich meine es auch so."

Dieser Austausch kühlte zwar für den Rest des Tages die Atmosphäre zwischen uns ab, doch fügte er der Stärke unserer Freundschaft auf menschlicher Ebene keinen anhaltenden Schaden zu. Als wir uns das nächste Mal trafen, war die übliche Wärme wieder voll spürbar. (Und es war tatsächlich einige Zeit nach diesem Vorfall, dass sie ihr Foto an mich mit den Worten "Für einen guten Freund, Alan Hart" unterschrieb.)

Als ich mich aus dem institutionellen Fernsehgeschäft zurückzog, um zu versuchen, etwas Sinnvolles mit meinem Leben anzufangen, bat ich Lou, mir etwas zu versprechen. Sie solle mich anrufen, wenn Goldas Ende nahen würde. Sobald ich diesen Anruf bekäme – egal, wo ich mich befände oder was immer ich täte –, würde ich mich umgehend für eine letzte Unterhaltung mit Golda nach Israel begeben, bevor der Krebs seinen Tribut fordere.

Es sollten nach dieser Bitte noch fast fünf Jahre vergehen, bis Lou das Versprechen einlösen musste. Der Anruf kam an einem wunderschönen Sommermorgen, als ich gerade zuhause war und auf meiner Schreibmaschine hämmerte. Ich war so in Gedanken, dass es einige Zeit dauerte, bis ich das Telefon klingeln hörte. Die Tatsache, dass Lou am anderen Ende der Leitung war, konnte nur eines bedeuten. Sie kam gleich auf den Punkt: "Es tut mir leid, Ihnen mitteilen zu müssen, dass Goldas Ende nahe ist. Sie hat vielleicht nur noch zwei oder drei Wochen. Wenn Sie kommen wollen, dann kommen Sie jetzt."

Das Wunderbare an der Freundschaft, das heißt an der Fähigkeit eines Menschen, sich in einen anderen einzufühlen, ist, dass sie auch durch große Entfernung und eine lange Zeit nicht geschmälert wird. Man kann einen guten Freund jahrelang nicht sehen oder gar sprechen, und wenn man sich wiedersieht, macht man einfach da weiter, wo man bei der letzten Begegnung aufgehört hat, so als ob es gestern gewesen wäre. So war es auch beim letzten Treffen zwischen Golda und mir. (Ich nahm damals einen Freund mit. Ich sagte ihm, sofern Golda nichts dagegen habe, könne er bei unserem Gespräch dabei sein. Dieser Freund war mein jüdischer Buchhalter. Und es war meine Art, mich für die vielen Jahre seiner Freundschaft und seiner Dienste zu bedanken. Doch ich dachte auch, es wäre gut, einen Zeugen zu haben. Golda hatte nichts dagegen, und als die Unterhaltung vorüber war, erlaubte sie mir, ein Foto der beiden zu machen, wobei mein Freund seinen Arm um ihre Schulter legte. Dies war, wie er sagte, "der stolzeste Augenblick meines Lebens". Und heute nimmt dieses Foto einen Ehrenplatz in seiner Londoner Wohnung ein.)

Ich hatte tatsächlich seit unserem Telefongespräch am zweiten Abend des Yom-Kippur-Krieges, als sie mir erzählte, dass sie ein persönliches Gespräch mit Präsident Nixon erreichen wolle, nicht mehr mit Golda gesprochen.

Ich wusste, dass die Golda Meir, die ich zum letzten Mal treffen würde, eine gequälte alte Dame sein würde – gequält nicht wegen ihrer Krankheit und der Nähe des Todes. In "Mein Leben", ihrer Biografie, hatte sie gesagt: "Ich werde niemals wieder die Person sein, die ich vor dem Yom-Kippur-Krieg gewesen bin“ [12] (In Anbetracht der Tatsache, dass Golda nicht die Absicht gehabt hatte, ein Buch zu schreiben ... wie kam es, dass *Mein Leben* geschrieben wurde? An dem Morgen, nachdem die BBC mein Panorama-Profil von Golda ausgestrahlt hatte, bestieg der Verleger George Weidenfeld am Londoner Flughafen Heathrow ein Flugzeug in Richtung Tel Aviv. Golda sagte mir, "Er kam an mit einem Vertrag für meine Lebensgeschichte in der einen und einem Scheck in der anderen Hand". Anfangs ließ Golda George wissen, sie wolle kein Buch schreiben, teilweise weil sie kein Tagebuch geführt habe, und teilweise da sie nicht die Zeit dazu habe. Letztendlich konnte George sie jedoch dazu überreden, mit einem Ghostwriter zu arbeiten, den er besorgen würde. Es war keine Erfahrung, die Golda genoss).

Trotz der Tatsache, dass Israel einen blendenden und umfassenden militärischen Sieg davontrug, und dass die israelischen Streitkräfte sogar noch Kairo und Damaskus hätten einnehmen können, war die wichtigste Konsequenz dieses Krieges für Israel – der Verlust von 2500 israelischen Leben – die Ursache für Goldas Qualen und der Hauptgrund für ihren überraschenden Rücktritt als Ministerpräsidentin am 11. April 1974.

Für nichtjüdische Leser, die den Schlag, der durch den Verlust von 2500 Leben auf die israelische Psyche ausgeübt wurde, nicht abschätzen können, kann der folgende Vergleich hilfreich sein: Im Verhältnis zur Gesamtbevölkerung betrugen die Verluste, die Israel innerhalb nur weniger Wochen davontrug, mindestens das Dreifache der Todesopfer, die die USA – gemessen an ihrer Gesamtbevölkerung – in den sieben Jahren des Vietnamkriegs zu beklagen hatten.

„Die Mutter Israels“ glaubte, dass viele dieser israelischen Leben nicht hätten geopfert werden müssen, wenn sie nur auf die Warnungen ihres Herzens gehört

12· Golda Meir, My Life, S. 358

hätte und ihrem eigenen Bauchgefühl gefolgt wäre. Kurz gesagt glaubte sie, im Dienst an ihrem Land versagt zu haben.

Hatte sie recht damit, sich selbst die Schuld für die Höhe der israelischen Verluste zu geben?

Ich denke nicht. Wenn es etwas innerhalb der Polit-, Militär- und Geheimdienstelite Israels gab, dem man keine oder am wenigsten Schuld an diesem Debakel geben konnte, dann war es Golda. Doch konnte ich verstehen, weshalb sie sich selbst die Schuld gab.

Am Freitag, dem 5. Oktober, also am Tag, bevor die ägyptischen und syrischen Streitkräfte ihren Überraschungsangriff durchführten, hatte Golda recht und alle Männer in ihrem Kabinett, ebenso wie alle brillanten Generäle auf den höchsten Ebenen der israelischen Militär- und Geheimdienstelite, lagen falsch.

Unter all den Informationen, die an jenem Freitag in das Büro der Ministerpräsidentin flossen, gab es eine kurze Meldung, die Golda mehr beschäftigte als alle anderen zusammen. Diese Meldung besagte, dass sowjetische Militärberater in Syrien ihre Koffer packten und mit ihren Familien eilig das Land verließen. "Warum die Eile?", fragte sich Golda selbst. "Was wissen diese russischen Familien, was wir nicht wissen?"

All ihre Instinkte, ihre Intuition, sagten der Mutter Israels, das dies nur eines bedeuten konnte: Syrien war im Begriff, anzugreifen. Und Golda wusste, so wie jeder Student des arabisch-israelischen Konflikts im ersten Semester es hätte wissen müssen, dass der syrische Präsident Assad nicht im Traum daran gedacht hätte, allein anzugreifen. Wenn ein Angriff Syriens kurz bevorstand, dann stand auch ein Angriff Ägyptens bevor.

Als Vorsichtsmaßnahme, und obwohl sie sich der wirtschaftlichen Kosten mehr als bewusst war und das Jom Kippur-Fest unmittelbar bevorstand, wollte Golda eine vollumfassende Mobilisierung der Streitkräfte anordnen und die Reservetruppen einberufen. Doch sämtliche Männer in ihrem Kabinett, einschließlich des Verteidigungsministers Dayan und der besten und hellsten Köpfe in der Militär- und Geheimdienstelite des Landes, rieten ihr, sich keine Sorgen zu machen. Sie behaupteten, die Lage zu überblicken und über jeden möglicherweise bevorstehenden arabischen Angriff im Vorfeld informiert zu werden. Was sie meinten und nicht auszusprechen brauchten war, dass man in dem sehr unwahrscheinlichen Fall eines Versagens der eigenen Geheimdienstsysteme immer noch ausreichende Warnungen von Seiten der Amerikaner und deren sogar noch überlegenerem Nachrichtenapparat erhalten würde. Zu jener Zeit kam in Israel wirklich niemand auf die Idee, irgendjemand in den USA könnte ein Interesse daran haben, dass der ägyptische Präsident Sadat einem arroganten, expansionistischen und unnachgiebigen Israel eine kleine Lektion erteilt.

Als der Krieg schließlich vorüber war, glaubte Golda – und sicherlich hatte sie recht damit –, dass einige und vielleicht sogar viele der 2500 Toten ihr Leben nicht hätten opfern müssen, wenn sie eine umfassende Truppenmobilisierung angeordnet hätte. Auch ist vorstellbar, dass ein solcher vorbeugender Schritt Israels die Angriffspläne Sadats gestoppt hätte. (Worüber Kissinger enttäuscht gewesen wäre, doch dies ist eine Geschichte für später.)

In *Mein Leben* schrieb Golda: "An jenem Freitagmorgen hätte ich auf mein Herz hören und eine Mobilmachung befehlen sollen. Für mich kann und wird diese Tatsache niemals verschwinden, und nichts, was irgendjemand zu sagen hat, kann mir Trost spenden – ebenso wenig die Versuche meiner Kollegen, mich mit Erklärungen des gesunden Menschenverstands zu beruhigen. Es ist nicht wichtig, was die Logik diktierte. Es zählt einzig und allein, dass ich, die ich so daran gewöhnt war, Entscheidungen zu treffen, und die während des Krieges ständig welche traf, es versäumte, diese eine Entscheidung zu treffen. Es ist keine Frage danach, ob ich mich schuldig fühle. Auch ich kann rational denken und mir selbst sagen, dass angesichts einer solch totalen Sicherheit auf Seiten unseres Militärgeheimdienstes und der fast genauso entschlossenen Akzeptanz seiner Analysen durch unsere obersten Militärs es unvernünftig von mir gewesen wäre, auf einer Mobilmachung zu bestehen. Aber trotzdem weiß ich, dass ich es hätte tun sollen, und ich werde mit dieser schrecklichen Erkenntnis wohl für den Rest meines Lebens umgehen müssen."[13]

In ihrer Rücktrittserklärung an die Nation sagte Golda: "Ich bin am Ende der Straße angekommen. Es übersteigt meine Kräfte, diese Bürde weiterhin zu tragen." Und zu ihren Kabinettskollegen sagte sie: "Dieses Mal ist meine Entscheidung endgültig. Ich bitte Sie inständig, nicht darauf hinzuwirken, dass ich meine Meinung aus irgendeinem Grund ändere. Es wäre vergebens."

In *Mein Leben* sagte Golda außerdem: "Ich sollte nicht einmal versuchen, zu beschreiben, wie jene Tage (des Jom-Kippur-Krieges) für mich waren." Als ich das allerletzte Mal mit ihr sprach, gab sie mir – ohne dass ich sie dazu gedrängt hätte – eine sehr lebhafte Beschreibung dessen, wie jene Tage waren. Wie sie für *sie* waren.

Zu Beginn unseres Gesprächs, das annähernd fünf Stunden dauerte, beschrieb sie den zweifellos schlimmsten Augenblick des Krieges und wahrscheinlich ihres ganzen Lebens. Am Sonntag, dem 7. Oktober, dem zweiten Tag, aber ersten Morgen des Krieges – als ägyptische Truppen in voller Stärke die nur leicht bewehrten israelischen Stellungen entlang des Ostufers des Suezkanals überwältigten – machte Dayan in Goldas Küche einen pragmatischen Vorschlag. Um das Leben der israelischen Frontsoldaten, die immer noch standhielten, aber ohne Zweifel innerhalb von Stunden, wenn nicht Minuten, getötet worden wären, zu retten,

13· Siehe Golda Meir, My Life, S. 357-358, S. 385, S. 360

solle Israel diese Stellungen "aufgeben" und sich um etwa 25 Kilometer zurückziehen, um eine neue vordere Verteidigungslinie aufbauen zu können.

Zu mir sagte Golda: "Ich ließ Mosche wissen, im Hebräischen existiere kein Wort für "aufgeben"; doch wusste ich, dass er recht hatte. Also stand ich vom Küchentisch auf und ging in dieses kleine Zimmer da (sie zeigte auf die Toilette), wo ich mich übergab."[14]

Den Höhepunkt dieser Darstellung der Kämpfe durch Golda stellte für mich der Moment dar, als sie den Countdown zum Dritten Weltkrieg und einem möglichen nuklearen Holocaust Revue passieren ließ; doch diese Geschichte hat ihren Platz erst auf den kommenden Seiten.

Es war Golda, die das Thema Kissinger zur Sprache brachte, der zur damaligen Zeit der berühmteste und mächtigste jüdische Amerikaner war. Wie sie mir erzählte, habe Kissinger nach seiner Ankunft in Israel und unter vier Augen in leisen Worten zu ihr gesagt: "Frau Meir, stört es Sie, wenn ich Ihnen einen Rat gebe ?" Lange Pause. "Nun, da diese Luftbrücke auf dem Weg ist, müssen Sie die Gelegenheit nutzen, alles, was möglich ist, von Nixon zu bekommen – jeden Panzer, jedes Flugzeug, jede Bombe. Denn es könnte der Tag kommen, an dem Nixon nicht länger gewillt ist, in dem Maße, wie Sie es gewöhnt sind, Unterstützung zu gewähren. Der Druck von Seiten der Araber ist so groß, dass er ihm nicht mehr lange wird widerstehen können."[15]

Golda berichtete mir jedoch nicht, was sie Kissinger erwiderte. Zu mir sagte sie nur: "Falls er erwartet haben sollte, ich wäre von seiner Nachricht überrascht, muss er sehr enttäuscht worden sein. Natürlich war ich keineswegs überrascht."[16]

Und sie wusste, dass ich verstand, weshalb sie nicht überrascht war.

Golda Meir und Mosche Dayan waren nur zwei einer ganzen Reihe israelischer Führer, die mir über die Jahre in privaten Gesprächen mitteilten, dass sie es seit dem Tag der Geburt Israels als selbstverständlich betrachtet hatten, dass irgendwann eine Zeit käme, da Amerika und der Westen insgesamt von Israel erwarten würde, das Opferlamm auf dem Altar der politischen Zweckmäßigkeit abzugeben. Im Privaten war Dayan der Pessimistischste von allen. Nicht sehr lange nach dem Krieg von 1967 erzählte er mir, er sei davon überzeugt, dass der Tag käme, an dem der Westen zu der Erkenntnis gelange, dass Israel entbehrlich sei. Und dies, so sagte er, sei der wahre Grund, warum Israel die militärische Supermacht der Region sein und auch bleiben müsse.

Die Wahrheit, wie sie mir im Laufe der Zeit von meinen eigenen US-amerikanischen Quellen begreiflich gemacht wurde, lässt sich auf folgenden Kern reduzie-

14. Privates Gespräch mit dem Autor

15. Wie von Golda Meir aus einem Privatgespräch mit dem Autor erinnert

16. Diese und die nachfolgenden Zitate entstammen einem privatem Gespräch mit dem Autor, falls nicht anders angegeben

ren: Wann immer ein US-Präsident mit der Notwendigkeit konfrontiert war, eine kritische Entscheidung zum Nahen Osten zu treffen, stellte er sich selbst nur eine einzige Frage: "Vor wem fürchte ich mich am meisten?" Und die etwas längere Variante derselben Frage lautet: "Wer oder was ist die größte Bedrohung für die Interessen meiner Partei und meine eigenen Aussichten auf Wiederwahl – Israel und seine mächtige Lobby in den Vereinigten Staaten oder die Araber?"

Als Kissinger jene Worte an Golda richtete, tat er dies nicht nur vor dem Hintergrund des tobenden Jom-Kippur-Krieges, sondern auch im Angesicht der ersten großen Erdölpreisexplosion, die in seinem Gefolge auftrat. Tatsächlich ließ Kissinger Golda damals wissen, dass vielleicht eine Zeit näherrückte, in der ein US-Präsident die Schlußfolgerung ziehen würde, dass er über die Konsequenzen, die eine Brüskierung der arabischen Erdölexporteure mit sich brächte, besorgter sein sollte als über die Auswirkungen einer Verärgerung Israels und der zionistischen Lobby in den USA.

Ich fragte Golda, inwieweit sie Kissingers Worten vertraut hatte. Dabei war sie sich wohl bewusst, dass ich selbst nicht zu Kissingers Fanclub gehörte. Sie gab mir zwei Antworten.

Die erste bestand hauptsächlich aus einer Geste: Sie erhob ihre zigarettenfreie Hand und formte damit fast einen rechten Winkel, indem sie ihren Daumen und ihren Zeigefinger so weit voneinander abspreizte wie möglich. Dann – sehr langsam – verkleinerte sie den Abstand, bis sich Finger und Daumen fast berührten. "So viel", sagte sie.

Die zweite Antwort kam in Form einer Kurzgeschichte. Wann immer Kissinger Israel besuchte, pflegte er israelische Regierungsminister auf den Rücken zu klopfen und sie mit ihren Vornamen anzusprechen. Die Minister reagierten darauf – und so hatte es Kissinger offenbar beabsichtigt –, indem sie ihn "Henry" nannten. "Aber ich tat das nicht", sagte Golda. "Ich sprach ihn stets mit 'Herr Außenminister' oder 'Dr. Kissinger' an. Und ich bestand darauf, dass auch er mich entweder mit 'Frau Meir' oder 'Frau Ministerpräsidentin' ansprach." Pause. "Wenn man mit so einem Menschen per Du ist, macht er mit dir, was er will." Dies war eine Form von Weisheit, die den meisten arabischen Führern fehlte – insbesondere Sadat. Und mit ihm machte Kissinger auch, was er wollte. Vielleicht kann nur eine Mutter diese Form von Weisheit besitzen.

Obwohl Israel damals schon unter Begins Führung stand, gehörte Golda zu den wichtigen Persönlichkeiten des Landes, die bereitstanden, um Präsident Sadat willkommen zu heißen und ihm die Hand zu schütteln, als er am 20. November 1977 seinen historischen Israel-Besuch unternahm. Als Golda und ich unser letztes Gespräch führten, war Israels Frieden mit Ägypten bereits eine vollendete Tatsache. Ich fragte sie, was sie ernsthaft darüber dachte.

Und sie antwortete mir: "Es wäre nicht passiert, wenn ich noch Ministerpräsidentin gewesen wäre. Ich hätte nicht einmal eine Handvoll Sandkörner vom Sinai für einen Separatfrieden mit Ägypten eingetauscht."

Hätte Golda dies öffentlich gesagt, als der Friedensvertrag zwischen beiden Ländern noch auf dem Weg war, wäre sie von vielen im Westen – Politikern, Leitartikelschreibern und anderen Kommentatoren – als störrisches, altes Schlachtross und als Frau von gestern abgetan worden. Sicher hätte auch der eine oder andere vermutet, sie habe nicht mehr alle Tassen im Schrank. Doch der Lauf der Geschichte bewies, dass Golda – wieder einmal – recht behalten sollte. Denn der Haupteffekt des Separatfriedens mit Ägypten war, dass Israel unter Begins Führung unbegrenzte Freiheit erhielt, den Arabern seinen Willen mit Gewalt aufzuzwingen und damit die Aussichten auf einen umfassenden Frieden – einen Frieden, den die meisten Araber seit 1973 wollten, und das zu Bedingungen, die jede rational denkende israelische Regierung und Bevölkerung mit Erleichterung akzeptiert hätte – aufs Spiel setzte.

Als ich Begin und seinen Ministern dabei zusah, wie sie den Friedhof verließen, fühlte ich plötzlich die sanfte Berührung einer Hand auf meinem Arm. Es war Lou. "Möchtest du mit mir zum Apartment zurückgehen, um einen Drink zu nehmen?"

Ich fragte, wer noch dort sein würde.

"Niemand sonst", erwiderte Lou. "Nur wir beide. Es gibt etwas, was ich dir erzählen muss."

Wir fuhren die kurze Entfernung in ernster Schweigsamkeit zurück, doch sobald wir uns im Apartment befanden, änderte sich Lous Stimmung, und zwar so sehr, dass ich über ihre erkennbare Heiterkeit überrascht war. "Es gibt keinen Grund, traurig zu sein", sagte sie. "Golda hatte ein großartiges Leben, und – um dir die volle Wahrheit zu sagen – es war viel länger, als sie selbst erwartet hatte."

Ich forderte Lou mit einem Blick auf, mir mehr zu erzählen.

"Es ist nicht länger ein Geheimnis, dass bei Golda schon vor siebzehn Jahren Krebs diagnostiziert worden war", fügte sie hinzu. (Die israelischen Zeitungen hatten diese Tatsache zusammen mit der Verkündung ihres Todes enthüllt.) "Immer noch ein Geheimnis ist aber, dass – als sie damals die Diagnose erhielt – ihr die Ärzte eine Lebenserwartung von nur noch drei Monaten gaben."

Wir stimmten darin überein, dass Goldas derart langes Überleben ihrem eisernen Willen zu verdanken und zudem ein Beweis dafür war, dass ein starker Geist manchmal sogar Krebs in Schach halten kann.

Schließlich fragte ich Lou: "Was ist es denn, das du mir sagen musst?"

Sie nahm sich Zeit, um ihre Gedanken zu sortieren. Dann sagte sie: "Erinnerst du dich an das Fernsehinterview, in dem Golda dir sagte, es gebe so etwas wie einen Palästinenser nicht, und dass die Palästinenser nicht existierten?"

„Meine liebe Lou", gab ich zur Antwort, „nicht nur ich erinnere mich daran, die ganze Welt erinnert sich daran und wird das auch nicht vergessen!"

Ich war nicht der einzige Reporter, demgegenüber Golda Derartiges gesagt hatte; doch weil sie es mir vor einer Kamera gesagt hatte, aus ihrem eigenen Mund, hatte es eine viel größere Wirkung entfaltet als all die Zitate ihrer Aussage, die damals in den Zeitungen erschienen.

Golda war nicht allein mit ihrer Meinung, dass die Palästinenser nicht existierten. Stattdessen vertrat sie mit ihrer Äußerung die offizielle Linie des Zionismus in dieser Frage; eine Linie, die von Israels bedingungslosen Unterstützern überall auf der Welt akzeptiert und papageienartig wiederholt wurde.

Was sie tatsächlich vor der Kamera gesagt hatte, war: "So etwas wie einen Palästinenser gibt es nicht. Es ist nicht so, dass ein palästinensisches Volk existiert hätte und wir gekommen wären und es rausgeworfen und ihm sein Land weggenommen hätten. Sie existierten überhaupt nicht."[17]

Lou berichtete weiter. „Golda bat mich, dir etwas zu sagen, doch ich musste ihr versprechen, es nicht weiterzugeben, bis sie gestorben war." Pause. *"Sie bat mich, dir zu sagen, dass sie in dem Moment, da diese Worte ihren Mund verlassen hatten, wusste, dass es das verdammt Dümmste war, was sie jemals gesagt hatte!"*[18]

Die Bedeutsamkeit dieser Botschaft aus dem Grab war fast unmöglich zu übertreiben.

Auf persönlicher Ebene verstand ich es so, dass Golda mich wissen lassen wollte, dass sie nicht wirklich so irregeleitet war, wie ich aufgrund ihrer Ablehnung der Existenz der Palästinenser als einem Volk mit Rechten und einem unwiderlegbaren Anspruch auf Gerechtigkeit zu ihren Lebzeiten vielleicht angenommen haben könnte.

Anders ausgedrückt, erkannte sie damit den Unterschied zwischen der israelischen Propaganda – dem Mythos, den der Zionismus geschaffen hatte, um die Welt für dumm zu verkaufen und das eigene Gewissen zu beruhigen – auf der einen und dem, wovon sie wusste, dass es wahr ist, auf der anderen Seite an. Im Ergebnis und posthum räumte die Mutter Israels auf diese Weise ein, dass die Schaffung des zionistischen Staates erfordert hatte, den Palästinensern Unrecht zu tun, und dass Israel eine Lüge lebte.

Das Problem, vor das die Wahrheit – das heißt die tatsächliche Existenz der Palästinenser – Goldas Generation stellte, war, dass sie fundamentale Fragen über die Rechtmäßigkeit und Moralität des zionistischen Unternehmens (Goldas Lebenswerk) und die Legitimität der Existenz Israels aufwarf.

Wenn ich es mir recht überlege, und aufgrund ihrer letzten Botschaft an mich,

---

17· Interview vom Panorama mit dem Autor

18· Privatgespräch mit dem Autor

neige ich zu der Ansicht, dass die Mutter Israels mit schwerem Herzen über das Unrecht, das den Palästinensern im Namen des Zionismus angetan wurde, aus dem Leben schied. Denn es wäre ihr nicht möglich gewesen, der Logik der Wirklichkeit und der Frage, die diese mit sich brachte, zu entkommen: *Wenn es die Palästinenser nicht gab – kein Problem. Aber wenn sie nun doch existierten – „Was haben wir dann nur getan?"*

Die Golda Meir, die ich kannte, hätte sich selbst diese Frage gestellt, als offensichtlich war – so wie vor ihrem Tod –, dass die Erneuerung des palästinensischen Nationalismus genauso eine vollendete Tatsache war wie die Existenz Israels.

Es ist aber nun mal so, dass die Wahrheit schlicht und ergreifend zu unbequem für die Mutter Israels war, um sich zu ihren Lebzeiten damit auseinanderzusetzen. Das sollte die Aufgabe ihrer Kinder sein. In ihrer letzten Botschaft an mich schwang ihr unterschwelliger Wunsch mit, dass die nächste Generation in Israel dies anpacken solle, indem sie sich selbst fragte, was zu tun sei, um das den Palästinensern im Namen des Zionismus angetane Unrecht wiedergutzumachen. (Einige meiner nichtreligiösen, antizionistischen jüdischen Freunde haben mir gesagt, ich sei viel zu nett zu Golda gewesen. Ihrer Meinung nach sei Golda eine „unverbesserliche, erzzionistische Fanatikerin" gewesen. Sie könnten Recht und ich Unrecht haben; doch glaube ich, dass ich Golda näher kannte als sie, und so bleibe ich bei meiner eigenen Interpretation.)

Kapitel 2
Großbritannien spielt schließlich die zionistische Karte

Nach den Vorstellungen der Gründerväter des Zionismus sollte der Judenstaat in Palästina eine adäquate Antwort auf den uralten Fluch des Antisemitismus darstellen, der zu dieser Zeit der Entstehung des Zionismus vor allem ein europäisches Phänomen war. Für lange Jahrhunderte war Osteuropa und vor allem das russische Zarenreich das Zentrum des Weltjudentums gewesen. Die meisten Juden dieses Landes lebten in bitterer Armut und sie waren gezwungen, in Ghettos zu wohnen, in besonders ausgewiesenen und abgeriegelten engen Vierteln und Städtchen, wo man sie besonders einfach beaufsichtigen und kontrollieren konnte. Auch besonders leicht zu unterdrücken und verfolgen. Aber das Ghetto war nicht bloß materiell, sichtbar und gewissermaßen mit Händen zu fassen. Es existierte auch auf psychischer Ebene, als eine Art jüdischen Denkens, als eine Art der Anpassung an eine feindselige Umgebung.

„Juden können und dürfen niemals den Nichtjuden trauen."

Nach dem zionistischen Denken kann nur ihr eigener Staat den Juden wirkliche Sicherheit und Freiheit vor Verfolgung garantieren. Entsprechend lautet eine Grundaussage des Zionismus etwa: „Juden können und dürfen niemals den Nichtjuden trauen. Ohne eigenen Staat sind die Juden zum Untergang verurteilt." Im Zionismus ging es also im Wesentlichen darum, Juden und Nichtjuden zu trennen, und der Zionismus war von Anfang an im Wesentlichen ein Weltuntergangsdenken.

Im Gegensatz zur „Haskala" ist der Zionismus von Weltuntergangsdenken geprägt

Vor dem Zionismus hatte es ein jüdisches, von Hoffnung geprägtes Denken gegeben. Diesem wurde durch die Entstehung der Haskala-Bewegung im achtzehnten Jahrhundert ein Gesicht verliehen; „Haskala" ist hebräisch und bedeutet etwa „Aufklärung". Die Lösung der „Haskala" für das Problem des Antisemitismus und die Verfolgung der Juden in ihren Hauptsiedlungsgebieten in Osteuropa bestand in Emigration gen Westen und Assimilation in die dortigen säkularen Kulturen, also dem Gegenteil von Separation von Juden und Nichtjuden. Auf diese Weise glaubte die „Haskala" die Juden auf die einfachste und beste Weise schützen zu können.

Der Riese namens „Antisemitismus“ würde zwar wohl nie sterben, aber im Westen, so glaubte man, könnte man ihn bewegen, weiter zu schlafen, wenn die Juden zu den dortigen Gesellschaften beitrügen und ihre Loyalität gegenüber den Staaten, deren Bürger sie geworden waren, bewiesen. Anders gesagt, wenn die Juden sich nur genug anstrengten, würde man sie mit der Zeit akzeptieren und ihnen erlauben, in ihrer neuen westlichen Heimat ein erfülltes und sicheres Leben zu führen.

Es ist offensichtlich, welcher großen Herausforderung sich jene Juden stellen mussten, die den von der „Haskala“ vorgezeichneten Weg zur Rettung nehmen wollten. Sie mussten nicht nur ihr Ghettodenken ablegen, sondern auch alle Gewohnheiten, Sitten und Verhaltensweisen, die damit einhergingen. Um als jüdische Engländer, jüdische Franzosen, jüdische US-Bürger usw. akzeptiert zu werden, mussten sie, abgesehen von der Privatsache Religion, möglichst ununterscheidbar von all den anderen Engländern, Franzosen, US-Bürgern usw. werden. Gelänge ihnen dies nicht, so könnten sie schnell als minderwertig gegenüber den normalen Engländern, Franzosen, US-Bürgern usw. gelten. Es könnte also zu neuen Vorurteilen und einem nun im Westen wiederauflebenden Antisemitismus führen, vor allem wenn die jeweiligen Regierungen oder Völker gerade den Bedarf nach einem Sündenbock verspürten.

Der von der „Haskala“ vorgeschlagene Weg zur Rettung verlangte also von den Juden, die ihn einschlagen wollten, vor allem eines: Sie mussten fest darauf hoffen und daran glauben, dass sie im Westen nicht verfolgt würden, wenn sie nur ihren Willen und ihre Fähigkeit zur Assimilation bewiesen, wenn sie, anders gesagt, bewiesen, dass sie dem Ghetto nicht nur auf körperlicher, sondern auch auf geistiger Ebene entronnen waren. Für Menschen, deren gesamte Geschichte aus einer Kette von Verfolgungen bestand, war das gewiss nicht einfach. Jenen unter ihnen, die zum Beispiel vor hatten, nach England auszuwandern, war ohne besondere Erinnerung wohl bewusst, dass bereits einmal fast alle Juden Englands abgeschlachtet und die wenigen Überlebenden danach vertrieben worden waren, nämlich von König Edward I. im Jahre 1290.

Die Mehrheit der Juden weltweit lebt – freiwillig – nicht im Staate Israel

Es gibt einen einfachen Beweis dafür, dass die meisten Juden diese von Hoffnung geprägte Vorstellung vorzogen und immer noch vorziehen: Auch nach dem Massenmord an den europäischen Juden durch die Nazis, und obwohl dieser scheinbar dem Zionismus Recht gab, leben die meisten Juden der Welt freiwillig nicht im zionistischen Staat Israel. Falls dieser sich weiterhin nicht gewillt zeigt, mit den Palästinensern einen auch für diese akzeptablen Friedensvertrag zu schließen, so denke ich, wird sogar eine bedeutende Zahl der rational denkenden Juden Israels (die ungefähr die Hälfte der heutigen jüdischen Bevölkerung im Gebiet von „Groß-Israel“ bilden) diesem Staat den Rücken kehren. Welche schlussendliche Ironie in der Geschichte des Zionismus wäre das: der Zweite Exodus, aber diesmal hinaus aus Israel.

Praktisch alle Juden, die dem Weg der „Haskala“ gefolgt sind und sich in Westeuropa oder Nordamerika niedergelassen haben, und insbesondere viele unter ihnen, die eine prominente Rolle in den dortigen Gesellschaften spielten und spielen, haben sich nicht nur von der Idee des Zionismus wenig begeistert gezeigt, sondern sind sogar regelrechte Anti-Zionisten geworden. Wie wir noch sehen werden, hätte der Zionismus ohne den von den Nazis begangenen Holocaust wohl kaum die notwendige Unterstützung von Seiten der Juden erhalten, um sein Palästina-Projekt erfolgreich umsetzen zu können.

Der Gründervater des Zionismus war Theodor Herzl, ein in Ungarn geborener Jude, der in Wien, damals Hauptstadt des österreichisch-ungarischen Reichs, lebte und als Journalist und Stückeschreiber fürs Theater arbeitete. Er rief zum ersten Kongress der Zionistischen Weltorganisation WZO in Basel/Schweiz im Jahre 1897 auf. Zu dessen Abschluss hieß es in einer Resolution über die Aufgabe des Zionismus, dieser "strebt die Schaffung einer öffentlich-rechtlich gesicherten Heimstätte an für diejenigen Juden, die sich an ihren jetzigen Wohnorten nicht assimilieren können oder wollen.“ In sein privates Tagebuch trug Herzl am 3. September, dem Tag der Veröffentlichung besagter Resolution, ein weit aufschlussreicheres Bekenntnis ein. Wir lesen im Eintrag für diesen Tag unter anderem: *„Fasse ich den Baseler Kongress in einem Wort zusammen - das ich mich hüten werde, öffentlich auszusprechen - so ist es dieses: in Basel habe ich den Judenstaat gegründet.“* Weiter unten heißt es, immer noch im Eintrag für den 3. September: *„Vielleicht in fünf Jahren, jedenfalls in fünfzig wird es jeder einsehen. ... der Staat ist selbst, wo er Territorium hat, immer etwas Abstraktes. ... Ich habe in Basel dieses Abstrakte und darum den allermeisten Unsichtbare geschaffen."*[1]

Vielleicht war es, vor dem Hintergrund der Bedeutung des zionistischen Unternehmens für alle Beteiligten, die Juden und die jüdische Religion eingeschlossen, ganz angemessen, dass der erste Zionistische Weltkongress in einem Spielkasino abgehalten wurde...

1896, ein Jahr vor dem ersten Zionistischen Kongress, hatte Theodor Herzl den „Judenstaat“ veröffentlicht. Die „Vorrede“ dieses Buches schloss mit den Worten: „Die Juden, die wollen, werden ihren Staat haben, und sie werden ihn verdienen.“ Aber sobald der politische Zionismus als praktische Bewegung in regelrechten Organisationen Gestalt annahm, sollte Herzl unter den ersten sein, die es für nötig

1· Im Original zitiert nach: Harry Zohn (Übers.), Raphael Patai (Hg.), Complete Diaries of Theodore Herzl [Englische Vollständige Ausgabe von Herzls Tagebüchern], New York, 1960, Bd. II, S. 581:; im Original: Theodor Herzls Tagebücher 1895-1904, Dreibändige Erstausgabe, Band 2, Jüdischer Verlag, Berlin 1923, S.24

erachteten, das Wort „Staat“ in allen öffentlichen politischen Erklärungen peinlichst zu vermeiden und so, im Endeffekt, über ihre wahren Absichten die Unwahrheit zu verbreiten.[2]

Herzls Tagebücher wurden in englischer Sprache erst im Jahre 1960, als „Completed Diaries“, veröffentlicht. Wie wir noch im sechsten Kapitel sehen werden, gab es darin Einträge, nach denen er sich von Anfang voll und ganz bewusst dessen war, dass die arabischen Palästinenser ihres Landes und ihrer Rechte beraubt werden mussten, wenn der Zionismus Erfolg haben sollte.

Der zionistische Anspruch auf Palästina, der bereits lange vor Hitlers Auftritt auf der Weltbühne und dem Massenmord an den Juden durch die Nazis erhoben wurde, bezog seine Legitimation aus der „historischen Verbindung“ der Juden mit diesem Land. In offizieller Form wurde er zuerst in einem Memorandum der WZO zu Händen der Pariser Friedenskonferenz am Ende des Ersten Weltkriegs vorgelegt. Darin wurden die siegreichen Alliierten aufgerufen, „den historischen Anspruch des jüdischen Volkes in Bezug auf Palästina und das Recht der Juden anzuerkennen, sich in Palästina eine nationale Heimstatt wiederherzustellen.“ Worin bestand eigentlich „die historische Verbindung“, die nach Meinung der maßgeblichen Zionisten den Juden dieser Welt jenen „historischen Anspruch“ auf Palästina gab? Man kann die Antwort auf diese Frage in einen Satz zusammenfassen: Die erste Periode jüdischer Souveränität auf dem Boden Palästinas war nur eine, zudem recht kurze, Episode in der Geschichte dieses arabischen Landes, das fast durchgängig von fremden Mächten besetzt war, darunter auch von den alten Hebräern.

Obwohl dieser Satz die Geschichte genau und angemessen zusammenfasst, wird er, wenn man ihn alleine stehen lässt, weder der Intensität, mit der sich Juden Palästina spirituell verbunden fühlen, noch dem flammenden Zorn, der in jedem arabischen Herzen brennt, gerecht. Die Flamme dieses Zorns lodert umso heftiger, je mehr politische Zionisten die spirituelle Verbundenheit der Juden zu Palästina ge- oder missbrauchen, um das Erreichen ihrer politischen Ziele mithilfe von terroristischen oder militärischen Maßnahmen zu decken.

Die Idee, beide Völker hätten ein gleiches Anrecht auf Palästina, hält einer ernsthaften Prüfung nicht stand

Im Westen wird der arabisch-israelische Konflikt meist als eine Auseinandersetzung zwischen zwei Völkern mit einem gleich gewichtigen Anrecht auf dasselbe Land verstanden. Wie wir jetzt sehen werden, hält diese Vorstellung eines ähnlich stark begründeten Heimatrechts zweier Völker in Palästina einer ernsthaften Prüfung nicht stand.

2· Theodor Herzl, „Der Judenstaat – Versuch einer modernen Lösung der Judenfrage“, M. Breitensteins Verlags-Buchhandlung, Leipzig u. Wien 1896, Vorrede, S. 6

Die ersten geschichtlich bekannten Einwohner Palästinas waren die Kanaaniter, die dem Land seinen ersten Namen gaben, „das Land Kanaan", wie es in der Bibel heißt. Die Kanaaniter lebten schon ungefähr 3000 v. Chr. dort, ungefähr 1800 Jahre vor der Eroberung durch die Hebräer. Die Kanaaniter lebten in Städten, auf einem recht fortgeschrittenen Entwicklungsniveau, gemessen an der Zeit. Sie gründeten auch Jerusalem, das zur Hauptstadt Palästinas werden sollte. Obwohl sie eines ethnischen Ursprungs waren, eine gemeinsame Kultur und eine gemeinsame Sprache (semitischen Ursprungs, einen Vorläufer des heutigen lokalen Arabisch) teilten, waren die Kanaaniter nicht in einem zentralen Staat verfasst. Stattdessen war Kanaan in Stadtstaaten aufgeteilt, die von Fürsten und kleinen Königen regiert wurden.

Ungefähr im Jahr 1730 v. Chr. wanderten hebräische Stämme von Chaldäa (im Süden des heutigen Irak) nach Kanaan ein, ließen sich aber nicht dauerhaft nieder. Sie wanderten schließlich nach Ägypten weiter, wo sie unter der Herrschaft der Pharaonen mehrere Jahrhunderte lang lebten.

Ab dem Jahre 1200 v. Chr. etwa drangen zwei Völker nach Kanaan ein, zum einen die Hebräer, zum anderen die Philister. Die hebräische Einwanderung dauerte etwa zweihundert Jahre und führte nicht zu einer Verdrängung der ursprünglichen Einwohner. Die Hebräer (oder späteren Israeliten) ließen sich vor allem in vorher unbewohnten Gegenden nieder. Während dieser Zeit hatten sie kein Königtum noch eine andere Form zentraler Herrschaft; sie lebten vielmehr in zwölf Stämmen, die von sogenannten „Richtern" (hebr.: Schofatim) regiert wurden.

Die Philister andererseits besetzten die südliche Küste Kanaans und die dort am Meer gelegene Ebene bis knapp jenseits Japho (Jaffa). Sie wurden auch als die „Leute von der See" oder „Seevölker" bekannt. Manche glauben, dass sie aus Illyrien kamen und auf ihrem Wege, der in Kanaan enden sollte, auch Kreta durchquerten; Illyrien entspricht ungefähr dem Gebiet Jugoslawiens im zwanzigsten Jahrhundert, also dem nordwestlichen Teil der Balkanregion, und war damals wohl von einem indo-europäischen Volk bewohnt. Die Philister gaben dem Land Kanaan seinen neuen Namen „Philistia", woraus im Griechischen „Palaistiné" und im Lateinischen „Palaestina", im Arabischen hingegen „Falastin" wurde – die heutige Bezeichnung für dieses Land. Die Philister wollten ihrerseits das ganze heutige Palästina erobern und lagen daher in einem Dauerkrieg mit den Hebräern.

Etwa um 1020 v. Chr. erkannten die Hebräer, dass sie den immer schärferen Attacken der Philister wohl nicht würden standhalten können, wenn sie weiterhin jeweils nur als einzelne Stämme Widerstand leisteten: Wenn sie nicht endgültig besiegt werden wollten, mussten sie koordiniert handeln. Aus dieser Erkenntnis heraus bestimmten sie Saul als den ersten König von Israel (wobei „Israel" hier eine Bezeichnung des Volkes als „Kinder Israels", d.h. Nachkommen Jakobs, ist). In Wirklichkeit war Saul wohl mehr dem Titel als dem Gehalt nach ein König.

Seine „Hauptstadt“ Globeah war wenig mehr als ein einfach gebautes Fort. Es gab auch kein „-reich“ für diesen König: Sauls wesentliche Aufgabe bestand darin, die Kriegsführung der israelitischen Stämme zu koordinieren.

Saul war ein tragischer Held. Anscheinend war er psychisch labil, vielleicht sogar regelrecht irrsinnig; eines Tages äußerte er, den jungen Harfespieler David töten zu wollen, welcher ihm als König nachfolgen und das erste richtige jüdische Königreich in Palästina gründen sollte. Unter Saul erreichten die Israeliten nicht die Stärke, die ausgereicht hätte, um den Philistern einen entscheidenden Schlag versetzen und sie niederwerfen zu können; es gelang ihnen jedoch, eine Herrschaft der Philister über ganz Palästina zu verhindern.

Im Jahre 1000 v. Chr. etwa erbte David die Königswürde, nachdem Saul in einer Schlacht gegen die Philister am Berg Gilboa gefallen war. David leistete weit mehr als die bloße Koordination der israelitischen militärischen Verteidigung: Er vereinigte die Stämme Israels unter seiner Herrschaft. Seine erste Hauptstadt war an der Stelle des heutigen Hebron gelegen, südlich von Jerusalem. Im Jahre 1006 v. Chr. wahrscheinlich gelang es ihm, Jerusalem den Jebusiten, einem kanaanitischen Stamm, abzunehmen. Von dieser neuen Hauptstadt aus herrschte er bis zu seinem Tod im Jahre 972 v. Chr. Sein Sohn Salomo regierte nach ihm vierzig Jahre lang und baute den ersten Tempel der Juden.

Nach Salomos Tod im Jahre 932 v. Chr. gab es einen Aufstand der israelitischen Stämme, was zu einer Spaltung des Königreichs Davids führte, das ohnehin niemals ganz Palästina umfasste. Nun gab es das Königreich Israel im Norden und das Königreich Judah im Süden. Diese beiden Königreiche lagen unentwegt in kriegerischem Streit miteinander und ihren Nachbarn. Eine Katastrophe kündigte sich an.

Im Jahre 721 schließlich wurde das Königreich Israel von den Assyrern zerstört und seine Bevölkerung wurde in die Kriegsgefangenschaft verschleppt, um für immer aus der Geschichte zu verschwinden. Das Königreich Israel war dadurch ausgelöscht worden und auf seinem ehemaligen Gebiet lagen nun vier Provinzen des assyrischen Reiches.

Das Königreich Judah überlebte noch eine Zeitlang, aber seine Existenz war beständig gefährdet. Seine Hauptstadt Jerusalem wurde immer wieder belagert, eingenommen und geplündert. Die meiste Zeit war Judah einer der regionalen Vormächte – Assyrien, Babylon und Ägypten – tributpflichtig: es war zum Vasallenstaat geworden. Im Jahre 705 v. Chr. eroberten die Assyrer das Königreich schließlich, nachdem es seinen Tribut schuldig geblieben war. Sie übertrugen den Großteil seines Territoriums den Philistern und ließen dem König von Judah nur noch die Hauptstadt Jerusalem. Im Jahre 587 v. Chr. schließlich zerstörten die Babylonier Jerusalem mitsamt dem ersten Tempel und führten die Juden in die Babylonische Gefangenschaft.

Georges Friedmann gibt uns in seinem Buch „Fin du peuple juif?“ [„Ende des jüdischen Volkes“] eine plastische Darstellung dessen, was dies für die Juden bedeutete. Die zwölf Stämme wurden vor allem nach Babylon, aber auch nach Armenien und in den Kaukasus verschleppt „und verschwanden einfach, und mit ihnen verschwand das jüdische Volk in seiner bis dahin ganzheitlichen Existenz als eine zugleich ethnische, nationale und religiöse Gemeinschaft für immer aus der Geschichte.“[3]

Die Ereignisse des Jahres 587 v. Chr. setzten der jüdischen Staatlichkeit in Palästina ein Ende, für mehr als zweieinhalb Jahrtausende, bis zum zweiten Erstehen Israels 1948. Aber dies war nicht zugleich das Ende jüdischen Lebens in Palästina: Im Jahre 538 v. Chr. verloren die Babylonier Palästina an die Perser, und diese erlaubten den Juden die Rückkehr.

Zwei Jahrhunderte darauf nahm Alexander der Große wiederum Palästina den Persern ab. Eine griechische Dynastie, die Seleukiden, herrschten ungefähr anderthalb Jahrhundert über das Land; gegen Ende dieser Zeit sahen sie sich einem von den Makkabäern angeführten jüdischen Aufstand gegenüber. Diese entstammten einer Familie jüdischer Priester und stellten sich in vorderster Front gegen die Einführung von Gesetzen, die die Ausübung der jüdischen Religion verunmöglichten. Nachdem Antiochos IV, der damalige seleukidische Herrscher, den Tempel in Jerusalem entweiht und stattdessen Zeus gewidmet hatte, begannen die Juden einen Guerrillakrieg unter der Führung von Mattathias, dann seinem Sohn, Judas Makkabi. Im Jahre 164 v. Chr. wurde Jerusalem von Judas befreit und der Tempel rituell gereinigt und wieder geweiht; dieses Ereignis wird seitdem von den Juden beim Fest Hanukka gefeiert.

Die makkabäische Unabhängigkeit Jerusalems und einiger Teile Palästinas währte aber nicht lange. Im Jahre 124 v. Chr. wurde Jerusalem vom Seleukidenherrscher Antiochos VII Sidetes belagert, welcher er erst nach Leistung eines Tributes durch die Makkabäer abzog.

Dann eroberten im Jahre 63 v. Chr. die Römer Palästina, und es wurde als Judäa erst ein römisches Protektorat, dann eine römische Provinz. Die Römer setzten der makkabäischen Herrschaft ein Ende.

In der Zeit dieser römischen Besetzung wurde jener „Sohn aus dem Stamme Davids“ geboren, welcher der Messias oder (griechisch) Christus der Christenheit werden sollte. Und Betlehem, wo Maria ihn geboren haben soll, Nazareth und die ganze Region Galiläa, wo er lebte, sowie Jerusalem, wo man ihn kreuzigte, wurden somit zu den heiligsten Orten des Christentums, und Palästina zu seinem Heiligen Land.

3· Georges Friedmann, „Fin du peuple juif?“ [„Das Ende des jüdischen Volkes?“], Gallimard, Serie „Idées“, 1965; engl. Übers.: Georges Friedmann, „The End of the Jewish People?“, Doubleday Anchor Books, 1968, S. 279; hier zitiert nach: Henry Cattan, „Palestine and International Law“, 2. Auflage, Longman, 1973

Es gab zwei jüdische Aufstände gegen die Römer, in den Jahren 66 bis 70 und 132 bis 135 n. Chr. Im Laufe des ersten wurden Jerusalem und der (zweite) jüdische Tempel zerstört. Während der Wirren des zweiten, des Bar-Kochba-Aufstandes, wurden die Mehrheit der noch in Palästina lebenden Juden umgebracht oder in die entferntesten Winkel des römischen Reiches vertrieben. Ab dem Jahre 135 ließ Hadrian an der Stelle Jerusalems eine neue Stadt errichten, die er „Aelia Capitolina" nannte und in der keiner der noch in Palästina lebenden Juden wohnen durfte.

Die jüdische Nation war nur unter David und Salomon geeint, und das nicht länger als siebzig Jahre

Aus der bisherigen Darstellung lässt sich ersehen, dass die Juden nur siebzig Jahre lang, unter David und Salomon, als geeinte Nation lebten. Wie Professor Julian Morgenstern in seinem Essayband „As a Mighty Stream" [„Wie ein mächtiger Strom"] unterstrich, gab es in der Zeit der zwei getrennten jüdischen Königreiche nur zwei (gleichzeitige) kurze Epochen (von je etwa fünfzig Jahren), die von Macht und Pracht, wenn auch in bescheidenem Umfang, geprägt waren.

Zwei Zitate beurteilen den zionistischen Anspruch auf Palästina vor dem geschichtlichen Hintergrund gesehen besonders treffend. Eine der beiden Wortmeldungen stammt aus dem Bericht der King-Crane-Kommission, die von Präsident Wilson im Jahre 1919 eingesetzt worden war, um auch die Meinung der Araber Palästinas einzuholen:

„Der ursprüngliche Anspruch, wie ihn häufig Vertreter des Zionismus erheben, nämlich, dass sie auf der Grundlage, dass sie das Land vor zweitausend Jahren besetzten, ein Recht auf Palästina besitzen, kann kaum ernst genommen werden."[4]

Die andere Äußerung stammt von Lord Sydenham, aus einer Debatte des britischen Oberhauses über das Thema Palästina im Jahre 1922. Sydenham sagte damals:

„Palästina ist nicht die ursprüngliche Heimat der Juden. Sie haben es infolge einer Eroberung erworben, und sie haben es niemals ganz besetzt gehalten, was sie aber nun offen fordern. Sie haben keinen stärkeren Anspruch auf Palästina, als die Nachkommen der Römer auf unser Land besitzen."[5]

4- Bericht der King-Crane-Kommission; zu finden in: George Antonius, „Arab Awakening", S. 443ff.; ders., im Internet: http://catalog.hathitrust.org/Record/006783279 ; Harry N. Howard, „The King-Crane Commission: An American Inquiry in the Middle East" [„Die King-Crane-Kommission – Eine US-amerikanische Untersuchung über den Nahen Osten"], Beirut, Khayats, 1963; and J. C. Hurewitz, „Diplomacy in the Near and Middle East" [„Diplomatie im Nahen u. Mittleren Osten"], Bd. II, Van Nostrand, New York, 1956, S.70; ferner im Internet unter: http://www.hri.org/docs/king-crane/syria.html

5- House of Lords/Britisches Oberhaus, „Hansard's Reports" [die offiziellen Protokolle der Debatten], 21. Juni 1922, S. 121

Jede objektive Überprüfung der wirklichen Geschichte der Juden muss noch etwas anderes berücksichtigen: Als die Zionisten ihren Anspruchstitel auf Palästina auf der Grundlage der „historischen Verbindung" erklärten, waren nur noch wenige Juden außerhalb von Palästina und vielleicht 10.000 Juden in Palästina Nachkommen der alten Hebräer, die das Land einmal besetzten und als Israeliten für eine recht kurze Zeit beherrschten.

Anders gesagt: Von der Gesamtzahl aller Juden in der Welt, außerhalb der Grenzen Palästinas, waren nur wenige palästinensischer Herkunft. Die große Mehrheit hingegen stammte von Juden ab, die in ihrem damaligen Heimatland zum Judentum übergetreten waren. Diese Übertritte zum Judentum fanden meist lange nach dem Ende der ersten Präsenz des jüdischen Volkes statt. Also waren, wenn überhaupt, nur wenige der nun einwandernden zionistischen Juden Nachkommen der ersten Israeliten, die meisten jedoch hatten keinerlei genealogische, in der Geschichte begründete Verbindung mit dem Land.

Nur sehr wenige zionistische Einwanderer waren Nachkommen der alten Israeliten; die allermeisten hatten von ihrer Geschichte und Abstammung her nichts mit dem Land zu tun

Nach meinem Wissen stammt die beste kurzgefasste Erläuterung dieser Tatsache der jüdischen Geschichte von Joseph Reinach, einem französischen Politiker jüdischer Herkunft. Im Jahre 1919 schrieb er für das „Journal des Debats" die folgenden Zeilen: *„Die Juden palästinensischer [sic] Abstammung stellen nur eine sehr kleine Minderheit dar. Die Juden haben genauso eifrig wie die Christen und die Muslime [Menschen] zu bekehren gesucht. Vor der christlichen Zeitrechnung haben die Juden andere Semiten (oder Araber), Griechen, Ägypter und Römer in großer Zahl bekehrt. Die jüdische Missionierung zeigte sich danach in Asien, dem ganzen Afrika, in Italien, Spanien und Gallien nicht weniger aktiv. Konvertierte Römer und Gallier herrschten ohne Zweifel in den jüdischen Gemeinschaften vor, von denen in den Chroniken des Gregor von Tours gesprochen wird. Unter den Juden, die Ferdinand der Katholische aus Spanien vertreiben ließ, waren viele konvertierte Iberer, die sich danach in Italien und Frankreich, im Orient, in Saloniki und Smyrna [dem heutigen Izmir] niederließen. Die überwiegende Mehrheit der russischen, polnischen, galizischen [westukrainischen] Juden [die den harten Kern der Zionisten stellen sollten, d.Verf.] stammt von den Khasaren, einem kleinen tatarischen Volk aus dem Süden Russlands ab, welches in der Zeit von Karl dem Großen geschlossen zum Judentum übertrat."*[6]

6· Joseph Reinach unter der Überschrift „Sur le sionisme"[„Über den Zionismus"] im „Journal des Débats"vom 30. März 1919; gefunden in: Philippe de Saint Robert, „Le Jeu de la France en Mediterranee" [„Das Spiel Frankreichs im Mittelmeerraum"], Julliard, 1970, S. 222; der Artikel im Internet: http://fr.wikisource.org/wiki/Sur_le_sionisme

Die Vorfahren der Juden Europas waren im Wesentlichen die zum Judentum konvertierten Khasaren

In seinem 1953 zuerst veröffentlichten Buch „What Price Israel?“ [etwa „Um welchen Preis Israel?“] befasste sich Alfred Lilienthal zuerste substantiell mit dem historischen Hintergrund der Tatsache, dass die Vorfahren der ost- und westeuropäischen Juden im Wesentlichen die im achten Jahrhundert zum Judentum konvertierten Khasaren waren. Er merkte an, dass „dieses dunkle Geheimnis bewahrt wird, da es die wichtigste Stütze des zionistischen Anspruchs auf Israel zunichte zu machen droht.“[7]

Wie Lilienthal in seinem 1978 erschienenen Buch „The Zionist Connection II – What Price Peace?“ festhielt, wurde aber diese historische Wahrheit, auf die er bereits 1953 hingewiesen hatte, erst 1976 „weithin bekannt“, infolge einer Veröffentlichung von Arthur Koestler, dem u.a. durch „Sonnenfinsternis“, „Wurzeln des Zufalls“ und „Promise and Fulfilment“ [ein sehr pro-zionistischer Bericht aus dem jungen Israel 1948/1949, d.Übers.] bekannten Bestsellerautor.[8] [9]

Lilienthal merkte an, Koestler habe „eine Bombe gezündet, indem er nachwies, dass die heutigen Juden zumeist Nachkommen derjenigen Khasaren waren, welche zum Judentum konvertierten, und dies sieben Jahrhunderte nach der Zerstörung Jerusalems im Jahre 70 n.Chr. und der nachfolgenden Zerstreuung der kleinen ursprünglichen jüdisch-palästinensischen Bevölkerung durch den römischen Kaiser Vespasian und seinen Sohn Titus.“[10]

Nach Koestlers Veröffentlichung berücksichtigte Lilienthal in seinem Buch dessen Ergebnisse nebst seinen eigenen vorherigen. Er schrieb in „The Zionist Connection II“ zum Thema unter anderem:

"Die Khasaren waren ein halbnomadisches Volk turko-finnischen Ursprungs und siedelten im heutigen Südrussland zwischen Wolga und Don, zwischen dem Schwarzen Meer, der Kaspischen See und dem Asowschen Meer. Juden, die vom byzantinische Kaiser Leo III. aus Konstantinopel verbannt worden waren, fanden unter den damals heidnischen Khasaren eine neue Heimat; später, um das Jahr 740 n.Chr. gelang es ihren Rabbinern im Wettbewerb mit muslimischen und christlichen Missionaren, den Khagan Bulan, den damaligen Herrscher Khasariens, für die jüdische Religion zu gewinnen.

7· Alfred M. Lilienthal, „What Price Israel?“, Chicago, Henry Regnery, 1953, S. 220-222, außerdem ist dasselbe Zitat zu finden in: ders., „The Zionist Connection II“, S. 732

8· Alfred M. Lilienthal, „The Zionist Connection II“, S. 731-733

9· Arthur Koestler, „The Thirteenth Tribe: The Khazar Empire and Its Heritage“, New York, Random House, 1976, auf Deutsch: „Der dreizehnte Stamm. Das Reich der Khasaren und sein Erbe“, a.d. Engl. übers. v. Johannes Eidlitz. Molden, Wien/München/Zürich 1977

10· Alfred M. Lilienthal, „The Zionist Connection II“, S. 731, siehe oben Anm. 8!

Die Edlen seines Reiches folgten auf dem Fuße, und etwas später konvertierte auch das gemeine Volk. Einige Details dieser Ereignisse findet man in einem Briefwechsel erwähnt, der sich später zwischen dem Khagan Josef von Khazarien und Rabbi Hasdai ibn Shaprut von Cordoba, einem Arzt und Diplomat in Diensten des Kalifen von Spanien, Abd al-Rahman, entwickelte."[11]

Lilienthal hält auch fest, dass dieser Briefwechsel, der in den Jahren 936 bis 950 n. Chr. stattgefunden haben muss und dessen Echtheit unter Fachleuten unumstritten ist, im Jahre 1577 zum ersten Male und mit dem Beweiszweck veröffentlicht wurde, dass die Juden immer noch einen eigenen Staat besäßen, nämlich das Khasarische Königreich.[12]

Der Bericht der Encyclopaedia Britannica von der Bekehrung der Khasaren zum Judentum läßt den König der Khasaren zu den Missionaren sagen: „Eure Absichten sind gottgefällig, nur eure Taten nicht."[13]

Weiter unten fährt Lilienthal in seiner Schilderung fort:

„*Als Khasarien im 13. Jahrhundert dem Mongolensturm zum Opfer fiel, floh seine jüdisch-khasarische Bevölkerung nach Nordwesten und die Khasaren wurden so die Vorfahren der aschkenasischen (d.h. russischen, baltischen, polnischen, deutschen) Juden. Diese khasarischen Juden übertrafen die ethnisch-hebräischen Juden, die auf anderen Wegen und zu anderen Zeiten nach Europa gekommen waren, bei weitem. Daher waren die große Mehrheit der osteuropäischen Juden überhaupt keine Semiten, und da die meisten westeuropäischen Juden ursprünglich aus Osteuropa stammen, sind sie zu meisten Teilen auch keine Semiten. … Dies macht den stärksten Besitzanspruch des Zionismus auf Palästina zunichte.*"[14]

Die Idee einer jüdischen Nation – nichts als ein Mythos des ausgehenden 19. Jahrhunderts

In den Jahren seit Lilienthal seine und Koestlers Ergebnisse wie soeben zitiert veröffentlichte, sind neue „Tatsachen … ans Tageslicht gekommen, [die] jeden redlichen Historiker vor grundlegende Fragen stellen." Diese Worte schrieb der israelische Historiker Shlomo Sand, Professor für Geschichte in Tel-Aviv in einem Artikel für „Le Monde diplomatique" im August/September 2008. Im gleichen Jahr machte Sand selber Geschichte, mit der Veröffentlichung seines Buches *Matai ve`ech humtza ha`am ha-yehudi?*, d.h. „Die Erfindung des jüdischen

11· Ebd., S. 731f

12· Ebd,, S. 842, Anm. 37 zum Kap. XXIII, bezogen auf S. 732

13· Encyclopaedia Britannica, Ausgabe von 1977, Bd. 10 („Knowledge in Depth"), Stichwort „Jewish Philosophy", S. 210

14· Alfred M. Lilienthal, The Zionist Connection II, S. 732

Volkes“ Er stellt darin die These auf, dass die Vorstellung einer jüdischen Nation nichts als ein am Ende des 19. Jahrhunderts erfundener Mythos ist. Davor hielten Juden sich für Juden, weil sie der jüdischen Religion anhingen. An der Wende zum 20. Jahrhundert wandten sich jüdische Zionisten gegen diese religiös geprägte Denkweise und fingen an, eine nationale Geschichte regelrecht zu erfinden, indem sie die Idee in die Welt brachten, die Juden hätten immer auch getrennt von der Religion als Volk existiert.[15]

Die Komplexität der Herkunft der heutigen Juden wird im derzeitigen zionistischen Geschichtsbild geleugnet

Sand ist auch der begründeten Ansicht, dass die meisten heutigen Juden keine historische Verbindung zu dem Land namens Israel haben. In seinem Artikel für „Le Monde diplomatique“ schrieb er, dass die Komplexität der (ethnischen) Herkunft des jüdischen Volkes bis etwa 1960 auch von der zionistischen Geschichtsschreibung, wenn auch etwas widerwillig, zugestanden wurde. Er fährt fort: (Hervorhebungen durch den Verfasser):

„Danach jedoch hat man dieses [Wissen] erst an den Rand gedrängt, und dann vollständig aus dem gemeinsamen Gedächtnis ausgelöscht. Nach 1960 hörte die zionistische Geschichtsschreibung erst auf, die Komplexität der Herkunft des jüdischen Volkes anzuerkennen, um sie danach vollständig zu tilgen. Die israelischen Soldaten, die 1967 Jerusalem besetzten, fühlten sich als direkte Nachfahren des mythischen Königreichs Davids, und nicht – Gott behüte! – als solche von Berber-Kriegern oder khasarischen Steppenreitern. Die Juden behaupteten, eine spezifische ethnische Gruppe zu bilden, die nach Jerusalem, ihrer Hauptstadt, nach 2000 Jahren des Exils und der Wanderschaft heimgekehrt war. Diese monolithische, eindimensionale Konstruktion werde, so nahm man an, von der biologischen wie der historischen Wissenschaft getragen. Seit den 1970er Jahren haben sogenannte wissenschaftliche Forschungsprojekte in Israel verzweifelt versucht zu beweisen, dass die Juden in aller Welt miteinander genetisch eng verwandt sind. Forschung nach den Ursprüngen heutiger menschlicher Populationen ist mittlerweile ein legitimes und beliebtes Gebiet der Molekularbiologie; dem Y-Chromosom wurde dabei ein Ehrenplatz bei der fanatischen Suche nach dem einzigartigen Ursprung des ‚auserwählten Volkes‘ zugewiesen. Das Problem liegt darin, dass *diese Phantastereien über die Geschichte mittlerweile dem politischen Selbstverständnis des Staates Israel zugrunde liegen.*“

---

15. Der Artikel in der englischen Ausgabe der Monde Diplomatique im Internet: http://mondediplo.com/2008/09/07israel; Sands Buch ist zuerst 2008 auf Hebräisch (bei Resling, Tel-Aviv) und auf Französisch erschienen, 2009 in den USA auf Englisch; zuletzt auf Deutsch als: Shlomo Sand, „Die Erfindung des jüdischen Volkes. Israels Gründungsmythos auf dem Prüfstand“, Propyläen, Berlin 2010

Was ist daran schlimm? Sand führt dazu weiter aus: „Indem sie eine essentialistische, ethnozentrische Definition von Judentum rechtfertigen, motivieren sie zugleich eine gesellschaftliche Segregation, die Juden von Nicht-Juden trennt, ob diese nun Araber, russische Einwanderer oder Gastarbeiter sind: Israel weigert sich, sechzig Jahre nach seiner Gründung, für alle seine Einwohner da zu sein."

Wie wir noch sehen werden, sollte man die Bedeutung dieser historischen Faktenlage nicht für gering erachten, vor allem nicht vor dem Hintergrund des Unrechts, das der einheimischen arabischen Bevölkerung Palästinas von zionistischer Seite angetan wurde. Der wahre historische Hintergrund erklärt auch, warum die Kritiker des Zionismus, zum Beispiel jene im britischen Oberhaus, die im Rahmen des zionistischen Projektes nach Palästina einströmenden Juden als „Ausländer"und „Fremde" [„alien", „extraneous" etc.] bezeichneten.

Über die Zahl der 1897, zur Zeit des ersten Zionistischen Kongresses, in Palästina lebenden Juden gibt es wenig Gewissheit. Die verschiedenen Schätzungen variieren von zwanzig- bis ungefähr vierzigtausend; die untere der beiden Schranken wird jedoch gemeinhin für die verlässlichere Zahl gehalten. Ein Teil davon, wahrscheinlich um die zehntausend an der Zahl, waren Abkömmlinge jener Juden, die durch dick und dünn die ganzen zweitausend Jahre in Palästina durchgehalten hatten. Die von ihnen gebildeten (orthodox) jüdischen Gemeinden lagen in Tiberias, Safed, Hebron und Jerusalem, wo sie die Ankunft des prophezeiten Messias erwarteten. Da sie bzw. ihre Vorfahren in jeder Generation im Lande gelebt hatten, war ihre Beziehung zu diesem echt und unübersehbar; sie waren Palästinenser. Die restlichen unter den erwähnten zwanzig- bis vierzigtausend waren Nachkommen von jüdischen Einwanderern aus verschiedenen Epochen; viele von ihnen waren jedoch bereits in der Zeit der Judenvertreibungen des europäischen Hoch- und Spätmittelalters (ca 1000-1500 n.Chr.) nach Palästina gekommen. In dieser Zeit war das Monster des Antisemitismus quicklebendig und wütete nacheinander in praktisch ganz Europa, von England und Wales über Frankreich, Spanien und Portugal, von Deutschland, Österreich, Ungarn bis nach Litauen, Sizilien und sogar auf der Krim. Die vertriebenen Juden suchten Schutz durch Auswanderung nach Polen, dem übrigen Italien und dem Osmanischen Reich. In der zweiten Hälfte des 19ten Jahrhunderts und auch zur Zeit des ersten Zionistischen Kongresses gab es Juden, die vor den Pogromen Osteuropas nach Palästina, das ja damals zum Osmanischen Reich gehörte, flohen. Sie ließen sich in Gemeinden nieder, die von Sir Moses Montefiore gegründet und von den englischen Rothschilds finanziell unterstützt wurden. Als Montefiore 1837 das erste Mal nach Palästina reiste, schätzte er die Zahl der im Lande lebenden Juden auf neuntausend.[16]

16- Alfred M. Lilienthal, The Zionist Connection II, S. 11

Wie viele der ausländischen Juden, die bei der Schaffung des zionistischen Staates eine führende Rolle spielten, stammte David Ben Gurion, die Vaterfigur der Gründerjahre, aus Polen. Er wurde 1886 unter dem Namen David Grün als Sohn eines Rechtsanwalts in Plonsk geboren, einem kleinen Industriestädtchen unweit von Warschau. Später schrieb er, dass er 1906 als russischer Tourist mit einem Dreimonatsvisum nach Palästina kam „und dies einfach überzog". [17]

Seine ersten Erlebnisse in Jerusalem liefern auch bezeichnende und zugleich amüsante Einsichten; die damalige buntgewürfelte Truppe von Juden, die durch dick und dünn in Palästina blieb, stammte ja aus aller Herren Länder, vielen Völkern und Kulturen. Ben-Gurion fand, das damalige Jerusalem sei ein „Turm zu Babel", denn die Juden „sprechen miteinander an die 40 Sprachen, und die eine Hälfte versteht die andere Hälfte überhaupt nicht."[18]

Die Zahl der arabischen Palästinenser zur Zeit des ersten Zionistischen Kongresses lag bei etwa 500.000. Anders gesagt, stellten zu jenem Zeitpunkt, als die Zionisten sich im Geheimen auf das Ziel der Gründung eines jüdischen Staates in Palästina festlegten, die Araber die überwältigende Mehrheit der Bevölkerung Palästinas.

Die kleine jüdische Gemeinde in Palästina war ganz und gar gegen das zionistische Projekt eingestellt

Es ist weiterhin eine Tatsache, dass die existierende, sehr kleine jüdische Gemeinde in Palästina ganz und gar gegen die Pläne der Zionisten eingestellt war. Vor der Geburt des Zionismus lebten Juden nur aus rein religiösen Gründen in Palästina. Diese Leute erkannten bald, welche Folgen der Zionismus für sie haben würde: nicht nur die einwandernden Zionisten würden bald die arabische Bevölkerung zum Feind haben, sondern sie selbst auch: mitgefangen, mitgehangen. Daher sahen die bereits in Palästina lebenden religiösen Juden den Zionismus als eine potentielle Gefährdung ihrer Existenz. Außerdem hielten sie die Ansichten der Zionisten für unmoralisch.

Und was dachten die Araber Palästinas am Anfang vom Zionismus? Lilienthal berichtet uns:

„Die arabischen Palästinenser konnten, als Gemeinschaft, die europäisch-jüdischen Emigranten nicht als Bedrohung wahrnehmen, bis es dafür schon zu spät war. Dies lag vor allem daran, dass sie die Juden aus der gemeinsamen Geschichte als kleine, gefügige Minderheit kannten, die unter dem besonderen Schutz der muslimischen Herrscher lebte, einem Schutz, der den ‚Ungläubigen' traditionell

---

17- David Ben-Gurion, „Israel, Annees de Lutte" [„Israel - Kampfjahre"] Paris, Flammarion, 1964, S. 9; hier zitiert nach Larry Collins/Dominique Lapierre, „O Jerusalem!", Weidenfeld and Nicholson, 1972

18- Zitiert nach Larry Collins/Dominique Lapierre, „O Jerusalem!", S 22

durch das koranische Recht der ‚Dhimma' gegen Entrichtung einer Steuer gewährt wurde."[19]

„Die beiden mächtigsten jüdischen Organisationen in Großbritannien (das „Board of Deputies of British Jews" [„Vorstand der Deputierten der britischen Juden"] und die „Anglo-Jewish Association" [die „Anglo-Jüdische Vereinigung"]) und viele Juden in den USA hegten echte Sympathie für den kulturellen Aspekt des Zionismus, und sie unterstützten die Idee einer jüdischen Gemeinschaft im Heiligen Land, deren bürgerliche und religiöse Freiheit verbürgt wäre und die „die gleichen politischen Rechte wie die übrige Bevölkerung erhielte sowie angemessene Möglichkeiten zur Einwanderung". Diese Leute waren jedoch zugleich unerschütterliche Gegner einer politischen Anerkennung des Zionismus. Sie sprachen sich entschieden aus gegen „die Anerkennung der Juden als eine heimatlose Nation und gegen das Verleihen gewisser Sonderrechte an die jüdischen Siedler in Palästina, über jene hinaus, welche die übrige Bevölkerung genießt."

In jener Zeit vor dem Holocausts war einer der führenden britisch-jüdischen Anti-Zionisten Edwin Samuel Montagu, zeitweise der „Secretary of State for India" und der einzige Jude im britischen Kabinett. Montagu hielt den Zionismus für eine „bösartige politische Lehre" und war überzeugt, „so etwas wie eine jüdische Nation" gebe es nicht. Die Juden Englands, wie die anderer Länder, seien eine rein religiöse Gemeinschaft und keine Nation. Von sich selber sagte er, er sei ein „jüdischer Engländer".

Montagu und seine anti-zionistischen Mitstreiter kämpften gegen die Errichtung eines jüdischen Staates. Sie waren nämlich überzeugt, dass dies dazu führen würde, dass Juden in ihren angestammten Heimatländern „als Fremde abgestempelt" würden, und dass es ihre hart erworbene Stellung als gleichberechtigte Bürger in diesen Ländern untergraben würde.

Mit fast prophetisch anmutendem Weitblick behaupteten jüdische Anti-Zionisten damals, dass der Traum eines Judenstaates in Palästina umso weniger akzeptabel sei, „als Juden unter der Bevölkerung Palästinas eine Minderheit sind und wohl noch lange bleiben werden, und weil es sie in eine äußerst erbitterte Fehde mit ihren Nachbarn anderer Ethnie oder anderer Religion verwickeln könnte."[20]

Wenn der zionistische Traum in Erfüllung gehen sollte, mussten viele Juden nach Palästina gebracht werden

19· Alfred M. Lilienthal, The Zionist Connection II, S. 148f.

20· Alfred M. Lilienthal, The Zionist Connection II, S. 14; er zitiert aus einem Brief an die Times/London unter dem Titel „Views of Anglo-Jewry" [„Ansichten der englischen Juden"], gezeichnet von den Vorsitzenden des „Board of Deputies of British Jews" [„Vorstand der Deputierten der britischen Juden"] und der „Anglo-Jewish Association", erschienen in „The Times" vom 24. Mai 1917

Die Begründer des politischen Zionismus sahen sich einigen tiefgreifenden Problemen gegenüber: Wenn ihr ehrgeiziges Vorhaben gelingen sollte, musste es eine umfangreiche Umsiedlung von Juden nach Palästina geben. Damit eine solche im benötigten, größeren Umfange überhaupt möglich wurde, war aber die Anerkennung des zionistischen Projekts durch eine Großmacht vonnöten. Ohne eine solche Unterstützung hätte es dem Zionismus an jeder Glaubwürdigkeit gefehlt; und ohne diese Glaubwürdigkeit hätte er nicht genügend jüdische Auswanderer nach Palästina locken können, und das Palästina-Projekt wäre mangels (Menschen-)Masse gescheitert. (Die Geschichte des bemerkenswerten Widerstands, den Montagu innerhalb des britischen Kabinetts leistete, um eine Unterstützung des Zionismusdurch Großbritannen zu verhindern, wird in Kapitel 4 erzählt.)

Die zionistische Anwerbepropaganda fußte auf einer Lüge. Diese sollte sich in den Köpfen jener Juden, die nach dem Trauma der Verfolgung durch die Nazis und des Holocaust ihre Zuflucht in Israel suchten, als *Notlüge (*truth of necessity) festsetzen. Und auch heute noch gibt es unzählige Israelis und Zionisten der Diaspora, die diese schreiende Unwahrheit wiederkäuen, als könnte man damit die Geschehnisse der vergangenen Jahre erklären oder gar rechtfertigen. Die Lüge findet sich zusammengefasst im damaligen zionistischen Anwerbeslogan: „Ein Land ohne Volk für ein Volk ohne Land.“ [21]

Als die Lüge das erste Mal in die Welt gesetzt wurde, gab es hunderte arabischer Ortschaften in Palästina. Haifa, Gaza, Jaffa, Nablus, Akko, Jericho, Ramleh, Hebron und Nazareth waren blühende Städtchen und Städte, und Jerusalem gar eine Weltstadt. Wie mancher Reisende schriftlich festgehalten hat, waren die Hügel Palästinas sorgsam terrassiert; Bewässerungskanäle durchzogen die fruchtbareren Regionen. Die Ernte der Orangen-, Zitronen- und Olivenhaine wurde über das Mittelmeer in alle Welt exportiert: Jaffa-Orangen waren damals schon bekannt. Es gab im handwerklichen Bereich nicht nur die Seifenherstellung in Nablus, sondern auch vielfältiges Kleingewerbe.

Jawohl, Palästina war unterentwickelt, nimmt man das damalige Europa zum Maßstab. Aber das galt für die gesamte arabische Welt (und insbesondere für die Arabische Halbinsel). Ja, Palästina genoss keine politische und soziale Freiheit. Die Gesellschaft war noch regelrecht feudal; das meiste Land gehörte (häufig selbst nicht im Land lebenden) Großgrundbesitzern, die ihre Pächter ausbeuteten. Dies geschah in herzlichem Einvernehmen mit ihren Herrschern, den Osmanen, die Jahrhundert zuvor Palästina erobert hatten. Das von dieser türkischen Dynastie von Istanbul aus beherrschte Reich umfasste seit dem sechzehnten Jahrhundert Südosteuropa, die heutige Türkei, die Levante und den Irak, die

21· Berichtet in: David Lloyd George, „The Truth About the Peace Treaties“ [„Die Wahrheit über die Friedensverträge“], Victor Gollancz, 1938, S. 1133f., ferner von Lilienthal in „The Zionist Connection II“ zitiert

arabische Halbinsel und (bis ins neunzehnte Jahrhundert) fast ganz Nordafrika. Unter den Osmanen gehörte Palästina zu Groß-Syrien bzw. der Levante, genauso wie der Libanon.

Palästina mag, gemessen an Europa, rückständig gewesen sein. Aber unbewohnt, ungenutzt, unbebaut und unzivilisiert, das war Palästina bei weitem nicht. Außer eben in der zionistischen Legendenbildung. Als sich diese Legende des „leeren Landes" Palästina mit der Zeit anschaulich als barer Unsinn erwies, hielten die Zionisten bereits eine neue, ebenso absurde Legende bereit: Es gebe zwar Araber in Palästina, das seien aber „Spätankömmlinge". Damit wurde auf die islamisch-arabische Eroberung Palästinas im siebten Jahrhundert christlicher Zeitrechnung angespielt. Es wurde also hiermit in der zionistischen Propaganda indirekt (manchmal auch direkt) behauptet, dass der jüdisch-zionistische Anspruch auf Palästina dem arabischen bei weitem überlegen sei, insofern die ersten Israeliten zweitausend Jahre vor den ersten Arabern in Palästina gesiedelt hätten. Für Menschen ohne Geschichtskenntnisse war und ist dies eine plausible „Story". Für Menschen mit Geschichtskenntnissen ist es nur eine weitere große Lüge.

Als sich die Vorstellung vom „leeren Land" als falsch erwies, nannten die Zionisten die Araber „Spätankömmlinge"

Wie Henry Cattan in seinem hochgelobten Buch über „Palästina und das Völkerrecht" darlegt, ist der Begriff „Araber" von recht allgemeiner Natur und umfasst alle Völker von Marokko bis tief in den Mittleren Osten, die das Arabische zur Muttersprache haben, und zwar unabhängig von der Religion. Heute gibt es muslimische Araber, christliche Araber, (immer noch) jüdische Araber, drusische Araber, alawitische Araber usw. usf. Die Araber, ursprünglich in ihrer überwiegenden Mehrheit götzenverehrende Heiden, lebten seit der Morgenröte unserer Geschichte auf der arabischen Halbinsel und im ganzen Nahen Osten, auch in Palästina. Vor der muslimischen Eroberung der Levante und damit Palästinas um 640 n.Chr. war diese Gegend vor allem von semitischsprachigen Christen, Syrern und Arabern, aber in geringerem Maße auch damals von Juden bewohnt. In den Jahrhunderten danach nahmen viele dieser Menschen den Islam an, und viele, die vorher Aramäisch gesprochen hatten (darunter auch die Mehrheit der Juden) sprachen nun das (sprachlich eng verwandte) Arabisch. Aus christlichen Arabern und Syrern/Phöniziern/Kanaaniten wurden muslimische arabisch-sprechende Bauern und Städter (die Beduinen waren immer schon mehrheitlich Araber). Mit der muslimisch-arabischen Eroberung kam nur die Religion und (nur teilweise) die Sprache ins Land, jedoch nicht die Menschen. In den Worten von Cattan:

„Die muslimisch-arabische Eroberung Palästinas brachte nicht eine Masseneinwanderung von Arabern aus der Arabischen Halbinsel nach Palästina mit sich, noch irgendeine Kolonisierung des Landes. In der Tat war die Zahl der arabischen Eroberer sehr gering und diese wurden schnell von der einheimischen Bevölkerung aufgesogen."[22]

Die Zionisten hatten vorerst keinen Erfolg bei ihrer Suche nach großmächtiger Unterstützung für ihren Traum von einem Staat. Herzl wandte sich deshalb wieder stärker der Türkei zu, zu deren Staatsgebiet damals der gesamte Nahe Osten und damit Palästina zählte. Das osmanische Reich, der damals berühmte „Kranke Mann am Bosporus", war in Selbstauflösung begriffen; die Briten hatten sich bereits zweier ehemaliger Provinzen, Ägyptens und des Sudans, bemächtigt.

Und Herzl erfährt im gleichen Gespräch:

„Auch dürften beispielsweise die Colonisationen nicht in Massen erfolgen, sondern nur beispielsweise fünf Familien da und fünf Familien dort – zerstreut, zusammenhanglos."[23]

Herzl wollte jedoch nichts anderes als ein autonomes jüdisches Palästina innerhalb des türkischen Reichs und er war davon überzeugt, dass er bei seinem Treffen mit Abdul Hamid ein so gutes Angebot machen würde, um das zu bekommen, was er wollte. Das Angebot war, dass die WZO die Auslandsschulden des türkischen Reichs übernehmen würde. Ob Herzl dies mit den jüdischen Bankern geklärt hatte oder einfach davon ausging, dass diese liefern würden, ist mir nicht bekannt. Als Antwort auf das Angebot sagte Abdul Hamid: Ich kann der Vivisektion nicht zustimmen ... meine Leute haben für dieses Land gekämpft und mit ihrem Blut gedüngt. Laß` die Juden ihre Millionen behalten. [24]

Herzl kam schon nach seiner ersten Reise nach Istanbul 1896 zum Schluss, dass er die Fürsprache einer europäischen Großmacht benötigte, um beim Sultan mehr Druck für die zionistische Sache machen zu können. Und anfänglich hielt er das Deutschland unter Kaiser Wilhelm II (erste Wahl) und Russland unter Zar Nikolaus II (zweite Wahl) für die vielversprechendsten Kandidaten. Wenn einer der beiden die Türken überzeugen könnte, den Zionisten auch nur eine winzige

---

22- Henry Cattan, „Palestine and International Law", 2. Auflage, Longman, 1973, S. 10

23- Theodor Herzl, „Briefe und Tagebücher", Hg. Alex Bein et al., Dritter Band - „Zionistisches Tagebuch 1899-1904", Bearb. v. Joh. Wachtel u. Chaya Harel, Ullstein/Propyläen, Berlin/Frankfurt/M./Wien 1985; Eintrag für den 5. Juli 1902; S. 278; u. dazu Anmerkungen 113-116 auf Seite 759; mit dem französischen Wortlaut: „Ils peuvent venir chez nous, les Israélites", sagte Izzet in seinem barbarischen Französisch, „mais ils doivent accepter la sujetion ottomane. Par exemple, si vous rachetez les titres de la dette et composez une nouvelle commission de la Dette publique, les membres devront être des sujets de S M I. Ainsi de même ceux qui viennent comme colons. Ils devraient non seulement devenir sujets turques, mais aussi renoncer à leur sujetion antérieure et se faire attester leur sortie de la sujetion par le gouvernement respectif." „Et faire le service militaire", sagte Ibrahim, „si S M I les appelle sous les drapeaux." „Dans ces conditions là on pourrait recevoir les Israélites de tous les pays chez nous", meinte Izzet ...

24- Vgl. Theodor Herzl, „Briefe und Tagebücher", Dritter Band, - „Zionistisches Tagebuch 1899-1904", Propyläen; Eintrag für den 3. August 1902; S. 449; dazu auch Anm. 113, S. 833f. Das Treffen fand am 15./17. u. 19. Mai 1901 statt, eine weitere Reise Februar 1902, eine fünfte im Juli (22.-29.) d.J. Band 3 der Tagebücher! Die erste Reise im Juni 1896, die zweite im Oktober 1898. k.ed. II, S. 352;S. 449, p452

Ecke von Palästina als bescheidenen Anfang zu übereignen, so könnten diese damit behaupten, dass ihr Anspruch und ihr Projekt offizielle Anerkennung und Legitimation erhalten hätten. So jedenfalls Herzls Rechnung und Erwartung. Nur, was konnten die Zionisten den Deutschen bzw. Russen im Austausch bieten, um diese zu animieren, Druck auf den Sultan auszuüben?

Der Gründervater des Zionismus verstand, nach welchen Grundregeln hier in Wirklichkeit gespielt wurde; er erkannte in der internationalen Politik das große Spiel der Nationen. Den teilnehmenden Großmächten ging es nicht um das höhere Gute, das Wahre oder das Rechte um seiner selbst willen; ihr einziger Zweck lag in der Beförderung ihres Eigeninteresses: Kein moralisches Grundgesetz, bloß Interessen. Wenn kleine, schwache Nationen oder bloße nationalistische Bewegungen wie der damalige Zionismus (und später die PLO Arafats) die Unterstützung einer fremden Großmacht zu erreichen suchten, mussten sie entweder dieser und ihren Interessen einen Dienst erweisen, oder umgekehrt wirksam und glaubwürdig drohen können.

Die Frage, was der organisierte Zionismus dem deutschen Kaiser oder russischen Zar würde bieten können, beantwortete Herzl auf recht pragmatische Art:

Der Kaiser und der Zar waren Symbole des Ancien Régime, des Alten Systems. Dessen Verfallsdatum rückte offenbar immer näher, und seine Vertreter stemmten sich jedem, auch dem notwendigen Wandel entgegen. Und in diesem Zusammenhang hatten die beiden Monarchen eine Gemeinsamkeit: sie wollten die jüdischen Gemeinden unter ihrem Zepter loswerden: Beide zeigten sich beunruhigt, dass die jüdischen Intellektuellen und Arbeiter zur Vorhut der jeweiligen kontinuierlich wachsenden Sozialdemokratie zählten. Diese Kraft rief nach gleichen Rechten und sozialem Ausgleich für alle Bürger – nach einem neuen System also. Damals wurden die Begriffe „Sozialdemokrat", „Sozialist", „Revolutionär" und „Kommunist" als untereinander austauschbar betrachtet und verwendet!

Herzls Strategie: Den Monarchen die Zionisten als konterrevolutionäre Kraft andienen

Herzls wichtigste Strategie bestand darin, dem Kaiser bzw. dem Zaren die zionistische Bewegung als anti-revolutionäre Kraft zu präsentieren. Die Zionistische Weltorganisation hatte damals ihre Zentrale in Berlin; insofern war es sehr einfach, mit den führenden Politikern und Beamten des Kaisers guten Kontakt aufzubauen. Herzl wurde sehr schnell klar, dass der Kaiser selber dem Zionismus eine Bedeutung bei der Lösung seines „Judenproblems" zumaß. Unter seinen Vertrauten machte der Kaiser aus seiner Hoffnung keinen Hehl, dass nach einer zionistischen Staatsgründung in Palästina die „sozialdemokratischen Elemente"

Deutschlands (der vornehme Ausdruck des Kaisers für „meine aufrührerischen jüdischen Untertanen") dort „hinströmen" würden.[25]

Das war natürlich Wunschdenken „Seiner Kaiserlichen Majestät". In Wirklichkeit wollte damals die Mehrheit der jüdischen Deutschen bleiben, wo sie waren. Kaum einer von ihnen sah für sich eine Zukunft in Palästina. Das Leben für Juden im damaligen Deutschland mochte zwar nicht in jeder Beziehung rosig gewesen sein, aber es war auch nicht unerträglich: Der Kaiser hatte zwar Juden den Eintritt ins Offizierskorps und in den diplomatischen Dienst verunmöglicht und den Aufstieg im öffentlichen Dienst erschwert; auf der anderen Seite genossen sie in der Wirtschaft und in den freien Berufen völlige Freiheit. Die wohlhabenden Juden nutzten diese Möglichkeiten und waren mit dem Status quo zufrieden. Die unzufriedenen jüdischen Intellektuellen und Arbeiter, die „sozialdemokratischen Elemente", sahen ihr Heil darin, an Ort und Stelle, in Deutschland, für eine Verbesserung der sozialen Lage zu kämpfen.

• Deutschland war übrigens auch der Ausgangspunkt der Erfolgsgeschichte einer jüdischen Familie, deren Name auf diesen Seiten schon gefallen ist; er steht seit dem beginnenden neunzehnten Jahrhundert für enormen Reichtum und damit verbundene, weltweite Macht: Rothschild. Nach der Aussage von Paul Vallely in seinem Artikel vom 16. April 2004 im „Independent" (London) zählt nach Aussage von Experten des heutigen Bankgewerbes das Vermögen der Rothschilds „nicht nach Milliarden, sondern Billionen".

• Der Gründervater der weltweit bedeutendsten, aber auch äußerst geheimniskrämerischen Bankiersdynastie war Amschel Mayer Rothschild. Sein Vater Amschel Moses Rothschild entstammte einer Familie des Frankfurter Juden-Ghettos, der „Judengasse". Er war Geldwechsler und Tuchhändler. Amschel Mayer [das zweite ist ein jüdischer Vorname, korrekter Meir geschrieben und Me-iir gesprochen, mit der Bedeutung: Lichtbringer, Erleuchter] wurde 1744 geboren. In seinem für damalige Verhältnisse nicht besonders kurzen Leben (bis 1812) verlegte er sich im Geschäftlichen „nicht nur auf ausgefuchste Buchhaltungstechniken, sondern führte auch geheime Geschäftsbücher und unterhielt unterirdische Gewölbe, zu denen kein Steuereintreiber, Rechtsanwalt oder Wirtschaftsprüfer jemals Zutritt hatte." Das von ihm 1790 gegründete „Geschäft … wuchs von den bescheidenen Anfängen des Münzhandels zu dem Ausmaße des bedeutendsten Geldverleihers der gierigen und verschwenderischen Regierungen ganz Europas heran." Die Rothschilds finanzierten mit ihren Darle-

25· David Yisraeli, „Germany and Zionism" in: Jehuda Wallach (Hg.), „Germany and the Middle East, 1835-1939" [„Deutschland und der Nahe Osten, 1835 bis 1939"], Beiträge zum Symposium vom April 1975 in Tel Aviv, Tel Aviv University Press, 1975, S. 142; hier zitiert nach Lenni Brenner, „Zionism in the Age of Dictators"

hen die militärischen Abenteuer vieler Herrscher und dabei auch häufiger jeweils beide Kontrahenten.

• Amschel Mayer Rothschild baute den von ihm selbst erreichten Erfolg aus, indem er vier seiner fünf Söhne in verschiedene europäische Metropolen sandte, damit sie dort (zum Teil später selbständige) Tochterbanken gründeten: Nathan ging nach London, Jakob/James nach Paris, Salomon nach Wien und Kalman/Carl nach Neapel, während Amschel Mayer der Jüngere in Frankfurt beim Vater blieb. Alle profitierten bald in ihrer Geschäftstätigkeit vom Aufstieg des Kapitalismus und dem allgemeinen Wachstum des Außenhandels. Ihre Banken machten aber auch enorme Gewinne bei der Verwertung von festverzinslichen staatlichen Schuldverschreibungen. Und sie investierten in großem Umfang in Eisenbahnen und die beginnende große Industrie. Nach Vallely „bekamen sie von jedem Kuchen ein Stück", was ihnen eine „neue Art von Macht" verlieh; im Jahre 1825 musste derselbe Nathan Rothschild mithilfe seiner Finanzkraft einspringen und die Bank von England retten, nachdem eine übermäßige Nachfrage nach Gold zu einem Zusammenbruch von 145 Banken geführt hatte.[26]

Als Herzl den Kaiser 1898 in Istanbul während dessen berühmter Palästinareise das erste Mal persönlich traf, bat er ihn vor allem um seine Intervention beim Sultan. Der sollte nämlich, so lautete der Plan nun, der Gründung einer „Palästinensischen Kompanie" unter deutschem Protektorat zustimmen. Diese Kompanie würde, nach Herzls Plan, eine öffentliche-rechtliche Absicherung durch eine Charta und die Gewährung von Hoheitsrechten besitzen. Sie sollte der Setzling sein, aus dem einst die zionistische Eiche erwachsen würde. Zum Gespräch mit dem Kaiser bemerkte Herzl, dass er diesen folgendermaßen motiviert habe: „Ich führte aus, dass wir den Umsturzparteien die Juden wegnähmen."[27]

Dem Hohenzollern-Kaiser war es so wichtig, seine sozialistischen und aufrührerischen Juden loszuwerden, dass er es ernsthaft erwog, beim Sultan ein gewichtiges Wort für die Zionisten einzulegen. Aber nicht so seine Diplomaten, die entschieden gegen einen solchen Vorstoß waren und denen, da sie mit dem Sultan vertraut waren, klar war, dass dieser einem solchen Plan nie zustimmen würde. Außerdem war ihnen als professionellen und realistischen Politikern bewusst, dass die deutschen Juden unter den damaligen Bedingungen niemals bereit sein würden, ihre deutsche Heimat freiwillig zu verlassen. Schließlich antwortete der Kaiser Herzl mit einem „Nein".

26· Vgl. den Artikel von Paul Vallely unter dem Titel „The Rothschild Story ·A Golden Era Ends For A Secretive Dynasty", in „The Independent" vom 16. April 2004; auf der Internetpräsenz der Zeitung nicht mehr vorfindlich, jedoch an anderer Stelle
Vgl. auch Niall Ferguson, Bd 1: „Prophets of Money", S. 125

27· Tagebücher II, Jüd. Verlag 1923, Eintrag f d 19. Oktober 1898; S. 192

Als sich Herzl daran machte, die russische Regierung für eine Unterstützung der zionistischen Sache zu gewinnen, wurde klar, dass seine Wahrnehmung von der harten Wahrheit manchmal arg weit entfernt lag.

Wie Brenner berichtet, traf sich Herzl mit Wjatscheslaw von Plehwe, dem mörderischen Innenminister des Zaren. Plehwe hatte soeben erst zum ersten Juden-Pogrom seit zwanzig Jahren angestiftet: In Kischinjew, in Bessarabien, waren zu Ostern 45 Juden bestialisch ermordet und mehr als tausend verletzt worden. Danach waren sogar die meisten russischen Zionisten gegen ein Treffen Herzls mit diesem Mann. Aber Herzl hielt daran fest. Was sich bei dieser Zusammenkunft dann abspielte, wurde später von Chaim Schitlowsky berichtet, der damals an führender Stelle in der russischen Sozialrevolutionären Partei tätig war. Nach Aussage Schitlowskis hörte er von Herzl die folgenden Worte:

„Ich komme gerade von Plehwe. Ich habe sein positives, bindendes Versprechen, dass er binnen höchstens fünfzehn Jahren für uns eine Charta für Palästina erreichen wird. Aber dies ist an eine einzige Bedingung gebunden: Die jüdischen Revolutionäre müssen ihren Kampf gegen die russische Regierung einstellen. Falls Plehwe innerhalb von fünfzehn Jahren nach einer solchen Übereinkunft die Charta nicht erwirkt haben sollte, sind sie [die Revolutionäre] wieder frei zu tun, was ihnen notwendig erscheint.“[28]

Auf der Grundlage dieser Absprache mit Plehwe bat Herzl Schitlowsky, seinen Einfluss einzusetzen, um die jüdischen Revolutionäre Russlands dazu zu bringen, ihre Bemühungen um soziale Veränderungen in Russland einzustellen. Schitlowski war außer sich und lehnte den von Herzl kommenden Vorschlag voller Hohn ab. Er wusste ganz genau, dass der Zar bei den Türken, die ihn als ihren Feind betrachteten, nicht den geringsten Einfluss genoss. Die Hoffnung, das zaristische Russland könne für Herzl beim Sultan ausrichten, was das kaiserliche Deutschland gerade verweigert hatte, war schlicht und einfach idiotisch. Und allein schon aus diesem Grund war das von Herzl vorgeschlagene Vorgehen zugleich unsinnig und demütigend. Aber selbst wenn dieser Einwand nicht bestanden hätte, kam es überhaupt nicht in Frage, dass die russisch-jüdischen Revolutionäre ihren Kampf für elementare Rechte in ihrer russischen Heimat einfach deshalb einstellten, weil jemand eine schwammige Zusage in Bezug auf einen möglichen zionistischen Staat in Palästina in ferner Zukunft machte.

Schitlowskis Urteil über diesen Gründervater des Zionismus war nach diesem Vorfall deutlich, scharfsichtig und, mit einem Wort: vernichtend: Herzl sei, wie der russisch-jüdische Sozialrevolutionär sagte, der korrupten und repressiven Staatsmacht gegenüber „zu loyal“, als dass er sich wirklich für die Anliegen

---

28· Hier zitiert nach Brenner, a.a.O.; dieser wiederum zitiert: Vladimir Medem: „The Life and Soul of a Legendary Jewish Socialist“, S. 295ff

der Revolutionäre interessiert und diese in seine Überlegungen einbezogen hätte. Herzl habe nicht seine Russlandreise unternommen, um für eine bessere Behandlung der russischen Juden einzutreten oder „Mitgefühl für uns in Plehwes Herz zu erwecken"; er war vielmehr, so Schitlowskis Kritik, nach Russland als ein Politiker gekommen, dem es nur um „Interessen" gehe, und nicht um seine Leute, die einfachen Juden, und deren wirkliche Nöte und Empfindungen:

„Herzls Politik baut rein auf Diplomatie, in der ernsthaften Überzeugung, dass die politische Geschichte der Menschheit nur von wenigen Menschen, von wenigen Führern, gestaltet wird, und dass dasjenige, was diese unter sich abmachen, den Inhalt der politischen Geschichte ausmacht."[29]

Nachdem es ihm so misslungen war, entweder das kaiserliche Deutschland oder das zaristische Russland dazu zu bewegen, in der Türkei wirksame Fürsprache für seine Anliegen einzulegen, wurde Herzl immer unruhiger und war zu fast jeder Gegenleistung bereit, um nur die Unterstützung einer Großmacht zu erreichen. Denn ohne eine solche Rückendeckung fehlte es dem politischen Zionismus an Glaubwürdigkeit, und die Sache drohte im Sande zu verlaufen. In seiner Verzweiflung schien Herzl sogar geneigt, folgenden britischen Vorschlag anzunehmen: Die Zionisten sollten sich mit ihrem Projekt in einem Gebiet des heutigen Kenia, damals Teil der britischen Besitzungen in Ostafrika, ansiedeln, um dort, als Ersatz für ihre palästinensischen Pläne, eine „nationale Heimstätte" aufzubauen.

Obwohl dies allgemein von Historikern nur beiläufig und mit hochgezogener Augenbraue als eher bizarre Idee erwähnt wird, hatte diese Kopfgeburt führender Politiker der damals regierenden britischen Konservativen eine sehr ernsthafte Zielrichtung und einen gewichtigen historischen Hintergrund:

Wie wir bereits festgehalten haben, war das russische Zarenreich in den vorherigen Jahrhunderten die Heimat der meisten Juden außerhalb des Osmanischen Reiches gewesen. Es hatte nur eine gewisse Relativierung dieser Rolle infolge der Öffnung Englands für die Juden durch Oliver Cromwell im siebzehnten Jahrhundert stattgefunden; viele Juden wanderten danach von ganz Europa, aber vor allem von Osteuropa aus nach England ein.

Die Haskala, die jüdische Version der „Aufklärung", erhielt auch gerade aufgrund der erleichterten Situation der Juden in England besondere Impulse. Zuerst allerdings gelang nur wenigen Juden, die in England den Weg der Assimilation als ihrer Ansicht nach besten und sichersten wählten, der soziale Aufstieg und der Erwerb von Wohlstand. Die meisten Juden fristeten ein karges Auskommen als Hausierer, zum Teil in ihrer verzweifelten Lage von Bettlern kaum zu unterscheiden. Mit der Zeit und dem Fortschreiten der Aufklärung auf Seiten der englischen Mehrheitsgesellschaft, und aufgrund der eigenen Anstrengungen jener

29· Gleiche Quelle wie zuvor, Anm. 24

nun englischen Juden, wurden diese zunehmend von der „gastgebenden" nicht-jüdischen Mehrheit akzeptiert. Sie erwarben immer mehr Rechte und Freiheiten, welche sie zuvor nie und nirgendwo in Europa hatten genießen dürfen. Als sie so Grund hatten, sich immer mehr als „jüdische Engländer" fühlen zu können, genossen sie zugleich auch ein ungewohntes Gefühl der Sicherheit. Und dann geschah etwas, was sie fürchten ließ, dass ihr gewohntes Leben und ihre Sicherheit wieder in ernste Gefahr geraten könnten und dass ihre Loyalität England und Großbritannien gegenüber vielleicht nicht ausreichenden Schutz gegenüber einer neuen Welle des Antisemitismus' bieten würde.[30]

In fast ganz Westeuropa hatte, nach der französischen Revolution und den entsprechenden gesellschaftlichen Umwälzungen, eine „Judenemanzipation" stattgefunden. Die Juden Osteuropas drängten von dort nicht mehr nur nach England, sondern in alle westeuropäischen Länder, und ab Ende des neunzehnten Jahrhunderts in die USA.

Nach 1880 aber nahm diese Auswanderungsbewegung ungeheure Formen an: Zwischen 1881 und 1915 verließen drei Millionen Juden das Zarenreich (das damals auch ein Drittel Polens umfasste), um in Westeuropa oder den USA ein neues, und wie sie hofften besseres Leben zu beginnen. Dies war eine der größten Völkerwanderungen der Geschichte. Die russisch-polnischen Juden verließen ihre Heimat wegen der himmelschreienden Armut und der zunehmenden judenfeindlichen Verfolgung, wiederkehrende Pogrome eingeschlossen. (Die kleine Golda Mabovitch gehörte mit ihren Eltern zu jenen, die nach den USA auswanderten.)

Als sich das neunzehnte Jahrhundert seinem Ende näherte, der Strom russischer Juden aber nicht enden wollte, kamen einige führende „Tory"-Persönlichkeiten Englands zur Ansicht, dass die „Aufnahmekapazität" Englands einfach erschöpft sei. Umso schlimmer war für sie, dass die verarmten Juden des Ostens sozialistische und andere aufrührerische Ideen mitbrachten. Erst im Privaten, zunehmend auch öffentlich wurde geäußert, dass die britische Wirtschaft nicht mehr Einwanderung vertrage. Dahinter standen auch Befürchtungen, dass sich in der nicht-jüdischen Mehrheit Feindseligkeit gegenüber allen Juden breitmachen könnte, wenn die Zahl der Juden in England die „Sättigungsgrenze" erreichen bzw. überschreiten würde.

In ihrer Furcht vor Antisemitismus wollten die britischen Juden die russisch-jüdischen Einwanderer zur Rückkehr nach Russland bewegen

30· http://www.independent.co.uk/news/uk/this-britain/a-short-history-of-anglojewry-the-jews-in-britain-16562006-482185.html

Bei den Nachkommen der vorherigen jüdischen Einwanderergenerationen schrillten alle Alarmglocken. Für diese Menschen war die Assimilierung und Integration in die Gesellschaft Englands, ihrer neuen Heimat, eine lohnende und beruhigende Erfahrung, und sie fürchteten nun, dass die immerzu wachsende Präsenz ihrer vollkommen verarmten Glaubensbrüder aus Osteuropa eine Welle von Antisemitismus auslösen würde, die sich auch über ihnen auftürmen und alles, was sie erworben hatten, ihre Rechte und Freiheiten, ihren Wohlstand, bedrohen könnte. Diese Angst war so übermächtig, dass die assimilierten „Alt-Juden" Englands Druck auf die osteuropäischen „Neuankömmlinge" ausübten, damit diese in jenes Russland zurückkehrten, das sie in ihrer Not soeben erst hinter sich gelassen hatten. Einmal sah sich der Oberrabbiner Englands sogar dazu veranlasst, die russischen Juden öffentlich dazu aufzurufen, in ihrer Heimat zu bleiben und jeden Gedanken an eine Auswanderung nach England aufzugeben.

Im Jahre 1902 wurde im britischen Parlament über eine „Aliens Exclusion Bill", ein „Gesetz zum Ausschluss [unerwünschter] Ausländer", debattiert. Obwohl niemand das öffentlich zugeben mochte, zielte dieses Gesetz hauptsächlich darauf, die russischen Juden aus England herauszuhalten. Herzl kam extra nach London, um in zionistischem Auftrag vorzusprechen. Er plädierte gegen das Gesetz, aber für die Unterstützung des Zionismus an seiner Stelle.

Aus seinen Tagebüchern wissen wir von einem persönlichen Gespräch Herzls mit Baron Nathaniel Mayer Rothschild und dessen Bruder Leopold Rothschild. In dessen Verlauf bemerkte Herzl, er „wäre übrigens einer jener schlechten Kerle, denen die englischen Juden sehr wohl ein Denkmal errichten könnten", weil er „sie vor dem Zufluss der Ostjuden bewahrte, und vielleicht auch vor dem Antisemitismus."[31]

Herzl war sich anscheinend sicher, dass die Briten ihm schon irgendetwas anbieten würden.

Was sie ihm in der Tat boten, allerdings als Ersatz für Palästina, war ein Hochland in Ostafrika, das heute in Kenia liegt. Zu dieser Zeit amtierte Alfred James Balfour als britischer Premier. Vom Standpunkt der britischen Regierung aus hätte damals eine zionistische Kolonie in Ostafrika die strategischen Interessen des Empire ziemlich gut bedient. Der hauptsächliche Vorteil dieses Vorschlags lag jedoch darin, dass er eine vorzügliche Möglichkeit zu bieten schien, Juden von weiterer Einwanderung nach Großbritannien abzuhalten, nämlich durch Ablenkung auf ein anderes Ziel. Vorausgesetzt, Herzl nähme diesen Vorschlag an und wäre in der Lage, ihn der zionistischen Führung zu verkaufen.

31· Theodor Herzl, „Briefe und Tagebücher", Hg. Alex Bein et al., Dritter Band · „Zionistisches Tagebuch 1899-1904", Bearb. v. Joh. Wachtel u. Chaya Harel, Ullstein/Propyläen, Berlin/Frankfurt/M./Wien 1985; Eintrag für den 5. Juli 1902; S. 407

Herzl, als durch und durch nichtreligiöser, säkularer Jude, war mit dem ostafrikanischen Hochland einverstanden, wurde aber vom Rest des Vorstandes der WZO überstimmt. Für sie musste es Palästina sein und nichts anderes. Als Herzl in der Folge Anzeichen machte, andere Brocken des Empire als Ersatz für Palästina zu akzeptieren, drohten die anderen Vorstandsmitglieder für diesen Fall mit ihrem Rücktritt.

Nach Brenners detaillierten und genauen Nachforschungen bewahrte wohl bloß der frühe Tod Herzls 1904 die zionistische Bewegung vor einem inneren Zusammenbruch. Herzls direkter Nachfolger hieß David Wolffsohn, aber es sollte der diesem nachfolgende Präsident der WZO (und spätere erste Präsident des Staates Israel) sein, der durch einen Kuhhandel mit Großbritannien den Zionisten das verschaffte, was sie brauchten, um ihren wahnwitzigen Anspruch auf Palästina als legitim zu behaupten.

Es handelt sich bei diesem Mann um Dr. Chaim Weizmann, einen hervorragenden Chemiker, der sich besonders gut darauf verstand, Sprengstoffe zu entwickeln, die auf dem Schlachtfeld einen noch größeren Knall bewirkten. Er sollte aber zudem beweisen, dass ihm in der hohen Kunst der Diplomatie wenige, wenn überhaupt, das Wasser reichen konnten. So ausgezeichnet wusste er, jeder Sache den rechten Anstrich zu verpassen, dass er es häufig schaffte, das Falsche als richtig erscheinen zu lassen.

Als gebürtiger Russe war Weizmann von Jugend auf in der zionistischen Bewegung engagiert. Zum Studium ging er erst nach Berlin, dann nach Genf. 1904 kam er nach England, um eine Stelle an der Universität von Manchester anzutreten. Im Ersten Weltkrieg erhielt er den Auftrag, ein spezielles staatliches Labor zu leiten, in dem die Möglichkeiten zur Optimierung von Artilleriegranaten und ihrer Herstellung erforscht wurden.

Gleich nach seiner Ankunft in London setzte Weizmann alles daran, auf höchster Ebene Kontakte in der britischen Regierung zu knüpfen. Dies besonders mit Balfour, über dessen Antisemitismus Weizmann sich mehr als die meisten im Klaren war. Wie später durch die Veröffentlichung eines Privatbriefs von Weizmann bekannt wurde, führte er am 12. Dezember 1914 ein in dieser Beziehung besonders interessantes Gespräch mit Balfour. Nach Weizmanns Darstellung redete sich Balfour etwas von der Seele, als „er mir mitteilte, wie er einmal mit Cosima Wagner (der Witwe Richard Wagners) in Bayreuth eine lange Unterredung hatte, und dass er viele ihrer antisemitischen Postulate teile.“[32]

32· Vgl. Meyer Weisgal (Hg.), „The Letters and Papers of Chaim Weizmann“, Briefe Bd. III, S. 81; direkt nach dem Zweiten Weltkrieg und dem Bekanntwerden des Ausmaßes der nationalsozialistischen Judenverfolgung traute sich Weizmann nicht, den Antisemitismus Balfours, dieses Paten des Zionismus, selber direkt öffentlich zu machen; kurze Zeit später sprach er auch in seinem, von ihm verfassten Buch darüber; vgl.: Chaim Weizmann, „Trial and Error“, New York, Harper and Brothers, 1949

Weizmann sah anscheinend den Balfourschen Antisemitismus als Zauberteppich, auf dem er, Weizmann, die Zionisten vielleicht fliegen lassen konnte. Als Außenminister der zweiten britischen Kriegsregierung (ab 1916), einer Art großer Koalition zwischen den Konservativen und einer großen Gruppe der Liberalen, schien Balfour nämlich dem zionistischen Projekt gegenüber sehr positiv eingestellt; im Grunde wollte er dieses als die wahrscheinlich beste Möglichkeit unterstützen, um die Einwanderung weiterer Juden, vor allem verarmter, verfolgter und am Ende revolutionärer Juden, nach Großbritannien zu verhindern.

Die britische Unterstützung der politischen Ziele der Zionisten in Palästina wurde am 2. November 1917 der Öffentlichkeit bekannt gegeben. Dies geschah in der Form eines kurzen Briefes des Außenministers Balfour an den Baron Lionel de Rothschild. Weizmann und seine Helfer hatten die meiste Arbeit in den Textentwurf gesteckt, nicht wie sonst höhere Beamte des britischen Foreign Office. Balfours wichtigster Beitrag: seine Unterschrift. Die Balfour-Erklärung zählte zwar nur 67 Wörter, diese sollten sich aber als völlig ausreichend erweisen, um den Countdown hin zu Armageddon zu beginnen.

Der vollständige Text von Balfours Brief lautet übersetzt wie folgt [Hervorhebungen durch den Verfasser]:

„Sehr geehrter Lord Rothschild,

Ich habe die Ehre, Ihnen im Auftrag der Regierung Seiner Majestät die folgende Erklärung der Sympathie mit den Anliegen der jüdischen Zionisten zu übermitteln, welche dem Kabinett vorgelegt und von diesem gebilligt wurde:

Die Regierung Seiner Majestät betrachtet die Errichtung einer nationalen jüdischen Heimstätte in Palästina mit Wohlgefallen und wird sich nach besten Kräften bemühen, das Erreichen dieses Zieles zu erleichtern, *wobei unmissverständlich zu betonen ist, dass nichts geschehen darf, was sich nachteilig auf die bürgerlichen und religiösen Rechte der existierenden nichtjüdischen Gemeinschaften in Palästina auswirken könnte,* oder auf die Rechte und den politischen Status der Juden in anderen Ländern.

Ich wäre Ihnen verbunden, wenn Sie den Inhalt dieser Erklärung der Zionistischen Weltorganisation mitteilen wollten.

Ihr ergebener
Arthur James Balfour“[33]

Die Balfour-Erklärung besaß für Palästina keinerlei rechtlich verbindliche Kraft

33. http://de.wikipedia.org/wiki/Balfour-Deklaration

Die Balfour-Deklaration wird auch dadurch zu einem so eigenartigen Dokument britischer Selbstverpflichtung, da die britische Krone über kein irgendwie geartetes Recht verfügte, von Palästina auch nur das kleinste Stückchen wegzugeben, an wen auch immer.

In Henry Cattans Worten:

„Die britische Regierung, Urheberin der Balfour-Deklaration, besaß damals keinerlei Souveränitäts- oder Herrschaftsrechte in Palästina, welche diese [Erklärung] zu einem gültigen Versprechen irgendwelcher Rechte, welcher Art und welchen Ausmaßes auch immer, zugunsten der Juden der Welt hätten machen können. Und dabei ist es unerheblich, ob es dabei um territoriale, politische oder kulturelle Rechte ging. Zum Zeitpunkt der Abgabe der Balfour-Erklärung bildete Palästina einen Teil des Türkischen Reiches, und weder sein Territorium noch seine Bevölkerung unterstanden britischer Rechtshoheit. Die [Balfour-]Erklärung war nichtig, auf der Grundlage der [rechtlichen] Maxime, dass niemand etwas weggeben kann, was ihm gar nicht gehört.“[34]

Im Jahr 1957 schrieb der amerikanisch-jüdische Jurist Sol M. Linowitz (ein späterer Berater des Präsidenten Carter und Unterhändler für diesen), dass die Briten 1917 keinerlei Souveränitätsrechte in und über Palästina hatten, dass sie dort keinerlei rechtlich fassbare Interessen besaßen und sonst auch keinerlei Befugnis, über das Land zu verfügen. Und er fügte hinzu: „Die bedeutendste und nicht zu widerlegende Tatsache ist jedoch, dass die [Balfour-]Erklärung an sich keinerlei rechtliche Kraft besitzt.“[35]

An der Formulierung der Balfour-Deklaration erstaunt besonders, auf welch schlaue Art und Weise sie vor der Öffentlichkeit eine wesentliche Tatsache der damaligen palästinensischen Realität verbirgt. Wem diese Tatsache damals bekannt war, der hätte diese Erklärung der britischen Regierung als Vorbote einer großen kommenden Katastrophe erkennen müssen.

Der Text der Balfour-Erklärung verschweigt nämlich die zahlenmäßige Zusammensetzung der damaligen Bevölkerung Palästinas. Zum Zeitpunkt ihrer Veröffentlichung lebten ca. 670.000 Araber in Palästina, 93 Prozent seiner Bevölkerung. Die Zahl der damals dort ansässigen Juden betrug ungefähr 60.000, etwa 7 Prozent der Bevölkerung. Es konnte keinen einfacheren und eindeutigeren Hinweis auf künftige erbitterte Kämpfe und kommendes großes Unglück für den Fall eines Aufgehens zionistischer Rechnungen geben. (Und es war in diesem Fall durchaus möglich, nicht erst im Nachhinein schlauer zu sein).

34· Henry Cattan, „Palestine and International Law“, S. 58

35· Sol. M. Linowitz, „Analysis of a Tinderbox: The Legal Basis of the State of Israel“ [„Analyse eines Pulverfasses: Die rechtliche Basis des Staates Israel“] in „American Bar Association Journal“ [der Zeitschrift der US-amerikanischen Anwaltsvereinigung], Bd. 43, Juni 1957, S. 522-525

Sehr verräterisch ist auch die Tatsache, dass sich die Verantwortlichen für die Abfassung der Balfour-Erklärung nicht dazu durchringen mochten, das Vorhandensein einer arabischen Bevölkerung Palästinas anzuerkennen. Das Wort „Araber“ oder ein davon abgeleiteter Begriff taucht nicht ein einziges Mal im ganzen Text auf! Praktisch die gesamte angestammte, 93 Prozent ausmachende Bevölkerung Palästinas fand sich im Text der Balfour-Deklaration auf den Status der „existierenden nicht-jüdischen Gemeinschaften“ reduziert.

Das heißt aber auch, dass die damalige britische Regierung, die sich den Arabern gegenüber immerhin auf eine Unterstützung der arabischen Unabhängigkeit, inklusive Palästinas, festgelegt hatte, sich mittlerweile auf die Zionisten und deren Hilfe dringendst angewiesen fühlte. Und dies so sehr, dass sie zionistischem Drängen auch insoweit nachgab, dass die palästinensischen Araber als Mehrheitsbevölkerung Palästinas in der Balfour-Deklaration einfach unterschlagen wurden. Worin die britische Not lag, die sie in die zionistischen Arme trieb, werden wir im vierten Kapitel behandeln.

Die Balfour-Erklärung ebnete den Weg zur künftigen Vertreibung der Palästinenser, faktisch und propagandistisch

Worin bestand der große Nutzen eines solchen Dokuments für die Zionisten, insbesondere, indem es die demographische Wirklichkeit verdrehte? Kurz gesagt: es erleichterte ihnen bei der späteren Verfolgung ihrer territorialen und politischen Vorhaben in Palästina nicht nur die wirkliche Unterdrückung und Enteignung der ansässigen Araber (am Anfang vor allem mithilfe der britischen Mandatsverwaltung). Nein, es erleichterte auch ihre propagandistische Vermarktung und half somit, das Gewissen der Juden der Diaspora, vor allem in Nordamerika und Westeuropa, zu entlasten.

Und tatsächlich hatte der erste zionistische Entwurf für die Deklaration vorgesehen, dass die britische Erklärung darin das gesamte Palästina als Grundlage der Errichtung einer „nationalen Heimstätte für das jüdische Volk“ anerkennen sollte. Auch enthielt dieser erste Entwurf keinerlei Garantien für die Wahrung der Rechte der arabischen Mehrheitsbevölkerung. Diese Garantien gelangten nur durch die beharrliche Intervention britisch-jüdischer Anti-Zionisten, allen voran Montagus, in die schließlich von Balfour unterzeichnete Endfassung hinein; nur deshalb war überhaupt von den Rechten der „existierenden nicht-jüdischen Gemeinschaften“ Palästinas die Rede.

Die führenden Zionisten scherte es ihrerseits auch nicht sonderlich, was moralisch oder rechtlich angemessen oder unangemessen war. Sie bekamen, was sie bestellt hatten: ein Dokument, das es ihnen erlaubte, aus der Anerkennung ihres zionistischen Anspruchs auf das Land Palästina dessen Legitimität abzuleiten. Warum nun entschied sich Großbritannien 1917, auf die Zionisten zu setzen? Um dies wirklich verstehen zu können, müssen wir uns zuerst anschauen, wie und warum die Briten zuvor auf die Araber gesetzt hatten und wie sie diese, insbesondere die Palästinenser, danach verrieten. Der historische Hintergrund, vor dem all dies geschah, ist jener des „Großen Krieges", des unerhörten Aufruhrs und Gemetzels im Ersten Weltkrieg.

Kapitel 3
Großbritannien verrät die Araber

Im Ersten Weltkrieg mobilisierten das Britische Empire und seine Alliierten (einschließlich des zaristische Russlands und zum Schluss auch der USA) insgesamt 42 Millionen Soldaten und verloren davon auf dem Schlachtfeld ungefähr fünf Millionen. Deutschland und die anderen Achsenmächte (die Türkei eingeschlossen) boten 23 Millionen Soldaten auf und hatten etwa dreieinhalb Millionen Gefallene zu verzeichnen. Der Begriff „Gemetzel" scheint hier noch untertrieben. Auf beiden Seiten zusammen gab es zudem noch circa 21 Millionen Verletzte.

Von alldem betrifft uns hier aber die Frage nach Großbritanniens Kriegszielen, als ein wesentlicher Hintergrund für unser Thema. Natürlich zog England primär in den Krieg, um sein Empire zu schützen und auch zu erweitern. Die britische Elite, d.h. die führenden Politiker und Militärs, die Beamten Whitehalls und die einflussreichsten Industriellen, Bankiers und Medienbarone, glaubten, dass die Erhaltung des Empire den Schlüssel zur Sicherung des britischen wirtschaftlichen Wohlstands bildete. Denn die Vorrangstellung der britischen Industrie wurde damals zunehmend durch den Wettbewerb vor allem aus Deutschland, aber auch den USA, infrage gestellt.

Im Jahre 1914 war Deutschland zur ersten Militärmacht in Europa aufgerückt. Ein wesentliches Anliegen der Briten bestand darin, die deutsche Kriegsmarine zu zerschlagen.

Zu Anfang ging es Großbritannien strategisch mit Blick auf den Nahen Osten und Indien auch um eine Aufrechterhaltung ihrer ‚Entente' mit Russland. Sollte jemals dieses Übereinkommen zerbrechen, wäre die Gefahr einer erneuten Bedrohung britischer Interessen in diesen beiden Regionen durch Russland gegeben gewesen. Im späteren Verlauf des Krieges kam dazu das britische Bedürfnis, den drohenden Sieg des Kommunismus in Russland zu verhindern.

Was den arabischen Teil des zerfallenden Osmanischen Reichs betraf, so ging die Absicht der britischen Führung dahin, sich so viel wie möglich davon anzueignen, und das in herzlichster Konkurrenz mit ihren Verbündeten, den Franzosen.

Im Weltkrieg gingen die ersten britischen Versprechungen der Briten an die Araber, nicht an die Zionisten. Und die Araber begingen den fatalen Fehler, den Briten zu vertrauen.

Als der Erste Weltkrieg in Fahrt kam, gaben die Briten (in Bezug auf den Nahen Osten) zuerst den Arabern, und nicht den Zionisten, ein Versprechen späterer britischer Unterstützung im Austausch für vorderhand von der anderen Seite geleistete Dienste. Und die Araber begingen tatsächlich den Fehler, den Briten zu vertrauen.

Zu dieser Zeit galt die erste Sorge führender arabischer Nationalisten dem Erreichen ihrer Unabhängigkeit von den Türken.

Für die britischen Anliegen war Hussein, Scherif von Mekka (der Hüter der Heiligen Stätten des Islams), die arabische Führungspersönlichkeit mit dem meisten Einfluss. Er war Clanchef der Haschemiten, einer Sippe, die vom Propheten Mohammed selbst abstammte. Scherif Hussein gehörte zu den Stammesführern der arabischen Halbinsel, der arabischen Welt jenseits des Suez-Kanals, deren Löwenanteil einmal Saudi-Arabien heißen würde. Davon nannte Hussein den Hedschas sein eigen, jene westliche Region am Roten Meer, in der außer Dschedda die beiden Heiligen Städte des Islams, Mekka und Medina, liegen. Hussein, der sich 1916 zum König des Hedschas ausrief, sah es als seine Aufgabe, den erwachenden arabischen Nationalismus zu einer so bedeutenden Kraft umzuformen, dass er mit dessen Hilfe die Unabhängigkeit der Araber von den Türken erreichen konnte.

Am 31. Oktober, noch sechs Tage vor der britischen Kriegserklärung an die Türken, erreichte den Scherifen eine Nachricht von Lord Kitchener, dem damaligen britischen Kriegsminister. Diesem war klar, dass ein Sieg über Deutschland und die Türkei zugleich fast unmöglich sein würde, es sei denn, es gelänge, die Araber von einem Kriegseintritt auf Seiten der Alliierten zu überzeugen. Der Kern der Botschaft Kitcheners an Hussein bestand in einem verbindlichen Versprechen britischer Unterstützung für die Sache der arabischen Unabhängigkeit, unter der Bedingung, dass die Araber einen Aufstand gegen die Türken begannen und auf britischer und alliierter Seite in den Krieg eintraten.

Hussein war grundsätzlich zu solch einem Handel mit den Briten bereit, blieb jedoch sehr vorsichtig. Die arabischen Nationalisten wollten zwar die türkische Herrschaft loswerden, hatten jedoch unter dieser eine gewisse Autonomie genossen, und genossen diese immer noch. Sie wollten nun nicht die bisherige türkische Kolonialherrschaft gegen eine Form britischer oder anderer westeuropäischer Vorherrschaft eintauschen. Das von Kitchener gemachte Versprechen allein reichte Hussein noch nicht. Er wollte, dass die Briten sich konkret und förmlich in der Frage der arabischen Unabhängigkeit verpflichteten.

Um sich selber Zeit und Raum für die dafür notwendigen Verhandlungen mit den Briten zu sichern, aber gleichzeitig auch seine Verhandlungsposition zu stärken, tat Hussein nach außen so, als würde er seine Teilnahme am „Dschihad" vorbereiten, den der Sultan hatte proklamieren lassen.

Am 23. Mai 1915 hielten arabische Führer im sogenannten Damaskus-Protokoll die Bedingungen fest, unter sie denen sie bereit waren, unter Husseins Führung einen Aufstandskrieg gegen ihre türkischen Herren zu führen und so auf Seiten der Alliierten in den Krieg einzutreten. Sie wollten dafür eine eindeutige britische Festlegung auf die Unabhängigkeit allen arabischen Landes östlich des Suez-Kanals, den [damals zu Britisch-Indien gehörigen] Hafen Aden ausgenommen. Und sie boten Großbritannien noch einen Bonus: In den so befreiten Gebieten sollten die Briten in Wirtschaft und Handel eine Vorzugsbehandlung genießen. Außerdem würde das unabhängige Arabien mit Großbritannien einen Verteidigungspakt schließen.

Die Briten machten sich ihrerseits zunehmend wegen des vom Sultan ausgerufenen Dschihads Sorgen. Sie wollten einerseits die Araber im Krieg auf ihrer Seite wissen, andererseits aber nicht die eindeutige Verpflichtungserklärung abgeben, die im Damaskus-Protokoll verlangt wurde.

Es folgte eine längere Korrespondenz zwischen Hussein und dem Britischen Hochkommissar für Ägypten, General Sir Harry McMahon, als britischem Unterhändler. Nach fast einem Jahr und acht Briefen war Hussein endlich überzeugt, von den Briten eine eindeutige und nicht umzudeutende Verpflichtung im Hinblick auf die Unabhängigkeit der Araber erreicht zu haben.

In späteren Jahren behaupteten die Zionisten, eine Zeitlang mit britischer Unterstützung, dass die Briefe, in denen die britische Selbstverpflichtung auf die arabische Unabhängigkeit niedergelegt war, Palästina nicht einschlossen. Wie wir aber im siebten Kapitel sehen werden, bewies die Veröffentlichung der relevanten Dokumente zum Schluss doch, dass Palästina unmissverständlich in dem Unabhängigkeitsversprechen McMahons eingeschlossen war. Die Briten ihrerseits waren immer sehr sparsam beim Aussprechen der Wahrheit, während andererseits Täuschung wohl das Kernelement zionistischer Diplomatie darstellt.

Die Araber respektierten ihre Verpflichtungen aus diesem Handel. Ihr Aufstand gegen die Türken begann am 5. Juni 1916. Aber dazu wäre es wohl nicht gekommen, wenn die Araber eine Ahnung von den Verhandlungen gehabt hätten, die gleichzeitig zwischen den Allierten stattfanden. Diese, d.h. Großbritannien, Frankreich, Italien und Russland, wollten darin festlegen, wie nach einem gemeinsamen Sieg über das Osmanische Reich die Beute verteilt werden sollte, während sich die Araber gerade definitiv auf einen Kriegseintritt an der Seite derselben Alliierten festlegten.

Nach seiner berühmten Erklärung 1917, dass Großbritannien die Gründung einer jüdischen nationalen Heimstatt in Palästina begrüße und fördern wolle, musste Balfour dem dadurch beunruhigten Hussein beschwichtigend mitteilen:

„Die Regierung Seiner Majestät bestätigt hiermit die vorherigen Verpflichtungserklärungen in Bezug auf die Anerkennung einer Unabhängigkeit der arabischen Länder."[1]

Aber die Araber waren immer noch nicht geneigt, den Absichten der Briten zu trauen. Sieben führende syrisch-arabische Persönlichkeiten, die damals im Exil in Kairo lebten, baten die britische Regierung, ihre politische Haltung im Bezug auf die Zukunft der Araber klar und deutlich auszudrücken. Am 16. Juni 1918 antwortete Großbritannien mit der „Erklärung an die Sieben" [engl. „Declaration to the Seven"]. Diese bestätigte die vorherigen Versprechen aus der Korrespondenz zwischen Hussein und McMahon und fügte dem noch die Versicherung hinzu, dass die Wünsche der „Bevölkerung" geachtet werden sollten. Zionisten haben behauptet, dass die „Balfour-Erklärung" die vorherigen, den Araber gemachten Versprechen abgelöst und damit aufgehoben habe. Dass dies nie so war, beweist die Siebener-Deklaration klar und deutlich.

Hussein wollte „Juden in allen arabischen Ländern willkommen heißen", jedoch keinen jüdischen Staat akzeptieren

Hussein wurde auch durch Commander D.G. Hogarth, einen britischen Archäologen, beruhigt. Dieser war von der britischen Regierung nach Dschedda entsandt worden, um Hussein zu treffen und diesem zu versichern, dass in Bezug auf Palästina „wir entschlossen sind, dass kein Volk dem anderen untertan werden soll", und dass jüdische Einwanderung zwar grundsätzlich gestattet sein solle, aber „nur, insofern sie vereinbar ist mit der Freiheit der einheimischen Bevölkerung, sowohl der wirtschaftlichen als auch der politischen."[2] Nach Hogarths eigenem Bericht sagte Hussein, er sei bereit „Juden in allen arabischen Ländern willkommen zu heißen", wollte aber keinen jüdischen Staat dort akzeptieren.[3]

Der bis zu diesem Zeitpunkt größte und bedeutendste Krieg der bekannten Menschheitsgeschichte endete mit einem alliierten Sieg, als am 11. November 1918 um 11 Uhr Pariser Zeit Glocken und Sirenen den Waffenstillstand verkündeten. Die Vereinbarung darüber war am gleichen Morgen um 5 Uhr in Compiègne unterzeichnet worden. Aber der richtige Frieden wollte erst noch geschlossen werden. Vorbereitungen dazu sollten auf der Pariser Friedenskonferenz gemacht werden, die am 18. Januar 1919 begann. Es nahmen daran Staatschefs teil, wie der US-Präsident Wilson, und viele ranghohe Vertreter von insgesamt siebenundzwanzig Staaten. Die besiegten Kriegsteilnehmer (Deutschland, Österreich, Ungarn, die Türkei, Bulga-

---

1- Alfred M. Lilienthal, „The Zionist Connection II", S. 18

2- Zitiert nach: David Lloyd George, „The Truth About the Peace Treaties" [„Die Wahrheit über die Friedensverträge"], Victor Gollancz, 1938, S. 1131–1141

3- Ebd. S.565

rien) durften nicht mit an den Tisch. Die Bedingungen des kommenden Friedens wurden den Verlierermächten von den siegreichen Alliierten diktiert und in einer Folge von Einzelverträgen niedergelegt. Deren erster und wichtigster (auch für die zukünftige Entwicklung Europas) wurde am 28. Juni 1919 der Versailler Vertrag zwischen den Siegermächten und Deutschland. Es folgten dann der Vertrag von Saint-Germain (betreffend Österreich) und im November 1919 der von Neuilly (für Bulgarien); im Jahre 1920 folgten der Trianon-Vertrag für Ungarn und zum unguten Schluss der Vertrag von Sèvres am 10. August 1920 für die Türkei. Auf der Siegerseite waren die USA als Verhandlungs- und Vertragspartner für alle diese ausgeschieden; wir werden später sehen, warum. Der Vertrag von Sèvres gab erst einmal den Auftakt zum griechisch-türkischen Krieg und wurde von der türkischen National-Versammlung abgelehnt; dies führte im Juli 1923 zum ergänzenden bzw. ihn ersetzenden Vertrag von Lausanne. Bis zu diesem Datum ereigneten sich jedoch noch einige merkwürdige Dinge von besonderer Tragweite für das Schicksal der Araber im Allgemeinen und mehr noch für die Zukunft der Palästinenser.

Wie groß war der arabische Beitrag zum Sieg der Alliierten?

Indem sie, im Austausch für die Aussicht auf Unabhängigkeit, alles auf ein Bündnis mit den Alliierten setzten, beeinflussten die Araber das Kräftegleichgewicht im Nahen Osten entscheidend. Die arabische Kriegsteilnahme ermöglichte es den Briten, den deutschen Versuch einer Eroberung Adens sowie einer Blockade des Roten Meeres und des Indischen Ozeans, also der wichtigsten Seewege in ihrem Empire, zu vereiteln.

Die Araber banden auch erhebliche türkische Truppenverbände, die an sich zur Abwehr eines britischen Vorstoßes in Palästina eingeplant waren. Der Kommandeur der entsprechenden britischen Truppen, General Murray, bemerkte einmal, dass umfangreichere türkische Verbände gegen die Araber als gegen seine Männer kämpften.

Es dauerte nach dem Krieg noch viele Jahre, bis die britische Regierung meinte, dass man der Öffentlichkeit die Wahrheit über die offizielle britische Einschätzung des arabischen Beitrages zum Alliierten Sieg zumuten könne. Diese Beurteilung von offizieller Seite wurde, hinter verschlossenen Türen, bei einem geheimen Treffen des Obersten Rates der Alliierten Mächte am 20. März 1919 in Paris getroffen. Bei dieser Gelegenheit erklärte General Allenby, der Oberkommandierende des sogenannten „Expeditionsheeres“, das Palästina, Syrien und Libanon den Türken abgenommen hatte, dass die Unterstützung durch die Araber „unschätzbar wertvoll“ gewesen sei. Dieselbe Versammlung hörte aus dem Munde des britischen Premierministers Lloyd-George, dass Hussein, infolge des Briefwechsels mit General Mc-Mahon, „alle ihm zur Verfügung stehenden Mittel auf das Schlachtfeld warf, was uns sehr entscheidend half, den Sieg zu erringen.“[4]

4· J. C. Hurewitz, „Diplomacy in the Near and Middle East“, Bd. II, Van Nostrand, New York 1956, S. 70

Diese Sichtweise wurde von den nunmehr besiegten Türken bestätigt. Als Hussein die gesamten Araber aufrief, sich seinem Aufstand anzuschließen, sah sich Cemal Pascha, der türkische Oberbefehlshaber in der Levante während des Krieges, gezwungen, wie er später einräumte, „Truppen gegen Hussein zu entsenden, die eigentlich die Briten am [Suez-]Kanal hätten überrennen und Kairo erobern sollen."[5]

Der Terror, mit dem die Türken die Araber heimsuchten, zeugte für sich allein schon vom Wert, den der arabische Kriegsbeitrag für die Alliierten hatte: In einem verzweifelten Versuch, den arabischen Aufstand unter Kontrolle zu bekommen, ließen die türkischen Behörden arabische Notabeln in Damaskus verhaften und auf Plätzen der Stadt hinrichten. Man ließ die Bevölkerung in Teilen Palästinas und des Libanon hungern. Arabische Patrioten im ganzen Land, nicht nur die Kämpfer an der Front, mussten ihr Leben für ihre Sache lassen.

Während das langwierige Gefeilsche namens „Friedenskonferenz" noch im Gange war und die arabischen Nationalisten wenig argwöhnisch und voller Hoffnung waren, machten sich ihre Führer daran, die von den Briten zugesagte Unabhängigkeit vorzubereiten. Als erste und wichtigste Maßnahme organisierten sie Wahlen zu einer Allgemeinen Syrischen Nationalversammlung.

Diese tagte das erste Mal am 2. Juli 1919 in Damaskus und umfasste Vertreter aus der ganzen Levante; es war in der Tat das erste arabische Parlament. Die Delegierten sprachen sich mehrheitlich für ein Vereinigtes Syrien als konstitutionelle Monarchie unter der Regentschaft von Husseins Sohn Faisal aus. Dieses Vereinigte oder Groß-Syrien (arabisch: Scha'm) umfasste das ganze Gebiet der sogenannten Levante, d.h. das heutige Syrien, einschließlich der seit 1967 von Israel besetzten Golan-Höhen, zuzüglich des Libanon, des heutigen Jordanien, des Gebietes des Staates Israel (d.h. innerhalb der sogenannten „Grünen Linie", der Waffenstillstandslinie von 1948 und israelischen Grenze vor dem Sechs-Tage-Krieg von 1967) und des Rest-Palästinas der sogenannten besetzten Gebiete (d.h. des Gaza-Streifens und der Westbank).

Die Abgeordneten der Nationalversammlung drückten ferner ihre entschiedene Opposition gegen fortgesetzte jüdische Einwanderung aus, fügten aber hinzu, dass „unsere jüdischen Mitbürger auch weiterhin jene Rechte genießen und jene Pflichten auferlegt erhalten sollen, die wir alle gemeinsam haben." (Dies stimmte mit der Haltung der antizionistischen Juden überein).

Jenes erste arabische Parlament verlieh auch seiner Vorliebe für die USA statt Großbritannien als jener Macht Ausdruck, die ein Völkerbundmandat für die politische, wirtschaftliche und technische Unterstützung des neuen Vereinten Syrien

5· Berichtet von der Zeitung „Al Sharq" am 23. Januar 1917; hier zitiert nach: George Antonius, „Arab Awakening", Philadelphia, Lippincott, 1939, S. 208

erhalten sollte. Großbritannien sollte den offiziellen Status eines „Freundes" des neuen Staates erhalten, während man von Frankreich gar keine Hilfe wünschte: den Franzosen misstraute man noch mehr als den Briten. In Bezug auf die USA enthält die Resolution dieses Kongresses unter anderem die folgenden Sätze:

„[H]ier dürfen wir, was die Erfüllung unserer Hoffnungen angeht, auf die Hilfe Präsident Wilsons und der freiheitlichen amerikanischen Nation rechnen, die für ihre ehrliche und großzügige Sympathie mit den Sehnsüchten und Wünschen der schwachen Nationen bekannt ist..."

(Die Darstellung des Hintergrunds für jenes große Vertrauen, das die Araber Präsident Wilson und den damaligen USA entgegen brachten, gehört in den Rahmen des siebten Kapitels.)

Aber all dies führte zu gar nichts.

Während die arabischen Nationalisten in Damaskus tagten und ihre Vorstellungen über die Unabhängigkeit, die man ihnen zugesichert hatte, öffentlich machten, beschlossen zugleich Großbritannien und Frankreich ihre geheimen Unterhandlungen: Darin hatten sie entschieden, den groß-syrischen Kuchen untereinander aufzuteilen! Und sie waren fest entschlossen, die Bekanntgabe ihrer wahren Absichten solange hinauszuschieben, bis ihnen, politisch und strategisch, die richtige Zeit dafür gekommen schien.

Die Art und Weise, in der die osmanische Beute zwischen den europäischen Siegern aufgeteilt werden sollte, wurde dann am 5. Mai 1920 in San Remo bekannt gemacht. Die große Neuigkeit: das Vereinigte Syrien, das die Araber ausgerufen hatten, sollte nicht sein. Groß-Syrien würde in drei große Gebiete aufgeteilt werden: Frankreich sollte die getrennten Mandate sowohl für den Libanon als auch für Klein-Syrien erhalten. Großbritannien sollte das Mandat für Palästina erhalten (und es würde das Mandat für den Irak bekommen).

Dem Mandat für Palästina war als Bedingung hinzugefügt, dass Großbritannien dort die Balfour-Erklärung umsetzen müsse.

Als Großbritannien und Frankreich Großsyrien aufteilten, wurden die Menschen in Palästina nicht gefragt

Die in San Remo verkündete Aufteilung Syriens strafte die britischen Versprechen gegenüber Hussein und auch die „Erklärung an die Sieben" heftig Lügen. Die nackte Wahrheit von San Remo lautet: die Wünsche des palästinensischen Volkes, in seiner ganz überwältigenden Mehrheit Araber, wurden übergangen. Auf einmal hörte man die Wahrheit. Aber das ist nur ein Teil jener Geschichte vom britischen Verrat an den Palästinensern. Wie wir im siebten Kapitel sehen werden, entsandte Präsident Wilson eine eigene Untersuchungskommission nach Palästina, um die Meinung der Araber einzuholen. Deren Ergebnisse wurden jahrelang auf dringendes Ersuchen der Briten und der Zionisten geheim gehalten. In seinem berühmten Buch „Die sieben Säulen der Weisheit“ (dessen Erstausgabe er im Eigenverlag herausgeben musste, was ihn fast in den Bankrott trieb) bestätigte T.E. Lawrence, der britische Geheimdienstmann und Verbindungsoffizier bei den arabischen Kampfverbänden, dass die Araber verraten wurden und sich auf Grundlage „falscher Annahmen“ [über die wahren britischen Absichten, Anm.d.Ü.] gegen die Türken erhoben. Er kommentierte:

„Wenn ich ein ehrlicher Ratgeber gewesen wäre, hätte ich meine Männer (die arabischen Kämpfer) heimgeschickt und sie nicht ihr Leben für so etwas riskieren lassen.“[6]

Hussein zeigte sich darüber so verbittert, dass nicht einmal Lawrence ihn überzeugen konnte, den Freundschaftsvertrag zwischen Hedschas und Großbritannien zu unterzeichnen, dessen Entwurf er bei einem Besuch im Juli 1921 mit nach Dschedda gebracht hatte. Diese Ablehnung war eine Entscheidung mit schweren Folgen für Hussein, da der Vertrag zugleich finanzielle und militärische Unterstützung mit sich gebracht hätte. Ohne diese beiden war er, wie wir noch sehen werden, zum politischen Untergang verurteilt.

Es sollte noch zwanzig Jahre dauern, bis es überhaupt so etwas wie eine ehrliche offizielle Erklärung - eigentlich war es bloß ein vager Hinweis - geben sollte, warum Großbritannien im Jahre 1917 trotz seines Versprechens an die Araber auf die zionistische Karte setzte.

6- T. E. Lawrence, „The Seven Pillars of Wisdom“, London, Jonathan Cape, 1935, S. 275; dt. Ausgabe: „Die sieben Säulen der Weisheit“, dtv, München 2003

Kapitel 4
Warum Großbritannien auf den Zionismus setzte

Im Juli 1937 sprach Winston Churchill in einer Rede vor dem britischen Unterhaus über die Gründe für die Abgabe der Balfour-Deklaration. Er war damals ohne Regierungsamt und machte sich öffentlich dafür stark, dass man die Bedrohung durch Hitler ernster nehmen solle. In diese Rede sagte er unter anderem:

„Es ist ein Irrtum anzunehmen, dass dies [d.h. die Balfour-Deklaration] bloß eine Tat kreuzzüglerischer Begeisterung oder weltfremder Menschenfreundlichkeit war. Im Gegenteil handelte es sich um eine Maßnahme, die, ...durch eine kriegsbedingte Notwendigkeit erzwungen, ergriffen wurde mit dem Ziel, den umfassenden Sieg der Alliierten zu gewährleisten, und für die wir wertvollen und wichtigen Beistand erwartet und erhalten haben.[1]

In anderen Worten: *Großbritannien brauchte damals die Zionisten und ihren Einfluss und war deshalb bereit, den Preis zu zahlen, den diese dafür verlangten.*

Nur: In welcher Angelegenheit wollte Großbritannien im Ersten Weltkrieg den Einfluss der Zionisten eingesetzt sehen?

Den „wertvollen und wichtigen Beistand" der Zionisten gab es nicht im Nahen Osten, sondern in Russland und den USA

Im Februar 1953 schrieb der frühere Präsident der „Zionist Organisation of America", Rabbi Emanuel Neumann, in „The American Zionist" dazu:

„Großbritannien, das in seinem Ringen mit Deutschland schwer unter Druck stand, zeigte sich sehr bestrebt, die ungeteilte Unterstützung des jüdischen Volkes zu erhalten: einerseits in Russland, andererseits in den USA. Die nichtjüdische Welt schrieb damals den Juden eine nicht zu unterschätzende Macht zu, und man übertrieb sogar bei [der Einschätzung] des globalen jüdischen Einflusses. Großbritanniens dringender Bedarf nach Unterstützung durch die Juden gab der zionistischen Diplomatie ein Moment von Stärke und Verhandlungsmacht,

---

1· Debatte im Unterhaus am 21. Juli 1937, über den Bericht der Peel-Kommission/Königl. Kommission zu Palästina; in: House of Commons/Britisches Unterhaus, „Parliamentary Debates" [Parlamentsdebatten], Hansard, London 1937, Band 326, col/Spalte 23330; die Palästina-Debatte jenes Tages im Internet: http://hansard.millbanksystems.com/commons/1937/jul/21/palestine]]

das sie dringend benötigte, um ihrem Appell an die Moral handfesten Rückhalt zu verleihen.“[2]

Welchen „wertvollen und wichtigen Beistand“ sollten die Zionisten nun in Russland und den USA leisten?

Auf diese Frage hat es nie eine Antwort von offizieller Seite gegeben, noch wird man wohl eine solche je erhalten. Journalisten, Publizisten und andere interessierte Zeitgenossen müssen daher selber eine Antwort finden. Eine solche Suche bleibt jedoch von vornherein vergeblich ohne Kenntnis der damaligen Interessenlage der Briten und ihrer Alliierten, das heißt ihrer Interessen zum Zeitpunkt der Abgabe der Balfour-Erklärung, und vor allem in den Monaten zuvor. In diesen Monaten fanden nämlich zwischen den führenden Zionisten einerseits und dem britischen Außenminister, einem Antisemiten, und seinen Vertretern andererseits rege Verhandlungen statt.

Neumanns Formulierung „schwer unter Druck“, mit der er die Lage Großbritanniens im Kriege beschrieb, war allerdings eine beachtliche Untertreibung:

Im Frühjahr 1917 war das Kriegsglück der Alliierten an seinem Tiefpunkt angelangt. Die Zeichen standen eher auf Niederlage denn auf Sieg. J.A.R. Mariott, der bekannte Gelehrte, dessen Werke in meiner Schulzeit zu meiner Bildung beitrugen, , formulierte die Sache so: „Die Lage der Alliierten war ungeheuer schwierig.“ Für Großbritannien „hing alles von seinen Seeleuten und Schiffen ab.“[3]

Im November 1917 sahen die Briten der drohenden Niederlage ins Gesicht – Die Balfour-Deklaration wurde am 2. November 1917 abgegeben

Im Februar 1917 verschärften die Deutschen die Kriegsführung durch ihren Schritt zum „uneingeschränkten“ Einsatz der U-Boot-Waffe. Das bedeutete, dass jedes Schiff ohne jede Vorwarnung versenkt werden konnte, also auch unbewaffnete Handelsschiffe, Spital- und Lazarettschiffe und die Schiffe neutraler Staaten, zuallererst der USA. Diese rückhaltlose U-Boot-Offensive der Deutschen besaß eine schreckliche Effektivität: Der Verlust an Schiffen und Menschenleben auf britischer Seite war so bedeutend, dass die Nation ihrer Belastungsgrenze gefährlich nahe kam. Auf Basis ihrer Erhebungen britischer Verluste vermuteten die Deutschen, dass Großbritannien sich bis zum 1. August würde ergeben müssen. Die britische Admiralität war ihrerseits zu der Einschätzung gekommen, dass ihr Land, sollte sie kein wirksames Gegenmittel gegen die deut-

2· Emanuel Neumann in „The American Zionist“ vom 5 February 1953

3· J. A. R. Marriott, „The Evolution of Modern Europe 1453–1932“ [„Die Entwicklung des modernen Europa – 1453 · 1932“], London, Methuen, 1953, S. 403

schen U-Boote finden, seine Kapitulation höchstens bis zum November würde hinausschieben können. (Hier sei noch einmal die Erinnerung an das Datum der Balfour-Erklärung gestattet: es ist der 2. November 1917).

Wie wir noch im siebten Kapitel sehen werden, brachten die Briten und Franzosen nicht nur den Schrecken des uneingeschränkten U-Boot-Krieges selber über ihre Häupter, sondern verlängerten auch den Krieg, indem sie Präsident Wilsons Vermittlungsangebot zurückwiesen. Zusätzlich aber deuteten in den Monaten unmittelbar vor der Balfour-Deklaration nicht nur die Entwicklungen im Seekrieg und die Geschehnisse an der Westfront auf eine wahrscheinliche Niederlage der Briten und Alliierten hin:

In London und anderswo schrillten auch alle Alarmglocken wegen des drohenden Verlustes ihres Verbündeten Russland. Die sich dauernd verändernde Lage im nun von Umsturz geprägten Russland war sehr kompliziert und muss zur damaligen Zeit für die ausländischen Politiker und Diplomaten sehr schwer zu deuten gewesen sein.

Im ersten Kriegsjahr 1914 hatte das zaristische Russland in kurzer Zeit militärisch mobilgemacht und den Alliierten in den ersten Kriegsmonaten große Hilfe geleistet. (Das deutsche Heer hätte nämlich Frankreich oder Russland als jeweils einzigen Gegner mühelos besiegen können, aber nicht beide zusammen.) Im Jahre 1916 errang die russische Armee gegen die Türken mehrere Siege und weckte damit britische Hoffnungen auf wirksame russische Hilfe in Mesopotamien (dem heutigen Irak). Aber die russischen Truppen waren mit Waffen und Munition zu schlecht und zu gering ausgerüstet. Außerdem sahen die einfachen Soldaten wenig Veranlassung, für ein repressives Regime zu kämpfen und zu sterben, dem die Mehrheit seiner Bevölkerung und ihre Armut einfach gleichgültig waren. Russlands militärische Leistungsfähigkeit war einerseits durch die Unfähigkeit seiner Beamten und Offiziere, aber auch wohl durch Untreue und Verrat wie gelähmt.

Kurz gesagt, war der kaiserlich-russische Staatsapparat, auf den sich die Briten verließen, bis in den Kern verfault, und am 12. März 1917 brach er zusammen. Drei Tage später dankte Zar Nikolaus, eine recht armselige Figur, ab. Für ihn wäre die Welt in Ordnung gewesen, wenn seine Soldaten auf das Volk geschossen hätten, um ihn an der Macht zu halten. Die Menschen hatten genug vom Hungern und Schlangestehen für ein bisschen Brot und protestierten lautstark wegen des allgemeinen Kollapses. Die russischen Soldaten wollten aber nicht auf ihre Landsleute schießen und mehrere Regimenter, denen solches befohlen wurde, meuterten. Als sich der Zar da immer noch weigerte, seine äußerst unfähige und unbeliebte Regierung zu entlassen und eine „Regierung mit dem Vertrauen des Volkes“ zu ernennen, nahte das Ende der nun tausendjährigen

Monarchie in Russland. Der Zar, seine Gattin und seine Kinder wurden in Haft genommen, und später sogar ermordet.

Der Zusammenbruch der alten Ordnung in Russland gilt als die erste russische Revolution und wurde im damaligen Westeuropa als eine Revolution durch die „Gemäßigten" betrachtet. Als eine Provisorische Regierung ihre Geschäfte aufnahm, stellten sich die Briten zwei Fragen:

Erstens: Würde die Provisorische Regierung über den Willen zur Fortführung des Krieges verfügen und jede Opposition dagegen, wenn nötig, unterdrücken?

Zweitens: Würde die Provisorische Regierung über die Fähigkeit verfügen, die sich formierenden antikapitalistischen und kommunistischen politischen Kräfte zurückzudrängen und niederzuwerfen und so eine zweite Revolution und die Schaffung eines kommunistischen Russland zu verhindern? Die bedeutendste unter den aufstrebenden antikapitalistischen bzw. kommunistischen Bewegungen war die der sogenannten Bolschewiken.

Da die Briten ihre Niederlage schon bedrohlich nahe sahen, meinten sie, sich ein Heraushalten aus den politischen Entwicklungen im revolutionären Russland nicht leisten zu können. Sie sahen sich nach einer Möglichkeit um, den dortigen Gang der Dinge entscheidend zu beeinflussen. Und genau da kommen die Zionisten ins Spiel.

Weizmann bot den westlichen Alliierten die zionistische Bewegung als antikommunistischen Trumpf an

Wie wir bereits sahen, kannte Herzl keine Skrupel, das ‚Ancien Regime' in Russland, unterdrückerisch hin, verdorben her, zu unterstützen und Plehwes Wunsch nach dem Einsatz der Zionisten als antikommunistischer Kampftruppe nachzukommen. Und genau das gleiche bot nun Weizmann den Briten an, und danach auf der Pariser Friedenskonferenz den siegreichen kapitalistischen Westmächten: die politischen Zionisten als konterrevolutionäre, antikommunistische Kraft.

Aufgrund ihres von materieller Armut und staatlicher Verfolgung geprägten Lebens, Pogrome eingeschlossen, hatten sich viele Juden im zaristischen Russland radikalisiert und arbeiteten aktiv für politische und gesellschaftliche Veränderung. Die erste sozialistische Massenorganisation in Russland war in der Tat der „Allgemeine jüdische Arbeiter-Bund", kurz „Bund". Seine Mitglieder spielten in den letzten Jahren der Monarchie eine wesentliche Rolle bei der politischen Mobilisierung der Massen. Anders als jene drei Millionen russischer Juden, die zwischen 1881 und 1915 auswanderten, wurden die Bundisten von hohen sozialen Idealen und der Vorstellung einer neuen, besseren und gerechteren russischen Gesellschaft angetrieben. Sie gehörten zur Avantgarde jener politischen Kräfte, die eine wirkliche soziale Revolution und die Einführung eines kommunistischen Systems sowie die Beendigung der russischen Kriegsteilnahme befürworteten. Aus der Sicht der britischen Regierung bedeutete das: Wenn man die revolutionär eingestellten russischen Juden dazu bewegen konnte, ihre Haltung zu ändern und aus der antikapitalistischen und kommunistischen Front auszuscheren (bei Strafe der Gegnerschaft Großbritanniens, wenn sie sich weigerten), dann würde es viel einfacher werden, Russland als Kriegsverbündeten zu halten und die Kommunisten von der Macht auszuschließen.

In diesem Zusammenhang ist von nicht zu unterschätzender Bedeutung, dass einer der bedeutendsten und einflussreichsten Anführer der beginnenden sozialistischen Revolution von jüdischer Herkunft war. Sein richtiger Name lautete Lew Dawidowitsch Bronstein, unter welchem er im Dorf Janokowa in der Ukraine am 26. Oktober 1879 geboren wurde. Sein Vater Dawid Bronstein war ein Bauer, der sich in der Steppe niedergelassen hatte; seine Mutter Anna kam aus kleinbürgerlicher Familie und war wohl recht gebildet. Im Alter von acht Jahren wurde Lew Dawidowitsch zum Schulbesuch nach Odessa geschickt; in den Schulmonaten lebte er nun dort bei dem Neffen seiner Mutter, einem Liberalen und Intellektuellen, und dessen Familie. Der junge Bronstein zeigte bereits intellektuelle Brillianz und bemerkenswerte Talente auf sprachlichem und schriftstellerischem Gebiet.

Im Jahre 1896 ging Lew Bronstein nach Nikolajew, um dort die höhere Schule abzuschließen. Dort schloss er sich einer im Untergrund arbeitenden sozialistischen Zelle an und wurde so mit dem Marxismus bekannt. Nach einem kurzen Intermezzo an der Universität von Odessa kehrte er nach Nikolajew zurück, um bei der Gründung einer Untergrund-Gewerkschaft für die Arbeiter Südrusslands mitzuarbeiten. Im Januar 1898 wurde Bronstein wegen seiner revolutionären Aktivitäten verhaftet, zur Verbannung nach Sibirien verurteilt und dorthin deportiert. Nach vier Jahren in Sibirien gelang es ihm mithilfe eines gefälschten Passes, der Haft zu entfliehen. Den darauf eingetragenen Namen behielt er später als revolutionären Kampfnamen: Leo Trotzki. Unter diesem Namen sollte der Jude Bronstein zur größten Bedrohung, jedenfalls nach Ansicht führender britischer Politiker, für die Fortdauer des Empire und den aus ihm erwachsenden ökonomischen Profit werden.

Nach seiner Flucht ging Bronstein, der ab nun Trotzki hieß, nach London. Dort schloss er sich einer Gruppe junger russischer Sozialdemokraten unter der Leitung Wladimir Iljitsch Uljanows an, des späteren Begründers des bolschewistischen Flügels der russischen Sozialdemokratie und – unter seinem Kampfnamen Lenin – ersten Führers des kommunistischen Russland. Damals war ihr wichtigstes Projekt die Herausgabe einer revolutionären Zeitung unter dem Namen „Iskra“, d.h. „Funken“. Aufgrund seiner intellektuellen Brillianz und seiner bemerkenswerten Fähigkeiten als Redner, Schreiber und Organisator arbeitete sich Trotzki schnell in führender Position ein.

Auf dem zweiten Parteitag der Sozialdemokratischen Arbeiterpartei Russlands, der 1903 in Brüssel und London abgehalten wurde, stellte sich Trotzki auf die Seite der menschewikischen Fraktion, welche einen demokratischen Zugang zum Sozialismus befürwortete. Damit war Trotzki in Gegensatz zu Lenin und dessen bolschewistischer Fraktion geraten. Damals wandte Trotzki sich eigentlich gegen Lenins diktatorische Methoden und das bolschewistische Konzept der unmittelbar durchzuführenden Revolution und der Machtergreifung mit allen nur möglichen Mitteln.

Beim Ausbruch der revolutionären Wirren von 1905 kehrte Trotzki nach Russland zurück. Dort wurde er zum führenden Sprecher des St. Petersburger Sowjets (d.h. Rats) der Arbeiterdeputierten, der einen revolutionären Streik und andere Maßnahmen gegen den Zaren ins Werk setzte. Trotzki wurde in Folge des Scheiterns der Revolution verhaftet, abgeurteilt und nach Sibirien deportiert. Noch einmal, und er entfloh noch einmal. Diesmal ließ er sich in Wien nieder und lebte von der Arbeit als Kriegsberichterstatter; er schrieb über die Balkankriege der Jahre 1912 und 1913. Er war weiterhin politisch sehr aktiv und verkehrte in den Kreisen der russischen sozialdemokratischen Emigranten, als berühmter, wenn auch etwas isolierter Mann des äußerst linken Flügels der Menschewiken. Und natürlich lieferte er sich mit Lenin und den Bolschewiken in Fragen der revolutionären Organisation und Taktik einen lebhaften Schlagabtausch.

Beim Ausbruch des Ersten Weltkriegs schloss sich Trotzki der Mehrheit der russischen Sozialdemokraten an, die den Krieg verurteilten und jegliche Kriegsteilnahme oder Unterstützung der Kriegsbemühungen des Zaren strikt ablehnten. Er ging nun in die Schweiz und dann nach Frankreich. Dort half er bei der Herausgabe einer russischen Zeitung, die gegen den Krieg agitierte. Das führte zu seiner Ausweisung aus Frankreich, das immerhin mit Russland verbündet war, und er zog nach Spanien. Sogar dort wurde er ausgewiesen, und im Januar 1917 kam er schließlich nach New York.

Von dort aus begrüßte Trotzki die Februarrevolution der „Gemäßigten". Aber für ihn wie für Lenin blieb diese nur eine halbe Sache, und beide riefen zu einem Sturz der Provisorischen Regierung durch die Arbeiter auf. Die antikapitalistischen und kommunistischen Politiker sahen die Provisorische Regierung als das, was sie auch war: kaum mehr als ein Marionettenkabinett von britischen Gnaden.

Nun entschied Trotzki, dass es für ihn an der Zeit war, nach Russland zurückzukehren und dort eine führende Rolle in den kommenden Ereignissen zu spielen. Die britischen Behörden und ihre allgegenwärtigen Agenten taten alles ihnen Mögliche, um sowohl Lenin als auch Trotzki an einer Rückkehr in ihre Heimat zu hindern. Zu Anfang der Februarrevolution war die bolschewistische Partei noch sehr klein und zählte kaum 30.000 Mitglieder. Und sie war führungslos. Die meisten ihrer Köpfe, nicht nur Lenin, befanden sich noch im Ausland im Exil oder in Verbannung in Sibirien. Eine kleine, führerlose revolutionäre Bewegung stellte kaum eine besondere Bedrohung dar. Dachten jedenfalls die Briten.Im Nachhinein gibt es gute Gründe anzunehmen, dass die antikapitalistischen, kommunistischen Kräfte in Russland auch trotz des gescheiterten britischen Versuchs, Trotzkis und Lenins Rückkehr zu verhindern, wohl nicht gesiegt hätten, wenn nicht... Wenn nicht Großbritannien mithilfe zionistischer Unterstützung genügend Einfluss und Schlagkraft entwickelt hätte, um die damalige russische Führung zu einer weiteren Kriegsteilnahme zu bewegen, gegen den wachsenden Widerstand der verarmten und zornigen russischen Massen. Der fortgesetzte Kriegskurs der Provisorischen Regierung und die große Gegnerschaft des Volkes dagegen gaben den Bolschewiken die Möglichkeit, Unterstützung und starken Rückenwind zu erhalten.

Der britische und zionistische Einfluss auf die Provisorische Regierung wurde unter anderem über ihren Kriegsminister, Alexander Kerenski, ausgeübt. Im Juli brachte man ihn dazu, der radikalen revolutionären Bewegung ihren Schwung zu nehmen und massiv insbesondere gegen die Bolschewiken und ihre Führung und gegen Kommunisten im Allgemeinen vorzugehen. Lenin gelang die Flucht, worauf er sich in Finnland (das damals eigentlich noch zu Russland gehörte) versteckte. Trotzki landete im Gefängnis. Kurz darauf wurde Kerenski Ministerpräsident und die bis dahin liberale Provisorische Regierung schwenkte deutlich nach rechts. Aber anscheinend nicht weit genug nach rechts, nach britischem Geschmack.

Zur Zeit seiner Inhaftierung war Trotzki aufgrund seiner Gegnerschaft gegenüber den diktatorischen Methoden Lenins noch kein Bolschewik. Das sollte sich in der Gefangenschaft ändern, und er wurde sogar in das bolschewikische Zentralkomitee gewählt. Als er im September aus dem Gefängnis entlassen wurde und Lenin sich weiterhin versteckt hielt, wurde der Jude Trotzki zum wichtigsten Anführer der Bolschewiken auf ihrem Weg zur Macht.

Trotzki verdankte seine Freiheit Kerenskis Furcht, dass die Briten mit „weißen“ Parteigängern des zaristischen Regimes zusammen einen Plan schmiedeten, ihn durch seinen Stabschef, General Lawr Kornilow, zu ersetzen. Indem er nun Trotzki und andere freilassen hieß und insgesamt den Zugriff auf die Bolschewiki lockerte, versuchte Kerenski, sich für sein Überleben ein Hintertürchen offen zu halten. Die politische Lage in Russland war mittlerweile so kompliziert, dass wohl höchstens die Bolschewiki wussten, wem man über den Weg trauen konnte.

Die zweite Revolution, heute als Oktoberrevolution bekannt, kam auf eher unspektakuläre Weise: Am Nachmittag des 7. November 1917 verkündete

Trotzki in einer für ihn ungewöhnlich monotonen Ansprache den Sturz der Provisorischen Regierung und stellte der Öffentlichkeit Lenin als ersten Führer des Staates, der späteren Sowjetunion, vor.

Die Machtübernahme durch Lenin und die Bolschewistische Partei bedeutete das unwiderrufliche Ende der russischen Kriegsteilnahme. Die britische Regierung war damals so verzweifelt, dass sie die eingetretene Faktenlage, d.h. den Sieg der Bolschewiken, nicht akzeptieren wollte.

Großbritannien und die übrigen Verbündeten, darunter jetzt auch die USA, waren derart alarmiert, dass sie bald in Form einer direkten militärischen Intervention in die russischen Angelegenheiten eingriffen. Die Gelegenheit dafür kam, als Russland, mittlerweile unter Lenins Führung, von einem Bürgerkrieg zerrissen wurde, den zumindest zum Teil zionistische Agenten mitentfacht hatten. Die westlichen Alliierten stellten sich darin auf die Seite der russischen Antikommunisten, der sogenannten „Weißen", und gegen Lenins „Rote". Die Weißen wurden bis in die höchste Ebene von zaristischen Offizieren der alten Armee angeführt. Es bleibt eine interessante Frage, wie weit die Briten und Franzosen ihre Intervention getrieben hätten, wenn nicht Präsident Wilson darauf bestanden hätte, deren Ausmaß zu begrenzen. Der Bürgerkrieg endete mit einem Sieg für Lenins „Rote", und das war zu nicht geringem Anteil auch Trotzkis Verdienst, der als Volkskommissar für das Militär, d.h. Kriegsminister, aus den Trümmern der zaristischen Armee eine neue, die Rote Armee, aufgebaut hatte.

Die Unterschiede im politischen und strategischen Denken zwischen Trotzki und Stalin, dem Nachfolger Lenins, waren erheblich. Stalin wollte anfangs nur den „Sozialismus in einem Land" aufbauen, um so eine möglichst starke Festung gegen die Konterrevolution zu errichten. Trotzki hingegen wollte, dass die Sowjetunion zu einer kommunistischen Basis für die „kontinuierliche" Weltrevolution würde. Dahin ging sein Denken schon immer, weshalb die Briten 1917 mehr Angst vor Trotzki und seiner Richtung hatten, als vor Lenin. Nach der (bürgerlichen) Februarrevolution, aber noch vor der Balfour-Deklaration, dachte die britische Regierung ungefähr so: Sollte es eine zweite Revolution geben und danach Trotzkis Linie unter den Kommunisten obsiegen, würde Russland zu einem Motor für antikapitalistische Aktivitäten werden, und in der ganzen westlichen Welt, aber zweifellos auch in den Kolonien des Empire, zu Revolutionen durch die Arbeiterschaft anstiften und diese fördern. Trotzki und andere jüdische Revolutionäre auf seiner Linie mussten aufgehalten werden.

Als Weizmann und die anderen führenden Zionisten mitbekamen, wie sehr die Briten Trotzki und die Richtung, für die er stand, fürchteten, stärkte das ihre Verhandlungsposition gegenüber den Briten ungeheuer, bedingt durch deren dringendes Bedürfnis nach „Unterstützung … in Russland" (Neumann, s.o.).

Nach meiner Kenntnis gibt es keine Aufzeichnungen über die Gespräche zwischen den Briten und den Zionisten und deren Vorstellungen, als sie vor der Balfour-Deklaration London „den Hof machten". Im Lichte späterer Äußerungen Churchills über die Bedeutung der Ereignisse im damaligen Russland ist es jedoch nicht schwer, sich vorzustellen, was Weizmann wohl Balfour selbst oder einem Vertrauten des Ministers gesagt haben mag.

Churchill: „Der Kampf zwischen den Zionisten und den jüdischen Bolschewisten ist ein Kampf um die Seele des jüdischen Volkes."

Am 8. Februar 1920 veröffentlichte Churchill, der damalige britische Kriegsminister, im „Illustrated Sunday Herald" einen Artikel unter der Überschrift „Zionism vs. Bolshevism", d.h. „Zionismus gegen Bolschewismus". Darin berichtete Churchill seinen Leser von Trotzki und „seinen Plänen eines weltweiten kommunistischen Staates unter jüdischer Vorherrschaft", um dann „die Wut, mit der Trotzki die Zionisten im allgemeinen und Dr. Weizmann im besonderen angeht" hervorzuheben. Aber, so fuhr Churchill fort, Trotzkis böse Pläne würden „unmittelbar von diesem neuen Ideal [dem Zionismus] vereitelt und behindert", um zu schließen: „Der Kampf, der sich jetzt zwischen den Zionisten und den jüdischen Bolschewiken entspinnt, ist wohl nichts geringeres als ein Kampf um die Seele des jüdischen Volkes."[4]

Als Weizmann den Briten klarmachte, dass er fähig und bereit war, die organisierten Zionisten Russlands in Russland für sie arbeiten zu lassen (wahrscheinlich geschah dies schon kurz nach dem Zusammenbruch der Monarchie), muss er, wenn man genau überlegt, ungefähr dies vermittelt haben:

„Wir verstehen, welche Sorgen Sie bezüglich der Entwicklungen in Russland haben, und können diese gut nachvollziehen. Insofern viele der Leute, die ihnen dort jetzt Sorge bereiten, Juden sind, könnten wir Zionisten Ihnen vielleicht wertvolle Hilfe dabei leisten, sich dieser Bedrohung zu erwehren."

Die vorherige Geschichte, zum Beispiel die verächtliche Antwort vonseiten Schitlowskis auf Herzls Ansinnen, die Zionisten als anti-revolutionäre Kraft zu vermarkten, hätte für Weizmann und seine Gefährten in der Führung der ZWO eine Warnung sein können: so leicht würde ihre Mission in Russland nicht werden.

Churchills dramatische Beschreibung des Kampfes zwischen Zionisten und Kommunisten lädt zu einer Frage nach der wesentlichen zionistischen Strategie für Russland ein: Zielte diese zumindest am Anfang darauf ab, jene russischen Juden, die Trotzki unterstützten, nach Möglichkeit von ihrem Weg der „per-

4· Winston Churchill, „Zionism vs. Bolshevism", veröffentlicht im „Illustrated Sunday Herald", London, am 8. Februar 1920, S. 5.; im Internet: http://en.wikisource.org/wiki/Zionism_versus_Bolshevism

manenten Revolution“ abzubringen? Oder ging es Weizmann von Anfang nur darum, jüdische Aktivisten in Russland sich gegenseitig bekämpfen zu lassen, Zionisten gegen Revolutionäre, und dadurch die Erfolgsaussichten der Kommunisten entscheidend zu mindern?

Der zionistischen Führung war klar: die britische Angst vor Trotzki u. Co. stärkte ihre Verhandlungsposition

Ich weiß nicht, ob ich der erste bin, der diese Frage stellt; und, zugegeben, genauso wenig weiß ich eine Antwort darauf. Wie auch immer diese lautet, erscheint mir eine Sache klar und offensichtlich:

Damit der Zionismus auch nur die geringste Chance haben konnte, die Ereignisse in Russland zugunsten britischer Interessen zu beeinflussen, musste er in der Lage sein, den russischen Juden eine bessere Zukunft in Palästina als in einem eventuellen postrevolutionären Russland unter Trotzki und den Bolschewiken zu versprechen. Dafür reichten aber bloße Worte vonseiten der zionistischen Führung nicht aus: die Zionisten benötigten, um von Russlands Juden überhaupt ernst genommen zu werden und so den Briten einen Dienst erweisen zu können, eine ernsthafte und offizielle Erklärung der britischen Unterstützung für ihr palästinensisches Unterfangen.

Vielleicht gab Weizmann den Briten eine kurze Geschichtsstunde, um herauszustellen, wie sehr die Zionisten eine öffentliche britische Sympathieerklärung benötigten. Dafür hätte er zum Beispiel die Aufmerksamkeit seiner Gesprächspartner auf Schitlowskis Kommentar zu Herzls Vorschlag lenken können, als ersterer bemerkte, die jüdischen Revolutionäre würden wohl kaum ihren Kampf für elementare Rechte in Russland zugunsten eines bloßen „vagen Versprechens“ eines besseren Lebens in Palästina aufgeben. Ich kann mir gut vorstellen, wie Weizmann seinem britischen Gegenüber erklärt: „Wir müssen schon irgendeinen Beweis in der Hand haben, dass die britische Regierung es mit ihrer Unterstützung ernst meint. Bloß irgendein vages Versprechen, das wird nicht reichen.“

Schitlowskis Fundamentalkritik an Herzl zielte darauf, dass dieser keinen Pfifferling auf die russischen Juden und ihre wirklichen Nöte gab und diese bloß vor den Karren des politischen Zionismus spannen wollte. Unterschied sich Weizmann, immerhin selbst russischer Herkunft, darin von Herzl? Wohl eher nicht. Die Briten benutzten die Zionisten, und die Zionisten benutzten die russischen Juden. Es war von vorne bis hinten nur eine Frage politischer Zweckdienlichkeit: Politik ohne jedes Prinzip, außer dem des materiellen Erfolges. Weizmann versprach den Briten, was Herzl schon dem Kaiser in Aussicht gestellt hatte (s.o., im zweiten Kapitel): „Ich führte aus, daß wir den Umsturzparteien die Juden wegnähmen.“

Dass die russischen Juden für die Kumpanei mit den Briten würden zahlen müssen, das war den zionistischen Führern egal

Man findet in den historischen Aufzeichnungen nicht einen Anhaltspunkt dafür, dass Weizmann und der zionistischen Führung je überlegt hätten, welchen Preis die russischen Juden in der Zukunft für die zionistische Kumpanei mit den Briten und ihren kapitalistisch-orientierten Verbündeten würden zahlen müssen, falls die Kommunisten gewännen. Es musste doch damals für jeden denkenden Menschen ganz offensichtlich sein, dass im Falle eines kommunistischen Sieges alle russischen Juden, wegen der antikommunistischen Aktivitäten einiger, von den sowjetischen Behörden als potentielle Konterrevolutionäre betrachtet würden und dementsprechend würden leiden müssen. Wieviel besser hätte das Leben der Juden unter der neuen Sowjetmacht vielleicht ausgesehen, wenn sich die Zionisten nicht so sehr in die russischen Angelegenheiten eingemischt hätten?

Es erwies sich, dass die zionistische Einflussnahme auf die russischen Ereignisse nur wenig bewirkte; man könnte mit gewissem Recht sagen, dass die Dinge dafür schon zu weit fortgeschritten waren. Aber darum geht es gar nicht: wichtig ist, dass die Briten zu dem Zeitpunkt, als Weizmann um sie warb, von ihrer Warte aus guten Grund hatten, zu hoffen und zu glauben, die Zionisten würden ihnen nützliche Dienste leisten können. Aber im russischen Kontext gebe ich Emanuel Neumann recht: Hier „übertrieben" die Briten bei ihrer Einschätzung „des jüdischen Einflusses".

Aber vielleicht war ja gar nicht Russland der Ort, an dem Zionisten Großbritannien ihren wertvollsten Dienst leisteten:

Es gab einige, die auf Tuchfühlung mit den Ereignissen waren und nun glaubten, dass die Balfour-Erklärung abgegeben wurde als ein dickes Dankeschön an die Zionisten für ihre Mobilisierung der US-amerikanischen Juden sowie für deren entscheidende Rolle als Befürworter eines Kriegseintrittes der USA. Zu jenen Experten aus erster Hand, die dieser Meinung waren, zählte auch T.E. Lawrence, der „Lawrence von Arabien". Als das US-Außenministerium den späteren Professor William E. Yale als „special agent" in (den britischen Behörden bekannter) Geheimdienstmission in die Levante schickte, gehörte auch T.E. Lawrence zu jenen, die er zur „arabischen Situation" befragte. Lawrence sagte laut Yale u.a.:

„Großbritannien unterstützt die Zionisten im Austausch für die Hilfe, von der man meint, dass sie sie uns ihn Russland leisten können, und weil sie die USA zur Kriegsteilnahme bewegt haben."[5]

5· Yale's Bericht an das State Department/US-Außenministerium mit Datum vom 11. März 1918, unter dem Titel „Discontent among the arabs" [„Unzufriedenheit unter den Arabern"], Document 763.7211/1741, „Diplomatic Branch (NNFD)", National Archives and Records Service

Ich werde auf diesen Aspekt im siebten Kapitel zurückkommen, worin u.a. die Geschichte des US-amerikanischen Kriegseintritts erzählt wird. Außerdem werden wir dort sehen, wie Präsident Wilson versuchte, das Unrecht an den arabischen Palästinensern zu verhindern.

T.H. Laurence: Britannien unterstützt die Zionisten, ... weil sie Amerika zum Kriegseintritt bewegten

Es gab noch eine besondere Überlegung langfristiger, strategischer Natur, welche Großbritannien, unter anderen Gründen, zur Abgabe der Balfour-Deklaration bewegte. Es war das britische Bedürfnis, die Passage durch den Suez-Kanal zu schützen und damit die Versorgung durch diese Haupt-Arterie des Empire aufrecht zu erhalten. In seinen Erinnerungen „Trial and Error" erwähnt Weizmann eine Unterhaltung, die er in Bezug auf den Kanal mit Lord Robert Cecil, dem britischen Staatssekretär für Äußeres, einmal führte. Der Vorsitzende der ZWO schreibt, er habe Cecil gegenüber darauf hingewiesen, dass ein „jüdisches Palästina eine Rückversicherung für Großbritannien darstellen würde, vor allem in Bezug auf den Suez-Kanal".[6]

Weizmanns beschränkte seine Vorschläge bezüglich der Verwendung des Zionismus' als Werkzeug zum Schutz und Erhalt des Britischen Empire nicht auf kleine, intime Zirkel. In seinem Buch zitiert er auch folgende Worte eines Leserbriefs aus seiner Feder zum Thema:

„Wir können davon ausgehen, dass wir, falls Palästina künftig in die britische Einflusssphäre gerät und Britannien jüdisches Siedeln in diesem, dann britisch kontrollierten Land fördert, in zwanzig oder dreißig Jahren eine Million Juden dort hätten, vielleicht auch mehr: Sie würden das Land entwickeln, die Zivilisation wieder dorthin zurückbringen und eine sehr effektive Schutztruppe für den Suez-Kanal stellen."[7]

Ich will hier nicht unterschwellig behaupten, dass die britische Regierung davon Abstand genommen hätte, den organisierten Zionismus für ihre eigenen Zwecke zu instrumentalisieren, wenn die Zionisten nicht darum gebeten hätten. Die Briten hatten ihre ganz eigenen Gründe und Hintergedanken: Da das Feuer des Nationalismus bei den Arabern entzündet war und deren politische Führung begonnen hatte, das große Spiel der Staaten und Nationen zu erlernen, konnte man sich nicht mehr darauf verlassen, dass die Araber britischen Interessen den Vorrang einräumen würden. Zuerst ging es hier um den Suez-Kanal und dessen Schutz, vor

6· Weizmann, „Trial and Error", S. 192

7· Ebd., S. 149; vgl. Michael Prior, „Zionism and the State of Israel · A moral inquiry" [„Zionismus und der Staat Israel – eine moralisch-ethische Untersuchung"], Routledge, London 1999, S. 10f.; dort wird als Quelle ein Leserbrief an den „Manchester Guardian" im November 1914 angegeben

dem Hintergrund der längerfristig unvermeidlichen ägyptischen Unabhängigkeit einerseits und angesichts der (vom britischen Standpunkt aus) Unzuverlässigkeit der Franzosen andererseits. In der Zukunft war damit zu rechnen, dass arabische Staaten im Falle von Spannungen mit den Briten drohen könnten, den Kanal zu schließen, um diplomatisch Druck auszuüben. Jedenfalls würden die Briten selber, an Stelle der Araber, in einem solchen Falle handeln, falls nötig. Und so schien ein zionistischer Wachposten in großer Nähe des Kanals ein hervorragender Weg, um die britischen Interessen am Kanal und ihre Priorität zu sichern. Ein solches zionistisches Gebilde würde dann infolge der Balfour-Erklärung verpflichtet sein, alles Notwendige zu tun, um den Suez-Kanal für Großbritannien zu schützen.

Ungefähr so sah die geopolitische Lage vom britischen Standpunkt aus. Und tatsächlich zog der zionistische Staat knapp vierzig Jahre später, 1956 in der Suez-krise, auf britische und französische Veranlassung in einen Krieg gegen Ägypten. Großbritannien und Frankreich sollte damit ein Vorwand für ihre diplomatische und militärische Intervention geliefert, der nationalisierte Suezkanal Ägypten wieder weggenommen und Präsident Nasser von der Macht verdrängt werden.

Es gab noch einen Joker, der bei den britischen taktischen Überlegungen von 1917 eine Rolle spielte: Ein Bericht besagte, dass die Deutschen vorhatten, eine Erklärung gleicher Art wie die Balfours abzugeben, um die Zionisten mitsamt ihres politischen und finanziellen Einflusses auf ihre Seite zu ziehen. Man kann sich unschwer vorstellen, welche Aufregung diese Nachricht auf höchster britischer Regierungsebene auslöste. War wirklich etwas daran, dachten die Deutschen wirklich über ein derartiges Angebot an die Zionisten nach? Oder hatten nur die zionistischen Unterhändler diese Geschichte ersonnen, um damit Druck auf die Briten auszuüben? Diese Fragen bleiben auch heute noch unbeantwortet. Die Männer, die sie hätten beantworten können, deckt schon lange die Erde.

Kommen wir nun zu einer äußerst spannenden Frage: Wieviel trug der „Anti-Semitismus der gegenwärtigen Regierung“ (d.h. der Koalitionsregierung unter Lloyd-George während des Ersten Weltkriegs) bei zu den Beweggründen hinter der Balfour-Deklaration, d.h. dem Setzen auf die zionistische Karte?

Obiges Zitat war zugleich die Überschrift eines GEHEIM gestempelten Memorandums, das Edward Montagu zu Händen seiner Kabinettskollegen verfasste und ihnen zukommen ließ. Sir Edward Montagu, jüdischstämmiger Engländer, war damals Staatssekretär für Indien und der einzige Jude im Kabinett. Aufgrund seines Amtes war Montagu auch für die britischen Interessen im Nahen und Mittleren Osten zuständig.[8]

Dieses erstaunliche Dokument trägt das Datum des 23. August 1917. Zu diesem Zeitpunkt führte der leidenschaftliche Anti-Zionist Montagu einen Kampf

8· Vgl. Edward Montagu, „British Cabinet Paper“, No. 2A/24, mit Datum vom 13. August 1917; Text des Memorandums im Internet: http://www.jewishvirtuallibrary.org/jsource/History/Montagumemo.html

gegen das Programm einer jüdischen Staatsgründung. Er bestand in jenen Sommermonaten darauf, dass jedwede Erklärung, die Balfour abgeben würde, Garantien für die Rechte der Araber Palästinas enthalten sollte.

Und es begab sich, dass Montagus Memorandum vor 1970 nicht für die Öffentlichkeit freigegeben wurde, sondern so lange Zeit im Giftschrank bleiben musste. Man kann auch sagen: es fiel ein halbes Jahrhundert lang der Zensur zum Opfer. Die Wahrheit war immer schon und ist heute noch, und wohl auch in Zukunft, für Politiker eine äußerst beunruhigende Sache. Dies umso mehr, wenn sie mit den politischen Hintergründen der Gründung des Staates Israel zu tun hat.

Edwin Samuel Montagu wurde als Jude und Engländer im Jahre 1879 in London geboren. Er wurde im Jahre 1906 das erste Mal, als Liberaler, ins Unterhaus gewählt, und arbeitete zuerst als Sekretär für Herbert Asquith, welcher von 1908 bis 1916 Premierminister war. Als stellvertretender parlamentarischer Staatssekretär im „India Office" hatte Montagu 1910 bis 1914 die Aufgabe, dem Unterhaus den Gang der Geschäfte, die Indien betrafen, zu erläutern. Nach dem Ausbruch des Ersten Weltkrieges fungierte er in den Jahren 1915 und 1916 sowohl als Staatssekretär im Finanzministerium als auch als „Kanzler des Herzogtums Lancaster", d.h. mit einem faktisch zeremoniellen Titel als Minister ohne Geschäftsbereich, aber mit Kabinettsrang. Als Finanzstaatssekretär war Montagu auch damit befasst, die ersten Krieganleihen bei der Bevölkerung zu bewerben und eine Organisation für freiwilliges Kriegssparen ins Leben zu rufen. Er wurde im Jahr 1917 als Minister für Indien (mit Kabinettsrang) in die neue Regierung unter Lloyd-George berufen. Zum Zeitpunkt seiner Ernennung hatte die Regierung bereits entschieden, auf die zionistische Karte zu setzen, und die Diskussion drehte sich nur noch um die letztendliche, genaue Formulierung der Balfour-Deklaration.

Lilienthal schreibt dazu, Montagu habe „eine tiefe Abneigung gegen die Bemühungen der zionistischen Nationalisten gehegt, ahnungslose Glaubensbrüder davon zu überzeugen, dass sie eine ethnisch-rassische Gruppe gleicher Herkunft und von besserem Blut waren, so dass ihnen das Recht zustand, über Palästina zu herrschen."[9]

Dieser ganz bemerkenswerte jüdische Engländer fürchtete, dass die Rückendeckung der britischen Regierung für das zionistische Palästina-Projekt die beschriebene Gefahr für die emanzipierten Juden Westeuropas mit sich brachte. Auf gut Deutsch sagte ihm sein Bauch, dass die damaligen Engländer, die ihren Antisemitismus ohnehin nur mit Not unterdrücken konnten, einmal sagen würden: „Wir wollen euch Juden hier doch gar nicht. Und jetzt braucht ihr auch gar nicht mehr hier zu bleiben. Geht doch heim nach Palästina!"

9· Alfred M. Lilienthal, „The Zionist Connection II", S. 737

Gegenüber dem Premierminister Lloyd-George erklärte Montagu, er habe sein ganzes Leben lang dafür gekämpft, „dem Ghetto zu entfliehen"; nun müsse er befürchten, womöglich dorthin zurückgeschickt zu werden, als Resultat des in Betracht gezogenen Schwenks der britischen Politik zugunsten des Zionismus.

Montagu befürchtete, dass die Unterstützung der zionistischen Palästina-Pläne den mühsam gewonnenen Status der Juden in Westeuropa gefährden könnte

Wie erwähnt, stand das Montagu-Memorandum unter der Überschrift „Der Anti-Semitismus der gegenwärtigen Regierung". Im Folgenden nun die wesentlichen Passagen des Textes (Hervorhebungen durch den Verfasser).

„Ich habe den obigen Titel für dieses Memorandum nicht aus einer feindseligen Einstellung heraus gewählt und nicht in streitsüchtiger Absicht gegenüber möglichen antisemitischen Ansichten meiner Kabinettskollegen; auch will ich nicht bestreiten, dass rational gesinnte Männer Antisemiten sein können, noch will ich damit behaupten, dass die Regierung bewusst antisemitisch ist. Ich möchte jedoch hiermit meine Ansicht festgehalten wissen, dass *die Politik der Regierung Seiner Majestät im Resultat antisemitisch ist und der Propaganda von Antisemiten in jedem Land dieser Erde als Grundlage dienen wird.*"

„Der [gegenwärtige] Krieg hat in der Tat den Patriotismus als ersten Beweggrund politischen Denkens ins Recht gesetzt. Gerade unter diesem Einfluss schlägt die [britische] Regierung nun vor, die Errichtung einer neuen Nation mit einer Heimstätte in Palästina zu unterstützen. Diese [neue] Nation wird voraussichtlich aus jüdischen Russen, jüdischen Rumänen, jüdischen Bulgaren, schlechthin jüdischen Bürgern aller Nationen gebildet werden ..."

„Der Zionismus schien mir immer schon eine üble politische Gesinnung zu sein, und absolut unvertretbar für jedweden patriotischen Bürger des Vereinigten Königreichs. Wenn ein jüdischer Engländer seinen Blick nur noch auf den Ölberg gerichtet hält und den Tag ersehnt, an dem er den britischen Staub von seinen Schuhen streifen und sich in Palästina dem Ackerbau widmen kann, dann hat er nach der stets von mir vertretenen Meinung sich zu Zielen bekannt, die mit einer britischen Staatsbürgerschaft unvereinbar sind; und er hat zugegeben, dass er für die Teilnahme am öffentlichen Leben in Großbritannien ungeeignet ist und nicht als Engländer behandelt werden sollte." [Implizit sagt Montagu damit natürlich, dass der Zionismus genauso „unvertretbar" für alle jüdischen Bürger aller Nationen ist, also nicht nur die jüdischen Bürger Englands; d. V.]

„Ich habe es immer so verstanden, dass jene, die dieser Glaubensrichtung [dem Zionismus] anhängen, vor allem von den Beschränkungen, die den Juden in Russland auferlegt wurden, und der dortigen Verweigerung ihrer Freiheitsrechte motiviert waren. Gerade zu einer Zeit, da dieselben Juden nun als jüdische Russen volle Anerkennung und die Gewährung voller Rechte erfahren haben [die Provisorische Regierung Russlands hatte beschlossen, die Juden besser zu behandeln, um den allgemeinen Exodus und vor allem die Auswanderung von gut ausgebildeten Juden zu bremsen], *erscheint es mir völlig unverständlich, dass der Zionismus von der Britischen Regierung offiziell anerkannt werden soll und dass Mr. Balfour zu einer Erklärung bevollmächtigt werden soll, dass Palästina als die „jüdische nationale Heimstätte“ wieder hergestellt werden soll.* Ich weiß nicht, was das alles beinhaltet, aber ich nehme an, es bedeutet zumindest, dass Mohammedaner [sic] und Christen den Juden Platz zu machen haben, dass Juden in jeder Beziehung der Vorrang zu gewähren ist, dass die Juden [in Zukunft] genauso mit Palästina verbunden werden sollten wie England mit den Engländern oder Frankreich mit den Franzosen, und dass man Türken und andere Mohammedaner in Palästina als Ausländer betrachten wird…“

Montagu: „Ich behaupte ohne Wenn und Aber, dass eine jüdische Nation nicht existiert.“

„Ich behaupte ohne Wenn und Aber, dass es keine jüdische Nation gibt. Die Mitglieder meiner Familie, die seit Generationen in diesem Lande lebt, teilen keinerlei gemeinsame Ansichten oder Wünsche mit denen irgendeiner anderen jüdischen Familie in irgendeinem anderen Land, außer dass sie eben mehr oder minder eifrig denselben Glauben bekennen. Es liegt nicht mehr Wahrheit darin, wenn man sagt, dass ein jüdischer Engländer oder ein jüdischer Mohr [sic] ein- und derselben Nation angehören, als wenn man sagte, dass ein christlicher Engländer und ein christlicher Franzose ein- und derselben Nation angehören, oder derselben Rasse [sic]…“

„Ich weiche gewiss nicht von jener Ansicht ab, die, wie ich stets wusste, von den Juden vor der Erfindung des Zionismus allgemein geteilt wurde: nämlich dass die Rückkehr der Juden in das Land, aus dem sie in alle Welt zerstreut wurden, auf dass sie wieder ein Volk bilden, nur aufgrund Göttlicher Führung stattfinden werde. Nun habe ich bisher niemand, noch nicht einmal die glühendsten Bewunderer von Mr. Balfour und Lord Rothschild, davon sprechen hören, dass diese sich als der Messias entpuppen würden …“

„Ich behaupte, dass die britischen Juden durch das Leben, das sie geführt haben und führen, durch die Ziele, die sich gesetzt haben und setzen, und durch den Platz, den sie in unserem öffentlichen Leben und den Institutionen unserer Gesellschaft einnehmen, das Recht erworben haben, nicht als britische Juden, sondern als jüdische Briten zu gelten. *Ich würde nur zu gerne jeden Zionisten seiner staatsbürgerlichen Rechte entkleiden. Ich wäre sogar fast versucht, die zionistische Organisation als illegal und gegen die nationalen Interessen gerichtet ächten zu lassen …"*

„Ich bestreite, dass Palästina in unserer Zeit eine [besondere] Verbindung mit den Juden hat. [Hervorhebung durch Montagu selber] Es ist wohl wahr, dass Palästina in der jüdischen Geschichte eine große Rolle spielt, aber das gleiche gilt für die mohammedanische [sic] Geschichte; und nach seiner jüdischen Epoche hat es einen größeren Platz als jedes andere Land in der christlichen Geschichte. Es mag sein, dass der [jüdische] Tempel in Palästina war, aber das gleiche gilt für die Bergpredigt und die Kreuzigung. Ich würde den Juden in Palästina gleiche Siedlungsrechte, wie sie jene haben, die sich zu anderen Religionen bekennen, nicht verwehren, aber eine religiöse Prüfung als Grundlage der Bürgerrechte erscheint mir nur von jenen gebilligt zu werden, die gegenüber einer einzigen Epoche der Geschichte Palästinas eine religiös fanatisierte und enge Sichtweise einnehmen und die für die Juden eine Stellung verlangen, auf welche sie kein Recht haben…"

„Ich bin nicht im Geringsten erstaunt, wenn die Nichtjuden Englands diese Politik (einer offiziellen Anerkennung und Unterstützung des zionistischen Vorhabens in Palästina) willkommen heißen. Ich habe immer die Unbeliebtheit (eine weit umfangreichere, als manche meinen) meiner Gemeinschaft wahrgenommen. Wir haben nämlich einen weit größeren Anteil an den Gütern dieses Landes erringen dürfen, als uns, gemessen an unserer Zahl, zustände. Wir erreichen im Durchschnitt früher die [geistige] Reife und genießen daher im Vergleich mit Menschen unseres jeweiligen Alters immer unfair [erscheinende] Vorteile. Viele unter uns haben ihre Freundschaft nur wenigen gewährt und sich im Umgang als abweisend erwiesen, und so kann ich schon verstehen, warum mancher Nichtjude in England uns gerne loswerden möchte …"

„Ich würde Lord Rothschild mitteilen, dass die Regierung bereit sei, alles in ihrer Macht Stehende zu tun, um für die Juden in Palästina vollständige Niederlassungsfreiheit und Rechtsgleichheit mit den Bewohnern des Landes zu erreichen, die sich zu anderen Religionen bekennen. Ich würde die Regierung darum bitten, darüber nicht hinauszugehen."

In diesem Zusammenhang bezeichnet „die Juden in Palästina" natürlich nur jene, die zur Zeit der Abfassung des Memorandums, also kurz vor der Abgabe der Balfour-Deklaration, schon dort lebten. Wenn Montagu nun seine Kabinettskollegen darum bat, „darüber nicht hinauszugehen", d.h. über die eine Unterstützung der Durchsetzung der Freiheit und Rechtsgleichheit für jene damals schon in Palästina lebenden Juden, sagte er praktisch: „Tut es nicht! Gewährt nicht den Zionisten die Anerkennung und den Rückhalt, den sie anstreben. Wenn ihr es doch tut, werdet ihr eine Maschine in Gang setzen, die das Feuer des Antisemitismus nicht auslöscht, sondern mit neuer Nahrung versorgt."

Nachdem wir nun all dies betrachtet haben, kann man zwei Dinge zweifelsfrei festhalten:

Zuerst einmal kamen die Briten den Zionisten mit der Balfour-Erklärung entgegen (worauf auch Churchill hinweist), weil es von ihrer Warte aus im britischen Eigeninteresse lag, dies zu tun. Dabei spielte es keine Rolle, welche Folgen im Laufe der Jahre die Araber, die Juden, sogar schließlich die Briten selber und am Ende die ganze Welt zu tragen haben würden.

Zweitens waren die Zionisten "die größten Profiteure des Krieges". Und wer sagte das wohl? Niemand anders als Chaim Weizmann selbst, und er wurde damit in der von Paul Goodman zu Weizmanns Ehren 1945 herausgegebenen Festschrift „A Tribute on His Seventieth Birthday“ [etwa: „Zur Ehrung an seinem siebzigsten Geburtstag“] zitiert.[10]

Es bleibt jetzt noch eine äußerst spannende, wenn auch provokative Frage, und zwar: Steckten die Briten mit den Zionisten unter einer konspirativen Decke? Ich meine damit: War die britische Regierung insgeheim auf einem Kurs in Richtung auf einen jüdischen Staat, mit allem was dazu gehörte, einschließlich des damit notwendig verbundenen, schrecklichen Unrechts an den Palästinensern? Oder wollten die Briten, wie es in der Balfour-Deklaration formuliert ist, lediglich die Gründung einer nationalen jüdischen Heimstätte ohne staatliche Souveränität in Palästina fördern?

Lord Balfour: „Die vier Großmächte stehen hinter dem Zionismus. Und der Zionismus, sei er richtig oder falsch, gut oder böse, ist weit mehr von Belang als die Wünsche und Vorurteile von 700.000 Arabern.“

Es gibt ein starkes Indiz für die Ansicht, dass der Antisemit Balfour (am Ende bestand das ganze Kabinett minus Montagu aus Antisemiten) sich tatsächlich mit den Zionisten verschworen hatte. Dieses Indiz liegt in Balfours eigenen Worten, wie man sie in einem bei der Vorbereitung der Pariser Friedenskonferenz am 11. August 1919 verfassten Memorandum findet:

„Für Palästina schlagen wir nicht einmal vor, überhaupt irgendeinen Prozess der Konsultation der jetzigen Einwohner und ihrer Wünsche vorzusehen. ... Die vier Großmächte stehen hinter dem Zionismus. Und der Zionismus, mag er nun richtig oder falsch, gut oder schlecht sein, ist in uralten Traditionen verwurzelt, und er ist, was die jetzigen Notwendigkeiten sowie die Hoffnungen für

10· Paul Goodman (Hg.): „Chaim Weizmann · A Tribute on his Seventieth Birthday“, London, Victor Gollancz, 1945, S. 199

die Zukunft betrifft, weit mehr von Belang als die Wünsche und Vorurteile von 700.000 Arabern, die jetzt das Land bewohnen."[11]

In heutige, allgemein verständliche Sprache könnte man das so übersetzen: „Im Nahen Osten setzen wir auf die Zionisten als Beschützer unserer Rechte, und nicht auf die Araber. Daraus folgt, dass wir die Zionisten unterstützen und ihnen dabei helfen werden, ihre Ziele zu erreichen. Obwohl wir das nicht öffentlich sagen können und immer leugnen werden, sind wir daher für einen jüdischen Staat, und die Palästinenser können bleiben, wo der Pfeffer wächst."

11· A. Balfour, Memorandum „Respecting Syria, Palestine and Mesopotomia" [Memorandum „bezüglich Syriens, Palästinas und Mesopotamiens/des Irak"] vom 11. August 1919, u.a. in: „Documents on British Foreign Policy 1919–1939" [„Dokumente zur britischen Außenpolitik"], Bd. IV, Her Majesty's Stationery Office [jene britische Behörde, die bis 2005 u.a. als staatlicher Verlag diente, Anm.d.Ü.

Kapitel 5
Achad Ha-Am und der falsche Messias

Für den Fall, dass die Balfour-Deklaration von Seiten Großbritanniens wirklich nur das bedeutete, was ihr Wortlaut besagt, wurde ihre einzige Bedeutung für die Juden von Achad Ha-Am, dem herausragenden jüdischen Gelehrten, Philosoph, Ethiker und Humanist seiner Zeit (er lebte von 1856 bis 1927) zusammengefasst:

Nach der wohlüberlegten Ansicht von Achad Ha-Am erlaubte die Balfour-Deklaration nur die Errichtung eines internationalen spirituellen Mittelpunkts des Judentums, eines Zentrums des Lehrens und Lernens zum Zwecke spiritueller Reinigung, auf das alle Juden der Welt mit Respekt und Liebe würden blicken können.

Die Aussicht auf eine derartige „nationale Heimstatt“ für Juden in Palästina, per Definition ohne jede Form staatlicher Souveränität, wurde von Achad Ha-Am begrüßt, da er ein spiritueller Zionist war. Und für ihn war genau dieser Unterschied zwischen spirituellem und politischem Zionismus von entscheidender Bedeutung. Dieser Mann verkörperte das Gewissen der ersteren Form des Zionismus und begründete die Kritik an jener zweiten Form. Aber die moralische Kraft, die von ihm ausging, eine tief im Judentum verwurzelte moralische Kraft, wurde erstickt durch die unnachgiebige Haltung und das rücksichtslose Vorgehen der politischen Zionisten, aber auch durch jenes fürchterliche Ereignis, das den Zionisten in die Hände spielte: den Holocaust der Nazis.

Die historische Bedeutung von Achad Ha-Am liegt nicht nur darin, dass er die Gründerväter des politischen Zionismus davor warnte, dass die Schaffung eines Judenstaates in Palästina sie zwingen würde, grundlegende moralische Prinzipien über Bord zu werfen und somit notwendig die Integrität des Judentums zu gefährden. Seine wahre Bedeutung zeigt sich darin, dass er sie schon warnte, bevor sie noch ihre Bewegung begründeten und die von uns erwähnte, wenig ehrliche Erklärung über deren Zielsetzung abgaben.

Achad Ha-Am war allgemein so hoch angesehen, dass weisere Männer, als es die Gründerväter des Zionismus waren, wohl auf seine Ermahnungen gehört hätten. Dann wären die palästinensischen Araber nicht ihres Landes und ihrer Rechte beraubt worden, und es hätte auch keinen arabisch-israelischen Konflikt gegeben. Wer war nun dieser Achad Ha-Am, und wie kam er zum Schluss, dass das kolonial(istisch)e Abenteuer des politischen Zionismus an sich moralisch verfehlt und zu unterlassen sei?

Wie ich im Prolog bereits bemerkte, war Achad Ha-Am nicht sein wirklicher Name, sondern sein Pseudonym als Schriftsteller. Es bedeutet im Hebräischen wörtlich „Einer aus dem Volk". Der Mann, der damit die von ihm verfassten Artikel zeichnete und der den Gründervatern des Zionismus und insbesondere Weizmann (der zu seinen Studenten zählte) wohlbekannt war, hieß eigentlich Ascher Zevi Ginsberg.

Er entstammte der jüdischen Gemeinde einer kleinen Stadt nahe Kiew, in der heutigen Ukraine. Wäre er den Vorstellungen seines Vaters Yeshayahu gefolgt, so wäre er zu einem engstirnigen Mann herangewachsen, einem Frömmler wahrscheinlich, und er wäre sogar unter den Juden außerhalb seiner engeren russischen Heimat ein vollständig Unbekannter geblieben.

Ungewöhnlich genug für einen Juden seiner Zeit und Herkunft, war Yeshayahu Ginsberg nicht wenig betucht, zumindest in jenen Jahren, in denen er sich mühte, das Leben seines Sohnes zu formen. Yeshayahu hatte einige Jahre lang den Grundbesitz eines russischen Adligen bei Berditschew, anscheinend erfolgreich, bewirtschaftet. Als Ascher zwölf Jahre alt war, konnte Yeshayahu das Gut pachten, und die Familie Ginsberg ließ sich darauf nieder, um, wie es scheint, ein Leben im Stile des niederen russischen Landadels zu führen. Vielleicht wollte Ascher Ginsberg später mit der Wahl seines Pseudonyms auch ausdrücken, dass er sich ungeachtet des Bildes, das manche aufgrund des Lebensstandards seiner Jugendjahre von ihm haben mochten, für einen ganz einfachen, normalen Menschen hielt, eben einen „Achad Ha-Am".

Alle Verführungskraft materiellen Wohllebens brachte Yeshayahu nicht von seinem kompromisslosen orthodoxen Judentum ab. Für seinen Sohn hatte er nur einen ehrgeizigen Wunsch: Ascher sollte, musste eine bedeutender gelehrter Rabbi werden. Dabei war es Yeshayahu wohl vollkommen klar, dass er sich die Achtung, die man ihm, dem Vater, bei einem solchen Erfolg seines Sohnes zollen würde, mit Geld nicht zu bezahlen gewesen wäre. Und so tat der fromme Vater alles in seiner Macht stehende, um den Sohn in vollständiger Übereinstimmung mit den strengen, den strengstmöglichen Regeln des orthodoxen Judentums zu erziehen. Daher wurde auch vom jungen Ascher verlangt, dass er weltliche Angelegenheiten und Geschäfte weitestgehend meiden sollte. Als er schließlich als „Illui", als besonders begabter junger Mann, der den Talmud gut beherrschte, bekannt und anerkannt war, muss sein Vater Yeshayahu außerordentlich erfreut und sehr zuversichtlich gewesen sein, dass sich seine ehrgeizigen Wünsche für seinen Sohn ganz und gar erfüllen würden. Umso mehr, als Ascher die von seinem Vater für eine arrangierte Hochzeit ausgesuchte Braut akzeptierte.

David Vital drückt in seinem Buch „The Origins of Zionism" die Ansicht aus, dass Ascher Ginsberg sehr verbittert gewesen sein muss, als er sich im Alter von dreißig Jahren endlich aus dem befreit hatte, was er als provinzielles Gefängnis betrachtete; verbittert durch ein Gefühl der Verschwendung unsinnig verlorener Jahre, verbittert aber vor allem dadurch, dass man ihm die formale säkulare Bildung verwehrt hatte, die er selber so begehrte. Vielleicht war das so, aber diese Jahre blieben wohl nicht ganz so verschwendet, wie sie hätten sein können, und zwar aufgrund der ein wenig subversiven Veranlagung Aschers. Gegen den Wunsch seines Vaters hatte er nämlich Wege gefunden, sich insgeheim intensiv mit der russischen und den wichtigen westlichen Sprachen zu befassen, die jeweilige Literatur und philosophische Wissenschaft eingeschlossen. Die Engländer Locke und Hume gehörten dabei zu den Lieblingen des jungen Ginsberg.

So kam es, dass Ascher Zevi Ginsberg, als er die wirkliche, rauhe Welt betrat, nicht nur über eine leidenschaftliche Neigung verfügte, sich mit den öffentlichen Angelegenheiten, insbesondere die Juden betreffend, zu befassen; er besaß auch eine gute und festgegründete Auffassungsgabe vom Gang der Dinge, ihrem Woher und Wohin in dieser Welt. Das Entscheidende jedoch: er war unter der religiösen Tyrannei seines Vaters aufgewachsen und daher gezwungen gewesen, sich sein Urteil ohne Rückgriff auf die Meinung und den Einfluss anderer zu bilden. Und so besaß er in außergewöhnlichem Maße die Fähigkeit, eigenständig und unabhängig zu denken. Das bildete, sozusagen, seine ganz eigene Tradition, der er zeit seines Lebens folgen sollte. Das Fundament für all seine Urteile, die er über den politischen Zionismus fällen sollte, wurde von seinem eigenständigen, hoch entwickelten Sinn für das moralisch Richtige beziehungsweise Verwerfliche gelegt.

Vom ersten Augenblick, als Ginsberg begann, sich öffentlich zu politischen Problemen zu äußern, welche die Juden betrafen, widmete er sich der Aufgabe, die, wie er es sah, „geistige Verwirrtheit" und „Selbsttäuschung" der Begründer des Zionismus zu geißeln. Er glaubte, dass man ihre zahlreichen politischen Fehler öffentlich bloßstellen musste, und zwar sowohl aus grundsätzlichen Erwägungen, als auch als notwendige Vorbedingung, um gangbare Wege auf politischem Gebiet zu suchen.

Wie wir bereits gesehen haben, meinte Schitlowsky, dass sich Herzl der Selbsttäuschung hingebe, wenn er glaube, dass der russische Zar beim türkischen Sultan irgendwelchen nennenswerten Einfluss besitze. Ascher Ginsberg hingegen war der Ansicht, dass Herzls einer Selbsttäuschung verfallen sei, wenn er (schon lange, bevor er sich um die Fürsprache des Zaren oder des deutschen Kaisers bemühte) es auch nur für möglich hielt, dass man den Sultan bestechen könnte, damit dieser den Zionisten in Palästina das von ihnen Gewünschte verschaffte. Dabei stellte Ginsberg gar nicht in Frage, dass Bakschisch in der damaligen Türkei eine große Verführungskraft besaß und sogar die bedeutendsten Staatsmänner dagegen nicht gefeit waren. Aber man dürfe, so warnte er eindringlich, nicht vergessen, welcher Religion die Mächtigen der Türkei anhingen und welche Bedeutung sie in dieser Hinsicht auch der Autorität ihrer Regierung zumaßen. Und dann müsse man erkennen, welch glühende Patrioten diese Männer und wie sehr sie daher gegen eine Ansiedlung der Juden in Palästina eingestellt seien. Und daher, so fuhr er Ginsberg in seiner Warnung fort, werde die Gegnerschaft der Türken mit der Menge an Juden, die sich in Palästina niederließen, immer weiter wachsen.

Abgesehen von seiner intellektuellen Brillianz und seinem unnachgiebigen Bestehen auf den moralischen Prinzipien des Judentums, an denen sich das Verhalten eines jeden Juden zu messen habe, besaß Ascher Ginsberg ein Wissen, das ihn zu einer weit größeren Autorität in Bezug auf Palästina machte, als alle Begründer des politischen Zionismus zusammengenommen: Anders als diese hatte er sich die Mühe gemacht, einmal selber nach Palästina zu reisen und zu schauen, wie es dort vor Ort überhaupt aussah und in welcher Form praktische Möglichkeiten für die Entwicklung jüdischen Lebens dort gegeben waren. Er pflegte nach dieser Erfahrung seinen politischen Freunden in Russland zu sagen, dass niemand die Verantwortung übernehmen solle, eine Politik zur Förderung jüdischer Anliegen in Palästina zu betreiben, wenn er nicht vorher dort gewesen sei und sich selbst von der Lage der Dinge ein Bild gemacht habe.

Ascher Ginsberg unternahm seine erste Palästina-Reise im Jahre 1891, d.h. sechs Jahre vor der Gründung der Zionistischen Weltorganisation ZWO. Als er nach drei Monaten nach Russland zurückkehrte, zeigte er sich enttäuscht und äußerst verärgert angesichts der „falschen Haltung“ der jüdischen Immigranten. Er war auch zutiefst deprimiert durch das, was er gesehen hatte. Als er seine Erfahrungen dort in einem ersten Bericht zusammenfasste, schrieb er, unter seinem Pseudonym „Achad Ha-Am“, dass es ihm darum gehe, einen Teil der Wahrheit zu enthüllen, und zwar ihren „hässlichsten“ Teil.

Auf der Grundlage seiner Beobachtungen vor Ort glaubte Achad Ha-Am, dass es zwei Haupthindernisse für die Ansiedlung weiterer Juden in Palästina gab:

Zuerst einmal gab es wenig fruchtbares Land, das nicht schon bebaut wurde. Dieses bereits bewirtschaftete Land waren die Araber nicht bereit zu verkaufen. Was sie an Land zu verkaufen bereit waren, war entweder unfruchtbar oder zu aufwendig in seiner Erschließung, sowohl im Bezug auf die notwendige Arbeit als auch auf die aufzuwendenden Kosten. (Wie sich später herausstellte, war das letztlich kein Problem, da sowohl Arbeitskräfte als auch Geldmittel aus noch nicht abzusehenden Quellen bereitgestellt wurden.)

Als zweites Haupthindernis gab es dort bereits die Araber. Die Juden außerhalb von Palästina, so Achad Ha-Am, trauten den Arabern wenig zu und hielten sie für nicht in der Lage, die Ereignisse und Entwicklungen in ihrem Land zu verstehen. Und darin befanden sich die Juden der Diaspora seiner Meinung nach „im Irrtum“.

Am meisten beunruhigten Ascher Ginsberg jedoch die „Qualität“ und das Verhalten der frühen zionistischen Siedler. Je mehr er diese in ihrem Alltag beobachtete, desto mehr kam er zum Schluss, dass es sich um die falschen Leute handelte und sie aus falschen Gründen dorthin gekommen waren. Sie waren seiner Ansicht nach für den Aufbau landwirtschaftlicher Strukturen ungeeignet, und insgesamt schlecht vorbereitet und schlecht oder gar nicht ausgebildet. Außerdem seien sie voller falscher und unangemessener Vorstellungen, wenig informiert, fehlgeleitet und schlecht erzogen.

In einem seiner Artikel unter dem Pseudonym Achad Ha-Am warnte er die jüdischen Siedler, sie dürften auf keinen Fall den Zorn der einheimischen Bevölkerung auf sich ziehen. Er schrieb:

„Und was tun unsere Brüder in Palästina? Just das Gegenteil! Knechte waren sie im Lande ihrer Verbannung, und plötzlich finden sie sich selbst in einer Freiheit ohne Grenzen, in einer ungezügelten Freiheit, wie sie sich nur in der Türkei finden läßt. Dieser plötzliche Wandel hat in ihnen eine Neigung zum Despotismus entstehen lassen, wie das stets der Fall ist, ‚wenn ein Knecht zur Herrschaft kommt‘, und sie behandeln die Araber feindselig und grausam, beschneiden ihre Rechte auf unredliche Weise, beleidigen sie ohne jeden genügenden Grund und rühmen sich solcher Taten noch; und niemand tritt gegen diese verächtliche und gefährliche Neigung auf.“[1]

Als die jüdischen Siedler die von der Zionistischen Weltorganisation ZWO beschlossene Politik des Boykotts arabischer Arbeitskräfte umsetzten, war Achad Ha-Am entsetzt und äußerte sich in seiner Verzweiflung wie folgt:

„Ganz abgesehen von den politischen Gefahren, kann ich mich mit der Vorstellung nicht abfinden, dass unsere Brüder moralisch in der Lage sind, sich auf solche Art und Weise anderen Menschen gegenüber zu verhalten. Und so kommt mir unwillentlich folgender Gedanke in den Sinn: Wenn dies jetzt schon so ist, wie wird sich unser Verhältnis zu anderen [d.h. Nichtjuden] erst gestalten, wenn wir wirklich am Ende der Zeiten wieder die Macht in Erez Israel erringen werden?“[2]

Er fügte hinzu: „Wenn das der Messias sein soll, dann möchte ich nicht dabei sein, wenn er kommt.“ Achad Ha-Am hätte es nicht deutlicher sagen können: Der politische Zionismus war in seinen Augen ein falscher Messias.

1· Vgl.: Achad Haam in einem Essay „Die Wahrheit aus Palästina“ aus dem Jahre 1891, u.a. abgedruckt in: ders., „Am Scheidewege“, Bd. 1, Berlin, 1923; hier aus einem Vorabdruck in „Der Jude – eine Monatsschrift“ (Berlin) (1916-1928) H. 5, S. 257-268; im Internet u.a. unter: http://www.hist.net/kieser/ma13/haam1891.html (ein Auszug); http://sammlungen.ub.uni-frankfurt.de/cm/periodical/titleinfo/3108111 (der Vorabdruck in „Der Jude“

2· Achad Ha-am in einem Brief an einen Gesinnungsfreund, zitiert von Christopher Mayhew and Michael Adams in „Publish it not...The Middle East Cover-Up“ [„Veröffentliche das nicht! · Wie die Wahrheit über den Nahen Osten verdeckt wird“], Longman, London 1975, S. 143

Eine andere legendäre Persönlichkeit des spirituellen Zionismus, die sich gegen den politischen Zionismus aussprach, war Dr. Judah Magnes, der Gründer und erste Präsident der Hebräischen Universität von Jerusalem. Immer wieder warnte er eindringlich davor, dass durch die Gründung einer Art von Staat in Palästina gegen den Willen und ohne die Zustimmung der Araber „wir den Samen eines ewigen Hasses von solchem Ausmaße säen, dass Juden in den nächsten Jahrhunderten in diesem Teil der Welt nicht mehr werden leben können." Und dies, gab Magnes den politischen Zionisten zu bedenken, „ist etwas, was ihr besser vermeidet."

Er fuhr fort:

„Wir scheinen an alles gedacht zu haben – nur nicht an die Araber. Wir haben diese oder jene Publikation herausgegeben und viele andere empfehlenswerte Sachen gemacht. Was aber eine in sich stimmige, klar ausgearbeitete, umsetzbare und auch großzügige Politik der Zusammenarbeit mit den Arabern angeht, sei es auf politischer, gesellschaftlicher, wirtschaftlicher Ebene oder im Ausbildungssektor – dafür war die Gelegenheit anscheinend nie günstig."

„Es ist aber nun die Zeit gekommen, dass die Juden den arabischen Faktor als den wichtigsten berücksichtigen, dem wir uns gegenüber sehen. Wenn wir eine gerechte Sache vertreten – so tun sie das auch. Wenn uns Versprechungen gemacht wurden – so ihnen gegenüber auch. Wenn wir das Land lieben und eine historische Beziehung dazu haben – so gilt das für sie auch. Noch realistischer als die hässlichen Realitäten des Imperialismus [sic!] ist wohl die Tatsache, dass Araber hier und in dieser Region leben, und wahrscheinlich noch lange hier nach dem Zusammenbruch des einen Imperialismus und dem Aufstieg des nächsten leben werden. Wollen wir in diesem Lebensraum leben, so müssen wir mit den Arabern leben."[3]

Vor dem Hintergrund all dieser Gegebenheiten kam Ascher Ginsberg zum Schluss, dass Palästina keine vollständige Lösung für die materiellen Probleme des jüdischen Volkes, seine Armut und seinen Mangel an Sicherheit, bieten konnte. Realistischerweise dürfe man allerhöchstens versuchen, in Palästina ein spirituelles Zentrum für das internationale Judentum aufzubauen.

Ginsberg beschrieb dieses als eine Gemeinschaft, die als Modell für die Selbsterneuerung des jüdischen Volkes dienen sollte. Sie würde, als praktisches Vorbild und durch regelrechte Lehre, die Welt auf neue, gesunde Art beeinflussen. Und genau dies, glaubte Ginsberg, würde die wirkliche, grundlegende Natur des Judentums widerspiegeln; genau dies, so glaubte er, wäre vonnöten und, vor allem, in Palästina überhaupt möglich. Etwas anderes dürfe man dort gar nicht versuchen oder auch nur in Erwägung ziehen. Natürlich, gab er zu, würden manche seine Worte

3· Zitiert nach: „Palestine: A Search for Truth" [„Palästina: Suche nach der Wahrheit"], Public Affairs Press, Washington 1970, S. 68

als sehr entmutigend empfinden, da sie keine Lösung für die große Frage der materiellen Lage der jüdischen Massen anböten. Was konnte man denn bloß tun, so frage man sich, um deren Sicherheit vor Verfolgung zu gewährleisten und sie auf ein Ende ihrer Armut hoffen zu lassen? Die harte Wahrheit, unterstrich Ginsberg, sei nun einmal, dass man ein anderes Mittel als die Ansiedlung in Palästina finden müsse, um jene Problem lösen zu können. Und daher seien die Zionisten, die immer noch an Palästina als der Lösung der jüdischen Frage festhielten, nicht nur der Täuschung anderer, sondern auch der Selbsttäuschung schuldig.

Aber selbst ein so bescheidener Plan wie der zur Schaffung eines internationalen spirituellen Zentrums für das Judentum wollte erst einmal umgesetzt sein. Ascher Ginsberg glaubte, dass ihm Erfolg nur im Falle umsichtigen Planens und Handelns vergönnt sein könne. Ein solcher Ansatz verlange auch, was die jüdischen Siedler für das Projekt angehe, dass diese Qualität, nicht Quantität liefern sollten, und dass man an ihre edelsten, nicht ihre niedrigsten Beweggründe appelliere. Aber nicht nur das: Wenn ein neuer Jischuw, eine neue jüdische Gemeinschaft in Palästina, das wirkliche und grundlegende Wesen des Judentums widerspiegeln solle, so müsse ihr Leben, ungeachtet ihrer Größe, von Einfachheit und Ordentlichkeit, Fleiß und innerem Zusammenhalt bestimmt sein. Kurz, der Jischuw müsse von hingebungsvollen, aber vor allem von wirklich rechtschaffenen und redlichen Männern und Frauen gegründet werden; die Teilnahme niedriger Charaktere sei möglichst auszuschließen.

Was entnehmen wir dem? Wenn in Palästina irgendein anderes Projekt als Zentrum für die spirituelle Erneuerung des Judentums gegründet würde, so glaubte Ginsberg, dass man besser darauf verzichten solle, und dass es sogar geeignet sei, ein neues Problem für die Juden zu schaffen.

Ascher Ginsberg, wie Harkabi viele Jahre nach ihm, war so visionär zu erkennen, dass die Juden der ganzen Welt zumindest zum Teil, vielleicht sogar zum größten Teil, nach dem beurteilt werden würden, was eine kleine Anzahl von Juden in ihrer aller Namen in Palästina tun würde. D.h., wenn der falsche Messias käme und tun könnte, wie ihm beliebte, so würden alle Juden und das Judentum selbst einen fürchterlichen Preis bezahlen. Weil es für die Juden auf der ganzen Welt um so viel ging, meinte Ascher Ginsberg alias Ahad Ha-Am, dass jegliche jüdische Palästina-Politik das gesamte jüdische Volk angehe und nicht von der (Selbst-)Täuschung und der geistigen Verwirrung einiger Weniger, die für alle sprechen wollten, bestimmt werden dürfe.

Und er machte Weizmann gegenüber deutlich, dass die Balfour-Erklärung nicht grünes Licht für den jüdischen Staat bedeutete. Die ZWO, fügte er hinzu, hatte die Lage in Palästina in „falschen Farben“ gemalt und versprochen, was sie selbst nach ihrer kühnsten Hoffnung nie würde einlösen können. Nun, die Zionisten würden in der Folge zwar einige ihrer Versprechen einlösen, aber auf eine Art, die Ascher Ginsberg für die Juden und das Judentum wahrscheinlich noch mehr hätte fürchten lassen.

Wie Walter Laqueur in seiner „History of Zionism" (d.h. „Geschichte des Zionismus") schrieb, hielt Achad Ha-Am Theodor Herzl für „kaum mehr als einen Schwindler".

Das scheint mir zugleich Achad Ha-Ams Kritik am politischen Zionismus seiner Zeit treffend auf den Punkt zu bringen. Was er zu sagen hatte, war aber für die „echten" Juden, d.h. damals die verarmten und verfolgten Mehrheit der Juden Osteuropas, nicht nur schwer zu verstehen; es bot ihnen auch keine Lösung für ihre Probleme, bezog sich nicht auf ihre wirklichen Nöte und Bedürfnisse und war daher nicht das, was sie hören wollten. Außerdem kann man wohl davon ausgehen, dass die politischen Zionisten das Ihre taten, um die Verbreitung von Ginsbergs Ideen möglichst einzuschränken.

Wenn dies auch für viele, vielleicht sogar die meisten Juden unserer Zeit unbequem sein mag, so hatte Achad Ha-Am in Wahrheit doch die volle moralische Autorität des Judentums auf seiner Seite, als er seinen Angriff auf den zionistischen Plan einer jüdischen Staatsgründung auf arabischem Boden (und damit auf den politischen Zionismus selber) führte. Als Angehöriger „der Völker", d.h. Nichtjude, und Laie auf dem Gebiet des Judentums, erkannte ich dies erst, als ich Harkabis Buch von „Israels Schicksalsstunde" las. Unter der Überschrift „Judaismus/Judentum und Zionismus" schrieb Harkabi:

„Die zionistische Verbundenheit mit ‚Eretz Israel' ist tief in der Jüdischen Religion verankert, aber das Judentum selber ist nicht zionistisch, und Juden waren über Generationen hinweg keine Zionisten, selbst wenn sie Jahr für Jahr der brennenden Hoffnung Ausdruck gaben: ‚Nächstes Jahr in Jerusalem!', oder dem ermahnenden ‚Im Land Israel zu leben, wiegt gleich schwer wie alle anderen Gebote zusammen!' Denn dadurch drückten sie nur ihr Sehnen und ihre Wünsche, d.h. ihr Großes Vorhaben [d.h. ihren abstrakten Willen, d.Verf.]aus, nicht aber ihre Richtlinien für die Praxis [d.h. ihren konkreten Willen]. Natürlich gab es immer eine Handvoll, die wirklich ins Land Israel emigrierten, aber in den meisten Fällen mit der Absicht, dort zu sterben, und nicht jener, dort einen unabhängigen jüdischen Staat aufzubauen."

„Zionismus ist kein Ideal, es die Verwirklichung einer Absicht, eines politischen Programms. Man muss hier zwischen ‚Wunsch' und ‚Absicht' unterscheiden: Eine Absicht [zu haben] ist abhängig von dem Übergang zur Praxis. Wenn man zum Beispiel sagt, ‚ich wünschte, soundso wäre tot!', so drückt dies einen Wunsch aus, aber nicht unbedingt die Absicht, ihn zu ermorden. Ein Wunsch wird zu einer Absicht, indem diejenige eine Entscheidung fällt und diese durch irgendein Handeln umsetzt, das auf die Verwirklichung [des Wunsches bzw. der Absicht] hinwirken soll, in unserem Fall soeben, bspw. eine Waffe zu erwerben. Die zionistische Geschichtsschreibung irrt insofern, wenn sie die Juden als Zionisten seit jeher beschreibt; denn die Unterscheidung zwischen der Liebe zu Zion und dem Zionismus als politischem Programm ist grundlegend für ein korrektes Verständnis der Jüdischen Geschichte. Der Zionismus wurde geboren, als der messianische Wunsch, der in jenem Ideal oder Großen Vorhaben des Wiederversammelns [der Juden im Gelobten Land] verkörpert war, sich in eine politische Absicht verwandelte, deren Verkörperung die Organisation der Ansiedlung von Juden im Land war."

„Von der Zeit der Bar-Kochba-Revolte (d.h. 132 bis 135 n.Chr.) bis zum Aufstieg des Zionismus drückte sich das zentrale politische Denken des Judentums in den drei talmudischen ‚Eiden' aus, die Gott [von den Juden] verlangte. Man kann sie so zusammenfassen:

- es dürfe keine massenhafte Einwanderung der Juden von der Diaspora in das Land Israel geben,
- es [sei] kein [jüdischer] Aufstand gegen die [nichtjüdischen] Völker der Welt [erlaubt],
- und [es werde] keine übertrieben harte Unterdrückung der Juden durch Nichtjuden [geben].

Dies war ein bedeutender religiöser jüdischer Lehrsatz, wenn er es auch wenig Kontroverse darum gab; denn unter den historischen Umständen der damaligen Zeiten schien er offensichtlich, fast banal zu sein. Der Kern jener Idee ist Passivität, d.h. das Vermeiden jeglichen politischen Handelns während des geduldigen Wartens auf die Ankunft des Messias, ohne jeden Versuch, diese Ankunft zu beschleunigen, was sogar strikt verboten war."

„Damit war der Zionismus [von der Religion] geächtet. Moderne religiöse Zionisten versuchen die Eide neu zu interpretieren und und ihnen ihre Kraft zu nehmen. Man behauptete zum Beispiel, dass die Eide eine Art Vertragspaket darstellten, und da die Völker der Welt [d.h. die Nichtjuden] ihren im dritten Eid formulierten Teil des Handels nicht eingehalten hätten, dürften die Juden nun kollektiv in ihr Heimatland rückwandern. Eine solche Deutung macht die zionistische Praxis von einer Bedingung abhängig: ohne die Nichtachtung des [dritten talmudischen] Eides durch die Nichtjuden, dass sie die Juden nicht unterdrücken dürfen, müssten die Juden davon Abstand nehmen, massenhaft nach Eretz Israel einzuwandern."[4]

[Man könnte hier noch anmerken, dass die antizionistischen Satmar-Chassidim das Judentum dazu verwenden, den Zionismus anzuklagen, und das Vertragspaket genau umgekehrt deuten: sie meinen, der jüdische Bruch der Eide durch das Übernehmen des zionistischen Ansatzes habe erst zum Holocaust geführt.]

4· Yehoshafat Harkabi, „Israel's Fateful Hour" [„Israels Schicksalsstunde"]; Harper & Row, 1988 S. 138f

Verstehen könne man die Eide laut Harkabi als „eine Entscheidung, jeden Versuch zu verhindern, welcher das jüdische Leben, wie es sich in der Diaspora entwickelt hatte, hätte unterminieren können. ... Viele orthodoxe Juden waren, in Furcht vor jeder Veränderung, die dieses [jüdische] Leben hätte untergraben können, vollständig gegen den Zionismus eingestellt. Sie befürchteten, dass die Verwirklichung des zionistischen Programms für das Judentum eine neue und schwierige Gefahrenlage schaffen würde."[5]

Im Jahre 2008 machte der Titel eines Buches aus der Feder eines mir sehr teueren jüdischen Freundes deutlich, was unter dieser, durch den Zionismus geschaffenen, „neuen und schwierigen Gefahrenlage" zu verstehen ist. Wie bereits im Vorwort zu diesem Band erwähnt, handelt es sich um Dr. Hajo Meyer, einen Auschwitz-Überlebenden, und um sein Buch, dessen deutschen wie englischen Titel es sich an dieser Stelle lohnt, in Erinnerung zu rufen: „Das Ende des Judentums" mit dem Zusatz „Verrat an einer ethischen Tradition" (im Englischen) bzw. „Der Verfall der israelischen Gesellschaft" (im Deutschen).[6]

Zur Zeit steht die ganz überwiegende Mehrheit der US-amerikanischen Juden jeder offenen Kritik am Zionismus und seinem Sprössling ablehnend gegenüber; daher mag es im Rückblick erstaunen, dass die von Harkabi erwähnte, auf dem Judentum gründende jüdische Opposition gegen den Zionismus anfangs in den USA ihren stärksten öffentlichen Ausdruck fand.

Die Tinte auf der unehrlichen Gründungsurkunde des Zionismus war kaum trocken, als die „Central Conference of American Rabbis" [„Zentralkonferenz US-amerikanischer Rabbis"] eine Resolution annahm, in der jedwedem Versuch der Gründung eines jüdischen Staates eine Absage erteilt wurde. Es hieß dort: „Zion ist ein wertvolles Gut unserer Vergangenheit ... und als solches unserem Gedenken heilig, aber es ist nicht unsere Hoffnung für die Zukunft: Die USA sind unser Zion."[7]

Setzt man hier „Großbritannien" anstelle der USA ein, so erhält man ungefähr das, was Montagu damals seinen Kabinettskollegen in seinem Memorandum mitteilte. Und genauso verhält es sich mit der Haltung der Juden Deutschlands vor der Verfolgung durch die Nazis.

Die Gemeinschaft, in deren Namen diese Rabbis sprachen, war noch jene der ersten jüdischen Einwanderer in die USA, das Resultat zweier Wellen der Immi-

---

5· Ebd.

6· Niederländische Originalausgabe: Hajo Meyer, „Het einde van het Jodendom", Vassallucci, 2003; dt. Ausgabe: „Das Ende des Judentums – Der Verfall der israelischen Gesellschaft", SEMITedition, Melzer Verlag, Neu-Isenburg 2005; engl. Ausg.: „The End of Judaism – An Ethical Tradition Betrayed", G Meyer Books, 2007

7· Zitiert nach: Naomi Wiener Cohen, „The Reaction of Reform Judaism in America to Political Zionism 1897-1922" [„Die Reaktion des Reformjudentums in den USA auf den politischen Zionismus i.d.J. 1897-1922], Philadelphia, Publications of the American Jewish Historical Society, 1951, S. 365; bzw. Alfred M. Lilienthal, „The Zionist Connection II", S. 742

gration, der sephardischen (Juden spanischer und portugiesischer Herkunft) und der deutsch-jüdischen. Die frühen jüdischen Einwanderer, die ersten US-amerikanischen Juden, hatten für das Einfordern von Gruppenrechten nichts übrig und waren vollständig gegen die Idee, emanzipierte Juden könnten oder sollten ein kulturell oder gesellschaftlich separiertes Leben führen. Sie wollten bloß US-Bürger sein und, abgesehen von ihrem religiösen Bekenntnis zum Judentum, einer reinen Privatsache, soweit wie irgend möglich von allen anderen US-Amerikanern ununterscheidbar. Genau das war gemäß der „Haskala" höchstwahrscheinlich die beste Garantie eines Endes jeder weiteren Verfolgung. Die ersten Juden der USA hatten, könnte man sagen, eine Anti-Ghetto-Einstellung. Sie waren nicht jenen Ländern entronnen, in denen Juden, unfrei und beständiger Verfolgung ausgesetzt, im Ghetto leben mussten, um jetzt im „Land der Freien" neue Ghettos zu gründen.

Im Jahr 1904 konnte man in einer Ausgabe des „American Israelite" folgende drastische Feststellung lesen: „Nicht ein einziger prominenter, in den USA geborener Jude ist Befürworter des Zionismus."[8]

Wenn die Ansichten und Werte (und die Weisheit) der ersten jüdischen US-Bürger sich durchgesetzt hätten, so wäre es dem Zionismus nie gelungen, in den USA auch nur einen Zehbreit Fuß zu fassen.

Daraus ergibt sich eine Frage, deren vollständige Antwort wir auf den folgenden Seiten noch finden werden: Wie und weshalb kam es dazu, dass eine Mehrheit der Juden in den USA sich dem Zionismus verbunden fühlt, zu Recht und zu Unrecht?

Der erste Teil der Antwort darauf lautet, dass sich alles infolge demographischen Sprengstoffs ändern sollte (während der zweite Teil, wie wir noch sehen werden, durch den Holocaust und seine brilliante, aber rücksichtslose Ausbeutung durch die Zionisten geliefert wird).

Wie wir weiter oben im zweiten Kapitel festhielten, verließen zwischen 1881 und 1915 ungefähr drei Millionen Juden ihre russische Heimat. Mehr als zweieinhalb Millionen von diesen fanden den Weg in die USA. Das war die dritte jüdische Einwanderungswelle in dieses Land. Viele dieser neuen Einwanderer ließen sich in den größeren Städten des Ostens der USA nieder (darunter auch die Familie von Golda Mabovitch). Und diese Leute „hatten eine Neigung zum Zionismus." (Lilienthal in „The Zionist Connection II)

„Die Juden Osteuropas waren eine Nation in der Nation gewesen", deren „nationaler Komplex mit ihnen kam."

Woher diese Neigung zum Zionismus stammte, erklärt Lilienthal mit anrührendem Tiefblick, wie ihn nur ein Jude haben kann. Die Aufgabe für die Nichtjuden liegt hier im Nachvollzug des Verstehens:

8· Ebd., S. 368

„Sie hatten [in Osteuropa, d.V.] als separate Nationalität gelebt, hatten als Juden für Juden gestimmt, die sie im Staat vertreten sollten. Sie hatten zumeist eine andere Sprache als die ihrer Umgebung gesprochen, und sie hatten in einem mentalen Ghetto gelebt, ‚um das materielle Ghetto um sie herum auszugleichen'. [Solomon Grayzel] Die Juden aus diesen Ländern waren eine Nation in einer Nation gewesen, so dass, als sie in die USA als emanzipierte Menschen kamen, ihr nationaler Komplex mit ihnen kam."

Und das machte sie anfällig für die nationalistische Propaganda der Zionisten. Nicht alle wurden so weit beeinflusst, dass sie selber nach Palästina gehen wollten, um die jüdische „Heimstatt" aufzubauen (zu jenen gehörte Golda Mabovitch), aber die meisten sympathisierten zumindest mit dem nationalistischen Vorhaben der Zionisten.

Vor der Ankunft der dritten großen Welle jüdischer Einwanderer wurde die institutionelle Verbindung zwischen der kleinen Gemeinde religiöser Juden in Palästina und den jüdischen US-Amerikanern (und anderen assimilierten Juden des Westens) von der „Jewish Agency" geleistet. Diese war damals eine Wohltätigkeitsorganisation, welche Spenden von jenen wohlhabenden Juden der westlichen Welt erhielt, „nach deren Verständnis der jüdischen Tradition Wohltätigkeit die wahre Krönung und Rechtfertigung ihres materiellen Wohlstands darstellte", und die „Zionismus vollständig ablehnten"; das Geld sollte der Wohlfahrt der religiösen, in Palästina lebenden Juden zugute kommen.[9]

Nach dem Eintreffen der großen dritten Einwanderungswelle von jüdischen Immigranten verwandelte sich die anti-zionistische „Jewish Agency" langsam, aber sicher in eine pro-zionistische Organisation.

Nach der Ankunft der dritten großen Welle von jüdischen Einwanderern nach Palästina verwandelte sich die vormals antizionistische Jewish Agency langsam, aber sicher in eine pro-zionistische Organisation. Einige ihrer antizionistischen Repräsentanten wurden einfach von Zionisten abgewählt. Andere mieden den Ärger der Konfrontation und gaben einfach ihre Mandate auf, worauf diese an Zionisten fielen. Und wieder andere entschlossen sich zu einer neutralen Haltung als „Nicht-Zionisten" (aber auch nicht mehr „Anti-Zionisten")... Außerdem wurden nun zunehmend in den USA Organisationen zur Förderung der zionistischen Sache gegründet.

Als Balfour 1917 seine berühmt-berüchtigte Erklärung abgab, war die breite Mehrheit der Juden in den USA schon im Begriff, der zionistischen Propaganda

9· Zitat aus: Alfred M. Lilienthal, „The Zionist Connection II", S. 741

zu verfallen. Die jüdischen Familien der Elite, wie sie Lilienthal beschreibt, und andere, nicht ganz so reiche, aber prominente jüdische US-Amerikaner gaben ihre Opposition nicht kampflos auf. Und das sollte noch eine Zeitlang so bleiben.

Einer dieser Prominenten war zum Beispiel der Oberste Richter Irving Lehman, der Bruder von Herbert H. Lehman, einem späteren Gouverneur des Staates New York. Im Dezember 1917 äußerte Richter Lehman in einer Rede beim „Menorah Society Dinner":

„Ich kann nicht anerkennen, dass die Juden an sich eine Nation oder ein Volk in irgendeinem Sinne der politischen Wissenschaften bilden, noch dass die Vorstellung einer gemeinsamen nationalen Grundlage für das moderne Judentum möglich ist. Wir Juden in den USA sind zwar mit den Juden anderer Länder durch unseren gemeinsamen Glauben und das darin liegende gemeinsame Erbe verbunden, können aber dennoch als US-Amerikaner kein nationales Band zu diesen als Mitglieder einer Nation empfinden, da wir in nationalen Belangen US-Amerikaner und nur US-Amerikaner sind und in politischen und staatsbürgerlichen Fragen andere Bindungen nicht akzeptieren können. Wir müssen uns deshalb zur Erhaltung des Judentums jenen spirituellen Inhalten zuwenden, die das Judentum ausmachen."[10]

Ich kann mir gut vorstellen, dass die Schriften von Achad Ha-Am auf dem Schreibtisch oder Nachtschränkchen des Richters ganz oben lagen...

Diese Stellungnahme Lehmans im Dezember 1917 lässt die gleiche Denkweise erkennen, wie es sich in Montagus Geheimmemorandum an seine Kollegen im britischen Kabinett vom August desselben Jahres ausdrückt. Wenn man diese beiden Äußerungen zusammen nimmt, kann man verstehen, wieso ein Großteil der prominenten und intellektuell wie gesellschaftlich erfolgreichen assimilierten Juden der damaligen angelsächsischen Welt (und darin gefolgt von ganz Westeuropa) sich aus den gleichen Gründen gegen den Zionismus wandten. Auch für sie war der Zionismus ein falscher Messias.

Das gewichtigste Motiv für den Anti-Zionismus dieser Männer war natürlich ihr Eigeninteresse; dies wurde vermehrt durch ihre instinktive Furcht, dass die Früchte ihrer erfolgreichen Anpassung an die säkulare westliche Kultur und der Schutz vor Verfolgung, den das Leben nach Prinzipien der Haskala gewährte, durch das zionistische Palästina-Abenteuer gefährdet werden könnten. Aber sie wussten auch von den gefährlichen Folgen für die Integrität des Judentums selber, wenn ein jüdischer Staat auf einem schweren Unrecht an der palästinensischen Bevölkerung gegründet würde. In der Ansicht des Richters Lehman, dass die Juden die Lösung für die Erhaltung ihrer Religion nicht im Zionismus, sondern in einer Rückbesinnung auf „jene spirituellen Inhalte, die das Judentum ausmachen" suchen sollten, lag ein Widerhall der Gedanken von Montagu (und natürlich Achad Ha-

10· Erste Veröffentlichung im „Menorah Journal", February 1918; Nachdruck im Herbst 1950, S. 116–18

Ams). Montagu war angesichts des damaligen Zustands des Judentums deprimiert und zeigte sich überzeugt, dass ohne einen „tief reichenden Sinn für Rechtschaffenheit" wenig vom Judentum übrig bleibe. Das heißt, er erkannte, dass der Zionismus im Falle seines Erfolges der wesentlichen spirituellen Wertvorstellungen des Judentums spotten würde und sehr wahrscheinlich in kurzer Zeit das Wenige, das vom Judentum noch übrig war, vollends zerstören müsste.

In der Zeit vor den Nazis und ihrer Judenverfolgung erhielt das, was wohl die meisten, wenn nicht alle wohlhabenden und gebildeten jüdischen US-Amerikaner eigentlich über den Zionismus dachten, seinen wohl drastischsten öffentlichen Ausdruck in den Worten von Henry Morgenthau. In seiner 1921 veröffentlichten Autobiographie unter dem Titel „All in a Lifetime" (etwa „Alles in einem Leben") schrieb dieser ehemalige US-Botschafter für das osmanische Reich [er bekleidete das Amt 1913-1916 und wurde dort Zeuge der Verfolgung der Armenier; er war ferner der Vater von Henry Morgenthau jr., dem US-Politiker, nach dem der sogen. „Morgenthau-Plan" seinen Namen hat; Anm.d.Ü.]:

„Der Zionismus ist der bedeutendste Irrweg in der jüdischen Geschichte. Er ist vom Grundsatz her falsch und in Bezug auf seine Umsetzung unmöglich. Er ist wirtschaftlich gesehen windig, politisch gesehen fanatisch und spirituell gesehen steril. Ich sage das als Jude."[11]

Nach Lilienthals Auffassung hätten so herausragende jüdische US-Bürger wie Henry Morgenthau Sr., Jacob Schiff, Julius Rosenwald oder Felix Warburg es „auch allen Hitlern der Welt zusammen genommen niemals gestattet, ihre Grundeinstellung zu ändern."[12]

Wie wir noch sehen werden, gehörte Morgenthau Sr. zu einer Gruppe von 30 prominenten jüdischen US-Amerikanern, die eine gemeinsame, an Präsident Wilson gerichtete Petition unterzeichneten. Damit wollten sie seine Entschlossenheit stärken, Großbritannien, die Zionisten & Co. daran zu hindern, ihm seine Politik im Nahen Osten zu diktieren und den Palästinensern ein schreckliches Unrecht anzutun.

Während ich diese Zeilen schreibe, stellt sich mir eine Frage: Wieviele jüdische US-Amerikaner, die sich zum Zionismus bekehrten, hatten irgendeine Vorstellung auch nur von der Möglichkeit, dass die vom Zionismus geschaffenen vollendeten Tatsachen in Palästina eines Tages zu einer Bedrohung für Juden in aller Welt und zugleich für die moralische Integrität des Judentums selbst werden könnten? Eine genaue Antwort darauf bleibt wohl unmöglich, aber ich vermute, dass nur ganz wenige von ihnen über ausreichende Kenntnis der Sachlage ver-

11· Vgl. Henry Morgenthau Sr., „All in a Lifetime", New York, Doubleday, Page & Co., 1921/22, S. 385, hier zitiert nach Lilienthal, „The Zionist Connection II", S. 741

12· Vgl. Alfred M. Lilienthal, „The Zionist Connection II", S. 741

fügten, um auch bloß zu erahnen, was alles im Falle der Erfüllung zionistischer Träume auf dem Spiel stand...

Eine damit verbundene Frage, die auch vom Inhalt des folgenden Kapitels motiviert ist, lautet: Wie anders hätte die Zukunft, also unsere Gegenwart, sein können, wenn mehr als nur eine kleine Zahl der Juden weltweit, aber auch insbesondere der Juden in den USA, Kenntnis von den Schriften und Gedanken der "ehrlichen" Zionisten gehabt hätte. Was wäre gewesen, wenn deren Vorstellungen über den Weg zu einem jüdischen Staat in Palästina und der anzuwendenden Mittel bekannter gewesen wären?

Kapitel 6
Die ehrlichen Zionisten

Im Juni 1922 gab Winston Churchill, damals britischer Kolonial-Minister, ein „White Paper" oder Weißbuch heraus. Dieses schien zumindest in einigen Teilen anzudeuten, dass die britische Regierung die Aussage der Balfour-Deklaration in Bezug auf die Juden ähnlich verstand wie Achad Ha-Am. Auf der anderen Seite jedoch häufte das Weißbuch auf den arabischen Schaden noch den dazugehörigen Spott:

„Es verhält sich nicht so, wie es die arabische Delegation dargestellt hat, dass nämlich während dieses Krieges die Regierung Seiner Majestät eine Zusicherung abgegeben habe, dass eine unabhängige nationale Regierung in Palästina unverzüglich eingesetzt werden solle."[1]

Diese Feststellung war zwar, rein wörtlich genommen, scheinbar zutreffend, aber angesichts des geschichtlichen Hintergrunds zugleich völlig unaufrichtig. Für misstrauisch veranlagte Menschen schien sie anzudeuten, dass die Briten nach der Bestätigung ihres Völkerbundmandats für Palästina noch für ein ganzes Weilchen die Herren des Landes bleiben wollten, notfalls mithilfe von Gewalt.

Von diesem Punkt abgesehen, war Churchills Weißbuch für die Zionisten eine Enttäuschung. An einer Stelle wurde eine Stellungnahme Weizmanns auf der Pariser Friedenskonferenz sogar ausdrücklich zurückgewiesen:

„Es wurden nicht autorisierte Erklärungen mit der Aussage abgegeben, der damit verfolgte Zweck sei die Schaffung eines rein jüdischen Palästina. Dabei wurden Formulierungen verwendet wie bspw.: ‚Palästina soll so jüdisch werden, wie England englisch ist.' [Das war Weizmanns Wortwahl, d. V.] Die Regierung Seiner Majestät betrachtet solche Vorstellungen als nicht umsetzbar und hat kein solches Ziel im Auge. Noch hat sie zu irgendeiner Zeit ... das Verschwinden oder die Unterordnung der arabischen Bevölkerung, Sprache oder Kultur in Betracht gezogen. Sie [die Regierung] möchte auf die Tatsache aufmerksam machen, dass

1 · The White Paper of June, 1922, (The Churchill Memorandum): „British Policy in Palestine" [„Die britische Politik in Palästina"], Cmd. 1700/British Command Paper No. 1700, in: „A Survey of Palestine · Prepared in December 1945 and January 1946 for the information of the Anglo-American Committee of Inquiry [„Ein Überblick über [die Lage in] Palästina – Vorgelegt zur Kenntnisnahme durch das Anglo-Amerikanische Untersuchungskomitee Dez. 1945 u. Jan. 1946"], Printed by the Government Printer, Palestine 1946; in 2 Bänden; Bd. 1, S .87–90; eine PDF-Kopie des originalen „Survey of Palestine" ist im Internet zu finden unter: http://www.bjpa.org/Publications/results.cfm?Publisher=Anglo-American%20Committee%20of%20Inquiry den Text des „White paper" findet man im Internet auch unter: http://avalon.law.yale.edu/20th_century/brwh1922.asp

die Bedingungen der Erklärung, auf die man sich hier bezieht, [d.h. der Balfour-Deklaration] nicht in Aussicht stellen, dass Palästina als Ganzes in eine Jüdische Heimstätte umgewandelt werden solle, sondern dass eine solche Heimstätte in Palästina gegründet werden solle."[2]

In einer Erklärung vor dem britischen Unterhaus sagte Churchill:

„Zur gleichen Zeit, als den Zionisten dieses Versprechen gegeben wurde, wurde ein ähnlich gewichtiges gegenüber den arabischen Einwohnern Palästinas gemacht: Dass ihre bürgerlichen und religiösen Rechte wirksam geschützt würden, und dass sie nicht vertrieben würden, um Raum für Neuankömmlinge zu schaffen."[3]

Churchill versicherte außerdem einer arabischen Abordnung, dass eine ‚jüdische Heimstätte' „nicht eine jüdische Regierung bedeutet, welche die Araber dominiert. ... Wir können nicht die Enteignung einer Gruppe Menschen durch die andere dulden."[4]

Im White Paper der britischen Regierung hieß es auch:

„Man fasst ins Auge, dass der Status aller Bürger vor dem Gesetz der von Palästinensern sein soll, und es ist nie beabsichtigt worden, dass sie oder irgendeine Gruppe unter ihnen einen anderen rechtlichen Status haben solle."[5]

Trotz der verschiedensten beschwichtigenden Erklärungen ihnen gegenüber blieben die Araber, alle Araber, im Bezug auf wirklichen Absichten der Briten zutiefst misstrauisch. Und das nicht ohne Grund. Zur jüdischen Einwanderung sagte das Weißbuch, dass die jüdische Gemeinschaft in Palästina wachsen dürfe. Auf der anderen Seite machte es die Einschränkung, dass die Wachstumsrate aufgrund neuer jüdischer Einwanderung „nicht die wirtschaftliche Aufnahmefähigkeit des Landes für hinzukommende [Immigranten] übersteigen dürfe". Das beruhigte aber nicht die erheblichen arabischen Sorgen.[6]

Weizmann war auch alles andere als glücklich. Er hatte anderen führenden Mitgliedern der ZWO gegenüber schon ausgedrückt, dass die endgültige Formulierung der Balfour-Deklaration einen "schmerzlichen Rückschritt" darstelle; denn nichts in ihrem Schlusstext eröffne die Aussicht, dass aus der jüdischen Heimstätte dereinst mit britischem Segen ein souveräner Staat werden könne. Aufgrund seines Bekenntnisses zu kontinuierlicher jüdischer Einwanderung nach Palästina enthielt das Weißbuch von 1922 jedoch auch Tröstliches für die Zionisten.

2· Ebd.

3· House of Commons/Britisches Unterhaus, „Hansard's Reports" [d.h. die offiziellen Protokolle der Debatten], 4. Juli 1922, S. 3f

4· Winston Churchill am 13. Mai 1921 vor einer muslimischen Delegation in Jerusalem; unter dem Titel „The Jews should have a national home" [„Die Juden sollten eine nationale Heimstatt haben"] zu finden in: „Never Give In!: Winston Churchill's Speeches", AC & Black, 2013, S. 65f. Albert M. Hyamson, „Palestine, a policy" [ungef.: „Eine politische Strategie für Palästina"], Methuen, London 1942, Fußnote auf S. 112

5· Siehe Anm. 1 u. 2

6· Siehe Anm. 1, 2 u. 5

Achad Ha-Am bemerkte dazu, dass die zionistischen Führer ihren Anhängern hätten klarmachen sollen, dass die Balfour-Deklaration nicht den Weg zu einem souveränen jüdischen Staat geebnet habe. Weizmanns öffentliche Stellungnahme ging dahin, dass die politische Aufgabe des Zionismus noch lange nicht erledigt sei. Er sollte später schreiben:

„Die Balfour-Erklärung und der Beschluss von San Remo bildeten den Anfang einer neuen Epoche des politischen Kampfes, und die Zionistische Welt-Organisation war unser Instrument für das politische Handeln.“[7]

Es gibt nach der üblichen Darstellung zwei Strömungen des jüdischen Nationalismus unter dem gemeinsamen Banner des Zionismus. Die dominierende Strömung, der „Mainstream-Zionismus“ wie man heute sagen würde, wurde von Herzl begründet und mittlerweile, nach dem Ersten Weltkrieg, von Weizmann angeführt.

Die andere, der sogenannte jüdische Revisionismus, wurde von Vladimir Jabotinsky, dem Mentor von Menachem Begin, ins Leben gerufen und geleitet. Nach dem heute üblichen Medienjargon wären die „Mainstream-Zionisten“ die Gemäßigten, während man die Revisionisten als die Extremisten bezeichnen würde.

In Wahrheit gab es, wie wir auch gleich sehen werden, nur ein einziges Detail, das die Revisionisten vom „Mainstream“ unterschied.

Von 1897 an logen die führenden Zionisten des Zentrums über ihre wahren Absichten

Von seinem institutionellen Anfang im Jahre 1897 an logen die führenden Vertreter des „gemäßigten Zionismus“ über dessen wahre Ziele und deren Bedeutung, und dies vor allem aus zwei Gründen:

Einerseits wollte man die Feindschaft der Araber nicht zu frühzeitig auf sich ziehen. Nach der Balfour-Erklärung führte Weizmann selber einen Werbefeldzug an, mit dessen Hilfe arabisches Misstrauen gegenüber den wirklichen Absichten der Zionisten zerstreut werden sollte. Er erklärte öffentlich, dass arabische Ängste der, man werde sie aus ihrer jetzigen Position verdrängen, „entweder auf ein grundlegend falsches Verständnis der zionistischen Ziele oder auf die böswillige Wühlarbeit unserer gemeinsamen Feinde“ verwiesen. Weizmann besuchte sogar den Sohn Husseins, Faisal, in seinem Lager bei Aqaba und gab diesem arabischen Führer die Versicherung, dass der Zionismus „nicht auf die Einrichtung einer jüdischen Regierung für Palästina hinarbeite.“[8]

7· Weizmann, „Trial and Error“, S. 119

8· Alfred M. Lilienthal, „The Zionist Connection II“, S. 19

Es gab jedoch noch einen anderen und gewichtigeren Grund für die Verschleierungstaktik der Zentrums-Zionisten: Sie mussten auf jeden Fall die Juden Westeuropas und Nordamerikas im Bezug auf ihre wahren Absichten im Unklaren lassen und täuschen. Wenn die maßgeblichen Zionisten sich nämlich von Anfang öffentlich zu ihrem Plan bekannt hätten, im arabischen Palästina einen jüdischen Staat zu gründen, so wäre es ihnen in der Zeit vor der nationalsozialistischen Judenverfolgung wahrscheinlich nicht gelungen, genügend Unterstützung für ihre Sache zu gewinnen, um diese überhaupt am Leben zu erhalten. Die meisten, wenn nicht gar alle Juden, welche auf dem von der Haskala vorgezeichneten Weg nach Westeuropa und Nordamerika ausgewandert waren, sich dort integriert hatten und sicher fühlten, zeigten wenig oder kein Interesse daran, ihr neues Leben schon wieder aufzugeben und sich an anderer Stelle niederzulassen, und sei es im Gelobten Land. Und die meisten von ihnen hätten wohl, wenn sie von den wirklichen Vorhaben der organisierten Zionisten gewusst hätten, ungefähr so zu sich gesprochen:

„Wir Juden sollten, gerade wegen der Kette von Verfolgungen, den wir in unserer Geschichte ausgesetzt waren, doch die letzten sein, die anfangen, ein anderes Volk zu entrechten und zu verfolgen. Was die politischen Zionisten hier vorschlagen, ist unmoralisch. Da wollen wir nicht mitmachen!"

Die wenigen wirklich einflussreichen Persönlichkeiten unter den westlichen Juden, die der wahren Ziele des Zionismus gewahr wurden und durch reifliches Überlegen die schrecklichen Langzeitfolgen erkannt hatten, waren, wie wir schon gesehen haben, zu Beginn ganz und gar gegen so etwas wie die Balfour-Deklaration eingestellt. Diese Männer, insbesondere Montagu, fürchteten, dass die Zionisten sie zu einer - wenn auch fadenscheinigen - Legitimierung ihrer verdeckten Operation einer Staatsgründung auf Raten nutzen würden. Und dies ganz unabhängig vom Ausmaß, in dem es den Anti-Zionisten gelingen würde, den zionistischen Ansprüchen in der endgültigen Formulierung der Deklaration Fesseln anzulegen.

In den Monaten vor der Balfour-Deklaration, als eine solche Erklärung immer wahrscheinlicher wurde und die Diskussionen über ihren Inhalt andauerten, leitete Nahum Sokolow einen Werbefeldzug der Zionisten. Dieser zielte darauf ab, die einflussreichsten anti-zionistischen Juden zu überzeugen, dass ihre Befürchtungen unberechtigt seien und sie deshalb von weiterer offener Opposition gegen die Deklaration absehen sollten. Sokolow, der später einmal als Präsident der ZWO amtierte, war auch Weizmanns engster Mitarbeiter bei den Verhandlungen im Vorfeld der Deklaration. Es gelang ihm, die aufgeschreckten Verbandsvertreter der jüdischen Briten zu beruhigen und ihre Zweifel zu zerstreuen.

Er führte diese dabei schlicht an der Nase herum und verhinderte so eine für die Zionisten unkontrollierbare und bedrohliche Gegnerschaft der britischen Juden. Indem er den Zionismus als armes Opfer darstellte, belog er seine Zuhörer wie folgt:

„Es wurde von anti-zionistischer Seite gesagt, und man wiederholt es starrsinnig noch immer weiter, dass der Zionismus auf die Schaffung eines unabhängigen jüdischen Staates abziele. Das ist aber ein völliger Trugschluss. Der Judenstaat war nie Teil des Zionistischen Programms."[9]

Im vertraulichen Rahmen der jüdischen Kreise, in denen er verkehrte und tätig war, zeigte sich Sokolow weniger schüchtern. Hier ließ er deutlich durchblicken, dass er jedem Anti-Zionisten von Bedeutung, der sich der Abgabe der Balfour-Deklaration entgegen stellen wollte, das Leben schwer machen würde. Und kein noch so erfolg- und einflussreicher Jude, selbst unter den überzeugtesten Anti-Zionisten, wollte Sokolow die Gelegenheit bieten, dass dieser ihn zwar fälschlich, aber dennoch wirksam bezichtigte, sich gegen eine Erklärung der britischen Regierung zu stemmen, in welcher diese die Gründung einer jüdischen Gemeinde in Palästina nach den harmlosen Vorstellungen eines Ascher Ginsberg billigte.

Als Weizmann sich an die Niederschrift seines autobiographischen Buches „Trial and Error" [in dt. Übers.: „Das Werden des Staates Israel"] machte, konnte er nicht der Versuchung widerstehen, zumindest anzudeuten, mit welchen Methoden er, Sokolow und andere führende Zionisten, meist osteuropäischer Herkunft, die (erfolg-)reichen Juden des Westens beim Einsammeln von Spenden und Unterstützung ausnutzten:

„Jene wohlhabenden Juden konnten sich einerseits nicht vollständig von ihrem Gefühl einer Verantwortung ihrem Volke gegenüber trennen, andererseits sich aber auch nicht mit den Hoffnungen der Massen identifizieren. Daher waren sie nur bereit, großzügig mit der Linken so zu spenden wie jemand, bei dem die rechte Hand nicht weiß, was die linke tut... Für sie bedeutete die kommende Gemeinschaft in Jerusalem Wohltätigkeit, schloss aber sie selber nicht ein. Für uns bedeutete sie nationalistische [sic] Wiedergeburt. Sie gaben mit Vorbehalt, und wir nahmen mit Vorbehalt."[10]

Für die Überlegung, dass die Zionisten ohne die Schrecken des nationalsozialistischen Judenmordes wohl nie den ausreichenden Rückenwind für ihre Staatsgründung erhalten hätten, finden sich in einer Bemerkung Weizmanns vom April 1917, wenige Monate vor der Balfour-Erklärung, starke Anhaltspunkte:

„Die Juden könnten [in Palästina] für ein oder zwei Generationen unter dem Schutz der Briten arbeiten, und sich darum bemühen, das Land soweit wie möglich zu entwickeln. Man würde darauf zählen, dass dereinst eine Zeit kommen wird, in der ein gerechtes Tribunal ihnen den Rest Palästinas übereignen wird, auf das sie einen historischen Anspruch besitzen."[11]

9· Nahum Sokolow, „History of Zionism 1600-1918", Longman, Greens and Co., London, 1919, S. XXIVf

10· Chaim Weizmann, „Trial and Error", S. 100; Chaim Weizmann, „Memoiren: Das Werden des Staates Israel", Toth, Hamburg 1951

11· Nevil Barbour, „Palestine: Star or Crescent?", New York, Odyssey Press, 1947, S. 214

Wenn diese Worte Weizmanns wirkliche Gedanken wiedergeben und nicht nur für sein Gegenüber bestimmt waren, spräche das für politische Naivität und fehlenden Realismus. Der Gedanke ging so: Es wären immer weiter Juden nach Palästina eingewandert und mithilfe der Wohltätigkeit von reichen Diaspora-Juden immer noch mehr jüdische Siedlungen gegründet und entwickelt worden, und dann, irgendwann, wäre dafür die Zeit gekommen, dass die britischen Imperialisten für die Zionisten die endgültige, große Schmutzarbeit erledigten: Sie würden die palästinensischen Araber nach dieser Vorstellung zwingen, sich entweder jüdischer Herrschaft zu unterwerfen oder ihr Leben anderswo in der arabischen Welt fortzusetzen. Obwohl Balfour ein solches Vorgehen persönlich vorgezogen hätte und später die britische Labour-Partei einmal mit ähnlichen Gedanken spielte: das hätte Albion selbst in seinen perfiden Momenten nie getan.

Nach der Balfour-Erklärung und Churchills Weißbuch von 1922 sollten erst einmal die sogenannten Revisionisten in der zionistischen Bewegung für jene „Fortschritte" sorgen, die für die Erfüllung des zionistischen Traums und das Verüben der dazu erforderlichen Verbrechen notwendig waren.

Jabotinsky: „Wie können wir geloben, damit zufrieden zu sein. Niemals ... Sollten wir es selbst schwören, ... so wäre das eine Lüge."

Nach Ansicht von Zeev Jabotinsky bot die Balfour-Deklaration viel zu wenig, nämlich nur:

„Eine Ecke von Palästina, einen Landkreis [a canton]. Wie können wir geloben, damit zufrieden zu sein? Das können wir nicht. Das können wir niemals. Sollten wir vor Ihnen selbst schwören, dass wir damit zufrieden seien, so wäre das eine Lüge."[12]

Wladimir Zeev Jabotinsky, russischer Jude, 1880 in Odessa geboren, war der Gründervater der israelischen Armee. Am Anfang war es nur eine illegale militärische Organisation im Untergrund, die anfangs von Jabotinsky im Auftrag der zionistischen Verbände gebildet und geführt wurde, mit dem Namen „Haganah", dem hebräischen Wort für Verteidigung. (Der offizielle Name der heutigen israelischen Streitkräfte lautet im Englischen IDF für „Israeli Defence Forces", (also „Israelische Verteidigungs-Kräfte", und im Hebräischen „Zwa ha-Haganah le-Jisra'el", abgekürzt „Zahal". In späteren Jahren schloss sich die Haganah dem zionistischen „Mainstream" an in Gestalt der von Ben Gurion geführten „Jewish Agency" innerhalb Palästinas.)

12· Aus seiner Aussage vor der Peel Commission; siehe Nevill Barbour, „Palestine – Star or Crescent?", S. 214 bzw.: „Evidence Submitted to the Palestine Royal Commission by Mr. V. Jabotinsky on behalf of the New Zionist Organisation, London, House of Lords, February 11th 1937" [„Aussage vor der Königlichen Untersuchungskommission zu Palästina durch Hrn. V. Jabotinsky für die ‚New Zionist Organization'], Hg.v.d.'New Zionist Organisation in Palestine', Tel Aviv 1937, Seite 19f

Wie Herzl wurde Jabotinsky zuerst als Journalist bekannt. 1898 wandte er sich diesem Beruf als Auslandsberichterstatter für einige Zeitungen in Odessa zu. Er berichtete aus dem schweizerischen Bern, dann aus Rom, wo er auch Rechtswissenschaften studierte. Im Jahre 1901 hatte er sich durch seine Arbeit bereits einen solchen Ruf erworben, dass man ihm in Odessa eine Stelle als Redakteur und Kolumnist anbot. Nach Russland zurückgekehrt, schloss er auch sein Studium der Rechte ab; er sollte jedoch danach als Journalist und nicht als Jurist Erfolge feiern. Außerdem verfasste und veröffentlichte er mehrere Bücher, darunter Übersetzungen von Dante und Edgar Allan Poe. Es folgten ein eigener Roman und schließlich auch eine Autobiographie.

Schon zu Anfang des Ersten Weltkriegs war Jabotinsky überzeugt, dass das zerfallende Osmanische Reich dem Untergang geweiht sei und dass die Briten sich schließlich die Macht über Palästina aneignen würden. Und er glaubte, dass im Fall einer pro-britischen, kriegswirksamen Hilfe durch die Zionisten gegen die Türken die britische Regierung sich der zionistischen Sache dankbar erweisen und die jüdische Kolonisierung in Palästina erlauben würde. Die Briten würden damit die Gründung eines jüdischen pro-britischen Staates anstreben, der sich dem Dienst am britischen Empire verpflichtet wüsste. Dazu bemerkte Abba Achimeir, einer der höchstrangigen Vertrauten von Jabotinsky in Palästina, dass die Zionisten den Briten sogar helfen würden, deren Empire „noch weiter als von den Briten selber beabsichtigt“ auszudehnen.[13]

Zusammen mit einem anderen zionistischen Führer, Joseph Trumpeldor, bat Jabotinsky die britischen Behörden, eigene jüdische Einheiten in der britischen Armee aufstellen zu dürfen. Als die Briten dankend ablehnten, ließ Trumpeldor sich nicht beirren. Er war weiterhin entschlossen, die Nützlichkeit der Zionisten für die Briten in ihrem Krieg gegen die Türken zu beweisen. Mit britischer Erlaubnis organisierte er ein jüdisches „Zion Mule Corps“, die „Zion Maultier-Truppe“, welche dem britischen Militär beim Nachschub vor allem von Munition half. Trumpeldor diente in dieser Truppe, die in den Dardanellen, gelegentlich der britischen Schlappe bei Gallipoli, zum Einsatz kam. Jabotinsky stand diesem Unternehmen eher skeptisch gegenüber; eine untergeordnete Funktion im bloßen Nachschubwesen hatte er für die jüdische Freiwilligentruppe nicht ins Auge gefasst. Im August 1917 hatte Jabotinsky dann mehr Glück: die Briten erlaubten die Aufstellung der „Jewish Legion“ oder „Jüdischen Legion“ in Stärke von schließlich fünf Bataillonen. In dieser Truppe diente auch Jabotinsky im Range eines Leutnants.

Wie gesagt, bedeutet das hebräische Wort „Haganah“ „Verteidigung“. Als Jabotinsky die Organisation „Haganah“ 1920 mitgründete, sollte sie ausdrücklich

---

13. Yaacov Shavit, „The Attitudes of the Revisionists to the Arab Nationalist Movement“, „Forum on the Jewish People, Zionism and Israel“, S. 102; zitiert nach L. Brenner, „Iron Wall“ u. „Zionism in the Age of Dictators“

der Aufgabe dienen, die mittlerweile bestehenden zionistischen Siedlungen zu verteidigen. Die britische Armee sah sich jedoch selber dafür in der Pflicht, und die britische Militärverwaltung Palästinas war nicht bereit, Privatarmeen oder Milizen zu dulden. Die Haganah wurde alsbald verboten und Jabotinsky verhaftet und zu fünfzehn Jahren verschärfter Zwangsarbeit verurteilt. Aufgrund des dadurch veranlassten öffentlichen Aufschreis der Empörung wurde er jedoch schon nach drei Monaten Haft vom britischen Hochkommissar begnadigt und freigelassen.

Jabotinsky hatte mittlerweile zwei Jahrzehnte Zeit gehabt, seine eigene zionistische Sichtweise der Dinge zu entwickeln. Nach seinem Verständnis lag dem Leiden der Juden nicht bloß der Antisemitismus der Nichtjuden, sondern die Diaspora, die Zerstreuung der Juden unter den Völkern, zugrunde. Das Leiden des jüdischen Volkes konnte kein Ende finden, solange ihre Staatenlosigkeit kein Ende hatte. Er scheint davon ausgegangen zu sein, dass die meisten, wenn nicht alle, Juden auf der Welt sich wünschten, in einem eigenen Staat leben zu können. Der notwendige Umfang eines solchen Staates, der alle oder die meisten Juden weltweit aufnehmen könnte, stellte eine wichtige Größe in der zu lösenden Gleichung dar. Der zionistische Staat, den Jabotinsky im Auge hatte, sollte das ganze Mandatspalästina, d.h. das Land auf beiden Seiten des Jordans [inkl. dem heutigen Jordanien, Anm.d.Ü.] umfassen; die dazu gehörige jüdische Armee sollte schlagkräftig genug sein, um, falls nötig, den Arabern noch weiteres Land abnehmen zu können.

Jabotinsky schrieb 1923 „Die eiserne Wand", ein Text von gleichzeitig brutaler und brillianter Offenheit. [Er erschien zuerst auf Russisch in der zionistischen Zeitschrift „Rasswjet", dt. „Die Morgenröte", aber auch noch im selben Jahr in der deutschen „Menorah". – d. Ü.] Der Artikel wurde nicht nur zur „Bibel" der revisionistischen Zionisten, sondern zu einer Inspiration für alle jüdischen Nationalisten bzw. später die nationalistischen Israelis; darunter auch viele, die sich wohl nie zu den Revisionisten gezählt hätten. Im Folgenden werden weite Passagen dieses revisionistischen Grundlagentextes zitiert, denn ich glaube, dass ein Verständnis für Jabotinskys Denken auch zu verstehen hilft, wie Israel zu dem arroganten, gewalttätigen und unterdrückerischen Staat werden konnte, als der es heute erscheint. [Fett markierte Hervorhebungen durch den Verfasser, kursiv markierte wie in der „Menorah", Anm.d.Ü.]

„Von einer friedlichen Versöhnung der palästinensischen Araber mit uns kann keine Rede sein: weder jetzt noch in absehbarer Zukunft. … gutherzige Leute … [haben] alle, mit Ausnahme der Blindgeborenen, schon lange aus Eigenem begriffen, daß es es ganz unmöglich ist, eine freiwillige Einwilligung der Araber Palästinas zur **Umwandlung desselben Palästinas aus einem arabischen Lande in ein Land mit einer jüdischen Majorität** zu erlangen.

[…]

Jedes einheimische Volk, gleich ob es zivilisiert oder wild ist, betrachtet sein Land als sein nationales Heim, wo es der einzige Herr ist und für immer bleiben will; nicht nur neue Wirte, auch neue Mitbeteiligte oder Partner in der Wirtschaft wird es nicht freiwillig zulassen.

Das bezieht sich auch auf die Araber. **Die Friedensstifter in unseren Reihen versuchen uns zu überreden, daß die Araber entweder Narren sind, die man mit einer ‚milderen' Formulierung unserer wirklichen Ziele täuschen kann, oder daß sie eine bestechliche Bande sind, die gegen kulturelle und ökonomische Vorteile uns den Vorrang in Palästina abtreten wird. Ganz entschieden bin ich mit dieser Ansicht über die palästinensischen Araber nicht einverstanden.** Kulturell sind sie um 500 Jahre hinter uns zurückgeblieben; in geistiger Hinsicht besitzen sie weder unsere Widerstandsfähigkeit noch unsere Willensstärke, damit ist aber der ganze Unterschied erschöpft. [...] Und zu Palästina hegen sie mindestens dieselbe instinktive Liebe und organische Eifersucht wie die Azteken zu ihrem alten Mexiko und die Sioux zu ihren Prärien.

Jabotinsky: Jedes Volk kämpft
gegen die Kolonisierung, so lange es noch
die geringste Hoffnung hat, sich von der Gefahr
der Kolonisierung zu befreien.
So handeln die Araber von Palästina und so werden
sie auch handeln, solange sie noch einen
Funken solcher Hoffnung haben.

Es handelt sich nicht darum, welche Worte ... wir für die Aufklärung unserer kolonisatorischen Bemühungen benützen werden. Diese Kolonisierung trägt in sich selbst ihre einzige, unveräußerliche, jedem normalen Juden und jedem Araber verständliche Erklärung. Die Kolonisierung kann nur ein Ziel haben; für die palästinensischen Araber ist dieses Ziel unannehmbar; das liegt alles in der Natur der Dinge, und leider läßt sich diese Natur nicht ändern.

[...]

Deshalb wäre man [im Falle des ‚Übereinkommens mit den Arabern außerhalb Palästinas'] gezwungen, die Kolonisierung *gegen* den Willen der palästinensischen Araber zu unternehmen, das heißt unter denselben Verhältnissen wie jetzt.

Aber auch ein Übereinkommen mit den Arabern außerhalb Palästinas ist für uns eine unrealisierbare Phantasie. Für eine Konzession von derartiger Bedeutung, wie ein Verzicht auf den arabischen Charakter Palästinas ... müssten wir den Nationalisten von Bagdad, Mekka und Damaskus ein sehr großes Äquivalent anbieten.

[...]

... weder den palästinensischen noch den übrigen Arabern können wir eine in ihren Augen genügende Kompensation für Palästina anbieten. **Eine freiwillige**

Übereinkunft ist deshalb undenkbar. [...] Die zionistische Kolonisierung muß man entweder einstellen oder sie gegen den Willen der Bevölkerung weiterführen. Sie kann daher nur unter dem Schutze einer von der einheimischen Bevölkerung unabhängigen Macht – einer eisernen Wand – die die einheimische Bevölkerung nicht durchbrechen kann, weitergeführt und entwickelt werden.

Darin besteht auch unsere ganze arabische Politik; nicht nur ‚sollte bestehen', sondern sie besteht auch tatsächlich darin wenn wir es auch mit noch so vielen Redensarten verhüllen würden.

Wozu die Balfour-Deklaration? Wozu das Mandat? Ihr Sinn und Bedeutung besteht für uns darin, daß eine fremde Macht sich verpflichtet hat, solche Verwaltungs- und Sicherheitsverhältnisse im Lande zu schaffen, daß der einheimischen Bevölkerung ohne Rücksicht auf ihre Wünsche die Möglichkeit genommen wäre, die jüdische Kolonisierung administrativ oder politisch zu verhindern. Und wir alle, ausnahmlos alle, treiben tagtäglich diese äußere Macht an, damit sie diese Rolle fest und ohne Nachsicht ausführen soll. In dieser Hinsicht gibt es keinen wirklichen Unterschied zwischen unseren ‚Militaristen' und unseren ‚Vegetariern'. Die einen ziehen eine eiserne Wand aus jüdischen, die anderen aus irländischen Bajonetten vor ...; wir alle aber bemühen uns Tag und Nacht um die eiserne Wand.

[...]

Auf den abgenützten Tadel, als ob der oberwähnte Standpunkt unethisch wäre, antworte ich: nicht wahr. Eins von beiden: entweder ist der Zionismus moralisch oder er ist unmoralisch. Es war unsere heilige Pflicht, diese Frage für uns selbst schon früher entschieden zu haben, ... Und wir haben sie doch im positiven Sinne entschieden. Ist aber der Zionismus moralisch, das heißt gerecht, so muß die Gerechtigkeit ins Leben geführt werden, ohne Rücksicht, ob A, B und C damit einverstanden sind oder nicht. Und falls A, B und C die Verwirklichung der Gerechtigkeit mit Gewalt hindern wollen, weil sie sich dadurch benachteiligt sehen, so muß man ihnen auch mit Gewalt die Möglichkeit dazu nehmen. Das ist Ethik, eine andere Ethik gibt es nicht.

[...]

Solange die Araber nur die geringste Hoffnung haben, uns los zu werden, werden sie diese Hoffnung weder für süße Worte noch für nahrhafte Butterbrote verkaufen, eben weil sie kein Gesindel, sondern ein lebendiges, wenn auch zurückgebliebenes [sic!] Volk sind. Ein lebendiges Volk gibt nur dann in solchen Fragen nach, wenn kein einziges Schlupfloch mehr in der eisernen Wand zu finden ist."[14]

14· Vladimir Jabotinsky, „O Zheleznoi Stene" [„Die eiserne Mauer"], erschienen in „Rasswjet" [„Morgenröte" od. „Neuer Tag"] am 4. November 1923 und ein Folgeartikel („Die eiserne Mauer") am 11. November 1923; hier zitiert nach der deutschen Veröffentlichung unter den Titeln „Die eiserne Wand" bzw. die „Die Ethik der eisernen Wand", in: „Menorah – Illustrierte Monatsschrift für die jüdische Familie", Heft 5 bzw. 6, 1923, im Internet auf der Website: http://www.compactmemory.de

An anderer Stelle gibt Jabotinsky ein Resümee eines von ihm entdeckten „Gesetzes“:

„[Das ist] das eherne Gesetz jeder Kolonisierungs-Bewegung, ein Gesetz, das keine Ausnahme kennt, ein Gesetz, das zu allen Zeiten und unter allen Umständen gültig war: Wenn ich ein Land kolonisieren möchte, in dem schon Menschen leben, so muss ich für eine Schutztruppe sorgen, oder irgendeinen Reichen oder anderen Wohltäter finden, der an meiner Stelle für eine solche Truppe sorgt. Und sonst? Sonst muss ich mein Kolonisierungsvorhaben aufgeben, denn **ohne eine bewaffnete Streitmacht, die jeden Versuch zum Scheitern verdammt, mit dem jene Kolonisierung zerschlagen oder verhindert werden soll, ist die Kolonisierung unmöglich, ja: nicht etwa schwierig, nicht gefährlich, sondern einfach UNMÖGLICH. Der Zionismus ist ein Kolonisierungsunterfangen, und deshalb steht und fällt er mit dem Vorhandensein einer bewaffneten Streitmacht.** Es ist wichtig, Hebräisch sprechen zu können, aber unglücklicherweise ist es noch weit wichtiger, schießen zu können. Oder ich bin am Ende mit meinen Kolonisierungsspielchen.“[15]

Das war, ein ganzes Jahrzehnt vor der Machtergreifung der Nazis in Deutschland und Jahre vor der Niederschrift von Hitlers „Mein Kampf“, die Ideologie des sogenannten revisionistischen Zionismus. Sein Großer Plan, seine geniale Leitidee ging dahin, schiere, brutale Gewalt anzuwenden, nicht nur, um die Araber ihres Landes zu berauben, sondern sie danach auch an jeder Hoffnung verzweifeln zu lassen, es je zurück zu erhalten. Ohne jede Abwägung, was daran richtig oder falsch sein könnte: Kompromisse gab es nicht. Es war ein Vorgehen nach dem Motto „Wir oder sie“.

Etwas „revidieren“ heißt, es überprüfen und korrigieren, oder eine neue verbesserte Version davon zu erbringen, eine „Revision“. Wenn man die „ehrlichen“ Zionisten mit der Charakterisierung „Revisionisten“ im Sinne von „Erneuerer“ belegt, so könnte man das so verstehen: Jabotinsky ist unter den Begründern des politischen Zionismus dafür der Hauptverantwortliche, dass sich der Zionismus schließlich in jenes Monster verwandelte, welches Land und Rechte der Palästinenser gierig verschlungen hat. Theoretisch scheint da etwas daran zu sein, wenn man die ganze Schuld für das, wozu Israel sich entwickelt hat, auf Jabotinsky ablädt; aber vor den harten Fakten hält eine solche These kaum stand.

Hatte Herzl, der Begründer des „gutbürgerlichen“ Zionismus, doch schon 1895, das heißt zwei Jahre vor dem Zionistischen Kongress in Basel, seinem Tagebuch einige ganz private Gedanken anvertraut; es ging darin auch darum, was mit der arabischen Bevölkerung Palästinas geschehen solle, wenn der Zionismus dort sein Projekt der Gründung eines jüdischen Staates umsetzen würde:

15- Aus Vladimir Jabotinsky, „The Iron Law“ [„Das eherne Gesetz“, in „Selected Writings of Vladimir Jabotinsky“ [„Ausgewählte Schriften v. W.J.“], South Africa, 1962, hier zitiert nach Lenni Brenner, „The Iron Wall“, Anm. 125

„Die arme Bevölkerung trachten wir unbemerkt über die Grenze zu schaffen, indem wir ihr in den Durchzugsländern Arbeit verschaffen, aber in unserm eigenen Lande jegliche Arbeit verweigern. … Das Expropriationswerk [im Bezug auf das Eigentum der angestammten Bevölkerung] muß ebenso wie die Fortschaffung der Armen mit Zartheit und Behutsamkeit erfolgen.“[16]

The Jewish Agency's Colonisation Department: „Wir können unser Ziel nicht erreichen, wenn die Araber noch im Lande sind … nicht ein Dorf, nicht ein Stamm…“

Über die Jahre wurde das ursprüngliche, von Herzl stammende Gedankengut von „ehrlichen“ Zionisten in Palästina schöpferisch weiterentwickelt. Yosef Weitz leitete das „Colonisation Department“ der „Jewish Agency“ [die „Siedlungsabteilung“, deren deutschen Namen man im Lichte der heutigen „Siedlungen“ im Westjordanland sehen sollte; oder eben auch „Abteilung für Kolonisierung“, wie die ganz buchstabengetreue Übersetzung lautet; Anm.d.Ü.]. 1940 verfasste er eine geheime Denkschrift mit dem Titel „Eine Lösung für das [jüdische] Flüchtlingsproblem“. Darin hieß es u.a.:

„Unter uns sollte klar sein, dass es in diesem Land nicht genug Raum für zwei Völker gibt. Wir können unser Ziel nicht erreichen, wenn die Araber noch im Lande sind. Es gibt keine andere Möglichkeit, als die Araber von hier in die Nachbarländer zu transferieren – und zwar alle. Nicht ein Dorf, nicht ein Stamm sollte hier bleiben.“[17]

Das Koening Memorandum: „Wir müssen Terror, Morde, Einschüchterung, Beschlagnahme von Land … einsetzen…“

Im Jahre 1976 lieferte die Tatsache, dass die arabischen Palästinenser mittlerweile in manchen Gebieten von Israel die Juden an Zahl übertrafen, oder zumindest bald damit zu rechnen war, den Anlass für ein weiteres Geheimmemorandum. Es wurde diesmal von Israel Koening, dem damaligen Kommissar des Innenministeriums für den Norddistrikt zu Händen des damaligen Premiers Yitzhak Rabin verfasst. Koening ist auch berühmt-berüchtigt für seinen Satz, die palästinensischen Araber Galiläas seien „ein Krebsgeschwür im Körper des Staates“. Nach Lilienthal wurde im Memorandum der Vorschlag gemacht, „die äußerst problematische Lage ins Lot zu bringen, indem man den Arabern höchstens zwanzig Prozent der

16· Theodor Herzl, Tagebücher, Jüd. Verlag 1922, Bd. 1, Eintrag f.d. 12. Juni 1895, S. 98

17· Nach einem Bericht der israelischen Zeitung „Davar“ in der Ausgabe vom 29. September 1967; hier zitiert nach: Uri Davis/Norton Mezvinsky (Hg.), „Documents from Israel 1967-1973“, S. 21; vgl. auch: Ralph Schoenman, „The Hidden History of Zionism“, Vallejo/CA, Veritas Press, 1988, S. 31

verfügbaren Arbeitsstellen lässt; indem man ferner das Auswahlssystem [im Bildungssektor] so ändert, dass die Zahl arabischer Universitätsstudenten zurückgeht, und indem man dafür sorgt, dass diese Auszubildenden stattdessen in technischen, naturwissenschaftlichen und angewandten Fächern unterkommen, damit sie so weniger Zeit dafür haben, mit dem Nationalismus zu tändeln. Man sollte auch Auslandsaufenthalte für [arabische] Studenten erleichtern, aber ihre Rückkehr ins Land und ihre Anstellung hier erschweren, um ihre Emigration zu unterstützen."

Ralph Schoenman zitiert in seiner „Verborgenen Geschichte des Zionismus" Koening und sein Memorandum mit diesen Worten:

„Wir müssen Terror, Morde, Einschüchterung, Beschlagnahme von Land und das Einstellen aller öffentlichen Dienstleistungen einsetzen, um Galiläa von seinen Araber zu befreien."[18]

Rafael Eitan: „Wenn wir das Land besiedelt haben, dann ... werden all diese Araber aufgeregt herumlaufen wie betäubte Kakerlaken in einer Flasche."

Was die Vorstellung Jabotinskys von der „Eisernen Wand" angeht, so gibt es wohl kaum einen größeren zeitgenössischen Anwalt derselben als Rafael Eitan (1929-2004). Als Stabschef der IDF gab Eitan vor dem Knesset-Ausschuss für Äußeres und Verteidigung folgendes zum Besten:

„Wir erklären öffentlich, dass die Araber kein Recht besitzen, sich auch nur auf einem Zentimeter von Eretz Israel niederzulassen. ... Gewalt ist alles, was sie verstehen und je verstehen werden. Wir werden ultimative Gewalt benutzen, bis die Palästinenser zu uns auf allen Vieren gekrochen kommen. ... Wenn wir das Land mit Siedlungen überzogen haben, werden all diese Araber nichts mehr tun können, als wie betäubte Kakerlaken, die in einer Flasche gefangen sind, aufgeregt herumzulaufen."[19]

Der einzige wirkliche Unterschied zwischen den „gemäßigten" Zionisten des Mainstreams und den „extremistischen" Revisionisten bestand darin, dass die letzteren immer bereit waren, wirklich alles zu unternehmen und dabei sämtliche Prinzipien der jüdischen Ethik und des Völkerrechts zu brechen, nur um die zionistische Sache voranzubringen. Die ersteren hofften, dass die Drecksarbeit von den

18· Für das „Krebsgeschwür"-Zitat, siehe: Ilan Pappe, „The Ethnic Cleansing of Palestine", London and New York: Oneworld, 2006; bzw. die deutsche Übersetzung: ders., Die ethnische Säuberung Palästinas, Zweitausendeins, 2007, Seite 284; Lilienthals Darstellung des Memorandums in „The Zionist Connection II", S. 124, stützt sich auf die Übersetzung eines Berichts in der israelischen Zeitung „Al-Hamishmar" vom 7. September 1976; die Übersetzung des Artikels hat er „SWASIA" entnommen, einer damals in Washington erscheinenden Zeitschrift mit einer Auswahl von Übersetzungen hebräischer Artikel; Schoenmans stützt sich in „The Hidden History of Zionism", Vallejo/CA, Veritas Press, 1988, S. 31f, direkt auf den Originalartikel in „Al-Hamishmar"

19· Vgl. Gad Becker in „Stabschef: Eine Siedlung für jeden Stein" in der israelischen, hebräischsprachigen Zeitung „Yediot Ahronot" am 13. April 1983; ebenso (für Teile des Zitats) David Shipler am 14. April 1983 in der „New York Times"; letzterer Artikel im Internet: http://www.nytimes.com/1983/04/14/world/most-west-bank-arabs-blaming-us-for-impasse.html Vgl. auch „Fateful Triangle", S. 130

Briten erledigt wurde, und das ist ihre „Mäßigung". Und in Wirklichkeit unterteilten sich die Zionisten nur in effektive und nicht so effektive Vertreter ihrer Sache.

Vielleicht ist es falsch, Herzl als den Gründervater des Zentrums-Zionismus, des sogenannten moderaten Zionismus, zu beschreiben. Vielleicht ist Herzl doch eher der Begründer des Zionismus und seiner Methoden, wie sie Jabotinsky öffentlich eingefordert und nach Kräften umgesetzt hat, und nach ihm seine Erben und Nachfolger. Und vielleicht war ihr Revisionismus, oder besser ihre Revision nur deshalb nötig, weil Weizmann als Präsident der Zionistischen Welt-Organisation sich nicht nur in manchen Beziehungen naiv, sondern manchmal unentschlossen zeigte, wenn es darum ging, ohne Rücksicht auf Verluste alle Mittel einzusetzen, um den jüdischen Staat herbeizuführen. Und vielleicht war er deshalb so wankelmütig, weil der Gedanke, dass man den Arabern ein schreckliches Unrecht zufügte, sein Gewissen quälte. Zumindest manchmal.

Als Jabotinsky „Die Eiserne Wand" schrieb, wusste er ganz genau, dass es noch einige Jahre dauern würde, bis die Zionisten es mit den Arabern aufnehmen und sie auf dem Schlachtfeld schlagen könnten. Juden waren gute Händler, Kaufleute und Bankiers, aber Kämpfer waren sie – damals – nicht. Noch nicht.

**Jabotinsky: „Der Revisionismus ist simpel,
brutal, primitiv. Gehen Sie auf die Straße
und greifen irgendeinen Menschen heraus
– meinetwegen einen Chinesen – und fragen ihn,
was er will, und er wird sagen: 100 Prozent von allem.
So sind wir auch: Wir wollen ein jüdisches Imperium."**

Im Jahre 1935 wurde Jabotinsky auf einer Schiffsreise in die USA von Robert Gessner, einem jüdischen kommunistischen Journalisten erkannt. Dieser fragte den führenden revisionistischen Zionisten, ob er einem Interview und dessen Veröffentlichung in der radikal-linken Zeitschrift „New Masses" zustimme, worauf Jabotinsky begeistert einging. Im Laufe der Unterhaltung gab er zu erkennen, dass er zu den US-Amerikanern ganz offen über den zionistischen Revisionismus sprechen wolle. Er diktierte Gessner u.a. die folgenden zur Veröffentlichung gedachten Worte in die Feder:

„Revisionismus ist simpel, brutal, primitiv. Regelrecht wild. Gehen Sie auf die Straße und greifen irgendeinen Menschen heraus, meinetwegen einen Chinesen, und fragen ihn, was er will, und er wird sagen: Einhundert Prozent von allem. So sind wir auch. Wir wollen ein jüdisches Imperium."[20]

20· Robert Gessner, „Brown Shirts in Zion – Jabotinsky, the Jewish Hitler" [„Braunhemden in Zion – Jabotinsky, der jüdische Hitler"], „New Masses", 19. Februar 1935, S. 11; Facsimile des Artikels im Internet unter: http://www.unz.org/Pub/NewMasses-1935feb19-00011

Kapitel 7
Die USA verabschieden sich von ihren hehren Idealen

Die Araber hatten gewissen Anlass, Vertrauen in die ehrlichen Absichten der USA zu setzen, wie diese von Woodrow Wilson in Wort und Person vertreten wurden. Dementsprechend glaubten sie auch, die US-Amerikaner würden dafür sorgen, dass Großbritannien sein Wort hielt. Woodrow Wilson verfügte nämlich nicht nur über vielseitige Talente und Fähigkeiten: Es war sein ausgesprochenes Ziel, die Macht des Präsidentenamtes einzusetzen, um die Welt zum Besseren zu verändern, und er glaubte tatsächlich, dass dieser Traum realisierbar war.

Man kann wohl sagen, dass wenige US-Präsidenten vor oder nach ihm so hohe Qualifikationen wie er für ein öffentliches Amt, im Dienste der Menschheit wie seiner eigenen Nation, aufwiesen. Seine akademische Karriere wies ihn als Politikwissenschaftler und Historiker aus; in seinem Denken jedoch ließ er sich von seinem Herzen genauso leiten wie von seinem Kopf. Nach einem vertieften Studium der politischen und der historischen Wissenschaft erwarb er an der John-Hopkins-Universität den Grad eines Doktors der Philosophie. Danach diente er der Princeton-University als Professor der Rechtswissenschaften und Volkswirtschaftslehre, um später zum Präsidenten derselben angesehenen Hochschule gewählt zu werden. Wie nur wenige Universitätslehrer war er in der Lage, seine Gedankengänge „vertikal" mitzuteilen (d.h. von oben nach unten); ich meine damit, dass er die intellektuellsten Gedanken in seiner Darstellung so weit „herunter zu biegen" wusste, dass die einfachsten Menschen sie nachvollziehen konnten. Seine Hochschulvorlesungen sowie seine öffentlichen Reden und zur Veröffentlichung bestimmten Schriften waren, wie es hieß, von „klarer Darstellung und brillanter Formulierung" gekennzeichnet.[1]

Seine geistigen Interessen gingen weit über seine eigentlichen akademischen Fächer hinaus. Seine Kollegen und Untergebenen mochten ihn und erlebten „eine magnetische [anziehende] Persönlichkeit", denn er zeigte nicht nur Esprit und Humor, sondern auch außergewöhnliche Freundlichkeit und Höflichkeit. Er wurde daher von vielen seiner Untergebenen respektiert und geschätzt, von manchen geliebt und verehrt.

1. Meine Darstellung folgt der Encyclopaedia Britannica in der Ausgabe von 1977

Es war jedoch nicht bloß seine Vision, dass die Welt im Sinne der Wohlfahrt der gesamten Menschheit und nicht nur ein paar weniger Menschen in den reichen und mächtigen Nationen regiert werden sollte, die diesen Präsidenten als wirklich würdigen Anführer seines Volkes auszeichnete. Woodrow Wilson glaubte darüber hinaus, und er meinte dies ernst, dass der Präsident der USA das Land aus eigener Initiative führen und nicht einfach der öffentlichen Meinung oder einem ihrer Segmente folgen sollte.

Außenpolitische Prinzipien Wilsons: Verzicht auf Machtpolitik und Respekt vor der Selbstbestimmung aller Völker.

Noch bevor sich die Nationen Europas in den Großen Krieg stürzten, hatte Präsident Wilson seine Richtlinien für die Außenpolitik formuliert, darunter:

- der Verzicht der USA, ihre wirtschaftliche und militärische Macht gegen die schwächeren Nationen einzusetzen;
- die Grundregel, dass die Interessen und Rechte kleiner Nationen gewahrt werden müssten, und
- die Perspektive der Selbstbestimmung für jene europäischen Völker, die von den Großmächten (vor allem Deutschland, Österreich und Russland) in quasi-kolonialer Weise beherrscht wurden (dies betraf vor allem die Finnen, die kleineren baltischen Nationen, die Polen und die anderen slawischen Völker unter deutscher bzw. österreichischer Herrschaft, Anm.d.Ü.).

Die Verwirklichung dieser Prinzipien gelang ihm jedoch nicht, obwohl er es redlich versuchte. Infolge dieses Misserfolgs sollten die USA später jedoch zum Unterstützer Israels durch dick und dünn, im Recht wie im Unrecht mutieren. Und diese Tatsache wiederum sollte es dem zionistischen Staat ermöglichen, seine Politik bar jeder Rücksicht gegenüber dem Völkerrecht durchzusetzen. Sie würde es ihm gestatten, seinem Expansionismus mit militärischer Wucht und entsprechender Arroganz zu frönen und dabei eine Demütigung der arabischen und muslimischen Welt auf die nächste folgen zu lassen. Und insofern reichen die Wurzeln eines Großteils des heutigen Anti-Amerikanismus bis in jenes Jahr 1919 zurück, als sich die USA von ihren hehren Idealen der Außenpolitik und des Völkerrechts verabschiedeten. (Wer weiß, ob dies geschehen wäre, wenn nicht Wilson zu einem entscheidenden Zeitpunkt einen Schlaganfall erlitten hätte?)

Dieses Kapitel will nun davon berichten, wie die anfangs neutralen USA sich zum Kriegseintritt gezwungen fühlten, nachdem doch Präsident Wilson eigentlich versucht hatte, den Krieg durch US-amerikanische Vermittlung frühzeitig zu beenden. Deutschland hatte dieses Vermittlungsangebot der USA akzeptiert, aber Frankreich und England hatten es zurückgewiesen. Und es wird berichtet werden, wie die USA schließlich die Briten und deren Nahost-Politik gewähren ließen, obwohl der Präsident diese doch eigentlich ablehnte. Sie widersprach nämlich den von ihm vertretenen Idealen und seiner Vorstellung einer neuen, besseren Weltordnung, von der er hoffte, dass sie auf den Trümmern der alten Ordnung entstehen würde.

Im Jahre 1914 erklärten die USA am selben 4. August, an dem Großbritannien seinen Kriegseintritt gegen Deutschland bekanntgab, ihre Neutralität in diesem Konflikt. Genauso fest entschlossen, wie die Europäer sich jetzt an die Gurgel gingen (und später die Großmächte im Kalten Krieg sich gegenseitig die Auslöschung androhten), zeigten sich die Bürger der USA in ihrem Wunsch vereint, in diesen Krieg nicht hinein gezogen zu werden, es sei denn, es würden US-amerikanische Rechte verletzt. Und zwei Wochen nach dieser Neutralitätserklärung wandte sich Präsident Wilson in einer Rede direkt an das US-amerikanische Volk. Dieses bat er darin, nicht nur in Taten, sondern auch in Gedanken neutral zu bleiben. Denn sein leidenschaftlichster Wunsch war es, den (bis dahin) europäischen Krieg durch frühestmögliche Vermittlungstätigkeit, insbesondere seinen diesbezüglichen persönlichen Einsatz und Geheimkontakte, baldigst zu beenden. Dafür war es ihm wichtig, von allen Parteien dieses kriegerischen Konfliktes als wirklich unparteiischer Dritter wahrgenommen zu werden.

Seine ersten Gesprächsangebote wurden sowohl von den Alliierten Großbritannien und Frankreich als auch von der Mittelmacht Deutschland abgelehnt. Dann, am Anfang des Jahres 1916, entsandte Wilson den „Colonel“ Edward M. House als seinen Vertreter nach Europa; dieser sollte Großbritannien und Frankreich dazu bringen, seinen geheimen Vermittlungsbemühungen eine ernsthafte Erfolgschance zu gewähren. Denn Wilson hatte gewichtige Gründe anzunehmen, dass er Deutschland zu wirklichen Verhandlungen bewegen konnte. Edward House hatte die Erlaubnis des Präsidenten, dem britischen Außenminister Sir Edward Grey auszurichten, dass Präsident Wilson „sobald er von Großbritannien und Frankreich erfahre, dass der Zeitpunkt geeignet sei“, eine internationale Konferenz zur Beendigung des Krieges vorschlagen wolle.[2]

In der Hoffnung, dass Großbritannien und Frankreich ein solches Angebot nicht würden ausschlagen können, hatte Wilson seinen Emissär House angewiesen, den Alliierten mitzuteilen, dass die USA im Falle der alliierten Annahme des Vermittlungsvorschlages und deutscher Ablehnung desselben „wahrscheinlich gegen Deutschland in den Krieg eintreten würden.“

Die britisch-amerikanischen Geheimverhandlungen führten am 22. Februar 1916 zur Abfassung des House-Grey-Memorandums. Darin war, den Vorstellungen Wilsons entsprechend, festgehalten, dass die USA wohl in den Krieg gegen Deutschland eintreten würden, wenn diese Mittelmacht die Vermittlung durch

---

2· Siehe Anm. 1; vgl. auch John A. Thompson, „Woodrow Wilson“, Pearson Education, Edinburgh 2002, Kapitel 5·2, „The impact of the U·boat“, S. 107·122

die USA ablehnen würde. Es stand aber auch darin, dass die britische Regierung sich das Recht vorbehielt, „die US-amerikanische Vermittlung anzustoßen".[3]

Dies kann Präsident Wilson nicht gefallen haben: schließlich hatten ihn die Briten damit abblitzen lassen. Wilson versuchte danach, die Briten dazu zu bewegen, „die US-amerikanische Vermittlung anzustoßen", denn ihm war klar, dass der deutsche Reichskanzler Theobald von Bethmann Hollweg einem solchen Weg zugeneigt war. Die britische und die französischen Regierung sagten Nein, Bethmann Hollweg sagte Ja. In der deutschen politisch-militärischen Landschaft des Früjahrs und Sommers 1916 war der Reichskanzler ein Verfechter des Verhandlungsfriedens, gegen die Falken in der militärischen Führung, die auf eine Eskalation des Krieges drängten, vor allem mittels eines unbeschränkten U-Boot-Krieges. Bethmann Hollweg war sich wohl bewusst, dass jedweder Angriff auf ein neutrales Schiff unter Flagge der USA und der daraus folgende Verlust US-amerikanischer Menschenleben Präsident Wilson zu einer Kriegserklärung an Deutschland und einem Kriegseintritt auf Seiten der Alliierten zwingen konnte. Und das wollte Bethmann Hollweg um keinen Preis herausfordern. Schon einmal hatte er deshalb, im Jahre 1915, nach dem Untergang der Lusitania, die deutsche Marineführung auf Druck Wilsons dazu gebracht, der U-Boot-Kriegsführung engere Grenzen aufzuerlegen.

Nun erfuhr der deutsche Reichskanzler im Sommer 1916, dass er sich in Bezug auf eine etwaige Verhandlungslösung würde gedulden müssen, da Präsident Wilson eine Auszeit benötigte, um sich ganz dem Wahlkampf zum Zwecke seiner Wiederwahl (bei den Präsidentschaftswahlen im November 1916) zu widmen. Mit großer Mühe gelang es Bethmann Hollweg, von der deutschen militärischen Führung eine Verschiebung der Entscheidung über die Wiedereinführung des unbeschränkten U-Boot-Krieges zu erreichen. Wilson wurde am 7. November auch wiedergewählt, ließ dann aber einen ganzen Monat verstreichen, ohne irgendeinen Druck auf die britische Regierung in Sachen eines Anstoßes zu einer Vermittlungs- und Verhandlungslösung auszuüben. Und in diesem Monat gab der deutsche Reichskanzler seine Geduld und das Warten auf Wilson auf, da er vonseiten der Verfechter einer militärischen Eskalation im deutschen Oberkommando unter immer stärkeren Druck geriet. Um die Entfesselung des U-Boot-Krieges noch ein wenig heraus schieben zu können, musste der Kanzler diesen Männern entgegen kommen: Deutschland würde ab jetzt nicht mehr auf die Initiative des Präsidenten Wilson warten, sondern seine eigenen Vorschläge für einen möglichen Verhandlungsfrieden veröffentlichen. Und wenn die Alliierten diese ablehnen sollten, würde die deutsche U-Boot-Flotte umgehend die Erlaubnis erhalten, unbeschränkt zuzuschlagen.

3· Text des Memorandums im Internet: http://en.wikipedia.org/wiki/House_Grey_Memorandum

Am 12. Dezember 1916 gab das kaiserliche Deutschland seine Verhandlungsbedingungen für einen Frieden bekannt. Diese waren für die Briten und Franzosen so ungünstig, dass abzusehen war, dass diese sie ablehnen würden. Und das taten sie dann auch. Damit hatte Bethmann Hollweg unglücklicherweise seine letzte Karte im Spiel gegen die Militaristen seines Landes ausgespielt und verloren.

Präsident Wilson war verzweifelt. Am 18. Dezember forderte er beide kriegführende Seiten auf, ihre Kriegsziele zu formulieren, sowie die Bedingungen, unter denen sie zu einem Friedensschluss bereit wären. Dies, so Wilsons Hoffnung, sollte der Auftakt zu echten Friedensverhandlungen sein. Die Alliierten jedoch zeigten sich darüber verärgert, dass Wilson von sich aus (und gegen das House-Grey-Memorandum) die Initiative ergriffen hatte, und forderten, lediglich der Form halber, für die Mittelmächte so verheerende Friedensbedingungen, dass die Deutschen nicht akzeptieren konnten. Diese wiederum vermuteten eine geheime Absprache zwischen den USA und den Alliierten, gingen aber grundsätzlich auf das Verhandlungsangebot ein. Dabei beließen sie es bei ihrem (für die Alliierten unannehmbaren) Angebot vom 12. Dezember als Formulierung ihrer Verhandlungsposition. Und so kam es, dass diese Initiative nicht weiter kam und Mitte Januar 1917 praktisch gestorben war.

Es hatte Geheimabsprachen zwischen den neutralen USA und Großbritannien gegeben, aber hinter dem Rücken des Präsidenten Wilson: Der US-Außenminister Robert Lansing hatte den Briten gegenüber angedeutet, sie sollten doch Friedensbedingungen vorschlagen, die die Deutschen zwingend zur Ablehnung des Wilsonschen Vermittlungsvorschlages bewegen müssten.

Präsident Wilson antwortete auf diese Entwicklung als echter Führer mit einer Art politischem Präventivschlag gegen jene Vertreter seiner eigenen Partei, die Geschäftchen mit den Briten tätigten und damit, nach Meinung Wilsons, gegen das Gebot der Neutralität verstießen, das ihm so wichtig war. Dieser Präventivschlag erfolgte am 22. Januar 1917 in Form einer wirklich bemerkenswerten Rede vor dem Senat. Darin rief der Präsident eindringlich zu Verhandlungen auf, nicht jedoch nur zur Beendigung des unerbittlich wütenden, verheerenden Großen Krieges in Europa, sondern zu Verhandlungen mit dem Ziel, Bedingungen für einen wirklich gerechten und dauerhaften Frieden zu schaffen. Diese Rede hätte nicht von irgendeinem Politiker verfasst werden können, der zufällig gerade Präsident war: Dies war die Rede eines echten Staatsmannes von beeindruckender Statur, eines wahren Riesen unter seinesgleichen.

Der Kern ihrer Botschaft war die Notwendigkeit eines „Friedens ohne Sieg". Was meinte Wilson damit?[4]

4· Vgl. Encyclopedia Britannica, 1977; Text der Rede bei der virtuellen Wilson-Library: http://www.woodrowwilson.org/library-archives/wilson-elibrary bzw.(das eigentliche Text-Link): http://wwl2.dataformat.com/Document.aspx?doc=30688

Wie der Präsident erklärte, würde die Durchsetzung harter und demütigender Friedensbedingung für die unterlegene Partei vonseiten der Sieger (wer auch immer das jeweils sein würde) unausweichlich zu einem weiteren Großen Krieg führen, von einem Weltkrieg zum nächsten. Wenn Verhandlungen zur Beendigung des Weltkrieges zu einem dauerhaften Frieden führen sollten, mussten sie zu einer Einigung unter Bedingungen führen, welche die Rechte keiner der beiden Seiten verletzten. Anders gesagt: Wenn die Briten und ihre Verbündeten gewinnen und die Nase der Deutschen zu tief in den Dreck der Niederlage tauchen würden, wäre die vorhersehbare und notwendige Folge ein weiterer Großer Krieg. Umgekehrt natürlich genauso für den Fall eines deutschen Sieges. Deshalb musste „es ein Frieden ohne Sieg sein“. Diese Aussage war nicht bloß scharfsichtig: sie war geradezu prophetisch.

Dieser Aufruf zur Mäßigung war in Wilsons Rede verbunden mit dem Vorschlag einer weltweiten Körperschaft unter dem Namen „League of Nations“ - Völkerbund. Vermittels dieses Instrumentes sollten Nationalregierungen unter Führung der „bedeutenderen Mächte“ [„major forces“] zur Aufrechterhaltung des Weltfriedens zusammenarbeiten und „eine für die Demokratie sichere Welt herstellen“. Wilson glaubte, dass der Völkerbund von grundlegender Wichtigkeit sei und dringend benötigt würde; er sollte schon bei jenen Friedensverhandlungen eine Rolle spielen, die in Paris stattfinden würden, sobald die Kampfhandlungen eingestellt würden. Sein Außenminister Lansing hingegen wollte die Gründung des Völkerbunds hinausgeschoben wissen. Bei Beginn der Friedensverhandlungen war er gegen eine persönliche Teilnahme Wilsons. Spätestens, als Präsident Wilson den ensprechenden Rat seines Ministers beiseite schob und darauf bestand, die US-Delegation bei der Pariser Friedenskonferenz anzuführen, waren die beiden Staatsmänner auf Kollisionskurs. Und Woodrow Wilson hatte unglücklichlicheweise kein besonders Händchen für den Umgang mit jenen Menschen, denen er keine Sympathie oder kein Vertrauen entgegen brachte oder die ihm zuwider handelten.

Ich glaube, dass Präsident Wilson aus dem Gekungel Lansings mit den Briten und den Zionisten hinter seinem Rücken einen Schluß gezogen haben muss: Wenn er, Woodrow Wilson, nicht die volle Kontrolle über die konkrete Umsetzung seines Plans behielt und wenn es nicht gelang, öffentliche Unterstützung für seinen Traum einer Neuen Weltordnung auf möglichst breiter Basis zu gewinnen, würde dies alles von mächtigen Interessengruppen aus den USA in Zusammenarbeit mit dem britischen Establishment und den verbündeten Zionisten sabotiert werden.

In diesem Zusammenhang wandte sich Wilson mit seiner Rede vom 22. Januar unter Umgehung des politischen, militärischen und wirtschaftlichen Establishments seines und der anderen westlichen Länder (d.h. der Eliten der Alten Ordnung) direkt in einem Appell an die Menschen und Völker der ganzen Welt und warb um Unterstützung für seine Vorstellung von einer Neuen Weltordnung.

Er wollte damit wohl auch weltweit für ausreichende öffentliche Aufmerksamkeit sorgen, um seine Vision davor zu bewahren, der Sabotage durch die alten Eliten zum Opfer zu fallen. In ihrem Artikel über die Geschichte der Vereinigten Staaten erklärt die Encyclopaedia Britannica von 1977 die Sache so:

„In einer der ambitioniertesten Reden unserer Neueren Geschichte versuchte Präsident Wilson die Weltbevölkerung für eine Initiative für Friedensverhandlungen und -verträge zu gewinnen, welche den möglichen Ursachen künftiger Kriege vorbeugen und einen Mechanismus zur Erhaltung des Friedens schaffen würden." Nach meiner Sicht stellte Wilsons rednerischer Präventivschlag vom Januar 1917 eine Art Rückversicherung dar.[5]

Hier lohnt es sich zum besseren Verständnis anzumerken, dass Woodrow Wilson im Rahmen seiner universitären Ausbildung (was ihn wohl zu dem am besten für sein Amt ausgebildeten US-Präsidenten bis dato macht) die institutionelle Mechanik der politischen Entscheidungsprozesse in den USA bis ins Detail hatte studieren müssen. In seinem ersten Studienabschnitt [„undergraduate", d.h. vor dem Bachelor, also in den ersten drei Jahren etwa der universitären Ausbildung, Anm.d.Ü.] hatte Wilson eine sorgsame und kritische Untersuchung des Systems der Unterausschüsse des US-Kongresses angefertigt und veröffentlicht. Die in klarer Sprache und auf hohem wissenschaftlichen Niveau abgefasste Dissertation, mit der er 1885 promoviert hatte, trug den Titel: „Congressional Government – A Study in American Politics", d.h. etwa „Regierung durch den Kongress – Eine Studie US-amerikanischer Politik". Aufgrund der bei seinen Studien gewonnen Erkenntnisse war sich Wilson dessen wohl bewusst, dass die Art und Weise der Entscheidungsfindung im Kongress vermittels von Unterausschüssen [im Bundestag seither kopiert, doch von anderer Relevanz; Anm.d.Ü.] dem Einfluss und Missbrauch durch mächtige Einflussgruppen Tür und Tor öffnete – und die letzteren waren an allem anderen eher interessiert als am „öffentlichen Interesse". Jemand, der die Vorbildung eines Wilson besaß und wusste, wie das Räderwerk der Macht in Wahrheit lief und wie nicht, musste schon vor dem ersten Tag der rauhen Wirklichkeit im höchsten Amt wissen, dass es außer den berühmten „checks and balances" der US-Verfassung [„Kontrollen und Gegengewichte", das System der gegenseitigen Kontrolle staatlicher Institutionen nach dem US-Modell, Anm.d.Ü.] noch ganz andere Grenzen gibt, die der Macht des US-Präsidenten gezogen sind. Und er wusste, dass es außer dem politischen Mord noch ganz andere Wege gibt, einen US-Präsidenten von dem politischen Handeln abzuhalten, das er für das richtige hält. Diese Mechanismen der US-Politik sollten später einmal herausragende Bürger des Landes äußern lassen, die USA hätten „the best democracy money can buy" - was man als „die beste Demokratie, die für Geld zu

5· Quelle wie Anm. 1 und 3

bekommen ist“ oder als „die bestmögliche Demokratie, wenn das Geld bestimmt“ übersetzen kann... Ich glaube allerdings, dass niemand zu Präsident Wilsons Tagen das Ausmaß hätte erahnen können, in dem die US-Ausgabe der Demokratie einmal für den Meistbietenden zum Ausverkauf anstehen würde – und wie sehr sich Zionisten dessen bedienen würden. Was der Präsident allerdings wissen musste: für die Umsetzung seiner Vision bedurfte er einer Rückversicherung.[6]

Die Wilson-Rede vor dem Senat veranlasste die Briten zu einer baldigen, vertraulichen Nachricht, dass sie nun gerne bereit wären, eine Vermittlungsinitiative des Präsidenten zu akzeptieren [entsprechend dem House-Grey-Memorandum, Anm.d.Ü.] Ob sie dies ernst meinten oder doch wieder nur ein Spiel spielten und Wilson bloß beschwichtigen wollten – ich weiß es nicht. Es war ohnehin zu spät: die Würfel waren gefallen, denn die Deutschen hatten den Rubikon bereits überschritten. Die deutschen U-Boote waren schon von der Leine, mit den neuen Befehlen zum unbeschränkten Zuschlagen, und strebten ihren Jagdgründen zu. Am 1. Februar 1917 schlugen sie das erste Mal zu.

Präsident Wilson beantwortete diese Eskalation mit einem Abbruch der diplomatischen Beziehungen zu Deutschland. Er war jedoch immer noch fest entschlossen, die USA aus dem Krieg herauszuhalten. Er gab bekannt, dass er einen uneingeschränkten Einsatz der U-Boote gegen Handelsschiffe der kriegführenden Staaten hinnehmen wolle, jedoch im Falle der Versenkung US-amerikanischer Schiffe handeln werde. Anfang März ließ er US-Handelsschiffe mit Geschützen zur Verteidigung ausrüsten, in der Hoffnung, deutsche Angriffe damit abzuschrecken. Am 18. März 1917 wurden drei Schiffe der US-Handelsflotte von deutschen Torpedos versenkt; am 6. April erklärten die Vereinigten Staaten dem Deutschen Kaiserreich den Krieg und traten an die Seite der Alliierten.

Als die deutsche Führung ihre U-Boote von der Leine gelassen hatte, war es ein offenes Geheimnis, dass die USA für eine Kriegsteilnahme in Europa schlecht gerüstet und insgesamt schlecht vorbereitet waren. Und es war klar, dass die Mobilisierung der industriellen, finanziellen und menschlichen Kapazitäten der USA für den Krieg einige Zeit benötigen würde. Daraus schloss das deutsche Oberkommando, dass die USA ihre Kräfte gar nicht früh und umfangreich genug auf dem europäischen Schauplatz, speziell zur See rund um die britischen Inseln, zur Entfaltung bringen würden. Die USA würden daher, so die Rechnung, das Kräftegleichgewicht nicht mehr entscheidend beeinflussen können, bevor die Briten zur Kapitulation gezwungen wären.

6· Woodrow Wilson, „Congressional Government – A Study in American Politics“, Doctoral Dissertion, John-Hopkins-University, Boston 1885; das Original im Internet: https://archive.org/details/congressionalgov00wilsa ; vgl. auch Greg Palast, „The Best Democracy Money Can Buy“, Pluto Press, London 2002; Kapitel 1, über die Manipulation der Auszählung in Florida bei den Präsidentschaftswahlen Nov. 2000, im Internet: http://web.archive.org/web/20040531172940/http://www.gregpalast.com/bestdemocracymoneycanbuy-chapter1.pdf

Und in der Tat waren das Volk und die Wirtschaft der USA erst im Frühjahr 1918 für einen so umfassenden Krieg gerüstet. Und selbst das war nach Meinung aller US-Amerikaner ein kleines Wunder, wenn man berücksichtigt, wie schlecht vorbereitet und ausgerüstet die USA bei Kriegseintritt waren.

Die Mobilisierung der USA im Ersten Weltkrieg fand in zwei Phasen statt:

Von der Kriegserklärung im April bis zum November 1917 griff die Wilson-Regierung auf freiwillige oder gegen Geld erbrachte Leistungen ihrer Bürger und Wirtschaft zurück. Im Rahmen unserer Betrachtungen könnte man dies diese erste die Phase vor der Balfour-Deklaration nennen.

In der zweiten Phase, ab Dezember 1917 ging die Regierung grimmig entschlossen dazu über, jeden bedeutenden Aspekt des wirtschaftlichen Lebens unter ihre Kontrolle zu bringen: Die Eisenbahnen wurden verstaatlicht. Eine zentrale Behörde für Kriegswirtschaft regierte die Industrie mit eiserner Hand. Nahrungsmittel und Brennstoffe wurden streng rationiert. Eine auf Notverordnung geschaffene Gesellschaft begann eifrig, eine riesige Handelsflotte auf Kiel zu legen. Nicht zuletzt sollte ein eigens geschaffenes Kriegs-Arbeitsamt mittels drastischer Zwangsmaßnahmen etwaige Streiks verhindern. Im Land der Freien („Land of the Free") wurde nun jede Form von Opposition gegen den Krieg hart unterdrückt, erst im Rahmen des Spionage-Gesetzes von 1917 [der „Espionnage-Act" gilt mit Abänderungen heute noch, Anm.d.Ü.], dann mithilfe des noch drakonischeren „Gesetzes über Aufwiegelung" von 1918 [der „Sedition Act" wurde 1920 aufgehoben, Anm.d.Ü.]. Ich glaube, man kann davon ausgehen, dass Präsident Wilson von dieser Abfolge immer repressiverer Gesetze beunruhigt war, welche hier zum Niederhalten von Opposition und Kritik am Krieg verabschiedet wurden. War er doch in die Politik gegangen, um die Freiheitsräume der Bürger zu erweitern, und nicht um sie noch weiter einzuschränken, als dies bisher der Fall war.

Der US-amerikanische Beitrag zum endgültigen alliierten Sieg war im Vergleich zu demjenigen der anderen Verbündeten wohl klein, doch in einer Hinsicht entscheidend, in einer anderen zumindest hilfreich. Einerseits lieferte die US-Navy den Briten die ihnen fehlenden Schiffe, um der U-Boote Herr zu werden. Andererseits war die Hauptwirkung des US-Expeditionskorps, der Bodentruppen, an der Westfront in Frankreich und Belgien (1,2 Millionen Mann bis zum September 1918) wohl vor allem psychologischer Natur. Die ständig steigende Zahl von US-Truppen auf dem Schlachtfeld beschleunigte sicherlich den Zusammenbruch der Kampfmoral und der Entschlossenheit zum Ausharren auf deutscher Seite. Und so kam es ein Jahr früher, als das allierte Oberkommando vermutet hatte, zur deutschen Kapitulation.

Wenn wir uns an Churchills Eingeständnis erinnern, dass die Briten von den Zionisten wichtige und wertvolle Unterstützung erwarteten und erhielten (als

Gegenleistung für die Balfour-Erklärung, ich knüpfe hier an die Ausführungen im vierten Kapitel an), und ferner an die Worte von Rabbi Neumann, müssen wir uns hier fragen: Welche Unterstützung erwarteten die Briten von den Zionisten auf dem US-Schauplatz, und welche haben sie dort eigentlich wirklich erhalten (wie Churchill unterstreicht)?

Es gibt für die Beantwortung dieser Frage hilfreiche Hinweise:

Anfang April 1917 war die Bedrohung Englands durch deutsche U-Boote auf ihrem Höhepunkt, und die Lords der Admiralität begannen, die eventuelle Notwendigkeit einer Kapitulation in Betracht zu ziehen. Gleichzeitig waren die finanziellen Mittel, mit deren Hilfe die beiden Alliierten England und Frankreich aus den USA kriegswichtigen Nachschub beschafften, allmählich erschöpft. Ohne umfangreiche Schuldenaufnahme würden die Briten ihre Kriegsanstrengungen nicht mehr lange aufrechterhalten können. Und meine Vermutung geht nun dahin, dass man auf britischer Seite von den Zionisten erwartete, dass sie ihren Einfluss zugunsten der Zeichnung britischer Kriegsanleihen und anderer Kredite in den USA (an deren Zurückzahlung Großbritannien heute noch arbeitet) einsetzen würden.

Kann es sein, dass T.E. Lawrence Recht hatte, als er von britischer Belohnung der Zionisten sprach, „weil sie die USA zur Kriegsteilnahme bewegt haben"? (Siehe oben, im vierten Kapitel)

Die Sache war doch anscheinend sonnenklar: Sobald deutsche U-Boote US-Handelsschiffe angriffen und versenkten, würden die USA Deutschland den Krieg erklären. Es gab eigenartigerweise eine Verspätung von zwanzig Tagen, fast drei Wochen, mit der die USA nach Versenkung der drei US-amerikanischen Schiffe ihren Kriegseintritt offiziell bekanntgaben. Warum diese Frist? Ganz einfach: Die USA waren auf einen Krieg praktisch überhaupt nicht vorbereitet.

Bevor Präsident Wilson den Kriegseintritt gegen Deutschland offiziell machen konnte, musste er sicher sein, dass ihm die dafür nötigen ungeheuren finanziellen und industriellen Ressourcen zur Verfügung stehen würden; denn die USA würden einen gewaltigen Bedarf an Rüstungsgütern zu decken haben, nicht nur an Gewehren und Patronen, sondern an Panzern und anderen gepanzerten Fahrzeugen, Flugzeugen und Schiffen aller Art, usw. usf. Gründlich zu erforschen, ob solche umfangreichen Ressourcen vorhanden waren und auf die Schnelle, aber nachhaltig umgewidmet und herangezogen werden konnten, das war nicht in ein, zwei Tagen zu erledigen. Und all die verschiedenen Elemente zu einem sinnvollen Ganzen zusammenzufügen – wenn dies Unterfangen überhaupt umsetzbar war – würde die Aufmerksamkeit eines wirklich außergewöhnlichen Mannes erfordern. Er musste von Haus aus wohlhabend sein (insofern solcher Reichtum als Maßstab persönlichen Erfolges Gesprächspartner beeindrucken und Türen öffnen würde); ferner musste er unter den Bankiers, Investoren und Großindustriellen der USA über hervorragende Beziehungen verfügen, und, nicht zuletzt, musste er ein begnadeter Verhandlungsführer und Organisator sein und Menschen zu motivieren wissen.

Jener Mann, der wohl am meisten dazu beigetragen hat, dass die USA es in einem Rennen gegen die Stoppuhr wie durch ein kleines Wunder schafften, für den Krieg mobil zu machen, hieß Bernard Mannes Baruch. Dieser jüdisch-amerikanische Gentleman wird in der von mir herangezogenen 1977er Ausgabe der Encyclopaedia Britannica rückblickend mit der bezeichnend knappen Aussage, er sei ein „Investor, zugleich als Berater mehrerer US-Präsidenten bekannt", beschrieben. Die „Britannica" fügt hinzu, dass Baruch „häufiger als jeder andere US-Bürger" als „elder statesman" bezeichnet wurde.

Wer war also dieser Baruch? Und was ist dran an den Legenden über seine Leistungen als graue Eminenz?

Nach seinem Universitätsabschluss am „City College of New York" im Jahre 1889 begann Baruch sein Arbeitsleben als einfacher Angestellter im Büro eines Tuchkaufmanns. Dann fing er an, sich für Wall Street zu interiessieren und dort Arbeit zu suchen. Er arbeitete für mehrere große Börsenmakler und häufte über die Jahre durch seine eigenen, erfolgreichen Börsenspekulationen ein beträchtliches Vermögen an. Im Jahre 1916 wurde er von Präsident Wilson in die Beraterkommission des „Council of National Defence" (des „Rats für nationale Verteidigung") berufen, scheinbar eine kuriose Ernennung. Welche Bedeutung hatten denn wohl der Tuchhandel und der Erfolg als Börsenhändler von Wall Street für die „Nationale Verteidigung"? Später rückte er zum Vorsitzenden des „War Industries Board" [„Aufsichtsrat/Behörde für Kriegsindustrien"] auf und war in dieser Eigenschaft so etwas wie „Mister Mobilisation". 1919 sollte er eines der Mitglieder des Obersten Rates für Wirtschaftsfragen [„Supreme Economic Council"] bei der Pariser Friedenskonferenz sein und dem Präsidenten Wilson als persönlicher Berater in der Frage der Formulierung der Vertragsbedingungen für den Friedensschluss dienen. Fast drei Jahrzehnte später, im April 1947, sollte er, wie auch Walter Lippman berichtet, den Begriff „Kalter Krieg" für den Konflikt zwischen den USA und der Sowjetunion prägen.

Rückblickend spricht einiges dafür, dass Baruch wirklich eine der beiden Trumpfkarten auf der Hand der Zionisten war, als diese mit den Briten um die Balfour-Deklaration verhandelten (während die andere die große Bedeutung des Judentums im revolutionären Russland war).

Insofern die Briten von den Zionisten Unterstützung in relevantem Ausmaße erwarteten, muss es einen Zeitpunkt während ihrer gemeinsamen Verhandlungen gegeben haben, als die britische Seite fragte: „Was könnt ihr uns in Bezug auf eine günstige Beeinflussung der politischen Lage in den USA bieten?" Und zu diesem Zeitpunkt, wie die Briten sehr wohl wussten, waren die USA nur unter außergewöhnlicher Anstrengung aller Kräfte zu einer Mobilisierung ihrer finanziellen und industriellen Kapazitäten für eine wirkliche Kriegsteilnahme, und das heißt zu einer effektiven Unterstützung der Briten und ihrer Verbündeten, in der Lage. Und meine Vermutung geht nun dahin, dass die Zionisten antworteten, dass sie sehr wohl über Männer an entscheidender Position verfügten (ob sie Baruch mit Namen nannten, weiß ich nicht), und dass diese schon dafür sorgen würden, dass die USA zum erwünschten Kriegsbeitrag fähig wären.

Eine andere Erklärung für die beträchtliche Verzögerung der Kriegserklärung der USA nach der Versenkung der drei Handelsschiffe könnte darin liegen, dass das Kriegsgeschrei in den USA nicht so recht spontan aufbranden wollte und regelrecht angekurbelt werden musste. Hier kann sein, dass die Briten von den Zionisten erwarteten, dass diese ihr Gewicht in den Medien des Landes einsetzten und mithilfe ihrer Sympathisanten vor Ort eine Atmosphäre wachsender Kriegsbegeisterung aufbauten, die dem zögerlichen Präsidenten Wilson einfach keine Wahl mehr ließ.

Man kann Lawrence nicht mehr fragen, und so ist nicht hundertprozentig genau zu klären, was er damit meinte, daß die Zionisten „die USA zur Kriegsteilnahme bewegt haben" und dafür im Mandatspalästina später ihren Lohn erhalten sollten. Wenn er meinte, dass die USA ohne den Einfluss US-amerikanischer, mit den Zionisten sympathisierender Juden es wohl nicht geschafft hätten, rechtzeitig mobilzumachen und Großbritannien in einer seiner wohl schwersten Stunden beizustehen, so hat er, vermute ich, recht.

Meine Recherchen zu diesem Buch haben mir übrigens nachhaltigen Anlass gegeben, Barnard Mannes Baruch in seiner ruhigen, unauffälligen Art für die historisch wohl einflussreichste jüdisch-amerikanische Einzelpersönlichkeit seines Jahrhunderts - 1870 geboren, starb er 1965 - zu halten. (Und wir werden im zwölften Kapitel, das von „Forrestals ‚Selbstmord' " berichtet, noch mehr von ihm zu sprechen haben.)

Sobald sich Präsident Wilson auf einen Kriegskurs festgelegt hatte, zeigte er auch auf diesem Gebiet wirklich herausragende Führungseigenschaften. Nichtsdestotrotz entwickelte er seine Vision vom künftigen Frieden weiter und fuhr fort, sie in der Öffentlichkeit immer genauer zu erörtern, während der Krieg sich fortwälzte.

Wilson, und ebenso die offizielle Propaganda, wiederholte beständig, dass es sich, jedenfalls in Bezug auf die Ziele der USA, um einen ‚Kreuzzug für Freiheit und Demokratie' handele. Wie er nicht müde wurde zu betonen, ging es ihm dabei nicht allein um einen Sturz des deutschen kaiserlichen Regimes und eine Befreiung des deutschen Volkes, sondern um die Freiheit aller fremdbeherrschten Völker im riesigen Einzugsgebiet des Konfliktes, und damit eigentlich weltweit. So ein Lied mochten die Kolonialmächte England und Frankreich eigentlich gar nicht gerne hören.[7]

7· Vgl. dafür, wie oben: Enc. Brit., 1977

Wilsons Unzufriedenheit mit seinen Verbündeten nahm stetig zu, weil weder Großbritannien noch Frankreich gewillt waren, mit ihm eine gemeinsame Erklärung über die Kriegsziele abzugeben. Am 8. Januar 1918 konnte er seine Frustration nicht länger im Zaum halten und entschloss sich zu einem Offenbarungseid in zugleich weltanschaulich-moralischer und politisch-strategischer Hinsicht. An diesem Tag ließ er den Kongress zu einer gemeinsamen Sitzung von Repräsentantenhaus und Senat versammeln und hielt in einem der atemberaubendsten Momente seiner Laufbahn eine programmatische Rede. Sein genialer politischer Befreiungsschlag erfolgte unter der Überschrift „Bedingungen des [kommenden] Friedens" und umfasste die ausführliche Darstellung der schnell berühmt gewordenen „Vierzehn Punkte". Er gab damit gegenüber dem Volk der USA, in Gestalt seiner Vertreter, und überhaupt der ganzen Welt eine verbindliche Stellungnahme über die nach seiner Meinung wesentlichen Grundlagen eines künftigen gerechten und dauerhaften Friedens ab.[8]

Mit Punkt 1 seiner Liste, den Verzicht auf Geheimdiplomatie betreffend, las Woodrow Wilson erst einmal den beiden imperialistischen Mächten Großbritannien und Frankreich kräftig die Leviten.

Wie kam es zu diesem Affront? Woodrow Wilsons Denken war stark von der Tradition der „linken" britischen Liberalen, der sogenannten „Radicals", beeinflusst. Diese hatten während des gesamten neunzehnten Jahrhunderts die damals vorherrschende Geheimdiplomatie scharf kritisiert und nach einer Außenpolitik verlangt, die mehr nach langfristig gültigen moralisch-ethischen Maßgaben als auf kurzfristige machtpolitische Überlegungen ausgerichtet war. Präsident Wilson gehörte zu jenen, welche die lichtscheue, entgegen dem Willen und ohne das Wissen der einfachen Bürger betriebene Diplomatie alter Schule für das Zustandekommen finsterer internationaler Geheimverträge verantwortlich machten und für die daraus folgenden Kriege. Daher betonte er, als er die „Vierzehn Punkte" vorstellte, die Notwendigkeit von „offene(n) Friedensvereinbarungen, die auf öffentlichem Wege erreicht werden und nach deren Abschluss es keine vertraulichen internationalen Abmachungen mehr geben soll; vielmehr soll die Diplomatie immer offen, ehrlich und öffentlich erfolgen."[9]

8- Thomas Woodrow Wilson, „Conditions of Peace" [„Bedingungen des [kommenden] Friedens"] bzw. (unter diesem Titel später vor allem bekannt geworden:) „Fourteen Points" [„Vierzehn-Punkte"], Rede vor einer Vollversammlung beider Häuser des US-Kongresses [„Joint Session of Congress"] am 8. Januar 1918; im Internet: http://wwi.lib.byu.edu/index.php/President_Wilson%27s_Fourteen_Points; dt. Übersetzung der eigentlichen 14 Punkte im Internet: http://www.dhm.de/lemo/html/dokumente/14punkte/]][[6: Thomas Woodrow Wilson, „Conditions of Peace" [„Bedingungen des [kommenden] Friedens"] bzw. (unter diesem Titel später vor allem bekannt geworden:) „Fourteen Points" [„Vierzehn-Punkte"], Rede vor einer Vollversammlung beider Häuser des US-Kongresses [„Joint Session of Congress"] am 8. Januar 1918; im Internet: http://wwi.lib.byu.edu/index.php/President_Wilson%27s_Fourteen_Points; dt. Übersetzung der eigentlichen 14 Punkte im Internet: http://www.dhm.de/lemo/html/dokumente/14punkte/

9- Vgl. James Joll, „The Origins of the First World War" [„Gründe des Ersten Weltkrieges"], 2. Auflage, Silver Library Series, 1992, S. 3

Nach Präsident Wilsons Hoffen sollte der Völkerbund, - sobald einmal, wie in Punkt 14 seiner Rede vorgesehen, ins Leben gerufen - als Aufsichtsorgan für eine neue Ordnung zwischenstaatlicher Beziehungen dienen. In dieser sollten diplomatische Kuhhändel und geheime Abkommen militärischer Natur vollständig abgeschafft werden, und der internationale diplomatische Verkehr sollte sich auf der Basis von allseitigem Konsens vor den Augen und unter vollständiger Kontrolle der Weltöffentlichkeit abspielen. Wenn es dazu gekommen wäre, hätte der Zionismus nie einen derartigen Triumph erleben können.

Für die Regierungen hatte die Geheimdiplomatie einen unschätzbaren Vorteil: ihre diplomatischen Vertreter konnten nach Belieben Vereinbarungen auf internationalem Parkett abschließen – und nach Bedarf wieder brechen. US-Präsident Wilson erklärte nun die Notwendigkeit eines neuen diplomatischen Stils, der kaum noch Platz für Gezänk um den Inhalt abgeschlossener Vereinbarungen lassen würde. Und das wiederum bedeutete, dass notorische Vertragsbrecher in Zukunft bestraft werden konnten. (Eine Maßnahme Trotzkis, des neuen bolschewistischen Volkskommissars für Äußeres, war übrigens die Veröffentlichung der vom zaristischen Russland abgeschlossenen geheimen Vereinbarungen mit England und Frankreich.)

Für die Araber war unter den „Vierzehn Punkten" Wilsons der zwölfte besonders interessant. Dort hieß es, dass den anderen Nationalitäten unter türkischer Herrschaft (also v. a. den auf alliierter Seite kämpfenden Arabern) „absolut ungestörte [unmolested] Möglichkeit der Selbstverwaltung gewährleistet wird". Worauf, wenn nicht auf Great Britain, Zionismus & Co, konnte sich „ungestört" [im Englischen bedeutet dies auch „unbelästigt"] beziehen?[10]

Später, im gleichen Jahr 1918, verwies Präsident Wilson in einer Rede, die er am 4. Juli, dem Jahrestag der Unabhängigkeit der USA, auf Mount Vernon hielt, auf eines der Ziele der USA bei Kriegseintritt, nämlich:

„Die Beilegung jeder Streitfrage, ob sie nun das Territorium, die Souveränität, wirtschaftliche Konditionen oder politische Beziehungen betrifft, auf der Basis der freiwilligen Annahme dieser Einigung durch die unmittelbar betroffenen Menschen, und nicht auf der Basis der materiellen Interessen oder Vorteile irgendeiner anderen Nation oder eines anderen Volkes, welche vielleicht eine andere Entscheidung dieser Sache zugunsten [der Mehrung] ihres eigenen internationalen Einflusses oder Herrschaftsanspruches begehren."[11]

10· Ebd.

11· Thomas Woodrow Wilson, „Address by the President – Delivered at Mount Vernon on July 4 1918" [„Ansprache des Präsidenten – Gehalten auf Mount Vernon am 4. Juli 1918"], Regierungsverlag, Washington DC 1918, S. 4f.; im Internet: https://archive.org/details/addressofpreside00wilsonw

Der hochfliegende Idealismus von Wilsons „Vierzehn Punkten" bedeutete für viele den Aufstieg der USA auf den Olymp der hehren Moral

Die hochfliegende Äußerung eines so großartig klingenden Idealismus in den „Vierzehn Punkten" wurde von vielen Beobachtern, nicht nur in der arabischen Welt, für ein Zeichen gehalten, dass die USA den Olymp der hehren Moral erstiegen hatten, und dass sie vorhatten, ihre Macht und ihren Einfluss auf der internationalen Bühne von diesem hohen moralischen Standpunkt aus einzusetzen.

Aber während Woodrow Wilson noch damit befasst war, seine „Vierzehn Punkte" bekannt zu machen und zu erläutern, während er seiner ersten Rede noch weitere wie die zitierte berühmte auf Mount Vernon folgen ließ, hatten die Briten nichts Besseres zu tun, als geheime Verhandlungen mit Frankreich zu führen. Bei diesen ging es um die imperiale Zerstückelung des Osmanischen Reiches, und sie würden im Bezug auf diese Weltgegend die gerade vom US-Präsidenten verkündeten hohen Grundsätze vollkommen sabotieren.

Aus der zeitlichen Distanz heraus und aufgrund der zwischenzeitlich erfolgten Veröffentlichung früher geheimgehaltener Dokumente kann man heute recht gut rekonstruieren, wie und wann genau die Dinge im Nahen Osten in Bezug auf Wilsons Plan aus dem Ruder liefen.

Zu Beginn der Pariser Friedenskonferenz war Präsident Wilsons eigene Priorität die Schaffung eines Völkerbundes, also einer Weltinstitution, die sich um Frieden bemühen und dafür sorgen sollte, dass es künftig keine Kriege mehr gab. Er erlebte in der Konferenz einen baldigen Triumpf, als er breite Zustimmung für die Prinzipien gewann, die der Völkerbund vertreten sollte, und durchsetzte, dass diese Zustimmung ein fester Bestandteil der Friedensverträge sein sollte. Aber um Großbritanniens Unterstützung für die Gründung des Völkerbundes zu bekommen, musste Präsident Wilson den Briten zusichern, dass man sie nicht daran hindern werde, ihre Interessen im Nahen und Mittleren Osten zu vertreten, insbesondere was ihre Absicht betraf, die den Zionisten gegebenen Versprechen zu erfüllen.

Andererseits war Präsident Wilson nicht verpflichtet, solche Zugeständnisse an Großbritannien und die Zionisten zu machen, da dies gegen den Geist seiner Vierzehn-Punkte und gegen die fundamentalen Prinzipien seiner Mount Vernon Rede verstieß. Wenn seine Politik mit seinen Prinzipien übereinstimmen sollte, dann durfte das Recht der „befreiten Nationen" im Nahen Osten auf Selbstbestimmung nicht unterdrückt werden durch ein fremdartiges Wesen namens Zionismus. (Damals waren die Araber immerhin die überwältigende Mehrheit des „befreiten Volkes" von Palästina, und die Angehörigen der jüdischen Minderheit waren im eigentlichen Sinne auch Palästinenser und keine Anhänger der zionistischen Bewegung).

Man muss davon ausgehen, dass Präsident Wilson das Zugeständnis an Großbritannien machte im Glauben, dass er letztlich das Unrecht würde verhindern könnte, das man der arabischen Mehrheit antun wollte. Der Völkerbund sollte mit voller Unterstützung und vollem Engagement Amerikas aus derTaufe gehoben werden. Davon ausgehend konnte er sich einreden, dass es zwar so aussah, als habe er Großbritannien und den Zionisten nachgegeben und damit seine eigenen Prinzipien verraten, dass er sich aber durch die Gründung und das Fortbestehen des Völkerbundes in der Praxis anders würde verhalten können. Mit anderen Worten: das Problem des britischen Versprechens an die Zionisten - eines Versprechens, das, wie Präsident Wilson sehr wohl wusste, Großbritannien gar nicht hätte geben dürfen und das deshalb ohne rechtliche Relevanz war - war zu bewältigen, sofern Amerika bei der Implementierung der Grundsätze des Völkerbundes das Sagen hatte.

Mit der Friedenskonferenz begann eine Auseinandersetzung darum, wer den größten Einfluss auf Präsident Wilson behielt – anti-zionitische amerikanische Juden oder amerikanische Zionisten und ihre britischen Unterstützer.

Im März, als das Feilschen auf der Friedenskonferenz noch im Gange war, gab es die ersten öffentlichen Zeichen (für die wenigen, die sie erkennen konnten) der Auseinandersetzung, die schließlich darüber entschied, wer den größten Einfluss auf Präsident Wilson haben würde – die antizionistischen Juden Amerikas oder die Zionisten und ihre britischen Verbündeten.

Am dritten Tag des vorherigen Monats, mit Weizmann als Delegationsführer, präsentierten die Zionisten ihre Petition formal auf der Friedenskonferenz. Großbritannien verschaffte ihnen die Gelegenheit dazu. Die zionistische Petition forderte von den siegreichen Alliierten, die "historischen Rechte" des jüdischen Volkes auf Palästina anzuerkennen. (Bei dieser Gelegenheit machte Weizmann sein Statement, dass „Palästina so jüdisch werden sollte, wie England englisch war.")

Tatsächlich fragten die Zionisten jede einzelne der Siegermächte, die Balfour Deklaration zu unterschreiben und sie ohne weitere Verzögerung zu implementieren, zusammen mit einem Plan für ungehinderte Einwanderung von Juden nach Palästina. Die offizielle Linie der Zionisten, dass sie nach etwas strebten, was weniger war als ein unabhängiger jüdischer Staat, war eine für die Öffentlichkeit bestimmte Lüge.

Dann brachte die „New York Times" am 5. März eine Meldung, dass dreißig der gesellschaftlich herausragendsten Juden der USA einen Offenen Brief an Präsident Wilson unterzeichnet hatten. Diese Petition wurde von einem ihrer Unterzeichner, dem Kongressabgeordneten für San Francisco, Julius Kahn, dem Präsidenten überreicht.

Obwohl der Begriff „Anti-Zionismus“ nicht im Text der Petition auftaucht, war sie deutlich anti-zionistisch. Es hatten sie Männer wie der Präsident der Börse von Cleveland E.M. Baker oder der frühere Generalstaatsanwalt des Staates New York Simon W. Rosendale, der Herausgeber der „New York Times“ Adolph S. Ochs oder der frühere US-Botschafter in der Türkei Henry Morgenthau Sr. unterzeichnet.

Die Unterzeichner und ihre politischen Freunde fürchteten, dass die zionistische Selbstdarstellung auf der Pariser Friedenskonferenz bezüglich ihres „historischen Rechtsanspruchs“ auf Palästina die US-Regierung dazu verleiten könnte, sich auf eine Unterstützung des zionistischen Vorhabens festzulegen. Und solche Befürchtungen wurden durch Äußerungen wie jene Balfours von einer Entscheidung der Großmächte zugunsten des Zionismus, „im Recht wie im Unrecht“ bestätigt und gemehrt.

In der erwähnten Petition wenden sich die Unterzeichner unter anderem dagegen, dass den Juden „jetzt oder in der Zukunft territoriale Souveränität in Palästina übertragen werden soll.“ Eine solche Forderung, so die Anti-Zionisten, „stellt nicht nur eine Fehlinterpretation der Geschichte der Juden dar, die bereits vor zweitausend Jahren aufhörten, eine Nation zu sein, sondern bedingt die Beschränkung und möglicherweise die Rücknahme der viel weiter gehenden jüdischen Forderung nach vollen Bürger- und Menschenrechten in allen Ländern, in denen diese Rechte noch nicht gesichert sind.“[12]

Hier finden wir (in Gleichklang mit Montagu) wieder jene tiefsitzende Angst wieder, jene große Triebfeder für jüdischen Anti-Zionismus: Wenn es zur Existenz eines jüdischen Staates in Palästina (oder anderswo, was diesen Aspekt betrifft) kommen würde, könnte allein dessen Existenz zu einem praktischen Wiederaufleben des Antisemitismus überall sonst führen. Denn nun würden der nicht-jüdischen Mehrheitsbevölkerung in all jenen Ländern, in denen sich Juden auf dem von der Haskala vorgezeichneten Weg erfolgreich eingefügt hatten, die Möglichkeit gegeben, den Juden in ihrer Mitte zu sagen: „Wir wollten euch eigentlich noch nie hier haben. Wir wollen auch nicht, dass ihr hier bleibt. Und nun habt ihr keinen Grund mehr, hier zu bleiben. Geht doch heim, in euern Judenstaat!“[13]

Auf jene tiefsitzende jüdische Angst verweist insbesondere die Stelle, wo es

---

12· Vgl. „New York Times“ vom 5. März 1919 unter dem Titel „Protest to Wilson Against Zionist State · Representative Jews Ask Him to Present It to the Peace Conference“ [„Protest bei Wilson gegen einen Zionistischen Staat – Vertreter der Jüdischen Gemeinschaft bitten um Vorlage desselben bei der Friedenskonferenz“]; das eigentliche Protestschreiben firmiert unter dem Titel „A Statement to the Peace Conference“ [„Eine Erklärung zu Händen der Friedenskonferenz“], die zweite Hälfte unter dem Untertitel „Objections to Segregation of Jews as a Political Unit“ [„Gründe gegen eine Abtrennung der Juden als eigener politischer Einheit“]; vgl. außerdem Lilienthals Betrachtungen in „Zionist Connection II“, S. 739f.; die Petition im Internet: Liste der Unterzeichner: http://cosmos.ucc.ie/cs1064/jabowen/IPSC/php/event.php?eid=4931 ; Text der Erklärung: http://www.palestine-encyclopedia.com/EPP/Chapter41_1of4.htm

13· Ebd.

heißt, alle Juden wiesen „jeden Verdacht geteilter Loyalität [‚double allegiance'] schärfstens zurück; genau dies ist aber die notwendige Folge der Gründung eines souveränen Judenstaats in Palästina, und das kann durch keine Logik der Welt verhindert werden."[14]

[Dieser Satz hat eine besondere Bedeutung für die USA. Jeder Einwanderer muss bei Erwerb der US-Staatsbürgerschaft den „Oath of Allegiance", d.h. Treueeid, schwören, indem er u.a. auf andere, bisher bestehende Staatsbürgerschaften und Loyalitäten verzichtet und diese aufkündigt. Der Militärdienst in fremden Armeen kann zum Verlust der US-Staatbürgerschaft führen. Bisher einzige Ausnahme: Israel. Anm.d.Ü.]

Ich will damit nicht sagen, dass die zitierten prominenten jüdischen US-Bürger (oder jüdischen Engländer wie Montagu und andere) nur durch ihre Eigeninteresse motiviert waren, dem Zionismus öffentlich entgegenzutreten. Das von einer Urangst vor Antisemitismus geleitete Eigeninteresse (sich selbst zu schützen) war aber auf jeden Fall ein wichtiger Beweggrund für diese Leute, so viel will ich sagen. Männer wie diese hochgebildeten und gesellschaftlich herausragenden Persönlichkeiten zeigten sich jedoch auch von dem Wissen beunruhigt, dass ein jüdischer Staat in Palästina nur auf Grundlage eines Unrechts an den Arabern aufgebaut werden konnte und deshalb der Gegenstand und die Quelle großer Konflikte zwischen Arabern und Juden werden musste.

Im anti-zionistischen Offenen Brief an Wilson hieß es außerdem:

„Es ist nicht wahr, dass Palästina die nationale Heimat des jüdischen Volkes und keines anderen Volkes ist... Die Juden der möglichen Wiederkehr solch erbitterter und blutiger Konflikte auszusetzen, die dann unausweichlich wären, wäre ein Verbrechen gegen die großen Momente ihrer gesamten Geschichte und gegen die hochstehenden und weltumspannenden Visionen ihrer großen Propheten und Anführer. ...

Ganzgleich, ob man die Juden für eine ‚Rasse' oder eine ‚Religion[sgemeinschaft]' hält, jedenfalls widerspricht es den demokratischen Prinzipien, für die der Weltkrieg durchgefochten wurde, eine Nation auf einer der beiden genannten Grundlagen gründen zu wollen."[15]

Damit teilten diese antizionistischen jüdisch-amerikanischen Honoratioren ihrem Präsidenten recht unverblümt mit: „Wenn Sie wirklich an die Ideale glauben, die Sie ausdrücklich als die bestimmenden Grundsätze Ihrer Kampagne zur Verbesserung der Welt verkündet haben, dann können Sie den Zionisten nicht die Unterstützung gewähren, die sie verlangen. Wenn Sie es mit Ihren Prinzipien

14· Ebd.

15· Vgl. neben dem Text der Petition wie oben: George Adam Smith, „Syria and the Hly Land", Hodder and Stoughton, London 1918, S. 52; im Internet: https://archive.org/details/syriaholyland00smit

ernst meinen, und wir glauben, dass Sie das tun, dann müssen Sie den Zionisten antworten, dass sie zur Hölle fahren sollen."

Und das war wohl in der Tat das, was Präsident Wilson insgeheim für richtig hielt und am liebsten getan hätte. Den Zionisten war dies wohl bewusst. Und Präsident Wilson packte den antizionistischen offenen Protestbrief mit in seinen Koffer auf die Reise zur Pariser Friedenskonferenz.

Die Antwort von zionistischer Seite kam in Gestalt einer von der New York Times veröffentlichten Geschichte. Darin wurde behauptet, Präsident Wilson habe seine „persönliche Billigung" der zionistischen Ansprüche „bezüglich Palästinas ausgesprochen" , und darüberhinaus sei er inzwischen „überzeugt", dass „die Alliierten Nationen mit vollstem Einverständnis der amerikanischen Regierung" in Palästina den „Grundstein für ein jüdisches Gemeinwesen *[‚Commonwealth']*" legen sollten.[16]

Für jeden, der sich mit der juristischen Begrifflichkeit auskannte, umfasste der Begriff „Commonwealth" auch Staatlichkeit und Souveränität. Wenn dieser Bericht die Haltung des Präsidenten Wilson genau wiedergab, hatte er nicht nur seine eigenen, neu formulierten Grundsätze bezüglich der Selbstbestimmung der befreiten Völker (in diesem Falle der kurz zuvor befreiten Palästinenser) gerade für Unfug erklärt, sondern sich für die Schaffung eines jüdischen Staates ausgesprochen.

Eigentlich spielte es keine große Rolle, ob der Zeitungsbericht stimmte oder „aufgehübscht" war. Solange Woodrow Wilson nicht seine ihm darin zugeschriebene Zustimmung zu zionistischen Anliegen und Plänen öffentlich dementierte, konnten die Zionisten unwidersprochen behaupten, dass er zur Partei ihrer Unterstützer übergelaufen sei. Im Lichte der nachfolgenden Ereignisse kann ich nur zur Annahme kommen, dass die Zionisten sich die Sache so ausrechneten, dass es für Wilson schwierig, wenn nicht unmöglich sein würde, den Bericht vollständig zu dementieren, weil er sich damit Probleme mit den Briten schaffen würde. Und das würde wiederum sein Lieblingskind gefährden, das heißt die Einrichtung und beginnende Tätigkeit des Völkerbunds.

Einige der „Peace Commissioners", der Mitglieder der offiziellen US-Delegation in Paris, waren über Präsident Wilsons scheinbare Rolle rückwarts so erstaunt, dass sie die Authentizität des Berichtes in der „New York Times" anzweifelten. Durch den US-Außenminister Lansing baten sie den Präsidenten, der sich ja gerade in den USA aufhielt, um eine Äußerung seiner definitiven Haltung zu Palästina.

16· Vgl. Artikel unter der Überschrift „President Gives Hope to Zionists · Tells Delegation He Approves Plan for a Jewish Commonwealth in Palestine" [„Präsident macht den Zionisten neue Hoffnung – Teilt ihrer Abordnung mit, dass er Pläne für jüdisches Gemeinwesen in Palästina billigt"] mit Datum vom 2. März, New York Times, Ausgabe vom 3. März 1919; ferner wird das Begebnis zitiert in: Jacob de Haas, „Louis D. Brandeis – A Biographical Sketch" [„Louis Brandeis – Eine biographische Skizze"], Block Publishing Company, New York 1929, S. 109; http://archive.org/stream/louisdbrandeis006005mbp/louisdbrandeis006005mbp_djvu.txt ; https://archive.org/details/louisdbrandeis006005mbp

Stand die nun in Übereinstimmung mit den „Vierzehn Punkten“ und den Grundsätzen der Rede auf Mount Vernon oder nicht? War jener Bericht, der nahezulegen schien, dass er seine Meinung geändert hatte, nun wahrheitsgetreu oder nicht?

Am 16. April 1919 ließ Präsident Wilson die zur Friedenskonferenz entsandten US-Diplomaten wissen (die Notiz musste 55 Jahre auf ihre Veröffentlichung warten!):

„Natürlich habe ich keines der Worte, die im beigefügten [Text] zitiert sind, verwendet, und dies ist auch nicht der Stil meiner Wortwahl. Aber im Wesentlichen habe ich in der Tat gesagt, was hier zitiert wird, obwohl der Ausdruck von der ‚Gründung eines jüdischen Gemeinwesens‘ *[Jewish Commonwealth‘]* etwas weiter als meine Vorstellung zu jenem Zeitpunkt geht. Alles was ich damit sagen wollte, geht dahin, unser ausdrückliches Nachgeben *[‚acquiescence‘]* gegenüber der Haltung der britischen Regierung in Bezug auf Palästina definitiv zu bestätigen.“ [„acquiescence“ bedeutet „Billigung, Einwilligung, Zustimmung, Nachgeben“, enthält jedoch eine passive Note, daher „Nachgeben“ oder „nachträgliche Zustimmung“; Anm.d.Ü.][17]

Indem er die US-amerikanische Billigung als „acquiescence“ bezeichnete, ließ Präsident Wilson so etwas durchblicken wie: „Ich wollte die Briten in ihrer Haltung gegenüber Palästina eigentlich nicht unterstützen, aber war dazu gezwungen, da ich deren Unterstützung für die Schaffung des Völkerbundes brauchte.“

Einen Hinweis auf die wirkliche, aber nicht veröffentlichte Meinung des Präsidenten zum politischen Zionismus findet man in einer Bemerkung Wilsons am 22. Mai gegenüber US-amerikanischen Delegationsmitgliedern auf der Pariser Friedenskonferenz: Er habe nie verstehen können, welches Recht die Briten überhaupt besäßen, Palästina wem auch immer zu schenken, sagte Wilson demnach. Da es außer den Zionisten niemand gab, dem die Briten Palästina hätten überlassen können, bleibt in Bezug auf Woodrow Wilsons Ansicht hier kein Raum für Missverständnisse: Der Präsident drückte mit diesen Worten aus, dass der zionistische Anspruch auf Palästina eigentlich nicht ernst genommen werden dürfe und die Quelle großer Problem sein werde, falls man ihn anerkannte.

Ich komme aufgrund der äußerst vorsichtigen Wortwahl Wilsons in seiner zuletzt zitierten Stellungnahme zu dem Schluss, dass das von zionistischen Kreisen kolportierte Zitat eine absichtliche Verdrehung seiner Worte zu einem bestimmten Zweck enthielt: Man wollte ihn vor der Öffentlichkeit als Parteigänger eines Programms für Palästina darstellen, das nicht von ihm stammte und nicht zu ihm passte.

Wie wir im achten Kapitel sehen werden, gab es auch in Großbritannien gewichtige politische Gegner einer Einbeziehung der Balfour-Erklärung in das britische Völkerbundsmandat für Palästina. Ich glaube auch, dass die Zionisten nicht blöd waren und solchen politischen Gegenwind vorausahnten, und dass sie daher

17· „Papers Relating to the Foreign Relations of the United States“ [„Dokumente zur Außenpolitik der Vereinigten Staaten“], „Paris Peace Conference“ [„Pariser Friedenskonferenz“], 1919, XI, S. 15-55

sogar fürchteten, dass die Balfour-Deklaration vielleicht gar nicht von Großbritannien umgesetzt würde. Und so vermute ich, dass die Lancierung von Pressemeldungen über den Besuch prominenter Zionisten im Weißen Haus zusammen mit dem „aufgehübschten" Zitat als Teil einer verdeckten Medienkampagne auch dem Zweck diente, Wilson und damit die USA stärker an den Zionismus zu binden. Falls Großbritannien die Zionisten schließlich doch enttäuscht hätte, wäre ihr Anliegen chancenlos gewesen – es sei denn, sie hätten behaupten können, die Unterstützung Präsident Wilsons zu genießen.

Es ging also darum, den Präsidenten Wilson als Unterstützer des Zionismus zitieren zu können (und damit auch die Gegnerschaft von jüdischen Antizionisten wie jenen einunddreißig Unterzeichnern der Petition zu entwerten). Einen solchen Propaganda-Coup hatten die Zionisten damals dringend nötig – weil die Zahlen gegen sie sprachen.

Die prominenten anti-zionistischen Unterzeichner des Offenen Briefes an Wilson sprachen für die überwältigende Mehrheit der jüdischen US-Bürger

Zu dieser Zeit behaupteten nicht einmal die Zionisten, die Sympathie von mehr als 150.000 Juden in den USA zu genießen – von einer Gesamtzahl von dreieinhalb Millionen Juden dort. Wir sprechen also hier von einer Zustimmungsrate von vier bis fünf Prozent! Daher muss man davon ausgehen, dass die prominenten Anti-Zionisten, die den Offenen Brief an Präsident Wilson unterzeichneten, wohl für die ganz überwiegende Mehrheit der jüdischen US-Bürger sprachen. Da es ihnen jedoch jetzt möglich war, eine positive Haltung von Präsident Wilson gegenüber ihrem Unterfangen zu behaupten, konnten sich die Zionisten fast sicher sein, dass sie jüdische US-Amerikaner in steigender Zahl für ihre Sache würden gewinnen können. Und zahlenmäßiges Wachstum bedeutete wachsendes politisches Gewicht: Je mehr Juden der USA die zionistische Sache unterstützten, desto besser würden die organisierten Zionisten das politische Geschehen der USA durch gezielte Lenkung von Stimmpaketen und Wahlkampfspenden beeinflussen können.

Trotz seiner ausgesprochenen „Billigung der Haltung der britischen Regierung im Bezug auf die Zukunft Palästinas" war Präsident Wilson dadurch nicht schon mit der Vorstellung versöhnt, dass der arabischen Bevölkerung des Landes Unrecht angetan werden dürfe. Und er ergriff auch in der Tat eine wichtige Initiative, die helfen sollte, ein solches Unrecht zu verhindern.

Nach seiner Rede von Mount Vernon schlugen die Araber den Allierten vor, eine Untersuchungskommission zu entsenden, um die wirklichen Wünsche und Sorgen der Menschen in der Levante und dem Irak zu erforschen. Präsident Wilson befürwortete den Vorschlag, aber von den Briten kam ein „No" – obwohl sie den Arabern vorher verbindlich zugesagt hatten, man wolle sie bezüglich der Zukunft der Region konsultieren. Da die Franzosen für die Idee, die Meinung der arabischen Bevölkerung und Notabeln einzuholen, ebenso nur ein „Non“ übrig hatten, starb der Plan einer alliierten Untersuchungskommission einen schnellen, vorzeitigen und unnatürlichen Tod.

Nachdem man dann versuchte, ihn zu einem unbedingten Fahnenträger der zionistischen Sache zu machen, entschied sich Präsident Wilson auf eigene Faust, eine US-amerikanische Untersuchungskommission einzusetzen und in den Nahen Osten zu entsenden. Ich vermute, dass Präsident Wilson auch durch Aussagen von britischer Seite wie die in Balfours Memorandum (wo es hieß, die siegreichen Alliierten, nicht bloß die Briten, hätten sich für die Unterstützung des Zionismus entschieden, „right or wrong“, d.h. im Recht wie im Unrecht) insgeheim entsetzt war.

Die Leitung der US-Kommission für den Nahen Osten oblag Prof. Dr. Henry C. King, dem geachteten Präsidenten des Oberlin-College, und Charles R. Crane, einem Großindustriellen. Die Kommission verbrachte sechs Wochen mit Befragungen und Untersuchungen vor Ort.

Dann, nachdem die Kommission ihren Bericht fertigestellt hatte, geschah etwas ganz Erstaunliches:

Wesentliche Resultate des Berichtes der King-Crane-Kommission wurden erst einmal zensiert. Man hielt sie zwei Jahre lang regelrecht geheim, bis die britische und die französische Regierung sich ihre Tortenstücke aus dem untergegangenen osmanischen Reich herausgeschnitten hatten: Im Juli 1922 bekamen sie endlich die heiß ersehnte Absegnung ihrer Mandate durch den Völkerbund, damit sie so die Türken als Kolonialmacht im Nahen Osten beerben konnten.

Im Dezember 1922 erteilte der mittlerweile aus dem Amt geschiedene Präsident Wilson die Erlaubnis zur Veröffentlichung des Berichtes der King-Crane-Kommission. Nun wurde klar, warum Großbritannien, Zionisten & Co sich so gegen eine offizielle alliierte Untersuchung der Lage im Nahen Osten gewehrt hatten. Diese hätte nämlich erwiesen, welche Folgen es haben musste, wenn dort die Macht über Recht und Gerechtigkeit triumphierte. So heißt es in dem Bericht u.a.:

„Kein höherer britischer Beamter oder Offizier, dessen Auskunft von den Kommissionsmitgliedern eingeholt wurde, glaubte, dass das zionistische Vorhaben (einer unbegrenzten Einwanderung von Juden nach Palästina) ohne den Einsatz von bewaffneter Gewalt durchführbar sei … nur ein äußerst eingeschränktes zionistisches Programm sollte angegangen und selbst dieses dann nur in sehr kleinen Schritten begonnen werden.“[18]

18· Vgl. den Bericht der King-Crane-Kommission; zu finden in: George Antonius, „Arab Awakening“, S. 443ff.; ders., im Internet: http://catalog.hathitrust.org/Record/006783279 ; oder vgl. Harry N. Howard, „The King-Crane Commission“, S. 348-352, J. C. Hurewitz, „Diplomacy in the Near and Middle East“, Bd. II, S.70ff; ferner im Internet unter: http://www.hri.org/docs/king-crane/syria.html ; die „Empfehlungen“ [„Recommendations“]

King und Crane erwähnen in ungewöhnlicher Offenheit, dass sie für den Zionismus voreingenommen waren, als sie ihre Untersuchung begannen, dass aber „die tatsächlichen Gegebenheiten in Palästina, gemeinsam mit den maßgeblichen Grundsätzen, die von den Alliierten verkündet und von den Syrern [d.h. der Bevölkerung der Levante und ihrer Vertreter] akzeptiert wurden", sie zu ihren im Bericht ausgesprochenen Empfehlungen bewogen."[19]

Eine ihrer wichtigsten Empfehlungen für das Gebiet der Levante ging dahin, dass diese nicht Gegenstand zweier oder gar dreier Völkerbundsmandate sein solle: Nach King und Crane hätte es für das Gebiet Großsyriens nur einziges Mandat geben sollen, in dessen Rahmen der Libanon eine gewisse Autonomie genießen würde. Die US-amerikanische Kommission befürwortete also die Forderungen und Vorstellungen des Großsyrischen Kongresses.[20]

Zur Interpretation der Balfour-Erklärung war im Bericht von King und Crane folgendes zu lesen:

„Denn eine nationale Heimstatt für das jüdische Volk ist nicht gleichbedeutend damit, dass man Palästina in einen jüdischen Staat verwandelt; noch kann die Errichtung eines solchen jüdischen Staates erreicht werden, ohne die bürgerlichen und religiösen Rechte der existierenden nichtjüdischen Gemeinschaften in Palästina aufs schwerste zu verletzen."[21]

Der Kommissionsbericht hält dann fest:

„Es stellte sich in den Treffen der Kommission mit jüdischen Vertretern wiederholt heraus, dass die Zionisten eine praktisch vollständige Enteignung der jetzigen nicht-jüdischen Einwohner von Palästina dringend wünschten, und dies auf dem Wege verschiedener Formen des käuflichen Landerwerbs."

Die anti-zionistische Einstellung der vom türkischen Joch befreiten nicht-jüdischen Bevölkerung Palästinas, fährt der King-Crane-Bericht fort, sei sehr heftig [intense], und man könne sich darüber nicht ohne Schwierigkeiten hinwegsetzen. Neun Zehntel der Gesamtbevölkerung spreche sich energisch gegen das gesamte zionistische Programm aus. "Ein derart gesinntes Volk uneingeschränkter jüdischer Zuwanderung zu unterwerfen, sowie dem stetigen finanziellen und sozialen Druck, würde einen groben Bruch des soeben zitierten [Wilsonschen] Grundsatzes und der Rechte des [palästinensischen] Volkes darstellen "

King und Crane verliehen auch ihrer festen Überzeugung Ausdruck, dass es dumm von Amerika wäre, den guten Willen der Araber abzuweisen oder gar zu

---

der Kommission findet man im Internet bei UNISPAL unter: http://unispal.un.org/UNISPAL.NSF/0/392AD7EB00902A0C852570C000795153

19· „Recommendations of the King-Crane-Commission", Abteilung I (Syrien/Palästina), Punkt E (Empfehlungen bzgl. des zionistischen Vorhabens), Unterpunkt 1]]

20· Ebd., Punkte B (Einheit Syriens) und C (Einheit des Mandats)

21· Ebd., Punkt E (Empfehlungen bzgl. des zionistischen Vorhabens), Unterpunkt 3

gefährden. Sie betonten, dass die siegreichen Kolonialmächte Großbritannien und Frankreich bei den Arabern „sehr unbeliebt" seien. Das war die eine Seite. Die andere Seite war, dass 60 Prozent der Araber, die sich gegenüber der Kommission äußerten, andeuteten, dass Amerika ihre erste Wahl für ein Mandat über Palästina war. Weder Großbritanien noch Frankreich waren die erste Präferenz für weniger als 15 Prozent der Delegierten. Amerika, schrieben King und Crane, habe seine Popularität unter den Arabern gewonnen wegen seines tadellosen Rufs, uneigennützig zu sein und keine imperialistischen Ambitionen oder territorialen Ansprüche zu haben. Dieser gute Ruf gründete auf den philantropischen und erzieherischen Institutionen, die es hatte, und auf der Behandlung seiner früheren Kolonien. Amerikas Entscheidungen, Kuba und den Philippinen zu erlauben, in Richtung Freiheit zu schreiten, wurden als Beispiele angeführt.

Der Bericht der King-Crane Kommission wurde wegen seiner Empfehlung, die jüdische Einwanderung einzuschränken, unterdrückt. Eine informierte und aufrichtige Debatte in Amerika darüber, ob es klug sei, den Zionismus bedingungslos zu unterstützen, sollte verhindert werden.

Offenbar wurde der Bericht der King-Crane-Kommission aufgrund seiner Empfehlung, die jüdische Einwanderung nach Palästina zu beschränken, unterdrückt. Außerdem sollte eine ehrliche und fundierte Diskussion darüber, ob es klug sei, den Zionismus in Amerika bedingungslos zu unterstützen, verhindert werden. Hätte man solch eine Debatte erlaubt, wäre der Nahe Osten nicht in eine Katastrophe geschlittert.

Wie konnte die Unterdrückung solch eines wichtigen Dokumentes vor den Augen von Präsident Wilson geschehen? Die Wahrheit ist einfach und traurig.

Im September 1919 begannen der Stress und die Bürde, die Präsident Wilson für Amerika und die Welt trug, sich auf seine Gesundheit niederzuschlagen. In jenem Monat führte ihn ein anstrengendes Programm mit großen Reden und Interviews von Küste zu Küste, in dem Versuch, sein Volk von der Notwendigkeit der Ratifizierung des Vertrags von Versailles durch den Kongress zu überzeugen. Dieser Vertrag diktierte nicht nur dem besiegten Deutschland die Abwicklungskonditonen; er schloss auch als Einleitung die Satzung des Völkerbundes ein. Amerikas politisches und militärisches Establishment war zutiefst gespalten, ob der Vertrag ratifiziert werden sollte oder nicht. Die Weigerung, ihn zu ratifizieren, hätte bedeutet, dass Amerika kein Mitglied des Völkerbundes wurde. So musste Präsident Wilson einen großen Kampf auf sich nehmen und führte deshalb eine landesweite Kampagne durch.

In Colorado, am 25. September, war er gezwungen, seine Tour aufzugeben. Er kehrte in einem Zustand völliger Erschöpfung nach Washington zurück. Danach, am 2. Oktober, erlitt er eine Trombose, einen Schlaganfall, der ihm die Kontrolle über seine linke Körperhälfte nahm.

In den Wochen, in denen Präsident Wilson von Personen und Geschäften isoliert war, wurden die Außenpolitik und eine Kabinettsitzung von Außenminister Lansing geleitet. Hinter verschlossenen Türen brachte dieser seine Ansicht zum Ausdruck, dass der Präsident aufgrund seiner Krankheit nicht fähig sei, die Geschäfte zu führen. In dieser Zeit fiel die Entscheidung, den Bericht der King-Crane-Kommission zu unterdrücken, zweifelsohne in Absprache mit Großbritannien und dem Zionismus.

Die Zeit für eine offene und ehrliche Debatte über den Zionismus und dessen bedingungslose Unterstützung war verstrichen – während Präsident Wilson durch seinen Schlaganfall außer Gefecht gesetzt war. Es war zugleich die erste und die letzte bedeutende Initiative bekannter jüdischer Amerikaner mit dem Ziel, dem Zionismus Einhalt zu gebieten.

Die Unterdrückung des Berichtes gab Großbritannien und Frankreich grünes Licht: nun konnten sie ihrem Plan, den syrischen Teil des türkischen Reiches für sich abzutrennen, den letzten Schliff verleihen. ("Sie können uns mal...", lautete gewissermaßen ihre Botschaft an King und Crane und Präsident Wilson). Sie bedeutete auch grünes Licht für Großbritannien, den Zionisten, deren wahre Ziele und deren verheerende Auswirkungen nicht infrage gestellt wurden, zu sagen, sich wegen der Gegnerschaft Präsident Wilsons (oder zumindest seinen ernsthaften Zweifeln an ihrem Vorhaben) keine Sorgen zu machen.

Als Präsident Wilson einigermaßen wieder zu Kräften gekommen und sein Verstand wieder aktiv war, bestand seine erste Amtshandlung darin, Lansings Rücktritt zu fordern. Dieser erfolgte am 13. Februar 1920. Aber der Schaden war (bereits) angerichtet. Der Präsident war von nun an der Gefangene einer Agenda bezüglich des Nahen Ostens, die nicht seine eigene war. Die Verkündung des "fait accompli" in San Remo durch die Briten und Franzosen war knapp drei Monate her. Die Frist für eine offene und ehrliche Debatte über den Zionismus und seine bedingungslose Unterstützung war mittlerweile verstrichen, während Präsident Wilson durch seinen Schlaganfall geschäftsunfähig war.

Nur retrospektiv kann die wahre Bedeutung der Petition gegen den Zionismus an Präsident Wilson in vollem Umfang bewertet werden. Es war zugleich die erste und die letzte große Initiative bekannter jüdischer Amerikaner mit dem

Ziel, dem Zionismus - " dem größten Irrtum in der jüdischen Geschichte" - Einhalt zu gebieten.

Das Schweigen der Diaspora-Juden war durch die Ängste, die der Holocaust erzeugt hatte, und durch den Glauben an den Mythos, Israel lebe seit seiner Existenz tagtäglich in der Gefahr der Vernichtung, gewährleistet.

1978, nachdem er die eigene Position in dieser Angelegenheit überdacht hatte, und nachdem jegliche gewichtige Kritik von jüdisch-amerikanischer Seite an Israels Verhalten ausgeblieben war, schrieb Lilienthal Folgendes:

"Für alle ist es höchst bedauerlich, dass die Nachkommen jener, die eine inspirierende anti-nationalistische (anti-zionistische) Einstellung vertraten, heutzutage entweder in den Reihen der Zionisten oder unter den zahlreichen aus Angst verstummten Mitläufern wiederzufinden sind."[22]

Was wurde aus den moralischen Prinzipien? Sie wurden in dem emotionalen Aufruhr, den der Nazi-Holocaust verursachte, zerstört. Und danach gewährleistete der Glaube an den Mythos, das arme kleine Israel lebe tagtäglich in der Gefahr der Vernichtung, das Schweigen der meisten Diaspora-Juden.

Im Verlauf der späteren Ereignisse, besonders, nachdem Begin 1977 in Israel an die Macht kam, war es ein Grund großer Traurigkeit für mich zu wissen, dass einige bekannte jüdische Engländer und Amerikaner fortgeschrittenen Alters, Menschen, die ich respektierte und bewunderte, von der Erkenntnis gequält wurden, dass sie mehr hätten tun können und sollen, um die Zionisierung ihrer gut integrierten Gemeinden zu verhindern.

Folglich erreichte Woodrow Wilson im Grunde nichts, nichts Wesentliches von dem, was er für die Menschen erstrebte. Der Kongress gab ihm nicht die Mehrheit, die für die Ratifizierung des Versailler Vertrags erforderlich war.

Die geringere Folge davon war, dass Amerika seine Beteiligung am 1. Weltkrieg formell mit separaten eigenen Friedensverträgen beendete, mit Österreich, dann mit Deutschland, mit Ungarn, mit der Türkei sowie den neuen Staaten Ost- und Zentraleuropas.

Die schwerwiegendere Konsequenz war, dass Amerika sich selbst aus dem Völkerbund ausschloss, als dieser im Januar 1920 mit Sitz in Genf gegründet wurde. Soweit es den Nahen Osten betraf, wurde das Weltgremium darauf reduziert, mehr oder weniger als Instrument des britischen und französischen Imperialismus zu dienen; es war das Gegenteil von dem, was Präsident Wilson beabsichtigt hatte.

Der Glaube, Großbritannien und Frankreich beabsichtigten, den Völkerbund als Tarnung zu nutzen, um ihre kolonialistischen Ambitionen voranzubringen, war

22- Alfred M. Lilienthal, „Zionist Connection II"; S. 771

einer der Gründe, weshalb einige im Kongress gegen die Ratifizierung des Versailler Vertrags stimmten und somit Amerika aus dem Weltgremium ausgeschlossen blieb. Andere taten es aus gegenteiligen Gründen – weil sie es ablehnten, Amerikas Freiheit, im eigenen Interesse zu handeln, durch die Mitgliedschaft in diesem Weltgremium eingeschränkt zu sehen.

Der eigentliche Unterschied zwischen diesen amerikanischen Gegnern des Völkerbundes und den Briten war nicht sehr groß. Während einige Amerikaner im Kongress tatsächlich sagten: " Wir möchten kein Teil eines Weltgremiums sein, das unsere Freiheit einschränkt, in der Welt zu tun, was wir wollen", sagten die Briten: "Das wollen wir auch nicht! Aber wir beabsichtigen ja auch nicht, unsere Verpflichtungen gegenüber dem Völkerbund allzu ernst zu nehmen, und auf jeden Fall werden wir bestimmen, wo's lang geht."

Nach seiner Pensionierung lebte Woodrow Wilson zurückgezogen in Washington D.C., hielt sich von politischen Kommentaren fern und vermied politische Kontakte, obwohl er, wie wir gesehen haben, die Veröffentlichung des unterdrückten Berichts der King-Crane-Kommission genehmigte. Ich glaube, er tat dies in der Hoffnung, der Bericht könnte dazu beitragen, seine Nachfolger zu veranlassen, das Notwendige zu tun, um zu verhindern, dass der Zionismus völlig außer Kontrolle geriet, sowohl im Kongress, als auch in Palästina.

Die *Enzyclopaedia Britannica* liefert eine scharfsichtige Einschätzung von Woodrow Wilsons Beitrag zur Geschichte. Demnach lähmte die Intensität seines idealistischen Eifers seine Fähigkeit zu wirksamen Kompromissen. „Er war unduldsam gegenüber der Opposition und in seiner Weigerung, Zeit zu gewinnen oder von dem Pfad abzuweichen, zu dessen Beschreitung er seiner Meinung nach durch die Vorsehung bestimmt war, hatte er viel von einem intoleranten Calvinisten. Seine Illusion, ehrenvolle Ideale würden genügen, um die hartnäckigen Tatsachen des politischen Lebens zu aus der Welt zu schaffen, brachte seine internationale Politik auf den Weg des Scheiterns." Er war ein großer Führer, „aber ihm fehlten die politische Intuition und das Geschick ... die seinen Beitrag zur Friedenskonferenz hätte vergrößern und die Vereinigten Staaten in den Völkerbund bringen können."

Das ist eine Beurteilung. Meine unterscheidet sich davon, in zweierlei Hinsicht, und sie stimmt vielleicht – wie soll ich sagen? - mehr mit dem überein, was sich tatsächlich ereignet hat, wie man heute weiß.

Erstens wurde Präsident Wilson vom imperialistischen Großbritannien, dem Zionismus und seinen Verbündeten sowie den Medien hereingelegt, mit der Beihilfe Frankreichs, wie gefordert. Auch denke ich, dass man ihn nicht so hätte hintergehen können, zumindest hinsichtlich der Situation in Palästina, wenn er keinen Schlaganfall erlitten hätte.

Zweitens war er ein zu guter Mensch für die Politik jener Zeit (vielleicht sogar jeder Zeit). Ich meine, wie ich bereits im Prolog sagte, dass er seiner Zeit viele, viele Jahre voraus war. Und ich meine, angesichts der heutigen Situation auf der Welt, dass eine Zeit kommen wird, wo der Idealismus, den er repräsentierte, als Pragmatismus und einzige Alternative zu einem neuen dunklen Zeitalter des Totalitarismus gelten wird. Er war meiner Beurteilung nach eher wie Asher Zevi Ginsberg alias Achad Ha-am — ein Prophet, der zu seiner Zeit nicht die ihm gebührende Anerkennung erfuhr.

Mit Präsident Wilsons Abgang von der (politischen) Bühne war Amerika einmal mehr in einer isolationistischen Stimmungsphase. Und das verschaffte dem Zionismus die Freiheit, das Vakuum in der amerikanischen Außenpolitik zu füllen, und Großbritannien die Freiheit, Palästina ins Chaos zu stürzen.

Kapitel 8
Die Briten räumen zu spät ein: „Wir haben uns geirrt"

Die Rechtfertigung für die anhaltende Besetzung Palästinas nach der Eroberung im Ersten Weltkrieg war, dass Großbritannien durch ein vom Völkerbund erhaltenes Mandat dort war. Das Mandat gab dem britischen Unternehmen den Anschein der Rechtmäßigkeit, jedoch hätte es keiner Überprüfung standgehalten, wie Debatten im *House of Lords* (Oberhaus) zeigten und wie Cattan mit seinen vernünftigen Argumenten in seinem Buch aufzeigte. Wäre der Völkerbund mehr als ein Werkzeug des britischen und französischen Imperialismus' gewesen, hätte er Großbritannien das Mandat, das mit fatalen Fehlern behaftet war, nicht übertragen, denn es war juristisch ungültig und ein Instrument des Unrechts.

Das Mandatsystem war ein Experiment. Im Wesentlichen gaben die Großmächte, die den Krieg verloren hatten, ihre Übersee-Besitztümer zugunsten der Siegermächte auf, wie vom Völkerbund gebilligt; aber nach allgemeinem Verständnis wurden die Mandate über die aufgegebenen Gebiete den Siegermächten nicht zum politischen Machtzuwachs oder zur kommerziellen Verwertung gewährt – das heißt, nicht um den Kolonalismus zu verewigen, sondern im Geiste einer Treuhandschaft. Die Grundidee war im Wesentlichen, dass die „unterentwickelten Völker" der aufgegebenen Gebiete nicht von einem Kolonialherren zum nächsten wechseln sollten, sondern von einem Kolonialherren zu einem aufgeklärten und wohlwollenden „Großen Bruder" (offiziell: einer „Mandatsmacht"), der sie in die Unabhängigkeit führen und sie unterstützen sollte. Konkret sah Großbritannien aber im Besitz des Palästina-Mandats ein Mittel, um sein Empire mit zionistischer Hilfe auszudehnen und fortzusetzen. Als Großbritannien vom Rat des Völkerbundes am 24. Juli 1922 das Mandat für das Gebiet erhielt, wurde alles, außer dem Namen Palästina, zur britischen Kolonie.

Palästina und das internationale Recht wird weithin als epochales Werk zu diesem Thema gesehen. Darin legte Henry Cattan, ein international anerkannter Jurist, die verschiedenen Gründe fest, weshalb Großbritanniens Palästina-Mandat ungültig war.

Erstens, da die Balfour Erklärung darin aufgenommen und so der Plan der Errichtung einer jüdischen nationalen Heimstätte in Palästina akzeptiert wurde, „verletzte das Mandat die Souveränität des Volkes von Palästina und dessen natürliche Rechte auf Unabhängigkeit und Selbstbestimmung. Palästina war die nationale Heimat der Palästinenser seit eh und je.

Die Errichtung einer nationalen Heimstätte dort für ein fremdes Volk verletzte die legitimen und fundamentalen Rechte der einheimischen Bevölkerung. Der Völkerbund besaß, ebenso wie die britische Regierung, keinerlei Befugnis, über Palästina zu verfügen oder den Juden irgendwelche politischen oder territorialen Rechte in diesem Land zu gewähren. Insoweit das Mandat die Anerkennung irgendwelcher Rechte für ausländische Juden in Palästina beinhaltete, war es null und nichtig."[1]

In Großbritannien widersetzte sich das Oberhaus (*House of Lords*) der Verankerung der Balfour-Erklärung in dem Mandat. Am 21. Juni 1922 gab es in dem Haus eine Debatte über eine Abstimmung, die das Mandat in seiner derzeitigen Form für inakzeptabel erklärte– und zwar, weil es die Balfour-Erklärung beinhalte.

Zugunsten des Antrags sprechend betonte Lord Islington, das Mandat verstoße in seiner vorliegenden Form gegen die Zusicherungen, die die Regierung seiner Majestät dem Volk Palästinas gegeben habe. In seiner prophetischen Rede sagte er Folgendes:

„In Wirklichkeit sehen nicht nur in Palästina, sondern auch in der gesamten Welt, sehr viele orthodoxe Juden das Prinzip einer zionistischen Heimat in Palästina mit dem tiefsten Missfallen, um nicht zu sagen Widerwillen... Der Plan einer zionistischen Heimat zielt auf eine effektive politische Vorherrschaft in Palästina, indem in das Land ausländische und fremde Juden aus anderen Teilen der Welt eingeführt werden... Dieses Konzept, eine fremde Volksgruppe mitten in eine ansässige einheimische Volksgruppe einzuführen, widerspricht allen Tendenzen unserer Zeit. Es ist ein unnatürliches Experiment ... Es öffnet buchstäblich einer nachfolgenden Katastrophe Tür und Tor... Der Schaden, der entsteht, indem eine fremde Bevölkerung einem arabischen – im gesamten Hinterland arabischen – Land aufoktroyiert wird, könnte nie wieder gutzumachen sein... Unsere Zugeständnisse, die wir nicht dem jüdischen Volk gegenüber, sondern einem extremen zionistischen Teil machten, haben eine Wunde im Osten aufgerissen, und keiner kann sagen, wie weit sich diese Wunde ausdehnen wird."[2]

In jener Zeit war Balfour in das Oberhaus befördert worden. Er antwortete auf die Kritik von Lord Islington. Möglicherweise, räumte er ein, „könnte der Zionismus scheitern". Aber dies sei ein Experiment. „Sollten wir uns nie auf ein Abenteuer einlassen?Sollten wir nie neue Experimente ausprobieren?" Mit einer Mischung aus kalkulierter Indifferenz und Arroganz fuhr Lord Balfour dann fort: „Ich glaube kaum, dass ich auf jenes eingebildete Unrecht, das eine jüdische Heimat über die einheimischen Arabern bringen soll, eingehen muss."[3]

1- Henry Cattan, a.a.O., S. 65

2- House of Lords, Hansard's Reports, 21. Juni 1922, S. 997

3- Ebd.

Der Völkerbund besaß ebenso wenig wie die britische Regierung die Befugnis, über Palästina zu bestimmen oder den Juden irgendwelche politische oder territoriale Rechte in diesem Land zu gewähren.

Lord Islington hatte argumentiert, dass die Bestimmungen des Mandats, die die Errichtung einer jüdischen nationalen Heimat betrafen, mit Artikel 22 der Satzung des Völkerbundes unvereinbar waren.

Cattan brachte dasselbe Argument vor, aber auf seine Weise und mit größerer Präzision: „Die zweite Begründung der Nichtigkeit des Mandats ist, dass es in Geist und in Schrift gegen Artikel 22 der Satzung des Völkerbundes verstößt, unter dessen Autorität es angeblich zustande gekommen ist."[4]

Artikel 22 war von höchster Bedeutung, weil er der Artikel war, der das grundlegende Ziel des Mandatssystems definierte. Es sollte „das Wohlergehen und die Entwicklung" der Menschen, die in den Mandatsgebieten lebten, sicherstellen; ein Ziel, das in Artikel 22 als Bildung „eines heiligen Vertrauens in die Zivilisation" beschrieben wird.

Frage: Wurde Großbritanniens Palästina-Mandat (von den Briten) zum Wohlergehen und zur Entwicklung der Einwohner Palästinas ausgedacht?

Wie Cattan sagte, lag die Antwort in den Bestimmungen des Mandates selbst.

Das Mandat strebte im Widerspruch zu den Rechten und Wünschen der Palästinenser die Errichtung einer nationalen Heimstätte für ein anderes Volk an. Es verlangte von der Mandatsmacht (Großbritannien), in dem Land die politischen, administrativen und wirtschaftlichen Bedingungen zu schaffen, die die Errichtung einer jüdischen nationalen Heimstätte sicherstellten. Es verlangte von der Mandatsmacht, die jüdische Einwanderung nach Palästina zu erleichtern. Es sorgte dafür, dass ein ausländisches Gremium, bekannt als Zionistische Organisation, als öffentliches Gremium anerkannt wurde, um so die (britische) Verwaltung von Palästina zu beraten und mit ihr im Hinblick auf die Errichtung einer jüdischen nationalen Heimstätte zusammenzuarbeiten. Somit wird deutlich: Obwohl das Mandatssystem eigentlich für die Interessen der Bewohner des betreffenden Mandatsgebietes konzipiert worden war, diente das Palästina-Mandat den Interessen eines fremden, von außerhalb Palästinas stammenden Volkes, was dem Grundkonzept des Mandats zuwiderlief.[5]

Kurzum, das Palästina-Mandat Großbritanniens war „nichts als eine Verhöhnung des durch die Satzung des Völkerbundes konzipierten Mandatssystems."[6]

4· Henry Cattan, a.a.O., S. 65-68

5· Ebd., S. 66

6· Ebd., S. 68

Lord Islington beschrieb das Palästina-Mandat als „wirkliche Verfälschung des Mandatssystems.“ Er fügte hinzu: „ Wenn man dessen Artikel 22 sieht..., dass das Wohlergehen und die Entwicklung dieser Völker ein heiliges Vertrauen in die Zivilisation bilden sollte, und wenn man dies als Kernaussage des Mandatssystems nimmt, werden Euer Lordschaften, wie ich meine, sehen, dass wir sehr weit von diesem Pfad abweichen, indem wir die Autonomie in Palästina solange hinauszögern, bis die (einheimische) Bevölkerung von einem fremden Volk überschwemmt wird.“[7]

Obwohl das System des Mandats für die Interessen der Bewohner des Mandatsgebietes konzipiert wurde, diente das Palästina-Mandat den Interessen eines fremden, von außerhalb Palästinas stammendenVolkes, was dem Grundkonzept des Mandats zuwiderlief.

Als der Antrag, der das Mandat in seiner damaligen Form für unannehmbar erklärte, im Oberhaus zur Abstimmung gegeben wurde, war das Ergebnis 60:29.

Zwei Wochen später gelang es der Regierung im Unterhaus einen Antrag abzuwehren, der forderte, das Mandat dem Parlament zur Bewilligung vorzulegen.

Und das war die Grundlage, auf der die britische Regierung formell die Bewilligung des Völkerbundrates für das Mandat beantragte und auch erhielt.

Als dies geschah, waren weder die Balfour-Erklärung, noch das Palästina-Mandat vom britischen Parlament bewilligt. Eine Strategie, bei der die Katastrophe absehbar war, wurde nie vom britischen Volk befürwortet. In Wirklichkeit wurde das Volk nicht für wert befunden, Kenntnis davon zu haben, was vor sich ging und in seinem Namen vollzogen wurde. Offene Diplomatie in der Form, wie Präsident Wilson sie gefordert hatte, sollte die Regierungen gegenüber ihrem Volk zur Rechenschaft verpflichten, bevor der Punkt erreicht wurde, an dem es kein Zurück mehr gab. (Man könnte sagen, dass die Hoffnungen auf offene Diplomatie durch seinen Schlaganfall zerstört wurde.)

Während der 26 Jahre seines Mandats gelang es Großbritannien hauptsächlich, drei Konflikte in Gang zu setzen:

• einen zwischen den einheimischen, verratenen Arabern Palästinas und den einwandernden (ausländischen) zionistischen Juden;

• einen zwischen den palästinensischen Nationalisten und den Streitkräften der britischen Besatzer; und

•schließlich einen zwischen den zionistischen Juden in Palästina und den Briten.

7· House of Lords, Hansard's Reports, 21. Juni 1922, S. 1000

Um der Möglichkeit eines gewaltsamen arabischen Kampfes gegen die Besetzung Palästinas und gegen seinen vorherrschenden Einfluss in der Region insgesamt zu begegnen, musste das imperiale Großbritannien sein Verhältnis zu den Haschemiten verbessern, deren Führer, Hussein vom Hedschas, es hintergangen hatte. Die Freundschaft sollte durch eine Belohnung für die beiden Söhne Husseins, Faysal und Abdullah, wieder hergestellt werden. Faysal wurde dem Volk des Irak als dessen König aufoktroyiert, mit der primären Aufgabe, Britanniens Ölinteressen in diesem Land zu schützen. Abdullah sollte einen Teil Palästinas, Transjordanien genannt, erhalten, als dessen König.

Unter der türkischen Herrschaft war das Palästina im Osten des Flusses Jordan Bestandteil der Provinz Syrien und als Distrikt von Al Balqa bekannt. Es war das Gebiet, das die Briten Abdullah in der Hoffnung gaben, dass er ihr Mann werden und ihnen helfen würde, zu verhindern, dass der palästinensische Nationalismus zu einer unkontrollierbaren Kraft werde. Weizmann hatte gehofft, die Briten gäben Transjordanien dem Zionismus, aber er sollte enttäuscht werden. Großbritannien brauchte Freunde, die ihm halfen, das Feuer des palästinensischen Nationalismus zu unterdrücken, keine Freunde, die das Feuer entfachten.

Eine kurze Darstellung der Neupositionierung der Haschemiten wird die Leser die Palästina-Politik Großbritanniens, wie sie sich auf den nachfolgenden Seiten offenbart, verstehen lassen.

Nach der Niederlage und Vertreibung der Türken wurde Hussein der absolute und unstrittige Herrscher in seinem Teil des großen Gebietes, das (1927) das unabhängige Königreich Saudi Arabien werden sollte. Seine Hoffnung war, dass er und seine Söhne am Ende alles kontrollieren und beherrschen würden. Und vielleicht sogar mehr. Wenn man voraussetzte, dass die Haschemiten vom Propheten abstammten und die Wächter der Heiligen Stätten des Islams waren, war dies keine unvernünftige Erwartung. Aber Hussein hatte einen Rivalen: Ibn Saud. Eine Zeitlang spielten die Briten ihr altehrwürdiges Spiel, beide Seiten in dem Kampf um die Macht in dem Hauptteil der arabischen Halbinsel zu unterstützen, zu finanzieren und zu bewaffnen, bereit dazu, den Verlierer zur rechten Zeit abzuservieren.

Aber Frankreichs Vorgehen bewirkte erneut eine Neupositionierung der Haschemiten im großen Schachspiel um die Macht in der arabischen Welt östlich von Suez.

Im Juli 1920 – zwei Monate nach der San Remo-Verkündigung, dass Frankreich die Mandate für Syrien und den Libanon erhalte und Großbritannien das Mandat für Palästina – vertrieben die Franzosen Husseins ersten Sohn, Faysal, aus Syrien. Somit wurde die Vereinbarung der Unabhängigkeit, die die Araber bereits proklamiert hatten (auf die Hussein gemachten britischen Versprechungen hin) hinfällig. (Daher war das Bedürfnis Großbritanniens groß, Faysal im Irak neu zu positionieren.)

Als Reaktion darauf besetzte Abdullah, Husseins zweiter Sohn, das Gebiet, das Transjordanien werden sollte, und drohte, die Franzosen in Syrien anzugreifen. Man kann sich gut vorstellen, dass einige britische Entscheidungsträger darüber fantasierten, wie großartig es wäre, wenn es Abdullah gelänge, die Franzosen aus dem Lande zu vertreiben. Aber er hatte niemals Aussicht auf Erfolg.

Acht Monate später, im März 1921, sagten die Briten Abdullah etwas in dieser Art: „Mach dir nichts daraus, lieber Freund, bleib hier, spiel deine Karten richtig aus – unterstütze uns bei der Verwaltung dieses Gebietes und halte den palästinensischen Nationalismus unter Kontrolle – dann werden wir dir diesen Teil Palästinas zu gegebener Zeit überlassen." Die offizielle britische Bekanntgabe damals war, dass Großbritannien, als Mandatsmacht, der Bildung einer arabischen Regierung in Transjordanien mit Abdullah als Oberhaupt zugestimmt hatte.

Fast zur selben Zeit machten die Briten Faysal zum König des Iraks. Die Söhne des Vaters wurden bei dem Prozess reichlich belohnt. Aber aufgrund der strategischen und wirtschaftlichen Bedeutung des Gebietes, das Saudi Arabien werden sollte, brauchte Großbritannien Husseins Wohlwollen. Ohne dieses konnte Großbritannien in ernsthafte Schwierigkeiten geraten, wenn er eine größere Macht als Ibn Saud entwickeln sollte.

Der Mann, dem am meisten daran lag, eine Kooperation mit Hussein einzugehen, wenn nicht sogar sich seines Wohlwollens zu versichern, war Lawrence. Im Auftrag der britischen Regierung reiste er im Juli zu einem Treffen mit Hussein nach Jeddah. Lawrence brachte den vorgeschlagenen Freundschaftsvertrag zwischen dem Hedschas und Großbritannien mit. Seine Mission war, den König zu überreden, diesen zu unterschreiben. Hussein brauchte den Vertrag dringend, weil dieser ihm sowohl militärische Unterstützung, als auch Geldmittel versprach. Während des arabischen Aufstands hatte Großbritannien ihm 25.000 Pfund pro Monat gezahlt.

Doch Hussein weigerte sich, zu unterzeichnen, weil der Vertrag von ihm verlangte, Großbritanniens Mandat für Palästina zu akzeptieren und somit die Schaffung eines jüdischen Heimatlandes dort. Gemäß Robert Laceys Darstellung in „Das Königreich" (eine epische Geschichte über die Gründung und Entwicklung von Saudi Arabien unter dem Hause Saud), war Lawrence in einem Punkt sehr offen gegenüber Hussein. „Palästina will euch nicht"[8] sagte Lawrence. Das „Euch" bezog sich auf die haschemitische Dynastie. Lawrence glaubte offenbar, Husseins Interesse an Palästina sei rein dynastisch und seine Vision für die Zukunft sei eine, in der die Haschemiten die gesamte arabische Welt östlich von Suez beherrschten.

8· Robert Lacey, The Kingdom (Hutchinson & Co., 1981; Fontana Paperbacks, 1982), S. 183

Hussein antwortete: „ Alles, was wir verlangen, ist, dass Großbritannien sein Wort gegenüber den Arabern hält."[9]

Indem Hussein, der danach Symptome psychischer Störungen (offenbar genetisch vererbt) zeigte, den Vertrag zurückwies, besiegelte er sein Schicksal. Ohne das Geld von Großbritannien – offiziell „Subvention" – genannt konnte er die Ordnung unter den Stämmen, die ihm gegenüber loyal waren, nicht mehr halten. Und das machte es für Ibn Saud leichter, zur rechten Zeit den Hedschas zu erobern und sich selbst zum Herrscher über das gesamte Land zu machen, das seinen Familiennamen tragen sollte – Saudi Arabien.

Am 3. Oktober 1924 dankte Hussein ab und ging ins Exil nach Zypern. Für den arabischen Führer, der den arabischen Aufstand ausgerufen hatte, um die Briten und ihre Verbündeten im Ersten Weltkrieg zu unterstützen, war es ein demütigendes Ende.

Abdullah seinerseits brauchte nicht lange, um Lehren aus dem Schicksal seines Vaters zu ziehen. Wenn man die eigenen Interessen befördern wollte, musste man den britischen Interessen dienen.

In Transjordanien war Abdullahs erstes Ziel, die Briten zu überzeugen, es vom Rest des palästinensischen Mandatsgebiets zu trennen. Das gelang ihm, und 1928 war seine arabische Verwaltung von Transjordanien praktisch autonom. Damit begann der Prozess der Entstehung Transjordaniens, das im Jahr 1946 ein unabhängiger Staat mit Abdullah als König wurde und, was die Briten angeht, mehr oder weniger deren Marionette.

In der Tat war Großbritanniens Botschaft an die palästinensischen Nationalisten: „Vergesst Transjordanien. Dieser Teil des Palästina-Mandates ist nicht länger zu haben." Ohne gefragt zu werden, sollten die Palästinenser Transjordaniens – sie stellen auch heute noch die Mehrheit der jordanischen Bevölkerung – von den Haschemiten beherrscht werden.

Von Anfang an widersetzten die Araber Palästinas sich dem Mandat, weil es nichts anderes bewirken konnte, als ihre Rechte als Mehrheit und als ursprüngliche Bevölkerung dieses Territoriums zu beeinträchtigen und zu gefährden. Wären sie nicht so unnachgiebig in ihrem Widerstand gegen die unbeschränkte jüdische Einwanderung unter zionistischem Banner gewesen, so wären sie Idioten und hätten das Schicksal, das über sie hereinbrach, verdient. Jabotinsky lag ganz richtig, als er schrieb, dass kein eingeborenes Volk jemals „freiwillig einen neuen Herrn zulassen" würde.

Der anfängliche palästinensische Widerstand bestand darin, nicht mit den britischen Besatzern zu kooperieren. Als aber Großbritannien mehr und mehr Juden erlaubte, im Namen des Zionismus in Palästina einzuwandern, verwandelte

9. Ebd.

sich die Weigerung zu kooperieren in Demonstrationen, Unruhen, Streiks und schließlich in Rebellion.

Tatsächlich kam es bereits einige Zeit, bevor Großbritannien das Mandat erhielt, zu den ersten palästinensischen Aufständen unter britischer Herrschaft. Sie brachen in Folge der Ankunft von über 10 000 jüdischen Immigranten aus Russland in den Jahren 1919 und 1920 aus. Indem man ihre Auswanderung nach Palästina arrangierte, reduzierte man die Anzahl der Juden, die bereit waren, in Russland eine Revolution zu entfachen!

Da die Zionisten begannen, immer mehr Land im Mandatsgebiet Palästina zu erwerben (durch Geld und Absprachen), wurden sporadische palästinensische Angriffe auf neu errichtete zionistische Siedlungen zu alltäglichen Vorfällen.

1929 kam es zur ersten großen Explosion anti-zionistischer palästinensischer Wut. Am 23. August griff ein Mob aus tausend oder mehr Palästinensern Juden in Jerusalem an. Die Gewalt breitete sich schnell in ganz Palästina aus, und bis zum Abend des 26. August wurden 133 Juden getötet und 339 verletzt. Bei ihrem Bemühen, die Juden zu beschützen und die Gewalt zu beenden, erschoss die britische Polizei 110 Palästinenser.

Ohne die britische Präsenz hätte sich der Zionismus in Palästina nicht festsetzen können. Ohne sie hätten die Palästinenser die Zionisten hinauswerfen können. Zwischen 1933, als Hitler in Deutschland an die Macht kam, und 1936, als die Palästinenser rebellierten, verdoppelte sich die Anzahl der Juden in Palästina – von knapp über 200.000 auf 400.000. Eine jüdische Einwanderung dieses Ausmaßes konnte nur die Palästinenser und darüber hinaus die Araber insgesamt in ihrer Überzeugung bestärken, dass Großbritannien insgeheim zur Gründung eines jüdischen Staates in Palästina entschlossen war. (Der Zionismus suchte allerdings nicht nur bei den Briten Unterstützung für sein Vorhaben, die demographischen Fakten in Palästina fundamental zu ändern. Zu diesem Zweck kollaborierten die Zionisten damals, wie wir später in Kapitel Neun sehen werden, sogar mit den Nazis).

Ein sechsmonatiger Streik im Jahre 1936 war der Beginn einer großangelegten Rebellion der Palästinenser. Sie hatte zwei Ziele. Das eine war, Großbritannien zu zwingen, die jüdische Einwanderung zu stoppen, das andere war, Großbritannien zu verpflichten, sein Versprechen der Unabhängigkeit für Palästina einzuhalten.

Großbritanniens erste Antwort war die Ernennung einer königlichen Kommission (der sogenannten Peel-Kommission), die über die sich verschlechternde Situation in Palästina beraten sollte. Sie empfahl die Teilung des Mandatsgebiets Palästina in einen arabischen und einen jüdischen Staat.

Die Palästinenser verweigerten die Teilung und unterstrichen dann ihre Weigerung durch die Ausweitung einer Kampagne, bei der sie Bäume und Ernten in den neu errichteten zionistischen Siedlungen zerstörten. Bei sich daraus ergebenden Zusammenstößen wurden 80 zionistische Siedler getötet. Nun wurde auch für die Briten offensichtlich, dass die Teilung kein praktikabler Vorschlag war.

Ohne die britische Präsenz hätte sich der Zionismus in Palästina nicht festsetzen können. Ohne sie hätten die Palästinenser die Zionisten hinauswerfen können.

Großbritanniens nächste Reaktion war, den Palästinensern den Krieg zu erklären. Bei seinem Versuch, die Rebellion zu zerschlagen, musste Großbritannien das Land praktisch zurückerobern. Immer mehr britische Truppen wurden dazu aufgeboten. Viele der neuen Straßen, die von den Briten nach 1936 gebaut wurden, dienten dem Ziel, die Mobilität der britischen Truppen zu erleichtern.

Unter dem nun geltenden Kriegsrecht wandten die Briten eine brutale Doppelstrategie an, um den palästinensischen Nationalismus seiner Führer zu berauben.

Bis zu 300 Personen wurden festgenommen und viele wurden auf die Seychellen deportiert. Von denen, die als Organisierer und Koordinatoren des Widerstands fungierten, wurden nicht wenige durch britische Geheimagenten getötet, die als Deckmantel einen internen Machtkampf zwischen rivalisierenden Flügeln der palästinensischen Nationalbewegung ausnutzten. So konnten die Briten behaupten, Araber würden Araber töten. (Es war eine übliche britische Taktik, eine, die die Israelis kopierten und weiterentwickelten.)

Aber die Briten konnten den palästinensischen Willen, sich dem Mandat zu widersetzen und die Durchsetzung der Balfour-Erklärung zu verhindern, nicht brechen.

Es herrschte jedoch eine Situation in Europa – Hitler lief Amok – welche die Briten veranlasste, ihre Palästinapolitik zu überdenken. Die britische Regierung unter Führung von Neville Chamberlain, die sich vorrangig bemühte, Hitler zu beruhigen, in der Hoffnung, einen Krieg mit Nazi-Deutschland zu vermeiden, war zu Beginn des Jahres 1939 bereit, mit den Arabern über Möglichkeiten zu diskutieren, wie die Konfrontation in Palästina zu beenden sei.

Das Gespräch fand auf der anglo-arabischen Konferenz in London statt. Zunächst setzte die Konferenz ein Komitee ein, zu dem der Justizminister, Vincent Caldecot, gehörte und das die McMahon-Hussein-Korrespondenz von 1915 – 1916 prüfen sollte. Zu den weiteren Dokumenten, die untersucht und zum ersten Mal auf der Konferenz veröffentlicht wurden, zählte Hogarths Botschaft an Hussein.

Der Justizminister, der wahrscheinlich über das falsche Spiel der Briten, das er und das Komitee enthüllten, selbst entsetzt war, gab zu: „Die arabischen Standpunkte haben sich als überzeugender erwiesen, als bisher angenommen.“[10]

10· Nevil Barbour, a.a.O., Anm. S. 240

Als das Komitee sein Werk beendet hatte, urteilte es einstimmig am 11. März 1939: „Die Regierung Seiner Majestät durfte nicht über Palästina verfügen, ohne die Wünsche und Interessen der Einwohner Palästinas zu berücksichtigen ...“ [11] Der Bericht des Komitees besagte weiterhin, dass alle britischen Äußerungen gegenüber den Arabern, während und nach dem Krieg, berücksichtigt werden sollten, in dem Versuch, „die Verpflichtungen zu ermessen, die die Regierung Seiner Majestät gegenüber jenen Einwohnern – gemäß irgendeiner Interpretation der (McMahon-Hussein)-Korrespondenz – durch dieselbe Korrespondenz einging.“[12]

Wenn es wirklich einen Moment gab, in dem Großbritannien Balfours Maßnahmen zur bedingungslosen Unterstützung des Zionismus ablehnte, so war es die Annahme des Berichts dieses Komitees durch die britische Regierung.

Sechs Wochen danach, am 17. Mai 1939 (während sich der Countdown für den Zweiten Weltkrieg trotz Chamberlains gegenteiliger Hoffnungen nicht aufhalten ließ), enthüllte der Kolonialminister, Malcolm MacDonald, ein Weißbuch, das Großbritanniens neue Palästinapolitik festlegte; eine Politik, die die Zionisten als Verrat am Versprechen, das Großbritannien ihnen gegeben hatte, betrachteten, wie sie dann auch verkündeten.

Das Weißbuch legte seinen Standpunkt dar, indem es auf die Mehrdeutigkeit des Begriffs „einer nationalen Heimat für das jüdische Volk“ und auf „die daraus resultierende Ungewissheit im Hinblick auf das Ziel der (britischen) Politik“ hinwies.[13] Diese Ungewissheit sei der „Hauptgrund für die Unruhen (eine nette Umschreibung der arabischen Rebellion) und für die Feindschaft zwischen Arabern und Juden.“

Das Weißbuch fuhr fort: „Die Regierung Seiner Majestät ist der Meinung, dass die Planer des Mandats, in das die Balfour-Erklärung eingebettet war, nicht beabsichtigt haben konnten, dass Palästina gegen den Willen der arabischen Bevölkerung dieses Landes in einen jüdischen Staat umgewandelt wird. Dass man Palästina nicht in einen jüdischen Staat umwandeln wollte, könnte man aus dem Abschnitt des schriftlichen Befehls von 1922 herauslesen, der wie folgt lautet...“

Das Weißbuch von 1939 zitiert sodann Churchills Weißbuch von 1922, sowohl die Versprechen an die Araber als auch die Zusage, eine jüdische nationale Heimstätte in Palästina zu gründen.

Nach der Feststellung, dass das Weißbuch von 1922 das arabische Misstrauen gegenüber Großbritanniens Politik nicht beseitigen konnte, fährt das Weißbuch von 1939 fort:

„Deshalb erklärt die Regierung Seiner Majestät nun unwiderruflich, dass es nicht Gegenstand ihrer Politik ist, dass Palästina ein jüdischer Staat werden soll.“

11· Report of the Committee, British Command Paper N° 5974, 16. März 1939, S. 11.

12· Ebd.

13· Für diese und die anderen Zitate der folgenden zwei Seiten, s. British Command Paper N° 6019, 17. Mai 1939

Anschließend legte das Weißbuch von 1939 eindeutig fest, wie die Politik Großbritanniens von da an zu sein hatte – auf eine so deutliche Weise, dass nun keinerlei Raum für Missverständnisse und keinerlei Möglichkeit zur Falschdarstellung durch die Zionisten blieb:

Das Ziel war ein unabhängiger palästinensischer Staat innerhalb von 10 Jahren, den „Araber und Juden miteinander teilen könnten, und zwar so, dass sichergestellt ist, dass die wesentlichen Interessen von beiden gewahrt werden." In einem solchen palästinensischen Staat war vorgesehen, dass „Juden und Araber genauso Palästinenser sind, wie Engländer und Schotten in Großbritannien Briten."

Der Errichtung des unabhängigen Staates sollte eine Übergangsfrist vorangehen, während der die Regierung Seiner Majestät die endgültige Verantwortung tragen sollte. Sobald der Frieden in ausreichendem Maße wiederhergestellt äre, würden Maßnahmen ergriffen, um den Palästinensern (Arabern und Juden) einen größeren Anteil an der Regierung zu übergeben, mit dem Ziel, den Palästinensern (Arabern und Juden) alle Regierungssektionen unter der Assistenz britischer Berater und unter der Kontrolle des Hohen Kommissars zu übertragen.

Großbritanniens Weißbuch von 1939: Das Ziel war ein unabhängiger palästinensischer Staat innerhalb von 10 Jahren, in dem „Juden und Araber genauso Palästinenser sind, wie Engländer und Schotten in Großbritannien Briten."

Die palästinensischen Leiter der Ministerien (Araber und Juden) sollten einen Sitz im Exekutivrat haben, der den Hohen Kommissar beriet und arabische und jüdische Repräsentanten würden eingeladen, im Verhältnis zu ihrer jeweiligen Bevölkerung zu amtieren.

Dieser Prozess werde vollzogen, ob sich Araber und Juden die Gelegenheit zu Nutze machten oder nicht.

Fünf Jahre nach Wiederherstellung des Friedens werde ein entsprechendes Gremium, das sowohl Palästina als auch die Regierung Seiner Majestät repräsentiere, eingesetzt, um die Wirkung der Vereinbarungen in der Übergangsfrist zu überprüfen und Empfehlungen für die Verfassung eines unabhängigen Palästinas abzugeben.

Die Regierung Seiner Majestät werde alles tun, um die Bedingungen dafür zu schaffen, dass ein unabhängiger Staat binnen 10 Jahren entstehe. Sollten jedoch die Umstände eine Verschiebung erfordern, werde die Regierung Seiner Majestät sowohl die Palästinenser (Araber und Juden) und den Völkerbund als auch die benachbarten arabischen Staaten konsultieren, bevor sie über eine Verschiebung entscheide. (Ich denke, ich sollte darauf hinweisen, dass zionistische und andere jüdische Anführer von der britischen Regierung um Rat gefragt wurden, während diese ihre Politik für Palästina neu überdachte. Auch während der angloarabischen Konferenz wurden dreiseitige Gespräche in London geführt, die die britische Regierung, die Araber und die Juden – Zionisten, Nicht-Zionisten und Anti-Zionisten – einschlossen.)

Als Zugeständnis an die Zionisten legte das Weißbuch von 1939 auch fest, dass Großbritannien insgesamt 75 000 zusätzlichen Juden die Genehmigung erteilen werde, in den kommenden fünf Jahren in Palästina einzuwandern, so dass die jüdische Bevölkerung fast ein Drittel der Gesamtbevölkerung ausmachen werde.

Die permanente jüdische Einwanderung sollte in jedem dieser fünf Jahre eine Quote von 10 000 pro Jahr betragen. Gleichzeitig (unter Zugrundelegung der insgesamt 75 000) sollten, „als Beitrag" zu der Lösung des jüdischen Flüchtlingsproblems infolge der Entfesselung des Antisemitismus durch die Nazis, weiteren 25 000 Juden die Einwanderung nach Palästina erlaubt werden. (Zum Zeitpunkt der Einführung des Weißbuchs von MacDonald gab es keine Judenvernichtung in Europa; aber im Jahre 1939 und tatsächlich auch zuvor waren Gewaltakte gegen Juden in Deutschland das deutlichste Zeichen dafür, dass die Juden des kontinentalen Europa in äußerster Gefahr waren und in großer Zahl Zufluchtsstätten benötigten.)

Nach fünf Jahren beabsichtigte Großbritannien, ohne das Einverständnis der Araber keinen Juden mehr die Einreise nach Palästina zu erlauben. Da vorhersehbar war, dass die Araber keine weitere jüdische Einwanderung mehr dulden würden, kündete das Weißbuch von 1939 effektiv an, dass diese nach fünf Jahren beendet sei.

Des Weiteren sicherte das Weißbuch von 1939 zu, dass Großbritannien die stetig anwachsende illegale Einwanderung in Palästina stoppen werde. Es gab auch bekannt, dass dem Hohen Kommissar die Macht erteilt werde, den Verkauf von Grundstücken und deren Übertragung zu regeln.

Das Weißbuch von 1939 versprach, dass Großbritannien die stetig wachsende illegale Einwanderung nach Palästina stoppen werde.

Das Weißbuch erklärte die politischen Optionen Großbritanniens folgendermaßen: Die Regierung Seiner Majestät habe keine früheren britischen politischen Äußerungen gelesen, die beinhalteten, dass es erforderlich sei, „für alle Zeiten und unter allen Umständen die Einwanderung von Juden nach Palästina zu ermöglichen, abhängig bloß von der Berücksichtigung der wirtschaftlichen Aufnahmekapazität."

(Das muss eine korrekte und ehrliche Stellungnahme gewesen sein, aufgrund der Zusage in der Balfour-Erklärung, dass nichts getan werde, was die Rechte der

„nicht-jüdischen Gemeinschaft" verletze.) „Sie finde auch nichts in dem Mandat oder in entsprechenden politischen Äußerungen, was die Ansicht unterstützt, dass die Errichtung einer jüdischen nationalen Heimstätte in Palästina nur vollzogen werden kann, wenn die Einwanderung uneingeschränkt weitergehen darf."

Deshalb besagte die offizielle Erklärung, die Alternativen für die Regierung Seiner Majestät seien gewesen:

„entweder (i) weiterhin die jüdische nationale Heimstätte gegen den ausdrücklichen Willen der arabischen Bevölkerung des Landes durch uneingeschränkte Einwanderung auszudehnen suchen, oder (ii), eine weitere Ausdehnung der jüdischen nationalen Heimat durch Einwanderung nur zu erlauben, wenn die Araber bereit sind, dem zuzustimmen."

Deshalb:

„Die Regierung Seiner Majestät hat nach ernsthafter Beratung und unter Berücksichtigung des Umfangs, in dem das Wachstum der jüdischen nationalen Heimstätte in den vergangenen 20 Jahren gefördert wurde, entschieden, dass die Zeit gekommen ist, prinzipiell die zweite der oben genannten Alternativen anzunehmen."

Die Zionisten wiesen das Weißbuch zurück und beschuldigten Großbritannien des Verrats an den Juden. Sie waren aber erfreut zu sehen, dass Churchill unter denen war, die sich dem Weißbuch widersetzten, als das Unterhaus es billigte, mitsamt der neuen Politik, die es repräsentierte.

In Palästina selbst gab Ben Gurions „Jewish Agency", die Regierung des zionistischen Staates im Wartestand, sofort eine Stellungnahme ab. Sie besagte:

„Das Weißbuch verwehrt dem jüdischen Volk das Recht, seine nationale Heimstätte in dem Land seiner Ahnen wiederherzustellen. Es übergibt die Regierung des Landes der aktuellen arabischen Mehrheit und macht die jüdische Gemeinde Palästinas vom Wohl und Wehe dieser Mehrheit abhängig... Es errichtet ein territoriales Ghetto für Juden in ihrem eigenen Heimatland. Die jüdische Bevölkerung betrachtet dies als Vertrauensbruch und als Kapitulation vor dem arabischen Terrorismus."[14]

Indem ich dies schreibe, frage ich mich, ob die Verfasser dieser Stellungnahme aufgehört hatten, darüber nachzudenken, wie absurd sie jenen erscheinen musste, die glaubten, dass die Übergabe des Landes an die „arabische Mehrheit" etwas Natürliches, Rechtes und Korrektes war, um so mehr, da die Teilung der Macht die jüdische Minderheit absicherte.

Aus dieser Sicht wird jeder legitime palästinensische Widerstand gegen das zionistische Unternehmen vonseiten des Zionismus als Terrorismus definiert. Es war eine Definition, von welcher der zionistische Staat die Regierungen der westli-

---

14- The Palestine Post, 18. Mai 1939 (Titelschlagzeile: NEW POLICY WINDS UP MANDATE AND JEWISH NATIONAL HOME)

chen Welt rechtzeitig überzeugte, so dass diese sie zumindest bei ihren öffentlichen Äußerungen übernahmen. Die Zionisten störten sich damals und stören sich auch heute nicht daran, dass alle Völker das Recht haben, sich einer Besatzungsmacht zu widersetzen, und zwar mit allen Mitteln, sogar mit Gewalt.

Ben Guiron selbst erklärte: „Wir werden mit den Briten gegen Hitler kämpfen, als ob es kein Weißbuch gäbe, und das Weißbuch bekämpfen, als ob es keinen Krieg gäbe."[15]

Nach Meinung der Zionisten war der Grund für alle Unruhen in Palästina die arabische Gewalt. Es war dies eine Analyse zu Propagandazwecken, die nicht die Tatsache berücksichtigte, dass die arabische Gewalt (damals wie heute) die Folge zionistischer Provokationen war: der Verletzung der arabischen Rechte, die im wahren Wesen des zionistischen Unternehmens lag, und der Schaffung vollendeter Tatsachen vor Ort durch die Zionisten.

Eine andere Sichtweise, weshalb die Dinge in Palästina so gründlich schief gelaufen waren, wurde von Sir John Hope Simpson dargeboten. Er war der britische Experte, der im Jahre 1930 nach Palästina gesandt wurde, um über die massiven Unruhen des Vorjahres zu berichten. Seine Analyse, bis 1944 nicht veröffentlicht, enthielt diese Feststellung: „ Wären die jüdischen Behörden mit dem ursprünglichen Ziel der Ansiedlung in Palästina einverstanden gewesen – einem jüdischen Leben ohne Unterdrückung und Verfolgung und im Einklang mit jüdischer Kultur – hätte die nationale Heimstätte keine Schwierigkeiten dargestellt."[16]

Um diese Ansicht zu unterstützen, wies er auf die erfolgreiche Art und Weise hin, in der neue jüdische Einwanderer sich in Gemeinden angesiedelt hatten wie jenen, die von Sir Moses Montefiore gegründet und von Baron Rothschild finanziert wurden. Der ausschlaggebende Punkt sei, betonte er, dass diese jüdischen Einwanderer entschlossen waren, freundschaftliche Beziehungen zu ihren arabischen Mitbürgern zu haben und loyale Bürger Palästinas zu sein.

Aus dieser Sicht wird jeder legitime palästinensische Widerstand gegen das zionistische Unternehmen von den Zionisten als Terrorismus definiert. Von dieser Definition überzeugte der zionistische Staat die Regierungen der westlichen Welt.

„Die unglückliche Tatsache", fuhr Sir John Hope Simpson fort, „besteht darin, dass die jüdische Einwanderung heutzutage nicht aus Juden besteht, die aus religi-

15- David Ben-Gurion, Israel, A Personal History (erste vom New English Library herausgegebene englische gebundenen Ausgabe, Times, Mirror, 1972), S. 54

16- Sir John Hope Simpson, "The Palestine Mandate", veröffentlicht in The Fortnightly (London), Dezember 1944; Neudruck in Middle East Perspective (New York), April 1970. Dieses Zitat wurde aus dem genannten Werk Lilienthals übernommen

ösen Gründen in das Land Zions zurückkehren wollen, um dort ein jüdisches Leben ohne Unterdrückung und Verfolgung und im Einklang mit jüdischen Sitten zu führen, sondern vielmehr aus Juden, die weit entfernt von jeglicher religiöser Überzeugung vom Geist des politischen Nationalismus getrieben werden, entschlossen, sich die Vorherrschaft in Palästina zu sichern... Keinerlei Bestrebungen wurden unternommen, um mit der vorhandenen Bevölkerung zusammenzuwachsen. Im Gegenteil, es gibt einen tiefen Graben zwischen der virilen westlichen Wesensart des Einwanderers und der konservativen orientalischen des größten Teils der ansässigen Bevölkerung."[17]

Mit dem Weißbuch von 1939 gab Großbritannien zu, dass es falsch war, ohne das Einverständnis der Araber auch nur über einen Teil Palästinas zu verfügen. Aber es muss auch gesagt werden, dass die britische Regierung damals nur beschloss, zu versuchen, die Fehler ihrer Vorgänger zu korrigieren, weil die Aussicht sie erschreckte, die Araber könnten Nazi-Deutschland mit der Begründung unterstützen, der Feind ihres Feindes sei ihr Freund.

**„Die jüdische Einwanderung besteht heutzutage...
aus Juden, die, weit entfernt von jeglicher religiöser
Überzeugung, vom Geist des politischen
Nationalismus getrieben werden, entschlossen,
sich die Vorherrschaft in Palästina zu sichern."**

Aber es war bereits zu spät.

Im Jahre 1939 hatte der Zionismus genügend Präsenz in Palästina und genügend Macht mithilfe seiner Lobby in Amerika, um das Entsetzliche, das unmittelbar bevorstand, den Nazi-Holocaust, zu seinem Vorteil zu nutzen.

---

17. Ebd.

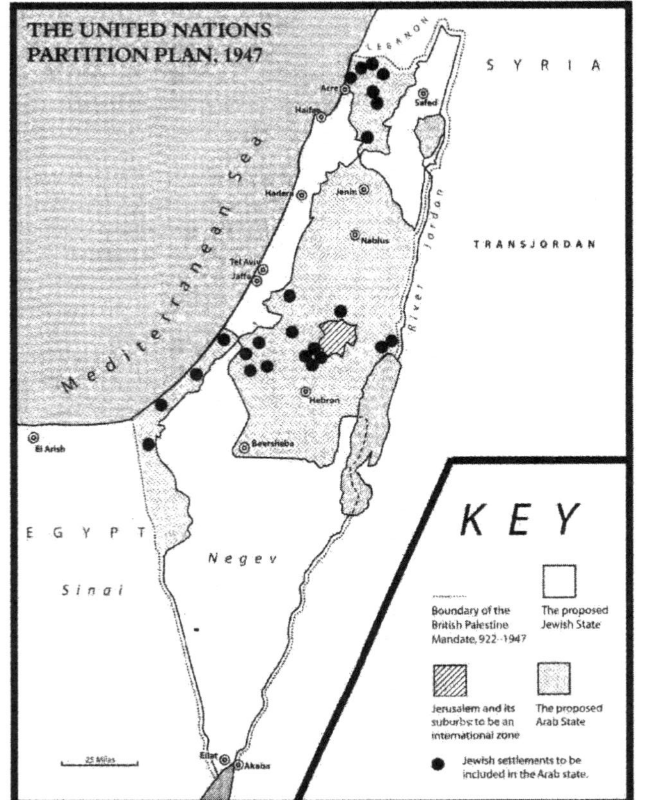

Der UN-Teilungsplan sah vor, 56,4 % Palästinas an die jüdischen Einwohner (viele von ihnen waren erst kürzlich als Fremde eingewandert) für einen jüdischen Staat zu geben. Sie machten 33 Prozent der Bevölkerung aus und besaßen bis dahin 5,67 % des Landes. Dieser Vorschlag war ein Unrecht von großer Tragweite.

Israel nach den Waffenstillstandsabkommen 1949. Wie Ben Gurion gehofft hatte, ermöglichte der Krieg dem einseitig erklärten Staat Israel, sich mehr Land durch Waffengewalt anzueignen – mehr Land, als Israel vom umstrittenen Teilungsplan der UNO zugeteilt worden war.

Kapitel 9
Holocaust – jüdischer Tod, zionistisches Leben

Es gibt keine Wörter, die einen Juden mehr erschauern lassen als jene, die für die Namen der Vernichtungslagerlager stehen, in denen sechs Millionen europäische Juden umgebracht wurden: Belsen, Buchenwald, Dachau, Flossenberg, Großrosen, Mittelbau-Dora, Sachsenhausen, Ravensbrück, Neuengamme und Stutthof in Nazideutschland; Vught in den von den Nazis besetzten Niederlanden; Mauthausen im von den Nazis besetzten Österreich; Theresienstadt in der von den Nazis besetzten Tschechoslowakei; Treblinka, Chelmno, Sobibor, Majdanek, Belzec und Ausschwitz im von den Nazis besetzten Polen.

Hätte sich das Kriegsgeschehen nicht gegen Nazideutschland gewendet, wären vielleicht sogar alle europäischen Juden ausgerottet worden. Insgesamt etwa 11 Millionen. Dies war die Zahl, die als Zielmarke für den Judenmord von General Reinhard Heydrich festgelegt worden war. Heydrich war Chef des Reichssicherheitshauptamts und derjenige, den Hitler mit der Aufgabe betraut hatte, die "Endlösung" der "Judenfrage“ zu planen und umzusetzen.

Die Vorlage für die Endlösung wurde bei einem Treffen von 15 führenden Nazis unter Vorsitz von Heydrich diskutiert und beschlossen. Das Datum war der 20. Januar 1942. Der Ort war Wannsee, ein malerischer Vorort von Berlin. Das Treffen, arrangiert von Oberst Adolf Eichmann, fand in einem herrlichen Landhaus statt, das einst das Heim eines deutschen Juden war. Heydrich äußerte gegenüber den Anwesenden, dass er nach dem Krieg darin wohnen werde.

Ständig in Eile – er flog selbst mit seinem Flugzeug von Ort zu Ort – stand Heydrich unter Zeitdruck und bestand auf ein Arbeitsessen um die Mittagszeit. So wurden die Details, wie die Nazis tatsächlich bis zu 11 Millionen Juden töten könnten, bei edelstem Wein, bestem Essen und den teuersten Zigarren diskutiert.

Zu den Punkten, die diskutiert wurden, gehörte auch die Überlegung, weshalb das Erschießen der Juden nicht die Lösung sein konnte. Wie einer der Teilnehmer sagte, würden einfache deutsche Soldaten nicht den Schneid dafür haben. Nicht in einem solchen Ausmaß. Und außerdem würde es viel zu lange dauern. Die Juden zu erschießen war schlichtweg nicht praktikabel. Zudem gab es das Problem der Entsorgung der Leichen. Die Antwort lag darin, einen industriellen Prozess zu wählen und sich der Wissenschaft zu bedienen. Die Juden würden in speziell zu diesem Zweck gebauten Kammern vergast und speziell zu diesem Zweck gebauten Öfen verbrannt werden. Mit dieser Methode, so die Berechnungen von Eichmann, könnten sie 60.000 Juden pro Tag "verschwinden" lassen.

Heydrich lebte nicht lang genug, um die Umsetzung seines Planes mitzuerleben. Im Frühjahr desselben Jahres wurde er von zwei tschechischen Widerstandskämpfern umgebracht und seine Position als Geschäftsführer der Endlösung wurde von Eichmann enthusiastisch übernommen. Nach dem Zusammenbruch und dem Sieg über Nazideutschland floh dieser nach Argentinien. Dort spürte ihn 1960 der israelische Geheimdienst auf. Sie brachten ihn im betäubten Zustand zurück nach Israel, wo er wegen Kriegsverbrechen angeklagt und am 31. Mai 1962 um 11.58 Uhr gehängt wurde.

Es gibt Antisemiten, die den Holocaust leugnen, sei es grundsätzlich oder in seinem tatsächlichen Ausmaß. Die Leugnung des Holocaust ist etwas, was mir unbegreiflich ist. Für mich ist das genauso erschütternd wie das Entwerfen des Plans der Tötung und das Abschlachten selbst.

In diesem Buch verwende ich den Begriff "Der Holocaust" nicht, weil das Erlebnis des Holocaust – Opfer eines Völkermords zu sein – kein ausschließlich jüdisches ist. Was die Zahl der getöteten Juden betrifft, und auch aufgrund der Art und Weise der Planung und der systematischen Art des Tötens, ist das, was in Nazi-Europa geschah, der schrecklichste Völkermord, den es je in der Geschichte der Menschheit gegeben hat. Jedoch war der von den Nazis verübte Holocaust weder das erste noch das letzte Beispiel von Unmenschlichkeit des Menschen gegenüber Menschen in einem Ausmaß, für das die Bezeichnung Völkermord zutrifft. (Seit Ende des Zweiten Weltkrieges hat es bis heute 250 Konflikte und 70 Genozide gegeben).

Der Kern der zionistischen Mythologie zur Frage, was nach der Machtübernahme Hitlers geschah, ist die Behauptung, manchmal offen formuliert, immer impliziert, dass der Zionismus in Palästina das tat, was er tat, weil er keine andere Wahl gehabt habe. Und zwar weil die Welt sich geweigert habe, europäischen Juden, die vor dem Naziterror flohen und zu Flüchtlingen oder Vertriebenen wurden (im offiziellen internationalen Sprachgebrauch DPs, Displaced Persons), eine Zuflucht zu bieten. Von der Wahrheit ist dies weit entfernt.

Sehr viel näher an der Wahrheit ist, dass eine ernsthafte Bemühung, Juden zu retten und ihnen an anderen Orten als Palästina Zuflucht zu bieten, vom Zionismus behindert, um nicht zu sagen ‚sabotiert' wurde. Und es ist kein Geheimnis, weshalb.

Die hartnäckigsten und kompromisslosesten Führer des Zionismus sahen den Nazi-Holocaust als das Ereignis, das ihnen eine ausreichend hohe Zahl an jüdischen Einwanderern verschaffen würde, eine Masse, die sie benötigten, um ihren Staat schaffen und auf Dauer erhalten zu können. Seit 1939 war das oberste Ziel des Zionismus, die in einem Weißbuch jenes Jahres erklärte Politik Großbritanniens zu vereiteln, die vorsah, die weitere Einwanderung von Juden in Palästina zu beschränken und nach fünf Jahren faktisch zu beenden. Die antisemitische Orgie der Nazis gab den Beförderern des Zionismus den Rammbock in die Hände, den sie brauchten, um ihr Ziel zu erreichen.

Es ist eine unumstößliche und nicht zu bestreitende historische Wahrheit, dass die große zionistische Idee, Hitlers Antisemitismus zu benutzen, um einen jüdischen Staat in Palästina zu errichten, schon vor dem Nazi-Holocaust geboren wurde.

Die zionistische Mythologie behauptet, dass der Zionismus in Palästina das tat, was er tat, weil die Welt sich weigerte, europäischen Juden, die auf der Flucht vor den Nazis waren, Zuflucht zu geben. Die Wahrheit ist, dass die ernsthafte Absicht, Juden zu retten und ihnen in anderen Ländern als Palästina eine Zuflucht zu bieten, von den Zionisten sabotiert wurde.

Es war Herzl, der den Weg wies. Wie er seinem Tagebuch anvertraute und auch einigen seiner engen Verbündeten (mit Nachdruck) gesagt haben mag: "Antisemitismus ist eine treibende Kraft, die wie die Woge der Zukunft Juden in das verheißene Land bringen wird . Der Antisemitismus hat zugenommen und wird weiter wachsen so wie ich."[1] Auch sagte er voraus: "Die Regierungen der vom Antisemitismus gewürgten Länder werden höchst interessiert daran sein, uns dabei zu helfen, die Souveränität zu bekommen, die wir haben wollen."[2]

Eine Strategie der Zionisten in Palästina war es, Schliachim (Gesandte) auszuschicken, um Kontakte mit den schon existierenden und aufkommenden totalitären Kräften und Parteien in Europa zu knüpfen, vor allem zu Hitlers Nationalsozialisten und Mussolinis Faschisten. Die Hauptfunktion der Schliachim war es, die totalitären Kräfte und Parteien zu hofieren und zu prüfen, welche Möglichkeiten der Zionismus finden konnte, sich dort einzuschleichen.

Das Buch von Brenner ist eine erstaunlich gut dokumentierte Darstellung des vollen Ausmaßes der Kollaboration des Zionismus sowohl mit den Nazis als auch mit den italienischen Faschisten sowie der Spannungen, die diese Kollaboration innerhalb der WZO auf höchster Führungsebene mit sich brachte.

Der wichtigste Pakt, den der Zionismus mit den Nazis schloss, war das infame Ha'avra (Transfer) Abkommen. Im Gegenzug für die Erlaubnis, Geld und Menschen nach Palästina zu transferieren und einige jüdische Vermögenswerte in Deutschland unter Schutz stellen zu lassen, stimmten deutsche Zionisten zu, sich

---

1- M. Lowenthal, a.a.O., S. 7

2- Ebd.

nicht am internationalen Boykott von Nazideutschlands Exporten zu beteiligen, ja sogar sich diesem zu widersetzen. In vielen Ländern und besonders in Amerika wollten viele Zionisten und andere jüdische Organisationen einen Boykott der Exporte aus Nazideutschland, jedoch war es schließlich die Politik des deutschen Zionismus, mit den Nazis zu kollaborieren, die sich durchsetzte. Die Institution des deutschen Zionismus war die ZVfD (Zionisitische Vereinigung für Deutschland).

Als Teil desselben Abkommens beschloss die ZVfD ebenfalls, den Nazis keinen Widerstand zu leisten.

Brenner gehört zu denjenigen, die es für möglich halten, dass Hitler nicht an die Macht gekommen wäre, wenn die ZVfD sich früh genug mit denjenigen Kräften in Deutschland zusammengeschlossen hätte, die gegen Hitler waren und gegen all das, wofür er stand.

Das Ha'avra (Transfer) Abkommen: Im Gegenzug für die Erlaubnis, Geld und Menschen nach Palästina zu transferieren und einige jüdische Vermögenswerte in Deutschland unter Schutz stellen zu lassen, stimmten deutsche Zionisten zu, sich nicht am internationalen Boykott von Exporten Nazideutschlands zu beteiligen, ja sogar sich diesem zu widersetzen.

Ein Mitglied der Gruppe der Schliachim, das am meisten gefeiert wurde, war Enzo Sereni, ein Zionist italienischer Herkunft. Er war Gesandter für Deutschland in den Jahren 1931-32. Wie Brenner festhielt, war er einer derjenigen, die Hitler als eine Kraft sahen, die das Judentum dem Zionismus zuführen würde. Einst sagte Sereni zum italienischen antifaschistischen Aktivisten Max Ascoli:

"Hitlers Antisemitismus könnte am Ende zur Erlösung der Juden führen."[3] Anschließend sagte Sereni vor einem Zionistenkongress: "Es gibt nichts, wofür wir uns schämen müssten, wenn es darum geht, dass wir die Verfolgung der Juden in Nazideutschland für den Aufbau in Palästina benutzt haben - genau das haben uns unsere Weisen und Führer seit jeher gelehrt: die Katastrophen der jüdischen Bevölkerung in der Diaspora für den Aufbau zu nutzen."[4]

Von noch größerer Bedeutung ist ein Statement, das Ben Gurion bei einem Treffen seiner Jewish Agency's Executive (etwa: Exekutivkomitee der Jüdischen Agentur) in Palästina am 17. Dezember 1938 abgab. Er warnte seine Kollegen der Führungsspitze vor etwas, das man niemals zulassen dürfe. Er sagte nämlich Folgendes:

3- Ruth Bondy, The Emissary: A Life of Enzo Sereni, S. 141

4- Novick, Zionism Today, S. 5

„Wenn die Juden (der Diaspora) wählen müssen zwischen Flüchtlingen – Juden, die vor den Konzentrationslagern gerettet werden können – und der Hilfe für ein nationales Museum in Palästina, dann wird das Erbarmen die Oberhand haben, und die gesamte Energie des Volkes wird in die Rettung von Juden aus den verschiedenen Ländern fließen. (Damit meinte er, dass Juden gerettet würden und Zuflucht in anderen Ländern als Palästina bekämen). Der Zionismus würde aber so von der Tagesordnung der öffentlichen Meinung weltweit, in Großbritannien und den Vereinigten Staaten, sondern auch der jüdischen öffentlichen Meinung andernorts gestrichen werden. Wenn wir es zulassen, dass das Flüchtlingsproblem und das Palästina-Problem voneinander getrennt werden, dann riskieren wir die Existenz des Zionismus."[5]

Der Hauptarchitekt des ersten Plans zur Rettung der entwurzelten Juden in Europa war der 32. Präsident der Vereinigten Staaten, Franklin Delano Roosevelt oder FDR, wie er auch genannt wurde. Manche Menschen betrachten ihn als den effektivsten und bedeutendsten aller amerikanischen Präsidenten bis heute. Mit Sicherheit war er der Präsident, der am längsten im Amt war, der einzige, der dreimal in das Präsidentenamt wiedergewählt wurde. Er war ab 1933 im Amt, bis er 1945 während seiner vierten Amtszeit an einer massiven Hirnblutung starb.

Kurz bevor er zum ersten Mal ins Weiße Haus gewählt wurde, machte Roosevelt folgendes Statement: "Die Präsidentschaft ist .vor allem ein Ort der moralischen Führung."[6]

Als er sich des jüdischen Flüchtlingsproblems bewusst wurde, verschrieb sich Roosevelt aus rein humanitären Beweggründen der Entwicklung eines Rettungsplans. Das von ihm bevorzugte Programm war die "großzügige Gewährung von politischem Asyl weltweit". Er ging davon aus, dass Kanada, Australien und einige südamerikanische Länder ihre Tore öffnen könnten. Und er war der Überzeugung, dass der amerikanische Kongress umgestimmt werden könne "wieder zur Tradition des Asyls zurückzukehren", wenn andere Länder mit gutem Beispiel voraus gingen. Die Zitate in diesem Absatz stammen aus einem Gespräch, das der Präsident mit seinem Freund und Vertrauten Morris Ernest hatte, einem jüdischen Amerikaner und Rechtsnwalt.[7]

Die Rückkehr zu "unserer traditionellen Position der Asylgewährung" bedeutete, die Einwanderungsgesetze zu ändern, die 1921-24 im Rahmen einer, wie Brenner es beschrieb,

„Welle der Fremdenfeindlichkeit" verabschiedet worden waren, als der Antisemitismus in Amerika weit verbreitet war.[8]

5- Ari Bober (Herausgeber), The Other Israel, S. 171

6- Encyclopaedia Britannica

7- Ernest Morris, So Far So Good (New York, Harper, 1948), S.170-177

8- Brenner, zitiertes Werk S. 147

Ben Gurion: „Wenn wir es zulassen, dass das Flüchtlingsproblem und das Palästina-Problem voneinander getrennt werden, dann riskieren wir die Existenz des Zionismus."

Roosevelt wusste, dass der Schlüssel für seinen Rettungsplan in London lag, und er schickte Ernst dorthin, um den Briten auf den Zahn zu fühlen und zu fragen, ob sie bereit wären, etwa 100.000 oder gar 200.000 entwurzelte europäische Juden in ihrem Land aufzunehmen. Ernst kam in London zur Zeit der zweiten Blitzkrieg-Welle (Bombardierung durch die Deutschen während der ganzen Nacht) an. Zum Teil wegen der schweren Schläge, die London und andere Teile Großbritanniens erleiden mussten, war Ernst von der Antwort der Briten überrascht. Laut den Äußerungen Ernsts selbst, die er 1950 vor einer Zuhörerschaft in Cincinnati machte, und wie auch Lilienthal festhielt, ist das folgende Gespräch Teil einer Unterredung, die Ernst mit Präsident Roosevelt hatte, nachdem er aus London zurückkehrt war:

ERNST: „Wir liegen gleich auf. Diese kleine Insel wird im Programm eines sorgfältig ausgearbeiteten und repräsentativen World Immigration Budget (etwa: Weltweites Einwanderungs-Kontingent) mit den Vereinigten Staaten in einer Höhe bis zu 150.000 mitziehen."

ROOSEVELT: „150.000 an England – weitere 150.000 in den USA, um mitzuhalten – nehmen wir noch einmal 200.000 bis 300.000 irgendwo anders auf, dann können wir mit insgesamt einer halben Million dieser unterdrückten Menschen beginnen."

Eine Woche später besuchten Ernst und seine Frau den Präsidenten noch einmal.

ROOSEVELT: „Nichts bewegt sich beim Rettungsprogramm. *Wir können es nicht umsetzen, weil die dominanten Stimmen der jüdischen Führung Amerikas dies nicht wollen* (von mir hervorgehoben)."

ERNST: „Das ist nicht möglich! Warum?"

ROOSEVELT: „Aus ihrer Sicht haben sie Recht. Die zionistische Bewegung weiß, dass Palästina eine von Geldüberweisungen abhängige Gesellschaft ist und für eine Weile bleiben wird. Sie wissen, dass sie riesige Summen für Palästina von Spendern bekommen können, wenn sie ihnen sagen "Es gibt keinen anderen Ort, wohin diese arme Juden gehen können". Wenn es jedoch ein weltweites politisches Asyl gibt . dann können sie keine Gelder mehr aufbringen. Dann werden Leute, die nichts spenden wollen, eine Ausrede haben und sagen: Was meinst du damit, dass es keinen anderen Ort gibt als Palästina? Sie sind die am meisten bevorzugten Schützlinge der Welt."[9]

9- 9 Alfred M. Lilienthal, a.a.O. , S. 35-36

Ernst war schockiert und, ohne zu erwähnen, was Roosevelt gesagt hatte, wandte er sich an seine einflussreichen jüdischen Freunde, um von ihnen Unterstützung für ein weltweites Programm zur Rettung der Juden zu bekommen. Wie er selbst in seinem Buch schreibt, erlebte er folgende Reaktion. "Ich wurde aus den Sprechzimmern meiner jüdischen Freunde herauskomplimentiert, die ganz offen sagten: 'Morris, das ist Hochverrat. Sie untergraben die zionistische Bewegung'."[10] Er berichtet auch, dass er überall "ein tief verankertes, prinzipielles, oft fanatisch-emotional geleitetes Interesse an der (zionistischen) Palästina-Bewegung“ bei Menschen vorfand, die „sich wenig um menschliches Blut sorgen, wenn es nicht ihr eigenes ist.“[11]

Das Hindernis, auf das Ernst und Roosevelt gestoßen waren, war nicht nur das Insistieren des Zionismus darauf, dass die europäischen jüdischen Flüchtlinge nach Palästina gelenkt wurden. Es bestand auch eine große Furcht auf Seiten der assimilierten und wohlhabenden amerikanischen Juden, das ein weiterer großer Zustrom jüdischer Flüchtlinge, vor allem verarmter, verbitterter und radikalisierter Flüchtlinge aus Osteuropa, ihre eigene Sicherheit und ihr Leben in Wohlstand gefährden würde, weil dadurch eine Welle des Antisemitismus in Amerika ausgelöst werden könnte. Dies war die amerikanische Variante derselben Furcht, welche die assimilierten Juden in Großbritannien hatten, als drei Millionen ihrer Glaubensbrüder in den zwei Jahrzehnten vor Beginn des ersten Weltkriegs Russland verließen. Aus Furcht eine antisemitische Reaktion in Amerika zu provozieren wurden 1938 zwei Gesetzesvorschläge, die demokratische Kongressabgeordnete einbringen wollten, um die Einwanderungsgesetze der USA zu liberalisieren, wieder fallen gelassen.

In der Folge war die Schuld, die viele jüdische Amerikaner fühlten, weil sie nicht genug für die Rettung der Juden getan hatten, die Fiedel, auf der der Zionismus spielte, um die verführerischste Begleitmusik im Hintergrund seines Treibens säuseln zu lassen.

Mit Beginn des 2.Weltkriegs stellte Großbritannien fest, dass es keine andere Option habe als die Bemühungen zur Lösung des Palästina-Problems auf Eis zu legen, bis der Krieg vorüber war. (Ich stelle mir vor, dass britische Minister und die sie beratenden Verwaltungsbeamten vor Ort sich gegenseitig zuflüsterten, dass sie dafür beten sollten, dass die Araber still hielten, solange Großbritannien gegen Hitler kämpfen musste).

Die Schuld, die viele jüdische Amerikaner empfanden, weil sie nicht genug für die Rettung der Juden getan hatten, war die Fiedel, auf der der Zionismus seine verführerischste Begleitmusik spielte.

10- Ernest Morris, a.a.O.

11- Ebd.

In Amerika, das sich bis zum Angriff Japans auf Pearl Harbour im Dezember 1941 wieder neutral verhielt, erhöhten die Zionisten den Druck auf die Regierung von Präsident Roosevelt, damit diese sich der bedingungslosen Unterstützung des Zionismus verschriebe, und erweiterten ihr Forderungspaket bezüglich Palästina. Während des größten Teils der Zeit zwischen den beiden Weltkriegen und nach dem Abtritt Präsident Wilsons von der politischen Bühne verhielt sich Amerika mehr oder weniger still nach Außen und war, was verständlich ist, hauptsächlich mit inneren Angelegenheiten beschäftigt – mit der Inflation der 1920er Jahre und der Depression Anfang der 1930er Jahre. Die Folge war ein Politikvakuum bezüglich internationaler Angelegenheiten im Allgemeinen und dem Nahen und Mittleren Osten im Besonderen. Was den Nahen Osten betraf, so waren es Amerikas Zionisten und ihre Unterstützer (eine ständig wachsende Zahl von Politikern sowohl im Senat als auch im Repräsentantenhaus), die das Politikvakuum füllten. Seit Juni 1922 wurde der Unterstützung für den Zionismus in Resolutionen, die darauffolgenden Kongressen vorgelegt wurden, das Wort geredet.

Ab 1922 begann der Wettbewerb zwischen Demokraten und Republikanern darum, wer von den Zionisten durch Versprechungen mehr Wählerstimmen und Gelder für die Wahlkampfkasse für sich ergattern konnte.

Nachdem Präsident Roosevelt die Scherben des Börsencrashs an der Wall Street aufgesammelt und seinen New Deal für die Amerikaner durchgebracht hatte, lernte die emporstrebende Zionistenlobby, wie sie ihre mächtigen Muskeln koordiniert spielen lassen konnte. Jedoch wussten Amerikas führende Zionisten auch, dass Roosevelt ein Politiker *par excellence* war und dass es nicht leicht sein würde, ihn in die Rolle eines Bannerträgers für ihre Sache hinein zu manövrieren.

Und tatsächlich verließ sich Präsident Roosevelt nicht auf die Informationen aus der Zeit seines Vorgängers Wilson, sondern entsandte seinen eigenen Mann in den Nahen Osten, damit der sich ein Bild machen und ihn unabhängig von früheren Einschätzungen beraten konnte, wie auf die Ereignisse dort zu reagieren sei. (Wie schon erwähnt, waren es unter Wilson zwei Männer, King und Crane). Der Mann, den Roosevelt auserkoren hatte, war General Patrick J. Hurley, der spätere Botschafter in China. Hurley war angewiesen, direkt und ausschließlich dem Weißen Haus Bericht zu erstatten.

Aus Dokumenten des Außenministeriums, die 1964 für die Öffentlichkeit freigegeben wurden, wissen wir, was Hurley seinem Präsidenten berichtete, und was Roosevelts private Meinung zum Zionismus ganz allgemein war. Hurley sagte, es gebe in der gesamten arabischen Welt zunehmend Opposition gegen das hartnäckige Bestehen des Zionismus auf eine Steigerung der Immigration von Juden in

Palästina sowie gegen dessen konkrete Expansionspläne. Außerdem wies Hurley darauf hin, dass einige "palästinensische Juden" Gegner des Zionismus seien.

Hurleys Bericht an Roosevelt hatte Folgendes zum Inhalt:

„Für ihren Teil hat die Zionistenorganisation in Palästina ihre Entschlossenheit zum Ausdruck gebracht, sich einzusetzen für ein erweitertes Programm für:

a) Einen souveränen jüdischen Staat, der Palästina und wahrscheinlich Transjordanien umfassen würde;

b) Eine abschließende Überführung der arabischen Bevölkerung von Palästina nach Irak;

c) Eine jüdische Führungsposition für den gesamten Nahen und Mittleren Osten in den Bereichen der wirtschaftlichen Entwicklung und Kontrolle.“[12]

Aus den vertraulichen Dokumenten, die 1964 veröffentlicht wurden, geht hervor, dass Präsident Roosevelt persönlich eine Politik bevorzugte, bei der eine Lösung für das Palästina-Problem in einer "Treuhänderschaft für das Heilige Land bestünde, wobei je ein Jude, ein Christ und ein Moslem die drei verantwortlichen Treuhänder wären."[13] Jedoch sagte er das nie in der Öffentlichkeit, und trotz der Tatsache, dass er der zionistischen Führung den Eindruck vermittelte, er unterstütze ihre Sache – dies tat er, um seine Partei vor Angriffen der Zionistenlobby zu schützen –, war Roosevelt nicht für den Aufbau eines jüdischen Staates. Er betrachtete die Ambitionen der Zionisten als eine Gefahr für die nationalen Interessen Amerikas. Auf dieser Basis ist es gut vorstellbar, dass er als Privatmann über den Inhalt von Hurleys Berichten über das Expansionsstreben des Zionismus außer sich war.

Frühe zionistische Pläne enthielten den Anspruch auf eine jüdische Führungsposition im gesamten Nahen Osten in den Bereichen der wirtschaftlichen Entwicklung und Kontrolle.

Kurz nachdem Amerika in den Krieg eingetreten war, stimmte Roosevelt prinzipiell mit Churchill (zu jener Zeit britischer Premierminister) darin überein, dass es nötig sei, sich zur Lage Palästinas so zu äußern, dass dies, wie sie hofften, zur Besänftigung der zunehmend verärgerten Araber beitragen würde, wobei die Verärgerung von einer anhaltenden jüdischen Einwanderung in Palästina und der Tatsache herrührte, dass die Suche nach einer Lösung für das Palästina-Problem auf die Zeit nach dem Krieg verschoben wurde. Churchill und Roosevelt befürchteten, dass ein plötzliches Aufbrechen des Zorns der Araber die Bemühung der

12- FR (Abkürzung für Foreign Relations der USA, diplomatische Aufzeichnungen), 1943: The Nearer East and Africa (Washington DC, 1964), Band IV, S 776-77

13- Ebd.

Alliierten, den zweiten Weltkrieg zu beenden, gefährden könnte. Es gab tatsächlich viele Araber, die hofften, dass der Feind (Nazideutschland) ihres Feindes (Großbritannien) den Krieg gewinnen werde. Roosevelt wollte darüber hinaus eine Erklärung abgeben, von der er sich erhoffte, dass diese ausreichte, die Zionistenlobby zur Einstellung des politischen Beschusses des Weißen Hauses zu bewegen, so lange der Krieg tobte.

Nach längeren Beratungen in London und Washington wurde der Text einer gemeinsamen anglo-amerikanischen Erklärung zur Veröffentlichung vorbereitet. Darin wurde sowohl Arabern als auch Juden die Zusicherung gegeben, dass keine Entscheidung über die Zukunft Palästinas getroffen würde ohne vorherige Beratungen mit beiden Seiten, auch wenn die Suche nach einer Lösung für das Palästina-Problem auf die Zeit nach dem Krieg verschoben wurde. Zugleich wurde betont, dass "keine gewaltsam herbeigeführte Änderung des Status von Palästina oder der Regierung des Landes zugelassen oder stillschweigend hingenommen würde."[14]

Roosevelt betrachtete die Ambitionen der Zionisten als eine Gefahr für die nationalen Interessen Amerikas.

Als statussichernde Erklärung, die zum Ziel hatte, das britische und amerikanische Bemühen um ein Ende des Krieges zu unterstützen, war sie sowohl sinnvoll als auch fair; aber sie war nicht das, was der Zionismus wollte, und so wurde sie nicht veröffentlicht. Bevor sie in die Öffentlichkeit gelangen konnte, wurde der Text den Zionisten zugespielt, und diese sorgten dafür, dass die höchsten politischen Entscheidungsträger mit Protesten überflutet wurden.[15] So gab Roosevelt aus innenpolitischen Gründen klein bei und hielt die gemeinsame anglo-amerikanische Erklärung zurück.

Die Fanatiker im amerikanischen Zionistenlager werteten dies als Schwäche Roosevelts und beschlossen, den Druck auf ihn weiter zu erhöhen. Zu diesem Zeitpunkt profitierten sie von der inspirierenden Unterstützung Ben-Gurions höchstpersönlich.

In seinem epischen Buch *Israel, Eine persönliche Geschichte* schreibt Ben-Gurion:

„Der Kriegseintritt der Amerikaner ließ keinen Zweifel daran, dass nach dem Krieg die Vereinigten Staaten den Ton angeben würden und nicht England. In meiner Eigenschaft als Vorsitzender des Exekutivkomitees in Jerusalem reiste ich 1940 und 1942 in die USA, um die Unterstützung des amerikanischen Judentums im Kampf gegen dieses Weißbuch und für den Aufbau eines jüdischen Staates nach dem Krieg zu sichern."[16]

14- FR 1942 Vol IV, S. 538-544

15- FR 1942 Vol III, S. 699

16- David Ben-Gurion, zitiertes Werk, S. 54

Das Ausmaß, in dem das organisierte amerikanische Judentum sich tatsächlich zu diesem Zwecke zusammenfand, trat zutage, als amerikanische Zionistenorganisationen ein Papier vorlegten, das als das Biltmore-Programm bekannt wurde. Im Jahre 1942 fand die allererste Konferenz der Amerikanischen Zionistischen Bewegung im New Yorker Biltmore Hotel statt. Die Konferenz verabschiedete folgendes Programm:

1) Die Tore Palästinas sollen für die jüdische Einwanderung geöffnet werden.

2) Die Jüdische Agentur soll mit der Kontrolle der Einwanderung in Palästina beauftragt werden und Befugnisse erhalten, die notwendig sind, um das Land aufzubauen, einschließlich der Entwicklung seines nicht besetzten und nicht kultivierten Grund und Bodens.

3) Palästina (in seiner Gesamtheit) soll als Jüdisches Commonwealth in die Struktur der neuen demokratischen Welt integriert werden.[17]

Wie Ben-Gurion feststellte, „wurde das Biltmore-Programm zur offiziellen Plattform der WZO."[18] Zu jener Zeit ging der Einfluss Weizmanns auf den weltweiten Zionismus zurück, während der von Ben-Gurion zunahm.

Eines der Ergebnisse der unglaublichen Mobilisierungskraftdes Zionismus war die Gründung des, wie man es nannte, Amerikanischen Palästina-Komites (APC). Hunderte hochrangige

Persönlichkeiten zählten zu seinen Mitgliedern, einschließlich Mitglieder der Regierung, Politiker beider Kongresshäuser, Gouverneure, Bürgermeister und weitere offiziell in Ämter gewählte und einflussreiche Persönlichkeiten aus allen Bereichen des gesellschaftlichen Lebens. Die Aufgabe der APC-Mitgliederwar es, wo immer es nötig war, für die Sache des

Zionismus Druck auszuüben, vor allem auf den Kongress und das Weiße Haus sowie auf die Medien- und Werbewelt. (In der Welt der Presse ist es möglich, Schlagzeilen zu beeinflussen und Inhalte zurückzuhalten allein durch den Druck von Kunden, die Anzeigen aufgeben oder nicht).

Im Dezember 1942 starteten die amerikanischen Zionisten ihren ersten Angriff im Rahmen ihrer Kampagne, die Roosevelt dazu bringen sollte, ihren Forderungen nachzugeben. Dieser Angriff kam in Form einer gemeinsamen Erklärung, die von 63 Senatoren und 181 Mitgliedern des Repräsentantenhauses unterzeichnet war. Darin wurde der Präsident aufgefordert, die "Jüdische Heimstätte wieder herzustellen". Die meisten der Unterzeichner, wenn nicht sogar alle, waren sich mit Sicherheit bewusst, dass "Heimstätte" ein Euphemismus für "Staat" war, und einige

17· Ebd.

18· Ebd.

wussten genau, dass, wie Hurley es Roosevelt berichtet hatte, der Staat, den die Zionisten in Palästina errichten wollten, das gesamte Palästina umfassen sollte und möglicherweise auch Transjordanien, wobei vorgesehen war, die palästinensischen Araber in den Irak abzuschieben. Die Senatoren und Repräsentanten, die diese Erklärung unterschrieben, forderten Roosevelt dadurch faktisch auf, gegenüber den Arabern im Namen des Zionismus den Belagerungszustand zu proklamieren.

1942 forderte das Biltmore-Programm der amerikanischen Zionisten, dass auf dem gesamten Gebiet Palästinas ein Jüdisches Commonwealth etabliert und in die Strukturen einer neuen demokratischen Welt integriert werde.

Anstatt dies zu tun, begrüßte Roosevelt die Initiative des Außenministeriums, einen Sondergesandten zu Gesprächen mit dem höchsten Führer der arabischen Welt zu schicken, König Abdul Aziz Ibn Saud, dem Gründungsvater Saudi Arabiens, um zu erfahren, ob dieser Vorschläge habe, die als Basis für eine Lösung des Palästina-Problems dienen könnten.

Saudi Arabien war das bedeutendste und einflussreichste arabische Land; und dies nicht nur aufgrund seiner Rolle als "Wächter der Heiligen Stätten des Islams", sondern auch des Öls und damit des Geldes, das die Herrscher Saudi Arabiens in die Lage versetzte, arabische Unruhestifter – Gruppierungen und Staaten gleichermaßen – zu kaufen.

Der Sondergesandte des Außenministeriums für das Treffen mit Ibn Saud war Oberst Harold B, Hoskins. Anfang 1943 leitete er eine Mission in den Nahen Osten und nach Nordafrika. Es wurde der Beschluss gefasst, dass er wegen seiner sehr guten Kenntnis der Region und der Tatsache, dass er fließend Arabisch sprach, die am besten geeignete Person sei, um mit Ibn Saud zu verhandeln.

Als Hoskins im August 1943 zu seiner Mission aufbrach, war das Außenministerium – durch den in Riad für Angelegenheiten von US-Staatsbürgern verantwortlichen James Moose – umfassend über den Standpunkt von Ibn Saud informiert. Dieser war, wie Moose berichtet hatte, strikt gegen die Schaffung eines jüdischen Staates in Palästina und "sprach sich vehement gegen" eine weitere jüdische Immigration aus.

Präsident Roosevelt gab nun Hoskins den Auftrag mit, Ibn Saud den Vorschlag eines Treffens mit Weizmann zu unterbreiten.

Eine Woche lang führte Hoskins täglich Gespräche mit dem saudischen Monarchen, im Verlaufe derer Ibn Saud die Idee eines Treffens mit Weizmann mit der Begründung ablehnte, dass seine Position als Führers der arabischen Welt es ihm nicht erlaube, "für Palästina zu sprechen, geschweige denn Palästina den Juden auszuliefern."[19] Jedoch steckte mehr dahinter. Ibn Saud berichtete Hoskins, dass Weizmann während des ersten Kriegsjahres "seinen Charakter und seine Motive beleidigt" habe, indem er versucht habe, ihn mit einer Geldsumme von 20 Millionen Pfund Sterling zu bestechen.[20] Und das sei nicht alles. Ibn Saud, so informierte er Hoskins, sei mitgeteilt worden, dass Weizmanns Versprechen einer solchen Zahlung von Präsident Roosevelt höchst persönlich garantiert worden wäre. Als Roosevelt dies erfuhr, wurde er sehr wütend darüber, dass sein Name als "Garant für die Zahlung" genannt wurde, während es dafür, so sagte er, "faktisch keinerlei Basis" gebe.[21] (Sagte der Politiker *par excellence* die Wahrheit?).

Ibn Saud zeigte Hoskins zudem als Beweis Unmengen von Telegrammen und Gratulationsschreiben, die er von Arabern und Moslems aus der ganzen Welt für seine konsequente antizionistische Haltung erhalten hatte. Hoskins schloss daraus, dass der saudische Monarch "es sich niemals hätte erlauben können, jüdische Ansprüche auf Palästina zu unterstützen."[22]

Aufgrund der wachsenden strategischen Bedeutung Saudi Arabiens war Präsident Roosevelt zutiefst beunruhigt über die Heftigkeit der strikt ablehnenden Haltung Ibn Sauds gegenüber dem zionistischen Unterfangen. Er war derart beunruhigt, dass er gegen Ende des Jahres 1943 einen streng vertraulichen Brief an den saudischen Monarchen schrieb. Darin gab er ihm die Zusicherungen, die in der gemeinsamen anglo-amerikanischen Erklärung enthalten waren, welche der Präsident aufgrund des Drucks der Zionisten zunächst einmal in die Schublade gelegt hatte. Tatsächlich schickte Roosevelt ähnliche streng vertrauliche Briefe an andere arabische Führer. Bis zu diesem Punkt waren die zionistischen Führer Amerikas nicht allzu verärgert über die Weigerung Roosevelts, sich ihrer Sache zu verschreiben. Weshalb war das so? 1944 war ein Wahljahr, und die Führer des Zionismus wussten, dass viele Kandidaten, einschließlich ihrer Parteivorsitzenden, während des Wahlkampfs für Druck von Seiten der Zionisten äußerst empfänglich waren. (In den 1970er Jahren war die Entwicklung bezüglich der benötigten Wahlkampfgelder so weit fortgeschritten, dass man davon ausgehen konnte, dass Kandidaten für das Präsidentschaftsamt etwa $50 Mio., Senatskandidaten etwa 15 Mio. und Kandidaten für das Repräsentantenhaus etwa $10 Mio. an Geldern benötigten. Zu jener Zeit, so ging aus offiziellen Statistiken hervor, machten die jüdischen Amerikaner etwa 3% oder weniger der Bevölkerung aus und finanzierten 50% der Wahlkampffonds. Die Summen, die 1944 nötig waren, lagen natürlich

19- Hoskins Memorandum vom 31. August 1943 in FR 1943 Band IV, S. 809

20- Ebd.

21- Alfred M. Lilienthal, zitiertes Werk, S. 44

22- Hoskins' Memorandum, a.a.O.

niedriger, dennoch ist und bleibt die politische Kaufkraft der Zionistenlobby eine Konstante in der amerikanischen Politik.)

1944 machten jüdische Amerikaner etwa 3% oder weniger der Bevölkerung aus, finanzierten aber 50% der Wahlkampffonds. Sowohl Demokraten als auch Republikaner führten einen pro-zionistischen Wahlkampf.

Um im Wahlkampf 1944 zu einem möglichst frühen Zeitpunkt Druck ausüben zu können, sorgte die Zionistenlobby dafür, dass dem Kongress die Wright-Compton-Resolution vorgelegt wurde. Diese forderte ein uneingeschränktes Einwanderungsrecht für Juden und die Errichtung eines jüdischen Commonwealth in Palästina. Die Wright-Compton-Resolution wurde Gegenstand lang währender Anhörungen vor dem Ausschuss für auswärtige Angelegenheiten,

und es bedurfte eines Schreibens des Kriegsministers Henry L. Stimson, damit die Anhörungen ausgesetzt wurden und die Resolution auf Eis gelegt wurde. In seinem Brief an den Ausschussvorsitzenden Sol Blum, in dem darum gebeten wurde, die Resolution auf Eis zu legen, schrieb Stimson, dass die Anhörungen die Lage im Nahen Osten massiv komplizieren würden und dass eine Fortführung der Beratungen "die erfolgreiche Fortführung des Krieges beeinträchtigen würde."[23]

Ein die Lage massiv komplizierender Faktor waren die Proteste und Aufstände, die die arabische Welt als Reaktion auf die Wright-Compton-Resolution erschütterten. Das Außenministerium war so beunruhigt, dass es Präsident Roosevelt um die Zustimmung zur Veröffentlichung der zurückgehaltenen anglo-amerikanischen Erklärung ersuchte und diese auch bekam. Bevor sie jedoch veröffentlicht werden konnte, war Roosevelt verpflichtet, zwei der mächtigsten und einflussreichsten Führer des amerikanischen Zionismus zu empfangen – Rabbi Stephen Wise und Rabbi Abba Hillel Silver.

Rabbi Wise war freundlich und zuvorkommend, ein Gentleman, der unterwürfige Briefe an Roosevelt schrieb und der sich schon lange über die Entwicklungen des Zionismus sorgte und darüber, wohin das alles die Juden und das Judentum führen würde.

Rabbi Silver war ein sturer Extremist, ein wahrer Fanatiker, der für keinerlei Kompromisse offen war. Man hätte fast sagen können, Wise war der "gute Rabbi" und Silver war der "böse Rabbi". Die Frage, die es zu beantworten galt, war: Wer von den beiden würde als Sieger hervorgehen aus dem internen Kampf, bei dem es darum ging, festzulegen, wie weit der amerikanische Zionismus seine Strategie der Nötigung, ja sogar der Erpressung der amerikanischen Regierung

---

23. Alfred M. Lilienthal, a.a.O. , S. 37

treiben sollte, um diese dazu zu bringen, die Schaffung eines jüdischen Staates zu unterstützen. Im Außenministerium hoffte man, dass der "gute Rabbi" in der Lage sein würde, weiterhin die Kontrolle über die Ereignisse im amerikanischen Zionistenlager zu behalten.

Die beiden Rabbiner traten nach dem Treffen mit Roosevelt vor die wartende Presse, um vor ihr und der ganzen Welt zu verkünden, dass der Präsident seine Unterstützung der zionistischen Standpunkte, wie sie im Biltmore-Programm dargelegt waren, zugesichert habe. Oder anders gesagt, Präsident Roosevelt sei für einen jüdischen Staat. Oder auch, er ließe dies verlauten durch die Rabbiner Wise und Silver. Offenbar.

In der arabischen Welt führten die Berichte über Präsident Roosevelts Unterstützung der zionistischen Positionen, wie es die Rabbiner behauptet hatten, zu wachsender Verärgerung und erhöhten die Wahrscheinlichkeit ernster antiamerikanischer und antibritischer Unruhen in der Region.

Mitten im Wahlkampf drängten dieZionisten auf die Annahme der Wright-Compton-Resolution, die ein uneingeschränktes Einwanderungsrechts für Juden und die Errichtung eines jüdischen Commonwealth in Palästina verlangte.

Was dann geschah, wurde durch die Dokumente enthüllt, die 1964 freigegeben wurden. Nach der Zustimmung des Präsidenten zog sich das Außenministerium auf ein Krisenmanagement hinter verschlossenen Türen zurück. Für die Nutzung durch die amerikanischen *Chiefs of Mission* in allen arabischen Ländern wurde eine "vertrauliche Interpretation" der Erklärung der Rabbiner Wise und Silver vorbereitet und ausgegeben. Sie war dazu gedacht, es den amerikanischen *Chiefs of Mission* zu ermöglichen, in vertraulichen Gesprächen den arabischen Führern zu versichern, dass die wirkliche Position des Präsidenten sich nicht geändert habe – d.h. dass er sich an seine früheren Zusicherungen ihnen gegenüber halten würde. Diese Zusicherung an die arabischen Führer implizierte, dass die Errichtung eines jüdischen Staates völlig außer Frage stand, außer sie stimmten ihr zu. In der obersten Führungsspitze der arabischen Welt hielt sich der Schaden, den die Erklärung der Rabbiner angerichtet hatte, in Grenzen. Dies war in Amerika jedoch nicht der Fall. Die Wahrheit über Präsident Roosevelts wirkliche Position war den arabischen Führern vertraulich zugespielt worden und blieb für viele Jahre ein Geheimnis. 1944 wusste die amerikanische Öffentlichkeit nur, dass Präsident Roosevelt die zionistische Position unterstütze – weil die Rabbiner Wise und Silver das so gesagt und die Medien deren Erklärung und die darin enthaltenen pro-zionistischen Implikationen verbreitet hatten.

Für die amerikanischen Wahlen 1944 hatten beide großen Parteien – Roosevelts Demokraten und Thomas E. Deweys Republikaner – eine pro-zionistische Blanko-

Erklärung in ihren Wahlprogrammen. Das Wahlversprechen der Demokraten sah die Unterstützung für ein "freies und demokratisches jüdisches Commonwealth in Palästina" vor. Die Republikaner versprachen lediglich die Unterstützung für ein "freies und demokratisches Commonwealth"; jedoch stellte der Gouverneur von New York Dewey, der gegen Roosevelt angetreten war, unter dem Druck des Rabbiners Silver letztendlich doch klar, dass das Commonwealth ein jüdisches sein solle.

Daher und in völliger Verkennung dessen, worum es bei dem Palästina-Problem tatsächlich ging, wurde dem amerikanischen Volk die Wahl zwischen Pro-Zionismus und Pro-Zionismus gegeben. Und das zu einem Zeitpunkt, zu dem sein gegenwärtiger und zukünftiger Präsident privat der Ansicht war, dass der Zionismus, wie auch immer er aussehe, langfristig nicht im wohlverstandenen Interesse Amerikas sei.

Nach der gewonnen Wahl beeilte sich Präsident Roosevelt beim Versuch, die Fürsprecher des Zionismus im Kongress daran zu hindern, die Lage im Nahen Osten noch gefährlicher zu machen, als sie schon war. Er bat seinen Außenminister Edward R. Stettinus, dem Rabbiner Wise und Führungspersönlichkeiten des Kongresses zu vermitteln, dass das Einbringen pro-zionistischer Resolutionen im Kongress nicht wünschenswert sei. Dieser Apell traf auf taube Ohren, und es wurden dennoch pro-zionistische Resolutionen vorgelegt. Schließlich bedurfte es des persönlichen Erscheinens von Stettinus vor dem Senatsausschuss für auswärtige Angelegenheiten, um die Anträge auf pro-zionistische Gesetze zum Scheitern zu bringen. Hinter den Kulissen leistete Roosevelt seinen eigenen Anteil, indem er Senatoren in Schlüsselpositionen und dem Rabbiner Wise erklärte, dass pro-zionistische Resolutionen zu blutigen Auseinandersetzungen zwischen Juden und Arabern führen können.

Die Amerikaner glaubten, Präsident Roosevelt unterstütze den zionistischen Standpunkt – weil die Rabbiner Wise und Silver dies gesagt und die Medien ihre Erklärung und die darin enthaltenen pro-zionistischen Implikationen verbreitet hatten.

Am 9.Januar 1945, zu Beginn seiner vierten Amtszeit (das hatte es zuvor noch nie gegeben), bekam Roosevelt einen aufrechten Ratschlag von James Landis. Landis war Direktor für Wirtschaftliche Operationen beim Außenministerium und ehemaliger Dekan an der Harvard Law School. Von einigen wurde er bewundert, von anderen gehasst, weil er ein Linker (*Liberal*) war. Sein Rat, eigentlich eine Warnung, lautete, dass jegliche Handlung des Präsidenten bezüglich Palästinas, die nicht die Wurzel des Problems anpacke, "mit großer Wahrscheinlichkeit nicht sehr weit führen würde", und dass es aus diesem Grund für den Präsidenten besser wäre, sich überhaupt nicht mit dieser Angelegenheit zu befassen, solange er nicht bereit sei, weitreichende Vorschläge zu machen."[24]

Die Essenz des Ratschlags von Landis an den Präsidenten kam durch die 1964 freigegeben Dokumente ans Tageslicht:

„Eine unentschlossen wankende Politik hinsichtlich des Zionismus, wie wir sie in den letzten 20 Jahren erlebt haben, ist, wie sich erwiesen hat, gleichbedeutend mit gar keiner Politik . Das Herangehen an das Problem muss damit beginnen, dass darauf bestanden wird, das Ziel eines jüdischen Commonwealth oder eines jüdischen Staates im Unterschied zu einer nationalen jüdischen Heimstatt aufzugeben. Das politische Ziel, das in der Vorstellung von einem jüdischen Staat impliziert ist, wird niemals von den arabischen Nationen akzeptiert werden. Unter der Voraussetzung einer adäquaten Konzeption der nationalen jüdischen Heimstatt im Zusammengang mit den politischen Einschränkungen, die Teil dieser Konzeption sein müssen, sollte es möglich sein, dies den Arabern und Juden gleichermaßen verkaufen zu können.

Natürlich ist das große Hindernis die Frage der Immigration. Zurzeit kommt dieser Frage eine Bedeutung zu, die sie eigentlich aufgrund ihrer Verknüpfung mit der politischen anders als mit der ökonomischen Zukunft Palästinas nicht haben sollte. Anders ausgedrückt, wenn das Ausmaß der Einwanderung in Relation zur wirtschaftlichen Aufnahmekapazität Palästinas gebracht werden kann, anstatt zu der politischen Problematik einer jüdischen Minderheit oder Mehrheit, besteht die Hoffnung, dass man selbst in der Frage der Immigration zu einen Kompromiss mit den Arabern kommen kann. Dies gilt ganz besonders jetzt, denn ich bin der Meinung, dass die wirtschaftliche Aufnahmekapazität Palästinas in unzulässiger Weise übertrieben wurde.“[25]

Während er sich mit diesem Ratschlag beschäftigte, bereitete sich Präsident Roosevelt auf ein Treffen mit Churchill und Stalin vor. Die "Großen Drei" dieser Welt sollten sich Anfang Februar in Jalta treffen, um dort vor allem über die Frage zu beraten, wie man das Nachkriegs-Europa in die vereinbarten Einflussbereiche Ost-West aufteilen könne; auf der Agenda standen aber noch weitere ungelöste Probleme wie zum Beispiel Palästina. Es war auch bekannt, dass Roosevelt und Churchill nach dem Jalta-Gipfel getrennte Treffen zu Gesprächen mit König Ibn Saud haben würden.

Zum ersten Mal in Roosevelts langer Präsidentschaft waren die Fanatiker in der zionistischen Führungsspitze ernsthaft besorgt. Wie Lilienthal es beschrieb, ließen sie sich nicht von Roosevelt an der Nase herumführen. Sie wussten, dass er kein Unterstützer des zionistischen Vorhabens war, was auch immer er sagte, um

24· FR 1945, Vol VIII, S. 679

25· Ebd.

die Zionistenlobby daran zu hindern, Druck auf seine Partei auszuüben. Rabbi Neumann schrieb später, dass Roosevelt „wenig Zeit und Muße hatte“, sich mit der Sache des Zionismus gedanklich auseinanderzusetzen; und dass dies, so ergänzte Neumann, der Grund war, weshalb die Anführer des Zionismus in Amerika sich darauf konzentriert hatten, Druck auf diejenigen auszuüben, die sie in beiden Parteien und in beiden Häusern des Kongresses beeinflussen konnten.[26] Das Einbringen der verschiedenen pro-zionistischen Resolutionen, zusammen mit gleichzeitigen Bemühungen der Zionisten, beide großen Parteien dazu zu bringen, in ihren Wahlprogrammen von 1944 ihre Unterstützung für die zionistische Sache zuzusichern, sollte eine politische Umgebung schaffen, in der Roosevelt es nicht freistehen würde, eine Lösung für das Palästina-Problem zu finden, die dem Zionismus die Errichtung eines eigenen Staates verwehren würde.

Am Vorabend der Jalta-Konferenz waren die zionistischen Hardliner jedoch besorgt, dass Präsident Roosevelt unter dem Druck des Außenministeriums einer Lösung des Palästina-Problems zustimmen würde, das den zionistischen Ambitionen ein Ende setzen könnte.

Die pro-zionistischen Resolutionen, im Kongress und die Unterstützung der Zionisten in den Wahlprogrammen beider US-Parteien bei den Wahlen von 1944 sollten eine politische Umgebung schaffen, in der es dem antizionistischen Roosevelt nicht freistehen würde, dem Zionismus die Errichtung eines eigenen Staates zu verwehren.

Der Zionismus war der Ansicht, dass das Außenministerium radikal proarabisch sei. Richtig oder falsch? Zunächst einmal und allem voran war das Außenministerium das, was es sein sollte, nämlich pro-amerikanisch, was bedeutete, dass die amerikanischen Interessen an erster Stelle standen. In diesem Kontext betrachteten höhere Beamte im Außenministerium das zionistische Unterfangen als Bedrohung für die Interessen Amerikas. Dies ist nicht verwunderlich, wenn man bedenkt, dass die gesamte arabische und muslimische Welt gegen die Errichtung eines jüdischen Staates in Palästina war. So war vor diesem Hintergrund das Außenministerium tatsächlich antizionistisch eingestellt.

Während Präsident Roosevelt seine letzten Vorbereitungen auf den Jalta-Gipfel machte, übten die Zionisten massiven Druck auf das Außenministerium und das Weiße Haus aus. Dies sollte hauptsächlich dem Zweck dienen, den Präsidenten daran zu erinnern, dass seine Partei sich dem Zionismus verschrieben hatte,

26· Neumann, The American Zionist, 5. Februar 1953

und dass er ein uneingeschränktes Einwanderungsrecht der Juden nach Palästina fordern solle.

So kam es, dass Palästina auf der Jalta-Konferenz der "Großen Drei" nicht zur Sprache kam. Die Frage des Umgangs mit dem Palästina-Problem wurde auf die Bitte Roosevelts hin auf die Gespräche verschoben, die zuerst er selbst und anschließend Churchill mit Ibn Saud führen würden.(Stalin war froh darüber, denn er hatte sich selbst noch keine Meinung dazu gebildet, wie er die Lage in Palästina für sich nutzen könne. Würden die Amerikaner am Ende tatsächlich die Zionisten unterstützen, hätte er die Möglichkeit, die Araber zu unterstützen. Wer weiß?).

Roosevelts Unterredung mit dem saudischen Monarchen fand an Bord der *USS Quincy* auf dem Großen Bittersee im östlichen Mittelmeer statt.

Höhere Beamte im Außenministerium hielten das zionistische Unterfangen für eine Bedrohung der amerikanischen Interessen.

Ibn Saud erläuterte kurz das Anliegen der Araber und erklärte Roosevelt, weshalb die anhaltende jüdische Einwanderung und der Aufkauf von Land für die Araber eine "tödliche Bedrohung" darstellten. Nach dem Treffen teilte Roosevelt seinem Mitarbeiterstab mit, dass er von Ibn Saud innerhalb von fünf Minuten mehr über die arabisch-jüdische Situation erfahren habe als in seinem ganzen Leben. Er sagte auch, dass er "zutiefst beeindruckt von der emotionalen Intensität der Araber bezüglich Palästina“ gewesen sei.[27]

Als Reaktion auf Ibn Sauds kurze Darstellung des Anliegens der Araber sagte Präsident Roosevelt, er wünsche Seiner Majestät zuzusichern, dass er "nichts tun werde, um die Juden gegen die Araber zu unterstützen" und dass er "keine feindlichen Schritte gegen das arabische Volk unternehmen werde".[28]

Was Roosevelt dann weiter sagte, deutet darauf hin, dass Ibn Saud seine Zweifel darüber geäußert hatte, was die Zusicherungen Roosevelts mit Blick auf die Zionistenlobby und deren Einfluss auf die amerikanische Politik wert seien, auch mit Blick darauf, dass jene die Möglichkeiten hatte, pro-zionistische Resolutionen in den Kongress einzubringen. Roosevelt erklärte dem Führer der arabischen Welt, dass es unmöglich sei, Resolutionen und Reden vor dem Kongress zu verhindern, doch darum, so sagte er, ginge es nicht. Es ging vielmehr darum, dass die Zusicherungen, die er Seiner Majestät gegeben hatte, "meine eigene zukünftige Politik als Chief Executive der Regierung der Vereinigten Staaten betreffen."[29]

Auch wenn in der verfügbaren Akte nichts zu finden ist, was dies untermauert

27· William Eddy, F.D.R. begegnet Ibn Saud (New York, American Friends of the Middle East, 1954)

28· FR 1945, Vol III, S. 2-3

29· Ebd.

(jedenfalls soweit mir das bewusst wäre), belegen die Ereignisse, dass Roosevelt bei Ibn Saud als Gegenleistung für die Zusicherung des Präsidenten das erhoffte Versprechen bekam, dass Saudi Arabien unabhängig von Verlautbarungen in der Öffentlichkeit niemals Öl als Waffe benutzen werde, um Druck auf die USA auszuüben. (Wie wir sehen werden, beweisen die Ereignisse auch, dass zumindest einer von Ibn Sauds Söhnen, der Außenminister und spätere König Feisal, der Meinung war, dass sein Vater ein solches Versprechen nicht hätte geben sollen).

Zum Zeitpunkt des Treffens und danach berichteten die Medien, Präsident Roosevelt habe den saudischen Monarchen gedrängt, der Einwanderung von mehr Juden in Palästina zuzustimmen. Einen solchen Vorstoß unternahm Roosevelt jedoch nicht. Er erwähnte aber eine Möglichkeit, von der er wusste, dass Churchill sie bei seiner Unterredung mit Ibn Saud vorbringen würde – nämlich dass einige der Juden, die durch das zerstörerische Wüten der Nazis in Europa entwurzelt worden waren, in Libyen ein neues Zuhause finden könnten. Als Ibn Saud dies mit der Begründung ablehnte, dass es unfair gegenüber den Muslimen in Nordafrika sei, einigten sich die beiden Führer darauf, dass es am besten wäre, wenn sich die jüdischen Flüchtlinge wieder "in den Ländern ansiedeln, aus denen sie vertrieben wurden", hauptsächlich Polen.

Aus den Unterlagen geht hervor, dass Roosevelt dem saudischen Monarchen gegenüber sehr besonnen und zuvorkommend auftrat. Churchills Herangehensweise eine Woche später war völlig anders. War es eine geplante "guter Bulle" (Roosevelt) - "böser Bulle" (Churchill) – Aktion? Ich denke nicht. Churchill war von seinem Charakter her arrogant und wenig höflich. Zudem hatte er eine starke zionistische und auch einigermaßen rassistische Grundhaltung, besonders Arabern gegenüber. Einst hatte er sie als "Kamelmist-Fresser" beschrieben.

Wie Ibn Saud später William Eddy, dem amerikanischen Chief of Mission in Saudi Arabien, berichtete, kam Churchill zu ihm, indem er „zuversichtlich seinen großen Stock schwang“[30] Damit nahm er Bezug auf die Tatsache, dass Churchill die Unterredung mit dem saudischen Monarchen damit begann, dass er ihn wissen ließ, dass er ohne die Unterstützung Großbritanniens nicht König wäre oder König bleiben würde. Damit lag Churchill auch gar nicht so falsch. Ibn Saud hatte sein Land und seine Dynastie auf dem Schwert gegründet. Ohne die Unterstützung der Briten mit Geld und Waffen wäre Ibn Saud möglicherweise nicht in der Lage gewesen, die rivalisierenden Stämme zu verjagen, einschließlich der Haschemiten.

Ibn Saud war klug genug, den wahren Kern dessen, was Churchill sagte, zu akzeptieren (anstatt zur Gesichtswahrung darüber zu streiten). Es sei so, erwiderte er, dass die zwanzig Jahre währende Unterstützung der Briten es ermöglicht hatte, dass "meine Regentschaft stabil blieb und es gelang, mögliche Feinde an

30- FR 1945, Vol III, S. 690

den Grenzen meines Landes zu verjagen".[31] Jetzt aber war er der König und der Führer der arabischen Welt und wollte von Churchill eine Zusicherung, dass die jüdische Einwanderung nach Palästina gestoppt würde.

Churchill lehnte es ab, eine solche Zusicherung zu geben, jedoch sagte er, dass er "die Araber nicht aus Palästina vertreiben oder sie ihrer Lebensgrundlage dort berauben würde".[32] Wie großzügig von ihm.

Ein Jahr zuvor hatte das Nationale Exekutivkomitee der Labour Party, das seinerzeit vom Zionismus dominiert wurde und kurz davor stand, Churchill seiner Position zu entheben, sich dafür ausgesprochen, die Araber aus Palästina heraus umzusiedeln. In seinem Bericht an die Jahreshauptversammlung der Partei von 1944 hatte das Exekutivkomitee vorgeschlagen: "Ermutigen wir die Araber dazu, Palästina zu verlassen, während die Juden einwandern."[33] Dieser Bericht wurde offiziell von der Hauptversammlung angenommen und bestätigt. Dazu bemerkten Michael Adams und Christopher Mayhew in *Publish It Not. The Middle East Cover-Up* (etwa: 'Nicht zur Veröffentlichung. Die Vertuschung in der Nahost-Politik'): Die britische Labour Party "ist wahrscheinlich die einzige politische Partei in der ganzen Welt, die sich offen dafür ausgesprochen hat, dass die Palästinenser aus ihrem Heimatland verbannt werden, um Platz für zukünftig dort lebende Israelis zu machen".[34]

Selbst der pro-zionistische und zu einem gewissen Grad anti-arabische Churchill war nicht bereit so weit zu gehen. (Ich glaube, dass Churchills pro-zionistische Haltung nicht unbedingt mit einer großen Sympathie für die Juden oder die Sache der Zionisten als solche zusammenhing. Ich glaube, Churchill war nur deshalb pro-zionistisch, weil er den Zionismus als eine der Aufrechterhaltung des Britischen Empire dienende Kraft sah.)

Im Wesentlichen gab Churchill Ibn Saud zu verstehen, dass dieser den Briten etwas schuldig sei, und dass die Briten nun eine dankbare Gegenleistung erwarteten. Konkret verlangten die Briten eine Mäßigung der Araber und ihre Bereitschaft, mit dem Zionismus einen realistischen Kompromiss einzugehen.

Ibn Saud war darüber sehr verärgert. Später sagte er zu Eddy, dass das, was Churchill von ihm verlangt habe, weder eine Geste der Dankbarkeit noch eine Hilfeleistung gewesen sei. "Er hat von mir verlangt, meine Ehre auszulöschen und meine Seele zu zerstören."[35]

Ibn Saud teilte Churchill mit, dass er keinen Kompromiss mit dem Zionismus eingehen werde, und dass für den "höchst unwahrscheinlichen Fall, dass ich dazu

31· Ebd.

32· Ebd.

33· Labour Party's Annual Conference Report 1944, S. 9

34· Mayhew e Adams, zitiertes Werk, S.35

35· FR 1945, S. 689

bereit wäre, ich den Briten damit keinen Gefallen täte, da die Unterstützung des Zionismus von egal welcher Seite, zweifellos Blutvergießen und massive Unruhen in den arabischen Ländern mit sich bringen muss, wovon weder die Briten noch sonst irgendjemand einen Nutzen hätte."[36]

Dann, so berichtete Ibn Saud Eddy, "legte Churchill seinen großen Stock zur Seite." Der saudische Monarch sagte anschließend zu Churchill: "Ihr Briten und eure Verbündeten werdet die falsche Wahl zwischen einer freundschaftlich gesinnten und friedlichen arabischen Welt und einem Kampf auf Leben und Tod zwischen Arabern und Juden treffen, wenn die unvernünftige Einwanderung von Juden nach Palästina fortgesetzt wird. So oder so, die richtige Formel muss durch und mit Zustimmung der Araber gefunden werden."[37]

Ibn Saud sagte Churchill, dass er mit dem Zionismus keinen Kompromiss eingehen werde; und: "in dem höchst unwahrscheinlichen Fall, dass ich dazu bereit wäre, würde ich Großbritannien damit keinen Gefallen tun".

Diese Worte erscheinen mir sehr bedeutsam. Fast lassen sie den Schluss zu, dass es Umstände gab, unter denen Ibn Saud als Führer der arabischen Welt bereit war, einen Kompromiss einzugehen, der zuließ, dass mehr Juden nach Palästina einwanderten. Die richtigen Umstände würden aber nur geschaffen werden, wenn Roosevelt und Churchill den Rat von Landis (und anderen) annähmen und den Zionisten sagten, dass sie die Vorstellung von einem jüdischen Staat in Palästina fallen lassen müssten. Ich denke, dass Ibn Saud signalisierte, dass die Araber unter derartigen Umständen, vorausgesetzt sie würden in der Frage der "Formel" konsultiert werden, bereit wären, der Schaffung einer jüdischen nationalen Heimstätte in Palästina zuzustimmen – die nationale Heimstätte der Balfour-Erklärung nach den Vorstellungen von Ahad Ha-am.

Unglücklicherweise war das erste, was Präsident Roosevelt nach seiner Rückkehr von den Gesprächen mit Ibn Saud tat, dass er Rabbi Wise autorisierte zu verkünden, dass er, der Präsident, weiterhin für eine uneingeschränkte Einwanderung der Juden nach Palästina und die Errichtung eines jüdischen Staates dort sei!

Wieder führte die Berichterstattung der Medien über die Haltung Roosevelts, wie sie von Rabbi Wise und anderen Zionisten dargestellt wurde, in der arabischen Welt zu Verärgerung und Protesten, und auch zu Verwirrung auf Führungsebene. Und wieder musste das Außenministerium sich auf ein Krisenmanagement hinter verschlossenen Türen zurückziehen. Dieses Mal wurden die amerikanischen Chiefs

36· Ebd.

37· Ebd.

of Mission in der arabischen Welt angewiesen, den arabischen Führern vertraulich zu sagen, dass kein Grund zur Panik bestünde und dass sie erkennen und akzeptieren sollten, dass der Präsident aus innenpolitischen Gründen mit den Zionisten ein Spielchen treiben müsse.

Spätestens jetzt waren im Außenministerium die ranghöchsten Beamten und Verantwortlichen äußerst alarmiert über das, was Landis richtigerweise als "unentschlossen wankende Politik für den Zionismus“ beschrieb, und sie begannen Druck zu machen, damit schlussendlich eine klare Palästina-Politik betrieben würde, die "die langfristigen Interessen USA umfassend berücksichtigt“.

Am 10. März erhielt Präsident Roosevelt zur gleichen Zeit Briefe von König Ibn Saud und anderen arabischen Führern. In den Briefen wurden die Anliegen der Araber detailliert dargestellt – die historische, rechtliche, politische und moralische Grundlage des Rechts und des Anspruchs der Araber auf Palästina. Signalisiert wurde auch die Bereitschaft der Araber, wenn nötig, für ihre Sache zu kämpfen und ihre Position in Palästina zu verteidigen.

Kurz nachdem Präsident Roosevelt die Briefe der Araber gelesen hatte, warnte ihn das Außenministerium, wie gefährlich die Lage sich gerade entwickele. In einem Positionspapier von Wallace Murray, dem Direktor der Abteilung für Nahost-Angelegenheiten im Außenministerium, hieß es: "Die fortdauernde Unterstützung des Präsidenten für den Zionismus könnte so tatsächlich zu Blutvergießen im Nahen Osten führen und sogar die Sicherheit unserer immens wichtigen Ölkonzession in Saudi Arabien gefährden."[38]

Ein Blutvergießen und die mögliche Unterbrechung des Ölflusses waren jedoch nicht die einzige Sorge des Außenministeriums. Zu jener Zeit war die Sowjetunion (jedenfalls sagte sie das) gegen die Schaffung eines jüdischen Staates. Mit diesem Gedanken im Hinterkopf riet Murray außerdem, dass es nicht klug sei, eine Lösung des Palästina-Problems ohne vollständige Zustimmung der Sowjetunion herbeizuführen. Er sagte weiter: "Die wiederholte Unterstützung des Präsidenten für zionistische Ziele könnte die gesamte arabische Welt in die Arme der Sowjetunion treiben."[39] In seinen Antwortschreiben an Ibn Saud und die anderen arabischen Führer wiederholte Präsident Roosevelt mehr oder weniger schriftlich, was er dem saudischen Monarchen schon von Angesicht zu Angesicht gesagt hatte, nämlich dass man keine Entscheidung treffen würde bezüglich der grundsätzlichen Situation Palästinas, ohne sowohl mit Arabern als auch mit Juden umfassende Beratungen geführt zu haben, und dass er „als oberster Entscheidungsträger der Regierung nichts unternehmen werde, was sich als Angriff auf das arabische Volk erweisen könnte".[40]

38· Ebd., S. 694-695

39· Ebd.

40· Alfred M. Lilienthal, a.a.O., S. 42

Roosevelts Briefe waren auf den 5. April 1945 datiert. Erst am 10. April wurden sie überreicht. Zwei Tage später war er tot.

Die Frage, die man bezüglich der Palästina-Politik von Präsident Franklin Delano Roosevelt stellen muss, ist: Was, um alles in der Welt, war der Plan hinter seinem Spielchen, das er trieb?

Palästina wurde erst zu einem bedeutsamen Punkt auf Roosevelts Tagesordnung, als Amerika in den 2. Weltkrieg eintrat. Was also erklärt seine anschließende Doppelzüngigkeit? Weshalb sagte er den Führern der arabischen Welt in vertraulichen Gesprächen das eine, seine wirkliche Position, und auf der anderen Seite den Zionisten das Gegenteil, wohlwissend, dass sie das über die Medien in seinem Namen an die Weltöffentlichkeit weitergaben?

Ich denke, es gibt nur eine Antwort, die überhaupt einen Sinn ergibt. Bis zu seinem Tode war Präsident Roosevelt nicht bereit, „Nein" zur Idee eines jüdischen Staates zu sagen; und den Grund dafür kann man folgendermaßen zusammenfassen:

Im Vorfeld der Wahlen von 1944 war er aufgrund innenpolitischer Überlegungen nicht dazu bereit – konkret, aufgrund seiner Sorge wegen des möglichen Schadens, den die Zionisten hinsichtlich der Spendengelder und Wählerstimmen den Erfolgsaussichten seiner Partei zufügen konnten, wenn diese und er selbst nicht zumindest den Eindruck einer Unterstützung für die zionistische Sache in Palästina erwecken würden. Aus Gründen politischer Umsicht unterzeichnete er tatsächlich auf eine Bitte hin einen offenen Brief, in dem er die pro-zionistische Wahlplattform seiner Partei unterstützte.

Nach der Wahl von 1944 und wegen der Sympathie der Öffentlichkeit für die Juden – als der allumfassende Horror des Nazi-Holocaust sichtbar wurde, langsam in das Bewusstsein der Menschen drang und die öffentliche Meinung veränderte – , war es einfach nicht der richtige Zeitpunkt für eine Konfrontation mit dem Zionismus, emotional nicht und daher auch nicht politisch. Im schrecklichen Schatten des Nazi-Holocaust hätte ein "Nein" zu einem jüdischen Staat eine Schlacht im Kongress, mit den mächtigsten Medien auf Seiten der Zionisten, erfordert; eine Schlacht, die kein Präsident gewinnen konnte.

Auch wenn ihm die Hände (und Füße) gebunden waren, so habe ich dennoch keine Zweifel, dass Präsident Roosevelt tatsächlich einen Plan für sein Spiel bezüglich Palästina hatte.

Weshalb sagte Roosevelt den Führern der arabischen Welt in vertraulichen Gesprächen, was seine wirkliche Position war, und den Zionisten das Gegenteil, wohlwissend, dass sie das über die Medien an die Weltöffentlichkeit weitergeben würden?

Roosevelt starb am 82.Tag dessen, was eigentlich vier weitere Jahre im Weißen Haus gewesen wären. Diese Jahre wären wahrscheinlich Zeit genug gewesen, um den emotionalen Einfluss des Nazi-Holocaust abklingen und zu einem weniger verwertbaren Faktor in der amerikanischen Politik werden zu lassen. Damit meine ich ‚verwertbar' von den zionistischen Fanatikern und ihren kritiklosen Unterstützern im Kongress sowie den Mainstream-Medien.

Wollen wir auf dieser Basis einmal einen Augenblick oder zwei darüber spekulieren, was passiert wäre, wenn Roosevelt mit seiner die Schaffung eines jüdischen Staats ablehnenden Haltung, bei gleichzeitiger Opposition der Araber gegen ein solches Vorhaben, vier weitere Jahre gehabt hätte.

Als er seine Briefe an Ibn Saud und die anderen arabischen Führer unterzeichnete, hatte Roosevelt schon entschieden, (so wie Präsident Wilson vor ihm in ähnlichen Situationen der internationalen Politik), dass er persönlich bei einer höchst wichtigen internationalen Konferenz an der Spitze der amerikanischen Delegation stehen würde. Die Konferenz sollte am 25. April in San Francisco beginnen, also, wie es sich dann ergab, zwei Wochen nach Roosevelts Tod.

Der Anlass der Konferenz von San Francisco, an der 46 Nationen teilnahmen, war es, eine Charta zur Gründung der Vereinten Nationen zu entwerfen – jener weltweit agierenden Organisation, die den unrühmlichen Völkerbund ersetzen sollte. (Dieser war in der Tat von Anbeginn zum Scheitern verurteilt, nachdem Amerika sich geweigert hatte, sich anzuschließen, und daraufhin das imperiale Großbritannien ihn dominierte, anfänglich um ein Mandat zu erhalten und so seiner fortdauernden Okkupation Palästinas und der beabsichtigten Umsetzung der Balfour-Erklärung den Anschein von Legitimität zu geben. Später verlor der Völkerbund sein Ansehen, da es ihm nicht gelang, die Expansion Japans in die Mandschurei und nach China zu verhindern, ebenso wenig wie die Eroberung Äthiopiens durch die Italiener; ein letzter Sargnagel war dann Hitlers Ablehnung des Vertrags von Versailles. Zu Beginn des Zweiten Weltkrieges hatte der Völkerbund so viel an Achtung verloren, dass er nicht mehr funktionstüchtig war. Mit ihm starb jedoch nicht der Idealismus von Woodrow Wilson. Der zweite Weltkrieg bestätigte nur, wie notwendig es war, dass die Führungsspitzen der Länder der Welt seine Vision von der Schaffung einer globalen Institution tatsächlich umsetzten).

Auf der Jalta-Konferenz legten Roosevelt, Churchill und Stalin ihre Differenzen über die Gründung der UN bei. Die Charta wurde unterzeichnet und erlangte am 24. Oktober 1945 Rechtskraft. Und so wurde ein Jahr später die neue Weltorganisation offiziell ins Leben gerufen. Während sie an verschiedenen Orten zusammen trat, in London und darauf in der Schweiz, spendete John D. Rockefeller Jr. 8,5 Mio. $ für ihren Hauptsitz in New York.

Wäre Päsident Roosevelt für seine gesamte Amtszeit als von vier Jahren am Leben geblieben, dann hätte er vier Jahre minus 82 Tage Zeit gehabt, um die

UNO gut und sinnvoll als Institution nicht nur für die Lösung des Palästina-Problems allgemein, sondern für die Lösung seines eigenen Palästina-Problems, nämlich des Problems der zionistischen Lobby und ihres Einflusses, zu nutzen.

Roosevelt glaubte, so wie tatsächlich jeder dies tat, der über das Problem Bescheid wusste, dass eine Lösung des Palästina-Problems durch die UN, die zu jener Zeit den Willen der organisierten internationalen Gemeinschaft repräsentierte, keine sein würde, die die hartnäckige Forderung des Zionismus nach einem jüdischen Staat übernahm – vorausgesetzt, dass alle Mitgliedsstaaten frei abstimmen durften.

Roosevelt glaubte, dass die UN, die zu jener Zeit den Willen der internationalen Gemeinschaft widerspiegelte, die Palästina-Frage nicht lösen würde, indem sie die Forderung des Zionismus nach einem jüdischen Staat übernahm.

Auf dieser Basis, wahrscheinlich erst kurz vor Ablauf seiner letzten Amtszeit und falls die UNO eine Lösung des Palästina-Problems beschlossen hätte, die keinen Platz für einen zionistischen Staat ließ, dann hätte Präsident Roosevelt, als der Politiker *par excellence*, der er war, dem amerikanischen Volk etwa Folgendes sagen können:

„In einem derart kritischen, aber auch vielversprechenden Augenblick in der Geschichte der Menschheit können es sich die Vereinigten Staaten von Amerika nicht leisten, die Schritte der Vereinten Nationen nicht mitzugehen und auf diese Weise deren Autorität zu gefährden. Auch wir müssen uns an ihre Entscheidungen halten und das umso mehr, als es unser Wunsch ist, der Welt die moralische Führung zu geben, die sie so dringend braucht."

Auch hätte er darauf hinweisen können, dass es sich aus einer Lösung für Palästina nur mit Zustimmung der Araber zwingend ergab, dass es zu keinem jüdischen Staat in Palästina kommen konnte – das sei unmöglich, möglich sei lediglich eine Heimstatt für Juden, wie die Balfour-Erklärung und Ahad Ha-am dies vorsahen.

Hätte es sein können, dass Präsident Roosevelt, wäre er noch am Leben gewesen, seine letzten Karten auf diese Art ausgespielt hätte?

Die Beweise in den 1964 der Öffentlichkeit zugänglich gemachten Akten legen nahe, dass die Antwort sehr wahrscheinlich 'Ja' lautet. Es gibt darüber hinaus zwei weitere Gründe, aus denen ich dies nicht bezweifle.

Zum einen glaubte Präsident Roosevelt nicht an die Idee eines jüdischen Staates. (Dies erklärt wahrscheinlich auch, warum Ben Hecht ihn in seiner Autobiographie 'Child of the Century' einen 'Antisemiten' nannte - meiner Meinung nach eine falsche und hinterhältige Anschuldigung). Roosevelt war sich völlig der Tatsache bewusst, und das nicht nur wegen der Linie, die das Außenministerium verfolgte, dass das zionistische Unterfangen langfristig nicht im Interesse Amerikas war.

Zum zweiten, zumindest denke ich das, meinte es Roosevelt ehrlich, als er die Präsidentschaft als "in erster Linie einen Ort der moralischen Führung" beschrieb. FDR beherrschte und nutzte die Kunst des politischen Spiels (Doppelzüngigkeit und Doppelspiel) genauso gut wie andere und besser als die meisten. Auf diese Weise behielt er die Zionisten im Auge. Er schlug sie mit ihren eigenen Waffen! Mag sein, dass er nicht eine so großartige Vision wie Woodrow Wilson davon hatte, wie die Welt eigentlich aussehen sollte, und dass er in dieser Hinsicht weniger idealistisch und naiv war als dieser. Grundsätzlich jedoch waren die Präsidenten Woodrow und Roosevelt von gleicher Art – sie waren gute Menschen, die aus den richtigen Gründen das Richtige tun wollten..

Das letzte Wort zum Thema Präsident Roosevelt und Israel möchte ich aber einem der einflussreichsten Söhne des amerikanischen Zionismus geben, nämlich David K. Niles, eine weitere Stimme eines Verstorbenen. 1974 veröffentlichte Dr. Stephen D. Isaacs von der *Washington Post* ein Buch (erschienen im Doubleday Verlag, New York), das beschrieben wurde als „riesiges Lagerhaus voller Informationen zu einem heiklen Thema, das von den Juden und von ihren Feinden kaum verstanden wird.“ Der Titel des Buches lautete *Jews and American Politics* (Juden und amerikanische Politik). Auf Seite 244 schrieb Isaacs Folgendes: “Der verstorbene David K. Niles, ein Jude, der Roosevelt und später Truman in seiner Arbeit unterstützte, stellte klar, dass Israel, wenn Roosevelt am Leben geblieben wäre, wahrscheinlich nicht zu einem Staat geworden wäre." (Die kritische Rolle, die Niles bei der Festlegung der amerikanischen Politik spielte, wird auf nachfolgenden Seiten noch aufgezeigt.)

Der unerwartet frühe Tod von Präsident Roosevelt bereitete die Bühne für den Vater und die Mutter aller politischen Schlachten in Amerika. Zur Debatte stand eine ganz einfache, jedoch wichtige Grundsatzfrage: Wer bestimmt eigentlich die amerikanische Palästinapolitik – ein amerikanischer Präsident und seine Administration im Dienste und zum Schutz der amerikanischen Interessen, oder die zionistische Lobby? Als der Kampf begann, stand Roosevelts Nachfolger Harry S.Truman mitten im Kreuzfeuer der sich bekriegenden Kräfte.

Erst mit der Veröffentlichung der vorher geheim gehaltenen Unterlagen des Außenministeriums und der Truman-Papiere in den 1970er Jahren kam die Wahrheit über jenen Kampf langsam ans Licht.

Es gab Kräfte, die daran interessiert waren, dass ein Teil dieser Informationen nicht veröffentlicht wurde. Und selbst heute ist die Diskussion darüber, was sich hinter verschlossenen Türen wirklich abspielte, nicht gern gesehen. Weshalb nicht? Weil die dokumentierte Wahrheit recht peinliche und verstörende Fragen aufwirft, nicht nur dazu, wie Israel und der arabisch-israelische Konflikt geschaffen wurden, sondern auch dazu, wie Amerika regiert wird und vor allem, von welcher Qualität seine Demokratie ist.

Als Präsident der Vereinigten Staaten von Amerika und Führer der sogenannten Freien Welt war Truman ein enorm mächtiger Mann. Wenn er mächtiger war als Stalin, und das war er mit Sicherheit, dann war Truman sogar der mächtigste Mann der Welt. Das dramatischste Symbol seiner Macht war seine Entscheidung, die Atombomben auf Hiroshima und Nagasaki abwerfen zu lassen. Dies geschah, wie es offiziell heißt, zu dem Zweck, das Ende des 2. Weltkriegs in einer Art und Weise herbeizuführen, die das Leben von bis zu 500.000 Soldaten, amerikanischen Bodentruppen, schonen würde. Das war die Anzahl, die laut Prognose gefallen wäre, wenn die besiegte japanische Armee ihre Ankündigung wahr gemacht hätte, bis zum letzten Mann zu kämpfen, statt sich zu ergeben.

Dank Hitler hatte der Zionismus jedoch seine eigene schreckliche Waffe – den Nazi-Holocaust, den er als Karte für politische und emotionale Erpressung ausspielen konnte. Die Zionisten hatten sie schon zum Einsatz gebracht, um Präsident Roosevelt während seiner gesamten Zeit als Präsident daran zu hindern, ihnen die Aussicht auf einen Sieg in Palästina zu verwehren.

Die Frage, die nach seinem frühen Tod noch immer auf eine Antwort wartete, war: wie würden die Zionisten diese Karte während der Amtszeit von Truman einsetzen, und welche Wirkung hätte es auf ihn, wenn sie zum Einsatz käme.

Der erste Angriff im politischen Kampf darum, welche der beiden Kräfte die Unterstützung von Präsident Truman erhalten würde – das Außenministerium oder der Zionismus – wurde von Außenminister Stettinus gestartet.

Selbst heute ist die Diskussion darüber, was sich hinter verschlossenen Türen wirklich abspielte, nicht gern gesehen, weil die dokumentierte Wahrheit verstörende Fragen aufwirft, nicht nur dazu, wie Israel und der arabisch-israelische Konflikt geschaffen wurden, sondern auch dazu, wie Amerika regiert wird, und vor allem, von welcher Qualität seine Demokratie ist.

An Tag 6 der Präsidentschaft von Truman schickte Stettinus dem neuen Mann im Weißen Haus einen streng vertraulichen Brief. Neben der zunehmend schlechter werdenden Lage in Palästina und wachsenden Spannungen im ganzen Nahen und Mittleren Osten gab es noch mehrere andere Gründe für Stettinus' Drängen.

Einer dieser Gründe war die Tatsache, dass Stettinus in den 82 Tagen seiner Amtszeit als Vizepräsident von Roosevelt nur zweimal mit diesem zusammengetroffen war. Als Truman also einen Monat vor seinem 61. Geburtstag den Eid auf das Präsidentenamt ablegte, hatte er keine Vorstellung davon, welches Problem er geerbt hatte, wie komplex das Palästina-Problem war, welche Gefahren es in sich barg oder wie die Roosevelt-Administration damit umgehen wollte. (Truman, der

Senator für Missouri war, war nicht von Roosevelts selbst als mit ihm kandidierender Vize ausgesucht worden.)

Ein weiterer Grund für das Drängen von Stettinus hatte mit der weit verbreiteten Meinung zu tun, dass Truman „ diesem Amt in keiner Weise gewachsen sei".

Dieser Ruf blieb in der Tat für fast die gesamte Zeit seiner zwei Amtsperioden als 33. Präsident der Vereinigten Staaten an ihm haften. Nach seiner Amtsniederlegung sahen ihn jedoch viele Amerikaner in einem besseren Licht. Viele stimmten Trumans eigenen Worten zu, als er sagte, dass er „das verdammt Möglichste getan" habe. Aus arabischer Sicht war dies im wahrsten Sinne des Wortes der Fall. Es gibt gute Gründe anzunehmen, dass Truman niemals Vizepräsident sein wollte, geschweige denn Präsident.

In den ‚Forrestal-Tagebüchern' berichtete Forrestal, Truman habe ihm am 4. Juli 1944 anvertraut, man habe ihn bedrängt, die Nominierung zum Vizepräsidenten anzunehmen, dass er dies aber nicht tun wollte, weil er „glücklich mit seinem Amt als Senator war und die Erfahrung gemacht hatte, dass er über den Senat in der Lage war, so viel Einfluss auf die Regierung zu nehmen, wie er es sich wünschte."[41]

James Forrestal war der Mann, der die amerikanischen Streitkräfte neu strukturierte und der erster US-Verteidigungsminister wurde. In Kapitel 12 dieses Buches wird ihm die Aufmerksamkeit zuteil werden, die er verdient, denn er war in der Administration von Trumans erster Amtszeit einer der beiden großartigen Männer mit Prinzipien, die versuchten und mit diesem Versuch aber scheiterten, den Präsidenten davon zu überzeugen, in Sachen Palästina die Interessen Amerikas allem voranzustellen. Der andere war der legendäre General George C. Marshall, Stabschef der US-Armee während des 2.Weltkriegs, den Churchill als „Organisator des Sieges" beschrieb und der zu der Zeit Außenminister war, als Truman sich schließlich dem Zionismus ergab. Wie wir sehen werden, war es jedoch Forrestal, der versuchte, das zu tun, was notwendig war, nämlich den Zionismus daran zu hindern, sich Amerikas Außenpolitik im Nahen und Mittleren Osten zu Willen zu machen.

Wenn das, was der Senator Truman Forrestal sagte, dem entsprach, was er wirklich dachte, dann legt das nahe, dass er selbst starke Zweifel hatte, ob er dem Amt des Präsidenten zu jener höchst kritischen Zeit in der Geschichte der Menschheit gewachsen sein würde. (Ein Name aus Trumans Vergangenheit, den man sich merken sollte, ist Eddie Jacobson. Er war ein nicht-zionistischer Jude, der mit Truman im ersten Weltkrieg gedient hatte und zusammen mit ihm einen kleinen Laden in Kansas City betrieb. Wie wir noch sehen werden, tat Eddie, als sein Freund Harry Präsident der Vereinigten Staaten war, etwas, das für den Zionismus nicht ganz unbedeutend war, etwas, das für den Erfolg des Zionismus entscheidend war und das der Zionismus trotz seiner unglaublichen Stärke nicht selbst tun konnte.)

41· The Forrestal Diaries, Herausgeber Walter Millis (Cassell & Co., 1952), S. 25

Truman leistete seinen Amtseid im Kabinettzimmer des Weißen Hauses am 12. April 1945 um 18.45h, eine halbe Stunde, nachdem Mrs Roosevelt ihm die Nachricht vom Tode ihres Mannes mitgeteilt hatte. Während seiner Vereidigung, versäumte Truman es, seine rechte Hand zu heben, als er mit seiner linken Hand auf der Bibel den Eid nachsprach. Der Oberste Justiziar Chief Justice Harlan F. Stone intervenierte und forderte Truman dazu auf, als Zeichen der Würde und des Ernstes seine rechte Hand zu heben.

Dem neuen Präsidenten brannten, wie die Briten sagen, schnell die Sicherungen durch; die Amerikaner beschreiben dies als „niedrigen Siedepunkt". Auch war ihm eine harmlose Großspurigkeit eigen, jedoch verdeckte diese nach Außen getragene Selbstsicherheit eine von so manchem bemerkte Unsicherheit; was dazu führte, dass einige, die mit ihm zusammenarbeiten mussten, befürchteten, Präsident Truman sei für den Druck der Zionistenlobby sehr empfänglich.

Außenminister Stettinus wusste, was die Zionisten dachten, als die Fackel von Roosevelt an Truman weitergereicht wurde. Wie Rabbi Neumann später zugab, waren die Zionisten zuversichtlich, dass „ihr Weg mit Präsident Truman im Weißen Haus sehr viel leichter zu gehen sein werde."[42] Truman, so schrieb Rabbi Neumann später, „hatte eine weitaus weniger komplexe Persönlichkeit als sein facettenreicher Vorgänger - weniger korrekt und gelehrt, einfacher im Denken und eher gerade heraus. Er akzeptierte die Linie, die die Zionisten verfolgten, zunächst zögernd und durch leichten Druck, als er sie aber erst einmal akzeptiert hatte, verfolgte er sie aufrecht und festen Schrittes. Am Ende befand er sich im direkten Konflikt mit dem Briten Bevin. Er versuchte nicht, der Konfrontation auszuweichen, sondern blieb mit Unterstützung der öffentlichen Meinung bei seiner Haltung und zwang das Außenministerium, seiner pro-zionistischen Politik zuzustimmen."[43] Wie wir aber sehen werden, verschrieb Truman sich der Sache der Zionisten unter deren Druck nicht so stark, wie von Rabbi Neumann dargestellt.

Die Lage zu der Zeit, als Stettinus seinen Brief schrieb, kann etwa so zusammengefasst werden: Die Hardliner des Zionismus waren sehr zuversichtlich, während Trumans Amtszeit das tun zu können, was sie nicht getan hatten und nicht hatten tun können, als Roosevelt Präsident war – nämlich den Präsidenten der Vereinigten Staaten von Amerika dazu verpflichten, politische Entscheidungen im Sinne des Zionismus zu treffen. Über den illustren Vorgänger Trumans schrieb Rabbi Neumann: „Ihn zu verärgern, zu beleidigen, sein Wohlwollen zu enttäuschen bedeutete drohendes Unheil für die zionistische Sache."[44]

Den streng vertraulichen Brief von Stettinus erhielt Truman am sechsten Tag seiner Amtszeit als Präsident. Darin stand zu lesen:

42· Neumann, a.a.O.

43· Ebd.

44· Ebd.

„Es ist sehr wahrscheinlich, dass einige der zionistischen Führer Anstrengungen unternehmen werden, um zu einem frühen Zeitpunkt von Ihnen Zusagen zugunsten des zionistischen Programms zu erhalten, das auf eine unbeschränkte jüdische Einwanderung nach Palästina und die Errichtung eines jüdischen Staates dort drängt. Wie Sie wissen, empfinden die Regierung und die Menschen der Vereinigten Staaten für die verfolgten europäischen Juden ein tiefes Mitgefühl und tun alles in ihrer Macht stehende, um deren Leid zu mildern. Die Palästina-Frage ist jedoch in höchstem Maße komplex und wirft Fragen auf, die weit über das Elend der europäischen Juden hinausgehen... Die Lage in Nahost ist dauerhaft angespannt, größtenteils wegen der Palästina-Frage, und da wir in der Region Interessen haben, die für die Vereinigten Staaten lebenswichtig sind, sind wir der Meinung, dass dieses Thema mit der größtmöglichen Sorgfalt und mit Blick auf die langfristigen Interessen des Landes zu behandeln ist."[45]

Zwei Wochen später folgte ein längeres Memorandum des kommissarischen Außenministers Grew. (Stettinus spielte eine Schlüsselrolle bei der Gründung der UNO und setzte dieses Engagement fort, indem er als erster US-Delegierter in diese Weltorganisation wechselte.) Grews Memorandum unterrichtete Truman detailliert über die Geschichte der Beziehungen zwischen Roosevelt und den arabischen Führern. Besonders wies er auf die Zusicherungen von Roosevelt an Ibn Saud hin, die Araber und auch die Juden zu beratenden Gesprächen einzuladen, bevor man Entscheidungen treffe, und, was besonders wichtig ist, er wies auch auf das Versprechen hin, das Roosevelt dem saudischen Monarchen von Angesicht zu Angesicht gegeben und später schriftlich bestätigt hatte, nämlich dass er „keinen Schritt unternehmen werde, der den Arabern schaden würde, und dass er die Juden nicht bei Handlungen gegen die Araber unterstützen werde."

Die erste Amtshandlung Präsident Trumans in Sachen Palästina war die Beantwortung eines Schreibens von König Abdullah an Präsident Roosevelt. Da Roosevelt verstorben war, war dieser Brief unbeantwortet geblieben. (Abdullahs Nachricht war später angekommen als die Schreiben der anderen arabischen Führer, ebenso ein Schreiben des ägyptischen Premiers Mahmoud Nokrashy). Trumans Antwort an Abdullah lautete wie folgt: „Ich freue mich, Ihnen gegenüber die Zusicherungen zu erneuern, die Sie zu einem früheren Zeitpunkt bekommen haben, in denen es heißt, dass aus Sicht dieser Regierung keine Entscheidung getroffen werden soll, was die Situation Palästinas grundsätzlich betrifft, ohne zuvor sowohl mit den Arabern als auch mit den Juden umfassende Beratungen abgehalten zu haben."[46] Truman gab Nokrashy dieses Versprechen ebenfalls schriftlich.

Der Zionismus hatte im Weißen Haus seine eigenen Augen und Ohren. Die bei weitem wichtigsten gehörten dem schon an derer Stelle erwähnten David K.

45· FR 1945, Vol VIII, S. 704-705

46· Ebd., S. 707

Niles. Nach den Wahlen von 1940 hatte Roosevelt unter der Last seiner Verantwortlichkeiten im Kriegsgeschehen Niles als Chefberater für Minoritätenangelegenheiten in den engeren Kreis seines Mitarbeiterstabs aufgenommen. Als Truman die Nachfolge Roosevelts antrat, erklärte er Niles zum Palästina-Beauftragten. Niles hegte eine „leidenschaftliche Vorliebe für Anomymität" (so seine eigenen Worte) und wurde einst von einer Zeitung (*The Saturday Evening Post*) als „Trumans Mystery Man" bezeichnet.

Die vertrauliche schriftliche Bestätigung Trumans, dass er sich an die Zusicherungen Roosevelts an die Araber halten werde, provozierte erneuten und noch stärkeren Druck auf ihn von Seiten der zionistischen Lobby. Hinzu kam eine Drohung an das Außenministerium – nämlich dass für den Fall, dass keine klare Positionierung in der Palästina-Frage erfolge, und zwar eine, die nach ihrer Definition dem Zionismus geben würde, was er verlangte, die „moderate" Führung des organisierten amerikanischen Judentums durch eine weniger zugängliche und extremere ersetzt werde. Dies bedeutete, dass der kompromisslose und fanatische Rabbi Silver die Führung übernehmen würde und der moderate, versöhnlich eingestellte Rabbi Wise sowie Dr. Nahum Goldman nur noch Randfiguren wären.

Außenminister Stettinus an Truman: Palästina wirft Fragen auf, die weit über das Elend der Juden in Europa hinaus gehen, und das Thema sollte mit Blick auf die langfristigen US-Interessen behandelt werden.

Die Drohung mit einer extremistischeren Führung war eine willkommene Möglichkeit zu vertuschen, dass die Lage in der zionistischen Führungsspitze alles andere als gut war. Zu jener Zeit waren Wise und Goldman desillusioniert bezüglich der Entwicklungen der WZO; und die Hardliner des Zionismus, der eine Strategie des Unterbreitens und Durchsetzens zionistischer Forderungen verfolgte, sahen die beiden als mögliche Gefahr an, wenn sie in ihren führenden Positionen verblieben.

Rabbi Wise, seit Jahren an der Spitze des organisierten amerikanischen Judentums, wollte einst, dass der Zionismus einen internationalen Boykott der Exporte Nazideutschlands federführend organisiere. Auf das Ha'avara-Abkommen, im Rahmen dessen eine Politik der Kollaboration mit den Nazis verfolgt wurde, ließ er sich nur ein, um eine schädliche und wohl verhängnisvolle Spaltung in den Reihen der Zionisten zu verhindern. Tatsächlich lagen aber die Wurzeln für seine Desillusionierung bezüglich der WZO noch weiter zurück in der Vergangenheit. Auf einer Konferenz im Jahre 1934 kritisierte er die Zionisten in Palästina, weil sie darauf bestanden, dass die Schaffung eines jüdischen Staates „unter allen Umständen Vorrang vor allen anderen damit verbundenen Faktoren haben müsse."[47] Er war damit einverstanden, dass Palästina Priorität haben müsse, betonte jedoch, dass „die Priorität dort ihre Grenzen hat, *wo sie in Konflikt gerät mit einem höheren Gesetz der Moral.*" (Hervorhebung von mir)[48]

Wie Brenner kommentierte, hatte Rabbi Wise „die Verrottung der WZO erkannt". Diese Verrottung lag darin, dass der Zionismus der WZO ohne Moral war und „das Land von Eretz Israel als wichtiger ansah als den Zustand und die Bedürfnisse der Mehrheit der Juden in aller Welt".[49]

Die Führung der Weltorganisation der Zionisten befand sich selbst in einem Konflikt bezüglich des absoluten Vorrangs von Eretz Israel vor den Bedürfnissen der Mehrheit der Juden in aller Welt.

Als Truman Präsident wurde, war Rabbi Wise in höchstem Maße beunruhigt, weil klar war, dass Ben-Gurion und seine Zionisten in Palästina die Gangart vorgaben und dass die WZO ihnen blindlings folgte. Ich kann mir vorstellen, dass Rabbi Wise auch aufgrund der Tatsache zutiefst besorgt war, dass es nun terroristische zionistische Organisationen gab, die fest entschlossen waren, sowohl die Briten als auch die Araber gewaltsam aus Palästina zu verjagen.

Nahum Goldman (der Präsident der WZO) war seinerseits angewidert von der Kollaboration des Zionismus mit den Nazis und der Politik der WZO, nicht einmal den Versuch zu unternehmen, gegen Hitler Widerstand zu leisten. In seiner Autobiographie berichtet ein zerknirschter Goldman reumütig von seiner eigenen beschämenden Rolle während der Hitlerzeit.

Er beschreibt ein dramatisches Treffen mit Edvard Benes, dem tschechischen Außenminister. Benes verurteilte das unverständliche Versäumnis der WZO, den Nazis Widerstand zu leisten. Der tschechische Außenminister, so schrieb Goldman lange nach den Ereignissen, schrie: „Verstehen Sie nicht, dass die Juden, wenn sie mit nichts als halbherzigen Gesten reagieren, wenn sie es nicht fertigbringen, die Weltöffentlichkeit wachzurütteln und massive Schritte gegen die Deutschen zu unternehmen, ihre Zukunft und ihren Anspruch auf die Menschenrechte weltweit in Gefahr bringen?"[50]

Goldman ergänzte (Hervorhebung von mir): „Ich wusste, dass Benes Recht hatte… In diesem Kontext war der Erfolg (die Errichtung eines jüdischen Staates in Palästina) irrelevant. *Was in einer solchen Situation zählt, ist die moralische Haltung*

47· "Dr. Stephen Wise on Policy of World Jewry", World Jewry (London, 24, August 1934),S. 395

48· Ebd.

49· Brenner, a.a.O., S. 67

50· Nahum Goldmann, Autobiography, S. 148, wie von Brenner zitiert…

eines Volkes, seine Bereitschaft zurückzuschlagen anstatt hilflos zuzulassen, dass es abgeschlachtet wird".[51]

Der tschechische Außenminister Benes schrie: „Verstehen Sie nicht, dass die Juden, wenn sie mit nichts als halbherzigen Gesten reagieren, wenn sie es nicht fertigbringen, die Weltöffentlichkeit wachzurütteln und massive Schritte gegen die Deutschen zu unternehmen, ihre Zukunft und ihren Anspruch auf die Menschenrechte weltweit in Gefahr bringen?

Am 16. Juni warnte der stellvertretende Außenminister Grew Präsident Truman davor, dass ein noch größerer Druck der Zionistenlobby auf ihn zukomme. Zu jener Zeit bereitete er sich auf sein Treffen mit Churchill und Stalin vor, das vom 16. Juli bis zum 2. August in Potsdam stattfand. Grew riet Truman, dass er, wenn die Zionisten den Druck auf ihn verstärkten, deren Materialien dankend entgegen nehmen solle. Er solle ihnen sagen, dass ihre Ansichten sorgfältig in Erwägung gezogen würden, und „wiederholen, dass die Angelegenheit einer Lösung (des Palästina-Problems) letztlich den Vereinten Nationen vorgelegt werde".[52]

Es entsprach der Absicht Präsident Roosevelts, dass das Palästina-Problem von den Vereinten Nationen als der Organisation, die den Willen der organisierten internationalen Gemeinschaft zum Ausdruck bringt, gelöst wurde. Grew hätte Truman einen solchen Gedanken niemals nahebracht, wenn er ihn nicht einem Strategieentwurf Roosevelts entnommen hätte.

Ben-Gurion höchstpersönlich betrat die Bühne, um den Druck zu erhöhen, den die Zionisten auf das Außenministerium ausübten. Bei einem Treffen mit führenden Mitarbeitern im Außenministerium am 27. Juni bestand Ben-Gurion darauf, dass es den Juden gestattet werden müsse, die Schaffung eines eigenen Staates „ohne Einmischung von externen Elementen" weiter voranzutreiben.[53] Dies war Ben-Gurions Art zu sagen, dass der Zionismus etwas dagegen hatte, dass Truman die von Roosevelt verfolgte Politik weiterführte, indem er den Arabern, und zwar allen arabischen Führern, die für die USA und deren Interessen von Bedeutung waren, weiterhin zusicherte, dass man sich mit ihnen über die Zukunft arabischen Bodens beraten würde. Im Laufe dieser Unterredung mit ranghohen Vertretern des Außenministeriums sagte Ben-Gurion auch, dass die Juden in Palästina nötigenfalls auch kämpfen würden; und er ließ auch die Bemerkung fallen, dass er und seine Kollegen zuversichtlich seien, dass sie im Falle eines Krieges mit

51- Ebd.

52- FR 1945, Vol VIII, S. 709

53- 53 FR 1945, Vol VIII, S. 714

den Arabern leicht fertig werden würden. Er sagte, er kenne die Araber gut; sie würden „nicht wirklich kämpfen."[54] In diesem Punkt, wie wir später sehen werden, hatte Ben-Gurion mehr Recht als Unrecht.

Der wichtigste Punkt, den Ben-Gurion zur Diskussion beitrug, war der, dass die Aufhebung einer Beschränkung der jüdischen Einwanderung nach Palästina nicht das Problem des Antisemitismus lösen würde. Die einzige Antwort auf dieses Problem sei „die sofortige Schaffung eines jüdischen Staates."[55] Ben-Gurion wusste genau: wenn die Mitgliedsländer frei abstimmen konnten, dann gab es in der UNO keine mehrheitliche Unterstützung für die Schaffung eines jüdischen Staates.

Präsident Truman war zwar noch nicht so unterwürfig, dass er die Idee eines jüdischen Staates unterstützte, jedoch war er, wenn man ihn unter Druck setzte, bereit, die Briten zum Handeln zu zwingen in der Frage der jüdischen Flüchtlinge – jener europäischer Juden, die den Nazi-Holocaust überlebt hatten, die aber entwurzelt und obdachlos in Lagern dahin vegetierten. Als Truman in Potsdam Churchill traf, übergab er ihm ein Memorandum, in dem stand, dass die USA daran interessiert seien, dass Großbritannien „es als möglich erachtet, unverzüglich Schritte zu unternehmen, die im Weißbuch formulierten Einschränkungen der jüdischen Immigration nach Palästina aufzuheben."[56] Nach dem Potsdamer Gipfeltreffen sagte Truman auf einer Pressekonferenz, dass nach Ansicht der USA so viele Juden wie möglich die Erlaubnis bekommen sollten, in Palästina einzuwandern; dies sei jedoch eine Angelegenheit, „die auf diplomatischem Wege mit den Briten und den Arabern geklärt werden müsse"; und sie müsse „auf friedlicher Basis geklärt werden, denn wir wollen nicht eine halbe Million Amerikaner nach Palästina entsenden, um dort den Frieden zu erhalten."[57]

Truman bat Churchill außerdem darum, ihm seine Ansichten zur Lösung des Palästina-Problems zukommen zu lassen.

Während sie auf die Vorstellungen der Briten und eine Antwort auf Trumans Bitte um Aufhebung der Beschränkungen für jüdische Einwanderer warteten, arbeiteten Spitzenfunktionäre im Außenministerium ein detailliertes Positionspapier aus, das vier mögliche Lösungsansätze für das Palästina-Problem behandelte. Dies waren:

(1) Ein unabhängiges jüdisches „Commonwealth" – der Begriff, den die Zionisten noch immer in der Öffentlichkeit gebrauchten und mit dem, wie alle wussten, ein Staat gemeint war.

(2) Ein unabhängiger arabischer Staat.

---

54. Ebd.

55. Ebd

56. FR 1945, Vol VIII, S. 716-17

57. Ebd., S. 722

(3) Aufteilung unter der Treuhänderschaft der Vereinten Nationen.

(4) Der Vorschlag einer Treuhand-Abkommens zwischen Großbritannien, den USA, der Sowjetunion und, wenn möglich, Frankreich, nach dem Palästina einen Sonderstatus als internationales Territorium unter der Verwaltung Großbritanniens erhielte.

Der Autor des Positionspapiers war Loy Henderson, Direktor des Büros für nahöstliche und afrikanische Angelegenheiten im Außenministerium. Er verwarf die erste Option mit der Begründung, dass dies eine Verletzung der Wünsche einer großen Mehrheit der Bevölkerung vor Ort sei; außerdem würde sie „die wirtschaftlichen Interessen Amerikas gefährden, einschließlich unserer Ölinteressen in Saudi Arabien und anderen arabischen Ländern."[58] Henderson sagte die Möglichkeit eines arabischen Ölembargos voraus. (Als dieser Boykott 28 Jahre später Wirklichkeit wurde, erschütterte er die globale Wirtschaft in ihren Grundfesten und bedeutete einen massiven Rückschritt in den Entwicklungsaussichten der ärmsten Länder, in denen der größte Teil der Weltbevölkerung lebt).

Option (4) war die von Henderson favorisierte Option, die dem neuen Außenminister James Byrnes als Empfehlung vorgelegt wurde. Als Henderson sich für die Option (4) aussprach, bemerkte er dazu, dass diese sowohl von den Arabern als auch von den Juden abgelehnt werde, aber, so dachte er, „mit weniger Intensität als irgendeine der anderen Alternativen."

Wie alle Mitarbeiter in den höheren Etagen des Außenministeriums, die sich gegen einen jüdischen Staat aussprachen und dabei argumentierten, dass dies nicht im längerfristigen Interesse Amerikas liege, wurde Henderson, und zwar ganz speziell Henderson, zum Ziel einer zionistischen Rufmord-Kampagne.

Höhere Mitarbeiter im Außenministerium, die sich gegen die Schaffung eines jüdischen Staates aussprachen und dabei argumentierten, dass dies nicht im längerfristigen Interesse Amerikas liege, wurden zum Ziel einer zionistischen Rufmord-Kampagne.

Es sprach nicht unbedingt für Truman, dass er, wenn es ihm aus innenpolitischen Gründen – nämlich um die zionistische Lobby zu befrieden – passte, manchmal behauptete, die Mitarbeiter im Außenministerium verhielten sich ihm gegenüber „nicht loyal", oder dass er manchmal auch anderen erlaubte, dies an seiner statt zu behaupten.

Viele Jahre später schrieb Henderson in einem Brief an Lilienthal: „Ich wurde mit mehr Kritik überhäuft für das, was ich während meiner drei Jahre als Direktor

58· Ebd., S. 727-733

der NEA tat, als für das, was ich in all den Jahren im Dienste des Staates [fast 40] tat. Kritik für schlechtes Urteilsvermögen, für schwache Leistung und für Unzulänglichkeit kann ich gut ertragen. Angriffe aber auf meine Motive, Anschuldigungen, ich verhielte mich nicht loyal oder Vorwurf eines Mangels an Ehrgefühl hinterlassen Narben, die nur schwer verheilen."[59] (Dasselbe hätten auch andere höhere Funktionsträger im Außenministerium sagen können, einschließlich Stettinus, gefolgt von drei anderen aufeinanderfolgenden Außenministern und auch von Amerikas erstem Verteidigungsminister, die alle ihre berufliche und patriotische Pflicht erfüllten, indem sie versuchten die nationalen amerikanischen Interessen an die erste Stelle zu setzen und gegen die Schaffung eines jüdischen Staates bei gleichzeitiger Opposition der Araber zu argumentieren).

Etwa zu der Zeit, als Henderson damit beschäftigt war, das Options-Papier zu entwickeln, wurden der amerikanischen und der britischen Regierung die ersten offiziellen Zahlen zu den vertriebenen Menschen insgesamt vorgelegt – all derjenigen, die durch Hitlers Wüten in Europa zu Flüchtlingen wurden. Diese Zahlen zeigten, dass die Flüchtlinge aus vielen Ländern kamen, hauptsächlich aus Österreich, Deutschland, Polen, Ungarn, Rumänien und dem Baltikum; und sie waren vielerlei Glaubens. In Zahlen ausgedrückt, die man in den Flüchtlingslagern zusammentrug, waren die drei größten Gruppen: Juden - 226.000, Protestanten – 100.000, Katholiken – 500.000.

Am 31. August schickte Truman auf höchster Geheimhaltungsstufe eine Nachricht an den neuen britischen Premierminister Clement Attlee (Seine Labour Party hatte die Konservativen mit großer Mehrheit geschlagen und Churchill war nicht mehr im Amt – Churchill, der von vielen wegen seiner geschickten Amtsführung in Kriegszeiten respektiert wurde, aber nur von wenigen der Wunschkandidat für den Wiederaufbau Großbritanniens war, der das Land darauf vorbereiten sollte, seinen Platz in einer neuen Welt zu finden, von der viele sich erhofften, dass sie eine bessere sein würde).

In seinem Brief informierte Truman Attlee, dass von Großbritannien ausgestellte 100.000 Einreisegenehmigungen nach Palästina das jüdische Flüchtlingsproblem mildern würden.

Der Brief von Truman war so geheim, dass er Attlee von Außenminister Byrnes höchstpersönlich überreicht wurde. Truman fürchtete, dass die Zionisten unter der Führung der in Palästina lebenden Leute Ben-Gurions ihn, falls seine Bitte an Großbritannien publik wurde, angreifen und beschuldigen würden, bei der Lösung des Flüchtlingsproblems Manöver zu betreiben, die den Tod der Idee eines jüdischen Staates bedeuten würden.

Irgendwie gelangte eine Kopie von Trumans streng geheimem Schreiben in die Hände des ehemaligen Senators für Iowa Guy Gillette. Als Offizier der Ameri-

59. Hendersons Brief an Lilienthal 13. März 1977.

kanischen Liga für ein Freies (jüdisches) Palästina war er einer derjenigen in den USA, die sich der Sache des Zionismus am glühendsten verschrieben hatten. Und er gab die Story von der Bitte Trumans an Attlee an die Medien weiter. Und dann brach, politisch gesehen, die Hölle los.

Die Zionisten protestierten, weil sie tatsächlich fürchteten, dies könnte der Eröffnungszug in einer Strategie sein, die ihnen ihren Staat verweigert. In Großbritannien wurde Truman für seine „Großzügigkeit auf Kosten der Araber" angegriffen. Und arabische Führer beschwerten sich wütend, dass Truman die Versprechungen von Konsultationen mit den Arabern missachte, die zunächst von Präsident Roosevelt gemacht und später von Truman selbst wiederholt worden waren.

Meine Leseart der Ereignisse in der Gesamtperspektive ist die: Wenn der Brief nicht an die Öffentlichkeit gelangt wäre, hätten die Briten durchaus die Möglichkeit gehabt, die bedeutendsten arabischen Führer davon zu überzeugen, weitere 100.000 jüdische Immigranten zu akzeptieren unter der Bedingung, dass danach mit der Einwanderung Schluss sei – keine weiteren jüdischen Einwanderer, kein jüdischer Staat. Und das ist es, was, so denke ich, Ben-Gurion am meisten fürchtete. Und zwar deshalb, weil er in seine Überlegungen die Möglichkeit mit einbezog, dass sich das politische Blatt gegen ihn wenden könnte, sodass er am 27. Juni ins Außenministeriums ging, um dort den Amerikanern ins Gesicht zu sagen, dass die Einwanderung das Problem des Antisemitismus nicht lösen würde und dass dies einzig und allein die sofortige Schaffung eines jüdischen Staates tun könne.

Darauf folgte eine höchst bizarre Episode. Es wurde die Nachricht in Umlauf gebracht, und Truman bestritt dies nicht, dass bei einer Sichtung der Dokumente des verstorbenen Präsidenten Roosevelt keine Unterlagen gefunden wurden, die belegt hätten, dass Roosevelt Ibn Saud tatsächlich das Versprechen einer vorherigen Beratung mit den Arabern gab! Ibn Saud war von dieser Propaganda-Lüge so angewidert, dass er ein Telegramm an Truman schickte, in dem er schrieb, dass er, Ibn Saud, wenn der Präsident nicht bereit sei, die Wahrheit zu sagen, das Memorandum über sein Treffen mit Präsident Roosevelt an Bord der USS Quincy sowie den Schriftverkehr zwischen ihm und Roosevelt öffentlich machen würde. Und dies tat er dann schließlich auch.

Frage: Wer von den Insidern im Weißen Haus war am ehesten in der Position, Präsident Trumans Top-Secret-Bitte an Attlee durchsickern zu lassen, und wer hatte auch ein ausreichend starkes Motiv, dies zu tun? Die wahrscheinlichste Antwort darauf, so denke ich, ist Niles. Ich vermute, dass es auch Niles war, der die Geschichte in Umlauf brachte, dass eine Sichtung der Dokumente keine Beweise für irgendwelche Versprechen an die Araber geliefert habe. Seine Position und seine Zugangsmöglichkeiten waren der Art, dass man ihm Glauben schenkte, besonders vonseiten der nicht weiter nachfragenden Unterstützer des

Zionismus in den Reihen der Medienvertreter. Es könnte so gewesen sein, dass Niles tatsächlich eine Suche nach Beweisen für die Versprechungen Roosevelts veranlasste und dass er nichts finden konnte, weil man solche Beweise außerhalb seiner Zugangsmöglichkeiten aufbewahrte.

Aufgrund der Emotionen, die der Nazi-Holocaust auslöste, und der Art und Weise, wie der Zionismus diese Emotionen für sich ausbeutete, wurde besonders in Amerika das Palästina-Problem politisch gesehen für Truman und Attlee zum heißen Eisen. Die Erfahrung mit der Gillette-Affäre lehrte Attlee, dass die Truman-Administration für einen britischen Premierminister ein zu unsicheres Gelände war, als dass er in der höchst sensiblen Angelegenheit der jüdischen Flüchtlinge und des Umgangs mit Palästina irgendetwas schriftlich festhalten und eigenhändig unterzeichnen konnte.

So geschah es am 29. Oktober, dass Attlees Antwort auf Trumans Bitte um 100.000 Einreisegenehmigungen die Form eines Memorandums hatte, das von Lord Halifax, dem britischen Botschafter in Washington, an Außenminister Byrnes gerichtet wurde. Halifax übergab es Byrnes höchstpersönlich; was Großbritannien aber wirklich dazu zu sagen hatte, wurde im Vier-Augen-Gespräch zwischen den beiden Männern besprochen.

Aufgrund der Emotionen, die der Nazi-Holocaust auslöste, und der Art und Weise, wie der Zionismus diese Emotionen für sich ausbeutete, wurde besonders in Amerika das Palästina-Problem politisch gesehen für Truman und Attlee zum heißen Eisen.

Das Memorandum selbst forderte die frühzeitige Einrichtung eines gemeinsamen anglo-amerikanischen Untersuchungsausschusses zur Prüfung der Frage jüdischer Immigration. In Gesprächen bestand Halifax, wie beauftragt, darauf, dass der Ausschuss die Möglichkeiten einer Auswanderung von Juden in „andere Länder als Palästina" prüfen solle.[60] Nach Ansicht der Briten, so sagte Halifax, „sollte es den jüdischen Flüchtlingen ermöglicht werden, eine aktive Rolle beim Aufbau der Länder, aus denen sie kamen, zu übernehmen."[61] Halifax übermittelte auch den Eindruck der Briten, dass jüdische Flüchtlinge, wenn man sie fragte, größtenteils bevorzugten, nicht nach Palästina zu gehen, sondern in ihre Heimatländer zurückzukehren, aus denen sie kamen, oder sich in ein neues Leben in Amerika aufzubauen. (Diese Feststellung der Briten sollte eine tiefe Wirkung auf das Denken von Präsident Truman haben und ihn dazu veranlassen, kurz vor Weihnachten 1945 eine kühne Initiative zu ergreifen).

60- FR, Vol III, S. 771

61- Ebd., S. 775

Halifax teilte Byrnes auch mit, dass „die Zionisten sich jeder nur möglichen Form der Einschüchterung bedienten, um Juden davon abzuhalten, Palästina zu verlassen, um nach Europa zurückzukehren und dort beim Wiederaufbau mitzuhelfen.“ (Es ist eine Tatsache, dass eine beachtliche Zahl von neu in Palästina ankommenden jüdischen Einwanderern mit Schrecken feststellte, dass es keineswegs das menschenleere Land war, als das die zionistische Werbepropaganda es dargestellt hatte. Und weil sie aus moralischen Gründen empört darüber waren, was der Zionismus ihnen zu tun empfahl, kehrten sie sofort um und gingen zurück nach Europa oder Amerika).

Jedoch bereitete das Timing dessen, was die Briten als nächstes vorhatten, der Attlee-Administration am meisten Kopfzerbrechen. Wegen der immer schlechter werdenden Lage in Palästina war es dringend notwendig, dass Truman der Einrichtung des vorgeschlagenen anglo-amerikanischen Ausschusses zustimmte. Nicht nur eskalierten die Kämpfe zwischen Juden und Arabern, sondern die zwei großen zionistischen Terrororganisationen starteten ihre Kampagne zur gewaltsamen Vertreibung der britischen Besatzer und der Araber.

Lord Halifax betonte die Dringlichkeit. Außenminister Byrnes hatte für alles, was Halifax vorbrachte, Sympathien, sagte jedoch auch ganz offen, was man seiner Einschätzung nach von Präsident Truman zum Zeitpunkt ihres Gespräches erwarten könne. Byrnes wies auf die näher rückenden Wahlen in New York Stadt hin und musste Halifax nicht erst erklären, dass es sich dabei um Wahlen handelte, bei denen jüdische Wählerstimmen weit wichtiger waren als jüdische Unterstützungsgelder.

Die Briten suchten nach Möglichkeiten jüdischer Auswanderung in andere Länder als Palästina, da sie feststellten, dass die meisten jüdischen Flüchtlinge lieber in ihre Heimatländer zurückgekehrt wären, aus denen sie kamen, oder lieber ein neues Leben in den USA begonnen hätten.

Eine Erklärung der Bedeutung jüdischer Wählerstimmen im Allgemeinen findet sich in Lilienthals epischem Werk *The Zionist Connection II*. Er eröffnet sein diesbezügliches Kapitel, dessen Überschrift „Wessen Kongress: Die Behinderung nationaler Interessen“ lautet, folgendermaßen:

„Der Grund für den bemerkenswerten politischen Erfolg der jüdischen Seilschaften und der zionistischen Hintermänner ist tief im politischen System der USA verankert. Unser System der repräsentativen Regierung wird grundlegend von dem zunehmend stärker werdenden Einfluss und übermäßigen Druck durch Minderheitengruppen beeinträchtigt, deren Stärke regelmäßig dann zunimmt, wenn Wahlzeiten anbrechen, wodurch es praktisch unmöglich wird, außenpolitische Ziele zu formulieren, die im nationalen Interesse der USA liegen. Und das Wahlmännersystem hat die Position der nationalen Lobbys massiv gestärkt, die von ethnischen, religiösen und anderen Interessengruppen aufgebaut wurden, vor allem von der jüdisch-zionistischen Israel-Lobby.

Ein weiterer Grund für die Macht der jüdischen Seilschaft ist die geographische Lage jüdischer Ansiedlungen: 76% der amerikanischen Juden leben in 16 Städten, die in sechs Bundesstaaten liegen – New York, Kalifornien, Pennsylvania, Illinois, Ohio und Florida – die 181 Wahlmännerstimmen haben. Man benötigt nur 270 Stimmen, um den nächsten Präsidenten der USA zu wählen. Unser Präsident wird durch eine Mehrheit von Wahlmännerstimmen gewählt, nicht durch die Stimmen der Bevölkerung. Im Rahmen dieses Systems gehen die Stimmen eines Staates in ihrer Gesamtheit an den Kandidaten, der so eine mehrheitlich definierte Wählerschaft hat, was einer gut organisierten Lobby eine mächtigen Verhandlungsposition verschafft. Bei den Präsidentschaftswahlen von 1884 erreichte zum Beispiel der demokratische Kandidat Grover Cleveland im Bundesstaat New York 563.015 Stimmen aus der Bevölkerung, während sein republikanischer Rivale James G. Blaine 562.011 Stimmen erhielt. Mit einer Mehrheit von nur 1.004 Stimmen bekam Cleveland alle Wahlmännerstimmen des Staates New York. Eine Verschiebung von 503 Wählerstimmen hätte bedeutet, dass die Wahl zugunsten von Blaine ausgegangen wäre. Dies erklärt, weshalb Politiker aus Furcht vor der ‚jüdischen Wählerstimme' und vor denjenigen, die in einem heiß umkämpften Bundesstaat behaupten, sie seien das ‚Zünglein an der Waage', wie erstarrt sind.

Der Wille der Mehrheit ist oft enttäuscht worden. Drei Präsidenten – John Quincy Adams im Jahre 1824, Rutherford B.Hayes im Jahre 1876 und Benjamin Harrison im Jahre 1888 – wurden mit weniger Stimmen aus der Bevölkerung als ihre führenden Gegenkandidaten gewählt. [In einer Randnotiz ergänzte Lilienthal, dass insgesamt zwölf Präsidenten ohne eine tatsächliche Mehrheit der Wählerstimmen ins Amt kamen. Die letzte Auflage seines Buches wurde 1982 veröffentlicht. In einer aktualisierten Ausgabe hätte er sehr wohl anmerken können, dass mindestens ein Präsident, George W. Bush, bloß ins Weiße Haus gelangte, weil die Wahl im Bundesstaat Florida, wenn nicht auch noch andernorts, manipuliert wurde.]

Das klassische Beispiel dafür, wieviel Verhandlungsstärke eine Minderheitengruppe, zum Beispiel die Zionisten, im Rahmen des immer noch geltenden Wahlsystems durch Blockbildung bei den Wahlmännerstimmen erreichen kann, ist jedoch die Wahl von Cleveland im Jahre 1884.

Der übermäßige Einfluss der Israel-Lobbyisten auf das Weiße Haus, den Kongress und andere gewählte Führungskräfte rührt hauptsächlich von der Möglichkeit her, sich bei der angeblichen ‚Jüdischen Wählerstimme' anzubiedern und dabei die Wahlkampfkassen beider Parteien auf nationaler wie auch auf lokaler Ebene zur passenden Zeit zu füllen, während man sich das anachronistische System zunutze macht, über das amerikanische Präsidenten gewählt werden. Keine der vielen mächtigen politischen Lobbys in Washington ist besser verankert als die ausgeklügelt organisierten Makler der „Jüdischen Wählerstimme".

Der einzelne Jude, der vielleicht die zionistische Ideologie oder jüdischen Nationalismus nicht gutheißen kann, ist zu feige, um seine Stimme zu erheben und andere zum Handeln zu bewegen, und so geht das Spielchen mit seiner Stimme weiter.

Daher auch die fröhliche Allianz aus der Zeit des Ersten Weltkriegs zwischen den gleichgültigen und korrupten amerikanischen Politikern und den Zionisten, die den Kongress mit seiner fast hundertprozentig pro-israelischen Haltung kontrollieren."

Der übermäßige Einfluss der Israel-Lobbyisten auf das Weiße Haus, den Kongress und andere gewählte Führungskräfte rührt hauptsächlich von der Möglichkeit her, sichder angeblichen ‚jüdischen Wählerstimme' anzubiedern und dabei die Wahlkampfkassen beider Parteien auf nationaler wie auf lokaler Ebene zur passenden Zeit zu füllen, während man sich das anachronistische System zunutze macht, über das amerikanische Präsidenten gewählt werden.

Wie Halifax berichtete, sagte Byrnes: „Ich weiß, dass dies [die Entscheidung, die Truman als Reaktion auf Attlees Vorschlag fällen musste] sehr viel mit den Wahlen zu tun hat."[62]

Liest man zwischen den Zeilen, ist es ganz offensichtlich, dass Byrnes Halifax etwa Folgendes gesagt haben muss: „ Wenn Sie mich vor den New Yorker Wahlen drängen, den Präsidenten dazu zu bringen, dem Vorschlag Ihres Premiers zur Einrichtung eines anglo-amerikanischen Ausschusses zuzustimmen, dann wird er Nein sagen." Für den Augenblick wäre die Alternative, so sagte Byrnes Halifax, „nichts zu tun".[63] Byrnes vertraute Halifax auch an, dass er selbst unter massivem Druck der zionistischen Lobby stehe.

Indem die Regierung Attlee Truman vor der Wahl von New York nicht weiter bedrängte, bekam sie nach den Wahlen nicht nur seine Zustimmung zur Bildung eines Anglo-Amerikanischen Untersuchungsausschusses; nach vielem Hin und Her bekam sie schließlich auch aus Sicht der Briten weitaus bessere Verhandlungsbedingungen.

62- Ebd., S. 777-778

63- Ebd.

Der Name des neuen Gremiums sollte ‚Anglo-Amerikanischer Untersuchungsausschuss zur Palästina-Frage' lauten. Zur gleichen Zeit, am 13.November, gaben in London Außenminister Ernest Bevin, den man fälschlicherweise von Seiten der Zionisten als Antisemiten bezeichnet hatte, und in Washington Präsident Truman höchstpersönlich offiziell bekannt, dass es eine solche Untersuchung geben würde. In der Zeit zwischen der Bekanntgabe und dem 10. Dezember, als die Namen der Mitglieder des Ausschusses und ihre Zuständigkeiten vorgestellt wurden, bauten die Araber ihrerseits politischen Druck auf.

Zu jener Zeit war die Arabische Liga die Institution, die die arabischen Staaten vertrat. Ursprünglich waren es sieben Mitgliedsstaaten. Über die US Chiefs of Mission in den jeweiligen Staaten übersandte die Arabische Liga dem Außenministerium ein Memorandum mit schwerwiegendem Inhalt. Darin wurde auf die Tatsache hingewiesen, dass in Palästina in den zurückliegenden zwanzig Jahren der Bevölkerungsanteil der Juden im Vergleich zu den Arabern von 10 Prozent auf 50 Prozent gestiegen sei. Weiter hieß es, dass Präsident Trumans Forderung, 100.000 weiteren Juden die Einreise nach Palästina zu genehmigen, eine Verletzung des Versprechens der amerikanischen (und der britischen) Regierung bedeute, in dem zugesichert wurde, dass keine Entscheidungen über eine jüdische Einwanderung oder eine Lösung des Palästina-Problems insgesamt getroffen würden „ohne eine umfassende Beratung mit den arabischen Staaten und ohne ihre Zustimmung."

Dies warf eine bedeutende und schwierige Frage auf, die nicht länger umgangen werden konnte: Waren die früheren amerikanischen Versprechungen so gemeint, wie die Araber sie verstanden – *Beratung und Zustimmung*?

In Saudi Arabien wollte Prinz Feisal, der zweite Sohn von Ibn Saud in der Thronfolge und Außenminister des Königreichs, eine Antwort auf diese Frage, und ersuchte Amerikas Chief of Mission, William Eddy, ihn zu besuchen. In seinem Bericht von der Unterredung, den er an Außenminister Byrnes telegraphierte, schrieb Eddy, als Feisal danach gefragt habe, habe er geantwortet: „Eine Beratung wäre bedeutungslos, wenn die Ergebnisse schon vorher festlägen, aber dass mein persönliches Verständnis davon sei, dass sie (eine Beratung) die vollständige Berücksichtigung des arabischen Standpunkts und der örtlichen Bedingungen gewährleiste."[64]

Dies war nicht die Antwort, die Feisal hören wollte oder die ihm weiterhalf. Eine solche Definition von Beratung implizierte, dass die Amerikaner den Arabern erst zuhören und sie dann zur Hölle schicken konnten.

Daraufhin sprach Feisal Eddy gegenüber eine Warnung aus, die der amerikanische Diplomat Wort für Wort in seinem Telegramm an Byrnes weiter gab.

„Ich versichere Ihnen, dass die Briten uns offiziell erklären, dass sie die Sache der Araber dem Zionismus vorziehen, dass sie aber von Ihnen zu pro-zionisti-

64- FR, Vol III, S. 828-829

schen Schritten getrieben werden. Die aufrichtige große Bewunderung, die die Araber für Amerika empfinden, verfliegt immer schneller und könnte sehr bald völlig verschwunden sein, und zwar zusammen mit unseren vielen gemeinsamen Interessen und unserer Zusammenarbeit. Wir Araber verhungern oder sterben lieber im Kampf, als mit anzusehen, wie die Zionisten unser Land und unser Volk aufsaugen, so wie Sie es tun würden, wenn wir den Zionisten einen Ihrer Staaten als Nationalstaat geben würden. Glauben Sie ja nicht, dass wir vor dem Zionismus kapitulieren in der Hoffnung, irgendwo anders zu überleben oder Besitz zu erlangen. Wenn sich die Situation so entwickelt, dass die USA und die Briten den Zionisten gegen unseren Willen und mit dem Risiko unserer Zerstörung helfen, dann werden wir den Zionismus bis zum letzten Mann bekämpfen. Bis dahin sollten Sie nicht vergessen, dass die Briten die Amerikaner für diese Initiative [die Einwanderung von 100.000 weiteren Juden] verantwortlich machen."[65]

Feisals Warnung ermöglichte es dem Außenministerium, Präsident Truman dazu zu bringen, seine Meinung bezüglich der Verhandlungsbedingungen für den Anglo-Amerikanischen Untersuchungsausschuss zu Palästina zu ändern. Wie Lord Halifax in seiner Unterredung mit Außenminister Byrnes angedeutet hatte, wollten die Briten, dass es dem Ausschuss freistünde, eine jüdische Auswanderung in „andere Länder als Palästina" zu empfehlen. Aufgrund der Befürchtung, den Zorn der Zionisten zu provozieren, und wahrscheinlich auf den Rat von Niles hin, hatte Truman sich nicht überwinden können, eine solche Empfehlung auszusprechen.

Das Maß, in dem Truman seine Position der Lage neu anpasste, wurde offenbar, als die Verhandlungsmodalitäten für den Anglo-Amerikanischen Untersuchungsausschuss am 10. Dezember in London und in Washington zeitgleich bekannt gegeben wurden. Die sechs amerikanischen und die sechs britischen Mitglieder des Ausschusses wurden befugt „die politischen, wirtschaftlichen und sozialen Bedingungen in Palästina unter dem Aspekt zu untersuchen, wie sie sich auf das Problem der jüdischen Immigration und Ansiedelung im Land niederschlagen". Sie waren auch befugt, die Position der europäischen Juden zu untersuchen mit dem Ziel der groben Schätzung „einer möglichen Migration nach Palästina oder anderen Orte außerhalb Europas."[66]

Die Antwort des Zionismus auf die Bekanntmachung kam postwendend und ebenfalls zeitgleich aus London und New York. Der Anglo-Amerikanische Untersuchungsausschuss zu Palästina sei ein „erneuter Betrug", dem die Zionisten sich „niemals unterwerfen würden".[67] Und es gab zionistische Krawalle in Tel Aviv.

65· Ebd., S. 829

66· Anglo-American Committee of Inquiry, Report to the United States Government and His Majesty's Government of the United Kingdom, preface

67· The Times (London), 15. November 1945

Am 22. Dezember 1945, als der Ausschuss sich auf den Beginn seiner Tätigkeit vorbereitete, ergriff Präsident Truman eine bedeutende Initiative. Er wies den Außenminister und den Kriegsminister sowie alle zuständigen Bundesbehörden an, auf jegliche Art und Weise die Visumserteilung zu beschleunigen, um die „vollständige Einwanderung in die Vereinigten Staaten nach den geltenden Quotenregelungen zu ermöglichen".

Truman wies den Außenminister und den Kriegsminister sowie alle zuständigen Bundesbehörden an, auf jegliche Art und Weise die Visumserteilung zu beschleunigen, um die „vollständige Einwanderung in die Vereinigten Staaten nach den geltenden Quotenregelungen zu ermöglichen".

Die Formulierung ‚auf jegliche Art und Weise' bedeutete auch, dass man von Quoten Gebrauch machen sollte, die in den Kriegsjahren zuvor noch nicht erfüllt worden waren, weil man sich bemühte, feindliche Agenten und potentiell subversive Kräfte aller Art außer Landes zu halten. 1942 wurden nur 10 Prozent aller Quoten genutzt; 1943 waren es nur 7 Prozent; 1944 sogar nur 6 Prozent; und 1945 nur 7 Prozent. Wären die ungenutzten Quoten in der unmittelbaren Nachkriegszeit genutzt worden, so wäre es – mit Blick auf den immer länger werden Schatten des Nazi-Holocaust – möglich gewesen, bis zu 400.000 Flüchtlingen ein Einreisevisum in die USA zu gewähren und die damit verbundene Möglichkeit, sich dort ein neues Leben als amerikanische Staatsbürger aufzubauen. Das waren fast zweimal so viele jüdische Flüchtlinge, wie sich in den europäischen Lagern im befreiten Europa aufhielten. Wie Halifax Byrnes sagte, hätten sich sehr viele von ihnen für ein neues Leben in Amerika statt in Palästina ausgesprochen, wenn man ihnen die Wahl gelassen hätte.

Eine solche Lösung des jüdischen Flüchtlingsproblems, wäre sie umgesetzt worden, hätte die stärkste Waffe des Zionismus zerstört, die ihm seinerzeit zur Verfügung stand – nämlich der Nazi-Holocaust als Trumpfkarte für politische und emotionale Erpressung. Zumindest wäre der Zionismus in eine Position versetzt worden, aus der heraus er nicht den Einfluss gehabt hätte, der nötig war, um Amerikas außenpolitische Agenda bezüglich Palästina zu bestimmen.

Trumans Initiative hätte es möglich gemacht, bis zu 400.000 Flüchtlingen ein Einreisevisum in die USA zu gewähren und damit die Möglichkeit, sich dort ein neues Leben als amerikanische Staatsbürger aufzubauen, also fast zweimal so vielen

jüdischen Flüchtlingen, wie sich in den europäischen Lagern im befreiten Europa aufhielten, was das jüdische Flüchtlingsproblem gelöst hätte.

Niemand scheint zu wissen, und niemand wird wahrscheinlich jemals zugeben, falls er es weiß, woher diese Initiative kam. Kam sie von Truman alleine oder war es tatsächlich doch eine Initiative des Außenministeriums, die Truman billigte und deren Durchführung er dann zustimmte?

Praktisch betrachtet gab es ein Problem. Die Ausschöpfung der ungenutzten Quoten aus den Kriegsjahren, welche die erforderliche Anzahl an Visen generieren sollte, bedurfte einer entsprechenden Gesetzgebung durch den Kongress.

Die Wahrheit ist, dass es der zionistischen Lobby über fast zwei kritische Jahre hinweg gelang zu verhindern, dass ein solches Gesetz im Kongress vorgelegt wurde. (Die Hintergrundgeschichte dazu, was geschah, als der Kongressabgeordnete William G. Stratton tatsächlich die notwendige Gesetzesvorlage im Kongress einbrachte, hat ihren eigenen Platz weiter hinten in diesem Kapitel.)

Es kam eine Zeit, zu der einer der Außenminister unter Truman, Dean Rusk, zu sagen pflegte, es gebe „zwei Harry Trumans".[68] Ich denke, es gab drei.

Einer davon war der Truman, der zur Ansicht des Außenministeriums (unter wechselnden Außenministern) neigte, dass die Schaffung eines jüdischen Staates ungeachtet der arabischen Opposition dagegen nicht im langfristigen Interesse Amerikas lag und mit sehr großer Wahrscheinlichkeit für alle Betroffenen ein Desaster wäre.

Ein anderer war der Truman, der als Führer seiner Partei die Notwendigkeit sah, zu tun, was auch immer zu tun war, um die Wahlaussichten seiner Partei vor Schaden durch die zionistische Lobby zu bewahren, wenn diese gemein wurde, selbst wenn das bedeutete, dass er dadurch dem Zionismus erlaubte, Amerikas Agenda für den Nahen und Mittleren Osten zu bestimmen.

Die Ausschöpfung der ungenutzten Quoten aus den Kriegsjahren, welche die erforderliche Anzahl an Visen generieren sollte, bedurfte einer entsprechenden Gesetzgebung durch den Kongress. Es gelang der zionistischen Lobby fast zwei kritische Jahre lang zu verhindern, dass ein solches Gesetz im Kongress vorgelegt wurde.

Und dann gab es noch den Menschen Truman, der wie die meisten Amerikaner „zutiefst schockiert war von dem vollen Ausmaß der schrecklichen Grausamkeiten

68· Dean Rusk Brief an Lilienthal, 27. Juli 1977

des Hitler-Regimes“, wie Rusk sich ausdrückte.[69] Es ist anzunehmen, dass Trumans Verständnis der Geschichte des Antisemitismus und der Judenverfolgung gefördert wurde von dem Mann, der wahrscheinlich sein allerbester Freund war: der frühere Teilhaber seines kleinen Ladens in Kansas und nicht-zionistische Jude Eddie Jacobson. Die Qualität ihrer Freundschaft war derart, dass Eddie die Türen von Harrys Weißem Haus immer offen standen. (Während der Präsidentschaft Trumans kam Eddie für private Unterhaltungen mit seinem Freund nicht weniger als 24 Mal ins Weiße Haus und es gab zahlreiche Telefonate zwischen den beiden Männern). Ich kann mir vorstellen, dass es dieser Truman war – nicht der Präsident oder der berechnende Parteiführer –, der die Visum-Initiative ergriff. Meiner Einschätzung nach dachte er noch nicht einmal darüber nach, welchen Schaden er dadurch dem Zionismus zufügen könnte. Ich denke, dieser Harry Truman tat, was immer er tun konnte, um dem Leiden der jüdischen Flüchtlinge in Europa so schnell wie möglich ein Ende zu setzen. Und ich denke, er wollte dies aus der brüderlichen Liebe tun, die er für seinen alten Freund Eddie empfand, und aufgrund des Verständnisses, das seine Freundschaft mit Eddie ihm für den Schmerz und die Wonne, ein Jude zu sein, vermittelt hatte.

Ab dieser Zeit lagen die drei Trumans miteinander im Streit, während die Dinge ihren Lauf nahmen.

Die sechs britischen und sechs amerikanischen Mitglieder des Anglo-Amerikanischen Untersuchungsausschusses zu Palästina nahmen ihre Arbeit Anfang Januar 1946 auf. Als der gemeinsame Bericht[70] am 30.April 1946 zeitgleich in London und in Washington veröffentlicht wurde, brach der Trubel los bzw. löste das aus, was man heute als ‚Shit Storm‘ bezeichnen würde, meist von Seiten der Zionisten. Auch wenn eine der zehn Empfehlungen des Ausschusses ein „Ja“ war zur sofortigen Ausgabe von Einreisegenehmigungen nach Palästina für 100.000 Juden, „die Opfer der Verfolgung durch die Nazis und die Faschisten geworden waren“, sagte eine andere Empfehlung „Nein“ zur Schaffung eines jüdischen Staates.

Als Gesamtpaket blieben die Empfehlungen darüber hinaus weit hinter dem zurück, was die Araber sich für Palästina gewünscht hatten, und zwar nicht nur bezüglich des Bestehens darauf, dass sie die 100.000 weiteren jüdischen Immigranten akzeptieren sollten. Es gab auch ein „Nein“ zur Schaffung eines rein arabischen Staates.

Es lohnt sich, den Bericht mit den Empfehlungen des Ausschusses im Lichte dessen, was – in den darauffolgenden Tagen, Wochen, Monaten und Jahren – folgte, näher zu betrachten.

69· Ebd.

70· Anglo-American Committee of Inquiry, op. cit., Recommendations

Der Anglo-Amerikanische Untersuchungsausschuss zu Palästina sagte „Nein“ zur Schaffung eines jüdischen Ebenso wie zur Schaffung eines arabischen Staates.

Bei der ersten Empfehlung ging es um „Das Europäische Problem“. Unter dieser Überschrift hieß es in dem Bericht:

„Wir müssen berichten, dass die Informationen, die wir über andere Länder als Palästina erhielten, uns keinen Grund zur Hoffnung auf eine wesentliche Unterstützung bei der Suche nach einem Zuhause für Juden gaben, die Europa verlassen wollten oder dazu gezwungen waren.

Jedoch kann Palästina alleine nicht alle einwanderungswilligen jüdischen Opfer der Verfolgung durch die Nazis und Faschisten aufnehmen. Die ganze Welt trägt die Verantwortung für sie und ebenfalls für die Beherbergung und Ansiedlung aller Vertriebenen.

Daher empfehlen wir, dass unsere Regierungen gemeinsam und in Zusammenarbeit mit anderen Ländern sofort damit anfangen, ein neues Zuhause für solche Vertriebenen zu finden, unabhängig von ihrem Glauben oder Nationalität, deren Bande zu ihren früheren Gemeinschaften irreparabel zerrissen sind. Zwar wird die Emigration für einige Opfer der Verfolgung die Probleme lösen, die übergroße Mehrheit, einschließlich einer beachtlichen Anzahl von Juden, wird jedoch weiterhin in Europa leben. Deshalb empfehlen wir, dass unsere Regierungen sicherstellen, dass der in der UN-Charta festgelegte universelle Grundsatz des Respekts vor den fundamentalen Freiheiten und ihre Einhaltung, unabhängig von Rasse, Geschlecht, Sprache oder Religion, unverzüglich umgesetzt wird.“

Rückblickend ergibt sich eine interessante Frage: Wussten die Mitglieder des Ausschusses, als sie ihren Bericht schrieben, dass die Zionisten durch ihre Vertreter im Kongress darauf aus waren, die Einführung von Gesetzen zu blockieren, welche gemäß Trumans Wünschen durch die Nutzung verbliebener Einwanderungsquoten Amerikas Tore öffneten? Wenn sie tatsächlich von Trumans Initiative wussten, dann hätten die Ausschussmitglieder gut daran getan, dieses Vorhaben als Beispiel dafür zu nennen, was getan werden konnte. Und dies hätte es für den Zionismus weitaus schwerer gemacht, die betreffende Gesetzgebung zu blockieren.

Die zweite Empfehlung betraf eine sofortige Ausgabe von 100.000 Einwanderungsgenehmigungen für Juden nach Palästina, wobei „ die tatsächliche Einwanderung so schnell vor sich gehen soll, wie es die Bedingungen vor Ort erlauben.“

Die dritte Empfehlung betraf die „Prinzipien der Verwaltung“ in Palästina. Unter dieser Überschrift hieß es in dem Bericht:

„Kein arabischer, kein jüdischer Staat: um ein für allemal den Exklusivanspruch sowohl der Araber als auch der Juden auf Palästina auszuräumen, empfehlen wir es als wesentlich, folgende Prinzipien in einer klaren Stellungnahme festzuhalten:

1) In Palästina sollen Juden nicht die Araber dominieren und Araber sollen nicht die Juden dominieren.

2) Palästina soll weder ein arabischer noch ein jüdischer Staat sein.

3) Die Regierungsform, die schlussendlich eingesetzt wird, soll im Heiligen Land, durch internationale Garantien verbürgt, die Interessen des Christentums und des muslimischen und jüdischen Glaubens schützen und bewahren.

So muss Palästina schließlich ein Staat werden, der die Rechte und Interessen der Moslems, Juden und Christen gleichermaßen beschützt und der allen seinen Bewohnern in Übereinstimmung mit den drei oben benannten Grundprinzipien das größtmögliche Maß an Selbstverwaltung gewährt."

Dieser Abschnitt des Berichts beinhaltete auch die Bemerkung, dass Palästina, als ein heiliges Land sowohl für die Christen als auch für die Moslems und die Juden, „weder ein Land ist noch ein Land werden kann, das von irgendeiner Religion oder Rasse mit Recht für sich alleine beansprucht werden kann."

Unter derselben Überschrift brachten drei Mitglieder des Ausschusses, die später pro-zionistische Fürsprecher eines jüdischen Staates werden sollten, Folgendes als ihre persönliche Meinung zum Ausdruck: „ Während die Juden eine historische Verbindung mit dem Land haben, stellen sie aber gleichzeitig nur eine Minderheit der Bevölkerung dar.... Palästina ist kein rein jüdisches Land und wird es auch niemals sein. Es liegt am Übergang in die arabische Welt, seine arabische Bevölkerung, Nachkommen von schon seit sehr langer Zeit in der Region ansässigen Einwohnern, betrachtet Palästina mit Recht als ihr eigenes Heimatland."

Zum Thema, wie Palästina in der absehbaren Zukunft verwaltet werden sollte, äußerte sich der Ausschuss in seiner vierten Empfehlung folgendermaßen:

„Wir sind zu dem Schluss gekommen, dass die Feindschaft zwischen den Juden und den Arabern und ganz besonders die Entschlossenheit beider Seiten, die Herrschaft über die jeweils andere zu erlangen, falls nötig mit Gewalt, es fast als sicher erscheinen lassen, dass im Augenblick und auch noch für einige Zeit jeder Versuch, entweder einen unabhängigen palästinensischen Staat oder unabhängige palästinensische Staaten zu schaffen, in einem Bürgerkrieg von einer Größenordnung, die möglicherweise den Weltfrieden gefährdet, enden kann.

Daher empfehlen wir, dass Palästina, bis die Feindschaft erlischt, weiter wie bisher im Rahmen eines Mandats und in Erwartung einer treuhänderischen Vereinbarung unter den Vereinten Nationen regiert wird."

Die Idee war, dass Großbritannien weiterhin die Verwaltungsmacht als Treuhänderin für die UN behielte, es sei denn, irgendein anderes Land wäre verrückt genug, diesen Job zu übernehmen. Der Ausschuss bestätigte, dass dies für die Briten eine sehr schwere Bürde bedeute, aber die Belastung, so hieß es weiter, werde leichter, wenn man die Schwierigkeiten akzeptiere und der treuhänderische Verwalter die Unterstützung der anderen UN-Mitgliedsländer erhielte.

Das offensichtlichste Ergebnis des Berichts in Bezug auf den längerfristig begutachteten Zeitraum lautete, unter der Voraussetzung und zum Zeitpunkt eines „Verschwindens" der gegenseitigen Feindschaft solle ein unabhängiges Palästina nur eine Regierung haben, welche die Macht teile, um so dem Wohle der Bevölkerung „in ihrer Gesamtheit" zu dienen, und mit von der UNO garantierten Minderheitenrechten für die Juden. Eine weitere mögliche Folgerung war, dass ein einheitlicher Staat Palästina eine Bundesregierung haben könnte, deren Mitglieder von getrennten arabischen und jüdischen Regionen oder Kantonen gewählt würden. Das einzige, was nicht in Frage kam, war Palästina als ein arabischer oder ein jüdischer Einzelstaat. *Egal wie man den Bericht las, er sagte „Nein" zum zionistischen Vorhaben.*

Ich persönlich bin der Meinung, dass der Ausschuss, zweifellos im Namen politischer Dringlichkeit, die Situation falsch darstellte, als er von der „Entschlossenheit beider Seiten" sprach, „die Herrschaft über die jeweils andere zu erlangen, falls nötig mit Gewalt". *Die Zionisten strebten danach, die Araber zu beherrschen. Die Araber versuchten lediglich, sich dagegen zu wehren, beherrscht zu werden.*

In dem Abschnitt des Berichts, der die „Zukünftige Einwanderungspolitik" behandelte (hier wurde die sechste Empfehlung dargelegt und erläutert), machte der Ausschuss seine eigene Position deutlich – eine rein pragmatische. Der Ausschuss befasste sich nicht mit Fragen wie: was mit Blick auf die vergangenen Ereignisse und sogar hinsichtlich des Völkerrechts falsch oder richtig sei; er befasste sich lediglich damit, was in der gegebenen Situation möglich war. Der Pragmatismus des Ausschusses (und ich denke, dass er weise war) wird aus folgender Passage deutlich:

„In Palästina existiert eine Nationale Jüdische Heimstatt, die aus der Balfour-Erklärung entstanden ist. Einige mögen der Meinung sein, dass die Erklärung ein Fehler war und nicht hätte gemacht werden dürfen; andere, dass sie ein groß angelegtes Konzept war und dass man behaupten kann, dass sie einer der wagemutigsten und bedeutendsten Kolonisierungspläne in der Geschichte war. Sich darüber zu streiten, welche Sichtweise die richtige ist, ist sinnlos. Die Nationale Heimstatt gibt es dort. Ihre Wurzeln stecken tief im Boden Palästinas. Man kann dies nicht wegdiskutieren, genauso wenig wie die Errungenschaften der jüdischen Pioniere."

Der Pragmatismus bestand darauf: Selbst wenn es falsch war, was den Arabern in Palästina durch die Verabschiedung der britischen Balfour-Erklärung und die sich daraus ergebenden Konsequenzen angetan wurde, – dann war es halt dumm gelaufen. Es war ein Fehler, den man nicht wieder gutmachen konnte. Dafür war es zu spät.

Bezüglich des Themas der zukünftigen jüdischen Einwanderung nach Palästina lautete die Empfehlung des Ausschusses folgendermaßen:

„Wir empfehlen, dass bis zur baldigen Überweisung an die Vereinten Nationen und bis zur Umsetzung der Treuhandvereinbarung der Mandatsträger [Großbritannien] Palästina verwalten sollte, gemäß dem Mandat, das bezüglich der Einwanderung vorsieht, dass die Behörden Palästinas die jüdische Einwanderung unter geeigneten Bedingungen erleichtern, während sie gleichzeitig sicherstellen, dass die Rechte und die Stellung anderer Teile der Bevölkerung nicht missachtet werden."

In seiner Erläuterung dazu, bis zu welchem Punkt die jüdische Immigration nach Palästina erleichtert werden solle, wenn man die Rechte der Araber nicht noch mehr einschränken wollte, benutzte der Ausschuss einige Formulierungen, die die Araber nicht gerne hörten, und viele Formulierungen, die die Juden nicht gerne hörten.

Die folgenden drei Abschnitte des Ausschussberichts treffen genau den Kern der Angelegenheit und helfen zu verstehen, weshalb die Amerikaner guten Grund hatten, über das besorgt zu sein, was als nächstes und während der folgenden Jahre geschah. Und was noch immer geschieht.

„Das Wohl aller Menschen in Palästina, seien sie Juden, Araber oder keines von beidem, muss alle Überlegungen bestimmen. Wir weisen die Ansicht zurück, dass es keine weitere jüdische Einwanderung nach Palästina ohne die Zustimmung der Araber geben darf, eine Ansicht, die in der Konsequenz bedeutet, dass die Araber die Juden dominieren. Wir weisen ebenfalls die beharrliche jüdische [eigentlich zionistische] Forderung zurück, dass die erzwungene jüdische Einwanderung zügig vorangehen müsse, damit es so schnell wie möglich eine jüdische Mehrheit und einen jüdischen Staat gebe.

Das Wohlergehen der Juden darf nicht dem der Araber untergeordnet werden; auch nicht umgekehrt das der Araber dem der Juden. Das Wohlergehen beider, die wirtschaftliche Lage Palästinas insgesamt, der Umfang von Maßnahmen zur weiteren Entwicklung, all das muss sorgfältig bedacht werden, wenn man darüber entscheidet, wie viele Einwanderer man zu einer bestimmten Zeit erlauben kann.

Palästina ist ein Land, das für drei Glaubensrichtungen ein heiliges Land ist, und darf nicht zu einem Land werden, das nur für eine davon heilig ist, während die anderen beiden ausgeschlossen werden, und die jüdische Immigration zum Zwecke der Entwicklung einer Nationalen Heimstatt darf nicht zu einer Politik der Diskriminierung anderer Einwanderer werden. Daher darf keiner Person, die nach Palästina einreisen möchte und nach geltendem Recht dafür qualifiziert ist, der Zugang verwehrt werden oder eine Diskriminierung widerfahren aufgrund der Tatsache, dass sie nicht jüdisch ist. Alle Maßnahmen bezüglich Immigration müssen unter Berücksichtigung dieses Prinzips entwickelt und umgesetzt werden

Des Weiteren, während wir annerkennen, dass *jeder Jude, der im Einklang mit den Gesetzen nach Palästina eingereist ist* (Hervorhebung durch den Ausschuss selbst), sich dort rechtmäßig aufhält, missbilligen wir ausdrücklich die Strategie, die in manchen jüdischen Bezirken angewandt wird, dass Palästina den Juden der Welt in irgendeiner Art und Weise als ihr Staat übertragen worden sei oder garantiert worden sei, dass jeder Jude, egal wo auf der Welt, nur weil er jüdisch ist, ein Staatsbürger Palästinas sei und folglich ohne Beachtung der von der Regierung erlassenen gesetzlichen Einwanderungsbedingungen nach Palästina einwandern könne, und es somit keine illegale Einwanderung von Juden nach Palästina gäbe. Wir erklären und bestätigen, dass jeder jüdische Immigrant, der entgegen der Gesetze [seinerzeit dem britischem Verwaltungsrecht] nach Palästina einwandert, ein illegaler Einwanderer ist."

Es hätte keine deutlichere Verurteilung der vom Zionismus im Schatten des Nazi-Horrors verfolgten Strategie, mit der er seine Ziele zu erreichen versuchte, geben können. Und diese Strategie wurde zur Politik Israels. In den darauffolgenden Jahren wurden die Araber aus ihrer Heimat vertrieben, ohne ein Recht auf Rückkehr, während Staatsbürger irgendeines anderen Landes das absolute und fraglose Recht hatten [und noch immer haben], nach Israel zu kommen und dort zu leben, nur weil sie jüdisch sind.

Der Ausschuss missbilligte ausdrücklich die Auffassung, dass Palästina in irgendeiner Art und Weise den Juden der Welt als Staat übertragen worden oder garantiert worden sei, dass jeder Jude, egal wo auf der Welt, nur weil er jüdisch ist, ein Staatsbürger Palästinas sei.

Zum Thema „Die Notwendigkeit eines Friedens" sagte der Ausschuss in seiner zehnten Empfehlung Folgendes:

„Wir empfehlen, wenn dieser Bericht angenommen wird, gegenüber Juden und Arabern unzweifelhaft klarzustellen, dass jeglicher Versuch, seine Umsetzung zu verhindern, egal von welcher Seite - durch Androhung von Gewalt, durch Terrorismus oder das Organisieren bzw. den Einsatz illegaler Armeen - mit aller Härte unterbunden wird.

Außerdem bringen wir die Ansicht zum Ausdruck, dass die Jüdische Agentur sofort die aktive Zusammenarbeit mit der Mandatsverwaltung bei der Bekämpfung von Terrorismus und illegaler Einwanderung sowie der Aufrechterhaltung von Recht und Ordnung in Palästina suchen sollte, was für das Wohl Aller, einschließlich der neuen Immigranten, von wesentlicher Bedeutung ist.

Eine objektive Leseart des gesamten Ausschussberichts legte zwei Schlussfolgerungen nahe.

Die erste war, dass das Fairnessprinzip so ausgelegt wurde, dass es aufgrund der außergewöhnlichen und emotionsbeladenen Umstände jener Zeit die Juden begünstigte. Zum Thema der „Feindseligkeit zwischen Juden und Arabern" in Palästina , hätte der Ausschuss festhalten können (und hätte das meiner Ansicht nach unbedingt tun müssen), dass in vor-zionistischen Zeiten, wie selbst Ben-Gurion gegenüber dem Außenministerium zugab, die jüdische Minderheit in Palästina mit der arabischen Mehrheit „in Freundschaft“ zusammen gelebt hatte, und dass es erst der politische Zionismus war, der die Juden in Palästina zu Feinden der Araber machte.

Die zweite Schlussfolgerung war, dass der Ausschuss zu Recht im Namen des Pragmatismus sagte, dass die Folgen der Umsetzung der Balfour-Erklärung durch die Briten zu jenem Zeitpunkt nicht mehr rückgängig zu machen waren. Und weil das so war, musste die Lösung zwangsläufig für die Araber weniger fair ausfallen. Dennoch war es eine Lösung, die massive und grausame Ungerechtigkeit gegen die Araber in Palästina hätte verhindern können.

Unglücklicherweise war der Bericht des Anglo-Amerikanischen Ausschusses über einen Ausweg, der im Interesse aller Betroffenen war – Araber, Juden überall auf der Welt, Briten, Amerikaner und alle Übrigen – wie die Amerikaner sagen: D.O.A. (*Dead On Arrival*), eine Totgeburt.

Die Reaktion der Zionisten war vorhersehbar. Während sie prinzipiell willens waren, gerade einmal eine der zehn Empfehlungen des Berichts zu unterstützen – die Forderung nach sofortiger Erteilung von 100.000 weiteren Einreisegenehmigungen – sagten sie „Nein“ zum Rest. Die amerikanischen Zionisten in New York, die britischen Zionisten in London und Ben-Gurions Jüdische Agentur in Tel Aviv bestanden darauf, dass sie sich mit nichts Geringerem als einem jüdischen Staat nach den Vorgaben des Biltmore-Programms begnügen würden.

In der Konsequenz wagte Präsident Truman nicht zu sagen, dass ein zionistischer Staat nicht in Frage kam. Es gab ganz einfach nicht den politischen Willen, die Empfehlungen des Anglo-Amerikanischen Ausschusses zur Lösung des Palästina-Problems in einer Art und Weise umzusetzen, die vom Weißen Haus ein ganz klares „Nein“ zum Zionismus erfordert hätte. Vielleicht wäre das zur Amtszeit von Präsident Roosevelt möglich gewesen; mit Präsident Harry Truman war es das jedenfalls nicht.

Der Bericht des Anglo-Amerikanischen Ausschusses für einen Ausweg im Interesse aller Betroffenen – Araber, Juden überall auf der Welt, Briten, Amerikaner und alle Übrigen – war, wie die Amerikaner sagen: D.O.A. (Dead On Arrival**), eine Totgeburt.**

Panisch und offenbar wie gelähmt vor Verzweiflung und Zukunftsängsten durchliefen die amerikanische und die britische Diplomatie einen holprigen Prozess der Erarbeitung eines anderen Programms, das als Morrison-Grady-Plan vorgestellt wurde. (Herbert Morrison gehörte in die Führungsriege der britischen

Labour Party und war einer der zukünftigen Außenminister; außerdem war er der Mann, von dem viele dachten, dass er anstelle von Attlee Premierminister hätte werden sollen. Henry F. Grady war von Truman in seinen Kabinettssonderausschuss zu Palästina berufen worden. Grady war Dekan am kalifornischen College of Commerce, ein sehr erfolgreicher Geschäftsmann, und wurde aufgrund seines Wissens und seiner Fähigkeiten hin und wieder vom Außenministerium mit besonderen Aufgaben betraut).

Der Morrison-Grady-Plan wurde in der Tat mit Unterstützung der US-Außen,- Finanz- und Kriegsminister und deren britischen Amtskollegen entwickelt. Er schlug einen Bundesstaat Palästina mit getrennten arabischen und jüdischen Kantonen vor. Für den Fall, dass die Araber dies nicht akzeptierten, gab es die Empfehlung eines arabischen Staates. Er lehnte die Idee eines jüdischen Staates ab. Und die Frage einer unmittelbaren jüdischen Einwanderung wurde von der Zustimmung der Araber abhängig gemacht. Es war Grady, der die Verhandlungen mit den Briten führte.

Präsident Trumans erste Reaktion auf den Morrison-Grady-Plan hinter verschlossenen Türen war, dass er „fair" sei.[71] Jedoch machte er unter dem Druck der Zionisten einen Rückzieher. Dieser Druck war von zweierlei Art.

Einmal gab es eine Flut von allgemeinen Botschaften, in denen der Morrison-Grady-Plan als „Ausverkauf" der zionistischen Sache diffamiert wurde.

Und zweitens entstand der Druck durch eine spezielle Nachricht von Paul Fitzpatrick, dem demokratischen Ausschussvorsitzenden für den Staat New York. In einem Telegramm vom 2. August 1946 warnte er den Präsidenten: „*Wenn dieser Plan rechtskräftig wird, dann wäre es sinnlos, wenn die Demokraten bei den Wahlen im Herbst antreten würden. Ich sage dies ohne Vorbehalte und ich bin sicher, dass meine Behauptungen mit Beweisen unterlegt werden können.*"[72] Wie Truman sicherlich wusste, hatte die Warnung von Fitzpatrick Bedeutung sowohl für die USA insgesamt als auch für den Staat New York. Weil die Zwischenwahlen zum Kongress bevorstanden, konnten für den Fall, dass der Morrison-Grady-Plan vom Präsidenten unterstützt würde, die demokratischen Kandidaten jüdische Wahlkampfgelder und Wählerstimmen (da von der zionistischen Lobby organisiert) schlichtweg vergessen.

Außenminister Byrnes teilte in der Folge seinem Nachfolger George Marshall mit, dass er von der Entscheidung Präsident Trumans, den Morrison-Grady-Plan zu verwerfen, „Abstand genommen" habe.

71- Dean Acheson, Present at the Creation: My Years at the State Department (New York, W.W. Norton, 1969), S. 176, wie von Lilienthal zitiert

72- Telegramm, Fitzpatrick a Truman, 2. August 1946. Officialfile 204 Miscellaneous Truman papers, Harry S. Truman Library

Der Morrison-Grady-Plan: Die Außen-, Finanz- und Kriegsminister der USA und Großbritanniens lehnten einhellig die Idee eines jüdischen Staates ab.

In seinem Tagebuch notierte Forrestal am 4. September 1947, dass die Entscheidung Trumans auf eine „Denunzierung der Arbeit seines von ihm selbst bestimmten Vertrauten" hinausliefe und außerdem dazu führe, „dass Außenminister Byrnes sich mit der ganzen Palästina-Angelegenheit nicht mehr befasse, sodass man sie planlos dahintreiben lasse, ohne zu handeln und praktisch ohne irgendeine amerikanische Strategie."[73]

Jedoch gab es eine Figur im Hintergrund, die ihre Hand mit ihm Spiel hatte. In den Monaten des Dahintreibens, bevor Marshall als Nachfolger von Byrnes bestimmt wurde, war der Offizielle, der eigentlich entschied, welche amerikanische Palästina-Politik gemacht wurde, der Spitzenmann des Zionismus in Trumans Weißem Haus, Niles. Und nach diesen Vorgängen, so werden wir noch sehen, verlor er nie wirklich seinen Einfluss.

Es gibt eine Reihe von Anzeichen dafür, dass Truman über die Zionisten und den Druck, den sie auf ihn ausübten, tatsächlich mehr als empört war. Und es gab Momente, in denen es ihm nicht gelang, seine ungeheure Verärgerung unter Kontrolle zu halten.

Als Teil seiner Strategie, Truman dazu zu bringen, den Morrison-Grady-Plan zunichte zu machen, beauftragte der Zionismus die New Yorker Senatoren Robert Wagner und James Mead, den Präsidenten aufzusuchen und ihm ein Memorandum vorzulegen, das den Plan angriff. Nachdem sie gegangen waren, so berichtete Vizepräsident Wallace, schimpfte Truman: „Ich bin kein New Yorker. Alle diese Leute setzen sich für ihr spezielles Interesse ein. Ich bin Amerikaner."[74] In einer anschließenden Kabinettssitzung, in deren Verlauf Wallace Truman warnte, dass der Morrison-Grady-Plan „hochexplosiven politischen Zündstoff" enthalte, soll der Präsident, so berichtete der Vizepräsident, ausgerufen haben „Jesus Christus persönlich könnte sie nicht zufrieden stellen, wenn er hier wäre, wie kann also irgendjemand erwarten, dass ich da mehr Glück hätte."[75]

Derselbe Präsident konnte den amerikanischen Diplomaten, die 1946 aus den arabischen Hauptstädten nach Hause beordert wurden, um über zunehmende anti-amerikanische Ressentiments und die Verschlechterung der Position der USA

73· The Forrestal Diaries, herausgegeben von Walter Millis (Cassell & Co., 1952), S. 299.

74· Robert J. Donovan, Conflictand Crisis: The Presidency of Harry S. Truman, 1945-1948 (New York, W.W. Norton, 1977), S. 319

75· Ebd.

in der arabischen Welt zu berichten, Folgendes sagen, was er auch tat: „Es tut mir leid, Gentlemen, jedoch muss ich Hunderttausenden Rede und Antwort stehen, die auf den Erfolg des Zionismus warten. Ich habe unter meinen Wählern keine Hunderttausende von Arabern."[76]

Im Herbst jenes Jahres (1946) wurde die Drohung des amerikanischen Zionismus, seine gemäßigten Führer durch extremere Gentlemen abzulösen, umgesetzt. Rabbi Silver wurde Präsident der Zionistischen Organisation von Amerika (ZOA) Am 26. Oktober, so berichtete die New York Times einen Tag später, sagte Rabbi Silver vor einer ZOA-Konferenz Folgendes (von mir hervorgehoben):

Ich bin glücklich darüber, dass unsere Bewegung endlich an dem Punkt angekommen ist, wo wir alle, oder fast alle, über einen jüdischen Staat sprechen. Dies war schon immer der klassische Zionismus... Jedoch frage ich, verwechseln wir, in Momenten der Verzweiflung, wieder einmal den Zionismus mit ‚Asylantismus' , der möglicherweise den Zionismus zerstört? ... Der Zionismus ist keine Flüchtlingsbewegung. Er ist nicht das Produkt des Zweiten Weltkriegs, ebenso wenig wie des Ersten. *Gäbe es in Europa keine vertriebenen Juden und gäbe es derzeit freie Einwanderungsmöglichkeiten für Juden in anderen Teilen der Welt, so bliebe der Zionismus dennoch eine zwingende Notwendigkeit.*[77]

Im Lichte dessen, was bald im Kongress passierte, halte ich die obige Erklärung von Rabbi Silver für die bemerkenserteste Äußerung über die inneramerikanische Palästinapolitik jener Zeit.

Zwischen den Zeilen und dennoch ganz offen bestätigte Rabbi Silver, dass eine erfolgreich im Kongress eingebrachte Gesetzesvorlage, die es einer großen Anzahl europäischer Juden ermöglicht hätte, in die USA zu kommen, leicht das Ende des Zionismus bedeuten konnte. Warum? Wahrscheinlich deshalb, weil eine Mehrheit derjenigen Amerikaner, die bis zu diesem Zeitpunkt den Zionismus aus emotionalen Gründen unterstützt hatten – durch die Art und Weise, wie in den Medien über das Abschlachten und die Leiden der europäischen Juden berichtet wurde – das Flüchtlingsproblem damit als gelöst betrachten würde. Und in diesem Falle hätte die Unterstützung für einen jüdischen Staat wohl abgenommen, zumindest ab dem Zeitpunkt, zu dem Truman sich den Zionisten gestellt und ihren Forderungen eine Absage erteilt hätte.

Rabbi Silver war sicherlich bestens darüber im Bilde, wie seine zionistischen Kumpane sich Tag und Nacht (seit den Anweisungen Trumans am 23.Dezember 1945) darum bemühten, die Verabschiedung einer Gesetzesvorlage im Kongress zu verhindern, die der Truman-Administration die Nutzung von nicht ausgeschöpften Quoten ermöglicht hätte. Sicherlich wusste er auch, dass der Kongressabge-

76· William Eddy, a.a.O., S. 37

77· Rede des Rabbi Silver am 49. Jährlichen Kongress der Zionistischen Organisation Amerikas

ordnete Stratton vorhatte, einen solchen Gesetzesentwurf einzubringen, und dass er sich nicht durch irgendeinen Druck oder von Drohungen der Zionisten davon abbringen lassen würde. In jedem Fall war die Rede von Rabbi Silver mehr als nur eine Stellungnahme. Sie war ein Aufruf mit Fragezeichen. „Jedoch frage ich, verwechseln wir, in Momenten der Verzweiflung, wieder einmal den Zionismus mit ‚Asylantismus', der möglicherweise den Zionismus zerstört?..." Was Rabbi Silver eigentlich sagte, war: „Wenn dem Kongress eine Gesetzgebung vorgelegt wird, die das Flüchtlingsprobelm lösen soll, dann müssen wir unseren Einfluss nutzen, um sicherzustellen, dass sie keine Aussicht hat, in Kraft zu treten."

Als der Kongressabgeordnete Stratton dann tatsächlich seine Vorlage einbrachte, war die vom Zionismus für seine Kampagne gegen ihre Verabschiedung
gewählte Waffe ein organisiertes und ohrenbetäubendes Schweigen, gepaart mit 78
geplantem Nichtstun. 79

Bei der Gesetzesvorlage von Stratton, dem Stratton-Bill, ging es um die Einwanderungsgenehmigung für 400.000 Vertriebene aller Glaubensrichtungen. Wenn ein solches Gesetz verabschiedet worden wäre, hätten alle jüdischen Flüchtlinge in Europa, sowie eine große Anzahl von Flüchtlingen anderen Glaubens in die USA einwandern können.

Am besten kann man den zionistischen Umgang mit dem Problem der Stratton-Bill im Jahre 1947 erfassen, wenn man ihn mit der Art und Weise vergleicht, wie der Zionismus für die Unterstützung der Wright-Compton-Resolution im Jahre 1944 mobilisierte. (Wie wir gesehen haben, forderte diese die Errichtung eines jüdischen Commonwealth, d.h. eines Staates unter anderer Bezeichnung).

Als die Lesungen zur Wright-Compton-Resolution stattfanden (bevor Präsident Roosevelt ihren Stopp anordnete), gab es, wie Lilienthal schrieb, kaum eine zionistische Organisation, die nicht in ihrem Namen Erklärungen abgab, Telegramme schickte oder einige Kongressabgeordnete auftreten ließ."[78] Innerhalb von vier Tagen wurden 500 Seiten an Erklärungen produziert, der größte Teil davon durch Zionisten und ihre Verbündeten.

Wäre ein Gesetz im Kongress verabschiedet worden, das einer großen Zahl jüdischer Flüchtlinge die Einreise in die USA erlaubte, dann wäre dies wohl das Ende des Zionismus gewesen.

Als die Lesungen zum Stratton-Bill stattfanden, gab es nur 11 Seiten an Erklärungen, nur ein Zeuge erschien für all die großen jüdischen Organisationen – der Senator Hebert Lehman, zu jener Zeit ex-Gouverneur von New York. Zusätzlich zu

78· Alfred M. Lilienthal, a.a.O., S. 56

Lehmans Erklärung gab es eine unterstützende Resolution der Jewish Community of Washington Heights and Inwood; und der Nationale Kommandeur der Jüdischen Kriegsveteranen sagte aus (mit privater Billigung, so denke ich, sowohl von Eddie Jacobson als auch von seinem Freund Harry). Von den Zionisten kam jedoch kein einziges Wort zur Frage der vertriebenen Juden in Europa, also zu denjenigen, für die die Visen benötigt wurden. Und dies zu einer Zeit, als die Zionisten eifrig damit beschäftigt waren, Mitglieder zu werben und Gelder für Gerichtsverfahren zu sammeln „um das menschliche Leid zu mildern" – ein Leid, das sie hätten beenden können, wenn sie dem Stratton-Bill zugestimmt hätte.

Der Kongressabgeordnete Stratton gab deshalb auch seiner Überraschung darüber Ausdruck, dass es ihm nicht gelungen war, die Unterstützung „gewisser Organisationen" zu bekommen, die normalerweise höchst aktiv bei der Liberalisierung von Einwanderungsgesetzen dabei waren. Nur ein guter und sehr naiver Mann konnte überrascht sein.

Die brutale Wahrheit war, dass der Zionismus die jüdischen Flüchtlinge des befreiten Europas als ‚Menschenmaterial' und Rechtfertigung für sein Vorhaben betrachtete, einen jüdischen Staat in Palästina zu schaffen.

Ein jüdischer Kommentar zu dieser Episode in der Geschichte des Zionismus wurde 1950 veröffentlicht, zwei Jahre nach der Geburt Israels. Er erschien im Yiddish Bulletin und wurde von Rabbi Philip S. Bernstein verfasst. Dieser Rabbi hatte 1946 als Berater zu Jüdischen Angelegenheiten für den US-Hochkommissar in Deutschland fungiert und hatte, wie er später gestand, Truman angelogen. Als er mit dem Präsidenten am 11. Oktober zusammentraf (zwei Wochen bevor Rabbi Silver vor seinen Hardliner-Kumpanen seine Rede hielt), sagte Rabbi Bernstein Truman, dass 90 Prozent der jüdischen Flüchtlinge „nur nach Palästina" gehen wollten. Dies, und das wusste Rabbi Bernstein wohl, war nicht die Wahrheit. Die Wahrheit war, dass die meisten jüdischen Flüchtlinge, wenn man ihnen die Wahl gelassen hätte, sich für Amerika ausgesprochen hätten. Rabbi Bernstein sagte zu Präsident Truman, was er sagte, weil der Zionismus es von ihm verlangt hatte. Er befolgte nur Anweisungen. Möglicherweise war Rabbi Bernstein motiviert, im Yiddish Bulletin zu schreiben, was er schrieb, um sich von der Sünde seiner Lüge gegenüber Truman zu befreien. Selbst wenn dies so gewesen wäre, könnte dies die Signifikanz dessen, was er schrieb, nicht mindern:

„Indem sie auf einen Exodus der Juden aus Europa drängten, indem sie darauf beharrten, dass jüdische Vertriebene in kein anderes Land außer Israel einwandern wollten; indem sie nicht bei den Verhandlungen über die Vertriebenen anwesend waren und keine eigene Kampagne unternahmen – durch all dies halfen sie (die Zionisten) mit Sicherheit nicht mit, den Juden die Türen Amerikas zu öffnen. Im Gegenteil, sie opferten die Interessen lebendiger Menschen – ihrer Brüder und

Schwestern, die durch eine Welt voller Leid gegangen waren – der Politik ihrer eigenen Bewegung."[79]

Die brutale Wahrheit war, dass von den Zionisten kein einziges Wort der Unterstützung für das Stratton-Bill kam, das den vertriebenen Juden in Europa US-Visen verschafft hätte. Die brutale Wahrheit war, dass der Zionismus sie als ‚Menschenmaterial' für einen jüdischen Staat in Palästina betrachtete.

So nah an den Ereignissen konnte nur ein Jude eine solch klare Verurteilung des Ausnutzens und des Missbrauchs der Holocaust-Karte schreiben und veröffentlichen. Als Folge davon, dass die Briten die ersten waren, die die zionistische Karte aus Gründen kurzfristiger politischer Vorteile spielten, d.h. per Definition ohne Rücksicht darauf, ob es moralisch richtig oder falsch war, befand sich Großbritannien 1947 in einem höchst gefährlichen Schlamassel, aus der es anscheinend keinen Ausweg gab.

Auf palästinensischem Boden gelang es den Briten nicht, die gewalttätigen Auseinandersetzungen zwischen Arabern und Juden vor einer weiteren Eskalation zu stoppen. Das ganze Chaos wurde noch dadurch verschlimmert, dass die beiden größten zionistischen Terrororganisationen den Briten den Krieg erklärt hatten und dabei waren, ihn zu gewinnen. Und in Amerika war es den Zionisten (hundertprozentig und durch brillante Propaganda) gelungen, Großbritannien wegen seiner Bemühungen, die illegale Einwanderung von Juden nach Palästina zu unterbinden, als einen Feind darzustellen, den die meisten Amerikaner nur allzu gerne mit welchen Mitteln auch immer vernichtet gesehen hätten.

In Europa hatte der Zionismus eine gut organisierte „Untergrund-Verbindung" nach Palästina aufgebaut. Juden aus ganz Europa wurden zu Häfen am Mittelmeer geschleust. Von diesen Häfen aus wurden sie mit Schiffen und Booten aller Art, viele davon seeuntauglich, unter unglaublich elenden Bedingungen nach Palästina verschifft.

Ein sehr großer Teil dieser menschlichen Fracht kam aus Osteuropa, zu jener Zeit aus der Sowjetunion als Folge der Aufteilung Europas durch die Großen Drei. Sowjetische Entscheidungsträger kooperierten bei dieser Schleuserei von Menschen gerne mit den Zionisten, weil sie hofften, sich so Einfluss im Nahen und Mittleren Osten zu sichern.

Zu jener Zeit hatten sowjetische Offizielle keine Vorstellung davon, wen sie am Ende in der Region unterstützen würden – die Juden oder die Araber. Das einzige

79. Rabbi Bernstein, Yiddish Bulletin, Free Jewish Club, 19. Mai 1950

Interesse der Sowjetunion war Unruhe im Nahen und Mittleren Osten, die sie nutzen wollten, um die Briten aus der Region zu verdrängen oder dort zumindest den Fuß in der Tür zu haben (Wie wir sehen werden, ist die Wahrheit die, dass die Sowjetunion, wenn es keinen israelisch-arabischen Konflikt gegeben hätte, für die gesamte Zeit ihrer Existenz keinen Einfluss in der Region gehabt hätte. Was Kultur und Werte betrifft, waren die Araber die unnatürlichsten Verbündeten des Kommunismus in der ganzen Welt; und es gab in der ganzen Welt keine Staatsführung, die antikommunistischer war als die saudi-arabische Königsfamilie).

Im Schatten des Nazi-Holocaust war die Strategie des Zionismus, die Briten dazu zu bringen, Schiffe mit illegalen jüdischen Einwanderern auf Hoher See zu stoppen oder, falls sie es nach Palästina schafften, die entkräfteten Juden an Bord daran zu hindern, das Heilige Land zu betreten. Die Zionisten wussten, natürlich wussten sie es, dass sie unweigerlich die Sieger sein würden. Wenn es ihnen gelang, mehr Juden gegen den Willen der Araber und unter Missachtung der britischen Politik nach Palästina zu bringen – umso besser. Und wenn die Briten aktiv wurden, um die Einwandererschiffe aufzuhalten und Juden daran zu hindern, illegal nach Palästina einzuwandern, dann konnte Großbritannien, besonders in Amerika, als Monster hingestellt werden. In diesem Fall erzielte der Zionismus einen unbezahlbaren Propagandasieg, der die Gesamtheit der öffentlichen Meinung Amerikas auf seine Seite ziehen und es unmöglich machen würde, ihn daran zu hindern, seine Ambitionen in Palästina umzusetzen.

Die zionistische Strategie bescherte den Briten eine schwere Wahl – entweder die Konfrontation mit dem Zionismus wegen illegaler Einwanderung, was der Anglo-Amerikanische Ausschuss als notwendig und richtig beschrieben hatte, oder die Kapitulation vor dem Zionismus.

Aus Gründen des strategischen Interesses – besonders Öl und Handel – und in einem gewissen Maße auch im Namen der Gerechtigkeit entschied sich Großbritannien für die Konfrontation wegen illegaler Einwanderung. In der Folge zeigten offizielle britische Dokumente, dass von 1946 bis Februar 1948 47 Bootsladungen von illegalen Einwanderern gestoppt wurden, sodass 65.307 illegale Einwanderer in Auffanglagern auf der Insel Zypern untergebracht wurden.

Die immens starken Bilder dieser Konfrontation in Wort und als Fotos – britische Streitkräfte, die Einwandererschiffe zur Umkehr zwingen und ihren Passagieren den Zutritt verwehren – führten, wie die Zionisten es beabsichtigt hatten, dazu, dass die meisten Amerikaner den Kampf um Palästina als nichts Anderes als einen edlen, heroischen, epischen Kampf der Überlebenden der Gaskammern Hitlers betrachteten, die mit Fug und Recht ihr uraltes Heimatland zurückforderten.

Die Tatsache, dass die meisten Flüchtlinge, wenn nicht alle, Nachkommen derjenigen waren, die lange nach dem Fall des antiken Israel zum Judaismus konvertierten und daher keinen Anspruch auf Palästina hatten, war den Amerikanern nicht bekannt. Und die Sache der Araber war in dem Kalkül kein Faktor, weil die meisten Amerikaner gar nicht wussten, dass es eine Sache der Araber gab.

Als die Briten jeglichen Zutritt zu Palästina stoppten, wurden amerikanische Befindlichkeiten durch anti-britische Emotionen entflammt. Wie Lilienthal schreibt, gab es in Amerika kein Kino, das nicht in aktueller Berichterstattung zum Exodus verzweifelte Gesichter von Einwanderern zeigte, die von den Briten daran gehindert wurden, illegal das Heilige Land zu betreten.

Die meisterliche Art, in der die Zionisten ihre anti-britische Kampagne in Amerika organisierten und ablaufen ließen, hätte ihnen die Bewunderung der Propagandachefs von Hitler eingebracht. Den Amerikanern wurde gesagt, dass der Krieg, den der Zionismus führte, dieselbe Art von Krieg sei, in dem einst die amerikanischen Revolutionnäre gegen Großbritannien fochten, also gegen dieselbe imperiale Macht.

Die Amerikaner irischer Abstammung wurden darüber informiert, dass die Briten gegen die jüdischen Freiheitskämpfer in Palästina dieselben rücksichtslosen Taktiken benutzen, die sie gegen irische Freiheitskämpfer benutzt hatten. Für jede spezielle Interessengruppe hatten die Zionisten eine passende anti-britische Botschaft parat.

Als die Briten dem Zionismus wegen der illegalen Einwanderung die Stirn boten, führten die mächtigen Bilder von britischen Streitkräften, die jüdische Einwanderer abwiesen, bei den meisten Amerikanern dazu, dass sie den Kampf um Palästina als edle, heroische und epische Bemühung der Überlebenden der Gaskammern Hitlers betrachteten, die mit Fug und Recht ihr uraltes Heimatland zurückforderten.

Wie anders hätte die Geschichte aussehen können, wenn es Unterstützung für Präsident Trumans Visum-Initiative vom 23. Dezember 1945 gegeben hätte; oder zuvor für Präsident Roosevelts Wunsch nach einem weltweiten Asyl.

In einem letzten verzweifelten und, wie vorhersehbar, vergeblichen Versuch, die arabische und die zionistische Position miteinander zu versöhnen, schlug die britische Regierung vor, dass zwei Jahre lang jeweils 4.000 Juden monatlich nach Palästina einreisen durften, mit der Aussicht auf weitere Einreisegenehmigungen, je nach der Entwicklung der Aufnahmekapazitäten des Landes. Dies war ein signifikanter Wechsel in der Politik der Briten und auch eine Möglichkeit, Präsident Truman die 100.000 Einreisegenehmigungen zu verschaffen, um die er gebeten und die der Anglo-Amerikanische Ausschuss gefordert hatte. Zweifellos hofften die Briten, dass dieser Positionswechsel ausreichen würde, um Truman beim Palästina- Krisenmanagement zu unterstützen. Jedoch hätten die Zionisten dieses Angebot niemals akzeptiert, selbst dann nicht, wenn die Araber dazu hätten überredet werden können, es den Briten abzukaufen. In Tel Aviv denunzierte die Jewish Agency Ben-Gurions das Angebot der Briten als nicht vereinbar mit dem Recht der Juden auf Einwanderung, Besiedlung und schließlich einen Staat. An diesem Punkt beschloss Großbritannien, dass es der Bürde einer Verantwortung für die Zukunft Palästinas nicht gewachsen sei; und so warfen die Briten das Problem, wie man mit dem Heiligen Land weiter umgehen solle, in den Schoß der UNO, damit die Regierungen ihrer Mitgliedsstaaten ein Urteil fällten.

Die Tatsache, dass die meisten Flüchtlinge, wenn nicht alle, Nachkommen derjenigen waren, die lange nach dem Fall des antiken Israel zum Judaismus konvertierten und daher keinen Anspruch auf Palästina hatten, war den Amerikanern nicht bekannt. Die Sache der Araber war in dem Kalkül kein Faktor, weil die meisten Amerikaner gar nicht wussten, dass es eine Sache der Araber gab.

Als das britische Empire noch die Nummer Eins unter den Großmächten der Welt war, gab es dem Zionismus genau das, was er zu jener Zeit am dringendsten brauchte – Anerkennung und damit ein gewisses Maß an Legitimation, ohne die das zionistische Unternehmen selbst von den meisten Juden nicht ernst genommen worden wäre. Wie wir gesehen haben, gab Großbritannien den Zionisten die Balfour-Erklärung, weil es ihren Einfluss brauchte und weil es dachte, dass es den Zionismus benutzen könnte im Dienste und zur Förderung der Interessen des britischen Empires.

Vierzig Jahre später, während das britische Empire seinen Niedergang erlebte, schickte sich der Zionismus an zu demonstrieren, dass keine Macht der Welt ihn für ihre Zwecke nutzen konnte (außer es war im Interesse des Zionismus), und dass er in der Lage war, unter Missachtung des Völkerrechts und entgegen den Wünschen der organisierten internationalen Gemeinschaft, zu bekommen, was er wollte. Seine Mittel der Wahl waren dabei das geschickte Ausspielen der Holocaust- Karte, bald unterstützt durch eine Kampagne der diplomatischen Subversion, welche die UNO dem Willen des Zionismus unterwerfen sollte, sowie, in Palästina, Terrorismus und ethnische Säuberungen.

Kapitel 10
Zionistischer Terrorismus und ethnische Säuberungen

Als die britische Regierung die Entscheidungsgewalt über das weitere Schicksal Palästinas und seiner Bewohner in die Hände der noch jungen Vereinten Nationen legte, gab es im Heiligen Land zwei (nach offizieller Definition) zionistische Organisationen. Beide waren aus „zionistischer Produktion"; da war einerseits die Nationale Militärorganisation NMO bzw. „Irgun Zwa'i Le'umi", kurz Irgun oder E(t)ZeL [meist Etzel geschrieben, E und I bezeichnen hier beide den gleichen hebr. Buchstaben, Anm.Anm.d.Ü.], andererseits ihre radikale Abspaltung LeHI (meist Lehi oder Lechi geschrieben) d.h. „Lo(c)hamei (C)Herut Israel" oder „Kämpfer für die Freiheit Israels".

Die letztere hieß nach ihrer Bezeichnung bei den britischen Behörden auch häufig „die Stern-Bande" (engl.: „Stern-Gang"). Dieser Name war von ihrem Anführer Avraham Stern abgeleitet. Chef ihrer „operativen", d.h. militärischen Abteilung war Jizhak Jazerniecki, der den „nom de guerre" Rabbi Schamir trug. Nach dem Unabhängigkeitskrieg sollte er als Jizhak Schamir bekannt werden, in die Regierung Begin als Außenminister eintreten und schließlich sogar israelischer Premierminister werden. In seiner Zeit als Terroristenführer war die gezielte Liquidierung von Gegnern, der politische Mord, seine Spezialität. Dabei drückte Jazerniecki/Schamir, soweit jedenfalls allgemein bekannt ist, nie selbst den Abzug: er wählte vielmehr die Ziele aus und dirigierte aus dem Hintergrund diejenigen, die man für solche Aktionen rekrutiert und ausgebildet hatte.

Stern, der sich nach dem legendären Zeloten und Kommandeur der Feste Masada Eleasar ben Ja'ir den Kampfnamen Yair/Ja'ir gewählt hatte, formulierte auch die so benannten 18 „Prinzipien" der [jüdischen nationalen] Wiedergeburt". [„Ikkarei ha-Te(c)hiyya"] Zu diesen Grundregeln nach Stern zählten unter anderen:

„2.: Die Heimstätte [homeland]: Die Heimstätte in Erez Israel, mit Grenzen nach der Thora, (Genesis/1.Mose 15 Vers 18: „An jenem Tag schloss der HERR einen Bund mit Abram und sprach: Deinen Nachkommen habe ich dieses Land gegeben, vom Strom Ägyptens an bis zum großen Strom, dem Euphratstrom." [Nach einer zeitgenössischen Überarbeitung der Lutherschen Übersetzung, Anm.d.Ü.])…

3. Die Nation und ihr Land: Israel eroberte das Land mit dem Schwert. Dort wurde es zu einer großen Nation und nur dort kann es wiedergeboren werden.

Daher hat nur Israel ein Recht auf das Land. Dies ist ein absolutes Recht: Es hat nie zu gelten aufgehört und wird dies auch nie.

[…]

5. Erziehung: … Flößt [der Jugend] die Vorstellung ein, dass die Nation Meister ihres eigenen Schicksals ist. Wiederbelebt die [talmudische] Lehre: „Das Schwert und das Buch kamen zusammengebunden vom Himmel [auf die Erde]" (Midrasch Wajikra Rabba 35:8)

[…]

8. Streitmacht: Konsolidiert und vermehrt die [jüdische] kämpfende Streitmacht …

9. Krieg: Permanenter Krieg gegen jene, die bei der Erfüllung der [hier formulierten] Ziele im Wege stehen.

10. Eroberung: Die Eroberung der [wie oben definierten] Heimat von fremder Herrschaft und ewiger Besitz derselben.

11. Souveränität: Erneuerung der hebräischen Souveränität über das wiedergewonnene/erlöste [sic: redeemed] Land.

14. Landesfremde [engl.: Aliens]: Löst das Problem [landes-/volks-]fremder Bevölkerung [d.h. der arabischen Einwohner Palästinas] durch einen Bevölkerungsaustausch.

16. [Groß-]Macht: Die Hebräische Nation wird eine [staatliche] Einheit ersten Ranges im Nahen und Mittleren Osten und im Gebiet des Mittelmeers werden, auf militärischem, politischem, kulturellem und wirtschaftlichem Gebiet.

18. Der Tempel: Bau des Dritten Tempels als ein Symbol des neuen Zeitalters der vollständigen Erlösung [redemption]."[1]

Stern und seine Anhänger hatten zuerst der Irgun angehört, aber brachen mit dieser im Jahre 1940 und gingen seitdem ihre eigenen Wege. Dies war eine Folge von Jabotinskys Entscheidung, dass es während des Weltkrieges keine Aktionen gegen die britische Mandatsmacht geben sollte. Vor dem Krieg hatte die Irgun nämlich noch, in Antwort auf das britische White Paper von 1939, einige wenige Attentate verübt. Als nun aber Jabotinsky dafür eintrat, dass Juden in Palästina in die britische Armee eintreten sollten, um so eine reguläre militärische Ausbildung und Zugang zu Waffen zu erhalten (was für sie im kommenden Krieg gegen die Araber

1· Vgl. Geulah Cohens Autobiographie: „Woman of Violence · Memoirs of a Young Terrorist 1943–1948" [„Frauen der Gewalt – Memoiren einer jungen Terroristin 1943-1948"], Holt, Rinehart and Winston, 1966, hier S. 232; bzw. Lenni Brenner, „The Iron Wall", Fußnote Nr. 364; englische Übersetzungen der „Prinzipien" im Internet zu finden unter: http://en.wikipedia.org/wiki/Lehi_ group und: http://www.saveisrael.com/stern/saveisraelstern.htm; der zitierte „Midrasch" ist ein alter rabbinischer Kommentar zum 3. Buch Mosis (Levitikus), welches auf Hebräisch „Wajikra" heißt

nützlich sein würde, so glaubte er), hatte Stern genug: „Yair“ beschuldigte nun die Hauptströmung der Revisionisten, mit dem Feind (in Gestalt der britischen Kolonialmacht) zu kollaborieren. Stern selber wäre auch bereit gewesen, im Weltkrieg an Seite der Briten zu treten, aber dies unter der zwingenden Bedingung, dass London die ausschließliche jüdische Souveränität auf beiden Seiten des Jordans [d.h. für die heutigen Gebiete Israels, Rest-Palästinas und Jordaniens, Anm.d.Ü.] anerkannte. Bis zu einer solchen Erklärung, so Stern, müsse der Kampf gegen die Briten kompromisslos fortgeführt werden. Als er deshalb mit der Irgun brach, folgten viele ihrer aktiven Mitglieder; diese betrachteten sich nun als die „wahre“ Irgun.

Stern war unbeirrbar der Überzeugung, dass die einzig mögliche Art, auf die beginnende Katastrophe für die Juden Europas zu antworten, mit der Beendigung der britischen Präsenz in Palästina beginnen müsse. Verrückt genug zu glauben, dass seine kleine Streitmacht die Briten aus eigener Kraft aus Palästina vertreiben könnte, war „Yair“ jedoch nicht. Und so tat er einen für ihn logischen Schritt: Stern bot erst den italienischen Faschisten unter Mussolini, dann den deutschen Nazis unter Hitler seine Dienste an, im Austausch für ihre Unterstützung seiner Sache, versteht sich. So etwas dürfte eigentlich nicht wahr sein, aber es ist geschehen, nachweislich. In der Tat war der Schritt für Stern gar nicht so schwer, wie man meinen möchte, da er ein Bewunderer totalitärer Weltanschauungen war. Wie viele von den „harten Männern“ der zionistischen Bewegung zeigte er sich in seinem Denken und Fühlen von demokratischen Prinzipien nicht besonders angetan.

Stern bot den Gegnern der Briten im Austausch für deren Unterstützung seine Dienste an – zuerst Mussolinis Faschisten und dann Hitlers Nazis. Stern ging soweit, den Nazis eine Allianz zwischen seiner Gruppe und Hitlers „Drittem Reich“ vorzuschlagen.

Wie Brenner in seinem Buch „The Iron Wall“ beschreibt, wandte sich Stern im September 1940 zuerst an die italienischen Faschisten, vermittels eines jüdisch-italienischen Kontaktmannes, der auch der britischen Polizei als Agent diente. Dieser Agent und Stern setzten den Entwurf einer Vereinbarung auf, in der Mussolini einen zionistischen Staat in Palästina hätte anerkennen sollen; im Gegenzug hätten Lehis Leute dann mit der italienischen Armee kooperiert. Als immer klarer wurde, dass aus dieser Initiative nichts werden würde, fragte sich Stern, so jedenfalls die Aussage von Baruch Nadel, einem damaligen Mitkämpfer, ob dieses Angebot an Mussolini den Briten schon bekannt war und diese auf dieser Grundlage seine Verhaftung und Hinrichtung als Verräter planten. Es war ja, überlegte sich Stern, gut möglich, dass jener jüdische-italienische Doppelagent sich als loyaler den Briten gegenüber als gegenüber ihm oder den italienischen Behörden erweisen würde.[2]

2· Vgl. hier und für die unmittelbar folgenden Ausführungen: Lenni Brenner, „The Iron Wall“, S. 267–278

Zur Vorsicht schickte „Yair" einen seiner Vertrauten, Naftali Lubinczik (manchmal auch „Naphtali Lubentschik" geschrieben) nach Beirut. Der unter französischem Mandat stehende Libanon stand damals unter Kontrolle des mit Nazi-Deutschland kollaborierenden Vichy-Regimes. Lubinczik hatte den Auftrag, entweder mit den italienischen oder den deutschen Faschisten eine Vereinbarung auszuhandeln. Mit den Italienern erzielte er keine Fortschritte, traf jedoch im Januar 1941 zwei wichtige Vertreter Nazi-Deutschlands, darunter Otto Werner von Hentig, den für den Orient zuständigen Abteilungsleiter des Berliner Außenamtes. Hentig gilt vielen als „Philo-Zionist", da er dafür plädierte, die Juden Ost- und Mitteleuropas im Austausch gegen bare Münze lieber nach Palästina zu verfrachten, als sie massenweise zu ermorden. Man weiß nicht viel über diese Verhandlungen, es blieb jedoch als ihr handfester Zeuge ein maschinengeschriebenes Memorandum zurück, das einen Vorschlag der Stern-Gruppe an das Dritte Reich betreffs eines Bündnisses enthält.

Dieses skandalöse Dokument, sicher eines der erstaunlichsten der gesamten Menschheitsgeschichte, wurde in den Akten der Deutschen Botschaft von Ankara entdeckt. Es ist auf den 11. Januar 1945 datiert und trägt die Überschrift [dabei ist zu beachten, dass hier LeHI noch, sich wie oben dargestellt, als „wahre Irgun" fühlend, selber als NMO/Irgun bezeichnet, Anm.d.Ü.]:

GRUNZÜGE DES VORSCHLAGS DER NATIONALEN MILITÄRISCHEN ORGANISATION IN PALÄSTINA IRGUN ZVEI LEUMI BEZÜGLICH DER LÖSUNG DER JÜDISCHEN FRAGE EUROPAS UND DER AKTIVEN TEILNAHME DER N.M.O AM KRIEGE AN DER SEITE DEUTSCHLANDS

In dem Dokument – es ist authentisch und keineswegs eine Fälschung - heißt es: "Es ist des Öfteren von den leitenden Staatsmännern des nationalsozialistischen Deutschlands in ihren Äußerungen und Reden hervorgehoben worden, dass eine Neuordnung Europas eine radikale Lösung der Judenfrage durch Umsiedlung vorausgesetzt („Judenreines Europa").

Die Aussiedlung der jüdischen Massen aus Europa ist eine Vorbedingung zur Lösung der jüdischen Frage, die aber nur möglich und endgültig werden kann durch die Übersiedlung dieser Massen in die Heimat des jüdischen Volkes, nach Palästina, und durch die Errichtung des Judenstaates in seinen historischen Grenzen.

Das jüdische Problem auf diese Weise zu lösen und damit das jüdische Volk endgültig und für immer zu befreien ist das Ziel der politischen Tätigkeit und des jahrelangen Kampfes der Israelischen Freiheitsbewegung, der Nationalen Militärischen Organisation in Palästina (Irgun Zewai Leumi).

Die N.M.O., der die wohlwollende Einstellung der deutschen Reichsregierung und ihrer Bebörden zu der zionistischen Tätigkeit innerhalb Deutschlands und zu den zionistischen Emigrationsplänen gut bekannt ist, ist der Ansicht, dass es eine Interessengemeinschaft zwischen der Errichtung einer Neuordnung Europas nach deutscher Konzeption und den wahren nationalen Bestrebungen des jüdischen Volkes, die von der N.M.O. verkörpert werden, geben könnte."

„Eine Kooperation zwischen dem Neuen Deutschland und einem erneuerten, völkisch-nationalen Hebräertum wäre möglich, und die Errichtung des historischen Judenstaates auf nationaler und totalitärer Grundlage, der vertraglich an das Deutsche Reich gebunden wäre, wäre im Interesse der Wahrung und Stärkung der zukünftigen deutschen Machtposition im Nahen Orient."

„Ausgehend von diesen Erwägungen tritt die N.M.O. in Palaestina, unter der Bedingung einer Anerkennung der oben erwähnten nationalen Bestrebungen der Israelischen Freiheitsbewegung seitens der Deutschen Reichsregierung, an dieselbe mit dem Angebot einer aktiven Kriegsteilnahme an der Seite Deutschlands heran."

„Dieses Angebot seitens der N.M.O. ... wäre gebunden an die militärische Ausbildung und Organisierung jüdischer Männer in Europa, unter N.M.O.- Leitung und Führung. Diese militärischen Einheiten würden am Kampf um die Eroberung Palästinas teilnehmen, falls eine solche Front beschlossen würde."

„Die indirekte Teilnahme der Israelischen Freiheitsbewegung an der gerade entstehenden Neuen Ordnung Europas würde mit einer positiven Lösung des europäischen Judenproblems im Sinne der erwähnten nationalen Bestrebungen des jüdischen Volkes verknüpft. Dies würde die moralischen Grundlagen dieser Neuen Ordnung in den Augen der gesamten Menschheit ungemein stärken."[3]

„Die N.M.O. ist ihrer Weltanschauung und Struktur nach mit den totalitären Bewegungen Europas eng verwandt."

Stern und seine Freunde in der Führung von Lehi wie Schamir hätten sich nicht unwohl gefühlt bei einem solchen Geschäft, da sie sehr wohl im Bilde waren über das Übereinkommen, das die Zionistische Weltorganisation mit dem Dritten

3- „Grundzuege des Vorschlages der Nationalen Militaerischen Organisation in Palestina (Irgun Zvei Leumi) betreffend der Loesung der juedischen Frage Europas und der aktiven Teilnahme der NMO am Kriege an der Seite Deutschlands", in: David Yisrael, „The Palestine Problem in German Politics 1889-1945" [„Das Palästina-Problem in der deutschen [Außen-]Politik 1889-1945", Bar Ilan University, 1974, S.315ff; vgl. auch Lenni Brenner, „The Iron Wall", Fußnote 368 bzw. Appendix

internet: http://www.marxists.de/middleast/ironwall/irgunazi.htm; der ostdeutsche Journalist und Schriftsteller Klaus Polkehn wies bereits 1970 in einem Artikel auf dieses erstaunliche Dokument hin: „Wie es wirklich war - Zionismus im Komplott mit dem Faschismus" in: „Horizont" 3, 1970, S. 28; damals gab es auch einen Abdruck des Artikels in der BRD: Klaus Polkehn, „Die Kollaboration der Zionisten mit dem deutschen Kaiserreich und dem deutschen Faschismus", in: „Resistentia-Schriften" Nr. 12, Frankfurt 1971; man findet im Internet einen Abdruck des Artikels aus dem Jahre 1987 (Klartexte, Freiburg) unter:

https://archive.org/details/DerZionismusImKomplottMitDemNationalsozialismus;

Polkehns Artikel erschien auch in englischer Übersetzung: Klaus Polkehn, „The Secret Contacts: Zionism and Nazi Germany, 1933-1941" [„Die Geheimkontakte zwischen Zionisten und Nazi-Deutschland 1933-1945"], in: „Journal of Palestine Studies 19/20, 1976", ; diese findet man im Internet unter:

https://archive.org/details/KlausPolkehnTheSecretContacts-ZionismAndNaziGermany1933-1941

Reich getroffen hatte, in Gestalt des Ha'avara-Abkommens.. Ihr eigenes Angebot wurde von Nazi-Seite nicht weiter beachtet, obwohl es diese irregeleiteten jüdischen Extremisten ernst meinten.

Während all der folgenden Jahrzehnte wurde dieser Versuch der Stern-Leute, mit Mussolinis Faschisten oder Hitlers Nazis ins Geschäft zu kommen, von zionistischer Seite geleugnet oder heruntergespielt. Wie immer war die zionistische Propaganda hier recht erfolgreich; „Goyim", Nichtjuden, die auf die hässliche Wahrheit hinzuweisen wagten, wurden, wie auch sonst gerne, als verbohrte Antisemiten dämonisiert. Jüdische Stimmen, die sich zu Worte meldeten, wurden zu „jüdischen Selbsthassern" erklärt – womit sie implizit als bedauernswerte verstörte Geister abgestempelt wurden.

Den wohl stärksten, kaum widerlegbaren Beleg für diesen Versuch der Stern-Anhänger, mit Nazi-Deutschland Geschäfte zu machen, findet man (und damit einen weiteren Beleg auch für die Echtheit des Dokuments aus Ankara) in Harkabis „Schicksalsstunde". Dort bestätigt nämlich dieser Autor und Experte die Wahrhaftigkeit des Vorgangs und kommentiert ihn noch mit eigenen Beobachtungen:

„Es ist zweifelhaft, ob die lange Geschichte der Juden, obschon reich an Merkwürdigkeiten und grausam ironischen Begebenheiten, je einen ähnlichen Versuch gesehen hat, mit so erbitterten Feinden einen Handel (natürlich, vermeintlich, aus Gründen der höheren politischen Vernunft) abzuschließen … Vielleicht sollten wir, um unseres Seelenfriedens willen, diese Affäre als Ausrutscher, als Anomalität in der jüdischen Geschichte betrachten. Es sollte uns jedoch in jedem Fall eine Warnung sein, wie weit Extremisten in Zeiten großer Not zu gehen bereit sind und wohin ihr Wahnsinn führen kann."[4]

Allerdings warben damals nicht nur Zionisten um die Gunst der Nazis: Der im Exil lebende führende arabisch-palästinensische Politiker Hadsch Amin Al-Husseini, Mufti von Jerusalem, traf Hitler sogar zu direkten Gesprächen. Bei einer dieser Gelegenheiten, am 21. November 1941, teilte der Nazi-Führer dem Mufti zweierlei mit: Erstens kam es für Deutschland nicht in Frage, öffentlich die Unabhängigkeit der arabischen Besitzungen der Briten und Franzosen zu fordern, denn die Deutschen wollten nicht der Kollaborateur-Regierung von Vichy, die damals noch die maghrebinischen Kolonien und die Mandatsgebiete Syrien und Libanon kontrollierte, Scherereien bereiten. Zweitens eröffnete Hitler dem Mufti, dass er, nach Eroberung des Kaukasus durch deutsche Verbände, beabsichtigte, diese bis nach Palästina vorstoßen und die dortigen zionistischen Siedlungen zerstören zu lassen. Ob Hitler dies wirklich vorhatte und seine Äußerung als feste Zusage an den Mufti verstand, ist meines Wissens nicht bekannt.

4· Yehoshafat Harkabi, „Israels Fateful Hour", S. 214

Es erwies sich, dass die Nachricht von Sterns Angebot an die Nazis, als sie sich unter den Mitgliedern seiner Splittergruppe verbreitete, eine für ihn böse Folge hatte. Deren Möglichkeit hatte er nicht bedacht, was zeigt, wie wenig er über die Gefühle seiner Mitstreiter wusste. Denn diese waren in ihrer Mehrheit so angewidert von der Vorstellung einer Zusammenarbeit mit den Nazis, dass sie sich wieder der Irgun anschlossen, auch wenn dies, nachdem Jabotinsky 1940 in New York an Herzversagen gestorben war, nicht viel ausmachte. Die Irgun wartete nämlich auf ihren neuen Führer. Der kam in Gestalt eines frisch aus Polen eingetroffenen Einwanderers; dieser junge Mann hatte sich als einer der eifrigsten Jünger Jabotinskys erwiesen und die Betar-Jugend Polens geleitet. Die „Betar" war die von Jabotinsky gegründete zionistische Jugendorganisation. (So hieß die jüdische Festung, die im Bar-Kochba-Aufstand als letzte fiel.) Der jüngst angekommene Immigrant aus Polen nannte sich Menachem Begin. Als dieser später in das Amt des israelischen Premierministers aufrückte, tat er alles, um jeden späteren Versuch, den scheinbar unaufhaltsamen Gang nach Armageddon zu stoppen, praktisch zu verunmöglichen.

Als Begin in Palästina eintraf, fand er, zum Teil auch aufgrund der vorherigen Spaltung, die Reihen der zionistischen Revisionisten in Auflösung und Chaos vor. Er begann mit der Neuformierung der Irgun und wurde deren erster Kommandeur nach der Reorganisation. Was ihm natürlich in die Hände spielte, war die schon erwähnte Tatsache, dass die meisten ehemaligen Mitglieder, die der Irgun zusammen mit Stern den Rücken gekehrt hatten, wiedergekommen waren, nachdem Stern sie mit seinem Angebot an die Nazis verschreckt hatte. Aber ansonsten sah die Lage gar nicht so rosig aus.

Begins Beurteilung der Situation war richtig: Die Briten würden den Zionisten nicht von sich aus ganz Palästina übereignen. Daraus folgte, dass ein jüdischer Staat, der ganz Palästina umfasste, nicht allein auf politisch-diplomatischem Gebiet erreicht werden konnte. Es galt also, als Hauptaufgabe zionistischer Aktivität, den Willen der Briten, in Palästina zu bleiben, zu brechen, mit welchen Gewaltmitteln auch immer.

Die meisten Juden in Palästina hielten die Irgun- und Stern-Anhänger für „verrückte Faschisten".

Wie man von einem Mann erwarten sollte, der mit Recht als der erfolgreichste Terroristenführer moderner Zeiten gilt, scherte sich Begin nicht um Hindernisse auf seinem Weg. Wie Brenner in „The Iron Wall" festhält, scherte es Begin wenig, dass die meisten Juden in Palästina ihn, die Irgun- und Stern-Anhänger für „verrückte Faschisten" hielten. Und es scherte ihn nicht, dass ihm für seine Aktionen nur wenige Kämpfer, ob Vollzeit- oder Feierabendterroristen, zur Verfügung standen. Wenn diese sich nur skrupellos genug zeigten, würden sie den Briten Schaden ohne Ende an Menschen und Material zufügen können.

In seiner Erscheinung war Menachem Begin, um es zurückhaltend zu formulieren, kein Adonis. Es gab damals Fahndungsplakate der britischen Palestina-Polizei mit seinem Foto und der Beschreibung: „Größe: 173 cm. Körperbau: dünn. Teint: fahl. Haarfarbe: dunkel. Augen: braun. Nase: lang, hakenförmig. Besonderheiten: Brillenträger, Plattfüße, schlechte Zähne. Staatsangehörigkeit: Pole."

Vom Denken Begins kann man einen recht deutlichen und bezeichnenden Eindruck erhalten, wenn man das Einführungskapitel der englischen Ausgabe seines Buches „Die Revolte" studiert, seiner Darstellung der inneren Geschichte der Irgun.[5]

Begin verkündet die Ankunft einer neuen Sorte Mensch: des „kämpfenden Juden"

Begin beginnt seine Ausführungen mit dem Hinweis, dass sich sein Buch zwar vorrangig an Juden, jedoch auch an Nichtjuden richte, „angesichts dessen, dass diese manchmal nicht erkennen wollen oder darüber hinwegschauen möchten, dass aus all dem Blut und den Tränen, dem Feuer und der Asche eine neue Spezies Mensch geboren wurde, eine neue Spezies, die die Menschheit seit über 1800 Jahren nicht kannte: der KÄMPFENDE JUDE. Jener Jude, den die Welt für tot und begraben hielt und von dem sie glaubte, dass er nie wieder auferstehen würde, ist wieder erstanden ..., um nie wieder in die Grube zu fahren und damit vom Antlitz der Erde zu verschwinden."

Begin hatte dieses an die Adresse aller Nichtjuden gerichtet, aber für die Briten unter ihnen hatte er eine besondere Botschaft. Da man diese gelehrt hatte, ihn als „Ober-Terroristen" zu sehen, würden sie, so Begin, sich wohl fragen müssen:

„Was hat uns so jemand zu sagen? Welche Mitteilung kann von ihm kommen, außer einer des Hasses?"

Und in quasi-sokratischer Weise gab er sich selbst die Antwort auf seine Lehrfrage:

„Lassen Sie uns versuchen, ohne jede Furcht, Begünstigung oder irgendein Vorurteil, die Bedeutung dieses abstoßenden Wortes ‚Hass' in diesem Zusammenhang zu verstehen. Sie mögen mich fragen: Gab es da Hass in unseren Aktionen, in unserem Aufstand gegen die britische Herrschaft über unser Land? Die ehrliche Antwort auf eine solche Frage ist: Ja."

Und er erklärt dies:

„Es ist eine Grundbedingung, dass jene, die kämpfen müssen, auch hassen müssen – entweder Dinge oder Menschen. Und wir haben gekämpft. Zuallererst

5· Menachem Begin, „The Revolt – Inside Story of the Irgun" [„Die Revolte – Geschichte der Irgun von einem Insider"], Los Angeles, Nash Publishing, 1972

mussten wir die furchterregende, Äonen alte, unentschuldbare absolute Wehrlosigkeit unseres jüdischen Volkes hassen, das seinen Weg durch die Jahrtausende nahm, in einer grausamen Welt, für deren Bewohner zumeist die Wehrlosigkeit der Juden als offene Einladung diente, sie abzuschlachten. Wir mussten außerdem die demütigende Schande der Heimatlosigkeit unseres Volkes hassen. Wir mussten desweiteren – wie jede Nation, die diesen Namen verdient, dies tun muss und immer tun wird – die Herrschaft des Fremden hassen, eine Herrschaft, die an sich ungerecht und nicht zu rechtfertigen ist, eine fremde Herrschaft im Land unserer Ahnen, in unserem eigenen Land. Wir mussten es hassen, dass man die Tore unseres eigenen Landes vor unseren getretenen, blutenden, in einer moralisch tauben Welt nach Hilfe schreienden Brüdern und Schwestern verschloss und verrammelte. Und wir mussten natürlich all jene hassen, die mit modernen Waffen und altmodischen Galgen ausgestattet unseren Menschen den Weg zur physischen Rettung versperrten, die ihnen die Mittel zu ihrer persönlichen Verteidigung vorenthielten, die ihre Bemühungen um nationale Unabhängigkeit vereitelten und sich bedenkenlos ihrem Versuch entgegenstellten, ihre nationale Ehre wieder zu erlangen und ihre Selbstachtung wieder zu erlangen … Wer würde den Hass auf das Böse verurteilen, der aus der Liebe zum Guten und Gerechten erwächst?“[6]

Wenn ich Begin dazu befragen könnte, würde ich ihm eine Frage stellen, nachdem ich darauf hingewiesen hätte, dass Polen, und nicht Palästina, seine Heimat war, und diese Frage würde lauten: Kann es sein, dass „die neue Spezies Mensch“ ohne jeden moralischen Kompass durch die Welt läuft? Und dass das ein Problem ist? (Ich würde erklärend hinzufügen, dass diese „neue Spezies“ nicht unbedingt die Schuld dafür trage, sondern jene, die in all den vergangenen Jahren und Jahrhunderten Juden grausam verfolgten.)

Das Verbrechen des Zionismus an den Juden Osteuropas: Verhindert zu haben, dass sie am Kampf der fortschrittlichen Kräfte in ihrem Land teilnahmen, weil er es vorzog, sich der Alten Ordnung als konterrevolutionnäre Kraft anzudienen.

Ich würde außerdem Begins Aussage von der „absoluten Wehrlosigkeit“ der Juden in Europa in Frage stellen. Diese Juden, so meine Vermutung, hätten in ihren Heimatländern überhaupt nicht wehr- und schutzlos sein müssen. Wenn die Juden sich damals mit anderen fortschrittlichen Kräften vereint und für einen Wandel in ihren Heimatländern eingesetzt hätten, dann wäre es vielleicht überall

6· Menachem Begin, „The Revolt“, Einführung/Introduction, S. XI f.]][[6/7/8/9: Menachem Begin, „The Revolt“, Einführung/Introduction, S. XI f.

zu einem Gesellschaftswandel gekommen, der den Schutz der Juden und ihrer Rechte als Minderheit auch garantiert hätte. Das Vergehen des Zionismus an den Interessen der Juden bestand nun darin, jedes jüdische Engagement in diesem Kampf unterbinden zu wollen, da es der Zionismus für angebrachter hielt, den konservativen und reaktionären Kräften seine konterrevolutionären Dienste anzubieten. Vielleicht ist es ja auch möglich, dass die Judenverfolgung und -ermordung durch die Nazis so hätte verhindert werden können, wenn die Zionisten, anstatt Hitlers Antisemitismus als regelrechtes Geschenk für ihr Vorhaben zu betrachten, die Hitler feindlichen Kräfte unterstützt hätten, bevor er auf parlamentarischem Weg an die Macht kam.

Paukenschlag des jüdischen Terrorismus: Ermordung von Lord Moyne

Die Nachricht, dass der zionistische Terrorismus den Geschäftsbetrieb aufgenommen hatte, erreichte die Weltöffentlichkeit in Form eines Paukenschlages: Am sechsten November 1944 wurde in Kairo Lord Moyne, Großbritanniens höchster offizieller Vertreter im Nahen Osten, zusammen mit seinem Fahrer Corporal Fuller erschossen. Die Mörder waren zwei junge ägyptische Juden, Elijahu Beit-Zuri und sein Freund Elijahu Hakim, im Auftrag der von Shamir geführten Stern-Bande.

Im britischen Unterhaus kommentierte Premierminister Churchill elf Tage später das Attentat so:

„Wenn unser Traum vom Zionismus im Rauch der Pistolen von Attentätern zu verschwinden droht und unsere mühselige Arbeit für seine [d.h. des Zionismus] Zukunft nur eine neue Art Gangster, würdig eines Nazi-Deutschlands, hervorbringen sollte, werden viele wie ich die Haltung, die sie in der Vergangenheit so durchgängig und lange eingenommen haben, überdenken müssen.“[7]

Noch vor der Ermordung Lord Moynes hatte die von Begin wiederbelebte Irgun einen „Aufruf zum Aufstand“ abgefasst und in Palästina, aber auch den USA unter jungen Zionisten weit verbreitet. Dieser Text behandelte auch über eine längere Strecke die Frage, warum Irgun sich entschlossen hatte, die Briten bewaffnet anzugreifen, während diese gerade Hitler bekriegten. Es hieß dort unter anderem:

„Einen Waffenstillstand zwischen dem jüdischen Volk und der britischen Verwaltung von Erez Israel gibt es nicht mehr. ... Unser Volk befindet sich mit diesem Regime im Krieg - Krieg bis zum Ende.“[8]

Die Irgun verlangte nach einer „sofortigen Übertragung der öffentlichen Ge-

7· House of Commons/Brit. Unterhaus, Hansard's Report, Protokoll vom 17. November 1944, „Palestine – terrorist activities“ [„Palästina: Terroristische Aktivität“], im Band 404, col 2242; im Internet: http://hansard.millbanksystems.com/commons/1944/nov/17/palestine-terrorist-activities, unter (col) 2242

8· Menachem Begin, „The Revolt“, S. 42f

walt in Erez Israel an eine Provisorische Hebräische Regierung", und versprach in diesem Papier:

„Wir werden kämpfen, jeder Jude in der Heimat wird kämpfen. Der Gott Israels, der Herr der Heerscharen, wird uns helfen. Es wird kein Weichen geben: Freiheit oder Tod."[9]

Der „Aufruf zum Aufstand" endete mit einem Appell an die Juden in aller Welt, vor allem aber an jene in den USA, die Kämpfer der Irgun „nicht im Stich zu lassen", wenn es hart auf hart kommen würde: „Wenn ihr ihnen eure Unterstützung gewährt, werden wir in unseren Tagen noch die Rückkehr nach Zion und die Wiederherstellung Israels erleben."[10]

Der Veröffentlichung und Verbreitung dieser Kriegserklärung seitens der Irgun war eine lange und zähe interne Debatte über das Für und Wider eines solchen Gangs an die Öffentlichkeit vorausgegangen. Manche von Begins Kameraden in der Irgun-Führung meinten, die Juden hätten die Nase voll von Versprechungen, von bloßen Worten. Gab es nicht die große Gefahr, dass diese Erklärung der Irgun wieder nur als bloße Großsprecherei abgetan und die Organisation deshalb nicht mehr ernst genommen würde? Das wäre kein schöner Anfang für die Irgun, mit einem handfesten Glaubwürdigkeitsdefizit. Sollte eine wiedererweckte und neu aufgestellte Irgun nicht lieber mit Taten als mit Worten auf sich aufmerksam machen? Begin entschied jedoch, dass eine solche öffentliche Erklärung über die Motivation ihres Kampfes den Auftakt geben musste, wenn sie sich die Unterstützung von ausreichend vielen Juden weltweit und besonders in den USA sichern wollten.

Die spätere Entwicklung sollte beweisen, dass die Männer der Irgun ihre Bomben nicht nur genauso gut wie ihre Worte, sondern sogar noch besser einzusetzen verstanden. Sie waren schlicht und einfach die rücksichtslosesten und daher wirkungsvollsten Terroristen, die die moderne Welt bis dahin gesehen hatte. Und in dieser Beziehung hatte Begin mit seinem Ausdruck recht: eine „neue Spezies Mensch" war tatsächlich ins Leben getreten.

Zu Anfang konzentrierte sich die Irgun darauf, militärische und zivile Gebäude und Einrichtungen der britischen Mandatsbehörden sowie Energie- und Kommunikationsnetze und -einrichtungen aller Art zu sprengen. Damit sollte die Verwaltung Palästinas zu einem praktischen Stillstand gebracht werden. Die Briten beantworteten diese Taktik anfangs damit, die zionistischen Terroristen, deren sie habhaft wurden, an den Galgen zu bringen. Die Irgun entführte zur Vergeltung britische Soldaten, und knüpfte diese ebenfalls auf. Je nach Bedarf wurden britische Offiziere, Unteroffiziere und Soldaten nach ihrer Entführung auch als Geiseln behalten und als Verhandlungsmasse eingesetzt.

---

9. Ebd.

10. Ebd.

Der wohl spektakulärste und politisch wirkungsvollste Einsatz gegen die Briten erfolgte am 22. Juli 1946, als das King-David-Hotel in Jerusalem in die Luft flog. Die britische Verwaltung hatte den Südflügel des vornehmsten Hauses am Platz belegt, um darin ihre zentralen Behörden unterzubringen. Hier logierten sowohl das militärische als auch das zivile Hauptquartier, schlug sozusagen das Herz der britischen Mandatsmacht in Palästina. Nach einer Lieferung von Milchkannen durch Irgun-Leute, worin jedoch nicht Milch, sondern TNT enthalten war (welches Chaim Weizmann im Ersten Weltkrieg auf Auftrag der Briten entwickelt hatte), starben dort 91 Menschen und wurden mehr als doppelt so viele verletzt. Und die britische Kolonialmacht war gedemütigt.

Es gab hinter all den Titelseiten und Schlagzeilen von Terror, Tod und TNT eine böse Wahrheit, die damals von den Zionisten geheimgehalten wurde.

Die Haganah sprach sich zunächst gegen einen Anschlag auf das King-David aus – und beauftragte schließlich selbst die Irgun, ihn auszuführen

In öffentlichen Stellungnahmen und vertraulichen Gesprächen hatte Ben Gurion der britischen Regierung Attlee und der US-Regierung unter Truman versichert, dass die von ihm geleitete Jewish Agency (die zionistische Schattenregierung für Palästina) und die Haganah (die militärische Organisation derselben) die Irgun und ihre Taktik strikt ablehnten und nicht in deren terroristische Aktivitäten verwickelt seien, diese befürworteten oder billigten. Die Haganah führe auch, so unterstrich Ben Gurion immer, keine Operationen außer solchen der Selbstverteidigung gegen arabische Angriffe durch, und beteilige sich auch nicht an anderartigen Aktionen. In Wahrheit allerdings arbeitete die Haganah, und die damit auch die Jewish Agency, schon längst insgeheim mit den Terroristen der zionistischen Rechten zusammen. Nachdem die Führung der Haganah zuerst jeden Gedanken an eine Sprengung des King-David-Hotels, Codename: „Chick", d.h. Hühnchen, abgelehnt hatte, beauftragte sie später die Irgun sogar damit. (In seinem Buch „The Revolt" spricht Begin auch ausführlich über die Verbindungen, die zwischen Irgun und Haganah bestanden, und nennt Namen.) Unter den damaligen Umständen ist es unvorstellbar, dass der Anschlag auf das King-David nicht von Ben Gurion selber gebilligt, wenn nicht sogar angeordnet wurde.

Operation „Hühnchen" wurde schließlich wohl auch aufgrund von Ben Gurions Analyse der allgemeinen politischen Situation genehmigt, in die sicher auch die Informationen von Niles aus dem Weißen Haus einflossen. Es war den Zionisten zwar schnell gelungen, den Empfehlungen des Anglo-American Committee jede Aussicht auf Umsetzung zu verwehren. Aber nun war eine neue britisch-amerikanische Initiative auf dem diplomatischen Parkett unterwegs, die bald darauf in den Morrison-Grady-Plan münden sollte. Für die Zionisten liefen die Dinge nicht so, wie sie sich das gewünscht hätten, und dies trotz des mittlerweile immensen Einflusses ihrer Lobby in den USA. Und sie glaubten, dass diese schwierige Lage noch solange anhalten könnte, solange die Briten sich für fähig hielten, die Situation vor Ort in Palästina durch ihre Anwesenheit als Mandatsmacht und deren Einsatz zu beeinflussen. So meinten sie den Briten eine Lektion erteilen zu müssen; sie wollten ihnen zeigen, dass sie Palästina nicht so sehr im Griff hatten, wie sie gedacht hatten, und dass ihre Leute dort nirgendwo sicher waren.

Etwa ein Jahr nach dem Angriff auf das King-David entführte die Irgun zwei Sergeanten des britischen militärischen Geheimdienstes und drohte, sie im Falle der Hinrichtung dreier verurteilter Irgun-Mitglieder am Galgen ebenfalls durch Hängen hinzurichten. Die britischen Behörden ließen sich nicht beirren und hängten die zionistischen Terroristen. Die Irgun antwortete ihrerseits mit der Hinrichtung der britischen Soldaten, und die Sergeanten-Affäre erschütterte die britischen Streitkräfte und die Öffentlichkeit in der Heimat. In den USA erklärte Ben Hecht in dieser Zeit in Verweis auf Aktionen wie jene gegen das King-David oder die Rache an den beiden Sergeanten:

„Jedes Mal, wenn ihr eure Waffen gegen die britischen Verräter unseres Heimatlandes sprechen lasst, begehen die Juden der USA in ihren Herzen einen kleinen Festtag.“[11]

In den ganzen USA wurden Organisationen für die Förderung illegaler Immigration nach Palästina und die Finanzierung des zionistischen Terrorismus‘ gegründet

Ben Hecht war einer der eifrigsten Unterstützer der Irgun in den USA Ein anderer war der Kongressabgeordnete Joseph C. Baldwin, einer der ältesten Familien New Yorks entsprossen. Baldwin hatte das zweifelhafte Privileg, der PR-Berater der Irgun zu sein. Infolge der brillant inszenierten und erfolgreichen Propaganda durch Profis wie Hecht und Baldwin bildeten sich schnell in den ganzen USA Unterstützerkomitees zur Förderung illegaler jüdischer Immigration nach Palästina und Spendenkampagnen zugunsten des zionistischen Terrorismus‘. Lilienthal bemerkt dazu:

„Ihre professionell gestalteten Zeitungsanzeigen verteidigten den [zionistischen] Terrorismus und warben um Spenden zugunsten der Terrororganisationen mit dem Hinweis auf die Absetzbarkeit von der Einkommenssteuer.“[12]

11- Alfred M. Lilienthal, „The Zionist Connection II“, S. 58; zur Sergeanten-Affäre vgl. im Internet: http://en.wikipedia.org/wiki/The_Sergeants_affair

12- Ebd., S. 58

Wenn die Regierung Attlee in London der britischen Armee den Befehl erteilt hätte, die zionistischen Terrorgruppen mit allen gebotenen Mitteln zu zerschlagen und zu unterdrücken, wäre eine riesige Protestwelle durch die USA gerollt. Und die hätte Präsident Truman gezwungen, den Briten das Ende solcher Aktionen zu befehlen, denn zu einem solchen Schritt verfügte er mittlerweile über die notwendigen Hebel.

Infolge des Zweiten Weltkrieges war Großbritannien praktisch bankrott und den USA gegenüber mächtig verschuldet. Um überhaupt eine realistische Hoffnung auf einen Wiederaufbau und eine Wiederbelebung der Wirtschaft zu haben, waren die Briten dringendst und unbedingt auf US-amerikanische Finanzhilfe angewiesen, die damals bei der Truman-Regierung auch schon in Planung war. Es handelte sich um den später 17-Milliarden-Dollar schwere [wohgemerkt: damalige Dollar! Anm.d.Ü.] britischen Anteil am US-finanzierten Programm für den europäischen Wiederaufbau („European Recovery Programme"). Es ist nach seinem Initiator, dem US-Außenminister George Marshall, besser als Marshall-Plan bekannt. Dieses Programm war keine Wohltätigkeitsveranstaltung seitens der USA: Deren Führung war der Ansicht, dass sie Westeuropa beim wirtschaftlichen Wiederaufbau helfen mussten, weil sonst die „Feinde der Demokratie" (Gewerkschaften und andere Linke waren hier mit eingeschlossen) überall großen Zulauf bekommen würden. Der Marshall-Plan war, kurz gesagt, nach Ansicht der US-Führung, das zugleich wirksamste und billigste Mittel, den sowjet-kommunistischen Einfluss auf Distanz zu halten.

Realistisch gesehen, mussten die zionistischen Terroristen nur rücksichtslos genug vorgehen und hatten damit schon den Sieg in der Tasche. Dank der Rückendeckung und dem Geld ihrer Unterstützer in den USA gab es kein Problem mehr für sie. Ist es da verwunderlich, dass sich die Briten 1947 entschlossen, einen glatten Schnitt zu machen und einfach zu türmen? Ich glaube kaum.

Den Willen der Briten, in Palästina zu bleiben, zu brechen – das war nur das erste Ziel der zionistischen Terroristen. Das zweite war, die Araber zu vertreiben.

Den Willen der Briten, am Mandat über Palästina festzuhalten, zu brechen, das war allerdings nur der erste Punkt auf der Tagesordnung des zionistischen Terrorismus. Der nächste war die Vertreibung der Araber. Mit Unterstützung der Stern-Bande und von der Haganah für einen ganz anderen Einsatz mit Handgranaten und anderen Waffen ausgerüstet, unternahm die Irgun ihre erste Aktion gegen die Araber, die zugleich ihre spektakulärste und wirksamste war. Ihr Ziel war das Dorf Deir Yassin.

Die wahre Geschichte vom Massaker an den Einwohnern von Deir Yassin, von denen 254 hingemetzelt wurden, zumeist Frauen, Kinder und Alte, ist nicht zu trennen vom Versuch der Haganah, ein nahegelegenes anderes Dorf, Kastel, zu halten, das die Palmach am 2. April 1948 eingenommen hatte. Es sollte wegen seiner strategischen Bedeutung für das Durchbrechen des arabischen Belagerungsrings um Jerusalem seitens der jüdischen Kämpfer unbedingt gehalten werden.

Am 29. November des Vorjahres 1947 hatte die Generalversammlung der jungen Vereinten Nationen in einer hart umkämpften Abstimmung eine Resolution über einen Teilungsplan für Palästina verabschiedet. Nach der ursprünglichen Absicht sollte diese Teilung in einen arabischen und einen jüdischen Staat wirksam werden, sobald das britische Mandat am 14. Mai 1948, Punkt Mitternacht, auslief und die Briten abgezogen waren. Wie wir aber im nächsten Kapitel sehen werden, waren die Vereinten Nationen überhaupt nicht in der Lage, den Teilungsplan praktisch durch- und umzusetzen, so dass er eigentlich hinfällig war. Das hatte zur Folge, dass die UNO immer noch keine Antwort auf die Frage gefunden hatte, wie mit dem Palästina-Problem umzugehen war.

Das alles störte die Zionisten in Palästina herzlich wenig. Sie hatten vor, einseitig ihren Staat am 15. Mai auszurufen. Sie wollten, anders ausgedrückt, so vorgehen, als wenn der Teilungsplan rechtlich unanfechtbar und gültig wäre. Was sich auch immer innerhalb der Vereinten Nationen abspielte, spielte für die Zionisten keine Rolle. Wie wir später sehen werden, hoffte Ben Gurion, und dies aus guten Gründen, dass es den Zionisten in einem eventuellen Krieg gegen die Araber gelingen würde, noch mehr Land zu ergattern, als man ihnen nach dem Teilungsplan zugedacht hatte.

Ben Gurions Strategie war es, den jüdischen Bevölkerungsanteil in der Jerusalemer Altstadt zu erhöhen, um nach der Unabhängigkeit schnellstmöglich die ganze Stadt zu besetzen und vollendete Tatsachen zu schaffen

Die Zionisten hatten an dem UN-Teilungsplan vor allem auszusetzen, dass Jerusalem eine internationale Stadt werden sollte. Nach allgemeiner Ansicht in den Vereinten Nationen barg Jerusalem mit seiner Bedeutung für alle drei Religionen, Judentum, Christenheit und Islam, ein zu großes Konfliktpotential und sollte deshalb weder zum jüdischen noch zum arabischen Staat gehören. Die Heilige Stadt sollte unter der Treuhandschaft der Vereinten Nationen stehen – und das war für Leute wie Ben Gurion überhaupt unannehmbar. Nach deren Sicht lief die Gründung eines jüdischen Staates ohne die Hauptstadt Jerusalem auf die Schaffung eines Körpers ohne Seele hinaus.

Im April 1948 war der Anteil der jüdischen Einwohner Groß-Jerusalems, infolge jüdischer legaler wie illegaler Einwanderung, auf mittlerweile zwei Drittel der

Gesamtbevölkerung der Stadt angewachsen. Nach der Balfour-Deklaration hatten sich die Zionisten bemüht, die Zahl der jüdischen Anwohner in und um Jerusalem, das heißt rund um die ummauerte, vornehmlich arabische Altstadt, stetig und deutlich zu erhöhen. Die von den Juden bewohnten Viertel bildeten Neu-Jerusalem. Bei dieser Strategie Ben Gurions ging es darum, vollendete Tatsachen zu schaffen. Sein Fernziel war dabei, sich sobald wie möglich nach der Gründung des eigentlichen jüdischen Staates der ganzen Stadt zu bemächtigen und der Welt mitzuteilen: „Es hat keinen Zweck, über die Zukunft von Jerusalem, der Altstadt wie der Neustadt, diskutieren zu wollen. Wir Juden kontrollieren beide Teile, Jerusalem ist unsere ewige Hauptstadt und jede Vorstellung von einer ‚internationalen Stadt Jerusalem' ist damit tot und begraben."

Um ein solches Fait-accompli durch die Zionisten zu verhindern, hatten palästinensische Widerstandskämpfer unter der Leitung von Abdul Khader Al-Husseini rund um ganz Jerusalem (das heißt um Alt- und Neu-Jerusalem gleichermaßen) Verteidigungsstellungen aufgebaut. Damit war Jerusalem praktisch belagert. Die Palästinenser wollten damit verhindern, dass jüdische Einheiten von Haganah und Palmach die Stadt in solcher Stärke besetzten, dass sie ihr ihren Willen aufzwingen konnten.

In diesem Zusammenhang kam dem arabischen Dorf Kastel eine ganz besondere strategische Bedeutung zu: Kastel lag etwa acht Kilometer westlich von Jerusalem; auf einem 700 Meter hohen Hügel gelegen beherrschte es die einzige Straße, die von Tel Aviv nach Jerusalem führte. Und die militärische Bedeutung dieser Lage war Abdul Khader natürlich nur zu bewusst. Dieser Spross der noblen Al-Husseini-Familie war nicht nur der wohl herausragendste Führer des palästinensischen Widerstands: er genoss darüber hinaus wie kein anderer palästinensischer Anführer die Achtung und die Liebe der einfachen Menschen. Sogar die meisten Feldkommandeure der Zionisten respektierten ihn.

Im Dezember 1947, kurz nach jener manipulierten Abstimmung in der UNO, hatte die Nachricht von der Rückkehr Abdul Khaders in seine Heimat Palästina den Menschen dieses Landes neue Hoffnung geschenkt. Vielleicht war ja doch nicht alles verloren? Dabei hatte er inkognito einreisen müssen, da die Briten ihn verbannt und seine Wiedereinreise verboten hatten. Als sich die Neuigkeit seiner Wiederkehr unter der arabischen Bevölkerung durch Mundpropaganda blitzartig verbreitete, erleuchtete der damit verbundene Hoffnungsschimmer das ganze Land. Ermutigt von seinem Licht schlossen sich viele hundert und bald Tausende Palästinenser, auf Abdul Khaders Aufruf hin, mit ihren alten Gewehren dem Widerstand gegen die Zionisten an. Er übernahm dabei die Führung über den palästinensischen Widerstand, die früher sein Vetter, der Mufti Hadsch Amin Al-Husseini, innegehabt hatte. Der Mufti, seinerseits schon längst und immer noch im Exil, hatte auch das Höhere Arabische Komitee geleitet, das für den arabischen Bevölkerungsteil in Palästina unter der Mandatsverwaltung eine ähnliche offizielle Rolle spielte wie die Jewish Agency für die Juden.

Zur Zeit seiner Heimkehr war Abdul Khader gerade erst vierzig Jahre alt und in der Blüte seiner Jahre. Er gehörte jedoch bereits zu den Veteranen des Widerstands gegen die Briten. Sein Vater, Haj Amins Vorgänger als Mufti, war von den Briten 1920 aufgrund seiner Kritik an der Mandatsmacht abgesetzt worden. Nach seinem Abschluss 1933 in Chemie an der Amerikanischen Universität von Kairo nahm Abdul Khader an der Seite seines alten Vaters an seiner ersten anti-britischen Demonstration teil. Seinen Mut im bewaffneten Kampf bewies er während des arabischen Aufstands in Palästina.

Als Abu Musa (sein *nom de guerre*) wurde er als Anführer seiner gegen die Briten kämpfenden Bauern zweimal am Kopf verwundet. Als er 1938 das zweite Mal verletzt wurde und aus seiner schweren Wunde stark blutete, ließen ihn seine Mitstreiter auf einem Kamel liegend nach Syrien hinüberschmuggeln. Nach Palästina konnte er nach seiner Genesung nicht mehr zurückkehren – die britischen Polizisten hatten ihn wohl auf der Stelle erschossen. Und so gehörte er zu einer kleinen Abordnung arabischer Kämpfer, die von seinem Vetter Hadsch Amin Al-Husseini nach Nazi-Deutschland zu einer militärischen Ausbildung geschickt wurden. (Da Großbritannien ihr Feind war, konnten Palästinenser nirgendwo sonst militärisches Training erhalten.)

Das Äußere jenes Vierzigjährigen der im Dezember 1947 nach Palästina heimkehrte, konnte den Unwissenden täuschen: Er war mittelgroß, trug einen einfachen braunen Anzug und einen sauber getrimmten Schnurrbart. Abgesehen von der traditionellen Kopfbedeckung, dem schwarz-weißen Keffiyeh [dem "Palästinensertuch", Anm.d.Ü.], sah er eher wie ein gewitzter, aber harmloser Buchhalter als wie ein Führer arabischer Freischärler aus, dessen militärische Leistungen gegen die Briten verhindert hatten, dass diese den palästinensischen Widerstandsgeist brachen. Der Eindruck scheinbarer Harmlosigkeit wurde durch die freundliche Art Abdul Khaders noch verstärkt. Er wusste unter Menschen und in der Öffentlichkeit seine Gefühle sehr gut zu kontrollieren; überdies hielt er wenig von dem übertriebenen, pathetisch-pompösen Auftreten, das unter arabischen politischen Führern sonst so beliebt ist.

Der Schlüssel zu Abdhul Khaders Einfluss auf sein Volk von Bauern war sein instinktives Verständnis sowohl seiner Stärken als auch seiner Schwächen. Dies und sein Charisma waren es, die ihm die Fähigkeit verliehen, sein Volk zu mobilisieren und beim Aufstand gegen die Briten das Beste aus ihm sowie aus seiner jämmerlichen Bewaffnung herauszuholen. Nun war es seine Aufgabe, das Beste aus den Menschen herauszuholen, damit sie eine zionistische Übernahme ihrer Heimat verhindern konnten.

Seinen Freunden, die ihn bei seiner Heimkehr willkommen hießen, sagte er: „Diplomatie und Politik sind gescheitert. Wir haben nur noch eine Wahl: Wir werden unsere Ehre und unser Land mit dem Schwert in der Hand bewahren.“[13]

Abdul Khader verstand es, sich in die militärische Führung der Zionisten hineinzudenken. Er warnte daher die Arabische Liga, dass Kastel von den jüdischen Verbänden als erstes angegriffen würde, wenn diese nach Jerusalem vorstießen. Als er später auf dem Schlachtfeld fiel, war er zurecht überzeugt, dass die Zionisten nie den Sieg in Palästina errungen hätten, wenn die arabischen Staaten (vermittels der Arabischen Liga) die Palästinenser für ihren eigenen Abwehrkampf ernsthaft ausgerüstet hätten.

Haganah und Palmach waren besser bewaffnet als der palästinensische Widerstand – Wenn die arabischen Staaten die Palästinenser entsprechend ausgerüstet hätten, hätten die Zionisten nicht die Oberhand behalten

Die Mitglieder der Arabischen Liga waren aber nicht bereit, die Palästinenser ordentlich zu bewaffnen (wir werden gleich auch sehen, wieso). Und so waren Haganah und Palmach [*die Elite der Haganah, „P(a)l-Mach“ steht für „Plugot Machatz“ oder „Stoßtruppen“; Anm. des Übersetzers*] weit besser als die palästinensisch-arabischen lokalen Milizen bewaffnet. Wahrscheinlich wusste Abdul Khader nicht, in welch großem Umfang es den Zionisten in der Tat gelang, moderne Waffen und Munition nach Palästina zu schmuggeln. Aber aus den damaligen Scharmützeln (der regelrechte Krieg war noch nicht ausgebrochen) war für ihn ersichtlich, dass die jüdischen Verbände nicht an der gleichen Schusswaffen- und Munitionsknappheit litten wie die Palästinenser.

Kastel und seine Einwohner wurden von leicht bewaffneten Wachen geschützt. In weiser Voraussicht jüdisch-zionistischer Angriffe hatte Abdul Khader diese mit einer Abteilung seiner Männer verstärkt, welche die Zugänge zum Gipfel bewachten. Der Angriff der Palmach begann nach Plan mit zwei Ablenkungsattacken, welche die Freischärler Abdul Khaders dazu verleiten sollten, sich vom Dorf zu entfernen. Der Plan funktionierte und die 180 Palmach-Kämpfer der Har-El-Brigade *[Har-El: „Berg Gottes“, eine Bezeichnung für den Berg Zion, Anm.Anm.d.Ü.]* nahmen das Dorf fast kampflos ein: Mitten in stockdunkler Nacht und bei Regen fand der Angriff statt. Die nur leichtbewaffneten Dorfwachen hatten den Angreifern, die begannen, die Dorfbewohner zusammen zu treiben, nur wenig entgegenzusetzen. Nach einem kurzen Schusswechsel retteten sie sich zusammen mit den anderen Dörflern in den Schutz der Nacht. Das erste arabische Dorf war in jüdischer Hand.

13· Larry Collins/Dominique Lapierre, „O Jerusalem!“, Weisenfield and Nicolson, London 1972, S. 87f

Am Mittag des folgenden Tages kamen 70 Mann der Haganah aus Jerusalem unter dem Kommando des in Lettland geborenen Mordechai Gazi, um die Palmach-Brigade abzulösen. Gazit hatte den Befehl, Kastel unter allen Umständen und unabhängig von der Stärke angreifender arabischer Verbände zu halten. Abdul Khader war zu Beginn der Palmach-Operation in Damaskus, um dort die Unterstützung seiner Verbände mit Waffen und Munition zu erreichen. Damaskus war damals der Balzplatz der konkurrierenden Fraktionen der arabischen Nationalisten. Alle schlugen fleißig ihre Pfauenräder, während jeder zugleich genauso fleißig Plänen und Intrigen schmiedete, im Wettbewerb um das größte Tortenstück der Macht in der arabischen Welt der Zukunft.

Der Mann, dessentwegen Abdul Khader vor allem nach Damaskus gefahren war, hieß Ismail Safwat – den Namen muss man sich merken. Dieser 52jährige irakische General war von der Arabischen Liga dazu ausersehen worden, einen Schlachtplan für eine koordinierte militärische Intervention der arabischen Staaten in Palästina auszuarbeiten. Das heißt, FALLS ein jüdischer Staat ausgerufen würde und FALLS die arabischen Staaten sich dann auch entschließen sollten, dagegen in den Krieg zu ziehen. Das zweite FALLS war bei weitem das größere, wie wir später noch sehen werden.

Ismail Safwat war ein aufgeblasener, arroganter Mann und ein Meister rhetorischer Übertreibung. Obwohl er schon begonnen hatte, Waffen und Munition für einen möglichen Krieg gegen die Zionisten zu horten, verweigerte er Abdul Khader jegliche Unterstützung, und sei es eine Patrone. Der Palästinenser war außer sich. Bevor er wütend das Büro des Irakers verließ, schaute er ihm noch einmal in die Augen und sagte: „Das Blut der Palästinenser soll über eure Häupter kommen!"[14]

Abdul Khader sollte allerdings nicht mit ganz leeren Händen in sein Jerusalemer Hauptquartier zurückkehren. Der syrische Präsident Shukri al-Kuwatli schenkte ihm 50 Gewehre, die man in den Kofferraum von Abdul Qaders Wagen lud. Drei leichte Bren-Maschinengewehre, die er mit seinem Geld im Suq von Damaskus gekauft hatte, kamen dazu, und er machte sich wieder auf den Rückweg.

Bei seiner Ankunft in der Heiligen Stadt erfuhr er als erstes die Nachricht vom Fall Kastels. Er gab sofort den Befehl zu einem Gegenangriff; Kastel sei auf jeden Fall wiederzugewinnen. Die Aufgabe, den Gegenangriff vorzubereiten und anzuführen, wurde Kamil Irekat übertragen. Diesem gelang es, innerhalb kurzer Zeit vierhundert Freiwillige auszuheben, indem er Boten mit der Bitte um Hilfe von Dorf zu Dorf und von Weiler zu Weiler laufen ließ. Irekat stammte aus einer alten und vornehmen Jerusalemer Familie und hatte in der Palestine Police als Offizier gedient.

[„Irekat" wird manchmal auch „Erekat", „Erikat" oder (korrekter) „‚Ureiqat" geschrieben; in den letzten Jahren ist von Mitgliedern der Sippe besonders Saeb Erekat,

14· Ebd., S. 260

der PLO-Politiker und Verhandlungsführer der Palästinenser, bekannt geworden; Anm.d.Ü.] Der arabische Angriff zur Befreiung Kastels von der Haganah begann kurz nach Sonnenuntergang. Im Morgengrauen des folgenden Tages stießen zu den Männern Irekats als Verstärkung Freiwillige unter Ibrahim Abu Dayieh, einem einfachen, aber äußerst mutigen Schäfer aus Hebron. Und gerade als der Druck auf die Männer der Haganah so angewachsen war, dass diese aus dem Dorf gedrängt worden wären – ging den Palästinensern die Munition aus. Während die zionistischen Kämpfer in der entstehenden Kampfpause dringend benötigte Erholung fanden und sich reorganisieren konnten, sandte Kamil Irekat nach Munitionsnachschub. John Glubb, der berühmte „Glubb Pasha", damals Oberbefehlshaber der Arabischen Legion des (trans-)jordanischen Königs, berichtet, wie er einen Boten Irekats in Ramallah sah: er lief durch die Straßen und rief aus: „Hat jemand Munition zu verkaufen? Ich bezahle bar!" Wie Collins und Lapierre in dem bereits zitierten epischen Werk „O Jerusalem!" erwähnen, sah Glubb mit eigenen Augen, wie der Bote ungefähr 200 Schuss verschiedenster Kaliber und Herkunft, türkische, deutsche und englische Patronen, erwarb, in seinen Wagen sprang und flugs zum nächsten Ort fuhr, um dort das gleiche zu tun.

Bei Sonnuntergang des zweiten Tages verfügten Kamil Irekats Freiwillige über genügend Patronen, um ihre Attacke fortzusetzen. Kurz nach Mitternacht, als sie in Wurfweite (d.h. für Handgranaten) der zahlenmäßig unterlegenen Streitmacht Gazits lagen, wurde Irekat verwundet. Der einzige Sanitäter unter seinen Leuten, ein Angestellter eines Krankenhauses in Betlehem, verarztete den Anführer mit dem wenigen Verbandsmaterial, das ihnen zur Verfügung stand. Dann band der Sanitäter Irekat trotz dessen wütender Proteste auf ein Maultier und ließ ihn zurück nach Jerusalem bringen. Was dann geschah, haben Collins und Lapierre in der folgenden packenden Passage beschrieben:

„Irekat wusste nur zu gut um die Psychologie dieser Kämpfer vom Lande. Geprägt von der strengen hierarchischen Gesellschaft in den Dörfern, neigten sie dazu, die Bedeutung des jeweiligen Führers überzubetonen und eine Art von Personenkult um ihn herum zu schaffen. Unter der Führung eines fähigen Mannes waren diese Dörfler zu Taten ganz außerordentlicher und großartiger Tapferkeit fähig. Ohne dessen inspirierende Anwesenheit jedoch drohte ein solcher Verband schnell zu zerfallen. ... Wie Irekat befürchtet hatte, geschah genau dies in jener Sonntagnacht des 4. April 1948. Gazit und seine Männer, die sich eigentlich auf den entscheidenden Angriff der Araber vorbereiteten, sahen verwundert, wie ihre Gegner anfingen, einer nach dem anderen das Schlachtfeld zu verlassen. Sie gingen einfach heim, in ihre Dörfer. Als der nächste Tag graute, waren kaum hundert Palästinenser übrig geblieben. Und Kastel war immer noch fest in jüdischer Hand."[15]

15· Ebd., S. 255

In Neu-Jerusalem war sich der örtliche Befehlshaber der Haganah, David Shaltiel, nicht dumm und wusste wohl, dass dies nicht das letzte Wort sein konnte, das in der Frage der militärischen Kontrolle von Kastel gesprochen wurde. Das Kriegsglück der Haganah würde nur von kurzer Dauer sein und die Araber würden das nächste Mal vielleicht sogar von Abdul Khader selbst angeführt wiederkehren. Shaltiels eigene Verbände standen alle im Feld und waren überall so ausgedünnt, dass er nicht wusste, wo er Verstärkung für Gazits Männer hätte abziehen können. Wie sollten diese bloß einer weiteren palästinensischen Attacke widerstehen?

Shaltiel stammte aus einer Hamburger Familie sephardischer Juden und hatte in den Zwanziger Jahren in der französischen Fremdenlegion gedient. In den Dreißiger Jahren hatte ihn die Gestapo verhaftet, als er für die Haganah in Deutschland auf geheimer Mission unterwegs war. Er hatte damals drei Jahre im Gefängnis und in den Konzentrationslagern Dachau und Buchenwald verbracht und war auch gefoltert worden. Er brachte sich in jener Zeit das Hebräische bei, auch um die Haft und die Folter psychisch überstehen zu können.

Shaltiels Befürchtungen bezüglich eines möglichen Verlustes von Kastel an die palästinensischen Kämpfer führten dazu, dass Irgun und Lehi das an Waffen und Munition erhielten, was sie für ihren späteren Angriff auf Deir Yassin benötigten. Shaltiels Adjutant war damals Yeshurun Schiff. In früher, noch dunkler Morgenstunde des 6. Aprils, eines Dienstags, hatte dieser eine dienstliche Verabredung auf der King-George-V-Avenue in Jerusalem. Er traf dabei zwei Männer, Mordechai Ra'anan, den Chef der örtlichen Irgun, und Yoshua Zeitler, den Leiter der Lehi-Zelle von Jerusalem. Schiff erkundigte sich, flüsternd wie auch seine Gesprächspartner, ob die beiden jüdischen Terrorgruppen gewillt seien, der Haganah bei der Verteidigung gegen den zu erwartenden Gegenangriff auf Kastel beizustehen. Die Reaktion der Vertreter von Irgun und Lehi war zunächst nicht vielversprechend: Ra'anan und Zeitler gaben Schiff zu verstehen, dass sie die Bitte mit den anderen Anführern ihrer jeweiligen Ortsgruppen besprechen würden. Eine positive Antwort gebe es in jedem Falle aber nicht umsonst. Die beiden Gruppen erwarteten selbstverständlich, dass die Haganah sich durch ansehnliche Ausstattung der Terroristen mit Schusswaffen, Munition und Handgranaten erkenntlich zeigte. Schiff gab zurück, dass das kein Problem darstelle und er sich persönlich um die Angelegenheit kümmern werde.

In der folgenden Nacht teilten Irgun und Stern-Gruppe dem Adjutanten Schiff mit, dass sie bereit seien, der Haganah beizustehen. Dementsprechend erwarteten, verlangten und erhielten sie die geforderte „Entlohnung“ in Form von Waffen. Aber weder Irgun noch Lehi hatten die Spur einer Absicht, sich an ihren Teil der Abmachung zu halten. Sie begehrten die von der Haganah gelieferten Waffen, um ein Ziel ihrer Wahl anzugreifen, und das war Deir Yassin.

Die beiden Terrororganisationen hatten sich ausgerechnet, dass ein eindrucksvoller Sieg auf zweierlei Weise ihrer Sache dienen würde: Einerseits könnte er der Startschuss für eine Kampagne sein, mit der die arabischen Dorfbewohner durch Terror dazu gebracht würden, „freiwillig“ zu fliehen. Und wenn der Angriff auf Deir Yassin insofern ein Erfolg wäre, würde er den Revisionisten von Irgun und Stern-Bande die Selbstdarstellung als die dynamischsten Kräfte im zionistischen Kampf gestatten. Sie wollten behaupten können, dass die Heimkehr nach Zion und das Wiedererstehen Israels vor allem dem Einsatz, dem Eifer und dem Opfergeist ihrer beiden Gruppen zu verdanken war. Der politische Gewinn, so ihre Rechnung, würde darin bestehen, dass die offiziellen Vertreter des Zionismus in Palästina, d.h. die „Jewish Agency“, Haganah und Palmach, gezwungen wären, die revisionistischen Gruppen Irgun und Lehi ernst zu nehmen und als grundsätzlich gleichwertig zu behandeln. Begin legte damit in der Tat die ersten wesentlichen Grundsteine für seine spätere Rolle als politisches Schwergewicht des neuen zionistischen Staats.

Deir Yassin wurde von der Irgun- und Lehi-Führung aus zwei Gründen als Ziel für diese erste, wichtige Attacke auf ein arabisches Dorf ausgewählt: Zum einen lag es in der unmittelbaren Nähe Jerusalems. Deir Yassin lag im Westen der Stadt, zwischen den felsigen Ausläufern der dortigen Hügel, praktisch am Stadtrand. Zum anderen, und dies war noch wichtiger, stellte Deir Yassin ein „weiches“ Ziel dar und war leichte Beute.

Die zwei Terrorgruppen brauchten dringend ein solches weiches, einfaches Ziel, aufgrund der engen Grenzen, die ihrer Kampfkraft gezogen waren. Die Kämpfer von Irgun und Lehi, Männer wie Frauen, besaßen weder eine konventionelle militärische Ausbildung, noch entsprechende Erfahrung. Sie legten Bomben – platzieren und türmen – und sie mordeten mit Pistole und MPi – schießen und türmen. Von der Kunst des eigentlichen militärischen Kampfes wussten sie nur wenig. Daher war klar, dass sie im Falle ernsthaften Widerstands gegen ihren Angriff vielleicht kein gutes Bild abgeben würden. Und aus dem gleichen Grund wollten sie auch so dringend bei ihrem ersten Ausflug auf das Gebiet regulärer Kriegsführung über überlegene Feuerkraft verfügen.

Deir Yassin war als das „Dorf der Steinmetze“ bekannt, da die meisten seiner männlichen Bewohner ihr Brot damit verdienten, die in Nähe Jerusalems gebrochenen prächtigen Steine fachgerecht zu bearbeiten. Sie lieferten damit einen wichtigen Baustoff für die Gebäude der Heiligen Stadt und deren Fassaden. Die Bewohner von Deir Yassin hatten nichts getan, um einen Angriff herauszufordern; sie hatten sogar all die Jahre in Frieden und Harmonie mit den umliegenden jüdischen Vorstädten gelebt. Shaltiel würde später selber sagen, dass das Dorf „seit Beginn der Unruhen immer ruhig geblieben“ sei; sein Name war nicht ein einziges Mal in den Meldungen über arabische Angriffe auf Juden aufgetaucht. Dieses arabische Dorf hatte, um genau zu sein, sogar mit der Jewish Agency kooperiert. Bei mindestens einer Gelegenheit hatten die leicht bewaffneten Dorfwächter Deir Yassins, bloß sieben an der Zahl, ankommende arabische Kämpfer aus dem Dorf vertrieben, wobei der Sohn des Dorfschulzen, des Mukhtar, sogar sein Leben verlor.

Am Morgen des Angriffs auf Deir Yassin war das Dorf, unbedarft und ahnungslos, besonders verwundbar, da die meisten Männer des Ortes zur Arbeit nach Jerusalem gegangen waren. Die meisten Frauen und Kinder schliefen tief und fest, bewacht nur von den sieben Dorfwächtern mit ihren alten Flinten. Die waren eigentlichen nur gut für gelegentliche Jagd auf Kaninchen oder für die laute Untermalung von Dorffesten. Es war halb fünf an jenem Freitag, dem 9. April 1948, als die sieben Männer nichtsahnend in der Morgenröte die Ankunft eines neuen, friedlichen Tages erwarteten. Vielleicht würde es bald Krieg geben, falls es den Vereinten Nationen nicht gelingen sollte, der zionistische Übernahme Palästinas Einhalt zu gebieten. Aber noch war der Krieg nicht da, und der Friede Deir Yassins, geradezu perfekt in der Stille der endenden Nacht, würde an jenem Tage noch nicht gestört werden. „In sha'Allah" - „So Gott will."

In der Deckung der letzten Dunkelheit brachte sich die Streitmacht des kommenden Angriffs, 130 Vertreter der „neuen Spezies Mensch", in Stellung: Die Männer der Irgun kamen von Süden, von der nahen jüdischen Vorstadt Bet Ha-Kerem, die Männer von Lehi von Norden. Von Osten quälte sich über die einzige zum Ort führende feste Straße ein in Heimarbeit gepanzerter Wagen vorwärts, ausgestattet mit einem Lautsprecher. Für ihre gemeinsame Aktion hatten die beiden revisionistischen Gruppen den Codenamen „Achdut", d.h. „Einheit", um auch symbolisch ihre Zusammenarbeit zu unterstreichen.

Eine der Dorfwachen erblickte plötzlich auf dem Abhang unter seinem Posten eine Gruppe Männer, wie sie den Wadi („Tal", hier: „Trockental") hinauf stiegen. Er glaubte seinen Augen nicht zu trauen, schaute noch einmal und rief dann laut aus: „Ahmed, Yehud ala aynoh!" - „Ahmed, hier sind Juden!" Alle sieben Mann der Dorfwache schossen ihre Vorderlader ein einziges Mal ungefähr in Richtung der heranrückenden Zionisten ab, kaum weniger harmlos als bei der Kaninchenjagd. Dann rannten sie im Dorf von Tür zu Tür, um die Einwohner zu warnen. Einige Dorfbewohner flohen in westliche Richtung, bloß mit einem schnell übergeworfenen Gewand bekleidet.

Die jüdischen Freischärler gingen kurz vor der ersten Häuserreihe des Dorfes in Deckung und warteten auf den Panzerwagen mit dem Lautsprecher. Mit seiner Hilfe wollten sie die Dorfeinwohner auffordern, ihre Häuser zu verlassen und zu fliehen. Sie hofften, so die Räumung Deir Yassins durch seine Bewohner zu erreichen, ohne dass ein einziger Tropfen jüdischen Blutes vergossen würde. Das Problem: die geplante Durchsage konnte nicht verbreitet werden, da der gepanzerte Wagen mit dem Lautsprecher in einen Graben fuhr und liegenblieb. Die Nachricht von dieser unvorhergesehenen Panne löste zusammen mit ersten Schüssen aus dem Dorf eine hitzige Debatte aus. Vielleicht war die Verteidigung Deir Yassins doch besser organisiert, als man gedacht hatte?

Als schließlich eine Maschinegewehrgarbe in Richtung Dorf abgegeben wurde, war dies das Zeichen, dass die Angreifer vorrücken sollten. Nach einem ersten schnellen Vorstoss kam dieser Angriff wieder zum Stehen. Nicht wenige der alten Männer des Dorfes, die nicht zu den Wachen gehörten und nicht geflohen waren, hatten ihre alten Gewehre aus dem Schrank geholt. Sie leisteten, in Verteidigung ihrer Häuser und Angehörigen, einen erstaunlich hartnäckigen und wirksamen Widerstand. Die zionistischen Kämpfer, reguläre Infanteriegefechte nicht gewohnt, wurden auf dem falschen Fuss erwischt. Sie brauchten fast zwei Stunden, um durch die äußere Häuserreihe durchzubrechen und das Zentrum des Dorfes zu erreichen. Dort trafen die beiden Gruppen der Kämpfer zusammen, freudig jubelnd. Ihre Siegesfreude sollte jedoch, wie Collins und Lapierre anmerken, von kurzer Dauer sein.

„Ihre Munitionsvorräte waren fast aufgebracht, und die selbstfabrizierten Maschinenpistolen der Irgun fielen eine nach der anderen wegen Ladehemmung aus. Obwohl ihre Verluste in Wahrheit gering waren – der ganze Angriff forderte unter beiden Gruppen insgesamt nur vier Tote – erschien dies den schlecht ausgebildeten Terroristen in der Hitze des Kampfes viel. [Ich fände es treffender, sie als gut ausgebildete Terroristen ohne Ausbildung für reguläre militärische Operationen zu bezeichnen. D.V.] Zwei ihrer wichtigsten Anführer wurden verwundet. Zeitweise zogen sie sogar einen Rückzug in Betracht. Niemand schien bedacht zu haben, dass es deutlich schwieriger ist, ein Widerstand leistendes Dorf zu erobern, als eine Bombe in eine unbewaffnete Menge an einer Bushaltestelle zu werfen. Giora, der Anführer der Irgun-Abteilung, trieb seine Männer zu einem erneuten Angriff, als er selber verwundet wurde. Eine Art Massenhysterie bemächtigte sich der zionistischen Angreifer. Als die Gegenwehr gegen den zionistischen Ansturm schließlich abflaute, fielen sie mit sich steigernder Wut über die Einwohner von Deir Yassin her.“[16]

Nachdem der Widerstand gebrochen war, befahlen die jüdischen Terroristen den Dorfbewohnern, sich auf dem zentralen Platz zu versammeln. Diejenigen, die daraufhin aus ihren Häusern kamen, wurden an eine Wand gestellt und erschossen. Sie waren die Glücklicheren: Diejenigen nämlich, die in ihren Häusern blieben, wurden regelrecht abgeschlachtet. Viele Frauen wurden vergewaltigt, bevor man sie umbrachte. „O Jerusalem“ enthält eine detaillierte Beschreibung von den folgenden Ereignissen, als Deir Yassin sich Stück für Stück „in eine Hölle aus Schreien, explodierenden Handgranaten und dem stechenden Geruch vergossenen Blutes,

16- Ebd., S. 274

Schießpulvers und Rauchs" verwandelte. Eine überlebende Augenzeugin, Tochter einer der Sippen des Dorfes, berichtet unter anderem: „Ich sah, wie ein Mann meiner Schwester Salhiyah, die im neunten Monat schwanger war, eine Kugel ins Genick schoss. Dann schnitt er ihren Bauch mit einem Fleischermesser auf."

Nach dem Bericht eines anderen Augenzeugen, der diesen bestätigte, wurde eine dritte Frau beim Versuch umgebracht, das ungeborene Kind aus dem offenen Bauch der Mutter zu retten. Eine sechzehnjährige Überlebende, Na'nah Khalil, erzählte hinterher, dass sie gesehen habe, wie ein Mann „eine Art Schwert nimmt und meinen Nachbarn Jamil Hish von Kopf bis Fuß damit spaltet, um dann das gleiche auf den Stufen meines Hauses mit meinem Cousin Fathi zu tun."[17]

Der erste unabhängige Beobachter auf dem Schauplatz des Verbrechens war Jacques de Reynier, ein Schweizer und offizieller Vertreter des Internationalen Roten Kreuzes. Er und sein deutscher Begleiter fanden 150 Leichen, die man bereits in eine Zisterne geworfen hatte. Insgesamt zählten sie 254 Tote, einschließlich 145 Frauen, davon 35 Schwangere. In seinem Tagebuch notierte de Reynier in jener Nacht, dass die Terroristen ihr Werk noch nicht vollendet hatten, als er ankam. Einer der Irgun-Angreifer erklärte seinem deutschen Begleiter, dass sie noch beim „Säubern" des Dorfes seien.[18]

Reynier berichtet: „Als erstes sah ich, wie Leute hin und her rannten, in die Häuser hinein und wieder heraus; sie trugen Sten-MPi's, Gewehre, Pistolen und lange, verzierte Messer ... Sie schienen halb wahnsinnig." Er schildert auch sein Entsetzen, als er Zeuge wurde, wie „eine junge Frau ein altes Paar, Mann und Frau, die auf der Schwelle ihres Hauses kauerten, erstach." Welches Bild ihn im ersten Haus, in das er sich einen Weg bahnte, erwartete, beschreibt er so: „Alles war zerfetzt und zersplittert und drunter und drüber gekehrt worden. Überall lagen Leichen verstreut. ... Sie hatten ihre ‚Säuberung' mit Schusswaffen und Handgranaten erledigt, und dann mit Messern zuende gebracht, wie jeder sogleich hätte erkennen können." Das einzige, was Reynier sofort in den Sinn kam, waren „die SS-Truppen, die ich in Athen erlebt hatte."

In einem der Häuser sah Reynier, wie sich in der Dunkelheit etwas bewegte. Er beugte sich nieder und bemerkte „einen kleinen Fuß, noch warm". Er gehörte einem zehnjährigen Mädchen, das trotz seiner Wunden noch lebte. Reynier hob

17· Ebd., S. 275; vgl. auch die im Internet hier wiedergegebenen Zeugenaussagen: http://www.deiryassin.org/survivors.html]]

18· Vgl. Jacques de Reynier, „A Jerusalem un drapeau flottait sur la ligne de feu", Neuchatel, Editions de la Baconnière, 1950, S. 213; die beiden Hauptquellen für die Erzählung der Ereignisse in Deir Yassin in „O Jerusalem" von Collins/Lapierre sind einerseits Reyniers Bericht an das Internationale Rote Kreuz und daneben Polizeiberichte, die dem Chief Secretary der Mandatsregierung Palästinas, Sir Henry Gurney, von Richard C. Catling, dem Assistant General der „Criminal Investigation Division" (Kriminalpolizeilichen Abteilung) mit Datum vom 13., 15. und 16. April in Kopie zugesandt worden waren, Aktenzeichen 179/110/17/GS, Vermerk „Geheim"; den Bericht an das ICRC in Genf kann man im Internet in englischer Übersetzung hier finden: http://www.israel-palestina.info/deir-yassin-the-red-cross-report/

sie hoch und bat seinen deutschen Begleiter, sie zum Sanitätsfahrzeug zu bringen, mit dem sie gekommen waren.

De Reynier gab den jüdischen Kämpfern wütend zu verstehen, dass er jetzt auch die anderen Häuser nach Überlebenden durchsuchen wolle. Die Terroristen bekamen jedoch kalte Füße und wollten ihn endlich loswerden. Sie befahlen ihm, sofort nach Jerusalem zurückzukehren. Die wenigen Verwundeten, die er eingesammelt hatte und die ohne seine Intervention wohl auch umgebracht worden wären, konnte er mitnehmen, mehr nicht.

Der britische Hochkommissar, Sir Alan Cunningham, befand sich gerade in einer regulären Tagessitzung seines Komitees für Sicherheitsfragen, als ihn die ersten Berichte von den Ereignissen in Deir Yassin erreichten. Er kannte die Haganah gut genug, um sie solcher Scheußlichkeiten nicht für fähig zu halten, und war sich fast sicher, dass dies das Werk von der Irgun und der Stern-Bande sein musste. Wut und Zorn waren ihm anzusehen, als er sich an General Sir Gordon Macmillan, den Befehlshaber der britischen Bodenkräfte in Palästina wandte: „Jetzt habt ihr endlich diese Bastarde! Auf, auf, um Gottes Willen, und holt sie euch!“[19]

Aber General Macmillan weigerte sich, auch nur einen Finger zu rühren. Ihm standen, so seine Begründung, viel zu wenige Truppen zur Verfügung. Das war allerdings nicht die ganze Wahrheit. Zu diesem Zeitpunkt war Macmillan, auf interne militärische Weisung von oben hin, dazu verpflichtet, seine Männer nur noch in Verfolgung rein britischer Interessen einzusetzen, das heißt um britische Einrichtungen oder britische Beamte und Soldaten zu schützen. Arabische Interessen in irgendeiner Form zu wahren, das zählte inzwischen nicht mehr zu den Aufgaben der britischen Armee.

Cunningham hielt die Lage für ernst genug, dass er diese mit außerordentlichen Mitteln beantwortete. So wandte er sich, immer noch zornig, an seinen Luftwaffenkommandeur von der RAF und wies ihn an, einen Luftschlag durchzuführen. Der meinte, gerne behilflich sein zu wollen, wenn es nicht ein Problem gäbe: Am Vortag hatte die RAF im Zuge des britischen Abzugs aus Palästina, an dessen Zeitplan die britischen Behörden trotz allen Durcheinanders in der UNO, in Trumans Regierung und vor Ort festhielt, alle leichten Bomber nach Ägypten und alle Raketen nach Habbaniya im Irak (dem damals unterwürfigsten Vasallenstaat der Briten) gesandt. Man würde mindestens einen Tag benötigen, um sie wieder zurückholen zu können.

Nach dem, was man aus den Berichten schließen kann, hätte Cunningham wohl auf einem Luftschlag gegen die revisionistischen Terroristen bestanden und sogar eine Konfrontation mit Londoner Ministerien riskiert, wenn nicht eine neue, eigenartige Wendung des Schicksals jeden Gedanken an ein solches Ein-

---

19· Collins/Lapierre, „O Jerusalem!“, S. 279

greifen unmöglich gemacht hätte: Kräfte der Haganah waren nach Deir Yassin eingerückt, um das Dorf zu besetzen und die Kontrolle zu übernehmen. Und daraus sollte sich eine neue, dramatische Konfrontation zwischen ihnen und den zionistischen Terroristen ergeben.

Die erste Einheit der Haganah, die nach Deir Yassin hineinkam, wurde von Eliyahu Arieli angeführt. Dieser junge Intellektuelle kommandierte eine Abteilung der Gadna, der Jugendorganisation der Haganah *[„Gadna" steht für „Gududei No'ar" oder „Jugendbataillone", Anm.d.Ü.]*. Da er im Weltkrieg zuvor sechs Jahre im britischen Heer gedient hatte, war er ein regelrechter militärischer Veteran; er hatte unter anderem den britischen Rückzug aus Griechenland mitgemacht. Doch keine Episode seiner bisherigen militärischen Erfahrung hatte ihn auf das vorbereitet, was er nun zu sehen bekam. Das war, wie er später berichtete, „absolut barbarisch. ... Alle Getöteten, bis auf sehr wenige Ausnahmen, waren alte Männer, Frauen, Kinder. ... Die Toten, die wir fanden, waren allesamt unschuldige Opfer, und keiner von ihnen war mit einer Waffe in der Hand gestorben."[20]

Arieli war von diesen Bildern so angewidert und entsetzt, dass er es den Jugendlichen seines Verbandes verbot, ins Dorf zu gehen und sich das anzuschauen.

Der nächste, größere Verband der Haganah am Ort des Geschehens wurde von Schiff, Shaltiels Adjutant, angeführt, der die Abmachung mit der Irgun und der Stern-Bande eingefädelt hatte. Er gab später zu Protokoll, dass die Terroristen die ihnen überlassenen Waffen, statt sie zur versprochenen Unterstützung der Haganah einzusetzen, „lieber nutzten, um jeden umzubringen, den sie lebend antrafen, als ob jedes Lebewesen in diesem Dorf ihr Feind wäre und sie nur den Gedanken ‚Bringt alle um!' hätten fassen können."[21]

Bevor er versuchte, Shaltiel über Funk zu kontaktieren, befahl Schiff seinen Männern, die Schuldigen des Massakers zu umstellen. Ihre Organisationen hatten ihn schon einmal hinters Licht geführt und er wollte keine unnötigen Risiken mehr eingehen. Die Luft zwischen den beiden zionistischen Gruppen, Haganah und Revisionisten, knisterte bedrohlich, als sie sich auf dem Dorfplatz Auge in Auge gegenüberstanden. Als er glaubte, die Lage unter Kontrolle zu haben, ging Shaltiel zum Anführer der Stern-bande und sagte ihm ins Gesicht: „Ihr Schweine!" Dann erstattete er Shaltiel seinen Bericht. Dieser hatte zuvor schon dem Anführer von Irgun in Deir Yassin gesagt, die Haganah werde nicht die Verantwortung für „eure Morde" übernehmen. Diese Worte waren gefallen, als der Irgun-Mann per Funk bei Shaltiel um die Entsendung einer Einheit der Haganah gebeten hatte, damit diese die Kontrolle über das Dorf übernehme.

---

20. Ebd., S. 279

21. Ebd., S. 280; ebenso für die Zitate auf der folgenden Seite, falls nicht ausdrücklich anders ausgewiesen

Nun gab Shaltiel Schiff den Befehl, die Terroristen zu entwaffnen: „Und wenn sie ihre Waffen nicht ablegen, eröffnet das Feuer auf sie." Schiff war sich jedoch bewusst, dass die Schlächter von Deir Yassin ihre ihnen so teuren Waffen nicht kampflos hergeben würden. In der langen Stille, die nach Shaltiels Anweisung entstand, stritt Schiff innerlich mit sich selber. Diese Sache zerriss ihm das Herz und es ist nicht schwer, sich vorzustellen, dass er derartige seelische Pein noch nicht erlebt hatte. Er verabscheute die Männer und Frauen von der Irgun und der Stern-Bande für das, was sie dort verbrochen hatten – aber auf sie schießen? Die Geschichte der Juden, das wusste er genau, vor voller Tragödien tödlichen Bruderkampfes im Angesicht eines gemeinsamen Feindes. Wenn sie jetzt anfangen würden, als Juden auf Juden zu schießen, wären sie verloren. Er jedenfalls wollte nicht der Initiator eines jüdischen Bürgerkrieges sein.

„Ich kann das nicht", sagte Schiff schließlich über Funk zu seinem Vorgesetzten. Shaltiel schrie: „Du sollst mir nicht sagen, was du kannst oder nicht kannst! Das ist ein Befehl!" „Hör doch, David", flehte ihn Schiff an, „du wirst deinen Namen für immer mit Blut besudeln. Das jüdische Volk wird dir nie vergeben!" Und so gab Shaltiel schließlich seinem Bitten nach. Die Terroristen erhielten lediglich den Befehl, im Dorf aufzuräumen.

Unter den Augen von Schiff trugen die Mörder die Leichen ihrer Opfer in den Steinbruch von Deir Yassin. Dort legten sie sie ab, übergossen die Körper, viele davon verstümmelt, mit Benzin und zündeten sie an. Verglichen mit den von den Nazis begangenen millionenfachen Massenmorden, dem Holocaust, war das, was in Deir Yassin geschah, wohl ein kleines Verbrechen; aber auf seine eigene Weise war es ebenfalls ein kleiner Holocaust. Und auch er sollte den Gang der Geschichte beeinflussen.

Arthur Koestler: „Das Blutbad von Deir Yassin war der psychologisch entscheidende Faktor für den spektakulären Exodus der Araber"

Ein Unterschied zur planmäßigen Judenvernichtung in Europa lag darin, dass das Abschlachten der palästinensischen Dorfbewohner von Deir Yassin eben nicht vorgeplant war. Die Aktion entwickelte sich erst in ihrem Lauf zu dem Verbrechen, als das es bekannt ist. Aber das Ganze war schon aus der zionistischen Absicht geboren, die palästinensischen Araber ihrer Häuser, ihres Landbesitzes und all ihrer Rechte zu berauben und sie, wenn möglich, zu vertreiben.

Und aus der Perspektive dieses zionistischen Vorhabens war die Operation „Achdut" ein weit größerer Erfolg, als sich das Irgun-Chef Begin selbst in seinen wildesten Träumen auszumalen gewagt hätte. Wie es Arthur Koestler in einem kurz darauf veröffentlichten Buch anmerkte, war „das Blutbad von Deir Yassin ... der psychologisch entscheidende Faktor für den spektakulären Exodus der Araber".[22]

Jacques de Reynier war der gleichen Ansicht. Er schrieb, dass nach dem Massaker, auch aufgrund der medialen Wellen, die es schlug, „der [palästinensisch-arabische] Exodus begann und sich zu einem allgemeinen Phänomen entwickelte."[23]

Einigen US-amerikanischen Journalisten wurde auf einer gemeinsamen Pressekonferenz von Irgun und Stern-Bande mitgeteilt, dies sei „der Anfang der Eroberung von Palästina und Transjordanien [sic!]."[24]

Rabbi Silver gab später in den USA folgendes zum Besten:

„Die Irgun wird in die Geschichte eingehen als einer der Faktoren, ohne die der Staat Israel nicht ins Leben gerufen worden wäre."

Dieses entstammt einer Betrachtung des Krieges von 1948, die fast dreißig Jahre später in einer Ausgabe der Zeitschrift „American Zionist" zu finden war. Mordechai Nisan vom „Truman Forschungszentrum" der Hebräischen Universität in Jerusalem verlieh dort auch seiner Besorgnis Ausdruck, dass man in Nachhinein nicht mehr sehen wolle, welche herausragende Bedeutung dem Terrorismus im Kampf um die jüdische staatliche Unabhängigkeit zukam:

„Ohne Terror hätte die jüdische [staatliche] Unabhängigkeit sehr wahrscheinlich nicht zu dem Zeitpunkt erreicht werden können, an dem dies geschah.[25]

Begin selber schilderte in seinem Buch „Die Revolte" auf besonders anschauliche Weise, wie sehr das Gemetzel in Deir Yassin der zionistischen Sache nützte:

„Panik überwältigte die Araber von Eretz Israel. Das Dorf Kolonia, das zuvor jeden Angriff der Haganah zurückgeschlagen hatte, wurde über Nacht geräumt und fiel ohne weitere Kämpfe. Beit-Iksa wurde ebenfalls verlassen. Diese beiden Orte lagen oberhalb der Straße und ihr Fall ermöglichte es, zusammen mit der Einnahme von Kastel durch die Haganah, die Straße nach Jerusalem offen zu halten. Im ganzen übrigen Land begannen die Araber auch aus Angst und Furcht zu fliehen, noch bevor sie mit jüdischen Verbänden Berührung gehabt hatten. ... Die Kunde von Deir Yassin half uns insbesondere bei der Rettung von Tiberias und der Eroberung von Haifa. ... Alle jüdischen Truppen stießen nach und durch Haifa durch, wie ein Messer die Butter schneidet. Die Araber fingen überall an, panikartig zu fliehen, und riefen dabei ‚Deir Yassin!' "[26]

Die Jewish Agency distanzierte sich von der in Deir Yassin verübten Barbarei und verurteilte die Greueltat. Ben-Gurion sandte dem transjordanischen König

---

22· Arthur Koestler, „Promise and Fulfilment · Palestine 1917–1949", London, Macmillan, 1949, S. 160; im Internet: https://archive.org/details/promiseandfulfil006754mbp

23· Jacques de Reynier, „A Jerusalem un drapeau flottait sur la ligne de feu", S. 213

24· William R. Polk/David M. Stamler/Edmund Asfour, „Backdrop to Tragedy", Beacon Press, Boston 1957, S. 291

25· „The American Zionist", Ausgabe Mai/Juni 1976

26· Menachem Begin, „The Revolt", S. 164f

Abdullah ein persönliches Telegramm, in dem er seinem Entsetzen Ausdruck gab. Und der Oberrabbiner Jerusalems ergriff die außergewöhnliche Maßnahme, die Teilnehmer der blutigen Expedition feierlich zu exkommunizieren.

Einerseits. Aber – es gab auch ein „andererseits“: Die Jewish Agency druckte und verteilte Flugblätter über das Massaker an die arabischen Einwohner vieler Dörfer. Lautsprecherwagen fuhren durch die Straßen der arabischen Altstadt Jerusalems; in arabischer Sprachen war zu hören:

„Wenn ihr nicht eure Häuser verlasst, wird das Schicksal Deir Yassins das Eure sein!“[27]

In den USA und Europa wurde damals nichts darüber berichtet - und auch später über viele Jahre nicht eingestanden - wie gekonnt Jewish Agency, Haganah und Palmach den Trumpf „Deir Yassin“ ausspielten und den Terror von Irgun und Stern-Bande ausnutzten, um die Flucht der Araber zu beschleunigen, während das Schicksal Palästinas auf der Ebene der Vereinten Nationen eigentlich noch in der Schwebe war. Einer derjenigen, die schließlich die Wahrheit über die Rolle der Palmach bei dem äußerst anrüchigen Ausschlachten arabischer Ängste nach Deir Yassin (dass nämlich alle das Schicksal der Einwohner Deir Yassins erleiden würden, wenn sie ihre Dörfer nicht aufgäben), berichteten, war Yigal Allon, damals Befehlshaber der Elitetruppen von Palmach und später israelischer Außenminister und stellvertretender Premier. In seinem Buch über die Geschichte der Palmach, „Sefer ha-Palmach“, erläutert er, wie er bei der „Säuberung“ des oberen Galiläa zu Mitteln der „psychologischen Kriegsführung“ griff:

„Ich versammelte alle jüdischen Mukhtars [Dorfschulzen], die mit Arabern verschiedener Dörfer in Kontakt standen, und bat sie, den Arabern ins Ohr zu flüstern, dass eine große jüdische Streitmacht in Galiläa eingetroffen sei und dass diese alle Dörfer in der Hula-Ebene niederbrennen würde. Sie sollten den Arabern raten, zu fliehen, solange dazu noch Zeit wäre.“[28]

Diese Taktik, so Allon, „erreichte ihr Ziel voll und ganz.“ Und diese Taktik wurde in ganz Palästina wieder und wieder angewandt, während die Uhr schier unaufhaltsam in Richtung der einseitigen Unabhängigkeitserklärung Israels weitertickte. Es kam nur ein einziges Mal dazu, dass General Macmillan die Truppen unter seinem Befehl einsetzte, um zionistische Vorstöße aufzuhalten, bevor die Briten schließlich die Araber Palästinas ihrem Schicksal überließen. Das war in Jaffa, wenige Kilometer von Tel Aviv entfernt [*und heute ein Stadtteil von Tel Aviv; Anm. d. Ü.*]. Die Aktion zur Austreibung der Araber aus Jaffa wurde vor allem von der Irgun durchgeführt, die aus ihrem „Triumph“ in Deir Yassin gestärkt hervorgegangen war. Macmillan inter-

27· Bertha Spofford Vester, „Our Jerusalem: An American Family in the Holy City“, New York, Doubleday, 1950; G. Kirk, „The Middle East 1945–1950“, Oxford University Press, 1954, S.262; S. N. Fisher, „The Middle East“, London, Routledge and Kegan Paul, 1960, S. 589

28· Yigal Allon, „Sefer Ha-Palmach“, Band 2, S. 286, hier zitiert nach Alfred Lilienthal, „The Zionist Connection II“

venierte allerdings erst, als ihm dies ein zornentbrannter Ernest Bevin ohne Wenn und Aber befahl. Bei Bevin, dem britischen Außenminister von 1945 bis 1951, zeigte die immer schärfer werdende arabische Kritik an der britischen Passivität Wirkung. Ich glaube aber auch, dass er zutiefst beschämt war, und als er genug hatte, gab er General Macmillan den unmissverständlichen Befehl, „jetzt endlich, verd-t nochmal, da Truppen ‚reinzuschicken und Jaffa für die Araber zurückzuholen". Aber diese Maßnahme erfolgte zu spät, wie im Fall von Palästina insgesamt: Als die britischen Truppen Ruhe und Ordnung in Jaffa wiederhergestellt hatten, waren 65 Tausend seiner insgesamt 70 Tausend arabischen Einwohner bereits geflohen.[29]

Im Mai 2003 ergab sich übrigens aus kürzlich deklassifizierten britischen Regierungsakten, dass Bevin tatsächlich das Ziel von Attentatsplänen einer zionistischen Terrorzelle in London war.[30]

Insgesamt wurden mehr als 700.000 Araber infolge zionistischen Terrorismus' und ethnischer Säuberungen vertrieben und enteignet

Die Gesamtzahl der Araber, die in Angst und Panik noch vor der offiziellen israelischen Unabhängigkeitserklärung die Flucht antraten, lag wohl bei dreihunderttausend. Das war aber nur die erste Etappe bei der Schaffung des palästinensischen Flüchtlingsproblems. Wie wir noch sehen werden, stieg die Zahl der palästinensischen Araber, die damals infolge des zionistischen Terrorismus und der ethnischen Säuberungen ihres Landes ihrer Häuser und all ihrer Rechte beraubt und vertrieben wurden, innerhalb kurzer Zeit auf insgesamt mehr als siebenhunderttausend.

Der jüdische Terrorismus und die Taktik, nach dem Vorbild Yigal Allons, die durch die terroristischen Akte erzeugte Furcht als Waffe einzusetzen, sind wohl als die primären Gründe der ersten Welle des arabischen Exodus' zu betrachten. Es gab jedoch außerdem einen fatalen arabischen Beitrag, der half, die palästinensische Bevölkerung in jene von Begin so anschaulich beschriebene Panik zu versetzen:

Als das (palästinensische) Höhere Arabische Komitee [„Arab Higher Committee", das Pendant zur Jewish Agency auf arabischer Seite] die Nachricht vom Gemetzel in Deir Yassin erhielt, quälten sich seine leitenden Beamten über Stunden mit der Frage herum, ob sie diese Neuigkeit publik machen sollten, oder eben nicht.

29· Collins/Lapierre, „Oh Jerusalem!", S. 336

30· Siehe auch: Jamie Wilson, „Terrorists plotted death of Bevin" [„Terroristen planten die Ermordung Bevins"], „The Guardian", in der Ausgabe vom 22. Mai 2003; der Text des Artikels im Archiv der Netzausgabe des „Guardian": http://www.theguardian.com/uk/2003/may/22/past.politics/print; vgl. ferner: Peter Day, „Jewish Plot to kill Bevin in London" [„Jüdisches Komplott zur Ermordung Bevins in London"], erschienen in „The Sunday Times", London, in der Ausgabe vom 5. März 2006; eine Kopie des Artikels ist im Internet zu finden unter: http://www.informationclearinghouse.info/article12205.htm

Ihnen war absolut klar, dass eine Panik auf Seiten der einfachen palästinensischen Bevölkerung die Folge sein würde; diese konnten bestenfalls demoralisierend wirken, schlimmstenfalls aber sogar zu einer Massenflucht führen. Von diesem Aspekt her schien wenig für eine Verbreitung der Nachrichten von Deir Yassin über Rundfunk zu sprechen. Aber da war noch eine andere wichtige Überlegung.

Die beiden Vertreter des Komitees, die sich schließlich dazu durchrangen, mit der Nachricht an die Öffentlichkeit zu gehen (Hussein Khalidi, der Sekretär des Arabischen Höheren Komitees und Hazem Nusseibi) waren intelligente, sensible und verantwortungsbewusste Männer. Sie waren auch über die wahre politische Lage in den benachbarten arabischen Ländern gut unterrichtet. Und weil sie so gut unterrichtet waren, fürchteten sie, dass die arabischen Armeen trotz der Kriegsrhetorik der arabischen Führer, den Palästinensern nicht zu Hilfe kämen, wenn ein jüdischer Staat ausgerufen würde. Wie Nusseibi später erklärte, entschlossen sie sich schließlich zur Verbreitung der Nachricht vom Deir Yassin-Massaker, denn:

„Wir wollten die Menschen der arabischen Länder erschüttern, damit sie Druck auf ihre Regierungen ausübten."[31]

Obwohl sie diese Entscheidung nach bestem Wissen und Gewissen fällten, spielten sie dennoch, ohne es zu wissen, den Zionisten in die Hände. Die durch ihre Veröffentlichung der Ereignisse von Deir Yassin unter den Arabern Palästinas ausgelöste Furcht verhalf der Allonschen „Flüsterpropaganda" zu einem Erfolg weit jenseits seiner wildesten Träume. Später einmal gab Nusseibi zu, dass es ein „fataler Fehler" gewesen sei, die Nachricht über Radio zu verbreiten. Im Nachhinein ist diese Aussage kaum zu bestreiten, und daher gibt es heute kaum einen Araber, der das anders sieht. Aber war zu den damaligen Bedingungen überhaupt eine andere Entscheidung möglich?

Allerdings war das Massaker von Deir Yassin nicht der einzige Grund für die wachsende Furcht unter den Palästinensern, dass die Zionisten nicht besiegt werden konnten, wenn nicht die arabischen Armeen nach dem Auslaufen des Mandats und dem Abzug der britischen Truppen intervenierten. Denn obwohl es niemand, kein Araber und kein Jude, bis zum Tag nach dem Deir Yassin-Massaker wusste: Abdul Khader war tot.

Nachdem er mit praktisch leeren Händen aus Damaskus zurückgekehrt war und kurz darauf Irekat befohlen hatte, unverzüglich den Gegenangriff auf die Haganah in Kastel zu organisieren, setzte sich Abdul Khader hin und schrieb einen Brief an seine Frau Wajiha in Kairo. Es war dies sein letzter. Er fügte ein Gedicht hinzu, das er in Damaskus für seinen achtjährigen Sohn Feisal verfasst hatte. [Als dieser Ende Mai 2001 an einem Herzanfall starb, war er Minister der Palästinensischen Autonomiebehörde für das israelisch besetzte Jerusalem].

31· Collins and Lapierre, „O Jerusalem", S. 281

„Tapfrer Männer Land
erhielten wir aus der Väter Hand.
Kein Recht haben die Juden
auf dieses Land.
Wie zum Schlafe ich find'
Wo darauf die Feinde sind?
Es brennt mir im Herzen tief
Dass mein Land mich rief.“[32]

Diese Worte seines Gedichts und ein Gespräch, das er kurz nach dem Versiegeln des Briefes an seine Frau führte, lassen mich vermuten, dass er seinen Tod vorausgeahnt haben könnte. Vielleicht suchte er auch im Lichte der Erkenntnisse, zu denen er offensichtlich gekommen war, nur noch einen ehrenvollen Weg, sein Leben zu geben. Er rief nämlich nach einem seiner vertrauten Offiziere, Bajhat Abu Gharbiyeh, einem Dorflehrer von Beruf. Dieser gab später an, seinen Vorgesetzten nie zuvor so verbittert erlebt zu haben. „Wir wurden verraten“, teilte ihm Abdul Khader mit.[33]

Des Palästinenserführers Zorn schwang in seiner Stimme immer deutlicher hörbar mit, als er nun Abu Gharbiyeh einen kurzen Bericht seines Besuchs in Damaskus gab: Wie Safwat und die Arabische Liga sich geweigert hatten, den Palästinensern die Waffen und die Munition zu liefern, die sie brauchten, um ihren Kampf gegen die Zionisten führen zu können, ohne auf eine arabische Intervention von außen angewiesen zu sein. Sehr verbittert beschrieb er auch sein letztes Erlebnis in Syrien: Am Militärflughafen Al Mazah bei Damaskus hatte er eine Lagerhalle gesehen, vollgestopft mit Waffen und Ausrüstung für seinen Rivalen Fawzi Al-Kaukji. (Dieser Mann war eine Kreatur der Arabischen Liga in seiner Funktion als Anführer der sogenannten „Arabischen Befreiungsarmee“; eine ausführlichere Befassung mit ihm wird in den Zusammenhang des zweiten Bandes von diesem Buch gehören.)

Abschließend wiederholte Abdul Khader noch einmal seine Schlussfolgerung, dass sie verraten worden seien. Dann sagte er dem Lehrer Abu Gharbiyeh:

„Sie [d.h die arabischen Staaten, vertreten durch die Arabische Liga] haben uns damit nur drei Möglichkeiten gelassen: Entweder wir gehen in den Irak und leben dort im Untergrund. Oder wir begehen Selbstmord. Oder wir sterben hier im Kampf.“[34]

32· Ebd., S. 261; dort wird das Gedicht in englischer Übersetzung zitiert: „This land of brave men/Is our ancestors' land./On this land/The Jews have no claim./How can I sleep/When the enemy is upon it?/ Something burns in my heart,/My country is calling.“

33· Ebd., S. 263f

34· Ebd.

Als er vom Leben im Irak im Untergrund sprach, bezog sich Abdul Qader darauf, dass die Briten dort immer noch Truppen stationiert hatten. Der Palästinenserführer ging also davon aus, dass er (und genauso seine Mitkämpfer) im Irak für den Fall, dass er den Kampf in Palästina aufgäbe und ins irakische Exil ginge, von den Briten verhaftet würde – es sei denn, er würde seine Identität verschleiern.

Die gerade erst unabhängigen arabischen Staaten hingen in Wahrheit stark von den Briten und Franzosen ab

Rein theoretisch hatten alle arabischen Staaten der Region ihre Unabhängigkeit erhalten: Irak im Jahre 1921 und im Folgejahr 1922 Ägypten, Syrien im Jahre 1943, Libanon 1944 und Transjordanien (das heutige Jordanien) 1946. In Wirklichkeit hingen diese „unabhängigen" arabischen Staaten in vielen Dingen noch sehr von Großbritannien bzw. Frankreich ab, vor allem, was die Versorgung mit Waffen und Munition und die technische Ausstattung und Ausbildung ihrer Streitkräfte und Nachrichtendienste anging. Und das bedeutete, dass die beiden ehemaligen Kolonialmächte (im Falle Großbritanniens gegenüber Ägypten, Irak und Transjordanien) hervorragende Möglichkeiten besaßen, den wichtigsten arabischen Staatsmännern Daumenschrauben anzulegen. Das traf besonders für die beiden Haschemitenkönige, Faisal von Irak und Abdullah von Transjordanien, zu.

Großbritannien wollte die Abhängigkeit der Palästinenser von der britisch kontrollierten Arabischen Liga

Die große Erkenntnis, zu der Abdul Khader selbst gelangte und die er seinem Untergebenen und Vertrauten Abu Gharbiyeh mitteilen wollte, war: Großbritannien wollte gar nicht, dass die Palästinenser sich und ihre Interessen selbst verteidigen konnten. Die Briten wollten, dass jene das Los der Palästinenser bestimmten, die sie selber manipulieren und kontrollieren konnten, hauptsächlich durch die Arabische Liga. Und das waren die damaligen Führer der arabischen Staaten. Wie wir noch sehen werden, behielt Abdul Khader Recht: Die Palästinenser wurden von ihren arabischen Brüdern, genauer von deren Führern, verraten.

Nachdem er Abu Gharbiyeh seine innersten Gedanken und Befürchtungen mitgeteilt hatte, konzentrierte sich Abdul Khader Al-Husseini wieder auf die Gegenwart. Was auch immer die Zukunft bringe, sagte er, das wichtigste sei nun, Kastel zurückzugewinnen. Er hatte vor, noch mehr seiner Männer gegen die Haganah zu schicken und diese selber zum Angriff zu führen. Die rund hundert arabischen Kämpfer, die nach Irekats unfreiwilligem Weggang noch vor Kastel in Stellung geblieben waren, hatten keine Fortschritte erzielt, aber wenigstens war es ihnen unter Führung des Schäfers Abu Dayieh gelungen, die Truppe Gazits unter Feuer und damit unter Kontrolle zu halten. Nun stieß Abdul Khader mit Verstärkung, darunter vier aus britischem Militärdienst desertierten Palästinensern, zu ihnen. In Damaskus hatte er Safwat vergeblich um eine Haubitze gebeten. Nun musste er sich vor Kastel mit vier Mörsern behelfen, die von den vier Deserteuren bedient wurden.

Alles in allem verfügte Al-Husseini über ungefähr dreihundert Mann für seinen Angriff. Die Vorzeichen waren günstig, da den jüdischen Kämpfern in Kastel allem Anschein nach bald die Munition ausgehen würde. Abdul Khader brachte den Hauptteil seiner Männer direkt vor dem Dorf in Stellung, unter dem Kommando von Abu Dayieh. Die anderen waren in zwei Abteilungen auf die beiden Flügel verteilt. Und so begann der Angriff der Palästinenser auf Kastel am Mittwoch, den siebten April 1948, um zehn Uhr abends, einen ganzen Tag und einige Nachtstunden vor dem Angriff der Irgun- und Stern-Terroristen auf Deir Yassin.

Nach ungefähr einer Stunde intensiven Beschusses hatten die Araber die Männer Gazits aus der vorderen Häuserreihe vertrieben und lagen jetzt nur noch hundert Meter von der strategisch wichtigsten Stellung der Haganah, dem Hause des Dorfältesten, des Mukhtar. Gedeckt vom Feuer der Mörser brachte ein Palästinenser einen großen, mit Sprengstoff gefüllten Olivenöl-Kanister an das Haus heran. Aus dem Haus rief der Hauptfeldwebel Gazits, Meyer Karmiol mit Namen, seine Kameraden zur Hilfe. Gazit robbte zur Vorderseite des Hauses und entdeckte den Kanister mit unversehrter Zündschnur. Karmiols Hilfeschrei hatte den arabischen Bombenleger anscheinend aufgeschreckt und dazu veranlasst, sich vor dem Anzünden der Schnur zurückzuziehen.

Gazit kehrte in seinen Kommandoposten zurück und hörte wenige Minuten darauf, wie Karmiol jemandem auf Englisch zuruft: „Wer da?" Die Antwort, „Wir sind's, Jungs" kam auf Arabisch, in selbstbewusstem Befehlston. Dann sah Gazit, wie Karmiol seine Sten-Maschinenpistole hob und den Hang vor dem Haus mit einer Feuergarbe bestrich. Und er sah im klaren Mondlicht den Schattenriss eines Arabers zu Boden fallen.

Am nächsten Morgen (dem Morgen des 8. April) hielten die Männer der Haganah immer noch die Stellung. Abu Dayieh erreichten überdies von seinem östlichen Flügel schlechte Nachrichten: Eine kleine zionistische Verstärkung stieg den Hügel hinter Kastel hinauf. Diese Truppe wurde von Uzi Narkiss von der Palmach angeführt, der die Einnahme von Kastel befehligt hatte. Er wollte den Eingeschlossenen unter Gazit fünzigtausend Schuss bringen; dieser Schatz stammte aus der neuesten, von der Haganah eingeschmuggelten Waffenlieferung.

Abu Dayieh zeigte sich umso besorgter, als Abdul Khader nirgends zu finden war. Alle vermuteten, dass er die Ankunft frischer jüdischer Verstärkung vorausgesehen hatte und unbemerkt nach Jerusalem geeilt war, um weitere Männer auszuheben und Munition zu aufzutreiben. Aber das galt es zu überprüfen: Abu Dayieh sandte Boten nach Jerusalem, um Auskunft über den Aufenthaltsort und die Absichten Abdul Khaders zu erhalten. Aber der war auch in der Heiligen Stadt nirgendwo zu finden, und schnell breitete sich die Kunde aus, dass Abdul Khader vermisst wurde. In den Worten von Collins und Lapierre:

„Die Neuigkeit sprang von Dorf zu Dorf und verbreitete sich so behende, wie dies schlechten Nachrichten eigen ist. Von Hebron bis Ramallah machten sich Männer auf, um an der Suche nach ihrem Anführer teilzunehmen. Es schien ein jeder aus der Stadt zu eilen, der ein Gewehr zu fassen bekam. Munition verteuerte sich schlagartig bis auf einen Schilling je Patrone. Die Nationale Busgesellschaft unterbrach ihren Linienverkehr und setzte ihre Fahrzeuge nur noch ein, um Freiwillige nach Kastel zu verfrachten. Taxichauffeure, Lastkraftfahrer, Besitzer von Privatfahrzeugen, alle boten ihre Dienste an, um Männer zum Ort des Kampfes zu bringen."[35]

Am nächsten Morgen fanden sich die jüdischen Kämpfer, die Kastel besetzt hielten, unter Feuer von allen Seiten wieder. „Was sollen wir tun?", fragte Gazit seinen Kameraden Narkiss. „Ich denke, wir sollten hier abhauen!", gab der zur Antwort. Und das taten sie dann auch. Kastel war wieder in Hand der Araber.

Und die feierten, im Hochgefühl ihres Sieges. Die palästinensische Flagge wurde über dem Haus des Mukhtars aufgezogen, und es erscholl ein ohrenbetäubendes „Allahu-Akbar". Doch dann kam der Schmerzensschrei, der sogleich alle Jubelrufe zum Verstummen brachte: Nadi Dai'es, ein junger Kaffeeverkäufer, war über einen Leichnam gestolpert. Es war der Körper jenes Mannes, den Gazit im Mondlicht zu Boden fallen sah, als Karmiol seine Maschinenpistole sprechen ließ. Es war der Leichnam Abdul Khaders.[36]

Die Tragweite seines Todes kann man besonders gut mit den Worten zweier Männer beschreiben. Der erste der beiden ist der vormalige Dorflehrer Abu Gharbiyeh, der damals klagte:

„Abdul Khader war unser Anführer. Unser einziger Anführer. Wir werden ihn nie ersetzen können."[37]

Der andere ist Emil Ghuri, palästinensischer Christ, ehemaliger Sekretär des Arabischen Höheren Komitees und mittlerweile ein Vertrauter von Haj Amin Al-Husseini. Ghuri hielt sich damals in Damaskus auf. Als er die Nachricht von Abdul Khaders Tod erfuhr, behielt er für sich, was ihm in den Sinn kam. Hätte er seinen Gedanken lauten Ausdruck verliehen, so wäre er von manchen wohl für einen Defätisten oder Schlimmeres gehalten worden:

35· Ebd.

36· Vgl. auch einen Artikel über Uzi Narkiss auf ynet, dem Internet-Auftritt der Tageszeitung Jedi'ot Acharanot/Yedioth Ahranoth: http://www.ynetnews.com/articles/0,7340,L-3406966,00.html

37· Collins and Lapierre, „O Jerusalem", S. 263f.

„Das ist das Ende der palästinensischen Widerstandsbewegung. Es liegt etwas in unserem Blut, das dem großen Einzelnen eine solche Bedeutung beimisst, ein solcher Heldenkult um den Führer, dass alles zusammenbricht, wenn er stirbt.“[38]

Und genau dies geschah mehr oder weniger. Die Hoffnung, dass die Palästinenser ihr Schicksal mitbestimmen würden, starb mit Abdul Khader Al-Husseini. Danach waren die Araber Palästinas der Arabischen Liga auf Gedeih und Verderb ausgeliefert. Und die Liga funktionierte, der öffentlichen Meinung und allgemeinen Gefühlslage in der arabischen Welt zuwiderlaufend, nach einem von den Briten verfassten Drehbuch. Dies verlangte, dass die Arabische Liga als Dachorganisation der arabischen Staaten dafür zu sorgen hatte, dass die palästinensische Widerstandsbewegung gefälligst kein ernstzunehmender Faktor auf dem Kriegsschauplatz des Nahen Ostens werden sollte.

Als Grund für ihr Drängen, dass die Arabische Liga nicht die einheimische palästinensische Widerstandsbewegung bewaffnen dürfe, gaben die Briten deren vormalige Beziehung zu den Nazis an: Nicht nur war der Mufti, Hadsch Amin, in Berlin bei Hitler gewesen, sondern auch sein Vetter Abdul Khader und andere führende Kämpfer hatten in Nazi-Deutschland eine militärische Ausbildung genossen. Und zu allem Überfluss hatten sie nach dem Krieg, in Kairo, Kontakt mit einem deutschen Sprengstoffexperten gehabt und sich von ihm fortbilden lassen. Im vertraulichen Gespräch waren die Briten bereit, zu sagen, worum es wirklich ging: So kurz nach dem Nazi-Holocaust und angesichts des sich daraus ergebenden moralischen Rückenwinds für die Zionisten würde es nirgendwo, und zuallerletzt in den USA, auch nur das geringste Verständnis für den palästinensisch-arabischen Kampf geben, solange dieser von „Nazi-Kollaborateuren“ angeführt würde.

Was die Briten damit sagen wollten (wie ausdrücklich sie dies mitteilten, wurde nicht schriftlich festgehalten): Sollten die arabischen Staaten die Kämpfer unter der Führung Hadsch Amins bewaffnen, so würden die Zionisten in aller Welt verbreiten, der palästinensische nationale Widerstand sei ein Geschöpf des untergegangenen Nazi-Deutschland und er würde im Falle seines Sieges Hitlers Vernichtungspolitik wieder aufleben lassen. Dabei spielte es gar keine Rolle, dass eine solche Darstellung des palästinensischen Kampfes eine groteske und bösartige propagandistische Lüge war. Die Zionisten hätten diese propagandistische Karte ausgespielt (obwohl ihre eigenen Leute, wie gesehen, ebenfalls mit den Nazis zusammenarbeiten wollten), und unter den damaligen Umständen hätte diese Karte wohl alle anderen gestochen. In einem solchen Fall wäre es für die britische Regierung politisch unmöglich geworden, die arabischen Staaten weiter zu unterstützen. Außerdem hätte sie ihren diplomatischen Einfluss bei den Ver-

38- Ebd., S. 265

einten Nationen nicht mehr zugunsten der Araber Palästinas einsetzen können, um vielleicht das Schlimmste zu verhüten.

Dieses Argument überzeugte die Mitglieder der Arabischen Liga, denn die arabischen Staaten waren damals dringendst auf das Wohlwollen und die Unterstützung Großbritanniens angewiesen. Wie wir weiter oben gesehen haben, hätten die Araber von Anfang an die USA als „Großen Bruder" vorgezogen, solange sie weltpolitisch noch nicht ganz auf eigenen Beinen stehen konnten. Aber das kam mittlerweile wegen des immer weiter wachsenden zionistischen Einflusses auf die US-Politik nicht mehr infrage. Und da die Araber im Allgemeinen, aus ihrer Kultur, ihren Werten und Traditionen heraus, entschieden antikommunistisch eingestellt waren, blieb ihnen damals keine andere Wahl. Wenn sie nicht von den Briten das von ihnen Benötigte erhielten, und sei es weitgehend zu britischen Bedingungen, dann wäre damals gar nichts mehr gegangen, wie man so schön sagt.

Hätten die arabischen Regierungen damals zu Stalin gesagt: „Hilf uns, die Zionisten zu besiegen, und der Nahe Osten wird zu deiner Einflusssphäre werden", so wäre die Geschichte dieser Region und der ganzen Welt wohl anders verlaufen. Trumans Regierung hätte wohl beim bloßen Gedanken an einen solchen Schachzug der Araber kalte Füße bekommen und hätte wohl nicht vor dem Zionismus kapituliert. Ich zweifle keinen Augenblick daran, dass die Zionisten, hätten sie in der Haut der Araber gesteckt, die sowjetische Karte gespielt hätten - entweder ganz real oder zumindest als Druckmittel, um die USA zu einer Änderung ihrer bedingungslos prozionistischen Politik zu bewegen.

Ein wichtiger arabischer Staat plädierte für eine Bewaffnung der Palästinenser: Saudi-Arabien

Ein bedeutender arabischer Staat, nämlich Saudi-Arabien, plädierte damals für eine Bewaffnung der palästinensischen Widerstandskämpfer. König Abdul Aziz Ibn Saud war von der Standhaftigkeit beeindruckt, die sie in ihrem Aufstand gegen die Briten bewiesen hatten. Seiner Meinung nach waren die einheimischen Palästinenser besser mit dem Land vertraut als die kurz zuvor eingewanderten Juden. Dadurch wäre eine „eingeborene" palästinensische Guerrilla-Truppe taktisch im Vorteil gegenüber den Zionisten. Da es für sie auch darum ging, nicht alles zu verlieren, wären die Palästinenser auch viel besser motiviert, als dies Araber der Nachbarländer sein könnten. Daher glaubte der saudische König, dass die Palästinenser im Falle angemessener Bewaffnung und unter kompetenter Führung sich weit besser als ausländische Araber oder eingewanderte Juden schlagen würden. Außerdem fürchteten der König und seine Berater, dass die offizielle militärische Beteiligung arabischer Staaten am Kampf um das Heilige Land zu einer Internationalisierung des Konfliktes führen müsste. Bei einer solchen Entwicklung würden, so die Befürchtung, arabische Interessen gegenüber jenen der rivalisierenden Großmächte stets zurückstehen. Und so kam es dann ja auch. Denn trotz der saudischen Weitsicht setzten sich die anderen arabischen Regierungen und die Arabische Liga durch.

Ben-Gurion schrieb später einmal, dass die Arabische Liga „unter Anleitung des Britischen Außenministeriums" gegründet worden sei, „um den Zionismus zu bekämpfen".

Die Briten sahen wohl in der Arabischen Liga ein mögliches Instrument, die arabischen Bemühungen zur Eindämmung des zionistischen Expansionismus' zu koordinieren, und insofern gebe ich Ben-Gurion Recht. In Wirklichkeit wurde die Arabische Liga auf Drängen der Briten zu einem Instrument, die Palästinenser daran zu hindern, ihr Recht auf Selbstverteidigung mit realistischer Aussicht auf Erfolg wahrzunehmen und ihren eigenen Widerstand gegen die zionistische Kaperung ihres Landes zu organisieren. Diese bittere Wahrheit hatte Abdul Khader kurz vor seinem frühzeitigen Tod entdeckt, und deshalb sagte er zu Abu Gharbiyeh „Wir wurden verraten."

Über die ganze Wahrheit der britischen Kalkulationen zu jener Zeit kann man nur spekulieren. Das will ich dann auch einmal tun: Meiner Ansicht nach stellten sich die wichtigen Mandarine und ihre politischen Herren in London damals vor allem eine Frage: Von der Niederlage welcher Seite dieses Konfliktes würde die größere Gefahr ausgehen – von der palästinensisch-arabischen oder jener der Zionisten?

Für diese Frage konnte es damals aber nur eine Antwort geben: Die Niederlage der Zionisten hätte für die Briten die größeren Risiken mit sich gebracht.

Gingen nämlich die Palästinenser aus dem Konflikt im Wesentlichen als Verlierer hervor, so könnte man ihre Entrüstung über das erlittene Unrecht und ihre Wut mittels der Arabischen Liga wahrscheinlich einigermaßen gut kontrollieren. Das heißt, vorausgesetzt, die Arabische Liga wäre auf nachdrücklichen britischen Einfluss zu einer Art Eindämmungspolitik gegenüber dem palästinensischen Nationalismus' bereit.

Was stand aber andererseits auf dem Spiel, wenn der Zionismus, gemessen an seinen eigenen Ansprüchen, in diesem Konflikt verlieren sollte? Ganz wahrscheinlich waren die Zionistenin der Lage, allen Beteiligten, im Nahen Osten, den USA und anderswo, unendliche Schwierigkeiten zu bereiten, falls sie nicht bekamen, was sie sich wünschten,

Welchen Schluss wird ein typischer Mandarin daraus ziehen? Für den schlimmsten Fall der Fälle, dass es der organisierten Staatengemeinschaft in Form der Vereinten Nationen nicht gelänge, das Unrecht an den Palästinensern zu verhindern, müssten diese eben ihre Rolle als Opferlamm auf dem Altar politischer Zweckdienlichkeit akzeptieren.

Die Zionisten hatten sich zwar als erste terroristischen Methoden zugewandt, waren aber nicht ganz ohne palästinensische Konkurrenz auf diesem Gebiet geblieben. Hierfür zeichnete Fawzi Al-Kutub verantwortlich, einer jener Palästinenser, die auf Anregung des Muftis während des Krieges zur militärischen Ausbildung nach Deutschland gegangen waren. Fawzi war Abdul Khaders Sprengstoffexperte. Anfänglich hatte dieser (wie auch die Arabische Liga) die Idee des Muftis abgelehnt, in einer Serie von Sprengstoffattentaten zivile jüdische Ziele anzugreifen. Nach Abdul Khaders Ansicht sollten es den Zionisten vorbehalten bleiben, als Terroristen wahrgenommen und gebrandmarkt zu werden. Sein Wunsch war es, dass seine Palästinenser als Streiter in einem herkömmlichen, sauberen Abwehrkampf um ihr Vaterland und ihr gutes Recht gesehen würden. Deshalb gab er erst nach einer die arabische Moral erschütternden Welle terroristischer Sprengstoffattentate seitens der Zionisten seinem Untergebenen Fawzi Al-Kutub den Befehl, mit gleichen Mitteln zu antworten.

Die folgende von Kutub organisierte Offensive führte unter anderem zur Sprengung des Gebäudes der jüdischen Zeitung „Palestine Post" (heute „Jerusalem Post") am 2. Februar 1948. Es folgte eine riesige, auf mehreren britischen Armeelastern deponierte Sprengladung, die am 22. Februar in der Ben-Yehuda-Street hochging; dabei starben 58 Menschen, und mindestens 88 wurden verletzt. Schließlich wurde am 11. März eine Bombe am Hauptquartier der Jewish Agency gelegt, deren Detonation 13 Menschenleben forderte. Meiner Ansicht jedoch hätten die Palästinenser zu Lebzeiten von Abdul Khader und mit seiner Billigung niemals auf terroristische Methoden zurückgegriffen, wenn die Zionisten nicht zuvor damit begonnen hätten.

Die in diesem Kapitel beschriebenen Ereignisse und Entwicklungen in Palästina bildeten jedoch trotz ihrer Gewalt nur eine Kulisse für ein anderes, nun beginnendes Drama: In den Vereinten Nationen und im Weißen Haus von Präsident Truman erfolgten wichtige Weichenstellungen für das Schicksal der Palästinenser, während die Briten vor Ort gerade packten, um dem Durcheinander, das sie im Heiligen Land angerichtet hatten, zu entfliehen.

Owohl das nächste Kapitel sich mit politischen Fragen weit weg vom eigentlichen Palästina befassen wird, behandelt es ein regelrechtes Drama; und auch heute stellt sich dem Beobachter immer noch die Frage: Warum knickte Präsident Truman eigentlich vor den Zionisten ein?

Postscriptum zum Zehnten Kapitel

Weil der Gegenstand dieses Buches, der Zionismus in seiner Historie, so weit gefasst und vielschichtig ist, verfüge ich nicht über ausreichenden Raum (weder in diesem Zehnten Kapitel noch an anderer Stelle in diesem oder einem anderen Band), um die Geschichte der Entstehung des palästinensischen Flüchtlingsproblems, jenes Krebsgeschwürs am Herzen der Weltpolitik, tiefergehend behandeln zu können. All jenen Lesern, die hier tiefer schürfen möchten, sei die äußerst bemerkenswerte und ernüchternde Untersuchung „Die ethnische Säuberung Palästinas" von Professor Ilan Pappe wärmstens empfohlen. Dieser führende „revisionistische" (das meint hier: ehrliche) israelische Historiker dokumentiert darin im Detail die Planung und Umsetzung der zionistischen Strategie der ethnischen Säuberung, welche zu einer systematisch inszenierten Schreckensherrschaft zwischen Dezember 1947 und Januar 1949 mit insgesamt 31 Massakern führte. In seinem Nachwort schreibt Ilan Pappe:

„Dieses Buch endet, wie es angefangen hat: mit Fassungslosigkeit darüber, dass dieses Verbrechen so vollständig vergessen und aus unserem Bewusstsein und unserer Erinnerung getilgt wurde."

In einem aufgezeichneten Gespräch mit mir aus dem Sommer 2008 stellte Ilan, der mir damals ein enger Freund und Verbündeter für unsere gemeinsame Sache war, an einer Stelle fest:

„Wahrscheinlich noch erstaunlicher als alles andere war nicht das Schweigen der Weltöffentlichkeit, als die zionistische ethnische Säuberung in Palästina stattfand, sondern vielmehr das Schweigen der Juden in Palästina. Sie wussten, was den Juden im Europa der Nazis geschehen war, und manche hatten es selbst miterlebt, und doch hatten sie keine Skrupel, den Palästinensern fast das gleiche anzutun."[39]

---

39. Ilan Pappe, „Die ethnische Säuberung Palästinas", Zweitausendeins, Frankfurt 2007; das erwähnte Interview mit Ilan Pappe: Teil 1: http://vimeo.com/5975423 ; Teil 2: http://vimeo.com/5976685

Kapitel 11
Präsident Truman kapituliert vor dem Zionismus

Nachdem Großbritannien die Verantwortung für das Problem, was mit Palästina geschehen sollte, auf die Vereinten Nationen abgeladen hatte, wurde der zionistische Terrorismus vor Ort, im Heiligen Land, von einer zionistischen Einschüchterungs- und Bedrohungskampagne begleitet, die darauf abzielte, das Weltgremium dem zionistischen Willen zu unterwerfen. Und dann kam der Augenblick, in dem Präsident Truman sagte (in einem bis 1971 nicht klassifizierten Memorandum), es werde den Zionisten, wenn sie ihren Druck aufrecht erhielten, „gelingen, die UNO überflüssig zu machen."[1]

Die UN-Generalversammlung ernannte ein Sonderkomitee (UNSCOP), das die Situation beraten und dann seinen Bericht mit einer Empfehlung abgeben sollte.

Der zionistische Terrorismus im Heiligen Land wurde von einer zionistischen Einschüchterungs- und Bedrohungskampagne begleitet, die darauf abzielte, das Weltgremium dem zionistischen Willen zu unterwerfen.

Diese Empfehlung sollte dann in Form einer Resolution der Generalversammlung zur Bewilligung vorgelegt werden. Falls die Resolution dort die erforderliche Zweidrittelmehrheit erreichen und der Sicherheitsrat sie annehmen würde, repräsentierte sie den Willen der organisierten internationalen Gemeinschaft, und die Konfliktparteien müssten sie als Lösung für das Palästina- Problem akzeptieren. Das war die Theorie. Aber was würde tatsächlich geschehen, wenn eine oder beide Parteien (die Araber oder die Zionisten) sich weigerten, die Lösung zu akzeptieren, welche die Generalversammlung bewilligt und der Sicherheitsrat sich zu Eigen gemacht hatte?

Zwei mögliche Antworten gab es auf diese Frage:

Die eine war, dass die Großmächte, die die UN durch den Sicherheitsrat beherrschten, gewillt waren, die Entscheidung des Weltgremiums durchzusetzen, falls erforderlich mithilfe einer Kombination aus Sanktionen und militärischen Mitteln.

1· FR 1947, The Near East and Africa, Vol V (Washington D. C., U.S. Government Printing office, 1971), S. 1309.

Die andere war, dass die UN akzeptieren mussten, dass die vorgeschlagene Lösung nicht realisierbar war. In diesem Fall würde die Resolution hinfällig, und die Diplomaten müssten zum Ausgangspunkt zurückkehren. Der zionistische Terrorismus vor Ort im Heiligen Land wurde begleitet von einer zionistischen Einschüchterungs- und Bedrohungskampagne, die dazu bestimmt war, das Weltgremium dem zionistischen Willen zu unterwerfen.[2]

Kurz gesagt: das palästinensische Problem wurde zum ersten Test der Autorität der UN. Sollte es ihr gelingen, den Interessenkonflikt in Palästina mit diplomatischen und politischen Mitteln oder auch mit Zwang zu lösen, erwiese sich die in die UN gesetzte Hoffnung - als einer globalen Institution, die die Schaffung einer faireren und besseren Welt überwacht - , gerechtfertigt und würde ihr Gewicht verleihen. Würde sie jedoch versagen, wäre die Perspektive eine Fortsetzung des Rechts des Stärkeren, wobei - wie seit eh und je - die Macht über das Recht triumphiert.

Während die Truman-Regierung auf die Empfehlung der UN wartete, legte der Präsident sich so etwas wie ein Schweigegelübde auf.

Am 8. August 1947 sagte er auf einer Kabinett-Sitzung, er beabsichtige nicht, irgendwelche Ankündigungen oder Stellungnahmen zu Palästina abzugeben, bis die UNSCOP ihre Ergebnisse präsentiert habe. In seinem Bericht zur Agenda der Sitzung zitierte Forrestal, der Präsident habe erklärt, er habe „sich an diese delikate Frage einmal herangewagt" und „beabsichtige nicht, dies noch einmal zu tun." [[2]] Das „eine Mal" sagte Truman seinem Kabinett, sei im Herbst 1945 gewesen, als er, um die Zionisten zu besänftigen, Druck auf Großbritannien ausgeübt habe, damit es 100.000 Juden erlaubte, nach Palästina einzuwandern. (Meine Interpretation beim Lesen zwischen den Zeilen ist, dass Truman bewusst wurde, dass er eine schlechte Situation für die Briten noch verschlechtert hatte, und dass er möglicherweise die geringe Aussicht der Briten, die Arabische Liga zur Hinnahme eines jüdisches Heimatlandes zu bewegen, das weniger war als ein Staat, zunichte gemacht hatte.)

Truman gab seine Kommentare ab, nachdem Außenminister Marshall seine Beurteilung der Situation in Palästina präsentiert hatte. Marshall sagte voraus, dass auf den Rückzug Großbritanniens „ein blutiger Kampf zwischen den Arabern und den Juden" folgen werde.[3]

Am 3. September übermittelte die UNSCOP der Generalversammlung zwei Empfehlungen.[4] Die erste, der Mehrheitsplan, schlug die Beendigung des Mandats und die Teilung Palästinas vor – die Gründung eines arabischen und eines jüdischen Staates mit einer Wirtschaftsunion zwischen ihnen und einem Sonder-

2- The Forrestal Diaries, edited by Walter Millis (Cassell & Co., 1952), S. 294.

3- Ebd.

4- UN Document A/364, 3 September 1947.

status für die Stadt Jerusalem als *Corpus separatum*. Sie wäre eine internationale, von der UN verwaltete Stadt.

Die zweite, der Minderheitsplan, von Indien, Jugoslawien und Iran vorgelegt, sah ebenfalls die Beendigung des Mandats vor, war jedoch gegen die Teilung. Er schlug ein vereintes Palästina vor – die Gründung eines arabischen und eines jüdischen Staates in einer föderalen Struktur, mit Jerusalem als seiner Hauptstadt. (Dies war effektiv die alternative Position jener arabischer und anderer Muslimführer, die wussten, dass sie der Realität ins Auge sehen mussten).

Als die Dinge anschließend bei der UN fehlschlugen, gab Großbritannien zu, dass der Teilungsplan „nicht unparteiisch konzipiert worden war".[5] Aber dieses britische Eingeständnis bedurfte es gar nicht. Die Fakten sprachen für sich selbst.

Der vorgeschlagene Teilungsplan sah vor, dass 56,4% von Palästina den Menschen (viele davon erst kürzlich angekommene ausländische Einwanderer), die bloß 33 % der Bevölkerung ausmachten und 5,67 % des Landes besaßen, für einen jüdischen Staat gegeben werden sollten.

Die Araber waren nicht nur in der Überzahl in dem Gebiet, das man ihnen überließ, sie bildeten auch fast die Mehrheit in dem Gebiet, das den Juden zugeteilt wurde.

Und das war noch nicht alles. Das Gebiet, das dem jüdischen Staat zugeteilt wurde – 10 mal so groß wie das, was bis dahin den Juden gehörte – schloss den größeren Teil des wertvollen Küstengebietes und anderer fruchtbarer Gebiete ein, wohingegen den Palästinensern hauptsächlich unfruchtbare und bergige Landstriche blieben.

Es war ein Vorschlag für ein Unrecht massiven Ausmaßes. Lilienthal bezeichnete es richtig als „Ur-Sünde", die dem arabisch-israelischen Konflikt zugrunde liege. Falls dieser Teilungsplan bewilligt und umgesetzt würde, würde er den Grundsatz der Selbstbestimmung, das noble Ideal, dem die Regierungen der sogenannten demokratischen Nationen des Westens vorgeben, verpflichtet zu sein, vollkommen zunichtemachen.

Die Araber lehnten die Teilung mit der Begründung ab, dass diese ihre Rechte verletze und mit Recht und Gerechtigkeit unvereinbar sei. Sie hinterfragten die Kompetenz oder die Macht der UN, die Teilung ihres Heimatlandes zu empfehlen und somit die Zerstörung ihrer territorialen Integrität.

Was die rechtlichen Aspekte der Situation betraf, so hatten die Araber zu 100 % das Recht auf ihrer Seite. Cattan drückte es folgendermaßen aus:

Die UN ist eine Organisation von Staaten. Sie wurde zu bestimmten Zwecken gebildet, die in der Charta definiert sind. Zu keiner Zeit besaß diese Organisation irgendeine Souveränität oder ein ähnliches Recht über Palästina. Folglich *besaß die UN keinerlei Befugnis, die Teilung von Palästina zu beschließen oder irgendeinen Teil*

5· Henry Cattan, a.a.O., S. 22

seines Gebietes einer religiösen Minderheit von fremden Einwanderern zuzuteilen, damit sie einen eigenen Staat errichten können. Weder einzeln noch kollektiv konnten die Mitgliedsstaaten der UN die Souveränität des Volkes von Palästina vergeben, reduzieren oder schwächen, die Menschen aus ihrem Land vertreiben oder durch Teilung die territoriale Integrität ihres Landes zerstören.[6] (Hervorhebung des Autors).

Wie Großbritannien mit der Balfour-Erklärung keinerlei Recht hatte, etwas zu vergeben, was es nicht besaß, so auch die UN.

Der Teilungsplan schlug vor, 56 % Palästinas denjenigen Menschen (viele von ihnen kamen als fremde Einwanderer) für einen jüdischen Staat zu geben, die 33 % der Bevölkerung ausmachten und 5,67 % des Landes besaßen. Es war ein Vorschlag für eine Ungerechtigkeit riesigen Ausmaßes.

Die eindeutigste Aussage zu dem Kompetenz-Mangel der UN kam von ihrem eigenen Unterkomitee (dem Unterkomitee 2 zum Ad-Hoc-Komitee zur Palästina-Frage). Dieses hatte die Aufgabe darüber zu entscheiden, ob die UN die Kompetenz oder die Befugnis zur Teilung Palästinas besaß oder nicht. In seinem Bericht vom 11. November 1947 hielt das Unterkomitee Folgendes fest:

„Eine Studie des Kapitels XII der Charta der Vereinten Nationen lässt keinen Raum für Zweifel .... weder die Generalversammlung, noch irgendein anderes Organ der Vereinten Nationen ist befugt, irgendeine Lösung in Erwägung zu ziehen, geschweige denn zu empfehlen oder zu erzwingen, außer der Anerkennung der Unabhängigkeit Palästinas, und die Regelung einer zukünftigen Regierung Palästinas ist ganz alleine die Angelegenheit des Volkes von Palästina... Die Vereinten Nationen können keine Enteignung oder Übereignung von Land vornehmen, noch können sie die Mehrheit der Menschen Palästinas ihres Landes berauben und es einer Minderheit in ihrem Land zum alleinigen Nutzen übertragen."[7]

Noch wichtiger: das Unterkomitee zeigte sich besorgt über die Möglichkeit, dass die Vereinten Nationen ohne Rücksicht auf das internationale Recht handelten - und zwar so besorgt, dass es dem Generalsekretär Trygve Lie einen Resolutionsentwurf übermittelte und ihn beauftragte, die Teilungsresolution an den Internationalen Gerichtshof in Den Haag weiterzuleiten.[8] Die Verfasser des Resolutionsentwurfs zählten diesbezüglich acht rechtliche Aspekte auf, (a) bis (h), über die der Generalsekretär, ein Gutachten des Internationalen Gerichtshofes einholen sollte. Von den acht Punkten, waren (g) und (h) die relevantesten:

6- Henry Cattan, a.a.O., S. 75

7- Official Records of the Second Special Session of the General Assembly, Document A/AC 14/32, 11 November 1947, S. 276–278

8- Official Records of the Second Special Session of the General Assembly, S. 299–301.

„(g) Ob die Vereinten Nationen berechtigt sind, ohne Zustimmung der Mehrheit des Volkes von Palästina, einen der beiden Pläne und Empfehlungen der Mehrheit oder der Minderheit des UN-Sonderkomitees zu Palästina oder eine andere Lösung, die die Teilung des Landes Palästina beinhaltet, oder eine permanente Treuhandschaft über eine Stadt oder einen Teil Palästinas vorzuschlagen.[9]

(h) Ob die Vereinten Nationen oder irgendeiner ihrer Mitgliedsstaaten berechtigt ist, die Durchsetzung irgendeines Vorschlags in Bezug auf die Verfassung und die zukünftige Regierung von Palästina, insbesondere irgendeinen Plan oder eine Teilung, die den Wünschen der Einwohner Palästinas widerspricht oder ohne ihre Zustimmung angenommen wurde, zu erzwingen oder zu empfehlen."[10]

Der Resolutionsentwurf als Ganzes wurde von dem Ad-Hoc-Komitee zu Palästina mit 25 zu 18 Stimmen-, aber (h) nur knapp mit 21 zu 20 Stimmen, abgelehnt.[11]

Die UN-Entscheidung zugunsten des Zionismus gab dem jüdischen Staat keine Legitimität in den Augen des internationalen Rechtes. In Wirklichkeit setzte die neue internationale Organisation sich völlig über das internationale Recht hinweg.

Die Folge davon war, dass der Generalsekretär nicht angewiesen wurde, ein Gutachten des Internationalen Gerichtshofes einzuholen. Wäre er dazu angewiesen worden, so hätte man ihm mitgeteilt, dass die Teilungsresolution keinen juristischen Wert hatte und es eine Missachtung der Justiz darstellen würde, damit fortzufahren.

In der Tat setzten die Vereinten Nationen sich über das internationale Recht hinweg.

Ein höchst interessanter Beitrag zum Verständnis wurde von Dr. W. T. Mallison, Jr., in seinem Vorwort zu Cattans epochalem Werk „Palästina und das Internationale Recht" geleistet. Zu der Zeit war Mallison Professor der Rechtswissenschaften an der George Washington Universität. Er schrieb:

„Die implizite Behauptung in dem Buch, das internationale Recht sei relevant für eine gerechte Lösung sowohl des zugrunde liegenden zionistisch-palästinensischen Konflikts als auch der daraus resultierenden arabisch-israelischen Konfrontation, könnte vielen Lesern als unbewiesenen erscheinen. Aber dem ist entgegenzuhalten, dass eine Auffassung des internationalen Rechts als exklusives westliches System die große Mehrheit der Menschheit ausschlösse und dieses Recht kein kreatives Potential zur Lösung schwieriger Probleme hätte. Die Charta der Vereinten Nationen, als Grundgesetz der Weltgemeinschaft, lehnt solch

9- Ebd.

10- Ebd.

11- Relevante UN- Dokumente sind: A/AC 14/21, 14 October 1947; A/AC 14/24, 16 October 1947; A/Ac 14/25, 16 October 1947; und A/AC 14/32, 11 November 1947.

eine exklusivistische Konzeption des internationalen Rechts ab. Ihre Bejahung der Selbstbestimmung und ihre Ablehnung der Diskriminierung schließt das Volk von Palästina und andere Opfer des Kolonialismus aus ihrem weltweiten Gültigkeitsbereich nicht aus... Das Palästinaproblem, wie Herr Cattan so überzeugend darlegt, ist kein Fehler des internationalen Rechts, da das universelle internationale Recht niemals auf Palästina angewandt wurde."

Eine höchst explizite Aussage, weshalb Israel keiner Billigung oder Unterstützung des internationalen Rechts bedurfte, stammt von Premierministerin Golda Meir. In einem Interview mit *Le Monde* am 15. Oktober 1971 sagte sie: „Dieses Land existiert als Ergebnis eines Versprechens, das von Gott selbst stammt. Es wäre lächerlich, die Anerkennung seiner Rechtsmäßigkeit zu erbitten!" Mallison kommentierte: "Unnötig zu sagen, dass das Konzept der Gründung und Legitimation von Staaten aufgrund einer göttlichen Bestimmung im internationalen Recht unbekannt ist."

Die Zionisten ihrerseits waren weit entfernt davon, über den vorgeschlagenen Teilungsplan glücklich zu sein, weil er ihnen nicht den Anteil am Land gab, den sie wollten, und weil Jerusalem nicht in dem Gebiet enthalten war, das dem jüdischen Staat zugeordnet wurde. Die Zionisten akzeptierten dennoch den Teilungsvorschlag und betrieben seine Bewilligung durch die notwendige Zweidrittelmehrheit in der Generalversammlung. Sie taten dies aus drei Gründen:

Der erste war das erhoffte politische Ziel, als Partei zu gelten, die den Kompromiss annahm und sich nicht verweigerte. Von nun an konnten die Araber, falls sie die Teilung nicht akzeptierten – und ungeachtet der Tatsache, dass sie das Recht 100 % auf ihrer Seite hatten – in der zionistischen Propaganda als Verweigerer des Kompromisses hingestellt werden.

Der zweite war, dass die Annahme der Teilungsresolution durch die UN dem jüdischen Staat eine Art Geburtsurkunde ausstellen würde. (Man kann wohl davon ausgehen, dass die besten zionistischen Rechtsgelehrten Ben Gurion und seinen Kollegen sagten, eine UN-Entscheidung zu ihren Gunsten gäbe dem jüdischen Staat keine Legitimität in den Augen des internationalen Rechts. Aber das war für die zionistischen Gründerväter kein Grund zur Besorgnis. Sie konnten auf den Wahrheitsgehalt des alten Klischees bauen, das besagt, in der realen Welt bedeute „Besitz neun Zehntel des Rechts").

Der dritte war Ben Gurions Vertrauen darauf, dass seine Streitkräfte die Araber auf dem Schlachtfeld besiegen oder zumindest mehr arabisches Land mit Gewalt erobern könnten, als dem jüdischen Staat in dem Teilungsplan zugeordnet worden war. Er war glücklich, dass „der letzte Kampf zwischen den Juden und den Arabern mit Waffengewalt stattfinden und diese den Ausgang bestimmen wird."[12]

12. Ben-Gurions eigene Schriften enthalten viele diesbezügliche Äußerungen.

So gesehen war der im Teilungsplan vorgeschlagene jüdische Staat ein notwendiger Ausgangspunkt. In Wahrheit wäre Ben Gurion sehr enttäuscht gewesen, wenn die Araber die Teilung akzeptiert hätten. Ben Gurions Vertrauen darauf, dass seine zionistischen Streitkräfte den Arabern auf dem Schlachtfeld überlegen waren, beruhte zum größten Teil auf den Finanzmitteln, die Golda in Amerika aufgetan hatte. (Sie ermöglichten, wie wir sehen werden, den Einkauf von Militärmaterial jeglicher Art, das den Arabern verwehrt wurde.)

Bevor der Minderheitsbericht, der ein einheitliches Palästina empfahl, auf den Müllhaufen der Geschichte geworfen wurde und damit nur noch die Teilungsresolution zur Abstimmung in der Generalversammlung verblieb, signalisierte Saudi Arabiens Außenminister Prinz Feisal seine Bereitschaft, den Staatssekretär Marshall zu treffen. Mit dem Segen seines Vaters, König Ibn Saud, war Feisal bereit, die Möglichkeit einer „Einigung" mit der Mehrheit des Sonderkomitees, das die Teilung empfohlen hatte, zu erörtern.

Das bedeutete, dass Saudi Arabien, der wichtigste und einflussreichste arabische Staat, im Prinzip bereit war, die arabische Zustimmung für eine UN-Resolution zu erwirken, die eine jüdisch verwaltete Entität in Palästina errichten würde – vorausgesetzt, sie wäre Teil eines einheitlichen Palästina (das heißt, sie wäre kein unabhängiger jüdischer Staat), vorausgesetzt auch, die Größe des Gebietes, die der jüdischen Entität zugeordnet wäre, stünde im Verhältnis zu der damaligen Zahl der Juden in Palästina und der Größe des Landes, das sie besaßen, und schließlich vorausgesetzt, dass Beschränkungen für die zukünftige jüdische Einwanderung vereinbart würden. Im Stillen dachte Saudi Arabien in der Tat das Undenkbare: eine Art von Übereinkunft mit dem Zionismus war unumgänglich. Warum?

Trotz allem, was König Ibn Saud Präsident Roosevelt und Churchill erklärte, und trotz allem, was Feisal den amerikanischen Diplomaten sagte, waren die Saudis Realisten. Sie wussten, dass die Schaffung einer jüdischen Entität in Palästina nun unvermeidbar war, da Großbritannien es aufgrund der jüdischen Immigration zugelassen hatte, dass der Balfour-Erklärung Substanz verliehen wurde, und wegen des Nazi-Holocausts und der Art, wie die Zionisten diesen instrumentalisierten, um ihren Einfluss auf den politischen Prozess in den USA auszubauen. Die Saudis wussten auch, dass die Front der arabischen Staaten trotz ihrer gegenteiligen Rhetorik nicht in der Lage war, zu kämpfen und dem zionistischen Unternehmen durch einen Sieg auf dem Schlachtfeld ein Ende zu setzen.

Ungeachtet dessen, dass sie das Recht zu 100 % auf ihrer Seite hatten, konnte die zionistische Propaganda die Araber, falls sie die Teilung nicht akzeptierten, als Verweigerer des Kompromisses darstellen.

Fast zwei Jahrzehnte nach diesen Ereignissen, gab mir König Feisal während eines Privatgesprächs retrospektiv Einblick in die Art, wie er im Jahr 1947 dachte. (Das Privatgespräch kam durch die Frage zustande, die ich ihm inoffiziell nach einem einstündigen Interview stellte, dem ersten übrigens, das er je mit einem TV-Auslandskorrespondenten führte, und in dem er nichts Berichtenswertes sagte. Nachdem sich meine Kameracrew zurückgezogen hatte, wagte ich, ihn zu fragen, weshalb er in Rätseln sprach. Durch einen Übersetzer antwortete er: "Sie müssen verstehen, wie schwierig und delikat meine Position ist. Wenn ich das Falsche sage oder sogar das Richtige in der falschen Art, könnte der Nahe Osten in Flammen aufgehen." Abgesehen von Feisals wahrhaft königlichem Verhalten und seiner Höflichkeit sind das, woran ich mich bei ihm erinnere, seine stechenden Augen und die Art, wie diese einen bis auf die Seele entkleideten. (Wahrscheinlich fühlte sich Kissinger deshalb niemals wohl in Feisals Gegenwart.)

Als Außenminister des Königreichs sah Feisal die Katastrophe voraus, die geschehen würde, wenn die Araber keinen Weg fänden, dem Zionismus Grenzen zu setzen. Er wusste, dass die Zionisten nicht die Absicht hegten, sich mit dem, was ihnen im Teilungsplan zugeteilt wurde, zufrieden zu geben und dass es vor allem darum gehen musste, die Ausbreitung des Zionismus zu verhindern. Der einzige Weg, dies zu tun, war das Akzeptieren einer selbstverwalteten jüdischen Entität innerhalb eines einheitlichen Palästinas. Falls die Araber einem solchen Kompromiss zustimmten, konnten sie das Wohlwollen der westlichen Welt erlangen, insbesondere das der USA. Das würde es der jüdischen Entität bedeutend schwerer und hoffentlich sogar unmöglich machen, sich nach ihrer Entstehung noch mehr Land gewaltsam anzueignen. Es würde nicht leicht sein, die Palästinenser zu überzeugen, aus politischem Pragmatismus etwas von ihrem Land aufzugeben. Aber der wachsende Ölreichtum Saudi Arabiens würde dazu beitragen, ihnen die bittere Pille zu versüßen. Jedenfalls wäre die Alternative zu schrecklich, als dass man sie erwägen könnte. Wenn die Araber sich in der Verweigerer-Ecke wiederfänden, müssten sie einen Krieg führen, den sie nicht gewinnen könnten, und danach vom Wohl und Wehe des expansionistischen Zionisten-Staates abhängen, der zweifelsohne von einem der zionistischen Lobby ausgelieferten Amerika unterstützt würde.

Die arabischen Front-Staaten waren trotz ihrer anderslautenden Rhetorik nicht in der Lage, einen Krieg zu führen und zu gewinnen, um dem zionistischen Unternehmen ein Ende zu setzen.

Der andere Faktor, der Feisal in Richtung einer Art Verständigung mit dem Zionismus trieb, war seine Furcht vor der Sowjetunion (er war sich mit seinem

Vater in der Hinsicht einig). Somit bestand für ihn die strategische Notwendigkeit, die USA als Supermacht und Beschützer auf seiner Seite zu haben. Die Sowjetunion stelle eine Bedrohung für die Stabilität und vielleicht sogar für die Existenz der traditionellen und konservativen arabischen Regime dar, auf deren Öl sich derzeit die USA und der Westen insgesamt verließen, um das Wirtschaftswachstum zu fördern.

Der Wahnsinn, so die Sicht Feisals, sei, dass die vorbehaltlose amerikanische Unterstützung des Zionismus eine Situation schaffe, die die größte potentielle Bedrohung darstelle für den kontinuierlichen Ölfluss, den der Westen so verzweifelt zu einem möglichst günstigsten Preis benötige.

Die andere Folge, falls der Sowjetunion erlaubt würde, Einfluss auf die arabische Welt zu nehmen: die so geschaffene Situation würde es der zionistischen Entität in Palästina ermöglichen, die bedingungslose Unterstützung aller westlichen Mächte einzufordern mit der Begründung, sie sei die einzig sichere Bastion gegen den Kommunismus in der Region.

In Feisals Analyse war es oberste Priorität, alles zu tun, was man konnte, um zu verhindern, dass die Sowjetunion Freunde und Einfluss im Nahen Osten gewänne. Im Kabinett spiegelte Marshalls eigene Ansicht die des Verteidigungsministers Forrestal wieder: Diese Teilung würde, angesichts des arabischen Widerstands dagegen, nach dem Abzug der Briten Chaos in der Region erzeugen. Der einzige Nutznießer sei dabei, abgesehen vom Zionismus, die Sowjetunion. Eigentlich teilten Marshall und Forrestal Feisals Ansicht.

Das streng geheime Positionsdokument, das die offizielle Ansicht der Regierung in Bezug auf die strategische Bedeutung des arabischen Nahen Ostens darlegte, wurde von Loy Henderson im September 1947 verfasst. Sein Inhalt war folgender:

„Die Ressourcen und die geografische Lage der arabischen Länder sind so beschaffen, dass diese Länder notwendigerweise Faktoren von Bedeutung für die internationale Wirtschaft sind. Die Freundschaft der Araber ist wesentlich, sofern wir ihre Kooperation benötigen, um einige unserer lebenswichtigen Wirtschaftsprogramme durchzuführen. In den kommenden Jahren planen wir, verstärkt auf die Ressourcen diese Region zurückzugreifen, nicht nur für unseren Gebrauch, sondern auch für den Wiederaufbau Europas. Außerdem beabsichtigten wir, in der Region wichtige Kommunikationseinrichtungen zu nutzen.“[13]

Henderson vermerkte auch, dass die Vorschläge des Teilungsplans „solche Grundrechte wie Selbstbestimmung und Mehrheitsrecht ignorieren“.

Weil Henderson das Hauptziel der zionistischen Verunglimpfungskampagne gegen das Außenministerium war, fügte er, als er Marshall das Positionsdokument sandte, eine Notiz hinzu. Diese besagte, ungeachtet der in dem Positionsdoku-

13· FR 1947, Vol V, S. 1153–1158

ment enthaltenen Ansichten „bemühen sich die Mitarbeiter in meinem Amt, die Entscheidung (den mehrheitlichen Teilungsvorschlag) loyal auszuführen ... und werden auch weiterhin die Entscheidung in einer Weise ausführen, die die Schädigung unserer Beziehungen und Interessen im Nahen-Mittleren-Osten so weit wie möglich minimiert“ (für den Fall, dass der Teilungsplan von der Generalversammlung bewilligt wird).[14]

Zwei Monate danach, fünf Tage, bevor die Abstimmung über den Teilungsplan erfolgte, verfasste Henderson ein weiteres, streng geheimes Beratungsdokument zur Abwägung durch seine Vorgesetzten. Es besagte: „Mit unserer Palästina-Politik verscherzen wir uns nicht nur die Freundschaft der arabischen Welt, sondern handeln uns eine langfristige arabische Feindschaft ein. Es ist wichtig, dass die Araber nicht das Vertrauen in die Integrität der Vereinigten Staaten und die Aufrichtigkeit unserer vielen Behauptungen verlieren, unsere Auslandspolitik beruhe auf den Grundsätzen der Charta der Vereinten Nationen.“

Feisals anfängliche Behauptung, was die Stärke der Opposition gegen die Teilungsresolution anbelangt, war richtig. Als Reaktion auf den zionistischen Druck auf die Truman-Regierung wurde die kritische Abstimmung der Resolution zweimal verschoben, weil ihr die erforderliche Zweidrittelmehrheit fehlte.

Nach der zweiten Verschiebung beschlossen die zionistischen Führer zu tun, was auch immer nötig war, um die notwendige Zweidrittelmehrheit sicherzustellen. Sie waren im höchsten Maße verzweifelt. Ohne die anscheinende Legitimation, die eine UN-Teilungsresolution (falls bewilligt...) dem Zionismus verlieh, war es dem jüdischen Staat nicht möglich, schwere Waffen und Militärtechnik zu importieren, die man benötigte, um den Sieg im kommenden Krieg mit den Arabern zu sichern. Kurzum, es war der Moment der Wahrheit für den Zionismus. Wenn er der UN seinen Willen aufzwingen konnte, würde ein jüdischer Staat gegründet, dessen Ausmaß im Nachhinein auf dem Schlachtfeld entschieden würde. Aber ohne eine Art Geburtsurkunde von der UN war das gesamte zionistische Unternehmen aller Voraussicht nach zum Scheitern verurteilt.

Wie Lilienthal enthüllte, wurde die “Operation Teilung”, die zionistische Strategie, welche die Zweidrittelmehrheit in der Generalversammlung sichern sollte, von David Niles gelenkt, dem Spitzenmann des Zionismus im Weißen Haus. Seine beiden Mitstreiter bei dieser Aufgabe waren der New Yorker Richter Joseph Proskauer und der Washingtoner Ökonom Robert Nathan. Alle drei Männer besaßen großes Prestige und einen enormen Einfluss, der fast jede Türe öffnen konnte, aber Niles war aufgrund seiner Position und seiner Rolle im Weißen Haus die Schlüsselfigur.

Die Aufgabe des Trios war, eine Anzahl anvisierter Regierungen zu überre-

---

14- Ebd. (Anm.)

den, ihre beabsichtigte Stimmabgabe von „Nein“ zu „Ja“ zu ändern, oder wenn das nicht ging, sich der Stimme zu enthalten.

Bei jeder Unterredung mit Vertretern der angepeilten Regierungen, legte das Trio größten Wert darauf zu betonen, dass sie „lediglich als Privatbürger“ sprächen und nicht im Namen der Truman-Regierung, versicherten sie. Und das entsprach der Wahrheit. Nach zwei Verschiebungen wurde die kritische Abstimmung über die Teilungsresolution auf den 29. November vertagt.

An dem Tag, als diese stattfand, gab es 33 Stimmen zugunsten der Teilungsresolution – darunter die der Vereinigten Staaten und der Sowjetunion, 13 dagegen und 10 Enthaltungen. Die erforderliche Zweidrittelmehrheit wurde erreicht, gerade so.

Großbritannien war einer der 10 Mitgliedsstaaten, die sich der Stimme enthielten. Es wollte nicht für eine Resolution stimmen, die sich nicht für die Unterstützung beider Seiten, sowohl der Juden als auch der Araber von Palästina, aussprach.

Aber was war die Geschichte hinter der Geschichte? Wie war es den Zionisten und ihren bedingungslosen Unterstützern im US-Senat gelungen, eine „Nein“-Mehrheit in eine „Ja“-Mehrheit umzuwandeln?

Wie gelang es den Zionisten und ihren bedingungslosen Unterstützern im US-Senat, eine „Nein“-Mehrheit in eine „Ja“-Mehrheit umzuwandeln? Präsident Truman selbst sprach ziemlich offen über die zionistische Nötigung.

In seinen Memoiren, die lange nach den Ereignissen veröffentlicht wurden, sprach Präsident Truman selbst ziemlich offen über die zionistische Nötigung. Er schrieb:

„Tatsache war, dass es nicht nur Druckmaßnahmen rund um die UN gab, wie man sie dort bis dahin noch nie gesehen hatte, sondern sogar das Weiße Haus wurde mit ständigen Vorwürfen bombardiert. Ich glaube, ich war noch nie zuvor solchem Druck und solcher Propaganda ausgesetzt, die auf das Weiße Haus zielte, wie in diesem Fall. Die Impertinenz einiger extremer zionistischer Führer -—die von politischen Motiven getrieben wurden und sich an politischen Drohungen beteiligten—beunruhigte und ärgerte mich.

Einige schlugen sogar vor, dass wir souveräne Nationen zu günstigem Stimmverhalten bei der Generalversammlung drängen sollten. Ich habe nie Praktiken gebilligt, bei denen die Stärkeren den Schwachen ihren Willen aufzwingen, weder bei Menschen, noch bei Nationen.“[15]

Politische Drohungen? Das war Trumans Art, zu bestätigen, dass die Zionisten ihn wissen ließen, dass er seine Wiederwahl für eine zweite Amtsperiode vergessen könne, wenn seine Regierung keinen Druck auf die Mitgliedsstaaten ausüben

---

15· Harry S. Truman, Memoirs, Vol II, Years of Trial and Hope (New York, Doubleday, 1958), p. 225 zitiert nach Lilienthal a.a.O.

würde, um der Teilungsresolution die erforderliche Zweidrittelmehrheit in der Generalversammlung zu sichern. Die zionistische Bedrohung der Wahlaussichten der Demokratischen Partei war auch am Kabinetttisch angesprochen worden. Robert E. Hannegan war der Postminister. Mindestens bei zwei Gelegenheiten übte er Druck auf den Präsidenten aus, Partei für die Zionisten zu ergreifen, um den Fluss der jüdischen Gelder für die Wahlkampagne nicht zu gefährden. Am 4. September, dem Tag, nachdem der UNSCOP-Mehrheitsbericht die Teilung empfahl, sagte Hannegan im Kabinett, die zu Palästina eingenommene Position habe „einen sehr großen Einfluss und große Auswirkungen auf die Geldbeschaffung für das Demokratische Nationale Komitee."[16] Er erinnerte seine Kabinettkollegen daran, dass man in der Vergangenheit „sehr hohe Summen"[17] von jüdischen Spendern erhalten habe; und die Spender würden beeinflusst, „diese entweder zu geben oder zurückzuhalten, je nachdem, wie der Präsident im Hinblick auf Palästina reagiere."[18]

Am 6. Oktober, als die Zionisten und ihre Unterstützer verlangten, dass die Truman-Regierung „Druck auf souveräne Nationen ausübt, damit diese bei der Abstimmung in der Generalversammlung zu ihren Gunsten stimmen", hob Hannegan erneut im Kabinett die Bedeutung der jüdischen Gelder für die Wahlkampagne hervor.[19] Er wies darauf hin, dass viele, die sich in der Vergangenheit an der demokratischen Wahlkampagne beteiligt hätten, „nun massiv auf die endgültige Zusicherung drängten, dass die Regierung die jüdische Position zu Palästina unterstütze."[20] Bei der Gelegenheit zitierte Forrestal den Präsidenten, der Hannegan gesagt habe, er glaube, dass alles in Ordnung ginge, wenn diejenigen, die ihn drängten, sich ruhig verhielten. Aber „wenn sie auf ihrem Versuch beharrten, den Rahmen des Berichts der UN-Kommission zu sprengen, bestünde die ernsthafte Gefahr, sämtliche Aussichten auf eine Lösung zu zerstören."[21] Hannegan drängte den Präsidenten immer noch, den Zionisten die definitive Zusicherung seiner Unterstützung zu geben. Truman war, wie Forrestal anmerkte, "unnachgiebig"- das heißt, er weigerte sich, eine solche Zusicherung zu geben.

Trumans Behauptung, seine Regierung setze auf der Führungsebene keine anderen Regierungen unter Druck, ihre Stimmen von „Nein" in „Ja" umzuwandeln, entsprach der Wahrheit. Was viele UN-Delegierte der Truman-Regierung verständlicher-, jedoch fälschlicherweise anlasteten, war der Druck, der von einer politischen Einsatztruppe aus 26 pro-zionistischen US-Senatoren ausgeübt wurde, die ihr Be-

16· The Forrestal Diaries, a.a.O., S. 299

17· Ebd.

18· Ebd.

19· Forrestal Diaries, a.a.O., S 311

20· Ebd.

21· Ebd.

darf an jüdischen Stimmen und Geldern für ihre Wahlkampagnen umtrieb. Sie koordinierten ihre Aktivitäten mit Niles und seiner inoffiziellen „Privatbürger"-Gruppe.

Die pro-zionistischen Senatoren und ihre Verbündeten peilten die Regierungen nicht-muslimischer Staaten an, die auf die amerikanische Unterstützung in wirtschaftlicher und anderer Hinsicht angewiesen waren. Frankreich zum Beispiel wurde aufgefordert, sich seine Zukunft ohne die wirtschaftliche Unterstützung, die es durch den Marshallplan erhalten sollte, vorzustellen. Baruch war der Überbringer dieser Botschaft an die Franzosen. (Durch den ehemaligen Botschafter William Billitt übte Baruch auch Druck auf China aus).

Von allen Manövern der senatorischen Eingriffstruppe war das effektivste ein Telegramm, das von allen 26 unterzeichnet war und wenige Tage vor der Abstimmung an die Vertreter von 12 UN-Delegationen gesandt wurde. Es verhalf dazu, vier „Nein"-Stimmen in „Ja"-Stimmen umzuwandeln und entscheidende sieben „Nein"-Stimmen zur Enthaltung zu bewegen. Von den 12 riskierte nur Griechenland, sich gegen den US-Senat zu stellen und bei seiner „Nein"-Stimme zu bleiben.

Aber immer noch war keine Zweidrittelmehrheit erreicht. Kalkulationen der Zionisten in letzter Minute zeigten an, dass weitere drei „Nein"-Stimmen in „Ja"-Stimmen geändert werden mussten. Die Länder, die sie erneut ins Visier nahmen, um ihnen den letzten Anstoß dazu zu geben, waren Liberia, die Philippinen und Haiti.

Um Liberias beabsichtigte „Nein"-Stimme in eine „Ja"-Stimme zu verwandeln, suchte und erwarb das Trio die Dienste Harvey Firestones von der Firestone Tyre & Rubber Company (Reifen- und Gummifirma). Diese besaß eine umfangreiche Kautschuk-Konzession in Liberia. Damals war Kautschuk die Hauptquelle des nationalen Wohlstands Liberias.

Liberia war ein sehr bemerkenswertes Land. Es war von amerikanischen Philanthropen gegründet worden, die Westafrika evangelisieren und eine dauerhafte Heimat für befreite amerikanische Negersklaven finden wollten. Sie begannen die Wiederbesiedlung des Kontinents ihrer Ahnen im Jahre 1818. Nachdem Liberia 1847 Afrikas erste Republik geworden war (und viele Jahre auch blieb), wurde es ein Vorbild für Stabilität und Kontinuität der Regierung. Im Jahre 1927 schloss die Firma Firestone mit der Regierung Liberias einen Leasing-Vertrag auf 99 Jahre über eine 100.000 Acre große Kautschukplantage. Vor und während des Zweiten Weltkrieges spielte die Firma Firestone in Liberias Wirtschaft aufgrund ihres großen Anteils an Im- und Exporten eine große Rolle. Die Firma Firestone war der größte einzelne Arbeitgeber in dem Land. Seine Regierung erzielte ihre Haupteinkünfte aus Dividenden und Lizenzgebühren, die ausländische Unternehmen zahlten, im Fall von Firestone aus Gebühren, die für die Kautschuklizenz gezahlt wurden. Wahrscheinlich hatte kein Außenstehender größeren politischen

Einfluss auf die liberische Regierung als Harvey Firestone. Im Auftrag des Trios bat Nathan diesen Harvey Firestone, seinen Einfluss geltend zu machen - im Interesse des Zionismus.

Die Regierung Liberias wurde nicht im Zweifel darüber gelassen, dass ihre Einnahmen aus dem Kautschuk darunter leiden würden, wenn sie nicht das tat, was die Firma Firestone wollte.

Harvey Firestone sprach persönlich mit der Regierung Liberias und sandte dann eine Botschaft an den Hauptvertreter seiner Firma in dem Land. Er gab ihm die Anweisung, auf eine Abstimmung zugunsten der Teilungsresolution zu drängen. Die Regierung von Liberia wurde nicht darüber im Zweifel gelassen, dass ihre Einnahmen durch den Kautschuk in Mitleidenschaft gezogen würden, wenn sie nicht das tat, was die Firma Firestone wollte.

Der Mann, der entdeckte, wie die Firma Firestone benutzt wurde, um Liberia einzuschüchtern, war Unterstaatssekretär Lovett. Er informierte sowohl Außenminister Marshall als auch Verteidigungsminister Forrestal über das, was er wusste. Forrestal notierte, was Lovett ihm sagte, in seinem Tagebuch.

Die anfängliche „Nein"-Haltung der Philippinen hätte nicht noch eindeutiger sein können. In der Generalversammlung am 26. November, drei Tage vor der Abstimmung, gab der Vorstand der Delegation der Philippinen, der Kriegsheld General Carlos Romulo, folgende telefonische Erklärung ab: "Ich werde die fundamentalen Rechte eines Volkes, über seine politische Zukunft zu entscheiden und die territoriale Integrität seines Geburtslandes zu bewahren, verteidigen!"[22]

Die Zionisten fürchteten, dass Romulo andere Delegierte beeinflussen könnte, und drückten ihren Panik-Knopf. So fand sich der Kriegsheld der Philippinen selbst als Opfer von Drohungen wieder. Die Tatsache, dass er die nächste Maschine zurück nach Manila nahm und den Ständigen Vertreter der Philippinen, Botschafter Elizalde, dort ließ, um die „Nein"-Stimme abzugeben, könnte bedeuten, dass Romulo glaubte, in New York sei sein Leben in Gefahr.

Während sich Romulo auf dem Rückflug nach Manila befand, wurde der Präsident der Philippinen, Manuel Roxas, informiert, dass sein Land zu viel zu verlieren hätte, wenn es die USA verärgere. Infolgedessen – und wie aus einem ausführlichen Telegramm des amerikanischen Botschafters in Manila an seine Regierung hervorgeht, führte Präsident Roxas ein langes Telefongespräch mit Botschafter Elizalde. Roxas fragte Elizalde nach seiner Meinung.

Unter dem massiven Druck der Senatoren und angesichts von sieben Gesetzesvorlagen,

22- Official Records of the General Assembly, 1947, Vol II, S. 1426.

die die Philippinen betrafen und vom Kongress noch bewilligt werden mussten, knickten die Philippinen ein.

Elizalde war einer der Empfänger des Telegramms der 26 Senatoren und war daher sehr beunruhigt. Er hatte auch „Botschaften" zweier amerikanischer Richter erhalten, der Richter Frankfurter und Murphy, die ihn massiv drängten, für die Teilung zu stimmen. Elizalde sagte seinem Präsidenten, die Teilung Palästinas sei kein weiser Schritt, aber... die USA seien entschlossen, dafür zu sorgen, dass dies geschehe, und es wäre dumm, gegen die USA zu stimmen, zu einer Zeit, wo sieben Gesetzesvorlagen im Kongress in Bearbeitung seien, an denen die Philippinen ein wesentliches Interesse hätten.

Es war Präsident Truman persönlich, der die beste zusammenfassende Erklärung abgab, wie der Präsident von Haiti überredet wurde, seine Meinung zu ändern im Hinblick auf das Abstimmungsverhalten seines Landes zur Teilungsresolution. Am 11. Dezember, zwölf Tage nach der Abstimmung, teilte ein ärgerlicher Truman Lovett in einem Memorandum Folgendes mit:

„Ich habe einen Bericht aus Haiti, der besagt, dass unser Konsul in Haiti den Präsidenten dieses Landes kontaktiert und vorgeschlagen hat, er solle seinem Land zu seinem eigenen Wohl befehlen, die Abstimmung zu ändern. Er behauptete, *er habe von mir Instruktionen erhalten* (meine Hervorhebung, A.H.), dem Präsidenten Haitis diese Aussage zu übermitteln."

Es sei vollkommen klar, fügte das Memorandum hinzu, „dass es Interessengruppen gelingen wird, die Vereinten Nationen überflüssig zu machen, wenn diese Praktiken fortgesetzt werden."[23]

Wer hätte gewagt, den amerikanischen Konsul in Haiti aufzufordern, eine solche Drohung auszusprechen? Wer hätte über genügend Glaubwürdigkeit verfügt, damit der Konsul ihm die Behauptung abnahm, er übermittle eine Anordnung von Präsident Truman? Die wahrscheinlichste Antwort ist, wie mir scheint: Niles. Der Konsul wusste, dass Niles die „Weiße Haus-Palästina-Show" leitete, wenn Präsident Truman nicht persönlich anwesend war.

Haiti wurde im Namen Trumans unter Druck gesetzt, ohne dass dieser davon wusste. Nur Niles, der Top-Zionist im Weißen Haus, konnte das wagen.

Der offizielle Bericht der Tagung der Generalversammlung spiegelt den Druck wieder, dem die Delegierten ausgesetzt waren, damit sie ihre Stimmen von „Nein" zu „Ja" umwandelten.

Libanons Camille Chamoun appellierte an seine Delegiertenkollegen, zu be-

23· FR 1947, Vol V, S. 1309

denken, welchen Schaden die Vereinten Nationen davontrügen, wenn die demokratischen Methoden aufgegeben würden. Er sagte:

„Meine Freunde, bedenkt die demokratische Methode, die Freiheit der Wahl, die jeder unserer Delegationen heilig ist. Wenn wir diese für das tyrannische System aufgeben, das jede Delegation in Hotelzimmern, im Bett, auf den Fluren und in Vorzimmern überfällt, ihr mit wirtschaftlichen Sanktionen droht oder sie mit Versprechungen besticht, damit sie auf die eine oder andere Art abstimmt, bedenkt, was dann in Zukunft aus unserer Organisation wird."[24]

Und Ägyptens Delegierter, Mahmoud Fawzi, nahm kein Blatt vor den Mund:

„Lassen Sie uns offen der ganzen Welt sagen, dass *eine Mehrheit der Vereinten Nationen* trotz des Drucks, der auf Delegierte und Regierungen ausgeübt wurde, damit diese zugunsten der Teilung abstimmen, *die Verletzung der Grundsätze der Charta nicht dulden kann.*"[25] (Hervorhebung des Autors)

Alle Delegierten der Mitgliedsstaaten waren sich bewusst, dass einige Scheine die Besitzer gewechselt hatten. Einer der lateinamerikanischen Delegierten nahm ein Bestechungsgeld in Höhe von 75.000 US-Dollar an, um statt mit „Nein" doch mit „Ja" zu stimmen. Und der Delegierte von Costa Rica erzählte später beim Essen die Geschichte, wie er, nachdem er ein Bestechungsgeld von 45.000 US-Dollar ausgeschlagen hatte, angewiesen wurde, seine Abstimmung zu ändern. Die eindeutige Schlussfolgerung war, dass eine höherrangige Person aus der Delegation von Costa Rica eine höhere Bestechungssumme angenommen hatte.

Die Teilungsresolution wäre von der Generalversammlung nicht angenommen worden, wenn alle Mitglieder der Vereinten Nationen hätten frei abstimmen können.

Man kann, ohne Widerspruch zu befürchten, behaupten, dass die Teilungsresolution von der Generalversammlung nicht angenommen worden wäre, wenn alle Mitglieder der Vereinten Nationen hätten frei abstimmen können.

Unmittelbar nach der Abstimmung drückte Sir Muhammed Zafrullah Khan, Pakistans Außenminister und Vorsitzender der Delegation seines Landes bei der Sondersitzung der Generalversammlung, die Gefühle der echten Mehrheit aus. Er sagte:

„Die Teilung entbehrt jeder Gültigkeit. Wir hegen keinen Groll gegenüber jenen unter unseren Freunden und Kollegen, die durch massiven Druck dazu gezwungen wurden, die Seiten zu wechseln und ihre Stimme zugunsten eines Vorschlags abzu-

---

24- Official Records of the General Assembly, 1947, Vol II, S. 1341

25- Ebd., S. 1330

geben, an dessen Gerechtigkeit und Fairness sie selbst nicht glauben. Unser Gefühl ihnen gegenüber ist eines der Sympathie, dass man sie in einen solchen Zwiespalt zwischen ihrem Urteil und ihrem Gewissen einerseits und dem Druck, dem sie und ihre Regierungen ausgesetzt waren, andererseits, gebracht hatte.“[26]

Die Delegierten und Regierungen der Länder, die auf die eine oder andere Weise dazu gebracht wurden, ihre Stimme von „Nein“ zu „Ja“ zu ändern oder sich ihrer zu enthalten, waren überzeugt, dass die gesamte Institution der amerikanischen Regierung für die Kampagne der Einschüchterung und Bedrohung verantwortlich war, welche die erforderliche Zweidrittelmehrheit sichern sollte. Das war jedoch nicht der Fall. Es gibt mehr als genug Beweise in den Aufzeichnungen, die die Ansicht stützen, dass die Truman-Regierung auf Exekutiv-Ebene - der Präsident und seine Kabinettkollegen - die Regeln einhielt und niemals Druck auf Mitgliedsregierungen ausübte. Der Druck wurde von den Zionisten und ihren Handlangern im US-Senat eingesetzt. Da 26 Senatoren in die zionistische Verschwörung involviert waren, schien es sich um eine institutionelle amerikanische Verschwörung zu handeln, was sie jedoch nicht war.

In den darauffolgenden Jahrzehnten beklagte Israel sich häufig (und das bis heute), die Generalversammlung der Vereinten Nationen sei anmaßend und ihm gegenüber extrem feindlich gesinnt. Wenn mein Freund Chaim Herzog noch lebte – der ehemalige „DMI“ war eine Zeit lang Israels Botschafter bei den Vereinten Nationen – würde ich ihm die Frage stellen: „Ist es wirklich so verwunderlich, dass der zionistische Staat nur so wenig Freunde in der UNO hat?“

Als Lovett Forrestal am 1. Dezember berichtete, wie die Zionisten ihren Sieg in der Generalversammlung errangen, sagte er: “Der Eifer und die Aktivitäten der Juden hätten beinahe dazu geführt, die zionistischen Ziele, die sie anstreben, zunichte zu machen.”[27] (Wie wir später in diesem Kapitel sehen werden, führten der Eifer und die fortgesetzten Aktivitäten der Zionisten beinahe zu dem Verlust von Präsident Trumans Unterstützung. Das verursachte eine nie dagewesene Krise für den Zionismus und letztendlich für Truman selbst.)

Die Verwicklung der 26 Senatoren in die zionistische Verschwörung erweckte den Anschein, es handele sich um eine institutionelle amerikanische Verschwörung, die es jedoch in Wirklichkeit nicht war.

Als Forrestal Lovetts Kommentare in sein Tagebuch notierte, fügte er hinzu: „Ich bemerkte, dass viele umsichtige Menschen jüdischen Glaubens große Be-

26- Ebd., S. 1426

27- The Forrestal Diaries, a.a.O., S. 331

denken hatten, ob es klug sei, dass die Zionisten Druck wegen eines jüdischen Staates in Palästina ausübten, und ich bemerkte auch, dass die *New York Times*-Ausgabe von Sonntagmorgen diese Bedenken unterstrich, indem sie schrieb: ‚Viele von uns hegten lange Zeit Zweifel... ob es klug sei, einen politischen Staat auf der Basis eines religiösen Glaubens zu errichten.‘ *Ich sagte, ich dächte, die Entscheidung berge eine große Gefahr für die zukünftige Sicherheit dieses Landes.*“[28] (Hervorhebung des Autors).

Zu der Zeit, da die Zionisten und ihre Unterstützer im US-Senat der Generalversammlung ihren Willen aufzwingen wollten, war Dean Rusk für das Außenministerium als Leiter des Büros für Angelegenheiten der Vereinten Nationen tätig. Monate später, hinter verschlossenen Türen, fand er genau die richtigen Worte, um die Verwicklung in das, was geschehen war, zu erklären. Er sprach auf einem Treffen der amerikanischen Repräsentanten der UN-Organisationen aus dem ganzen Land. Er sagte, es entspräche tatsächlich der Wahrheit, dass die USA niemals „Druck auf Mitgliedsländer der UN ausübten“, aber „einige nicht autorisierte Beamte und Privatpersonen haben gegen Sitte und Moral verstoßen und sich über das Gesetz hinweggesetzt.“ Folglich sei, wie Rusk seinen Zuhörern klagte, die Entscheidung der Generalversammlung “jeglicher moralischer Kraft beraubt worden, die sie anderenfalls gehabt hätte.“[29]

Nun war es die Aufgabe der UN, ohne rechtliche oder moralische Befugnis, den Teilungsplan umzusetzen.

Nur eine einzige Sache war sicher: Großbritannien würde am 14. Mai 1948 um Mitternacht Palästina verlassen. Das, so hatte die Generalversammlung beschlossen, war der Zeitpunkt, ab dem das britische Mandat enden und der Teilungsplan in Kraft treten sollte, vorausgesetzt, er konnte umgesetzt werden. Was in den sechs Monaten nach Bewilligung des Teilungsplans durch die Generalversammlung und nach Großbritanniens Rückzug aus dem Heiligen Land tatsächlich geschehen würde, war völlig offen.

Die offizielle arabische Ablehnung der Teilungsresolution wurde von Prinz Feisal in einer Stellungnahme bei der Generalversammlung sofort nach der Abstimmung bekanntgegeben. Er sprach über den Druck, der angewandt worden war, um die Zweidrittelmehrheit zu sichern und sagte dann: “Aus diesen Gründen bringt die Regierung von Saudi Arabien bei dieser historischen Gelegenheit die Tatsache zum Ausdruck, dass sie sich nicht an die Resolution, die heute von der Generalversammlung angenommen wurde, gebunden fühlt.“[30]

In der gesamten arabischen Welt setzten die Regierungen große Hoffnungen

28· Ebd., S. 331-332

29· Alfred M. Lilienthal, a.a.O., S. 67

30· Official Records of the General Assembly, 1947, Vol II, S. 1425

darauf, dass der Teilungsplan nicht umgesetzt werden konnte und auch nicht umgesetzt würde, weil die Gesamtheit der Araber sich ihm widersetzte.

Die Entscheidung der Generalversammlung war „jeglicher moralischer Kraft beraubt worden, die sie andernfalls gehabt hätte".

Die arabischen Führer wären erleichtert gewesen, wenn sie gewusst hätten, dass bei Präsident Truman Zweifel aufkamen, ob der Teilungsbeschluss klug und praktikabel sei. Zumindest teilweise erkannte er, dass Außenminister Marshall und Verteidigungsminister Forrestal Recht hatten, wenn sie argumentierten, die Gründung eines jüdischen Staates läge angesichts der Opposition der Araber und der ganzen muslimischen Welt nicht in Amerikas eigentlichem Interesse.

Am 2. Dezember 1947 deutete Truman seine wachsende Ungeduld mit den Zionisten an in einem Brief an einen der einflussreichsten Juden in Amerika, Henry Morgenthau junior. Truman schrieb:

„Ich wünsche, dass Sie all Ihre Freunde, die am Wohl der Juden in Palästina interessiert sind, warnen. Jetzt ist die Zeit der Zurückhaltung und Vorsicht beim Umgang mit der zukünftigen Situation, damit eine friedliche Regelung möglich wird. Die Abstimmung in der UN ist nur der Beginn, und die Juden müssen nun Toleranz und Rücksicht gegenüber anderen Völkern in Palästina üben, mit denen sie zwangsläufig als Nachbarn leben müssen."[31]

Neun Tage später sandte ein wütender Truman das Memorandum an Lovett – dasselbe, bei dem der Präsident sagte, er wisse, dass Haiti seine Wahlstimme geändert habe, weil dessen Präsident bedroht wurde. Aber nur loszuwerden, was er über die schmutzigen Tricks des Zionismus zur Sicherstellung der Zweidrittelmehrheit wusste, war nicht Trumans Hauptziel, als er dieses besondere Memorandum absandte. Er wollte, zwei Wochen nach der Abstimmung in der Generalversammlung, die Anweisung erteilen, dass niemand in seiner Regierung während der anhaltenden Diskussionen in der UN bezüglich der Umsetzung des Teilungsplans irgendeine Präferenz zu Palästina zum Ausdruck bringen sollte. Das Ausmaß von Präsident Trumans Sorgen bezüglich der Aktivitäten der Zionisten und ihrer Unterstützer kann man diesem Satz entnehmen: *„Mir scheint, falls unsere Delegation in der UNO von Mitgliedern des US-Senats sowie Gruppen, die in diesem Land Druck ausüben, beeinflusst wird, dann tragen wir dazu bei, die Vereinten Nationen scheitern zu lassen."*[32] (Hervorhebung des Autors).

Am 21. Januar gab Lovett Forrestal Einblick in den Entwurf eines Dokumen-

31- FR 1947, Vol V, S. 1309

32- Zu diesem Abschnitt und dem, was in den vier nächsten folgt, siehe The Forrestal Diaries. a.a.O., S. 343-344.

tes, das der Planungsstab des Außenministeriums vorbereitet hatte. Seine Schlussfolgerung war, dass die Teilung nicht „praktikabel" sei. Es besagte auch, dass die USA keinerlei Verpflichtung hatten, den Teilungsplan zu unterstützen, wenn dieser nicht ohne Gewaltanwendung umgesetzt werden könnte.

In dem Gespräch, das sie bei dieser Gelegenheit führten, äußerte der Verteidigungsminister seine Erkenntnis, dass das Außenministerium „durch Niles Aktivitäten im Weißen Haus, der bei Angelegenheiten, die Palästina betrafen, (im Auftrag des Zionismus) direkt zum Präsidenten ging, ernsthaft in Schwierigkeiten gebracht und behindert wurde."

Verteidigungsminister Forrestal war über die Aussicht auf Gewalt bei der Umsetzung des Teilungsplans besorgt. Am Abend des 29. Januars traf er sich mit Beamten des Außenministeriums. Sie versicherten, die Abstimmung der Generalversammlung zugunsten der Teilung laufe lediglich auf eine Empfehlung heraus und sei keine endgültige Entscheidung der UNO.

Sie sagten auch, dass die amerikanische Unterstützung der Resolution der Generalversammlung „auf der Voraussetzung basierte, dass sie sich als gerecht und umsetzbar erweisen würde".

Keins von beiden war der Fall. Forrestal stellte daher die naheliegende Frage: „Gibt es nicht bereits genügend Beweise zugunsten einer Stellungnahme, dass die Nicht-Durchführbarkeit der vorgeschlagenen Lösung eine erneute Überprüfung rechtfertigt?"

Daraufhin entschied Außenminister Marshall, die ehrliche Antwort sei „Ja". Eine erneute Prüfung der US-Strategie wurde anberaumt. Sie sollte geheim durchgeführt werden, aber die Effizienz des zionistischen Netzwerks, mit Niles im Weißen Haus am Knotenpunkt, sollte dies zu einer „Mission impossible" machen.

Das erste offizielle Anzeichen dafür, dass sie alle den Weg zum Scheitern eingeschlagen hatten, kam am 16. Februar 1948. An diesem Tag übermittelte die Palästina-Kommission den Vereinten Nationen ihren Bericht an den Sicherheitsrat (dem obersten Entscheidungsgremium der Welt, das von fünf ständigen Mitgliedern geleitet wird: den USA, Großbritannien, Frankreich, der Sowjetunion und China, jedes mit einem Vetorecht). Die Palästina-Kommission war von der Generalversammlung ernannt worden, damit sie den Teilungsplan umsetzte.

Die UN-Palästina-Kommission warnte den Sicherheitsrat, dass die Übergabe der Macht durch Großbritannien an den im Teilungsplan vorgeschlagenen arabischen und jüdischen Staat zu einer Zeit der Konflikte und der Gewalt führen würde.

In ihrem unverblümten Bericht an den Sicherheitsrat äußerte die Palästina-Kommission, sie fürchte, der 15. Mai leite die „Ära eines breit gefächerten, unkontrollierten Konfliktes und des Blutvergießens ein". Es gäbe keine Hoffnung auf eine friedliche Machtübergabe von Großbritannien an die vorgeschlagenen arabischen und jüdischen Staaten des Teilungsplans. Die Durchsetzung erfordere deshalb „Militärkräfte der gleichen Stärke". Mit anderen Worten, falls der Teilungsplan umgesetzt werden sollte, müsse dies mit Gewalt geschehen.

Die Frage, die sich sofort stellte, war dieselbe, für die das Unterkomitee 2 zum Ad-Hoc-Komitee zur Palästina-Frage vom Generalsekretär wollte, dass er den Internationalen Gerichtshof kontaktierte: „Hatten die Vereinten Nationen die rechtliche Befugnis, den Teilungsplan anzuordnen?" Und das wirft eine noch wichtigere Frage auf: „Mit oder ohne rechtliche Befugnis, hatte der Sicherheitsrat überhaupt den Willen, dies zu tun?"

Wie wir gesehen haben, hatte das Ad-Hoc-Komitee den Resolutionsentwurf mit 21 zu 20 Stimmen zurückgewiesen und den Generalsekretär angewiesen, die Meinung des Internationalen Gerichtshofs einzuholen. In diesem Fall wurde die Angelegenheit jedoch nicht weiterverfolgt, weil sie politisch zu brisant zu handhaben war – da dies die Wahrscheinlichkeit für die Truman-Regierung erhöhte, „Nein" zur zionistischen Forderung nach einem jüdischen Staat sagen zu müssen. Nun mussten beide Fragen beantwortet werden. Und das ließ im gesamten Staats- und Verteidigungsministerium sowie dem Nationalen Sicherheitsrat (NSC) die Alarmglocken läuten.

Die ausschlaggebende Frage hierbei war: „Würde Präsident Truman tun, was gesetzlich und moralisch richtig und sowohl im eigenen nationalen Interesse, als auch in dem des Westens lag? Oder würde er vor dem Zionismus kapitulieren, in erster Linie aus innerpolitischen Gründen, aber vielleicht auch aus der Befürchtung heraus, der Zionismus könnte sich, wenn er vom Westen nicht die erforderliche Unterstützung bekäme, der Sowjetunion in die Arme werfen?

Am 19. Februar stimmten die Geheimdienste der US-Regierung, die Armee, die Marine und die Luftwaffe einem Bericht zu, den die CIA vorbereitet hatte. Er betonte die strategische Bedeutung des Nahen Ostens und seiner ungenutzten Ölquellen. Dieser Bericht wurde damals zur Basis einer Bewertung des NSC, die zuerst Verteidigungsminister Forrestal übermittelt wurde. Die Bewertung des NSCs besagte, dass ein Aufruhr in Palästina „akut die Sicherheit der USA gefährdet".[33]

Die Geheimdienste der US-Regierung, die Armee, die Marine und die Luftwaffe stimmten einem Bericht zu, den die CIA vorbereitet hatte. Er betonte die strategische

33- FR 1948, Vol V, Part 2, S. 666–675

Bedeutung des Nahen Ostens und seiner ungenutzten Ölquellen. Dies führte zu der NSC-Bewertung, dass ein Aufruhr in Palästina „die Sicherheit der USA akut gefährdete."

Zur gleichen Zeit hatte der Planungsstab des Außenministeriums unter George Kennan, der später Botschafter in der Sowjetunion wurde, seine eigene Bewertung vollendet. Sie betonte die Notwendigkeit, „das Gebiet davor zu bewahren, unter sowjetischen Einfluss zu geraten."[34] Die vollständige Bewertung beinhaltete dies:

„Wenn wir keine ziemlich radikale Wende der bisherigen Tendenz unserer Strategie bewirken (Unterstützung des Teilungsplans), werden wir uns entweder in der Lage befinden, militärisch für den Schutz der jüdischen Bevölkerung in Palästina gegen die erklärte Feindschaft der arabischen Welt verantwortlich zu sein, oder die Verantwortung mit den Russen teilen und somit zu ihrer Installierung als eine der Militärmächte der Region beitragen. Auf jeden Fall wird die Klarheit und Effizienz einer fundierten nationalen Politik für diese Region zunichtegemacht."[35]

Am 21. Februar sandte Marshall ein ausführliches „EIL- und GEHEIM"-Telegramm an Truman.

Darin legte Marshall ausführliche Optionen für die US-Politik dar, für den Fall, dass der Sicherheitsrat nicht in der Lage wäre, „der Resolution für Palästina Rechtskraft zu verleihen" und unfähig, „eine alternative Lösung zu entwickeln, die für die Juden und Araber Palästinas gleichermaßen akzeptabel ist."[36]

Marshall stellte fest, es gäbe drei Optionen:

(1) Aufgabe des Teilungsplans.

(2) Rigorose Unterstützung seiner Umsetzung, einschließlich der Gewaltanwendung.

(3) Rückgabe an die Generalversammlung zur erneuten Überprüfung der gesamten Frage.

Marshalls Arbeitsthese war, dass Präsident Truman sich für die dritte Option entscheiden würde – und müsste. Warum?

Die erste Option – den Teilungsplan aufzugeben – hätte erfordert, dass der Präsident unmissverständlich „Nein" zu einem unabhängigen jüdischen Staat sagte. Und das hätte schnurstracks zu einer heftigen Konfrontation mit dem Zionismus und dessen Lobby geführt. Das Ergebnis einer solchen Konfrontation war

34· Ebd. S. 657.

35· Ibid.

36· Ibid., pp. 637-41. Ein Teil von Marshalls Mitteilung an Truman war nicht im für die Öffentlichkeit freigegebenen Text enthalten. Der fehlende Teil wurde später von Lilienthal als "White Four" in Unterlagen der Harry S. Truman library identifiziert.

unvorhersehbar, aber es würde mit Sicherheit sowohl das Scheitern des Präsidenten, im Falle einer Kandidatur für eine zweite Amtszeit, als auch das Scheitern vieler Demokraten, die sich zur Wahl oder Wiederwahl für beide Kongresshäuser stellten, beinhalten. Dieser Präsident könnte zwar willig sein, politischen Selbstmord zu begehen, aber er würde nicht riskieren, den Wahlchancen seiner Partei größeren Schaden zuzufügen.

Außerdem bestand die Möglichkeit, dass die Zionisten in Palästina, wenn sie glaubten, Amerika habe sie verraten, zur sowjetischen Karte greifen würden – entweder bloß, um sich eine (gute) Position beim Verhandeln mit den USA zu schaffen, oder um sie tatsächlich auszuspielen. Es war kein allzu großes Geheimnis, dass einige der Zionisten Amerika abservieren und mit der Sowjetunion zusammenarbeiten wollten. Es bestand auch die Möglichkeit, dass die Truman-Regierung das, was zum kalten Krieg werden sollte und worauf sie sich auf exekutiver Ebene vorbereitete, nicht ignorieren konnte, zumal sie wusste, dass die Sowjetunion Ben Gurions „Jewish Agency“ (Jüdische Agentur) für sich gewinnen wollte.

Marshall wusste, dass die zweite Option – der Einsatz von Gewalt zur Durchsetzung des Teilungsplans – aus mehreren Gründen nicht in Frage kam.

Einer war, dass Präsident Truman öffentlich versichert hatte, er werde keine amerikanischen Truppen nach Palästina senden. In der Theorie konnte er diese Verpflichtung umgehen, wenn die Truppen Teil einer internationalen Streitkraft (UN) wären, welche die Teilung durchsetzte. Aber es gab andere Überlegungen.

Die einstimmige Meinung des amerikanischen Militärs war, dass die USA nicht in der Lage waren, Truppen für eine internationale Streitkraft zu verpflichten. Die Militärspitze hatte kalkuliert, der Präsident müsse, wenn mehr als 15.000 amerikanische Truppen (eine Division) für eine internationale Streitkraft erforderlich wären, eine Teilmobilisierung erklären.

Und dann war da noch die Tatsache, dass Präsident Truman selbst die Bildung einer internationalen Streitmacht zur Durchsetzung der Teilung Palästinas kategorisch ablehnte, aus zwei strategischen Gründen. Einer war, dass dies nicht ohne die Billigung und Teilnahme der Sowjetunion geschehen konnte, und Truman wollte keinesfalls die kommunistische Supermacht in die unter Umständen strategisch bedeutendste Region der Welt einladen. Der zweite war, dass Präsident Truman jede Verpflichtung ablehnte, die amerikanische Truppen auf Palästina festlegte. Wenn er darauf einging, blieben ihm nicht genügend Streitkräfte, um, falls erforderlich, mit Europas ungelösten Nachkriegsproblemen fertig zu werden (Trumans Lösung für diese war, durch den kommunistischen Staatsstreich in der Tschechoslowakei wieder Verstärkung zu bekommen. Ein streng geheimes Telegramm von General Lucius Clay, dem US-Militärgouverneur in Berlin folgte. Clay brachte seine Befürchtungen zum Ausdruck, dass die Sowjetunion im Begriff sei, Vorbereitungen zu großem Unheil zu treffen, einschließlich eines Krieges in Europa. Forrestal notierte, dass Clays Botschaft „mit der Kraft einer Blockbuster-Bombe einschlug.")[37]

Die dritte Option – Rückgabe an die Generalversammlung—hätte erfordert, dass die USA ihrerseits die Führung mit einem eigenen Vorschlag übernahmen. Welcher sollte das sein? Wenn es dem Sicherheitsrat nicht möglich war, den Teilungsplan umzusetzen, „wäre offensichtlich", sagte Marshall in seinem Telegramm vom 21. Februar, „dass Palästina noch nicht bereit für die Selbstverwaltung ist." In diesem Fall sei eine Art UNO-Treuhandschaft für einen weiteren Zeitabschnitt notwendig.

Jedoch wurde verschleiert, dass die dritte Option war, den Teilungsplan zu verschieben.

Marshalls Telegramm enthielt einen Arbeitsentwurf über das Procedere, das befolgt werden musste. Es schloss eine Diskussion im Sicherheitsrat unter Leitung von Senator Warren Austin, Amerikas Botschafter bei der UN, ein. Falls die Diskussion ergeben sollte, dass der Sicherheitsrat nicht fähig war, den Teilungsplan umzusetzen, bestand die Absicht, dass Austin auf Anordnung eine Stellungnahme abgeben sollte. Darin würde er dafür plädieren, dass das Palästina-Problem zurück an die Generalversammlung transferiert und ein Resolutionsentwurf der USA eingereicht werden sollte (um die verschobene Teilungsresolution zu ersetzen) zugunsten „ einer zeitweisen Treuhandschaft für Palästina unter dem Treuhandrat der UN."

Bei dem Szenario unterstrich Marshall dem Präsidenten gegenüber, dass Austins Bekanntgabe die erste öffentliche Ankündigung der Truman-Regierung im Hinblick auf die Wende ihrer Palästina-Politik sei.

Trumans Antwort an Marshall am 22. Februar war kurz und bündig. "Ihren Arbeitsentwurf der empfohlenen Grundhaltung für die Sicherheitsrats-Diskussion erhalten. Prinzipiell bewillige ich diese Grundhaltung."[38]

Marshall war sich voll bewusst, dass er als erster ins Visier einer zionistischen Schmäh-Kampagne und möglicherweise Schlimmerem geraten würde, falls bzw. sobald Austin angewiesen wurde, die Wende der amerikanischen Politik zu veröffentlichen. Um den Botschafter ein Höchstmaß an Mut zuzusprechen, sandte Marshall ihm eine bemerkenswerte Botschaft. Es war die Art des Außenministers zu sagen: „ Was auch immer geschieht, vertrau mir. Ich werde auf jeden Fall hinter dir stehen, egal, was passiert." Die Botschaft enthielt auch eine klare Aussage zu Marshalls eigenem Moralkodex. Sie besagte:

„Soweit das Außenministerium und ich betroffen sind, aber vor allem, soweit ich betroffen bin, ist es meine Absicht, in dieser hoch emotionalen Zeit der Bitternis und gewalttätigen Angriffe, dafür zu sorgen, dass von Seiten des Außen-

37- The Forrestal Diaries, op. cit., p. 367.

38- FR 1948, Vol V, Part 2, S. 645

ministeriums nichts getan wird, um das Handeln seiner Delegierten in der UN zu beeinflussen, weder als Reaktion auf militärische, noch auf politische Bedrohungen, weder auf das eine, noch auf das andere, auf nichts, was es auch immer sei. Meine Absicht ist, darauf zu achten, dass das Handeln der US-Regierung so integer ist, dass es einer Kontrolle und gemeinsamen Überprüfung standhält und dass sie keiner militärischen oder politischen Drohung nachgibt, solange ich Außenminister bin."[39].

Marshalls Mitteilung an Austin sollte privat und geheim sein, aber einige Reporter bekamen Kenntnis davon. Als Marshall auf die Mitteilung angesprochen wurde, sagte er, dass sie nicht veröffentlicht werden sollte, „weil wir schon genug Ärger hatten."[40]

Am 2. März legte Austin halbherzig den Entwurf einer US-Resolution vor, der den Sicherheitsrat aufforderte, „alles im Rahmen der Charta zu tun, um der (Teilungs-) Empfehlung der Generalversammlung Wirksamkeit zu verleihen."[41] Zur Debatte stand, hinter verschlossenen Türen, ob die UN die rechtliche Befugnis besaß, den Teilungsplan durchzusetzen, oder nicht. Der Sicherheitsrat war sich diesbezüglich uneinig und entschied am 5. März, ihn nicht zur Abstimmung zu bringen. Mit Truman, der sich der Bildung einer internationalen Streitmacht für Palästina widersetzte, war die Diskussion sowieso theoretisch. Später, am selben Tag, und im Einklang mit dem Procedere, erläuterte Marshall Truman die vom Präsidenten bewilligten Telegramme 107 und 108. Sie sollten vom Außenministerium an Austin gesandt werden. Sie waren sein Leitfaden für die Art von Stellungnahme, die er abgeben würde, um die Wende in der US-Politik zu verkünden, wenn außer Zweifel stand, dass der Sicherheitsrat den Teilungsplan nicht durchsetzen konnte. Austin war auch angewiesen, keine Stellungnahme abzugeben, bis er von Marshall dazu autorisiert werde.

Als Austin an seiner Stellungnahme und dem Text des US-Resolutionsentwurfs für eine temporäre UN-Treuhandschaft über Palästina feilte, unternahm er einen weiteren Versuch, einen Weg zu finden, um den Teilungsplan mit friedlichen Mitteln umzusetzen. Vier der fünf ständigen Mitglieder des Sicherheitsrates – die USA, die Sowjetunion, Frankreich und China – bildeten ein Komitee, um jeden möglichen Weg zu überdenken. Großbritannien weigerte sich, an dieser vorhersehbar sinnlosen Übung teilzunehmen.

Indessen versuchte Dean Rusk - und versagte (er konnte nicht erfolgreich sein) - die eskalierende Konfrontation zwischen den Zionisten und den Arabern in Palästina aufzuhalten.

Da vitale amerikanische und westliche Interessen im Nahen Osten auf dem

39· FR 1949, The Near East, South Asia and Africa, Vol VI (Washington D.C., 1971), S. 1074

40· Ebd. zu FR 1948, Vol V, S. 665-666

41· Aus der Austin-Erklärung an den Sicherheitsrat, wiedergegeben in FR 1948, Vol V, part 2, S. 675–676

Spiel standen, hatte Marshall nicht die Absicht, dem Komitee der vier ständigen Mitglieder des Sicherheitsrates bis kurz vor Torschluss Zeit zu geben, um festzustellen, dass die Teilung kein Glanzstück war. Vielleicht dachte er, die Sowjetunion sei nur daran interessiert, den sinnlosen Prozess in die Länge zu ziehen, weil ihre Führer hofften, Ben Gurion könne sich mit der Sowjetunion verbünden, da er befürchtete, von den USA im Stich gelassen zu werden. Es gab Menschen unter den harten Linken um Ben Gurion, die Moskau sagten, es sei keineswegs unmöglich, dass Israel sich nach seiner unilateralen Unabhängigkeitserklärung die Unterstützung der Sowjetunion anstatt der USA als Supermacht erhoffte.

Am 16. März, als das Komitee zehn Tage lang keinen Schritt vorangekommen war, sandte Marshall ein streng geheimes Telegramm an Rusk, das zur Bekanntgabe der politischen Wende bei der Generalversammlung autorisierte, „so bald wie möglich, wenn Austin es für geeignet hält." Marshall leitete die vereinbarte Strategiewende in die Wege, „da keine Partei des Palästina-Problems glaubt, dass die Teilung vollzogen werden kann, es sei denn durch den Einsatz von Gewalt."[42]

Am 17. März wies Rusk aus der UN in einem geheimen Telegramm, „EYES ONLY 306" auf seine Übereinstimmung mit dem Außenminister hin. „Der vorgeschlagene (Teilungs-)Plan der Generalversammlung ist ein ganzheitlicher Plan, der nur gelingen kann, wenn jeder Teil von ihm ausgeführt wird. Es scheint eine allgemeine Übereinstimmung zu geben, dass der Plan nicht mit friedlichen Mitteln umgesetzt werden kann. Da dem so ist, sieht der Sicherheitsrat sich außerstande, seine Bemühungen zur Durchsetzung dieses Plans bei der vorherrschenden Lage fortzusetzen."[43]

So gab es, laut Rusks schriftlicher Zustimmung, keine Alternative zu der Errichtung einer temporären Treuhandschaft für Palästina, und für Botschafter Austin bestand die dringende Notwendigkeit, den US-Resolutionsentwurf vorzulegen.

Im Grunde sollte die Teilungsresolution annulliert werden. Aber... noch bevor Austin seine Aussage am 19. März machen konnte, gab es eine atemberaubende zionistische Intervention—Chutzpah vom Allerfeinsten—die dazu diente, eine Wende der amerikanischen Politik zu verhindern.

Im Nachhinein (und dank freigegebener Dokumente) ist erkennbar, dass Marshalls "DINGEND UND GEHEIM"-Telegramm an Truman vom 21. Februar der Beginn des Endspiels war, das darüber entschied, wer im Hinblick auf die Zukunft Palästinas den meisten Einfluss auf den Präsidenten haben würde – das Außen- und Verteidigungsministerium sowie der Geheimdienst, oder die Zionisten.

Durch ihre Augen und Ohren im Weißen Haus und zweifelsohne im Außenministerium und der UN wussten die Zionisten genau, was geschah. Für sie

42· FR 1948, The Near East and Africa, Vol V, Part 2 (Washington D.C., 1976), S. 729

43· Ebd., telegram 309, from New York to the Secretary of State, "Eyes Only for McClintock from Rusk."

stellten die Ereignisse, die Marshalls Telegramm an Truman vom 21. Februar in Gang gesetzt hatte, eine Krise dar, wie keine andere zuvor oder danach. Sie hatten die politische Schlacht, bei der es darum ging, Marshalls Außenministerium zu beeinflussen, ganz klar verloren. Soweit es sie betraf, sagte Marshall „Nein!" zu einem jüdischen Staat. Als das die Zionisten sahen, blieb ihnen nur noch die Option zu handeln. Sie mussten eine direkte Möglichkeit finden, Druck auf den Präsidenten selbst auszuüben. Nur er konnte die Wende der amerikanischen Strategie, die Marshall vorbereitet hatte, verhindern. Das Problem war, dass Truman den zionistischen Führern den Zugang zum Weißen Haus untersagte. Er weigerte sich, sie zu empfangen oder ihre Telefonanrufe entgegenzunehmen.

In *Plain Speaking*, das im Jahre 1966 veröffentlicht wurde, zitierte Merle Miller Präsident Truman, wie er Folgendes in aufgezeichneten Gesprächen über den auf ihn ausgeübten zionistischen Druck sagte: "Na ja, nie zuvor gab es etwas Ähnliches und auch nicht danach. Noch nicht einmal, als ich MacArthur entließ (der gegen Nordkorea einen Atomangriff starten wollte), gab es so etwas. Ich ordnete an, niemanden zu empfangen, der ein Extremist bezüglich des zionistischen Anliegens ist, und mir war gleichgültig, wer das war... Ich musste bedenken, dass, so sehr ich eine Heimat für die Juden auch begünstigte, einfach andere Dinge warteten..., über die ich mir Sorgen machen musste."[44]

Schließlich schrieb Truman in seinen Memoiren:

„Der jüdische Druck auf das Weiße Haus ließ in den Tagen nach dem Teilungsbeschluss in der UNO nicht nach. Einzelpersonen und Gruppen verlangten von mir, meistens auf ziemlich streitsüchtige und emotionale Weise, die Araber aufzuhalten, die Briten von einer Unterstützung der Araber abzuhalten, amerikanische Truppen zu entsenden und dies und jenes zu tun. Ich denke, ich kann sagen, dass ich meinen Glauben an die Richtigkeit meiner Politik trotz einiger dieser Juden bewahrt habe."[45]

Im Endspiel um die Frage, wer im Hinblick auf die Zukunft Palästinas den meisten Einfluss auf den Präsidenten hatte, kämpften die Zionisten gegen das Außen- und das Verteidigungsministerium sowie gegen die Geheimdienste.

Die Waffe, zu der die Zionisten gegen Präsident Truman nun griffen, war ihr Anführer, Chaim Weizmann. Er war inzwischen älter und krank, aber immer noch ein sehr überzeugender Gentleman. Wenn irgendjemand Truman dazu bewegen konnte, sich an den Teilungsplan zu halten, dann war das Weizmann. David Lloyd

44· Merle Miller, Plain Speaking (New York, Berkley Publishing, 1966), S. 216–217

45· Harry S. Truman, a.a.O., S. 130

George, der knallharte britische Premierminister, hatte zugegeben, „von Weizmanns Charme, seiner Überzeugungskraft und intellektuellen Stärke vollkommen eingenommen“ zu sein.[46] Truman würde keine so harte Nuss zu knacken sein und die Aussicht, dass er „Nein“ zu einem Treffen mit dem WZO-Führer sagen würde, war zu gering, um ernsthaft in Betracht gezogen zu werden. So ähnlich dachten die Zionisten.

Weizmann wurde nach Amerika gebracht und in einer Suite in New Yorks Waldorf Astoria Hotel untergebracht. Amerikas Zionistenführer reichten einen Antrag ein, damit Präsident Truman ihn im Weißen Haus empfing. Und Truman sagte: „Nein!“

Die erstaunliche und wahre Geschichte, wie Truman überredet wurde, seine Meinung zum Treffen mit Weizmann zu ändern, wäre niemals bekannt geworden, wäre nicht 1966 ein Buch erschienen, das für eine kleine jüdische Leserschaft geschrieben wurde. Sein Titel lautete: *B'nai B'rith, die Geschichte eines Bundes*, und sein Autor war Edward G. Grusd. B'nai B'rith (d. h. Söhne des Bundes) war ein nicht-zionistischer, konservativer, auf Assimilierung ausgerichteter, brüderlicher jüdischer Orden. Sein Präsident war zu jener Zeit Frank Goldman.

Grusd schrieb:

„Es hieß, dass die Tür des Weißen Hauses für alle zionistischen Führer verschlossen war, und es stimmt, dass niemand eingelassen wurde, obwohl viele angeklopften. Inzwischen unterbanden die Vereinigten Nationen jegliche Maßnahme zur Umsetzung der Teilung. Damals erhielt jedoch der Präsident und Sekretär von B‘nai B‘rith eine Audienz bei Herrn Truman. Diese hatte allerdings keine sichtbare Wirkung. Dennoch rief Präsident Goldman die Logen und Verbände auf, sich in Briefen an Herrn Truman und die Vereinten Nationen zu wenden.

An diesem kritischen Punkt konnte die B‘nai B‘rith einen bedeutenden Beitrag leisten, der den Durchbruch brachte. Dr. Chaim Weizmann, ein international berühmter Wissenschaftler und Vorsitzender der Zionistischen Weltorganisation, kam in die Vereinigten Staaten, um einen persönlichen Appell an Präsident Truman zu richten, obwohl er über 70 Jahre alt und krank war. Während er in einem New Yorker Hotel das Bett hütete, versuchten amerikanische Zionisten-Führer erneut einen Termin für ihn im Weißen Haus zu arrangieren. Aber Präsident Truman lehnte ab.

Frank Goldman erfuhr, dass einer der ältesten und engsten Freunde des Präsidenten ein Eddie Jacobson aus Kansas City, Missouri, war. Er setzte sich mit A.J. Granoff aus Kansas City in Verbindung, einem prominenten Anwalt und früheren Präsidenten des 2. Bezirks. Es stellte sich heraus, dass Herr Granoff der Anwalt Herrn Jacobsons und hocherfreut war, seinen Klienten dem Präsidenten von B‘nai

46- David Lloyd George, Memoirs of the Peace Conference, Vol II (Yale University Press, 1939), S. 722

B'rith vorzustellen. Herr Jacobson sagte ihm, er sei kein Zionist und B'nai B'rith sei die einzige jüdische Organisation, der er angehöre. Er sei ein enger Kumpel von Harry Truman als Soldat im Ersten Weltkrieg gewesen, habe in Frankreich in derselben Artillerie-Einheit wie er gedient und nach dem Krieg seien er und Truman Partner in einem Kurzwarengeschäft von Kansas City gewesen. Er stehe dem Präsident so nahe, dass er, um ihn im Weißen Haus zu treffen, bloß nach Washington fahren und ihn anrufen müsse, worauf er sofort eingeladen werde: ‚Komm doch ‚rüber, Eddie!'"[47]

Goldman berichtete Amerikas Zionistenführern von seiner Entdeckung, und von nun an stand Harrys Freund Eddie unter zionistischer Kontrolle. Aber der erste Versuch, die Jacobson-Truman-Freundschaft auszunutzen, scheiterte. Jacobson sandte Truman ein Telegramm und bat ihn, Weizmann eine Audienz zu gewähren. Doch Truman antwortete nicht.

In einem Memorandum schrieb Jacobson anschließend etwas, was seine damalige Erschütterung widerspiegelt und seinen Weg in die Weizmann-Archive und in die Harry S. Truman-Bücherei fand: „Ich ertappte mich plötzlich bei dem Gedanken, dass mein teurer Freund, der Präsident der Vereinigten Staaten, in dem Moment so sehr Antisemit war, wie man es nur sein konnte." [48]

Dann, am 13. März, während Botschafter Austin noch auf die Ankunft der streng geheimen Botschaft Marshalls wartete, die ihn anwies, die Wende in der amerikanischen Palästina-Politik bekanntzugeben, rief Eddie Harry an und bat, ihn im Weißen Haus besuchen zu dürfen.

Der Präsident antwortete: „Eddie, ich bin stets froh, alte Freunde zu sehen, aber es gibt etwas, das du mir versprechen musst. Ich möchte, dass du kein Wort über das verlierst, was im Nahen Osten vor sich geht. Versprichst du mir das?"[49]

Eddie versprach es und ging ins Weiße Haus.

Kurz bevor er das „Oval Office" betrat, bat ihn der Präsidentenberater, Matthew J. Connelly, nicht über die Palästina-Frage zu diskutieren.

Wie Truman Miller gegenüber schilderte, kam der Moment, wo dicke Tränen über Eddies Wangen liefen. Der Präsident sah seinen ältesten und besten Freund an und sagte: „Eddie, du Hundesohn, du versprachst, kein Wort über das zu verlieren, was dort drüben vor sich geht. "[50]

Eddie antwortete: „Herr Präsident, ich habe kein Wort gesagt, aber immer, wenn ich an die heimatlosen Juden, heimatlos seit tausenden von Jahren, denke

---

47· Edward E. Grusd, B'nai B'rith: The Story of a Covenant (New York, Appleton-Century, 1966), S. 244

48· Memorandum, Jacobson to Dr. Josef Cohn, 1 April 1952, Weizmann Archives, Harry S. Truman Library zitiert nach Lilienthal a.a.O.

49· Harry S. Truman, op. cit. Truman schrieb: "Eddie Jacobson war nie ein Zionist, aber die Leiden des jüdischen Volkes berührten ihn zutiefst"

50· Dafür und für das, was auf dieserSeite folgt, siehe Merle Miller, a.a.O., S. 217

und an Dr. Weizmann, beginne ich zu weinen. Ich kann nichts dagegen tun. Er ist ein alter Mann und verbrachte sein ganzes Leben damit, auf ein Heimatland für die Juden hinzuarbeiten. Nun ist er krank, ist in New York und möchte Sie treffen. Immer, wenn ich daran denke, kann ich nicht anders als weinen.“

Truman sagte daraufhin: „Eddie, das reicht! Das ist mein letztes Wort!”

Danach berichtete Truman Miller: „Wir sprachen über dies und das, aber mitunter rollte eine dicke Träne über seine Wangen. Irgendwann sagte er etwas darüber, wie ich über den alten Andy Jackson dachte, und er weinte wieder. Er sagte, er wisse, dass es ihm nicht zustehe, aber so fühle er bezüglich Weizmann.” (Andrew Jackson, 1767–1845, war ein Militärheld und der 7. Präsident der Vereinigten Staaten. Als Generalmajor der Tennessee-Miliz besiegte er die Creek-Indianer im Jahr 1814 und die Briten in 1815. Er war der erste amerikanische Präsident, der direkt von den Wählern gewählt wurde.) Irgendwann während dieses Gesprächs erklärte sich Truman bereit, Weizmann zu empfangen. Nach dieser Entscheidung sagte der Präsident: „Eddie, du Hundesohn! Ich hätte dich hinauswerfen müssen, weil du dein Versprechen gebrochen hast. Du wusstest verdammt gut, dass ich dich nicht weinen sehen kann.”

Am 18. März wurde Weizmann durch das Osttor ins Weiße Haus geschmuggelt. Eddie Jacobson begleitete ihn nicht. In seinem späteren Memorandum, in dem er an die Ereignisse erinnerte, zitierte Jacobson die Zionisten, die gesagt hätten, er müsse „geschont“ werden für den Fall, dass man ihn für einen weiteren „Notfall“ brauche. Außerdem zitierte er Weizmann selbst, der ihm sagte: „ Sie haben eine Aufgabe zu erledigen“, nämlich „die Türen des Weißen Hauses offen zu halten.“[51]

Das geheime Treffen zwischen Truman und Weizmann dauerte 45 Minuten. Truman war von dieser Erfahrung zutiefst bewegt, und die beiden Männer entwickelten eine sofortige und innige Freundschaft, die (sogar) einen baldigen und sehr harten Schlag überdauern und in den kritischen Wochen, die danach folgten, auch dem Zionismus dienen sollte.

Truman hätte Weizmann die Wahrheit sagen können. Sie bestand, grob gesprochen, aus zwei zusammenhängenden Teilen. Der erste war, dass es wegen der strategischen Bedeutung des Nahen Ostens für die USA (und den gesamten Westen) nicht in Amerikas Interesse lag, den Teilungsplan gegen den Willen der Araber umzusetzen. Der zweite war, dass er nur mit Gewalt umgesetzt werden konnte. Dies erforderte die Bereitschaft zum Einsatz von Truppen, was für die USA unmöglich war, nicht zuletzt, weil sich dadurch eine Konfrontation mit der Sowjetunion in Europa entwickeln konnte.

Anstatt der Wahrheit erzählte Truman Weizmann jedoch, die USA unterstützten entschieden die Teilung und würden diese Haltung beibehalten.

51· Memorandum, Jacobson to Cohn, a.a.O.

Man hätte den Zionisten vergeben können, dass sie glaubten, sie hätten Marshall umgangen und der Präsidenten würde ihn nun anweisen, die Absicht aufzugeben, den Teilungsplan aufzuschieben und die Politik der USA zu ändern. Aber..., am nächsten Tag, dem 19. März, gab Botschafter Austin seine Stellungnahme ab und forderte die Verschiebung der Teilungsresolution und die Einberufung einer weiteren Sondersitzung der Generalversammlung, um eine neue Lösung für das Palästina-Problem zu erarbeiten. Austin gab an, die von den USA vorgeschlagene Lösung sei eine zeitlich begrenzte UNO-Treuhandschaft.

Die Zionisten brandmarkten Austins Bekanntgabe als „eine schockierende Wende in der Haltung der Vereinigten Staaten."

Anfangs muss Weizmann sich von Truman verraten gefühlt haben; aber fast unmittelbar danach wurde die Geschichte verbreitet, dass die Teilung keine aussichtslose Sache sei. Die politische Wende sei eine unautorisierte Initiative proarabischer Beamter in einem „heimtückischen" Außenministerium, die nicht loyal gegenüber ihrem Präsidenten gewesen seien.

Die Eingebung für diese völlig unwahre Geschichte und die zionistische Strategie, die sie hervorrief, war eine Notiz, die Truman selbst in seinen Terminkalender für den 19. März eingetragen hatte. Obwohl nicht alle, sondern nur ein paar Insider im Weißen Haus vom Vorhandensein der Notiz bis zur Veröffentlichung von Margaret Trumans Buch über ihren Vater im Jahre 1973 Kenntnis hatten, war diese Notiz ein wichtiges Zeichen der Gemütsverfassung des Präsidenten zu jener Zeit.

Am 19. März forderten die USA die Verschiebung der Teilungsresolution und die Einberufung einer weiteren Sondersitzung der Generalversammlung, um eine neue Lösung für das Palästina-Problem zu erarbeiten: eine zeitlich begrenzte UNO-Treuhandschaft.

In ihrem Buch, in dem Margaret Truman die Kalendernotiz als Beweis zitierte, behauptete sie, Austins Bekanntgabe sei ein schwerer Verrat an ihrem Vater gewesen. Das Außenministerium habe seine Palästina-Politik hinter seinem Rücken geändert. Margaret hatte keine Kenntnis von der Tatsache, dass ihr Vater die politische Wende bewilligt hatte, weil zu jener Zeit die entscheidenden Dokumente noch geheim waren. Erst als diese nach und nach freigegeben wurden, konnte das Gespenst der zionistischen Lüge bezüglich der Illoyalität des Außenministeriums gegenüber dem Präsidenten begraben werden; aber damals nur von denjenigen, die von dem Inhalt der freigegebenen Dokumente wussten.

Die Beurteilung des Spiels, das einige Menschen im März 1948 spielten, erfordert Kenntnis der Tatsache, dass am Tag, da Austin die Wende der amerikanischen Politik verkündete, die beiden Spitzenbeamten des Außenministeriums, Marshall und Lovett, nicht in Washington waren. Trumans Kalendernotiz besagte:

„Das Außenministerium zog mir heute den Boden unter den Füßen weg. Ich hatte nicht erwartet, dass so etwas geschieht. In Key West oder auf dem Weg von St. Croix dorthin bewilligte ich die Rede und die politische Grundsatzerklärung durch Senator Austin bei der UN. Heute Morgen stelle ich fest, dass das Außenministerium meine Palästina-Politik geändert hat. Das erste, was ich darüber weiß, ist das, was ich in der Zeitung lese. Ist das nicht die Hölle? Ich bin jetzt in der Position eines Lügners und eines Doppelzüngigen. Ich habe mich noch nie in meinem Leben so gefühlt. Es gibt auf dritter oder vierter Ebene des Außenministeriums Menschen, die mir ständig die Kehle durchschneiden wollen."[52]

Was, um Himmels willen, war geschehen? Wer spielte welches Spiel?

Am 19. März forderten die USA die Verschiebung der Teilungsresolution und die erneute Einberufung der Generalversammlung, um eine neue Lösung für das Palästina-Problem zu erarbeiten. Die USA beabsichtigten, eine zeitlich begrenzte UNO-Treuhandschaft vorzuschlagen.

Hauptverantwortlich für das Verbreiten der gänzlich unwahren Geschichte, Beamte des Außenministeriums hätten „Instruktionen des Weißen Hauses missachtet",[53] waren zwei Männer: Niles im Hintergrund und Clark Clifford, der Sonderberater des Präsidenten (der eine immer größere Rolle beim Endspiel übernahm), öffentlich. Ihre Behauptung war im Wesentlichen, nicht loyale Juniorbeamte hätten eigenständig eine politische Initiative ergriffen, da Marshall und Lovett sich außerhalb der Stadt befanden und, so die Unterstellung, keine Kontrolle über die Ereignisse in ihrem Ministerium hatten. Diejenigen, die die Geschichte verbreiteten, wussten, dass sie nicht der Wahrheit entsprach, sondern als Mittel zum Zweck diente. Sie sollte Verwirrung und Spaltung verursachen und Marshall gegenüber mit dem Säbel rasseln, um den Zionisten einen Handlungsspielraum zu verschaffen und Zeit, mehr Druck auf Truman auszuüben, damit er die Strategiewende rückgängig machte.

Marshall durchschaute das Spiel, das die Zionisten und ihre Unterstützer spielten und wurde sofort aktiv, um ihnen keinen Handlungsspielraum zu lassen.

Am Tag, nachdem Austin, wie Cliffort es nannte, die „Bombe platzen ließ", gab der Außenminister, der allen, außer den Zionisten und ihren Unterstützern, als ein „Mr. Integrity" galt, auf einer Los Angeles-Pressekonferenz seine offizielle Stellungnahme bekannt: „Die Vorgehensweise, die zur Palästina-Frage am 19. März von Botschafter Austin vorgeschlagen wurde, erscheint mir nach sorgfältigster Überlegung die weiseste zu sein, die wir verfolgen sollten. Ich empfahl sie dem Präsidenten, und er billigte meine Empfehlung."[54]

Was sagt uns der Vorfall über Truman?

52· Margaret Truman, a.a.O., S. 388

53· Später von der Washington Post berichtet, am 19. Dezember 1976

54· FR 1948, Vol V, Teil 2, S. 748–749, Anmerkung des Herausgebers

Lilienthal schrieb, dass der Präsident "offenbar wichtige Einzelheiten übersehen oder vergessen" habe (beginnend mit seiner Billigung von Marshalls detailliertem Telegramm vom 21. Februar).[55]

Ich denke, dass die Verwirrung, in der sich Truman befand, und die die Zionisten meinten, nutzen zu können, um den Teilungsplan am Leben zu erhalten, von ihm selbst geschaffen wurde. Sein Instinkt hatte ihm gesagt, er solle sich selbst außerhalb es zionistischen Einflusses und Drucks stellen, bis die Wende in der Palästina-Politik verkündet wurde. Deshalb hatte er den Zionisten die Tore des Weißen Hauses verschlossen und sich geweigert, ihre Anrufe in Empfang zu nehmen. Nationale und weitere westliche Interessen mussten an erster Stelle stehen. Emotional verwirrt durch sein Gespräch mit Eddie Jacobson, stimmte er dann (doch) einem Treffen mit Weizmann zu. Dann, Auge in Auge mit dem physisch schwachen Zionistenführer, konnte der Präsident sich nicht dazu durchringen, die Wahrheit zu sagen. Trumans erste Reaktion daraufhin war, jemand anderen zu beschuldigen – die Menschen „auf dritter und vierter Ebene des Außenministeriums, die immer schon meine Kehle durchschneiden wollten." (Ein Jahrzehnt später sagte Truman Lesern seiner Memoiren, der Vorschlag, das Mandat als Treuhandschaft weiterzuführen, sei kein schlechter Gedanke gewesen.)[56]

Truman hatte Grund zur Verwirrung, insofern man ihm nicht genau gesagt hatte, wann Austin die Bekanntgabe der politischen Wende vornehmen wollte. Da Marshall mehrmals die Zustimmung des Präsidenten erhalten hatte, hielt er dies nicht für notwendig. Außerdem kannte Marshall selbst nicht das genaue Timing der Stellungnahme. Er hatte Austin vor Ort die Beurteilung überlassen, wann dies am besten und geeignetsten für die Generalversammlung war. Marshall könnte auch noch eine weitere Überlegung im Sinn gehabt haben. Das Weiße Haus war nicht sicher. Wenn man Schach mit den Zionisten spielte, signalisierte man seinen nächsten Zug nicht, wenn sich dies vermeiden ließ.

Am 22. März, nachdem Marshall mit Truman gesprochen hatte, sandte er ein Memorandum an Charles E. Bholen, den Berater des Außenministeriums. Darin hieß es, der Präsident sei „besorgt" (irritiert) gewesen, denn, wenn er gewusst hätte, wann Austins Bekanntgabe erfolgte, „hätte er Maßnahmen treffen können, um das politische Donnergrollen der (pro-zionistischen) Presse zu verhindern."[57] (Bedeutet das, Truman hätte Weizmann dann die Wahrheit gesagt oder ihn nicht empfangen?) Marshalls Memorandum an Bholen galt offensichtlich als ehrliche Aufzeichnung, die eines Tages veröffentlicht würde.

Ein paar Tage nach Austins Bekanntgabe schien Trumans Unterstützung für die geänderte amerikanische Palästina-Politik felsenfest zu sein, und er ging damit

55· Alfred M. Lilienthal, a.a.O., S. 70

56· Harry S. Truman, a.a.O., S. 163

57· FR 1948, Vol V, Teil 2, Anm. 3, S. 750

an die Öffentlichkeit. Auf einer Pressekonferenz am 25. März sagte der Präsident: „Unsere Strategie ist, die UN bei der Treuhandschaft mit allen erforderlichen Mitteln zu unterstützen."[58]

Das bedeute nicht unbedingt, dass amerikanische Truppen eingesetzt würden, sagte der Präsident, und die vorgeschlagene Treuhandschaft sei „kein Ersatz für den Teilungsplan, sondern eine Maßnahme, um das Vakuum zu füllen, das durch die Beendigung des Mandats am 15. Mai entstehen wird", und sie greife „nicht der Art der endgültigen politischen Lösung vor."[59]

Starke Anzeichen lassen vermuten, dass Truman Marshalls Rat annahm, die gegen das Außenministerium gerichteten Beschuldigungen zu entkräften, es sei dem Präsidenten gegenüber nicht loyal gewesen und habe seine Entschlossenheit unterminiert, die Teilung zu unterstützen. Vielleicht bestand Marshall darauf, dass der Präsident die Vorwürfe gegen das Außenministerium widerlegte. Die Widerlegung war im folgenden Abschnitt von Trumans Bekanntgabe vor Reportern effektiv:

„Dieses Land unterstützte energisch den mit einer Wirtschaftsunion gekoppelten Teilungsplan, wie von dem UNSCOP und der Generalversammlung empfohlen. Wir haben jede mit den Grundprinzipien der UN-Charta übereinstimmende Möglichkeit ausgeschöpft, diese Lösung umzusetzen. Unglücklicherweise wurde deutlich, dass der Teilungsplan zurzeit nicht mit friedlichen Mitteln ausgeführt werden kann. Wir konnten den Menschen in Palästina diese Lösung nicht durch den Einsatz amerikanischer Truppen aufzwingen, aus Gründen der Charta wie auch der eigenen nationalen Politik."[60]

Das war die Wahrheit, die der Präsident seinem Besucher Weizmann acht Tage zuvor hätte sagen können.

Truman beendete seine Pressekonferenz vom 25. März mit diesen Worten: "Wenn die UN der Treuhandschaft zustimmt, ist eine friedliche Lösung möglich; ohne sie droht am Horizont ein offener Krieg."[61]

Wie wir nun sehen werden, war ein entscheidender Faktor, der Trumans Entscheidung auf dem Höhepunkt des Endspiels beeinflusste das Bedürfnis zu verhindern, dass die Zionisten sich jüdischen Finanzierungs- und Wahlkampagnen zugunsten von Kandidaten der Demokratischen Partei, einschließlich des Präsidenten, für die Wahlen vom November 1948 widersetzten.

Es war eine Situation, die Verteidigungssekretär Forrestal dazu brachte, privat zu äußern und wie folgt in seinem Tagebuch festzuhalten: "Ich sagte, es sei eine fatale und sehr beklagenswerte Tatsache, dass die Außenpolitik dieses Landes von

58· Ebd., S. 759

59· Ebd.

60· Ebd.

61· Ebd., S. 759–760

Beiträgen zur Parteienfinanzierung bestimmt werde, die ein bestimmter Block mit ganz speziellen Interessen leisten könne."[62]

Am 30. März präsentierte Botschafter Austin dem Sicherheitsrat formell eine Resolution zur Einberufung einer weiteren Sondersitzung der Generalversammlung, „um erneut die Frage der zukünftigen Regierung von Palästina zu beraten." In Übereinstimmung mit Marshalls Telegramm an den Präsidenten vom 21. Februar war es die Absicht der Truman-Regierung auf exekutiver Ebene, die Zustimmung der Generalversammlung für den US-Vorschlag einer UNO-Treuhandschaft für Palästina anzustreben und hoffentlich zu erreichen.

In sechs Wochen sollte das britische Mandat unrühmlich enden. Die Zeit für das Weltgremium, eine Lösung für das Palästina-Problem zu finden und dabei die legitimen Interessen aller Betroffenen zu schützen, war fast verstrichen.

Die amerikanischen Zionistenführer hatten die Hoffnung noch nicht gänzlich aufgegeben, genügend Druck auf Präsident Truman ausüben zu können, um ihn zu zwingen, den Gedanken der UN-Treuhandschaft fallen zu lassen und zur Teilung als der einzigen Möglichkeit zurückzukehren.

Am 9. April spielten sie erneut die Weizmann-Karte aus. Dieses Mal geschah es in Form eines emotionalen Briefes dieses Meisters der Überredungskunst an Truman. Sein Inhalt war die Bitte, die Konsequenzen für die Juden zu bedenken, falls der Teilungsplan nicht umgesetzt wurde. „Die Wahl für unser Volk", behauptete Weizmann in dem Brief, „liegt zwischen Eigenstaatlichkeit und Vernichtung."[63] Es war dies der Kern der Untergangsphilosophie des Zionismus – die Vorstellung eines jüdischen Staates als Versicherungspolice, als dem letzten Zufluchtsort für die Juden, jederzeit und überall, falls das Monster des Antisemitismus wieder wütet. Unmittelbar nach der Zeit des Nazi-Holocausts war es verständlich, dass die Zionistenführer annahmen, ein so gefühlsbetonter Mensch wie Präsident Truman bliebe von solch einem Appell nicht unberührt.

Am selben Tag verübten zionistische Terroristen in Palästina das Massaker von Deir Yassin an palästinensischen Arabern. (Mittlerweile war allen, die die Fakten kannten und das Geschehen im Heiligen Land verfolgten, klar, dass die zionistischen Militärkräfte in dem eskalierenden Konflikt mit den einheimischen Arabern die Oberhand gewannen.)

„Die Wahl für unser Volk", behauptete Weizmann, „liegt zwischen Eigenstaatlichkeit und Vernichtung." Am selben Tag massakrierten die zionistischen Terroristen in Palästina die Araber von Deir Yassin.

62· The Forrestal Diaries, a.a.O., S. 332

63· Alfred M. Lilienthal, a.a.O., S. 88

Als Druckmittel gegenüber Präsident Truman war der Brief Weizmanns lediglich die Spitze des Eisbergs.

Die Zionisten und andere jüdische Organisationen im ganzen Land wurden mobilisiert, um gegen den „Ausverkauf durch die Truman-Regierung" zu protestieren und zu verlangen, dass der Teilungsplan zwecks Schaffung eines jüdischen Staates umgesetzt wurde. Auf Großdemonstrationen prangerten die Wortführer eine „Politik des Öls" an. Selbst der Präsident wurde persönlich mit Appellen, den Teilungsplan umzusetzen, bombardiert. Und nicht überraschend aufgrund der kommenden Wahlen, sprang die republikanische Partei auf das zionistische Trittbrett. Die Republikaner, vor allem diejenigen, die bald für das Amt kandidieren wollten, griffen die Truman-Regierung wegen ihrer „Wankelmütigkeit und Unzulänglichkeit" im Hinblick auf Palästina an. Damals war die Presse überwiegend republikanisch, so dass zionistische Boten leichtes Spiel hatten. Die Medien waren sowieso voll mit Geschichten über den Mut der Juden, die in Palästina kämpften. Die arabische Situation wurde nicht berücksichtigt und die Missachtung arabischer Rechte war kein Thema. Alles in allem waren dies unangenehme Tage für die Truman-Regierung.

Vor diesem Hintergrund war die aktuelle Einberufung einer weiteren Sondersitzung der Generalversammlung zur Unterstützung der UN-Treuhandschaft als einzig mögliche Lösung für das Palästina-Problem ein Test für Trumans Nerven.

Amerikas zionistische Führer hofften, ihr Druck versetze Truman in Panik, so dass er Marshall die Anweisung gäbe, den Sicherheitsrat zu informieren, dass die USA nicht länger überzeugt seien, eine weitere Sondersitzung könnte irgendeinem nützlichen Ziel dienen. In diesem Fall wäre die Teilung zurück auf die Agenda zu setzen und die Durchsetzung dieses Plans unabwendbar, - so dachten wohl die Zionisten.

Sie sollten enttäuscht werden. Von Marshall dazu gedrängt, standhaft zu bleiben, behielt Truman die Nerven, und der Sicherheitsrat stimmte zu, die zweite Sondersitzung der Generalversammlung einzuberufen. Sie tagte erneut am 16. April, vier Wochen, bevor Großbritanniens Rückzug aus Palästina vollzogen war.

Die Delegierten aller Mitgliedsländer der UN waren sich bewusst, dass ein eskalierender, möglicherweise endloser Konflikt in Gang gesetzt würde, wenn es ihnen nicht schnell gelang, einen vereinbarten und funktionierenden Plan für die UN-Treuhandschaft als sofortige Lösung für das Palästina-Problem vorzuweisen. Sonst wären die globale Stabilität und der Weltfrieden in Gefahr. Privat wurde die Schwierigkeit der Situation von allen bestätigt.

Die Tatsache, dass Präsident Truman nicht unter dem Druck in Panik geriet und die Einberufung einer zweiten Sondersitzung der Generalversammlung nicht blockierte, übermittelte den Führern der amerikanischen Zionisten eine indirekte Botschaft seiner Regierung auf höchster Ebene. Sie lautete in etwa: „Wir werden uns nicht dem Druck beugen. Wenn wir das täten, müssten wir die nationalen und weiteren westlichen Interessen gefährden. Der Einsatz ist zu hoch, um Spiele dieser Art zu spielen.“ (So, stelle ich mir vor, hätten Außenminister Marshall und Verteidigungsminister Forrestal sich ausgedrückt).

Aber... Es waren weder die Mitgliedsregierungen der UNO noch Amerikas zionistische Führer, die bestimmten, wo es lang ging. Ben-Gurion hatte nun das Kommando und die Kontrolle über das Geschehen übernommen.

Was die Zionisten in Palästina anging, war das, was bei der UN passierte, höchst irrelevant. Ben-Gurion war entschlossen, die Gründung des jüdischen Staates zu erklären, sobald das britische Mandat endete. Mit anderen Worten, Ben-Gurion beabsichtigte, so vorzugehen, als ob der Teilungsplan nicht hinfällig geworden wäre, als ob es keine Wende in der US-Politik gegeben hätte, und ohne Rücksicht auf den Beschluss der Generalversammlung im Hinblick auf die Treuhandschaft. Das „Wir gegen die Welt“-Denken hatte sich in Ben Gurions Lager durchgesetzt.

Mit Hilfe von außen war es den Zionisten in Palästina gelungen, Großbritanniens Politik der Einschränkung jüdischer Einwanderung scheitern zu lassen. Nun demonstrierten sie, dass sie bereit waren, falls nötig, sogar den Vereinigten Staaten von Amerika zu trotzen.

Bis zu diesem Punkt war Marshall der Mann, der den meisten Einfluss auf Trumans Politik hatte. Dieser besondere Außenminister war der zeitgenössische Amerikaner, den der Präsident aufgrund seines Könnens und seiner Integrität am meisten bewunderte. Wie Marshall es definiert hätte, bedeutete Integrität, Amerikas nationalen Interessen Priorität einzuräumen und das zu tun, was in diesem Zusammenhang bis zu den Grenzen des Möglichen legal und moralisch richtig war. Truman hatte sich stolz Churchills Sicht von Marshall zu eigen gemacht – nämlich dass kein Mensch mehr getan hatte, damit die Alliierten Nazi-Deutschland, das fanatische Italien und das Kamikaze-Japan vernichten konnten. Theoretisch gab es keinen besseren Mann als Marshall, um Truman zu helfen, den Zionismus in Schach zu halten. Konkret lautete die Frage, die einer Antwort bedurfte: Würde Marshall auch weiterhin der Mann mit dem größten Einfluss auf Trumans Palästina-Politik bleiben?

Ben-Gurion wollte so vorgehen, als ob der Teilungsplan nicht hinfällig geworden wäre, als ob es keine Wende in der US-Politik gegeben hätte, und ohne Rücksicht auf den Beschluss der Generalversammlung im Hinblick auf die Treuhandschaft.

Zwei Männer waren entschlossen, dass er das nicht bleiben sollte. Es waren Niles, der Spitzenmann des Zionismus im Weißen Haus, und Clark Clifford. Als Sonderberater des Präsidenten war Cliffords Hauptaufgabe, Truman dahingehend zu beraten, was das Beste war, um ein zweites Mal wiedergewählt zu werden. Nach der politischen Wende in Bezug auf Palästina hielt man Trumans Aussichten auf Wiederwahl für so gering, dass einige seiner besten Freunde ihn drängten, nicht wieder zu kandidieren.

Clifford war derjenige, der intensiv für den Vorschlag warb, Truman solle sein Eigeninteresse und die Interessen seiner demokratischen Partei vor die nationalen Interessen stellen. Und das bedeutete, sich dem Zionismus zu ergeben. Aber zunächst musste Clifford sein eigenes Denken ändern.

Clifford war zunächst selbst der Auffassung gewesen, dass es für den Präsidenten und seine Partei auf lange Sicht ein größerer Gewinn sei, „wenn man an das Palästina-Problem auf der Grundlage weitreichender Entscheidungen herangeht, die auf dem wahren Vorteil basieren."[64] Mit anderen Worten, Clifford war anfangs nicht davon überzeugt, dass eine pro-zionistische Politik der beste Weg war, die organisierten jüdischen Wähler insbesondere in New York zu gewinnen.

Ende April, als die Zweite Sondersitzung der Generalversammlung zum Wesentlichen kam, nur acht Monate vor dem Wahltermin, hatte Clifford seine Meinung geändert. Er war jetzt der Auffassung, dass die Wende der Palästina-Strategie der Regierung Trumans Kampagne zur Wiederwahl (und die vieler anderer Demokraten) beeinträchtigte.

Eine der wichtigsten Begebenheiten, die bewirkten, dass Clifford sich nunmehr von politischer Berechnung leiten ließ, war die schockierende Niederlage des demokratischen Kandidaten bei einer einmaligen Wahl für den Bronx-Wahlkreis in New York. Dies war ein 55-prozentiger jüdischer Wahlkreis. Die Demokraten hätten mühelos gewinnen müssen. Aber ihr Kandidat verlor nicht gegen einen Republikaner, sondern gegen einen schwachen Kandidaten, der die amerikanische Arbeiterpartei repräsentierte, einen gewissen Leo Isaacson. Dieser hatte auf eine militante pro-zionistische Karte gesetzt. Daraus konnte man den Schluss ziehen, dass die Wähler die Weigerung der Truman-Regierung, den Teilungsplan umzusetzen und die Schaffung eines jüdischen Staates vorbehaltlos zu unterstützen, strikt ablehnten.

Während dieser Bronx-Kampagne gab es Demokraten, die sagten: "Truman redet noch jüdisch, aber er handelt arabisch."[65]

Für diejenigen, die für Trumans Wiederwahl verantwortlich waren, war das wirklich beängstigend. Die jüdischen Wähler waren in einigen Kernstaaten von entscheidender Bedeutung. Der Staat New York hatte 47 Wahlmänner-Stimmen und ohne diese wurde seit 1876, mit Ausnahme von Woodrow Wilson, kein Präsident gewählt.

Am 4. Mai, 10 Tage, bevor die britische Herrschaft in Palästina endete, und

64· Ebd.

65· The New York Times, 11. und 16. Februar 1948

während die Generalversammlung noch immer über die Treuhandschaft als Lösung für das Palästina-Problem diskutierte, war Clifford klar, laut seinen eigenen Aufzeichnungen, dass ein jüdischer Staat „in Kürze errichtet wird".[66] Anders gesagt, er wusste, dass Ben Gurion die Absicht hegte, eine unilaterale Erklärung über Israels Entstehung abzugeben, sobald die britische Herrschaft endete. Cliffords Idee war, dass die Anerkennung des jüdischen Staates wie durch Zauberei Truman die jüdischen Wahlgelder, die er brauchte, sichern und die jüdischen Stimmen zurückholen würde, so dass er im kommenden November für die zweite Amtszeit wiedergewählt würde. Wenn sich andererseits der Präsident jedoch weigern würde, den jüdischen Staat anzuerkennen, wäre er politisch tot und seine Partei erlitte eine Reihe großer Wahlschlappen. In Cliffords Augen hatte Truman keine Wahl. Er musste den jüdischen Staat anerkennen. Cliffords leidenschaftliche Priorität bestand nun darin, ihm zu raten, dies zu tun.

Die Weichen für eine dramatische Machtprobe waren gestellt: Clifford gegen Marshall – im Weißen Haus.

Am 6. Mai, nach einem Treffen mit Clifford und Max Lowenthal, bereitete Niles den ersten Entwurf einer Stellungnahme vor, die Präsident Truman nach dem Willen der Zionisten auf Cliffords Rat hin abgeben sollte, um den jüdischen Staat anzuerkennen.

Lowenthal war eng mit der „Jewish Agency" verbunden. Er hatte seine eigene Hotline zu Ben Gurion. Niles hatte seine Anstellung als Berater für das Weiße Haus eingefädelt.

Am 7. Mai sandte Lowenthal ein vertrauliches Memorandum an Clifford: "AUSSCHLIEẞLICH ZU HÄNDEN HRN. CLIFFORDS". Und es enthielt die Warnung: "Zum Schutz der Regierung darf dies auf keinen Fall in geschriebener Form irgendjemand anderem gezeigt werden."[67]

Bei diesem Memorandum (und fünf anderen, die innerhalb von fünf Tagen versandt wurden) rief Lowenthal zur Anerkennung des zionistischen Staates noch vor dem 15. Mai auf – das heißt, vor dem Ablauf des Mandates und der Beendigung der britischen Herrschaft. „Eine vorzeitige Anerkennung", sagte Lowenthal, "würde die Regierung bei den Novemberwahlen „von folgenschweren und unfairen Nachteilen befreien." Was für eine feine Art zu sagen: „ …wird die zionistische Drohung, Präsident Truman und seiner Partei jüdische Kampagnengelder und Wahlstimmen vorzuenthalten, aus der Welt schaffen!"

Das war eine neue Wendung insofern, als andere amerikanische Zionisten und ihre Unterstützer mit Zugang zur Truman-Regierung auf höchster Ebene nur auf

---

66· FR 1948, Vol V, Teil 2, S. 906, Anmerkung des Herausgebers

67· John Snetsinger, Truman, The Jewish Vote and the Creation of Israel (Stanford, Hoover Institute Press, 1974), S. 103–104

die sofortige US-Anerkennung drängten, wenn der zionistische Staat unilateral seine Entstehung selbst erklärte – d.h. nach dem Ablauf des Mandates.

Warum drängte Lowenthal auf die vorzeitige Anerkennung?

Ich glaube, seine Forderung war ein Anzeichen dafür, dass einige von Ben Gurions Führungskollegen überaus beunruhigt waren, aufgrund der möglichen Konsequenzen dessen, was sie zu tun gedachten. Was, wenn sie unilateral ihren Staat ausriefen und die USA sich weigerte, diesen anzuerkennen?

Das würde die fehlende Rechtmäßigkeit des neuen Staates höchst öffentlich betonen, und das könnte im Gegenzug unvorstellbare Konsequenzen haben.

Falls der zionistische Staat von den USA nicht anerkannt würde, bestünde die Möglichkeit, dass er als illegaler Staat eingestuft würde. In diesem Fall wäre es schwer – wenn nicht vielleicht sogar unmöglich – Waffen einzuführen, die benötigt wurden, um das Überleben des neuen Staates in dem kommenden Krieg mit den Arabern zu sichern. Als Teil ihrer Bemühung, die eskalierende Gewalt aufzuhalten, hatte die Truman-Regierung über Waffensendungen aller Art im Nahen Osten ein Embargo verhängt. Die Zionisten hatten heftig dagegen protestiert, weil das Embargo ihrer Meinung nach die Juden weit mehr traf als die Araber. Wie wir gesehen haben, tat es das nicht. Wie wir sehen werden, hatte Ben Gurion bereits die Waffen und die Militärausrüstung gekauft, die benötigt wurden, um den kommenden Krieg mit den arabischen Staaten zu gewinnen. Das Problem war deren Import, wenn Israel bei der Staatsgründung als illegaler Staat gebrandmarkt würde.

Im oben erläuterten Zusammenhang glaubten einige aus Ben Gurions Führungsriege, eine einseitige Unabhängigkeitserklärung sei zu riskant; es sei denn Präsident Truman würde dazu gebracht, im Voraus öffentlich seine Absicht zu signalisieren, den jüdischen Staat bei seiner Entstehung sogleich anzuerkennen. Ben Gurion seinerseits war zu einer unilateralen Unabhängigkeitserklärung entschlossen, unter welchen Umständen auch immer. Seine Antwort an die Zweifler in den eigenen Reihen war: „Wir müssen das Risiko eingehen. Wenn wir nicht die Chance nutzen, wenn die britische Herrschaft endet, könnte es sein, dass es niemals zu einem jüdischen Staat kommt."[68]

Ich vermute, dass Ben Gurion oder irgendjemand in seinem Auftrag Lowenthal instruierte, Truman durch Clifford unter Druck zu setzen, damit dieser von seinen eigenen Kollegen als jemand gesehen würde, der alles tat, um das Risiko zu minimieren. Das Lowenthal-Memorandum vom 7. Mai und die fünf anderen, die er über fünf Tage sandte, hatten schließlich die gewünschte Wirkung auf Clifford. Am 12. Mai – dem Tag des Machtkampfes mit Marshall – war er bereit, Präsident Truman zu raten zuzustimmen und eine Stellungnahme abzugeben, dass es seine Absicht sei, den jüdischen Staat sogleich bei seiner Entstehung anzuerkennen.

68· Aus Notizen von George M. Elsey, Cliffords Assistent, der den von Niles entworfenen Text durchsah, um Vorschläge in einem weiteren Lowenthal-Memorandum einzubeziehen—dem siebten in fünf Tagen

Ohne die Anerkennung der USA konnte der zionistische Staat als „illegal" gelten und so die Möglichkeit verlieren, die Waffen zu importieren, die im kommenden Krieg mit den Arabern zu seinem Überleben nötig waren.

Während Lowenthal unter Niles Aufsicht Clifford bearbeitete, erhöhten andere den Druck auf den Präsidenten und die Mitglieder seines Kabinetts. Zu diesen anderen gehörte der nationale Vorsitzende der Demokraten, Senator Howard McGrath, der Mann mit dem größten institutionellen Bedarf an jüdischen Wahlkampfgeldern und Stimmen. Und im Außenministerium tat General John Hilldring, ein langjähriger Unterstützer der Zionisten, sein Bestes, um den Einfluss aller, die vor einer frühzeitigen Anerkennung des Zionistenstaates warnten, zu unterminieren. Hilldring war vom Präsidenten zu Marshalls Sonderassistenten für palästinensische Angelegenheiten ernannt worden. Zwei Tage vor seiner Ernennung hatte General Hilldring in einer Rede vor dem „Jewish Welfare Board" (jüdischer Wolfahrtsverband) erklärt, dass er für die Teilung sei. Es liegt, denke ich, nahe anzunehmen, dass der Präsident Hilldring Marshall zuordnete, um die Zionisten zu besänftigen - und nicht, wie andere behauptet haben, weil Truman das Vertrauen in den Außenminister verloren hatte.

„High Noon" im Weißen Haus war tatsächlich am 12. Mai um 16:00 Uhr. Außer dem Präsidenten waren anwesend: Marshall, Lovett, Clifford, Niles, der Assistent des Weißen Hauses Connelly (derjenige, der Jacobson gebeten hatte, nicht das Thema Palästina anzuschneiden) und zwei ehemalige Diplomaten des Außenministeriums, Robert McClintock und Fraser Wilkins.

Aus Teilen der öffentlichen Aufzeichnungen, die viele Jahre nach dem Geschehen freigegeben wurden, darunter Marshalls eigenes Memorandum der Diskussion, wissen wir Bescheid, wer was zu wem sagte.

Zur Diskussion stand die Stellungnahme, die Niles im Auftrag des Zionismus entworfen hatte, und Clifford wollte, dass der Präsident sie entweder am selben oder am darauffolgenden Tag während seiner anberaumten Pressekonferenz abgeben sollte. Wäre es nach Clifford gegangen, hätte Präsident Truman der Welt verkündet – bevor das Mandat und die britische Herrschaft endete und *während die Generalversammlung noch debattierte, was mit dem Heiligen Land geschehen sollte* – , dass er die Absicht habe, den jüdischen Staat nach seiner Entstehung anzuerkennen.

Clifford räumte zu seinen Gunsten ein, dass seine Unterstützung einer derartigen politischen Initiative auf der Überlegung der „damit im Zusammenhang stehenden politischen Auswirkungen beruhte und der Notwendigkeit, die Aussichten für die Wahl zu verbessern.“ Die Stellungnahme des Präsidenten, die er empfehle, befähige die USA auch, „der UdSSR zuvorzukommen.“[69]

Marshall explodierte. Er war zutiefst verärgert über die Tatsache, dass Clifford überhaupt anwesend war. „Herr Präsident, das ist eine Angelegenheit, die nicht auf der Basis von Parteipolitik entschieden werden darf. Wenn keine Parteipolitik im Spiel wäre, wäre Hr. Clifford bei dieser Konferenz noch nicht einmal anwesend.“[70]

Der Rat, den Herr Clifford anbiete, sagte Marshall, sei „ein durchschaubarer Trick, um ein paar Stimmen zu gewinnen.“ Er basiere „auf innenpolitischen Erwägungen, wohingegen das Problem, mit dem sie zu tun hatten, ein internationales“ sei.

Marshall war auch über die Haltung des Präsidenten selbst besorgt. Sollte der Präsident tun, was Clifford vorschlug, so „würde die hohe Würde des Amtes ernsthaft beeinträchtigt.“

Laut seinem eigenen Bericht über die Besprechung fasste Marshall seine Position wie folgt zusammen: „Ich sagte offen, falls der Präsident Herrn Cliffords Rat folgen würde und ich dann bei den Wahlen abstimmen müsste, würde ich gegen den Präsidenten stimmen.”

Clifford schrieb später über sich selbst, er sei „wutentbrannt“ gewesen. Er sagte, Marshall habe „in einem gottverdammten gerechten Baptistenton gesprochen.”[71]

Während Marshall Clifford zornig anstarrte, setzte Lovett den Angriff gegen das fort, was der Sonderberater dem Präsidenten vorschlug. Er erklärte, es „schade der UNO ungemein, wenn man die Anerkennung des jüdischen Staates verkünde, noch bevor dieser überhaupt entstanden sei, und während die Generalversammlung, die auf Antrag der USA einberufen wurde, immer noch über die zukünftige Regierung von Palästina debattierte.“[72] Mehr oder weniger Marshall wiederholend sagte Lovett auch, dies sei “schädlich für das Ansehen des Präsidenten.”[73]

Letztlich, so Lovett, sei Folgendes zu berücksichtigen: “Den jüdischen Staat vorzeitig anzuerkennen, würde bedeuten, eine Katze im Sack zu kaufen. Woher wissen wir, welche Art von jüdischem Staat geschaffen werden soll?“[74]

Was Lovett im Hinterkopf hatte und was ihm Sorgen bereitete, waren die Zusicherungen, die er Wochen zuvor an König Ibn Saud und Ägyptens König Farouk gesandt hatte. Nach der manipulierten Abstimmung in der Generalver-

69· Patrick Anderson, The President's Men, White House Assistants of Harry S. Truman, Dwight D. Eisenhower, John F. Kennedy and Lyndon B. Johnson (Garden City, New York, Doubleday, 1968), S. 118–119

70· Dieses und die folgenden vier Zitate aus: Memorandum of the conversation by Secretary of State Marshall, FR 1948, Vol V, Teil 2, S. 972–976

71· Patrick Anderson, zitiert nach Lilienthal, a.a.O.

72· Marshall's memorandum, a.a.O.

73· Ebd.

74· Ebd.

sammlung zugunsten der Teilung war es Lovett als Unterstaatssekretär zugefallen, diese beiden Monarchen etwas zu besänftigen. In Telegrammen nach Dschidda und Kairo hatte Lovett die US-Botschafter instruiert, diesen Folgendes zu sagen:

„Wir verstehen, dass einer der Gründe für den arabischen Unmut über die Entscheidung der Generalversammlung die Sorge war, dass die Zionisten am Ende beabsichtigen könnten, ihren Staat als Basis für eine territoriale Expansion im Nahen Osten auf Kosten der Araber zu nutzen. Die US-Regierung ist aufgrund von Gesprächen mit verantwortlichen Zionistenführern überzeugt davon, dass diese keine Expansionspläne haben und darauf bedacht sind, mit den Arabern in Zukunft freundschaftlich zu leben und mit ihnen Beziehungen aufzubauen, die für beide Seiten von Vorteil sind.... Sollten zu einem späteren Zeitpunkt Personen oder Gruppen die Herrschaft über den jüdischen Staat erlangen, die aggressive Pläne gegenüber ihren Nachbarn hegen, werden die USA bereit sein, sich entschieden gegen eine solche Aggressivität einzusetzen, bei den Vereinten Nationen und vor der Welt.“[75]

Ich denke, man kann sich leicht vorstellen, dass Lovett, als er seinen Kommentar von der „Katze im Sack“ machte, befürchtete, die Zusicherungen, die er den Arabern gegeben hatte, seien nicht das Papier wert, auf dem sie geschrieben standen.

Präsident Truman, der sich bei der Konfrontation im Weißen Haus anscheinend neutral verhielt, beendete das Treffen, indem er darauf hinwies, dass er „zur Seite von Außenminister Marshall tendierte“ und dass sie „darüber schlafen sollten“.[76]

Bei seiner für den darauffolgenden Tag, den 13. Mai anberaumten Pressekonferenz gab Truman nicht die Erklärung ab, die Niles und Cliffort wollten. Es stellte sich später heraus, dass das Memorandum des juristischen Beraters des Außenministeriums, Ernest M. Gross, ihn beeindruckt hatte. Dieses Memorandum bestätigte die Ansicht, die Lovett bei dem Machtkampf-Treffen vertreten hatte: dass die vorzeitige Anerkennung des jüdischen Staates „nach internationalem Recht rechtswidrig“ sei und dass sogar die unmittelbare Anerkennung nach Israels Entstehung „nicht den Standarderfordernissen zur Anerkennung durch das Außenministerium entsprechen könnte“.[77]

Das Gross-Memorandum legte „die entscheidenden Kriterien, die in der Vergangenheit angewandt wurden, um die Anerkennung zu gewähren oder zu verweigern”, dar:

75· FR 1947, The Near East and Africa, Vol V (Washington D.C., Government Printing Office, 1971), S. 1321, message to Cairo; FR 1948, Vol V, S. 571, Anm. 3, message to Jeddah

76· Wie von Clifford angegeben (und von niemand anderem bestritten) in einer Rede vor der American Historical Association in Washington am 28. Dezember 1976

77· FR 1948, Vol V, S. 964–965

(a) de facto Kontrolle über das Gebiet und den Staatsapparat, einschließlich der Aufrechterhaltung öffentlicher Ordnung;

(b) die Fähigkeit und die Bereitschaft einer Regierung, ihre internationalen Verpflichtungen zu erfüllen; und

(c) generelle Einwilligung der Bevölkerung des Landes zu der Regierung, die die Macht hat.

Es wäre selbstverständlich, fügte das Memorandum hinzu, dass nach der Bildung eines neuen Staates einige Zeit erforderlich sei, um festzustellen, ob die Kriterien von der Regierung, die an der Macht war, erfüllt würden. Aber eine Erwägung stand über allen anderen. *„Eine Grundvoraussetzung für alle Kriterien ist der Erhalt eines Antrags der Regierung auf Anerkennung."*

Grundsätzlich gab es keine Möglichkeit, dass Präsident Truman den neuen jüdischen Staat anerkennen konnte (wenn das seine Entscheidung sein sollte), ohne dass - und bis - er existierte und seine Regierung einen Antrag auf Anerkennung übermittelt hatte. Aber das war nicht die Art und Weise, wie dies geschah.

Als Präsident Truman am 13. Mai nicht verkündete, er beabsichtige, den jüdischen Staat anzuerkennen, erhielt er einen weiteren Brief von Weizmann.

Einige Tage zuvor, wie in seinem Tagebuch notiert, hatte Weizmann wieder seine Kontakte „zu unseren Freunden in Washington" verstärkt.[78] Die Freunde waren Niles und Clifford, und es war Niles, der Weizmann sagte, ein weiterer machtvoller Brief von ihm an den Präsidenten sei taktisch erforderlich. Zu dieser Zeit muss es für Niles mehr als offensichtlich gewesen sein, dass der Präsident hin- und hergerissen war durch seinen Wunsch, „im besten Interesse der gesamten Nation" (Trumans eigene Worte) zu handeln, aber auch den Erfordernissen der Innenpolitik gerecht zu werden: die zionistische Lobby zu besänftigen, um nicht die jüdischen Kampagnengelder und Stimmen zu verlieren.

Grundsätzlich bestand keine Möglichkeit, dass Präsident Truman den neuen jüdischen Staat anerkennen konnte (wenn das seine Entscheidung sein sollte), ohne dass - und bis - er existierte und seine Regierung einen Antrag auf Anerkennung übermittelt hatte. Aber das war nicht der Weg, wie dies geschah.

Ich vermute, dass Niles, der Trumans Qual bemerkte, besorgt war, der Präsident könnte sich nicht in der Lage fühlen, einen jüdischen Staat anzuerkennen, dessen Entstehung auf einer unilateralen Unabhängigkeitserklärung basierte.

78- Weizmann, a.a.O., S. 477.

Ich kann mir vorstellen, dass Niles sich selbst die Frage stellte: "Werden wir wirklich den Kampf (um die Frage, wer den größeren Einfluss auf Truman hat) gewinnen, oder wird sich der Präsident letztendlich von dem Argument überzeugen lassen, die Schaffung eines jüdischen Staates liege angesichts der geschlossenen arabischen Opposition nicht im besten Interesse Amerikas?" Niles war einerseits realistisch genug zu wissen, dass unter normalen Umständen der Gedanke absurd war, der Präsident der Vereinigten Staaten von Amerika handele gegen den einhelligen Rat seiner Außen- und Verteidigungsministerien und seines Geheimdienstes. Auf der anderen Seite stand die Tatsache, dass die Umstände nicht normal waren, nämlich wegen des Nazi-Holocausts und des den Zionisten durch ihn gelieferten Druckmittels, mit dem Truman während des Endspiels insbesondere durch Weizmann beeinflusst werden konnte.

Daher kann ich mir vorstellen, dass Niles überlegte, ein weiterer Brief von Weizmann in diesem kritischsten Augenblick sei notwendig, um das Gleichgewicht in der Seele des Präsidenten zugunsten des Zionismus zu kippen.

Weizmanns Brief war ein leidenschaftliches Plädoyer gegenüber den USA, „die provisorische Regierung des neuen jüdischen Staates sofort anzuerkennen."[79]

In den bekannten Aufzeichnungen über die Ereignisse ist nichts bekannt, woraus man schließen könnte, dass Truman sich bereits vor dem Erhalt von Weizmanns Brief vom 13. Mai dazu entschlossen hatte, den jüdischen Staat (bei seiner Geburt) anzuerkennen. Der Präsident scheint seine Entscheidung am späten Abend dieses Tages oder am frühen Morgen des darauffolgenden Tages gefällt zu haben.

Meine eigene Interpretation ist, dass Weizmanns Brief und alles, was emotional damit verbunden war, ausschlaggebend für die Meinungsänderung Präsident Trumans war. Und ich denke, dass dies fast 20 Jahre später (im Juni 1965) so gut wie bestätigt wurde, als der ehemalige Präsident Truman eine Mitteilung an die B'nai B'rith Loge in Tel Aviv sandte. „Es ist eine historische Tatsache", besagte die Mitteilung, „dass Eddie Jacobsons Beitrag von entscheidender Bedeutung war."[80] Eine mögliche Schlussfolgerung ist, dass die definitive Entscheidung des Präsidenten vielleicht eine andere gewesen wäre, wenn Eddie ihn nicht überzeugt hätte, seine Tür für Weizmann zu öffnen, Mit anderen Worten, Weizmanns Einfluss auf Truman – beziehungsweise auf dessen Emotionen – war bei Weitem größer, als selbst die Zionisten geglaubt hatten, mit einer Ausnahme. Diese Ausnahme war Niles. Er wusste, dass der betagte und kranke Weizmann seine Trumpfkarte war, und er wusste genau, wann und wo er sie am vorteilhaftesten ausspielen musste.

Dennoch war es Clifford, der das einfädelte, was man als „Anerkennungs-Clou" bezeichnen kann.

79· Ebd.

80· Grusd, a.a.O., S. 244–245

Was genau am 14. Mai 1948 geschah – und warum gerade in Washington – bleibt bis heute ein Mysterium.

Unter normalen Umständen wäre der Gedanke absurd, der Präsident der Vereinigten Staaten von Amerika widersetze sich dem konstanten Rat seiner Außen- und Verteidigungsministerien sowie seines Geheimdienstes.

Um ca. 11:30 Uhr vormittags hatte Clifford ein Gespräch mit Eliahu Epstein. Dieser war der Repräsentant der „Jewish Agency" in Washington und sollte bald als Eliahu Elath der erste israelische Botschafter in den USA werden. Laut John Snetsingers Bericht über Truman, die jüdische Abstimmung und die Gründung Israels erfolgte Cliffords Gespräch mit Epstein per Telefon. Aber laut George Elsey, Cliffords Assistent, traf sich Epstein mit Clifford im Weißen Haus.

Clifford informierte Epstein, die USA seien bereit, den Jüdischen Staat nach seiner Unabhängigkeitserklärung anzuerkennen, aber.... Der Schritt der USA hätte als Antwort auf einen formellen Anerkennungsantrag der Regierung des neuen Staates erfolgen müssen, und man forderte den Antrag an diesem Nachmittag!

Anfangs mag sich Epstein gefragt haben, ob Clifford von allen guten Geistern verlassen war. Technisch konnte der neue Staat nicht vor Mitternacht in Palästina, 18 Uhr in Washington, in Kraft treten (d.h., wenn das britische Mandat offiziell abgelaufen war). Eine provisorische Regierung, die es vor diesem Zeitpunkt nicht geben konnte, konnte nicht bereits an diesem Nachmittag einen formellen Anerkennungsantrag stellen! Epstein wusste natürlich, dass Ben-Gurion beabsichtigte, die einseitige Unabhängigkeitserklärung um 16:00 Uhr Palästina-Zeit abzugeben, vor Beginn des Sabbats, der orthodoxe Mitglieder der provisorischen Regierung in spe vom Autofahren oder sogar vom Unterschreiben einer Unabhängigkeitsproklamation abhalten würde. Aber das änderte nicht die technische Realität: ein einseitig ausgerufener Jüdischer Staat konnte vor Mitternacht in Palästina und 18 Uhr Washingtoner Zeit keinen Antrag auf Anerkennung stellen.

Die beiden Männer vereinbarten deshalb, dass Epstein die Verantwortung für das Basteln eines formellen Antrags auf Anerkennung übernehmen sollte – im Namen einer Regierung, die nicht existierte, für einen Staat, der nicht existierte.

In dem zusammengebastelten Antragsschreiben, das an Clifford im Weißen Haus geliefert wurde, sagte Epstein, er sei von der (nicht existierenden) provisorischen Regierung des (nicht existierenden) Jüdischen Staates bevollmächtigt worden, „ die Hoffnung auszudrücken, dass Ihre Regierung den Jüdischen Staat in die Gemeinschaft der Nationen aufnehmen wird."

Um bessere Chancen dafür zu haben, dass Truman gegen den durch das Gross-Memorandum unterstützen Rat Marshalls und Lovetts handelte, übernahm Epstein auf Cliffords Bitte hin selbst die Verantwortung für die Erklärung, dass Israel die Grenzen, wie in der Teilungsresolution definiert, akzeptieren werde. (Er wusste selbstverständlich, dass Ben Gurion nie die Absicht hatte).

Frage: Warum war es notwendig, einen Antrag auf Anerkennung zu konstruieren? Anders gefragt: Weshalb konnten Clifford (und Präsident Truman) nicht auf den richtigen Antrag warten, der von der provisorischen Regierung des Jüdischen Staates kommen sollte?

Der Anerkennungs-Trick: Im dem konstruierten Antragsschreiben, das an Cliffort im Weißen Haus geliefert wurde, sagte Epstein, er sei von der (nicht existierenden) provisorischen Regierung des (nicht existierenden) Jüdischen Staates bevollmächtigt worden, "die Hoffnung auszudrücken, dass Ihre Regierung den Jüdischen Staat in die Gemeinschaft der Nationen aufnehmen wird.“

Hier ist die einzige plausible Antwort:

Die Idee, das Schreiben für den Anerkennungsantrag zu konstruieren, entstand in Cliffords Kopf. Seine Logik? In dem Augenblick, wo der Jüdische Staat proklamiert würde (und das Procedere der Generalversammlung irrelevant machte), käme Truman, damit er diesen anerkennt, unter den denkbar intensivsten Druck. Wenn er dann sagen müsste, er warte auf einen formellen Anerkennungsantrag, könnte seine Haltung leicht missinterpretiert werden, erst recht, wenn die provisorische Regierung aus irgendeinem Grunde mehr Zeit benötigen sollte, um Nägel mit Köpfen zu machen, oder der Antrag auf Anerkennung, aus welchem Grund auch immer, einschließlich dem eines Krieges, verschoben würde. In diesem Szenario fürchtete Clifford, dass die These aufkäme, Präsident Truman sei abgeneigt, den Jüdischen Staat anzuerkennen. Das würde seine Wiederwahl und die Aussichten vieler anderer Demokraten, die für ein Amt kandidierten, ernsthaft gefährden. Aber mit dem konstruierten Antragsschreiben hätte der Präsident genügend Spielraum, zum Schein den Jüdischen Staat innerhalb von Minuten nach seinem Inkrafttreten anzuerkennen. Mit einem Schlag würde das die Bedrohung des Zionismus für den Präsidenten und seine Partei beseitigen. In Cliffords Vorstellung gab es ein „Worst-Case-Szenario“: Würde die Anerkennung durch die USA aus irgendeinem Grunde hinausgezögert, so würde sie vielleicht niemals erfolgen.

Am wahrscheinlichsten ist, dass Clifford gänzlich auf eigene Initiative handelte, um dem, was er als das wohlverstandene Interesse seines Präsidenten ansah, zu dienen: wiedergewählt zu werden. Aber es könnte auch sein, dass Truman gegenüber Clifford seine private Angst äußerte, gesteinigt zu werden, wenn er den Jüdischen Staat nicht sofort nach seiner Entstehung anerkannte.

Die großzügige These ist, dass Clifford den Präsidenten nicht darum bat, die Strategie des konstruierten Abtrags zu bewilligen, und dass das konstruierte Schreiben Truman bis kurz nach Mitternacht, Palästina Zeit, nicht vorgelegt wurde. Mit anderen Worten, dass Truman davon ausging, es handelte sich um einen echten Antrag der echten provisorischen Regierung Israels.

Aber hätte Cliffort eine solche Initiative ergriffen, ohne zumindest einen Wink oder ein Zwinkern des Präsidenten? Sollte Truman im Voraus Kenntnis von der konstruierten Strategie gehabt haben, müsste man sagen, dass er aus Verzweiflung Teil einer Verschwörung wurde.

Es gibt keine Gewissheit darüber, wann andere Mitglieder der Truman-Regierung auf exekutiver Ebene – vor allem Außenminister Marshall – über den Entschluss des Präsidenten, dem Jüdischen Staat die sofortige Anerkennung zu gewähren, informiert wurden. Noch am frühen Nachmittag, als Epstein sein Werk mit dem konstruierten Antragsschreiben vollendete, gab Clifford bekannt, der Präsident habe sich noch nicht entschieden.

Nach dem Mittagessen im F Street-Club hatte Clifford eine Unterredung mit Lovett, den er, Clifford, als Feind betrachtete.

Laut Lovetts Memorandum der Unterredung sagte Clifford: „Der Präsident ist unter unerträglichem Druck, den Jüdischen Staat sofort anzuerkennen." Dann bat er Lovett „eine entsprechende Formulierung zu entwerfen, um die Anerkennung zu vollziehen, falls der Präsident sich für sie entscheidet."[81]

Lovett warnte vor „ungebührlicher Hast" und sagte, sie sollten warten, bis sie die Bestätigung der Einzelheiten über die Unabhängigkeitsproklamation des Jüdischen Staates hätten.[82] Er machte sich auch Gedanken darüber, dass es eine ordnungsgemäße Mitteilung über Amerikas Vorhaben an andere Regierungen geben sollte – insbesondere an die britische und französische Regierung und an Botschafter Austin in der UN. (Während Clifford und Lovett miteinander sprachen, tagte die Generalversammlung noch wegen des US-Antrags. Austin und sein Team taten immer noch ihr Bestes, um Unterstützung für den amerikanischen Vorschlag einer UNO-Treuhandschaft für Palästina sicherzustellen.) Clifford wischte Lovetts Warnung und Bedenken mit dem Kommentar beiseite, der Präsident könne sich „ein derartiges Zögern nicht erlauben."[83]

Clifford sagte Lovett nicht die Wahrheit über die Absichten des Präsidenten, da er befürchtete, der Staatsuntersekretär könne Marshall dazu bewegen, Truman zu überzeugen, die Anerkennung des Jüdischen Staates zumindest zu verzögern. Tatsächlich waren Cliffords Befürchtungen diesbezüglich unbegründet. Wie all seine Vorgänger im Amt als Außenminister und gemeinsam mit Forrestal hatte

81- FR 1948, Vol Teil 2, S. 1005-1007, Lovett's memorandum of his conversation with Clifford

82- Ibid.

83- Ibid.

Marshall, angesichts der gänzlichen Opposition der Araber, die Schaffung eines Jüdischen Staates nicht begünstigt; sobald aber der Präsident sich entschloss, dem neuen Staat die sofortige Anerkennung zu gewähren, dann war's halt so. Außer der Tatsache, dass Marshall gegenüber Präsident Truman unerschütterlich loyal war, hatte er einen gesunden Respekt gegenüber dem verfassungsmäßigen präsidentiellen Vorrecht, außenpolitische Entscheidungen zu treffen. Mit anderen Worten, Marshall akzeptierte, dass jeder Präsident Fehler machen konnte. Dass dieser Fehler katastrophale Folgen für Araber und Juden, für die Interessen Amerikas und des Westens allgemein und letztlich vielleicht sogar für die gesamte Menschheit haben könnte, stand nicht zur Diskussion. Hatte der Präsident einmal entschieden, konnte niemand etwas dagegen unternehmen.

Um 17:40 Washingtoner Zeit, zwanzig Minuten vor Mitternacht in Palästina, wurde Lovett informiert (vermutlich durch Marshall), dass die Verkündung der Anerkennung kurz nach 18:00 Uhr erfolgen würde und dass er nun Botschafter Austin bei der UNO unterrichten sollte.

Lovetts Memorandum des viele Jahre geheim gehaltenen Protokolls beinhaltet dies: „Meine Proteste gegen die überstürzte Aktion und meine Warnungen im Hinblick auf die Konsequenzen, die sich daraus mit der arabischen Welt ergeben, scheinen von Erwägungen, die mir unbekannt sind, zunichte gemacht worden zu sein. [Er wusste genau, welche Erwägungen dies waren, meinte jedoch, dass es ihm nicht zustand, darüber in einem offiziellen Memorandum zum Protokoll, das eines Tages veröffentlicht wird, zu sprechen.] Ich kann nur den Schluss ziehen, dass *die politischen Berater des Präsidenten, denen es am letzten Mittwochnachmittag nicht gelungen war, den Präsidenten zum Vater des neuen Staates zu machen, beschlossen, ihn wenigstens zum Geburtshelfer zu machen.*“[84] (Hervorhebung des Autors).

Um 18:00 Uhr, Washingtoner Zeit, lief das britische Mandat für Palästina ab und Israels unilaterale Unabhängigkeitserklärung trat in Kraft. Um 18:11 Uhr bewilligten die USA die de facto-Anerkennung des neuen Staates – als Antwort auf Epsteins konstruierten Antrag.

Um 18:00 Uhr, Washingtoner Zeit, lief das britische Mandat für Palästina ab, und Israels unilaterale Unabhängigkeitserklärung trat in Kraft. Um 18:11 Uhr bewilligten die USA die de facto-Anerkennung des neuen Staates – als Antwort auf Epsteins konstruierten Antrag. Die Ankündigung Washingtons hätte nicht unauffälliger sein können. Charles Ross, der präsidiale Pressesekretär, las den Reportern eine Stellungnahme vor, die aus zwei Absätzen bestand. Die Botschaft, die

84· FR 1948, Vol V, Teil 2, S. 1007

Ben-Gurion erhielt, von Lovett gesandt, lautete: "Die amerikanische Regierung erkennt die Provisorische Regierung des Staates Israel als de facto-Autorität in dem neuen Staat an." (Aufgrund des Memorandums von Gross gewährte Truman Israel die de jure-Anerkennung nicht, bis seine provisorische Regierung am 31. Januar 1949 durch eine gewählte ersetzt wurde).

Und so war es vollbracht. Was auch immer geschehen würde, Truman konnte nun gewiss sein, dass er für eine zweite Amtszeit wiedergewählt würde und seine Demokraten keine schweren Verluste bei den Wahlen erleiden würden.

Für Botschafter Austin (und für sein gesamtes Team bei der UN) war es eine öffentliche Demütigung, wie sie kein amerikanischer Diplomat zuvor oder seitdem je erfahren hat. Austin selbst war so entrüstet, dass er sich in seinem Appartement im Waldorf Astoria Tower einschloss. Die Anerkennungserklärung wurde mit dem Text, der aus dem Bericht einer Nachrichtenagentur zitiert war, von einem nachrangigen Mitglied seiner Mission vor der Generalversammlung verlesen. Viele Jahre später enthüllte die Dokumentation, dass Marshall Rusk zur UNO gesandt hatte „um zu verhindern, dass die US-Delegation geschlossen zurücktritt."[85]

Im Saal der Generalversammlung waren die Delegierten aufgrund dieser jüngsten und abrupten Wende der amerikanischen Strategie völlig fassungslos. Hier saßen sie und debattierten auf Verlangen der USA die UN-Treuhandschaft für Palästina (und die Internationalisierung von Jerusalem), weil die Teilung ungerecht und nicht praktikabel war und mit Sicherheit die Ursache einer Katastrophe. Nun sanktionierten die USA unilateral diese Teilung. Ein Delegierter fragte George Barrett von der New York Times, ob er genau informiert sei, was die Position der USA sei. Barrett berichtete selbst, was er geantwortet hatte: "Ich weiß es nicht, denn ich habe 20 Minuten lang keine Ankündigung gesehen."[86]

Kubas Botschafter, Guillermo Belt, musste zurückgehalten werden, damit er nicht zum Podium ging und den Austritt seines Landes aus der UNO verkündete. Aber, wäre Belt gegangen und andere Delegierte wären ihm gefolgt, so wäre die gesamte Existenz der UNO in Frage gestellt worden.

Der Schaden, der dem Ansehen der USA bei der UNO zugefügt wurde, und von dem sie sich bis heute nicht erholt haben, beunruhigte einige umsichtige Amerikaner. Unter ihnen war Roosevelts Frau, Eleanor. Im Gegensatz zu ihrem Ehemann war sie oder besser, wurde sie, eine Unterstützerin der zionistischen Sache und hätte es vorgezogen, den Jüdischen Staat anzuerkennen; aber sie war auch eine Verfechterin der UNO. Am 16. Mai schrieb sie an Marshall und beschwerte sich über die Art und Weise, wie die Truman-Regierung das Anerkennungsproblem gehandhabt hatte, da diese bei den Vereinten Nationen „Fassungslosigkeit

85- Ebd., S. 999, Anmerkung des Herausgebers

86- Alfred M. Lilienthal, a.a.O., S. 87

erzeugt" hätte.[87] Marshalls Antwort zwei Tage später besagte unter anderem (von mir hervorgehoben): „Wir waren uns der unglücklichen Auswirkung auf unsere Situation bei der UN, die sehr bedauerlich ist, bewusst. Mehr dazu zu sagen, steht mir nicht zu."[88]

Die Idee von Palästina als UN-Treuhandschaft wurde nicht bloß hastig aufgegeben, sie war tot und wurde schnell ohne Zeremonie begraben.

Bevor die Sondersitzung der Generalversammlung an diesem höchst dramatischen Tag endete, bewilligte diese noch eine Resolution und ernannte einen Vermittler zur „Förderung einer friedlichen Anpassung der Zukunft Palästinas". (Wie wir sehen werden, wurde er durch die Kugel eines Attentäters daran gehindert, seine Aufgabe zu erfüllen).

Die Schuldzuweisungen wurden ein Fall für die Öffentlichkeit. 1961, in *Ein Premierminister erinnert sich* schrieb Clement Attlee, Earl im House of Lords, dass „die US-Politik in Palästina durch das jüdische Votum und durch Parteispenden mehrerer großer jüdischer Firmen beeinflusst wurde."[89]

Truman antwortete: „Die Briten waren höchst erfolgreich. Sie haben die Situation so gründlich vermasselt, wie es überhaupt möglich war."[90]

Wenn Truman geantwortet hätte, er hätte nicht tun müssen, was er tat, wenn Großbritannien nicht vorher die zionistische Karte gespielt hätte, hätte er ein Argument gehabt, ein gutes Argument. Und dies tat im Jahre 1968 Arnold Toynbee. Bevor er als einer der hervorragendsten Historiker der Welt anerkannt wurde, hatte Toynbee im britischen Außenministerium direkt mit dem Palästina-Mandat zu tun. Im Jahre 1968 lieferte er diese Beurteilung (von mir hervorgehoben):

„In all den 30 Jahren [von der Balfour Erklärung bis zu dem Augenblick, wo Großbritannien der UNO das Problem aufhalste] ließ Großbritannien – Jahr für Jahr – eine Quote jüdischer Einwanderer zu, die je nach Stärke des entsprechenden Drucks vonseiten der Araber und der Juden zu der Zeit variierte Diese Einwanderer hätten nicht kommen können, wenn sie nicht von britischen „Spanischen Reitern" geschützt worden wären. Wäre Palästina unter ottomanisch-türkischer Herrschaft geblieben oder wäre es ein unabhängiger Staat geworden... hätte man niemals jüdische Immigranten in genügend großer Anzahl zugelassen, dass sie die palästinensischen Araber in deren eigenem arabischen Land überschwemmen konnten. *Der Grund, weshalb der Staat Israel heute existiert und weshalb 1.500.000 Palästinenser zu Flüchtlingen wurden, ist, dass den palästinensischen Arabern 30 Jahre*

87· FR 1948, Vol V, Teil 2, S. 1015, Anm. 2

88· Ebd.

89· Frances Williams, A Prime Minister Remembers (London, Heinemann, 1961), p. 181 zitiert nach Lilienthal a.a.O.

90· Alfred M. Lilienthal, a.a.O., S. 97

lang die jüdische Einwanderung von der britischen Militärmacht aufgezwungen wurde, bis die Einwanderer zahlreich genug und gut genug bewaffnet waren, um sich selbst mit Panzern und Flugzeugen wehren zu können. Die Tragödie Palästinas ist nicht nur eine lokale: es ist eine Tragödie für die Welt, weil es eine Ungerechtigkeit ist, die eine Bedrohung für den Weltfrieden bedeutet."

Es war auch Toynbee, der in *A Study of History, Volume VIII* (*Eine Studie der Geschichte, Band VIII*) die Rolle Trumans und deren Konsequenzen am plastischsten schildert:

„Der Eifer des Politikers und Philanthropen aus Missouri, Zweckmäßigkeit mit Wohltätigkeit zu kombinieren, indem er die Juden unterstützte, denen so viel Unrecht geschehen war und die so viel gelitten hatten, schien jedoch nicht durch irgendein sensibles Bewusstsein dafür gedämpft zu werden, dass er dadurch aufseiten der Araber zu Unrecht und Leiden beitrug. Seine Exkursionen in das gebeutelte Gebiet Palästinas erinnerten einen Leser an die *Fioretti di San Francesco* (*Blümlein des Hl. Franziskus*), und zwar an die tragikomische Heldentat des Juniper, welcher der aufschlussreichen Geschichte nach so tiefbewegt von einem Bericht über die Nahrungsnot eines Invaliden war, dass er, mit dem Messer in der Hand, in einen Wald voller harmloser Wildschweine lief. Er schnitt einem lebenden Wildschwein den Fuß ab, um den notleidenden Menschen mit Essen zu versorgen, wie es sein Mitgefühl wollte, ohne zu bemerken, dass er ein verstümmeltes Tier zurückließ, das sich in Todesqualen wand, und ohne innezuhalten und darüber nachzudenken, dass dieses unschuldige Opfer weder das Eigentum des Invaliden noch sein eigenes war. "[91]

Ein Jahr nach dieser schicksalhaften Entscheidung wurde Truman von Israels Großrabbiner besucht. Nach dem, was der Präsident selbst Miller auf Band berichtete, sagte der Rabbi: "Gott steckte Sie in den Bauch Ihrer Mutter, damit Sie das Instrument sein konnten, das Israels Wiedergeburt nach zweitausend Jahren herbeiführte."[92] Daraufhin begannen offenbar dicke Tränen über Harry Trumans Wangen zu rinnen.

Die Worte des Großrabbiners waren zweifellos eine Quelle großen Trostes für Präsident Truman; mit den Worten eines anderen bedeutenden Besuchers aus Israel hätte er sich nicht so wohlgefühlt.

Bei seinem letzten Besuch in Amerika als Israels Premierminister soll Ben Gurion Folgendes zu Truman gesagt haben: "Sie haben einen sicheren Platz in der Geschichte Israels, aber wie Sie in der amerikanischen Geschichte dastehen, das weiß ich nicht."[93] Eine mögliche Schlussfolgerung ist, dass Ben Gurion etwas

91- Arnold Toynbee, A Study of History, Vol III (Oxford, Oxford University Press, 1954), S. 308

92- Merle Miller, a.a.O., S. 218

93- Alfred M. Lilienthal, a.a.O.

Ähnliches dachte, aber nicht sagte, wie: „Ihr Platz in der Geschichte Ihres eigenen Landes wäre nicht so sicher, wenn die Öffentlichkeit erführe, warum Sie taten, was Sie taten."

Lilienthal machte eine Bemerkung, der ich zustimme: „Dem Scharfsinn der Zionisten ist es zu verdanken, dass sie ihre Chance ergriffen. Aber es ist vielleicht kein Verdienst von Amerikas nicht-zionistischem Judentum, dass es zuließ, dass seine selbsternannten zionistischen Führer die Zukunft des amerikanischen Judentums auf das Roulette der Machtpolitik setzten."[94]

Aber ich gehe noch weiter als Lilienthal. *Was meiner Meinung nach auf das Roulette der Machtpolitik gesetzt wurde, war nicht nur die Zukunft des amerikanischen Judentums, sondern das Judentum in seiner Gesamtheit.*

Es war tatsächlich Präsident Truman selbst, der die ehrlichste Aussage darüber zu Papier brachte, weshalb die Ereignisse sich so entfalteten, wie sie es taten. In einem Memorandum an Niles sagte er: "Wir hätten diese Palästina-Sache lösen können, wenn die US-Politik herausgehalten worden wäre."[95]

Dieses Memorandum vom 13. Mai 1947 fuhr fort: "Der Terror und (Rabbi) Silver sind die Ursachen, die zu einigen, wenn nicht sogar zu all unseren Problemen beitrugen."

Der Terror, auf den Truman sich bezog, war, wie wir gesehen haben, der zionistische Terror.

Rabbi Silvers einziger und größter Beitrag zu der sich anbahnenden Katastrophe war die Inspiration und die Richtung, die er der amerikanischen Zionistenkampagne gab, um Trumans Visa-Initiative zu vernichten. Diese hätte, wenn die Gesetzgebung, die der Präsident brauchte, erfolgt wäre, allen oder praktisch allen entwurzelten und vertriebenen Juden erlaubt, ein neues Leben in Amerika zu beginnen. Eine Option, die die meisten von ihnen angenommen hätten, wenn man ihnen die Wahl gelassen hätte. Am Ende seines Berichtes über Präsident Trumans Rolle bei der Entstehung des arabisch-israelischen Konfliktes äußert Lilienthal diesen Gedanken: „Indem Truman den Rat dreier seiner Staatssekretäre und des Verteidigungsministers, James Forrestal, in den Wind schlug, könnte er ‚Die amerikanische Tragödie' [Anspielung auf den 1925 erschienenen Roman von Theodore Dreiser, d. Ü.] der U.S.- Außenpolitik verfasst haben."[96]

Als Lilienthal zuerst diese Worte in den Druck gab (1978), hätte ich ihm zugestimmt. Aber nach den Ereignissen vom 11. September 2001 und alledem, was sie symbolisierten, würde ich "Truman könnte geschrieben haben" durch "Truman schrieb", ersetzen.

94- Ebd., S. 61

95- Memorandum, Truman to Niles, 13 May 1947, File of President's Secretary, Palestine, 1945–1947 folder, Box 184, Harry S. Truman Library

96- Alfred M. Lilienthal, a.a.O., S. 100

Da bleibt eine sehr interessante Frage, eine, die in politisch korrekten Kreisen noch nicht gestellt wurde. Sie stellt sich aufgrund von Marshalls Kommentar an Eleanor Roosevelt: "Mehr darüber darf ich nicht sagen."

Was war es, was Marshall ihr nicht sagen durfte oder was er ihr im Vertrauen andeutete?

Ich denke nicht, dass er irgendwelche Probleme gehabt hätte, zu sagen: "Das ist Parteipolitik - jüdische Wahlkampfspenden und jüdische Stimmen. Auch wenn wir das nicht mögen, so ist das eben."

Meiner Ansicht nach ist es nicht abwegig anzunehmen, dass Ben Gurion Truman informiert hatte: falls die USA den jüdischen Staat nicht sofort nach seiner Entstehung anerkennen würden, würde die Sowjetunion dies tun. Israel sähe dann in der Sowjetunion statt den USA eine befreundete Supermacht und einen Verbündeten. Kurzum, ich halte es für möglich, dass Ben Gurion für ihn die ultimative Erpressungskarte ausspielte oder ausgespielt hatte. Unter diesem Aspekt wäre Cliffords Bemerkung bei dem Machtkampf-Treffen, „ der UDSSR zuvorkommen", nicht so unwichtig, wie sie zunächst erschien.

Falls Ben Gurion die ultimative Erpressungsskarte – die Drohung, der jüdische Staat baue auf die Sowjetunion als seinen Freund und Supermacht-Verbündeten ausgespielt hätte, könnte es gut sein, dass Truman und Marshall in den letzten Stunden des langen Kampfes um die Entscheidung, wer die US-Politik für Palästina bestimmen sollte, nicht auf entgegengesetzten Seiten standen. Ich meine, es könnte sein, dass Marshall in den letzten Stunden zu Truman etwas sagte, wie: "Die absolute Priorität ist es zu verhindern, dass der zionistische Staat gemeinsame Sache mit der Sowjetunion macht. Wenn das bedeutet, dass die USA die ersten sein müssen, die einen einseitig erklärten jüdischen Staat anerkennen, so tun sie es."

Die traurigste Wahrheit von allen ist, dass es einen großartigen und aufrechten Mann mit Prinzipien gab, der alles tat, um das Palästina-Problem aus der US-Innenpolitik herauszuhalten, bevor es für alle Betroffenen zu spät war. Dieser Mann war James Forrestal, der erste US-Verteidigungsminister.

Das Verständnis, das dieses Buch fördern möchte, wäre nicht vollkommen ohne Kenntnis von Forrestals Bemühungen, sowohl die Demokraten als auch die Republikaner auf Führungsebene zu überzeugen, das Palästina-Problem aus der US-Politik herauszuhalten; aus der Wahlkampfspenden-Praxis, die das Urteilsvermögen aller, die sich darauf einließen, schädigten und korrumpierten.

Meine Entscheidung, der Forrestal-Geschichte ein eigenes Kapitel zu widmen, bedeutet, dass wir gewissermaßen auf derselben Grundlage wie in diesem Kapitel vorgehen, aber aus der Perspektive eines einzigartig informierten Insiders und dementsprechend mit einer bemerkenswerten und, wie ich meine, abschreckenden Einsicht in die Art, wie amerikanische Politik funktionierte und noch immer funktioniert.

Wie wir jetzt sehen werden, war es Forrestal nicht gegönnt zu gewinnen. Ob die Verzweiflung über sein Versagen und dazu die Schikanen der Zionisten, die er wegen seiner Versuche erdulden musste, zu der Depression und in den Selbstmord führten, ist eine berechtigte Frage. Es muss auch gesagt werden, dass auch die Frage aufkam, ob sein Tod überhaupt ein Selbstmord war. Das sind Fragen mit rein spekulativen Antworten. Trotzdem ist das kein ausreichender Grund, sie nicht zu stellen, besonders angesichts der Ereignisse des 11. September 2001 und all dessen, was sie symbolisieren als Bumerang der jahrelangen pro-zionistischen US-Politik im Nahen Osten.

Kapitel 12
Forrestals „Selbstmord"

In der unzensierten Geschichte über die Entstehung des arabisch-israelischen Konflikts kann die Bedeutung von James Vincent Forrestal in zwei kurzen Aussagen zusammengefasst werden.

Erstens: Er war der Mann mit Führungsverantwortung in der Truman-Administration, der es wagte, die Grenze im sprichwörtlichen Sand zu ziehen und zu sagen, dass er die Interessen von Amerika, der freien Welt und der Juden weltweit gebieten, dem Zionismus nicht zu erlauben, die US-Politik für den Mittleren Osten zu bestimmen.

Zweitens: Wenn es einen Mann gab, der eher als alle anderen dazu in der Lage war, das Palästina-Problem aus der Klientelperspektive (*pork-barrel*) der inneramerikanischen Parteipolitik herauszuheben, dann war das Forrestal.

Wir wissen von seinen Tagebüchern, dass er von Präsident Truman für seine Initiative, dies zu versuchen, grünes Licht bekam. (Ein wichtiger Faktor, den es zu beachten gilt).

Da sie unumstößliche Beweise darüber enthalten, dass es einen ernsthaften Versuch gab, das Palästinaproblem aus der Innenpolitik der USA herauszulösen, sind einige Hintergrundinformationen aus den Tagebüchern, die nach Forrestals Tod publiziert wurden, notwendig.

Ihr Herausgeber war Walter Millis. Nach Forrestals Suizid erwarb die New York Herald Tribune die Rechte zur Veröffentlichung aus seinem Nachlass. Diese Zeitung beauftragte dann ihren für die Leitartikel zuständigen Chefassistenten Millis damit, aus dem Material ein Buch zu machen, das unter dem Titel *Die Forrestal Tagebücher* publiziert wurde. In dessen Vorwort schrieb Millis:

> **Forrestal war der Mann mit Führungsverantwortung in der Truman-Administration, der es wagte, die Grenze im sprichwörtlichen Sand zu ziehen und zu sagen, dass es die Interessen von Amerika, der freien Welt und der Juden weltweit gebieten, dem Zionismus nicht zu erlauben, die US-Politik für den Mittleren Osten zu bestimmen.**

"Als er sein Amt niederlegte, begab sich Forrestal, der bereits schwer krank war, zur Erholung nach Hobe Sound, Florida. Von dort aus sandte er Anweisungen, dass das Tagebuch zusammen mit einigen separaten Dokumenten im Weißen

Haus hinterlegt werden sollte. Dies war eine ungewöhnliche Bitte. Man kann daraus nur den Schluss ziehen, dass er sich der vertraulichen Natur eines Großteils dieses Materials bewusst war und es sein Anliegen war, dieses unter allen Umständen vor unverantwortlicher Veröffentlichung zu schützen.

Sogar eine beiläufige Begutachtung der Tagebuchaufzeichnungen macht es offensichtlich, dass sie nicht zur Veröffentlichung bestimmt waren. Sie wurden unter anderem wahrscheinlich niedergeschrieben, um dem Buch, das Forrestal dereinst zu schreiben gedachte, als Material zu dienen. In diesem würde er dann seine eigene Beurteilung vornehmen, was Einfügungen, Auslassungen oder Erklärungen betrifft. Er sollte diese Möglichkeit nicht bekommen. Mit der Versendung der Schriften ans Weiße Haus ließ er sie in sicheren, verantwortungsvollen Händen: er hatte sich damit gewissenhaft seiner eigenen Pflicht entbunden, ihre unzulässige oder fahrlässige Weitergabe zu verhindern."[1]

Die Tagebücher waren nicht weniger als der zusammenfassende Bericht eines Insiders über die Qual der Entscheidungsfindung zu einer Zeit, als die Vereinigten Staaten, zum Teil aufgrund des Zerfalls des Britischen Weltreichs, sich zunehmend in der Rolle des Führers der sogenannten Freien Welt mit der damit verbundenen großen Verantwortung sahen. Viele der Einträge wurden direkt nach Forrestals Rückkehr von Sitzungen des Kabinetts, verschiedener Komitees seines Verteidigungsministeriums und des Nationalen Sicherheitsrates gemacht.

Millis vermerkte auch, dass Forrestals Tagebuchaufzeichnungen "viele vertrauliche Aussagen, die in Eile und ohne Erwägung möglicher öffentlicher Auswirkungen gemacht wurden" enthielten. Der ungefilterte Charakter von Forrestals Zitaten – einschließlich seiner eigenen – ist einer der Gründe, warum seine Tagebücher, sogar in ihrer für die Veröffentlichung überarbeiteten Form, einen solchen Wert für Wahrheitssuchende haben.[2]

Als erster US-Verteidigungsminister galt Forrestals Hauptsorge der sowjetischen Macht angesichts des Vakuums, das in Europa und im Fernen Osten durch die Niederlage Deutschlands und Japans entstanden war, und angesichts der Unsicherheit über Moskaus Absichten.

Als ein führender und sehr erfolgreicher Investment-Banker verstand er:

(1) dass die USA den Reichtum erzeugen mussten, mit dem sie den Marshall-Plan zum Wiederaufbau des vom Krieg zerstörten Westeuropa finanzieren konnten, und

(2) dass beim Prozess der Schaffung von Reichtum, der dazu dienen sollte,

1- The Forrestal Diaries (Forrestals Tagebücher), Redaktion: Walter Millis (Cassell & Co.,1952), S.9

2- The Forrestal Diaries in Buchform waren nie in breitem Umfang erhältlich für den allgemeinen Leser. Aus diesem Grund haben der Autor Alan Hart und sein Verleger beschlossen, dass aus Forschungs- und Referenzgründen alle Forrestal-Zitate mit ihrer genauen Seitenreferenz versehen werden

dem Kapitalismus in Westeuropa und Großbritannien wieder auf die Beine zu verhelfen, das ununterbrochen und ungebremst fließende arabische Erdöl zum billigst möglichen Preis der kritischste Faktor war. Mit einem Wort: ÖL war der wesentliche Grund für Außenminister Forrestals Interesse am Palästina-Problem und an der Frage, wie man es in der Administration, der er diente, handhaben sollte.

Die letzte Instanz war Präsident Truman, aber die unmittelbare Verantwortung für den ständigen Fluss des arabischen Öls im Sinne des Schutzes der eigenen US-Interessen und der Bewahrung der Freien Welt lag bei Forrestal, zusammen mit Marshall und Lovett im Außenministerium. Und das war der Kontext, in dem Forrestal (sowie Marshall und Lovett) die Gründung eines jüdischen Staates, angesichts des starken arabischen und allgemeiner muslimischen Widerstands, als Bedrohung für die nationalen Interessen der USA betrachteten, und darüber hinaus für Amerikas Fähigkeit, gemäß seiner globalen Verantwortung und Verpflichtung zu handeln.

Forrestals strategische Ansicht wurde auch von Marshall geteilt, dem anderen führenden amerikanischen Staatsdiener jener Zeit mit unzweifelhafter Integrität. Dies macht es umso merkwürdiger, dass Präsident Truman, als es zur Krise kam, sich dafür entschied, vor dem Zionismus zu kapitulieren – mit Konsequenzen, die heute noch spürbar sind und sogar immer bedrohlicher werden.

Forrestal war nicht Präsident Trumans erste Wahl als erster Verteidigungsminister der USA. (Im Sommer 1947 wurden Amerikas separate Streitkräfte reorganisiert und koordiniert und der neue Kabinettsposten des Verteidigungsministers geschaffen). Des Präsidenten erste Wahl fiel auf Richter Robert Patterson, den Kriegssekretär im alten System. Wie aber der Präsident Forrestal mitteilte, als er diesem den Posten anbot, "war Bob Patterson nicht bereit, ihn anzunehmen".[3] Er war, wie der Präsident sagte, "so schwer für Geld dazu zu bewegen, weil er sich nicht in der Lage fühlte, länger in der Regierung zu bleiben." Forrestal auf der anderen Seite war wohlhabend durch eigene Leistung.

Es war am 26. Juli 1946, als Präsident Truman Forrestal, der damals Marineminister war, einlud, die Bürde auf sich zu nehmen, die Richter Patterson nicht tragen konnte. Das war fünf Wochen bevor der Sonderausschuss der Vollversammlung (UNSCOP) die mehrheitliche Empfehlung zur Aufteilung Palästinas vorlegte.

An diesem Julitag hatte Präsident Truman genügend Zeit. Er wartete auf das Gesetz, das die Reorganisation und Koordination des Militärs autorisierte und dessen Verabschiedung durch den Kongress jeden Moment erwartet wurde. Auch war er bestrebt wegzukommen, um bei seiner sterbenskranken Mutter zu sein. So plauderten die beiden Männer ausgiebig. Forrestal fragte: "Wie betrachten Sie

---

3· Diese und alle anderen Zitate auf dieser Seite sind The Forrestal Diaries entnommen, vgl. S. 286-287, sofern nicht anders vermerkt

Hitlers Entscheidung zum Krieg 1939, als er in der Tat alle Karten zur Beherrschung Europas in der Hand hatte?"

Truman antwortete: "Der Mann wurde einfach größenwahnsinnig. Er machte zwei entscheidende Fehler. Einer war die Entscheidung des Überfalls auf Polen. Der andere lag darin, nicht in England einzumarschieren, nachdem Frankreich gefallen war."

Dass Forrestal bei der Berufung des ersten US-Verteidigungsministers nicht Trumans erste Wahl war, lag keineswegs an seiner Erfahrung und seinen beachtlichen Fähigkeiten und Eigenschaften. Im öffentlichen Dienst und zuvor in Privatunternehmen war seine Leistungsbilanz bis zu diesem Punkt äußerst beeindruckend, sogar nach höchsten amerikanischen Maßstäben.

Um zu verstehen, warum Verteidigungsminister Forrestal am ehesten dazu in der Lage war, das Palästina-Problem erfolgreich von der amerikanischen Innenpolitik zu trennen, müssen wir den Mann kennen und wissen, woher er kam.

James Vincent Forrestal, der irischer Herkunft war, wurde 1892 in Matteawan geboren. Der Ort wurde später zu einem Teil von Beacon, einer Stadt am Hudson River im Bundesstaat New York. Bei seiner vom Kongress bestätigten Ernennung zum ersten Verteidigungsminister der USA war er 55.

Forrestals Vater, der ebenfalls James hieß, war als Junge in den 1850ern aus Irland eingewandert. Mit gerade einmal neun Jahren hatte er allein den Ozean überquert, um zu seiner Mutter zu ziehen, die schon früher ausgewandert war, um eine Wohnstätte vorzubereiten. Dieser James I. wurde Tischler und legte im Jahr 1875 den Grundstein für ein bedeutendes Bauunternehmen. Er heiratete Mary Toohey, und James Vincent war der erste ihrer drei Söhne.

James, der Vater, nahm regen Anteil an der lokalen Politik der Demokratischen Partei und wurde von Franklin Roosevelt gefördert, als er für den Senat kandidierte. Die Roosevelts und die Forrestals wurden gute Freunde.

Aber Parteipolitik war nichts für "Vince" Forrestal, wie er damals genannt wurde. Als er im Alter von 16 Jahren 1908 die höhere Schule in Matteawan abschloss, strebte er eine Karriere als Zeitungsjournalist an. Durch drei Jahre Erfahrung im Lokaljournalismus wurde ihm klar, dass er zum Aufbau seiner Karriere eine Hochschulbildung benötigte. So ging er nach Darmouth und später nach Princeton. In seinem Abschlussjahr wurde er von seiner Klasse als "derjenige mit den besten Chancen" eingestuft. Und man erinnerte sich an ihn wegen seiner Großzügigkeit, da er Studenten in Not diskret finanzielle Hilfe zukommen ließ. In Princeton erklärte Forrestal, "ohne politische Zugehörigkeit" zu sein.

Forrestal fand wenig Gefallen am akademischen Studium. So ging er zur "Tobacco Products Corporation", um Zigaretten zu verkaufen. 1916, mit 24 Jahren, ging er zur Investmentbank von William A. Read & Co, die später in Dillon, Read & Co umbenannt wurde. Und dann war er nicht mehr aufzuhalten. Er bekam schnell den Ruf eines der fähigsten Männer an der Wall Street, und sein Aufstieg an die Spitze war unabwendbar: 1923 – Gesellschafter, 1926 – Vizepräsident, 1938 – Präsident.

Denjenigen, die mit ihm oder für ihn bei Dillon, Read & Co arbeiteten, blieb Forrestal nicht nur seines Erfolges wegen in Erinnerung, sondern auch wegen seiner Energie und seiner absoluten Fairness, insbesondere wegen seiner Weigerung, Verdienste von Untergebenen für sich zu reklamieren. (In Princeton wurde er von seinen Freunden als rara avis – seltener Vogel bezeichnet. Seine Freunde hatten Recht).

1938, als Präsident von Dillon, Read & Co, besaß Forrestal ein Vermögen, die Macht, die dieses mit sich brachte, und einen guten Posten. Was konnte ein 46-jähriger Mann mehr wollen? Einen Sitz im Senat und danach vielleicht eine Kandidatur zur Präsidentschaft? Nein, danke. Parteipolitik war nichts für Forrestal. Sie war ein Spiel, das er hätte spielen und finanzieren können, ohne sich selbst irgendwelchen eigennützigen Interessen zu verpflichten, aber es hätte von ihm abverlangt, zu viele seiner Prinzipien auf dem Altar der politischen Opportunität zu opfern.

Im Juni 1940, während des 2. Weltkriegs, in dem Amerika wieder neutral war, waren viele an der Wall Street erstaunt über die Nachricht, dass Forrestal von Dillon, Read & Co zurückgetreten war, um Roosevelts "New Deal" Administration (Durchführung von Wirtschafts- und Sozialreformen) beizutreten und dem Präsidenten dabei als Verwaltungsassistent zu dienen.

Das Staunen in der Finanzwelt war zum großen Teil auf die Tatsache zurückzuführen, dass zahlreiche ihrer Führungskräfte dem "New Deal" von Präsident Roosevelt ablehnend gegenüber standen. "New Deal" war die Parole, die für die Gesetze und Strategien von Präsident Roosevelt zur Rettung Amerikas vor der großen Depression stand. Im Grunde handelte es sich um ein Aktionsprogramm der Bundesregierung zur Reduzierung der Arbeitslosigkeit, zur Angleichung von Vermögen und Chancen, zur Kontrolle der Banken und des Kreditwesens und zum Schutz von Kleinindustrie, Landwirtschaft und Arbeitskräften gegen die von der Großindustrie und den Banken geforderten Rettungsmaßnahmen in einer Zeit der Wirtschaftsflaute. An einem Punkt entschied das Oberste Gericht, dass viele der „New Deal"-Gesetze verfassungswidrig waren. Die Finanzkreise betrachteten das Programm als gegen ihre Interessen gerichtet und den Präsidenten als eine Art Anti-Kapitalisten. In diesem Zusammenhang war Forrestals Entscheidung, in der Administration des "New Deal"-Präsidenten zu dienen, ein großer Schock.

Mit der Aufnahme einer der erfolgreichsten Söhne der Finanzwelt in seine Regierung demonstrierte Roosevelt sein Geschick als ein Politiker *par excellence*.

Im Mai 1940, obwohl der kriegsfeindlichen Stimmung seines Volkes bewusst, erkannte Roosevelt, dass es nur eine Frage der Zeit war, bis die USA in den Krieg hineingezogen würden. Daher forderte er einen Kraftakt im Bereich der Wiederaufrüstung und Kriegsproduktion. (Hätte er das nicht getan, so hätten Deutschland und Japan womöglich als Sieger aus dem 2. Weltkrieg hervorgehen können). Aber wie bereits vor ihm Präsident Wilson im 1. Weltkrieg wusste Roosevelt auch, dass Wiederaufrüstung und Kriegsproduktion nicht erfolgreich angegangen werden konnten ohne die rückhaltlose Kooperation der Großindustrie und des Finanzsektors. In Roosevelts Fall waren dies die Interessenverbände, die mit seinem "New Deal"-Programm in Konflikt standen. Um deren bedingungslose Kooperation zu erreichen, ergab sich für Roosevelt die Notwendigkeit, die Basis seiner Administration zu erweitern, um darin Leute an seiner Seite zu haben, die ihm helfen konnten, alle zum Krieg benötigten finanziellen und industriellen Quellen zu mobilisieren.

Forrestal war ein überzeugender Kandidat. Er hatte nie irgendwie an der Politik teilgehabt, hatte aber einen demokratischen Hintergrund (der Ausdruck bezieht sich im amerikanischen Kontext natürlich auf die Partei der "Demokraten", Anm.d.Ü) und hatte eine positivere Einstellung als andere in den Finanzkreisen zu den Reformen, die der "New Deal" der Wall Street auferlegt hatte. Konnte Forrestal dazu überredet werden, die nationalen Interessen vor die eigenen zu stellen und sich einem Einsatz im Staatsdienst zu verpflichten?

Forrestal musste nicht erst überredet werden, und die Ereignisse machten das klar. Er war zuallererst ein Patriot im wahrsten Sinne des Wortes. Im Staatsdienst zeigte er ein ausgeprägtes Pflichtgefühl den Interessen der Vereinigten Staaten gegenüber, das keine Kompromisse politischer Manöver oder des persönlichen Prestiges wegen erlaubte. Und das war der Grund, warum er in der folgenden Zeit versuchte, das Palästina-Problem aus der amerikanischen Innenpolitik herauszunehmen, um zu verhindern, dass der Zionismus zur Bedrohung für die amerikanischen Interessen im Mittleren Osten wurde, in einem Teil der Welt also, der für diese so wichtig war.

Forrestal war in der Tat einer der sechs speziellen Verwaltungsassistenten im Dienste von Präsident Roosevelt. Sie waren Eingeweihten bekannt als die "sechs Geheimen" und sie dienten, wie Roosevelt selbst es formulierte, mit völliger Loyalität und "einer Passion zur Anonymität."

Als Teil seiner Bemühungen, die Basis seiner Administration zu erweitern, berief Präsident Roosevelt auch zwei angesehene Republikaner ins Kabinett. Einer war Frank Knox, der Marineminister wurde. Einige Wochen später fand sich Forrestal plötzlich in der Rolle des zuständigen Staatssekretärs für die Marine wieder und vor die größte Herausforderung gestellt, die aus Friedenszeiten stammende Marine auf die enormen Ansprüche des globalen Krieges vorzubereiten.

Forrestal war kein völliger Neuling in militärischen Dingen. Als die USA in den 1. Weltkrieg eintraten, verließ er Dillon, Read & Co zeitweilig und nahm – damals 25 – als Seemann bei der Marine seinen Dienst auf. Recht bald kam er zur Kampfflieger-Abteilung, aber weil die Trainingseinrichtungen sich noch in einem rudimentären Zustand befanden, wurde er nach Kanada geschickt, um mit dem Königlichen Fliegerkorps zu trainieren. Dort schloss er als Marineflieger Nummer 154 seine Ausbildung ab und kehrte dann in die USA zurück, um eine entsprechende Stelle als Offizier zu erhalten. Er bekam aber keinen Kampfeinsatz, sondern lediglich einen Posten im Büro für Marineoperationen in Washington. Dort lernte er vielleicht etwas über den Beitrag des Zionismus zum Eintritt Amerikas in den 1. Weltkrieg sowie über die Rolle, die Baruch, Präsident Wilsons "Mr. Mobilisierung", dabei spielte.

Als Forrestal am 22. August Staatssekretär der Marine wurde, war sein Amt völlig neu. Es verfügte weder über Personal, noch über eine Tradition oder die allgemeine Akzeptanz durch die Marine. Unter Forrestal – und zum großen Teil wegen seiner außergewöhnlichen Fähigkeiten – wurde es zum Kontrollzentrum für alle Industrie- und Beschaffungs-Aktivitäten im Rahmen der gewaltigen Kriegsanstrengungen der Marine.

Wie Millis sich ausdrückte, gab es selbstverständlich niemand, der als Einzelner für den Aufbau der Kriegsmarine stand. Diese war eine gigantische gemeinschaftliche Leistung. Aber Forrestal war derjenige, der mehr als jeder andere für deren „Einkauf" verantwortlich war. Er war "das Hauptverbindungsglied, das den militärischen Bedarf mit dem zivilen Produktionssystem und umgekehrt die zivile Wirtschaft mit dem militärischen Gebrauch ihrer Produkte verband."

Obwohl Baruch nicht in Roosevelts Administration diente, spielte er bei der Mobilisierung zum 2. Weltkrieg als dessen Berater eine maßgebliche Rolle im Hintergrund, und sicherlich hat Forrestal von Baruchs Erfahrung und Beratung profitiert. (Wie wir sehen werden, war Baruchs Rolle auch im Hinblick auf Forrestals Schicksal entscheidend).

Insgesamt wurde Forrestal von anderen als finster dreinblickend, verschlossen und kämpferisch wahrgenommen (er boxte, um fit zu bleiben). Er konnte Dummköpfe nicht ertragen und war manchmal schroff. Aber er war offenbar wesentlich feinsinniger und sensibler, als viele annahmen. Er war in keiner Weise ein Diktator. Lieber stellte er Fragen und suchte zu verstehen und auszugleichen, als voreilige Beschlüsse zu fassen und Befehle zu erteilen. Das Geheimnis, so sagte er einmal, bestand in der Erkenntnis, dass neun Zehntel des Verwaltungsdienstes in "der Beseitigung von menschlichen Spannungen liegen." Forrestal erwies sich als Meister dieser Kunst.

Als Nachfolger des plötzlich verstorbenen Marinesekretärs Knox wurde am 19. Mai 1944 Forrestal als Sekretär der Marine vereidigt. Trotz seiner Beschäftigung in der Marineadministration verlor Forrestal nie deren Zweck oder die kämpfenden Truppen aus den Augen. Er lehnte es ab, vom Kriegsgeschehen isoliert zu werden und war später auf Iwo Jima der erste Marineminister, der unter Beschuss inmitten einer noch unentschiedenen amphibischen Operation landete.

Es war auch auf Iwo Jima, wo Forrestal seiner "enormen Bewunderung und Ehrerbietung für den Kerl, der die Strände hinauf geht und feindliche Stellungen mit Gewehr und Handgranaten oder mit bloßen Händen einnimmt", Ausdruck verlieh.[4]

Trotz seines neuen Amtes behauptete Forrestal weiterhin von sich, er sei bloß ein Investmentbanker und habe nur "vorübergehend" seine Adresse in Washington. Dies bedeutete, dass er erwartete, an die Wallstreet zurückzukehren, nachdem die Re-Organisierung und Vereinheitlichung der Streitkräfte vom Kongress im Prinzip gebilligt war. Es war aber nicht nur das Schicksal in Gestalt von Pattersons Wunsch nach einem höheren Einkommen, als die Regierung ihm gewähren konnte, das anders entschied. Es forderte ihn "das Spitzenamt und – was für Forrestal wichtiger war – dessen hohe Verantwortung dem amerikanischen Volk gegenüber", wie Millis bemerkte.[5]

Es war kein Geringerer als der General (und spätere Präsident) Eisenhower, der sagte, dass Forrestal eine "angeborene Ehrlichkeit" besaß ebenso wie "ein sehr großes Verlangen, seinem Land gut zu dienen." Eisenhower diente eine Zeitlang als Forrestals hauptamtlicher militärischer Chefberater und war durch diese Erfahrung befähigt, mit Autorität und Einblick über die Eigenschaften des ersten US-Verteidigungsministers zu sprechen.

Der größte Nutzen, den Forrestal für das Pentagon hatte, bestand in seiner Fähigkeit und seinem Willen, ständig im Voraus zu denken und die Umstände, in denen künftige Entscheidungen getroffen werden mussten, mit einzuplanen. Ein solcher Mann musste aufs höchste besorgt sein über das, was der Zionismus, falls er sich durchsetzen konnte, dem Mittleren Osten und den USA bescheren würde.

Als seine Ernennung zu Amerikas erstem Verteidigungsminister bekannt gegeben wurde, erhielt er viele Glückwunschschreiben von alten Freunden. Seine Antwort zu einem enthielt folgendes: "Danke für Ihr Schreiben und die guten Wünsche. Letztere werde ich sicher brauchen können – und wahrscheinlich auch die Beachtung von Fulton Sheen und des gesamten psychiatrischen Berufsstandes am Ende eines weiteren Jahrs!"[6]

Eine Vorahnung wie sein Leben enden könnte? Eher nicht. Höchstwahrscheinlich wollte Forrestal im Spaß etwas anmerken, aber wie wir sehen werden, brauchte er psychiatrische Hilfe, als seine Verzweiflung in klinische Depression umschlug.

4- The Forrestal Diaries, vgl. S. 22

5- Ebd.

6- The Forrestal Diaries, vgl. S. 291

Forrestals Gabe zur Weitsicht brachte unausweichlich mit sich, dass er sich sehr darüber sorgte, was der Zionismus, wenn er sich durchsetzen konnte, dem Mittleren Osten und den Vereinigten Staaten bescheren würde.

Was die Integrität betrifft, die man für die Aufgabe brauchte, das Palästina-Problem aus der Innenpolitik der USA herauszuhalten, arbeitete Forrestal mit Außenminister Marshall zusammen. Aber aufgrund seiner Exekutivverantwortung bei den Vorbereitungen der USA auf ihre führende Rolle, wenn es um die Eindämmung und falls nötig Bekämpfung der Sowjetunion ging, verfügte Forrestal über mehr Einfluss als Marshall bei den Führern sowohl der Demokratischen als auch der Republikanischen Partei. Ich bin der festen Meinung, dass seine Position und Verantwortlichkeiten, seine Erfahrung und seine Integrität ihm eine solche Autorität verliehen, dass man schon ein kompletter Narr der Zionisten sein musste, um seinen Worten kein Gehör zu schenken.

Am 2. Mai 1947 nahm Forrestal mit Senator Owen Brewster, dem Vorsitzenden des Gemischten Kongressausschusses für Luftfahrtpolitik, das Mittagessen ein. Danach schrieb der Verteidigungsminister in sein Tagebuch:

"Ich sagte, dass das Öl des Mittleren Ostens für dieses Land nicht nur in Kriegs-, sondern auch in Friedenszeiten unverzichtbar sein wird. Wenn wir dem Rest der Welt die Industriegüter bereitstellen wollen, die wir anscheinend beitragen müssen, so werden wir vermutlich sehr stark erhöhte Treibstofflieferungen brauchen. Brewster sagte, dass Europa innerhalb der nächsten 10 Jahre wohl von einer Kohle- zu einer Mineralölwirtschaft wechseln wird. Wer auch immer am Ölhahn des Mittleren Osten sitzt, wird deshalb wahrscheinlich Europas Schicksal in der Hand haben. Er äußerte erhebliche Bedenken über das Vermögen der amerikanischen Streitkräfte, Russland aus der arabischen Welt herauszuhalten, falls es dorthin vorstoßen sollte."[7]

Zu diesem historischen Zeitpunkt, als der Zionismus die amerikanische Nahost-Politik seinen Interessen dienstbar machen wollte, ungeachtet der Konsequenzen für alle anderen Parteien und ihre eigenen Interessen, hing das Schicksal der Nationen des vom Krieg verwüsteten Westeuropas und des praktisch bankrotten Großbritanniens in der Schwebe. Ohne die massive amerikanische Hilfe, die sie durch den Marshall-Plan bekamen, hätte sich ihr Wiederaufbau (zum großen Teil abhängig vom kontinuierlichen und steigenden Zufluss des billigen arabischen Erdöls) verzögert und wäre nur schleppend vorangekommen. Dann hätte die Gefahr breiter Unzufriedenheit bestanden, die vermutlich zu inneren Unruhen und zur Schaffung instabiler ökonomischer, politischer und sozialer Verhält-

7· Ebd. S. 266

nisse geführt hätte, was die kommunistischen Strategen in Moskau durch ihre Anhänger in Westeuropa und Großbritannien hätten ausnutzen können. (Wenn das schlimmste passiert wäre und wenn die Außen- und Verteidigungsministerien der USA nicht eine Politik vertreten hätten, die dies zu verhindern wusste, – eine Politik, die einschloss, nicht vor dem Zionismus zu kapitulieren – wären Marshall und Forrestal zu Recht grobe Inkompetenz und schwerste Pflichtversäumnis gegenüber den USA und – in der westlichen Terminologie – gegenüber der „Freien Welt“ zur Last gelegt worden).

Bei einer Kabinettssitzung am 7. November, drei Wochen vor der Abstimmung der Generalversammlung über den Teilungsplan, legte Marshall den Bericht des Außenministeriums zur internationalen Lage vor.

An der Spitze der Liste der amerikanischen Belange standen die Sowjetunion und ihre Absichten. Es bestand laut der Einschätzung des Außenministeriums Grund zur Annahme, dass der Vormarsch des Kommunismus in Europa aufgehalten werden konnte. Die Sowjets wollten dort nicht das Risiko der Konfrontation eingehen. Aber das konnte sich leicht ändern, wenn die sowjetische Wirtschaftslage sich verschlechterte oder sowjetische Führer sich politisch in Schwierigkeiten wähnten. Der Mittlere Osten wurde im Bericht des Außenministeriums als "Pulverfass" bezeichnet.[8] Nach Marshalls Ansicht könnte ein dort ausgebrochenes Feuer vielleicht nie mehr gelöscht werden.

Nach dieser Kabinettssitzung machte Forrestal folgende Eintragung:

„Ich wiederholte meine bereits mehrmals gemachte Anregung, ernsthaft zu versuchen, das Palästina-Problem aus der amerikanischen Parteipolitik herauszulösen. Ich sagte, dass man allgemein akzeptiere, dass die Innenpolitik nicht über die Küste des Atlantischen Ozeans hinausreiche, und dass keine Frage eine größere Gefahr für unsere Sicherheit bedeute als diese spezielle.“[9]

Tatsächlich führte Forrestal seine Kampagne, Palästina aus der amerikanischen Parteienpolitik herauszulösen, bereits weiter. Tags zuvor hatte er ein unbefriedigendes Treffen zu diesem Thema mit dem Senator von Rhode Island, J. Howard McGrath. Dieser Bundesvorsitzende der Demokratischen Partei war der Mann, dessen Unterstützung Forrestal auf der demokratischen Seite des Zauns am meisten brauchte.

Es war nicht Forrestals Art, anders als geradeheraus zu sein. Er sagte zu McGrath: "Keiner Gruppierung in diesem Land sollte es erlaubt sein, unsere Politik so sehr zu beeinflussen, dass sie zur Gefahr für unsere nationale Sicherheit werden könnte."[10]

McGrath Reaktion war nicht ermutigend. Seine Entgegnung lautete, notierte

8· Ebd. S. 327

9· Ebd.

10· The Forrestal Diaries, vgl. S.330

Forrestal, es gebe da “zwei oder drei ausschlaggebende Bundesstaaten, die nicht gewonnen werden konnten ohne die Unterstützung von Leuten, die starkes Interesse an der Palästinafrage hatten."[11]

Forrestal konterte: "Ich würde lieber solche Staaten in einer bundesweiten Wahl verlieren als die Risiken einzugehen, die unsere Behandlung der Palästina-Frage in sich berge."[12]

Der US-Verteidigungsminister war von McGraths Haltung enttäuscht, beschloss aber, es noch einmal bei ihm zu versuchen. Am 26. November, drei Tage vor der Abstimmung über die Aufteilung, aßen sie zusammen zu Mittag. Dabei servierte Forrestal seine eigene "Vorspeise" in Form eines vom CIA angefertigten Geheimberichts über Palästina. Er las dem Senator Stellen daraus vor.

Der Bericht des Außenministeriums bezeichnete den Mittleren Osten als „ein Pulverfass“. Nach Marshalls Ansicht konnte ein dort entfachtes Feuer vielleicht nie mehr gelöscht werden. Forrestal verwies mehrfach darauf, dass ein ernsthafter Versuch notwendig war, das Palästina-Problem aus der amerikanischen Innenpolitik herauszulösen, denn keine andere Frage bedeutete eine größere Gefahr für die Sicherheit der Vereinigten Staaten.

Aber McGrath hatte ein eigenes Geheimnis zu enthüllen. Es war eine Tatsache, betonte er, dass „jüdische Quellen für einen beachtlichen Teil der Spenden an den Nationalen Ausschuss der Demokraten verantwortlich waren."[13] Ein Großteil der Spenden würden „von den Spendern mit einer bestimmten Vorstellung getätigt, nämlich dass sie die Möglichkeit hätten, ihre Ansichten vorzubringen, und dass diese ernsthaft in Erwägung gezogen würden bei solchen Fragen wie dem gegenwärtigen Palästina-Problem." Und es gab noch mehr. Es sei ein Gefühl unter den Juden vorhanden, "dass die Vereinigten Staaten nicht das taten, was sie sollten, um in der Generalversammlung Stimmen für die Teilung Palästinas anzuwerben."

Forrestal unterbrach McGraths Wortschwall, indem er sagte, das sei "genau das, was das Außenministerium verhindern möchte." Die USA, so fuhr er fort, hätten in der Tat wesentlich zur Unterstützung des Teilungsplans beigetragen,

---

11· Ebd.

12· Ebd.

13· Diese und alle übrigen Zitate auf dieser Seite, s. The Forrestal Diaries, vgl. S. 330-331, sofern nicht anders vermerkt.

aber "eine Missionierung für Stimmen und Unterstützung wird die bereits bestehende Verstimmung unter den Arabern noch verstärken." (Wie wir gesehen haben, gab es eine Anweisung Präsident Trumans, dass niemand in seiner Administration sich für oder gegen den Teilungsplan aussprechen sollte).

McGrath fuhr fort, ohne auf Forrestals Worte einzugehen. "Darüber hinaus erwarten die Juden von den USA, ihr Möglichstes zu tun, um den Teilungsbeschluss, wenn die UN dafür gestimmt haben, umzusetzen, wenn nötig mit Gewalt."

Forrestal blieb seiner Linie treu, dass es hinsichtlich einer Trennung außenpolitischer Angelegenheiten von der US-Innenpolitik "nichts Wichtigeres herauszulösen" gab "als Palästina". Am Ende des Gesprächs, das für den Verteidigungsminister ein unangenehmer und erschütternder Lernprozess gewesen sein muss, flehte er Senator McGrath beinahe an, die Sache "gründlich zu überdenken", weil es "nicht nur die Araber des Mittleren Ostens betraf, sondern ebenso die ganze muslimische Welt betreffen könnte mit ihren vierhundert Millionen Menschen in Ägypten, Nordafrika, Indien und Afghanistan." (Die vierhundert Millionen von damals sind heute ungefähr 1,4 Milliarden mit steigender Tendenz: ein Viertel der Menschheit).

McGrath sagte, dass er den CIA-Bericht aufmerksam lesen und auf Forrestal zurückkommen werde.

Bevor er die Führung der Republikaner anging, unterhielt sich Forrestal über Strategien mit Jimmy Byrnes, der im Januar als Außenminister enttäuscht zurückgetreten war und schließlich von Marshall abgelöst wurde. Beim Mittagessen am 3. Dezember, vier Tage nach der manipulierten Abstimmung über die Teilung in der Generalversammlung, fragte Forrestal Byrnes nach seiner Meinung über die Möglichkeit, die Führer der Republikaner dazu zu bringen, sich mit den Demokraten darauf zu einigen, das Palästina-Problem aus der Parteipolitik herauszuhalten.

Byrnes war aus zwei Gründen "nicht besonders optimistisch".[14] Einer davon war der Erfolg, den Rabbi Silver dabei hatte, den Republikanern einzureden, dass die zionistische Karte auch für sie von Nutzen sein könnte. Der andere war der Einfluss von Niles, der im Weißen Haus hinter den Kulissen Sabotage trieb. Laut Byrnes war Niles der Hauptverantwortliche dafür, dass Truman zur Ablehnung des Morrison-Grady-Plans überredet wurde, - eine Entscheidung, die Attlee und Bevin "in eine ganz schwierige Lage" brachte, wie Byrnes Forrestal anvertraute.[15] Niles hatte Truman gewarnt, dass die Republikaner im Falle seiner Unterstützung für den Morrison-Grady-Plan eine Erklärung zu Gunsten der zionistischen Position zu Palästina abgeben würden.

Die Juden erwarteten von den Vereinigten Staaten, dass sie ihr Äußerstes taten, um den Teilungsbeschluss – wenn nötig auch mit Gewalt – umzusetzen, wenn er von der UNO beschlossen wurde.

14- The Forrestal Diaries, vgl. S. 332

15- Ebd.

Nach jenem Mittagessen, als Forrestal den Tagebucheintrag vornahm, den ich im vorigen Kapitel erwähnte, unterstrich er einmal mehr: "Ich sagte, dass es meiner Ansicht nach eine äußerst katastrophale und beklagenswerte Tatsache sei, dass die Außenpolitik dieses Landes von den Spenden bestimmt werde, die eine besondere Gruppe mit speziellen Interessen in die Parteikasse fließen lassen könne."

Eine Woche später unternahm Forrestal seinen ersten Versuch, die Unterstützung der Republikaner für seine Kampagne, Palästina aus der Parteipolitik herauszuhalten, zu erzielen. Am 10. Dezember sprach er mit Senator Arthur Vandenberg. Dieser recht einflussreiche Republikaner sagte ihm, dass er selbst versucht habe, sich von diesem Thema "fernzuhalten". Es habe dabei aber, so erzählte er Forrestal, ein offensichtliches Problem gegeben: "Unter den meisten Republikanern herrscht der Eindruck, dass die Demokratische Partei die Palästina-Frage politisch benutzte, und die Republikaner fühlen sich nun im Recht, gleichermaßen Nutzen aus dieser Streitfrage zu ziehen."[16]

Beim Gridiron-Dinner drei Tage später hatte Forrestal die Gelegenheit, sich mit New Yorks Gouverneur Dewey, dem Präsidentschaftskandidaten der Republikaner, auseinanderzusetzen. Forrestal sagte zum Gouverneur: "Die Notwendigkeit, das Palästina-Problem aus der Parteipolitik herauszuhalten, bereitet mir als Verteidigungsminister große Sorgen, was die nationale Sicherheit angeht."[17]

Dewey erwiderte, dass er Forrestal im Prinzip zustimmte, dass es aber aus zwei Gründen schwierig sei, zu Ergebnissen zu kommen. Der erste sei "die extreme Haltung der Juden, die Palästina als emotionales Symbol betrachten", und der zweite, dass die Demokratische Partei "nicht gewillt sein wird, auf die Vorteile durch die jüdischen Stimmen zu verzichten."

Dewey sagte auch, dass er aufgrund seiner Erfahrung mit der Wahlkampagne von 1944 "sehr zynisch gegenüber mündlichen Absprachen" geworden sei. Er hatte eine ganz klare Vereinbarung mit Roosevelt getroffen, die Frage der Gewaltanwendung nicht bei den Vereinten Nationen anzusprechen. (Roosevelt hatte befürchtet, dass die öffentliche Meinung gegen die Mitgliedschaft der USA in der neuen Weltorganisation wäre, wenn man von den Amerikanern erwartete, dafür eventuell zu kämpfen und zu sterben.) Aber in der späten Phase der Wahlkampagne, als Präsident Roosevelt glaubte, er könnte die UN-Karte zu seinem Vorteil ausspielen, hatte er sein Wort gegenüber Dewey gebrochen und die Frage der Gewaltanwendung vor der Weltorganisation aufgeworfen.

Forrestal erwiderte, dass er sich über die vergangenen Handlungen und Haltungen, politischen und sonstigen, wohl bewusst sei, die ein unparteiisches Vorgehen beim Palästina-Problem erschwerten. Und dann sagte er: "Ich sehe es als

16. The Forrestal Diaries, vgl. S. 333

17. Für dieses und die folgenden Zitate, sofern nicht anders vermerkt, s. The Forrestal Diaries, vgl. S. 343-345

Vernachlässigung meiner Pflicht an, es nicht zu versuchen." Er fügte hinzu, dass er sicher sei, dass Truman jede Vereinbarung, die er mit Dewey treffen könnte, akzeptieren werde, obwohl er nicht befugt war, für Präsident Truman zu sprechen, "abgesehen davon, dass er zugestimmt hat, mich meine Sicht der Lage den Führern der Republikaner präsentieren zu lassen".

Vandenberg saß beim Dinner neben Dewey, und Forrestal fragte ihn danach, ob der Gouverneur, was seine Haltung betraf, irgendwie zugänglich war. Vandenberg erwiderte: "Empfänglich, aber skeptisch."

Forrestals Bericht über seine Gespräche dieses Abends enthielt einen sehr kompetenten Beitrag von Senator Vandenberg.

Dewey klagte, seiner Meinung nach hätten die USA in Palästina "bereits einen unglücklichen Pfad eingeschlagen" und fragte Forrestal: "Was können wir jetzt tun?" Der Verteidigungsminister antwortete, dass so, wie die Dinge lagen, zwei Probleme unabdingbar auftauchen würden: einmal die Forderung der Zionisten an die USA, sie im Kampf gegen die Araber zu bewaffnen, und außerdem ihre Forderung nach einseitigem Handeln der USA, die den Teilungsbeschluss wenn nötig mit Gewalt durchsetzen müssten. An dieser Stelle machte Vandenberg einen Einwurf, indem er voller Leidenschaft betonte, dass er "absolut und unmissverständlich" gegen solch eine Handlungsweise sei, die seiner Meinung nach "eine Welle von militantem Antisemitismus in diesem Land erzeugen würde."

Rückblickend sagte Vandenberg, er wisse wohl, wie wechselhaft die öffentliche Meinung der Amerikaner sei. Zu der Zeit, als sie sprachen, und wegen des Holocausts der Nazis und dessen brillanter Instrumentalisierung durch die Zionisten war die Mehrheit der Amerikaner emotional wohl für die Gründung eines unabhängigen jüdischen Staates, aber die Stimmung konnte umschlagen. Laut Vandenberg würde es schreckliche Konsequenzen für die Juden in den USA bedeuten, wenn Amerikaner für die Sache der Zionisten kämpfen und sterben müssten.

Während das Jahr 1947 seinem Ende zuging und er auf eine Antwort der Parteipolitiker auf seine Palästina-Initiative wartete, war Forrestal überwiegend mit der unglaublichen Herausforderung beschäftigt, zu bestimmen, wie die USA am besten die Führungsrolle einnehmen konnten, die nötig wurde, um die Ausbreitung des sowjetischen Kommunismus in der nach westlicher Terminologie "Freien Welt" zu verhindern. Es war dies eine gewaltige Aufgabe, die ihm alles abverlangte in punkto Energie, Intellekt, Vorstellungsvermögen und der politischen Kompetenz, Militär und Kongress von seinen strategischen Absichten gleich welcher Art zu überzeugen. Und der Plan, den er vorlegte, war nicht nach dem Geschmack des Militärs. Er verärgerte viele von denjenigen, die zum festen Bestandteil des militärisch-industriellen Komplexes (kurz MIC) gehörten – es ist dies der Name, den Präsident Eisenhower später der mächtigsten aller Interessengruppen verlieh, wie wir auf den folgenden Seiten sehen werden.

In Forrestals Sicht – so zum Ausdruck gebracht in einem Brief an Chan Gurney, den Vorsitzenden des Verteidigungsausschusses im Senat – war das, was sich im kriegszerstörten Europa abspielte, der Schlüssel zu nationaler und globaler Stabilität und Sicherheit. Im Angesicht der militärischen Macht der Sowjetunion und der Unsicherheit über die sowjetischen Absichten konnte die Stabilität der Welt nicht wiederhergestellt werden, bevor nicht das Vakuum, das durch die Zerstörung der deutschen Macht und der Schwächung Westeuropas als Ganzes entstanden war, ausgefüllt war. Forrestal hatte die Gabe zu sehen und den Mut zu sagen, dass die USA trotz ihrer Stärke nicht drei Dinge gleichzeitig tun konnten: "die Finanzierung der wirtschaftlichen Erholung Europas, die europäische Wiederaufrüstung und eine Verteidigung Europas durch amerikanische Streitkräfte."[18] Folglich?

Forrestals Strategie sah geringere Militärausgaben vor, damit den USA mehr Geld zur Finanzierung der wirtschaftlichen Erholung Europas zur Verfügung stand. Kurz und knapp, das Spiel des Investmentbankers bestand darin, die Ausbreitung des Kommunismus nicht durch die massive Stationierung von Truppen (was Mobilisierung erforderte und die Russen provozieren konnte), sondern durch Hilfe zum Wiederaufbau des zerstörten Westeuropas zu verhindern. Die Logik dabei war klar. Freie und wohlhabende Menschen würden im Kommunismus keine Verlockung sehen und mit der Zeit zunehmend mehr zu ihrer eigenen Verteidigung beitragen.

Die Unterstützung der Amerikaner könnte kippen, so ließ Vandenberg durchblicken, mit schrecklichen Konsequenzen für die Juden in den USA, wenn Amerikaner für die Sache der Zionisten kämpfen und sterben müssten.

Forrestal wusste, dass er von den USA verlangte, ein "kalkuliertes Sicherheitsrisiko" einzugehen, aber er rechtfertigte das mit den Worten: "So lange wir die Welt bei der Güterproduktion übertreffen, die Meere kontrollieren und das Binnenland mit der Atombombe treffen können, können wir auch bestimmte Risiken, die ansonsten inakzeptabel wären, eingehen, um den Welthandel und das – militärische – Kräftegleichgewicht wiederherzustellen und einige Zustände, die Brutstätten eines Krieges sein können, zu beseitigen.“[19]

Unglücklicherweise setzten die Sowjets dann dramatische Ereignisse in Gang, wodurch die Kalkulationen, auf denen Forrestals Strategie basierte, überarbeitet werden mussten. Das erste dramatische Ereignis war (wie ich im vorigen Kapitel anmerkte) die Machtübernahme der Kommunisten in der Tschechoslowakei am 24. Februar, gerade drei Tage nachdem Marshall seine "DRINGENDE UND GE-

18- The Forrestal Diaries, vgl. S. 335-336

19- Ebd.

HEIME" Kabelnachricht an Präsident Truman geschickt hatte. Darin stand: wenn es nicht möglich sei, die Empfehlung der Generalversammlung für die Teilung Palästinas umzusetzen, dann müsse in der Taktik der USA eine Umkehr stattfinden, auch wenn das die Zionisten noch so sehr verärgern würde. Das zweite dramatische Ereignis geschah am 31. März, einen Tag, nachdem Botschafter Austin die amerikanische Resolution zu Palästina als UN-Treuhandschaft mit Jerusalem als internationaler Stadt eingebracht hatte, mit dem Beginn der sowjetischen Berlin-Blockade.

Solche Ereignisse verlangten von Forrestal ein Eintauchen in das Krisenmanagement, ohne – wie er hoffte – zu viel von seiner strategischen Vision aufgeben zu müssen. Er musste ein größeres Militärbudget geltend machen und musste verhindern, dass das Verteidigungsministerium durch Rivalitäten und Streitigkeiten zwischen den Dienststellen über deren Prioritäten und Erfordernisse zerrissen wurde. Das allerletzte, was er brauchen konnte, war, sich mit Palästina und den unverschämten Forderungen der Zionisten zu beschäftigen.

Aber auch ohne die Demonstrationen feindlicher Absichten von russischer Seite gab es eine Schattenseite bei dem Plan, die Militärausgaben zu kürzen und dafür mehr Geld für den Wiederaufbau und die Entwicklung Westeuropas auszugeben und bei der Schaffung einer anti-kommunistischen Festung Hilfestellung zu leisten. Die USA würden nicht die nötige Truppenkapazität für Notfallsituationen außerhalb Europas besitzen. Realitäts-Check: Es bestand einfach keine Möglichkeit, dass die USA – weder einseitig noch unter dem Schirm der UN – mehr als eine symbolische Truppenzahl zur Verfügung stellten, um den Teilungsplan durch- oder die bevorzugte Option der UN-Treuhandschaft umzusetzen. Was folgte daraus? Das Palästina-Problem MUSSTE mit diplomatischen und politischen Mitteln gelöst werden. Es aus der amerikanischen Innenpolitik herauszulösen, um zu verhindern, dass die Zionisten allein das politische Geschehen bestimmten und um mindestens die Aussicht auf eine Lösung, die den wahren Interessen aller Beteiligten diente, zu haben, war jetzt wichtiger denn je und wurde immer dringlicher, weil sich das Ende der britischen Mandatszeit zusehends näherte.

Den Zionisten „Nein“ zu sagen war nur politisch möglich im Rahmen einer überparteilichen Herangehensweise an das Palästina-Problem.

Anders ausgedrückt: Wenn die USA nicht das Wohlwollen der Araber und allgemeiner der muslimischen Welt aufs Spiel setzen wollten, mit allen daraus entstehenden Konsequenzen in Bezug auf Erdöl, strategische antikommunistische Verteidigungsallianzen und den Handel insgesamt, musste die Antwort an die Zionisten zu einem unabhängigen jüdischen Staat "Nein" lauten. Ihnen das zu sagen, war politisch nur möglich im Rahmen einer überparteilichen Herangehensweise an das Palästina-Problem.

Als der Januar (1948) sich näherte, war Forrestal sehr beunruhigt durch das Ausbleiben jeglicher fundierter Antwort auf seine Palästina-Initiative sowohl vonseiten McGraths für die Demokraten als auch Gouverneur Deweys für die Republikaner. Am Anfang dieses ersten Monats des Jahres, das zum Schicksalsjahr in der palästinensischen Geschichte wurde, sagte der Verteidigungsminister zu hochrangigen Beamten des Außenministeriums beim Mittagessen, ohne Zugang zum Öl des Nahen Ostens "könnte der Marshall-Plan nicht erfolgreich sein, könnten wir keinen Krieg führen und nicht einmal das Tempo unserer eigenen Friedenswirtschaft beibehalten."[20]

Am 21. Januar beschloss Forrestal, alles daran zu setzen, die Unterstützung des Außenministeriums einzuholen. An jenem Morgen ließ er alles Andere beiseite und verfasste ein Schreiben, das er später am Tag Lovett zeigen wollte, bevor er es Marshall vorlegte.

"Es ist zweifelhaft", schrieb er, "ob es irgend einen Bereich in unseren ausländischen Beziehungen gibt, der in seiner Tragweite für die Sicherheit der Vereinigten Staaten von größerer Bedeutung ist und größere Gefahren in sich birgt als unsere Beziehungen zum Nahen Osten."[21] Auf dieser Basis, hieß es weiter in Forrestals Schreiben, wäre es "unverantwortlich zuzulassen, dass sich die Situation so weiterentwickelt, dass wir entweder unsere Beziehungen zur muslimischen Welt dauerhaft schädigen oder in einen (neuen) Krieg taumeln."

Zum ersten Mal legte Forrestal offen, dass er "die Erlaubnis des Präsidenten" für einen informellen Versuch hatte, das Einverständnis der Republikaner zur Herauslösung des Palästina-Problems aus der Innenpolitik der USA einzuholen. Die Ergebnisse seiner Initiative zu diesem Punkt zusammenfassend, schrieb er dann:

"Ich habe von Senator Vandenberg Unterstützung erhalten, die aber von Skepsis in Bezug auf das Endergebnis begleitet war, etwas weniger Unterstützung von Gouverneur Dewey und absolute Übereinstimmung hinsichtlich der Zweckmäßigkeit des angestrebten Ziels von verschiedenen anderen Republikanern wie John Taber, James W. Wadsworth, Dewey Short und Everett Dirksen, die nicht der Führung angehören."

Was für Fortschritte, falls überhaupt, erzielte er auf demokratischer Seite? Er hatte festgestellt, so schrieb er, dass man sich "der Bedeutung und der Gefahr der Situation" bewusst sei, aber eben auch wisse, dass ein beträchtlicher Teil der Wahlkampfspenden der Demokraten "aus zionistischen Quellen kam mit der Tendenz, dafür im Gegenzug ein Pfandrecht auf diesen Teil unserer nationalen Politik zu verlangen."

In der rechtlichen Terminologie ist ein „Pfandrecht“ das Recht, das Eigentum

20· The Forrestal Diaries, vgl. S. 342

21· Für dieses und was folgt, sofern nicht anders vermerkt, s. The Forrestal Diaries, vgl. S. 343-345

eines anderen in seinem Besitz zu behalten, bis eine Schuld getilgt ist. Forrestals Deutung –sie hätte kaum präziser sein können – war, dass die Zionisten im Gegenzug für Wahlkampfspenden erwarteten, in der Nahost-Politik das Sagen zu haben.

Nach der Überprüfung seiner eigenen bisherigen Bemühungen schlug Forrestal vor, mit Blick auf Marshall, der es sich selbst zur Aufgabe gemacht hatte, die Verhandlungen zwischen den Führern der Republikaner und Demokraten voranzutreiben, dass der Außenminister die Sachlage mit dem Präsidenten besprechen solle.

Im letzten Abschnitt seines Schriftstücks ahnte Forrestal den zionistischen Druck auf die Truman-Administration voraus für den sehr wahrscheinlichen Fall (der dann auch so eintrat, wie wir im letzten Kapitel gesehen haben), dass die UNO nicht in der Lage war, die Teilungsempfehlung umzusetzen. Dieser zionistische Druck wäre dann darauf gerichtet, die USA zu zwingen, den Teilungsplan einseitig umzusetzen. Und das, stellte Forrestal fest, war eine Frage, die er diskutiert hatte „mit einer Reihe von Menschen jüdischen Glaubens, die die Ansicht vertraten, dass der gegenwärtige Eifer der Zionisten zu höchst gefährlichen Konsequenzen führen kann, nicht bloß in seinen spalterischen Auswirkungen auf die amerikanische Gesellschaft, sondern auf lange Sicht auch auf die Position der Juden in aller Welt.“

Forrestal wollte Marschall nicht darüber im Zweifel lassen, dass es einige – vielleicht auch viele – amerikanische Juden gab, die ungeachtet ihrer momentanen Emotionen große Angst hatten vor den Konsequenzen, die der Zionismus, falls er sich durchsetzte, früher oder später nach sich ziehen konnte.

Als Forrestal und Lovett sich im Verlauf des Tages trafen, las der Unterstaatssekretär das Schriftstück und sagte, er stimme "den Schlussfolgerungen im Allgemeinen zu." Dann legte er seinerseits ein vom Planungsstab seines Ministeriums angefertigtes Dokument vor. Dieses schloss damit, dass der Teilungsplan „nicht machbar" sei und die USA keinerlei Verpflichtung eingegangen seien, den Plan zu unterstützen, falls er nicht ohne Anwendung von Gewalt umgesetzt werden konnte. Es verstieße gegen die amerikanischen Interessen, Waffen an die Juden zu liefern, "während wir gegen die Araber ein Waffenembargo verhängt haben", oder einseitig Verantwortung für die Ausführung der UN-Empfehlung zu übernehmen. Die USA sollten so bald wie möglich Schritte unternehmen, um für die Rücknahme des Teilungsplans zu sorgen. (Wie wir gesehen haben, war die Keenan-Akte eines der zwei Gutachten, die Marshall dazu bewegten, seine "GEHEIME EILMELDUNG" an Präsident Truman zu schicken; und sie führte außerdem dazu, dass Botschafter Austin die Wende in der US-Politik bekannt gab und die Resolution für die Treuhandschaft der UN über das Heilige Land einbrachte).

Forrestal stellte fest, dass man „die Bedeutung und die Gefahr der Situation" erkannte, jedoch wusste, dass ein beträchtlicher Teil der Wahl-

kampfspenden der Demokraten „aus zionistischen Quellen kam mit der Tendenz, dafür im Gegenzug ein Pfandrecht auf diesen Teil unserer nationalen Politik zu verlangen.“ Im Gegenzug für ihre Wahlkampfspenden erwarteten die Zionisten, in der Nahost-Politik das Sagen zu haben.

Forrestal erklärte Lovett, dass er ursprünglich dem Präsidenten angeboten habe, selbst die Aufgabe der Herauslösung des Palästina-Problems aus der US-Innenpolitik zu übernehmen, weil dies jemand mit Führungsverantwortung tun sollte. Dann sei er aber zum Schluss gekommen, erklärte er, dass es "weder angebracht noch zulässig" für den Verteidigungsminister sei, die Verhandlungen zu leiten; sie sollten vielmehr "unter der Schirmherrschaft des Außenministers" fortgesetzt werden. Forrestal äußerte dann seine Ansicht, dass "der Außenminister nicht darum herum kommt, den Finger in die Wunde dieses Problems zu legen, weil es zu große Gefahren für dieses Land birgt, als dass man es weiterhin der Innenpolitik überlassen könnte."

Weniger als zwei Wochen später erhielt Forrestal die ersten Hinweise darauf, dass es unter den Demokraten einige gab, die ihn hinsichtlich der Wahlen als Belastung betrachteten.

Am 3. Februar erklärte sich Forrestal damit einverstanden, Franklin D. Roosevelt Junior zu empfangen. Man konnte die Bitte, den Sohn dieses berühmten Vaters zu treffen, nicht abschlagen, auch wenn man für den Sohn nicht allzu viel Respekt hegte.

Unter Zuhilfenahme der Werke zweier Autoren – Joseph Lash und Richard Crossman – bot Lilienthal einen faszinierenden Einblick in die privaten Meinungsverschiedenheiten der Familie Roosevelt zum Zionismus.

Wie ich bereits erwähnte, war Präsident Roosevelt im Geheimen nicht für einen jüdischen Staat und war innerhalb der beschränkten Handlungsfähigkeit im Weißen Haus recht offen in seiner Kritik am Zionismus. Ursprünglich teilte Eleanor die Ansicht ihres Mannes, dass eine Treuhandschaft die richtige Antwort war, wurde dann aber zu einer fanatischen Befürworterin eines jüdischen Staates. Die Frage ist: warum?

Crossmann nahm Eleanor nicht aus seiner berühmten Beobachtung aus, dass "jeder einen Hauch von anti-semitischen Vorurteilen" teilt.[22] Und Lash berichtet, wie Eleanor in einem Brief an Sara, ihre Schwiegermutter, sich darüber beschwerte, dass sie eine Party, die von Admiral William Harris für Bernard M. Baruch gegeben wurde und auf der "vorwiegend Juden" waren, besucht habe und dass sie

22- Richard H. Crossman, A Nation Reborn) (New York, Atheneum, 1960), vgl. S. 14 zitiert nach Lilienthal

"lieber noch aufgehängt worden wäre, als dort gesehen zu werden."[23] Zwei Tage später schrieb sie: "Die Juden-Party (war) schrecklich. Ich möchte nie mehr etwas über Geld, Juwelen und Zobel hören."[24]

Lilienthal fügte hinzu: "Das hartnäckige Streben von Frau Roosevelt, besonders als ehemalige First Lady, die israelische Sache zu fördern, könnte von einer unbewussten Abbitte für ihr geheimes früheres Empfinden herrühren. *So viele andere Personen ihrer sozialen Schicht und Zeit wechselten plötzlich von einer beinahe antisemitischen Haltung zu einer aggressiven Pro-Israel-Position.*"[25] (Hervorhebung des Autors).

Die Diskussion zwischen Forrestal und Roosevelt Junior führte schnell zur Konfrontation, und die folgenden Abschnitte sind Forrestals zusammenfassender Bericht darüber.

"Heute Besuch von Franklin D. Roosevelt Junior, der hereinkam mit einer nachdrücklichen Argumentation zugunsten des jüdischen Staates in Palästina, (betonend) dass wir den "Beschluss" der Vereinten Nationen unterstützen sollten und generell mit einer breiten, pauschalen Darstellung der zionistischen Position. – Ich verwies darauf, dass die Vereinten Nationen bisher noch keinen „Beschluss“ gefasst haben, dass es nur eine Empfehlung der Generalversammlung war, dass jede Umsetzung dieses „Beschlusses“ durch die Vereinigten Staaten wohl in einer dann notwendigen Teilmobilisierung enden würde und dass meiner Ansicht nach die Methoden, die von Leuten außerhalb des Regierungsapparats angewandt wurden, um andere Nationen in der Generalversammlung zu nötigen und zu zwingen, an Skandal grenzten. Er bekundete Unkenntnis über den letzten Punkt und kehrte zu seiner generellen Darlegung des zionistischen Standpunkts zurück.“

"Er drohte nicht, machte aber sehr klar, dass die Fanatiker in dieser Sache der Überzeugung waren, sie müssten versuchen, die Palästinapolitik der Regierung zu kippen. Ich entgegnete, dass ich keine Macht hätte, Politik zu betreiben, aber *dass ich meine Pflichten verletzen würde, wenn ich nicht auf die von mir erwarteten Konsequenzen irgendeiner Vorgehensweise hinweisen würde, welche die Sicherheit dieses Landes gefährde.* Ich sagte, dass ich mich lediglich bemühe, diese Frage aus der Politik heraushalten, was bedeutet, die beiden Parteien dazu zu bringen, dass sie sich darauf einigen, nicht in dieser Sache um Stimmen zu konkurrieren."

"Er sagte, das wäre unmöglich; die Nation sei zu sehr verpflichtet, und außerdem würde durch eine solche Vereinbarung die Demokratische Partei verlieren und die Republikanische gewinnen."

"Ich sagte, dass ich ihm wiederholen müsse, was ich bereits Senator McGrath

---

23- Joseph P. Lash, Eleanor and Franklin (New York, W.W. Norton, 1971), S. 214

24- Ebd.

25- Alfred M. Lilienthal, vgl. S. 43

gesagt hätte, als Erwiderung auf dessen Feststellung, dass *unser Versäumnis, mit den Zionisten zusammenzuarbeiten, uns den Verlust der Staaten New York, Pennsylvania und Kalifornien kosten könnte. Ich sagte darauf, dass es meiner Ansicht nach an der Zeit sei, dass jemand sich darum kümmern sollte, dass wir nicht die (ganzen) Vereinigten Staaten verlieren.*"[26] (Hervorhebung des Autors).

Roosevelt Juniors wirkliche Botschaft war, dass die Bemühungen, Palästina aus der US-Innenpolitik herauszulösen, beendet werden mussten, um ernsthaften Schaden von den Wahlaussichten der Demokratischen Partei abzuwenden.

Es stellt sich die Frage: War dies die Botschaft eines Außenseiters, oder gab der politisch leichtgewichtige Sohn des verstorbenen Präsidenten den Standpunkt anderer Leute mit realem Einfluss wieder?

Forrestal musste nicht mehr als eine oder zwei Stunden auf die Antwort warten.

"Aß zu Mittag", notierte Forrestal "mit B.M. Baruch."[27]

Inzwischen 78, war derselbe Bernard Mannes Baruch, den wir in Kapitel 7 getroffen haben, eine lebende Legende in den Augen jener Eingeweihter, die etwas von wirklicher Macht– ökonomischer, politischer und militärischer – verstanden und davon, wie man sie ausüben konnte, besonders zugunsten von eigenen Interessen.

Als Vorsitzender des Aufsichtsrats der Kriegsindustrie (War Industries Board) unter der Aufsicht von Präsident Wilson hatte sich dieser äußerst diskrete Mann als die führende Autorität positioniert, wenn es um die Mobilisierung der finanziellen und industriellen Quellen der Vereinigten Staaten zum Krieg ging.

Als Präsident Roosevelt verstand, dass es ihm nicht gelingen würde, Amerika aus dem Krieg herauszuhalten, hatte er sich an Baruch (wie auch an Forrestal) um Hilfe gewandt bei der Aufgabe, die notwendigen finanziellen und industriellen Mittel für den Krieg zu mobilisieren. Baruch hatte keinen Verwaltungsposten in Roosevelts Regierung inne, aber als Berater des Präsidenten waren seine Vorgaben von Bedeutung. Vielleicht waren sie sogar unverzichtbar, weil die Interessenvertreter von Amerikas Finanz- und Großkonzernen Roosevelt gegenüber ablehnend eingestellt waren, seit er sie mit den New Deal-Maßnahmen über den Tisch gezogen hatte.

Der jüdisch-amerikanische Gentleman, der gewissermaßen am meisten dazu beigetragen hatte, zwei Weltkriege zu ermöglichen, war logischerweise ein Mann mit weit größerem Einfluss als irgendein elder statesman im herkömmlichen Sinn des Wortes. Nach dem Zweiten Weltkrieg wurde Baruch die Verantwortung für die Gestaltung der US-Politik in der UNO bezüglich der Atomenergie-Kontrolle übertragen. In dieser Funktion arbeitete er offenbar eng mit dem ersten Verteidigungsminister der USA zusammen.

26- The Forrestal Diaries, vgl. S. 346-347

27- Ebd. S. 347

Es ist deswegen anzunehmen, dass das Gespräch beim Mittagessen auf zivilisierte Weise geführt wurde. Baruch hatte nur einen Tagesordnungspunkt: Forrestals Kampagne für die Herauslösung des Palästina-Problems aus der Innenpolitik. Forrestals kurze, aber vielsagende Tagebuchnotiz zu diesem Gespräch (wie Millis es für seinen Arbeitgeber herausgab) beinhaltete folgendes (Hervorhebung des Autors):

„Er glaubte mir raten zu müssen, *mich nicht in dieser besonderen Angelegenheit zu engagieren*, ich sei bereits bekannt für meine Opposition zur Strategie der Vereinten Nationen zu Palästina, und dies in einem Maße, das *meinen eigenen Interessen nicht dienlich* war. Er sagte, er selbst würde die Aktionen der Zionisten nicht gutheißen, aber im nächsten Atemzug erklärte er, dass *die Demokratische Partei bei dem Versuch, unsere Regierungspolitik umzukehren, nur verlieren könne.*[28]

Baruch hatte nur einen Tagesordnungspunkt – Forrestals Kampagne für die Herauslösung des Palästina-Problems aus der Innenpolitik.

Wie Baruch wohl wusste, war die Teilung, im Gegensatz zu seiner Behauptung, keine UNO-Politik. Sie war bloß, wie Forrestal auch Roosevelt Junior klargemacht hatte, eine manipulierte Empfehlung der Generalversammlung. Sie würde erst zur UNO-Politik werden, wenn der Sicherheitsrat zur Überzeugung gelangte, dass die Aufteilung durchführbar war. Nur die Zionisten behaupteten, dass die Teilung schon die Strategie der UNO wäre. Trotz seiner gegenteiligen Beteuerung war Baruch nun angetreten, dafür zu kämpfen. Und dies offensichtlich mit der Unterstützung der Führungskräfte der Demokratischen Partei.

Als er Forrestal sagte, dass es nicht in "seinem eigenen Interesse" läge, die Herauslösung Palästinas aus der Innenpolitik der USA weiter zu verfolgen, konnte Baruch durch seine Anspielungen (falls er es nicht offen sagte) nur eines von zwei Dingen gemeint haben, wenn nicht sogar beide. Einmal, dass die Zionisten über genügend Einfluss im Kongress verfügten, um ihm die rechtliche und finanzielle Unterstützung zu verweigern, die er zur erfolgreichen Leitung des neu gegründeten Verteidigungsministeriums benötigte. Zum zweiten, dass die Zionisten genügend Einfluss in der Demokratischen Partei hatten, um Forrestal seines Amtes zu entheben.

Das Fazit von Baruchs "Rat" an Forrestal hätte nicht klarer sein können – den Wahlaussichten der Demokratischen Partei musste Priorität eingeräumt werden, und dies bedeutete, die Kampagne zur Herauslösung der Palästina-Frage aus der Innenpolitik der USA aufzugeben. Durch Baruchs Format, Prestige und Einflussvermögen war Forrestal dem größtmöglichen Druck ausgesetzt, den man mit zivilisierten Mitteln ausüben konnte.

---

28. Ebd.

Dies alles hatte damit zu tun, dass Forrestal den Segen von Präsident Truman für seine Initiative hatte. Die bekannten nachfolgenden Ereignisse legen es nahe, dass Baruch glaubte: wenn es gelang, Forrestal dazu zu überreden, die Auffassung zu akzeptieren, dass seine Kampagne nicht im Interesse der Demokratischen Partei war, würde Marshall sich voraussichtlich dieser Meinung anschließen. Und selbst wenn er das nicht täte, könnte der Präsident dazu bewogen werden, Marshall nicht seine Erlaubnis zur Fortsetzung der Verhandlungen mit den Führern der Parteien zu erteilen. Wenn Forrestal neutralisiert werden konnte, hätte das die Beendigung der Kampagne für die Herauslösung des Palästina-Problems aus der Innenpolitik der USA zur Folge.

Eine der größten und tragischsten Ironien in der ganzen Geschichte der Entstehung des arabisch-israelischen Konflikts besteht darin, dass Forrestal am selben Tag, dem 3. Februar 1948, eine Mitteilung erhielt, dass die Republikanische Partei bereit sei zu Verhandlungen mit der Demokratischen Partei über die Herauslösung des Palästina-Problems aus der US-Innenpolitik.

Zurück in seinem Büro nahm Forrestal ein Telefongespräch mit Winthrop Aldrich, dem Vorsitzenden der Chase National Bank in New York, entgegen. Auf Forrestals Bitte hatte Aldrich den Dialog fortgesetzt, den der Verteidigungsminister mit Gouverneur Dewey beim Gridiron Dinner begonnen hatte.

Am selben Tag, dem 3. Februar 1948, erhielt Forrestal die Mitteilung, dass die Republikanische Partei bereit war zu Verhandlungen mit der Demokratischen Partei über die Herauslösung des Palästina-Problems aus der US-Innenpolitik.

Aldrich berichtete nun, dass Dewey der Ansicht war, Forrestal würde "gut vorankommen“, stehe „voll hinter“ seiner Kampagne und würde "in jeder Weise kooperieren im Interesse des Landes.“[29]

Und das war nicht alles. Dewey schlug vor – so berichtete Aldrich Forrestal –, dass die Gespräche über die Zusammenarbeit von Marshall und John Foster Dulles geführt werden sollten. (Damals war Dulles einer der besten und erfolgreichsten Anwälte in den USA, die sich auf internationales Recht spezialisiert hatten. Unter Präsident Eisenhower, nach Truman, wurde er zum mächtigsten und umstrittensten Außenminister, umstritten wegen seines antikommunistischen Eifers. Er glaubte, man müsste die Russen bis an den Rand des Abgrunds treiben. Er stellte einmal fest: "Wenn du Angst davor hast, bis an den Rand des Abgrunds zu gehen, bist du verloren."[30])

29· Ebd.

30· Encyclopaedia Britannica

Im Verlauf seiner Unterredung mit Forrestal beim Gridiron Dinner hatte Dewey gegenüber dem Verteidigungsminister bemerkt: "Politik sieht sehr einfach aus für den Außenstehenden, ob Geschäftsmann oder Soldat, aber nur wenn man sich näher damit beschäftigt, werden all die Kanten und Ecken sichtbar."[31] Dass Dewey Dulles mit einbeziehen wollte, bedeutete zweierlei. Einmal, dass Dewey darauf baute, dass Dulles "all die Haken" erkennen würde – etwa eine Garantie erhalten würde, dass ein mit den Demokraten ausgehandeltes Abkommen keine einseitige Rücktrittsklausel für diese enthielt. Dewey wollte nicht von einem anderen Demokratischen Präsidenten gelinkt werden. Zweitens bedeutete dies, dass Dewey ernsthaft Verhandlungen anstrebte, um das Palästina-Problem aus der US-Innenpolitik herauszulösen.

Forrestal war über Aldrichs Neuigkeiten erfreut. Er sagte zu ihm am Telefon: "Ich weiß das wirklich zu schätzen, Winthrop. Es ist ein langer Weg, aber das ist ein guter Anfang. Ich glaube, er (Dewey) ist korrekt. Ich denke, von jetzt an sollte es in – sagen wir – richtigeren Bahnen sein."[32]

Aber dann … Innerhalb von Tagen war jede Aussicht auf Verhandlungen zur Herauslösung des Palästina-Problems aus der Innenpolitik der USA gestorben.

Wie konnte das passieren?

Es bleibt ein Rätsel, das Wahrheitssuchende selber lösen müssen, mit der minimalen Hilfe von Forrestals Tagebuch und Dokumenten, so wie sie bearbeitet und veröffentlicht wurden.

Forrestal schickte ein Protokoll seiner Unterredung mit Aldrich an Marshall (nachdem er dem Außenminister zuvor bereits vorgeschlagen hatte, dass er die Verantwortung bei Verhandlungen zwischen den Parteiführern übernehmen sollte).

Innerhalb von Tagen war die Aussicht auf Verhandlungen zur Herauslösung des Palästina-Problems aus der US-Innenpolitik gestorben. Wie konnte das passieren?

Danach setzte Forrestal ein Memorandum für Präsident Truman auf. Die bearbeitete Version der Forrestal-Tagebücher, wie sie veröffentlicht wurden, enthüllt nicht, was dieses bestimmte Forrestal-Memorandum besagte. Millis notierte nur, dass es Forrestals Befunde zusammenfasste.

Es gibt gute Gründe anzunehmen, dass das Memorandum positiv war in dem Sinn, dass die Republikaner auf Führungsebene zu Verhandlungen mit den Demokraten bereit waren. Es ist ebenfalls logisch anzunehmen, dass Forrestal darin seine Ansicht zum Ausdruck brachte, dass es nun eine wahre Chance gab, voran-

---

31· The Forrestal Diaries, S. 347

32· Ebd., S. 347-348

zukommen, eine Chance, das Palästina-Problem endlich aus der Klientelpolitik herauszulösen und dadurch das Tor zu öffnen für eine Erfolg versprechende Lösung, die den wahren Interessen aller Beteiligter, einschließlich der Juden in aller Welt (wenn auch nicht der alles-oder-nichts-Zionisten in Palästina) diente.

Gemäß der einzigen veröffentlichten Version dessen, was als nächstes geschah, wurde das Memorandum Forrestals "offensichtlich" nicht dem Präsidenten überbracht. Das berichtete Millis in seiner eigenen Zusammenfassung der Ereignisse. Seine Erklärung war folgende (Hervorhebung des Autors):

"Forrestal musste sich selbst wohl eingestehen, dass Baruch im Wesentlichen Recht hatte. Der Kreuzzug dafür, Palästina aus der Innenpolitik herauszunehmen – edelmütig wie er war in seinem Beweggrund – hatte die *mächtigen emotionalen Faktoren, die hineinspielten, nicht genügend berücksichtigt.* Er erreichte *sehr wenig von praktischem Wert*: er wirkte sich gleichzeitig *schädlich auf Forrestals eigenen Ruf aus und brachte dem Verteidigungsminister eine Menge Kritik ein, die er fairerweise nicht diesem Amt aufbürden konnte.* Er appellierte zweimal an Marshall, am 12. und am 18. Februar, eine unparteiische Linie zu finden. Aber damit endeten seine aktiven Bemühungen zu diesem Zweck. Nie änderte er seine Meinung, noch ließ sein Interesse an Palästina nach – das war nicht möglich, weil dieses Gebiet zu sehr in jede strategische und logistische Kalkulation verwickelt war, mit der er sich auseinanderzusetzen hatte. Mitunter sprach er weiterhin mit Vehemenz über die strategische Bedeutung Palästinas und die Gefahr, die damit verbunden war, dass innenpolitische Manöver unseren Kurs dort bestimmten, aber sein Missionierungseifer in dieser Sache war zu Ende."[33]

Meiner Auffassung nach wirft die Erklärung, warum Forrestal sein Memorandum "anscheinend" nicht Präsident Truman übergeben und warum er sich praktisch denen gebeugt hat, die sich darauf verschworen hatten, seine Kampagne auf den Müllhaufen der Geschichte zu werfen, mehr Fragen auf, als sie beantwortet. In einigen wichtigen Aspekten steht sie auch in klarem Widerspruch zu den zitierten Belegen aus Forrestals Tagebuch.

Das Hauptproblem bei Millis' Erklärung ist seine Aussage, dass Forrestals Mission, das Palästina-Problem aus der Innenpolitik der USA herauszulösen "sehr wenig von praktischem Wert erzielte". Das träfe mehr oder weniger zu, würde es sich auf die Zeit bis zum 3. Februar beziehen, d. h. die Zeit, bevor Forrestal von Aldrich darüber informiert wurde, dass die republikanische Führungsebene zu ernsthaften Verhandlungen mit den Demokraten bereit war. Die Wahrheit nach dem 3. Februar, als Forrestal sein Memorandum für den Präsidenten vorbereitete, war jedoch eine andere. Dann bestand eine reale Chance für die von Forrestal ins Leben gerufene Kampagne, etwas von praktischem Wert zu erreichen, – wenn die

33· Ebd., S. 348, Millis Erläuterung

Führungskräfte der Demokratischen Partei bereit waren, mit den Republikanern ein Abkommen über eine unparteiische Palästina-Politik auszuhandeln.

Die Auffassung von Millis, dass Forrestal die mächtigen emotionalen Faktoren in unzureichender Form berücksichtigt habe, erscheint mir sehr seltsam. Die Schlussfolgerung daraus ist, dass der erste Verteidigungsminister der USA seine Kampagne nicht fortgeführt hätte, wenn er die starken emotionalen Faktoren in genügender Form einbezogen hätte. Das kann nicht stimmen. Forrestal war ein Patriot und mit Ausnahme des Präsidenten derjenige, der mehr als jeder andere die Verpflichtung hatte, nicht nur amerikanische Interessen zu schützen, sondern auch die Freiheit der Freien Welt zu bewahren in einer gefährlichen Zeit mit großer Unsicherheit über die sowjetischen Absichten. In diesem Zusammenhang erscheint mir Millis Vermutung, dass Forrestals Beurteilung der Herangehensweise an das Palästina-Problem anders gewesen wäre, wenn er die vorhandenen emotionalen Faktoren völlig erfasst hätte, unsinnig. Jeder Verteidigungsminister dieser Zeit, der sein Urteilsvermögen von den Emotionen anderer hätte beeinflussen lassen, wäre eine schreckliche Belastung für sein Land und möglicherweise die ganze Welt gewesen.

Wenn Millis gesagt hätte, dass Forrestal, der Investmentbanker, seine Kampagne begonnen habe mit einer unzureichenden Erfassung der politischen Realität– nämlich der Abhängigkeit nicht Weniger, die gewählt oder wiedergewählt werden wollten, besonders Demokraten, von jüdischen Stimmen und Wahlkampffonds – und dass Forrestal, wenn er diese Tatsache von vornherein ausreichend berücksichtigt hätte, seine Kampagne möglicherweise gar nicht erst aufgenommen hätte, dann könnte Millis eventuell richtig gelegen haben. Aber ich kann nicht einmal das glauben. Hätte Forrestal von vornherein diese politische Realität in ausreichendem Maße erfasst, dann hätte er meiner Meinung nach eine Strategie ausgearbeitet, die ihr Rechnung trug und wäre wahrscheinlich direkter und dringlicher an das Problem herangegangen.

Es gab damals eine reale Chance für die von Forrestal begonnene Kampagne, etwas von praktischem Wert zu erzielen – im Falle der Bereitschaft der Führungskräfte der Demokratischen Partei, mit den Republikanern ein Abkommen über eine unparteiische Palästina-Politik auszuhandeln.

Und was soll Millis' Behauptung, dass Forrestals Mission seine Brauchbarkeit als Verteidigungsminister beeinträchtigte? Das war einfach nicht wahr. (Millis' Bericht bot keine Beweise zur Stützung dieser These, denn es gab keine.) Es spricht vieles dafür, dass Forrestal eine Menge (pro-zionistischer) Kritik, mit der er fairerweise nicht sein Amt belasten konnte, hätte zurückweisen können, wenn die Kampagne zur Herauslösung Palästinas aus der US-Innenpolitik fortgeführt worden wäre und Forrestal sie geleitet hätte. Die Führung von Verhandlungen mit Führungskräften der Republikaner und Demokraten hätte aber einen viel zu großen Teil seiner Zeit und Energie in Anspruch genommen und – wie ihn Baruch beim Mittagessen warnte – den Zionisten die Möglichkeit geboten, ihm das Leben im Kongress schwer zu machen. Aber Forrestal hatte diese Gefahr als erster erkannt. Das war der Grund für seinen Entschluss – bereits vor seinem Arbeitsessen mit Baruch – , die Weiterführung der Kampagne an den Außenminister zu übertragen, da es für ihn als Verteidigungsminister nicht recht und angemessen wäre, dabei die leitende Rolle zu spielen. Nur in einem Sinn wirkte sich Forrestals Kampagne als beeinträchtigend für seine Brauchbarkeit als Verteidigungsminister aus: sie machte ihn zu einer politischen Belastung in den Augen von Demokratischen Parteimanagern, denjenigen mit der Hauptverantwortung für das Werben um jüdische Stimmen und Wahlkampfspenden.

In meiner Analyse war die ganze Erklärung von Millis – die auch von jemand anderem hätte stammen können – eine politische, im Grunde eine Vertuschung von Tatsachen mit dem Zweck der Schließung der Forrestal-Akte über die Herauslösung des Palästina-Problems aus der Innenpolitik der USA. Ich meine damit: sie sollte auf eine Art geschlossen werden, die – so hoffte man – durch eine geschickte Erklärung unliebsame Fragen nach den wirklichen Gründen für den Abbruch der Initiative Forrestals verhindern würde.

Die Wahrheit über das, was wirklich geschah und warum, bleibt weiterhin ein Fall für Spekulationen, da wir nicht wissen, was Außenminister Marshall in der Zeit zwischen dem 3. und 7. Februar zu Verteidigungsminister Forrestal sagte. Angenommen, Forrestal schickte am 3. oder 4. Tag dieses Monats eine Niederschrift seiner Unterredung mit Aldrich über Deweys Haltung an Marshall. Dann ist es undenkbar, dass Marshall Forrestal nicht in irgendeiner Form – telefonisch oder persönlich in einem privaten Moment – antwortete. Es kann kein Zweifel darüber bestehen, dass Marshall Forrestals Initiative ohne mit der Wimper zu zucken fortgeführt hätte, wenn Truman ihn darum gebeten hätte. Sein eigenes Pflichtgefühl und seine Loyalität zum Präsidenten hätten ihm gar nichts anderes erlaubt. Meine Vermutung ist, dass Marshall Forrestal das klarmachte, aber danach, so stelle ich mir vor, fügte er hinzu: "Der Präsident wird mich aber nicht fragen."

Mein eigener Standpunkt ist, dass der Millis-Bericht gar nicht falscher hätte sein können in seiner Einschätzung, dass Forrestal "sich selbst wohl eingestehen musste, dass Baruch im Wesentlichen recht hatte. Die Realität, die Forrestal sich selbst eingestand, – wahrscheinlich auch dank Marshalls Anregung – war, dass die Herauslösung des Palästina-Problems aus der inner-amerikanischen Klientelpolitik schlichtweg ein Ding der Unmöglichkeit war – ungeachtet dessen, dass das Nicht-Zustandebringen einer von beiden Parteien getragenen Palästina-Politik in den kommenden Jahren höchstwahrscheinlich katastrophale Konsequenzen für alle Beteiligten haben würde. Forrestals Schlussfolgerung? Es war sinnlos, den Präsidenten zu bitten, etwas zu tun, was er aus verständlichen, wenn auch bedauerlichen Gründen nicht tun würde.

Eine sensationelle Entwicklung drei Wochen später beseitigte jeden Zweifel, den Forrestal noch hegen mochte: Einige in der Demokratischen Partei würden vor nichts zurückschrecken, um den Verlust von jüdischen Stimmen und Wahlkampfspenden zu verhindern.

Am Morgen des 26. März rief Marshall Forrestal an, um ihm beunruhigende Nachrichten, die er gerade vom Weißen Haus erhalten hatte, mitzuteilen. An jenem Nachmittag wollte Franklin Roosevelt Junior eine Erklärung abgeben des Inhalts, dass die Demokratische Partei General Eisenhower als ihren Präsidentschaftskandidaten aufstellen sollte. (Der Demokratische Wahlkonvent, der darüber entschied, ob Präsident Truman für eine zweite Amtszeit kandidierte oder nicht, war für Juni angesetzt.) Damals war General Eisenhower, bzw. „Ike", wie er liebevoll genannt wurde, die am meisten bewunderte und bekannte Figur in Amerika. Seine rasante Beförderung war erfolgt, weil Marshall als Stabschef seine außergewöhnlichen Fähigkeiten und Qualitäten erkannt hatte. Eisenhowers besonderes Können bestand in der Umsetzung strategischer Thesen in wirksame Aktionen. Einer der Schlüssel zu seinem Erfolg war seine gewinnende Persönlichkeit – seine Überzeugungskraft, seine Fähigkeit zu vermitteln und sein angenehmes Wesen. Er hatte beabsichtigt, den Militärdienst nach dem Krieg zu quittieren, aber auf Präsident Trumans Bitte hin erklärte er sich einverstanden, die Nachfolge von Marshall als Stabschef anzutreten, damit Marshall Außenminister werden konnte.

Kurz gesagt: Das Weiße Haus stand Eisenhower offen, falls er es wollte, da einflussreiche Leute in beiden Parteien, den Demokraten und den Republikanern, um ihn buhlten. Mit Eisenhower als Fahnenträger war beiden Parteien der Sieg in der kommenden Wahl sicher.

Eine sensationelle Entwicklung drei Wochen später beseitigte jeden Zweifel, den Forrestal noch hegen mochte: Einige in der Demokratischen Partei würden vor nichts zurückschrecken, um den Verlust von jüdischen Stimmen und Wahlkampfspenden zu verhindern.

Als Marshall Forrestal anrief, um ihm die Nachricht von Roosevelt Juniors Absicht mitzuteilen, galt seine Sorge nicht Präsident Truman, wie der sich fühlen könnte angesichts der Perspektive, von seiner Partei fallen gelassen zu werden. Sowohl Marshall als auch Forrestal wussten aus ihren Privatgesprächen mit ihm, dass Truman in Wirklichkeit nicht sonderlich erpicht auf eine zweite Amtszeit war. Im tiefen Innern hatte Harry Truman genug von dem Druck, der ihn dazu zwang, zionistische

Interessen vor die der Nation zu setzen. Der Grund für Marshalls Besorgnis waren die möglichen Konsequenzen daraus für Amerikas Fähigkeit, seine globalen Interessen zu schützen. Ein Versuch, Eisenhower aufzustellen, würde jetzt im Ausland wohl als mangelnde Unterstützung zu Hause für die Truman-Administration interpretiert werden. Dies wiederum könnte die Sowjetunion oder China oder andere Länder zu bedrohlichen Schritten reizen, gegen die die USA nichts unternehmen konnten (aufgrund ihrer finanziellen Verpflichtungen beim Wiederaufbau von Europa und den politischen Beschränkungen für die Mobilisierung in Friedenszeiten).

Auf einer Kabinettssitzung zwei Wochen zuvor hatte Marshall Amerikas ganzes Dilemma in einem Satz in aller Deutlichkeit zusammengefasst. "Wir spielen mit dem Feuer (speziell im Nahen Osten) und wir haben nichts, um es wieder zu löschen!"[34]

In diesem Zusammenhang hielt Marshall Roosevelt Junior für absolut unverantwortlich. Der Zweck seines Anrufs war, Forrestal nach Vorschlägen zu fragen, wie man Roosevelt hindern konnte, seine Stellungnahme abzugeben.

Forrestals Tagebucheintrag für diesen dramatischen Tag hatte folgenden Inhalt: "Das Sensationelle hier war natürlich der Hinweis auf eine Revolte, die vom Sohn des verstorbenen Präsidenten angeführt wurde."[35]

Das Datum (26.März) war der Schlüssel zum Verständnis. Es war, nachdem Botschafter Austin eine Wende in der US-Politik – die Entscheidung, den Teilungsplan nicht weiter zu verfolgen, bekanntgab; und vier Tage zuvor sollte er eine neue Palästina-Resolution zugunsten einer Treuhänderschaft der UNO mit Jerusalem als internationaler Stadt einbringen.

Forrestal sagte Marshall, er würde gern mit dem "jungen Roosevelt" sprechen, glaube aber nicht daran, dass irgendetwas, was er zu ihm sagen könne, Wirkung haben werde. Der Verteidigungsminister schlug dann vor, Eisenhower anzurufen und ihn zu bitten, mit Roosevelt Junior zu sprechen. Der Außenminister hielt das für eine gute Idee. Um den Hintergrund richtig zu verstehen, muss man wissen, dass Eisenhower zwei Monate zuvor Forrestal um Rat gebeten hatte. Es ging um eine Erklärung, die er aufgesetzt hatte und herausgeben wollte, und in welcher Eisenhower betonte, dass er "es nicht erlaubt, dass sein Name für die Präsidentschaft vorgelegt wird."[36] (Ohne Eisenhower zu konsultieren hatte jemand seinen Namen für die Vorwahlen in New Hampshire eingetragen). Als er Forrestal die Erklärung zeigte, sagte Eisenhower, das Ganze sei sein Werk – er hatte niemanden gebeten, ihm bei der Konzeption zu helfen- und dass er zu Forrestal kam, weil er niemand anderen kannte, den er hätte um Rat fragen können.

34- Ebd., S. 355

35- Ebd., S. 382

36- Für diese Stelle und was folgt, sofern nicht anders vermerkt, s. The Forrestal Diaries, S. 243-249

Eisenhower teilte Forrestal dann mit, dass seine einzige Befürchtung bezüglich seiner Ablehnung einer Kandidatur zur Präsidentschaft darin bestand, dass "man es so auslegen könnte, dass es wie die Weigerung, einer Pflicht nachzukommen, aussieht." Was meinte Eisenhower damit? Sein ganzes Leben war darauf ausgerichtet gewesen, dem Ruf der Pflicht zu folgen, und es gab viele Jugendliche im Land, die – ob begründet oder nicht – ihn mehr oder weniger zum Symbol für die Pflichten und Verbindlichkeiten wie auch für die Möglichkeiten, die Amerikas Jugend offen standen, gemacht hatten. In seiner Tagebucheintragung für diesen Tag stellte Forrestal fest, dass Eisenhowers Aufrichtigkeit für ihn außer Frage stand und dass seine geplante Erklärung "das Resultat eines echten moralischen Kampfes in seinem Innern" wiedergab. Forrestal sagte zu Eisenhower, dass seine Stellungnahme ihn in eine Position von enormem Einfluss versetzen würde "über die Schlacht hinaus", und dass er in dieser Rolle seinem Land noch einen großen Dienst erweisen konnte. "Ich sagte zu ihm, dass der Brief meiner Ansicht nach sowohl vom Inhalt als vom Stil her vortrefflich war und ich nicht empfehlen würde, irgendetwas daran zu ändern." Eisenhower veröffentlichte den Text seiner Stellungnahme am folgenden Tag, dem 24. Januar.

Am 26. März, überzeugt davon, dass Roosevelt Junior keine Notiz von ihm nehmen würde, rief Forrestal Eisenhower an und bat ihn darum, Roosevelt Junior zu bitten, seine Erklärung nicht abzugeben. Der General reagierte sehr zögerlich, diesen anzurufen. Er befürchtete, dass einige Leute es so deuten würden, dass er an einem Komplott zur Absetzung Trumans beteiligt war, wenn er zu diesem Zeitpunkt irgendwie mit Roosevelt Junior Kontakt hätte. Auf dieser Basis zögerte Forrestal, Eisenhower zu drängen und unterließ es. In dem, was Eisenhower ihm sagte, lag jedoch etwas Unterstützung: Wenn Forrestal Roosevelt Junior anrufe, könne er den General mit den Worten zitieren, er wäre "sehr bekümmert", wenn der Sohn des verstorbenen Präsidenten solche Schritte unternehmen und öffentliche Erklärungen abgeben würde.[37]

Forrestal rief danach Senator McGrath an. Dies fiel ihm nicht leicht, weil McGrath sein Versprechen nicht eingehalten hatte, dem Verteidigungsminister eine wohl durchdachte Antwort zu übermitteln auf seinen Appell an die Demokraten, zur Herauslösung des Palästina-Problems aus der Innenpolitik der USA beizutragen.

McGrath sagte, es würde Forrestal nichts nützen, Roosevelt Junior anzurufen. Nichts, was der Verteidigungsminister vorbringen könne, würde ihn beeinflussen, weil Roosevelt Junior "in seinen Ideen sehr festgefahren“ sei und „gewillt, fortzufahren". Dies bedeutete im Klartext: "Die Partei braucht einen Sieger und das wird nicht Truman sein, wenn er seine politische Kehrtwende nicht rückgängig macht und nicht am Teilungsplan festhält."

37· Für die Arbeit, auf die hier und an weiterer Stelle verwiesen wird, sofern nicht anders vermerkt, s. The Forrestal Diaries, S. 383

Ich nehme an, Forrestal beriet sich mit Marshall, bevor er seinen nächsten Schritt unternahm.

Um 14.15 Uhr rief Forrestal Eisenhower erneut an, erklärte ihm die Situation und sagte in der Tat "Sie müssen diesen Anruf tätigen."

Zehn Minuten später rief er dann zurück, um zu sagen, dass er es getan habe.

Aus Eisenhowers Bericht an Forrestal ging klar hervor, dass der ehemalige Oberbefehlshaber der Alliierten Streitkräfte so energisch aufgetreten war, wie er nur konnte. Er sagte zu Roosevelt Junior, dass jetzt, inmitten von heiklen Situationen in mehreren ausländischen Staaten, jede derartige Aktion, wie er sie vorgeschlagen hatte, "gefährliche Folgen haben und die amerikanische Politik zunichtemachen könnte". Jede Äußerung, die man in dieser äußerst kritischen Zeit im Ausland als Anzeichen fehlender Unterstützung für den Präsidenten interpretieren könne oder die auf tiefe und ernsthafte Spaltungen in der öffentlichen Meinung hindeuten könne, sei "schädlich für das Land." Eisenhower erklärte Roosevelt Junior auch, dass er seine Überlegungen frei von irgendwelchen parteipolitischen Erwägungen äußere, besonders, da sie ihn selbst beträfen. Er fügte hinzu: "Als ich meine öffentliche Stellungnahme vor einigen Wochen abgab, meinte ich auch, was ich sagte. Es tut mir leid, dass einige Leute mir nicht glauben."

Roosevelt Junior gab trotzdem seine Erklärung ab. Glücklicherweise waren die Auswirkungen im In- und Ausland nicht so schwerwiegend, wie Marshall, Forrestal, Eisenhower und Truman selbst befürchtet hatten.

Sofern er nicht dumm war, wusste Roosevelt Junior, dass keine Chance mehr bestand, Eisenhower für die Wahl, die bereits acht Monate später stattfinden sollte, aufzustellen. Warum ging er dann weiter an die Öffentlichkeit mit seinem Aufruf? Es gibt darauf nur eine mögliche Antwort. Er feuerte einen Warnschuss auf Präsident Truman ab. Nicht ohne Wirkung sagte er zu dem Mann im Weißen Haus: "Halten Sie sich an den Teilungsplan oder Sie werden die Partei mit sich herunterziehen. Einige von uns werden das aber nicht zulassen."

Wie wir gesehen haben, hielt Truman am Teilungsplan fest.

Als Eisenhower sich dann dazu überreden ließ, für die Präsidentschaft 1952 zu kandidieren, tat er es für die Republikaner, nicht für die Demokraten. Ob ihm solche Gedanken durch den Kopf gingen oder nicht, es war in der Tat eine elegante und mächtige "Ihr könnt mich mal"-Geste an die Adresse Roosevelt Juniors und anderer Demokraten, die zur Revolte gegen Präsident Truman aufgerufen hatten, als sie befürchteten, er würde nicht nach der Pfeife der Zionisten tanzen.

Ich glaube auch, es ist nicht schwer, sich vorzustellen, dass Eisenhower zutiefst betroffen war über die Komplizenschaft der Demokratischen Partei bei der Zerstörung eines von Amerikas hervorragendsten Staatsdienern.

Forrestal stürzte am 22. Mai 1949 ca. um 1:45 Uhr nachts vom 16. Stock des Marinehospitals in Bethesda, Maryland in den Tod.

Vielleicht war Forrestal als Verteidigungsminister sieben Wochen zuvor zurückgetreten, weil er über Präsident Trumans Absicht informiert worden war, ihn auf zionistischen Druck hin seines Amtes zu entheben. Zu dieser Zeit gab es bei ihm Warnzeichen für eine Gemütsstörung. Laut *Wer tötete James Forrestal?* – der Internet-Akte von David Martin, auch bekannt als DCDave (später mehr über ihn) – wurde Forrestal, über den es von offizieller Seite hieß, er leide an "nervöser und physischer Erschöpfung", und dessen Krankheitsbild mit "Depressionen" oder "reaktiven Depressionen" diagnostiziert wurde, "offenbar gegen seinen Willen" in das Marinehospital in Bethesda gebracht.

Laut der von den Medien (noch vor irgendwelchen Untersuchungen) verbreiteten Geschichte, habe Forrestal in der Nacht vom 21. auf den 22. Mai offenbar nicht schlafen können und aus Mark Van Dorens Anthologie der Weltpoesie gelesen. In den letzten Momenten seines Lebens habe er daraus Praeds Version von Sophocles‘ düsterem und pathetischem Chor des Ajax abgeschrieben oder übertragen:

„Holdes Salamis, der Woge Gebrüll / Wandert noch um dich herum / Und Matrosen starren auf deine Ufer/ Im Ozean befestigt / Dein Sohn ist in der Fremde / Wo Ida speist ihre unzähligen Herden / Fern von deinen geliebten, unvergessenen Felsen / Abgenagt von der verschwendeten Zeit / – Ohne Trost, ohne Namen, ohne Hoffnung – / Sicher in der dunklen Aussicht auf das gähnende Grab / Wehe der Mutter, am Ende ihres Tages / Wehe ihrem einsamen Herzen und den grauen Schläfen / Wenn sie hören wird / Ihres geliebten Sohnes Schicksal geflüstert in ihr Ohr! / „Wehe, wehe!“ wird sein der Schrei – / Kein leises Murmeln wie das zitternde Jammern / Des einsamen Vogels, der klagenden Nachtigall“

An dieser Stelle habe Forrestal, so behaupteten einige – Medienvertreter zu jener Zeit und eine Anzahl von Autoren später – aufgehört zu schreiben, sei zu einer kleinen Küche auf demselben Stockwerk gegangen und sei, wie Millis es ausdrückte, "aus deren unbewachtem Fenster in seinen Tod gestürzt."[38]

Glaubt man die Medienversion der Geschichte, dann hätte das Gedicht einen unbewussten Impuls ausgelöst, und Forrestal wäre unabsichtlich in den Tod gegangen.

Eine andere Möglichkeit wäre, dass er bewusst die Entscheidung getroffen hatte, sein Leben zu beenden und nach einem Gedicht suchte, das seine inneren Gefühle wiederspiegelte und ihm vielleicht sogar als Rechtfertigung gegenüber sich selbst diente für das, was er im Begriff war zu tun. Ein Anzeichen, dass das letztere der Fall gewesen sein könnte, war die Verbesserung seines Zustands durch die Behandlung. Ende April schien es Freunden und Mitarbeitern, die ihn besuchten – unter ihnen auch Präsident Truman – so, als ob er wieder der alte wäre.

38· The Forrestal Diaries, S. 516

Millis schrieb, dass er zwar noch Stimmungsschwankungen und Depressionen hatte, aber mit schwindender Häufigkeit und Stärke. Das war auch der Grund, warum sein Bruder Henry an dem Tag, der zu seinem Todestag wurde, eintraf, um James aus dem Krankenhaus abzuholen.

Ich glaube, dass eine der Ursachen für die Depressionen, die zu Forrestals Zusammenbruch führten, eine zionistische Kampagne war, die sowohl über die Medien als auch hinter verschlossenen Türen geführt wurde mit dem Ziel seines Rücktritts nach Trumans Wiederwahl. Die amerikanischen Zionisten wähnten sich dann – und waren in der Tat auch – einflussreicher denn je aufgrund ihres Beitrags zu Trumans unerwartetem Sieg. Der Umstand, dass einige Zionisten Rache anstrebten in der Form von Forrestals Rücktritt, traf ihn hart. Warum das so war, ist leicht nachzuvollziehen, wenn man bedenkt, dass er bloß nach besten Kräften versucht hatte, seine patriotische Pflicht zu tun, nämlich die nationalen Interessen zu schützen und die Ausbreitung des sowjetischen Kommunismus zu verhindern.

Aber die Hauptursache für seine Gemütsverwirrung war meiner Vermutung nach die Tatsache, dass die nötigen Schritte, durch die Amerikas wichtigste längerfristige Interessen geschützt werden sollten, nicht möglich waren – speziell was den Nahen Osten anbelangt – wegen des klientelhaften Charakters der US-Innenpolitik. Etwas, was der Zionismus in so brillanter Form ausnützte (und immer noch ausnützt).

Es ist denkbar, dass in Forrestals Wahrnehmung der Vers, die seinem Gemütszustand am meisten nahekam, folgender war: "Dein Sohn ist in der Fremde", was für ihn bedeutete, dass er sich wie ein Fremder im eigenen Land fühlte, weil es ihm aufgrund innenpolitischer Zweckdienlichkeit nicht gestattet war, sein Amt nach bestem Wissen und Können auszuüben. Die wirkliche Tragik – so mag er sich selbst gesagt haben – lag darin, die nationale Sicherheit zu gefährden wegen von Zionisten organisierten jüdischen Spendenfonds und Stimmen.

Wenn man (man muss es noch einmal hervorheben) der Medienversion der Ereignisse Glauben schenkt, ist es nicht unbegründet anzunehmen, dass Forrestal die Entscheidung zum Suizid bewusst getroffen haben könnte, aus einer Kombination von zwei Gründen.

Einer könnte seine Erkenntnis gewesen sein, dass durch den Ausverkauf an den Zionismus Amerikas Klientel-Politiker, besonders die Demokraten, eine Situation geschaffen hatten, in der nun über Jahrzehnte hinweg, und wahrscheinlich sogar für immer, die Vereinigten Staaten von Amerika praktisch eine Geisel im Nahostkonflikt sein würden. Amerika könnte als Geisel natürlich nicht die Entscheidungen treffen, die zum besten Schutz seiner eigenen Sicherheit notwendig wären.

Ich denke, Forrestal wäre nicht überrascht gewesen – wie ich es nicht war – über die Geschehnisse in New York und Washington am 11. September 2001. Zu seinen Lebzeiten kann er keine Vorstellung davon gehabt haben, dass der Anti-Amerikanismus sich in einer solch spektakulären und schrecklichen Weise manifestieren würde, aber er war sich bewusst darüber, wie übrigens viele von jenen, mit denen er auf Führungsebene zusammenarbeitete, dass in Folge der Ablehnung beinahe der gesamten arabischen und muslimischen Welt (ihrer Völker, nicht ihrer Führer) Amerika eines Tages einen schrecklichen Preis bezahlen könnte für seine Unterstützung des Zionismus, ganz gleich ob richtig oder falsch.

Ich glaube auch, dass Forrestal sich den Worten des tapferen Kolumnisten William Pfaff angeschlossen hätte, der in der *International Herald Tribune* vom Mittwoch, dem 12. September 2001 unter der Überschrift DIE ANGRIFFE ZEIGEN, DASS MUT DIE EINZIG WAHRE VERTEIDIGUNG IST folgendes schrieb (Hervorhebung des Autors):

"Seit mehr als 30 Jahren haben es die Vereinigten Staaten abgelehnt, eine wirklich unparteiische Anstrengung zur Lösung dieses (israelisch-palästinensischen) Konflikts zu unternehmen. Sie haben sich auf tausend Arten im Nahen Osten engagiert, haben aber nie die Verantwortung dafür übernommen, unparteiisch mit beiden Seiten, die in ihrer geteilten Agonie und ihrer gemeinsamen Tragödie gefangen sind, zu verhandeln *Falls aktuelle Spekulationen über diese Anschläge sich als wahr erweisen, haben die USA nun ihren Anteil an dieser Nahost-Tragödie erhalten.*“

Ein zweiter und ähnlicher Grund für Forrestals Entscheidung, sein Leben zu beenden, könnte darin bestanden haben, dass er glaubte, als erster Verteidigungsminister der USA hätte er mehr tun können und müssen beim Versuch, die Kapitulation vor dem Zionismus zu verhindern. Nach seinen eigenen Maßstäben – den höchstmöglichen – hatte er in seiner patriotischen Pflicht versagt.

In diesem Licht betrachtet ist es nicht abwegig zu vermuten, dass Forrestal ins Grab gegangen sein könnte gequält von dem Glauben, dass er länger und härter für die Herauslösung des Palästina-Problems aus der parteilichen amerikanischen Innenpolitik hätte kämpfen können und müssen – wenn nötig bis zum Punkt seines Rücktritts. Man kann nicht wissen, wie Präsident Truman wohl auf solch ein Ultimatum von Amerikas erstem Verteidigungsminister reagiert hätte.

Aber jetzt zur Frage: Beging Forrestal wirklich Suizid oder wurde er mit dem Gürtel seines Bademantels stranguliert und von einer oder mehreren unbekannten Personen aus dem Fenster gestoßen?

David Martin hat, wie oben erwähnt, alle Beweismittel begutachtet, welche die Behauptung stützen, Forrestal habe Suizid begangen jedoch gebe es keine stichhaltigen Beweise. Er beschreibt sich selbst als einen Washingtoner Ökonom und politischen Kommentator, dessen Medienkarriere aufgrund seiner Wahrheitsliebe in die "Schwebe" geriet, und der als Konsequenz daraus seine Tätigkeit "auf der

Freiheit letzte Bastion, das Internet" verlegte. Seine Internetakte *Wer tötete James Forrestal?* ist umfangreich mit Quellen belegt und vollständig dokumentiert, wenn er aus Zeitungen, Büchern und offiziellen Dokumenten zitiert. Ich bekam Zugang zu seiner Arbeit, nachdem ich im Internet über ihn recherchiert habe.

Wie Martin bemerkt, liegt einer von mehreren Gründen für berechtigte Zweifel an der Behauptung, dass Forrestal Suizid beging in der Tatsache, dass die Marine das vollständige Protokoll über ihre Untersuchung und ihren Bericht 55 Jahre lang geheim gehalten hat.

Einer von mehreren Gründen für berechtigte Zweifel an der Behauptung, dass Forrestal Suizid beging, liegt in der Tatsache, dass die Marine das vollständige Protokoll ihrer offiziellen Untersuchung und ihren Bericht 55 Jahre lang geheim hielt.

Der Ermittlungsausschuss zur Untersuchung des Todes des ersten Verteidigungsministers der USA wurde am Tag danach, dem 23. Mai 1949 eingesetzt durch Admiral Morton D. Willcutts, den Chef des Nationalen Medizinischen Zentrums der Marine (National Naval Medical Center). Der Ausschuss beendete seine Arbeit acht Tage später, am 31. Mai, aber sein kurz gefasster Bericht – bestehend aus fünf Punkten in 17 Zeilen – wurde erst am 11. Oktober veröffentlicht. Für die Verspätung wurde keine Begründung geliefert. Obwohl die Medien auf die Öffentlichkeit eingewirkt hatten, die glauben sollte, Forrestal hätte sich selbst das Leben genommen, gab es keinen Rückschluss auf oder auch nur eine Erwähnung von Suizid in dem Kurzbericht des Ausschusses. Wie die New York Times am 12. Oktober schrieb, stellte dieser nur fest, dass Forrestal gestorben war "in Folge von äußerst schweren Verletzungen, erlitten durch einen Sturz von einem hohen Punkt im Turm von Gebäude 1“.

In anderen Worten: Die Auffassung, dass Forrestal Suizid beging, war eine Behauptung der Medien und nichts anderes.

Der Kurzbericht befasste sich nicht mit der Frage nach der Ursache für Forrestals Sturz oder mit dem Umstand, vom Untersuchungsrichter bestätigt, dass der Gürtel seines Bademantels immer noch eng um seinen Hals gewickelt war, als sein zerbrochener Körper von der Dachpassage des 3. Stocks, auf der er gelandet war, geborgen wurde – mit zerschmettertem Schädel, aufgeplatztem Unterleib und abgetrenntem unteren linken Bein. In der von den Medien verbreiteten Version des Hergangs von Forrestals Suizid nahm er den Gürtel seines Bademantels, band ein Ende am Heizkörper unter dem Fenster fest und das andere Ende um seinen Hals, öffnete ein sicher verschlossenes Fenster und kletterte hinaus. Das sind offensichtliche Hinweise darauf, dass er vorhatte, sich zu erhängen und nur deshalb in die

Tiefe fiel, weil entweder der Gürtel nicht die Last seines Gewichts tragen konnte oder er den Gürtel nur sehr nachlässig am Radiator festgebunden hatte. Es gab keinerlei Anzeichen dafür, dass ein Gürtel am Radiator festgebunden worden war.

Der vollständige Bericht des Untersuchungsausschusses wurde nicht veröffentlicht bis April 2004, und sogar dann wäre sein wichtigstes Beweisstück – Forrestals angeblich handgeschriebener Text aus der Todesnacht – nicht herausgegeben worden (und wäre wohl für alle Zeit geheim geblieben), wenn es Martin nicht bei seinem dritten Anlauf zur vollen und umfassenden Offenlegung gelungen wäre, die Anwendung des Gesetzes zur Informationsfreiheit (*Freedom of Information Act*) durchzusetzen.

Wie Martin nachträglich in seiner Internet-Akte vermerkt:

"Zu den Unstimmigkeiten zwischen dem Bericht und den Unterlagen in den erstrangigen Forrestal-Biographien gehört, dass die Abschrift der Verse von Sophocles *auf viele den Eindruck macht, in einer anderen Handschrift als der von Forrestal geschrieben zu sein.*" (Hervorhebung des Autors).

Es gibt keinerlei Indiz, das die Annahme stützt, dass Forrestal vor seinem Tod aus einem Buch mit Gedichten las und daraus mit der Hand Zeilen transkribierte oder abschrieb. Wie Martin ebenfalls bemerkt: "Der Gedichtband, der detailliert in den Zeitungen beschrieben wurde, bis hin zur Farbe seines Einbands, taucht überhaupt nicht unter den Beweisstücken auf." Und nicht ein Zeuge, der vor dem Untersuchungsausschuss erschien, hatte das Buch gesehen.

Der vollständige Bericht des Untersuchungsausschusses wurde nicht vor April 2004 zugänglich, und sogar dann wäre sein wichtigstes Beweisstück – Forrestals angebliche Handschrift in der Nacht seines Todes – vielleicht für alle Zeit geheim geblieben.

Was auftauchte (das Exponat, das Martin ans Tageslicht brachte, indem er vom Gesetz für Informationsfreiheit auf vorzügliche Weise Gebrauch machte) war ein Stück braunes Papier, von dem behauptet wurde, dass Forrestal darauf die Verse des Sophocles geschrieben habe. Martin verglich diese Handschrift mit mehreren Briefen, von denen man weiß, dass sie von Forrestal stammen. Er schloss damit:

„Sie [die Handschrift des Exponats] sieht nicht im Geringsten wie Forrestals Handschrift aus, wie man klar erkennen kann unter http://www.dcdave.com/article4/041103.htm.“

In seiner Internet-Akte fügte Martin unter der Überschrift "Die Vertuschung bricht zusammen" folgendes hinzu:

"Man braucht kaum einen Experten, um zu verstehen, dass die Person, die das Gedicht abschrieb, nicht die gleiche Person ist, die die vielen Briefe schrieb, von denen man weiß, dass sie von Forrestal stammen. Der augenfälligste Unterschied dabei ist, dass Forrestal seine Worte und Buchstaben geradlinig auf- und abwärts schreibt, während derjenige, der das Gedicht abschrieb, mit einer gängigeren, gleichbleibenden Neigung nach rechts schreibt. Forrestal auf der anderen Seite ist mehr konventionell in seiner Schreibweise des kleinen *r*, bei dem er entweder einen Höcker oder eine fast unmerkliche Doppelspitze macht, während derjenige, der das Gedicht aschrieb, eine sehr markante, übermäßige erste Spitze in beinahe all seinen *r* macht. Der Letztgenannte ist ein sehr konventioneller "Bogenschütze" in der Art, wie er seine kleinen *m* und *n* macht, Forrestal auf der anderen Seite ist ein typischer "Stolzierer", der zwischen den Spitzen absackt im Gegensatz zum Abrunden der Bögen.

Am erstaunlichsten ist dabei die absolute Dreistigkeit, die sich hier zeigt. Man kann wahrlich sagen, dass die Transkription des "Chors von Ajax" keine Fälschung ist. *Nicht die leichteste Anstrengung wurde gemacht, um die Handschrift von James Forrestal nachzuahmen.*

Man kann wahrlich sagen, dass die Transkription des "Chors von Ajax" keine Fälschung ist. Nicht die leichteste Anstrengung wurde gemacht, um die Handschrift von James Forrestal nachzuahmen.

Die Täter müssen vollkommen überzeugt gewesen sein, dass die Marine nichts unternehmen würde, um die Echtheit des Zettels zu überprüfen und, mehr noch, dass niemals von Seiten der Presse oder einem öffentlichen Forum Fragen aufgeworfen würden, die Echtheit der Handschrift in der Abschrift betreffend." (Hervorhebung des Autors).

Was das Handgeschriebene anbelangt, eine mögliche Schlussfolgerung daraus wäre – so oder ähnlich erscheint es mir – dass die Geschichte von Forrestal und Sophocles düsteren und feierlichen Versen ersonnen wurde, um den Eindruck zu erwecken, dass Forrestal eine indirekte Suizid-Ankündigung geschrieben hätte. Der vollständige Bericht des Untersuchungsausschusses deckte auch einen Fakt auf, über den zuvor nicht berichtet worden war und – soweit mir bewusst ist – auch nicht nach seiner Aufdeckung von den Medien berichtet wurde. In Forrestals Bett wurde zerbrochenes Glas gefunden. Das könnte auf einen Kampf hindeuten, der zumindest bis zu einem gewissen Ausmaß gewaltsam ablief.

Dies sind zwei weitere Beobachtungen von Martin, die meiner Meinung nach berücksichtigt werden sollten von allen, die Zweifel an den Umständen von Forrestals Tod haben.

Über ein Jahr lang war er einer Verleumdungskampagne der Presse unterworfen, wie sie noch kaum eine Person des öffentlichen Lebens jemals in Amerika zu erdulden hatte. Die Führer dieser Kampagne von links und rechts gleichermaßen waren Amerikas zwei bekannteste und mächtigste syndizierte Kolumnisten, Drew

Pearson und Walter Winchell. Sie stellten Forrestal als korruptes Werkzeug der Wallstreet und der Ölkonzerne dar, der die Interessen seiner Kumpane über die Sorge um das Wohlergehen von Flüchtlingen stellte, die Opfer europäischer Verfolgung waren. [An anderer Stelle notierte Martin, dass Pearsons Schützling Jack Anderson später behauptete, dass Pearson "Forrestal durch Unterstellungen und falsche Beschuldigungen schikanierte."] Sein großes Vergehen war, dass er offen die Gründung des Staates Israel ablehnte. Er erhielt drohende Anrufe und beschwerte sich darüber, dass er beschattet und elektronisch abgehört wurde.

Der Autor Arnold Rogow schrieb *James Forrestal - Eine Studie der Persönlichkeit, Politik und Strategie* (Macmillan, 1963). Zum großen Teil auf Informationen gestützt, die er durch Interviews mit einigen von Forrestals schärfsten Kritikern innerhalb und außerhalb der Truman-Administration erhielt, befürwortete das Buch die Theorie, dass Forrestal Suizid verübte. Aber sogar Rogow stellte in einer Anmerkung auf Seite 181 seines Buchs fest: "Es ist absolut möglich, dass er (Forrestal) von zionistischen Agenten in den Jahren 1947 und 1948 'beschattet' wurde."

Daher besteht eine mögliche Folgerung darin, im Rahmen der gesamten Forrestal-Geschichte betrachtet, dass irgendwelche zionistische Agenten in Forrestals Tod verwickelt gewesen sein könnten. Viele Leser werden über diese Betrachtung von mir empört sein, aber es gibt Tatsachen, die man beachten sollte. Eine davon ist, dass der Zionismus zum Mittel der gezielten Tötung griff, wann immer er das für seine Zwecke dienlich hielt und dass er immer noch das Mittel der gezielten Tötung anwendet. Ein anderer Fakt, und zwar ein ganz besonderer, der in Dokumenten, die 2006 freigegeben wurden, enthüllt wurde, ist, dass der britische Geheimdienst 1946 einen sehr ernst zu nehmenden Attentatsversuch von Begins Irgun auf Außenminister Ernest Bevin vereitelte.

Dazu machte Martin auch diese Bemerkung:

"Man könnte argumentieren, dass Israel zu der Zeit, als Forrestal starb, bereits von den USA anerkannt worden war, und er nicht mehr dem Truman-Kabinett angehörte und durch seinen Zusammenbruch und Krankenhausaufenthalt diskreditiert war. D. h. er war nicht länger eine Bedrohung für die Anhänger Israels. Er war aber ein bedeutender, reicher und zielstrebiger Mann, der vorhatte, eine Zeitung zu kaufen und ein Buch zu schreiben, von dem zu befürchten war, dass es einige der Regierungsgeheimnisse Roosevelts und Trumans preisgeben würde, besonders diejenigen in Verbindung mit den Machenschaften, die die USA in den Zweiten Weltkrieg hineingezogen und die Kriegsstrategien, die dem Interesse der Sowjetunion förderlich waren. Sein umfangreiches Tagebuch wurde vom Weißen Haus unter Truman beschlagnahmt und sein voller Inhalt nie offengelegt." [Wie wir sahen, blieb Millis dabei, dass Forrestals Tagebücher und Dokumente auf seine eigene Anordnung hin zur sicheren Aufbewahrung ins Weiße Haus gesandt wurden. Millis und Martin können nicht beide Recht haben].

Meiner eigenen Beurteilung zufolge bleibt die Frage, ob Forrestal Suizid verübte oder ermordet wurde, weiterhin offen.

Als Forrestal starb, war das Kind des Zionismus ein Jahr alt und hatte sich bereits als militärischer Herr der Region etabliert, und zwar auf eine Art und Weise, die Forrestals Befürchtung Substanz verlieh, dass die Kapitulation vor dem Zionismus später leicht als die gewaltigste und katastrophalste Fehleinschätzung der Regierung in Amerikas Geschichte betrachtet würde.

Am Ende des ersten Jahres seiner Existenz:

- hatte Israel seinen "Unabhängigkeitskrieg" gewonnen;

- hielt es mehr arabisches Land besetzt, als dem jüdischen Staat im rechtswidrigen Teilungsplan zugesprochen worden war; und

- lehnte es die anfangs von Präsident Truman unterstützten internationalen Anstrengungen ab, das palästinensische Flüchtlingsproblem zu lösen, das es zuvor geschaffen hatte.

Namensregister

A

B

C

D

E

F

G

H

I

J

N

O

P

R

S

T

V

Z